Die Reservisten der Bundeswehr

Ihre Geschichte bis 1990

Die Reservisten der Bundeswehr

Ihre Geschichte bis 1990

Herausgegeben
von Gerhard Brugmann

Seit 1789

Verlag E. S. Mittler & Sohn · Hamburg · Berlin · Bonn

Die Deutsche Bibliothek – CIP-Kurztitelaufnahme

Die Reservisten der Bundeswehr :
ihre Geschichte bis 1990 /
hrsg. von Gerhard Brugmann. –
Hamburg ; Berlin ; Bonn : Mittler, 1998
ISBN 3-8132-0578-9

ISBN 3-8132-0578-9; Warengruppe 21

Lektorat: Roland G. Foerster
Produktion: Robert Johannes
Gesamtherstellung:
Hans Kock Buch- und Offsetdruck GmbH, Bielefeld
Printed in Germany

Inhaltsverzeichnis

Vorwort

Am 12. November 1955, dem 200sten Geburtstag Scharnhorsts, wurden den ersten 101 Freiwilligen der Bundeswehr die Ernennungsurkunden in der Ermekeil-Kaserne in Bonn überreicht. Das Datum als Gründungstag der neu geschaffenen deutschen Streitkräfte war von den politisch und militärisch Verantwortlichen bewußt gewählt worden, um damit sichtbar an den großen preußischen Reformer anzuknüpfen. Seine Idee, die individuellen Persönlichkeitsrechte des Menschen mit der Forderung nach Befehl und Gehorsam in Einklang zu bringen, seine Vorstellung von dem gebildeten Soldaten, sein Ziel einer Landesverteidigung durch den überzeugten Bürger – dies alles sollte in der jungen Bundeswehr verwirklicht werden und den Staatsbürger in Uniform prägen.

Doch gerade die Problematik der Verantwortung des mündigen Bürgers für die Verteidigung seines eigenen Landes im Rahmen der allgemeinen Wehrpflicht war noch Gegenstand heftiger politischer Auseinandersetzungen. Erst am 7. Juli 1956 konnte das Gesetz über die Einführung der Wehrpflicht für Männer zwischen dem 18. und 45. Lebensjahr durch den Bundestag mit der Regierungsmehrheit beschlossen werden. Ein dreiviertel Jahr später, am 1. April 1957, rückten die ersten 10.000 Wehrpflichtigen ein, vorerst nur beim Heer – Luftwaffe und Marine folgten im Januar 1958.

Damit waren alle Voraussetzungen erfüllt, den jungen Staatsbürger im Verlauf seines Wehrdienstes mit Fragen der Sicherheit und des Schutzes seines Gemeinwesens vertraut zu machen, ihn aber auch dazu zu bringen, persönlich Stellung zu beziehen. Wichtig für die Sicherheitspolitik war es, daß über die Wehrpflicht eine leistungsfähige Reserve herangebildet werden konnte. Doch dies brauchte seine Zeit, denn die Bundeswehr selbst war noch über viele Jahre im Aufbau, mußte sich hinsichtlich ihrer Struktur, der Ausbildung und vor allem im Bündnis erst noch zurechtfinden. Vielfach konzentrierte sich daher die Truppe vorerst auf ihre eigenen Angelegenheiten. Aber Reservisten sollten nicht nur das Waffenhandwerk weiterhin beherrschen und darin in Übungen aus- und weitergebildet werden, sie sollten auch Mittler zwischen den Streitkräften und der Gesellschaft sein. Gerade diese zweite Funktion hatte in den Anfangsjahren, als die Soldaten noch keineswegs als selbstverständlicher Teil der Gesellschaft angesehen wurden, herausragende Bedeutung. Vom eigenen Erleben in den Streitkräften geprägt, von der Bedeutung der bewaffneten Friedenssicherung und der Richtigkeit des eigenen Auftrages überzeugt, wirkten sie selbstbewußt und aktiv in vielen Bereichen auf unterschiedlichen Ebenen für ein besseres Verständnis der zahlreichen, aus den Erfahrungen der Geschichte noch kritisch eingestellten Bürger für ihre Soldaten.

Nur mit Hilfe von Reservisten war die Bundeswehr in der Lage, zu einer kampfkräftigen Verteidigungsstärke aufzuwachsen. Erst damit wurde das Rational der Abschreckung in seiner Kombination aus gesicherter konventioneller Verteidigungsfähigkeit und der Fähigkeit zur nuklearen Eskalation glaubwürdig. Die Reservisten trugen durch erlebte »Innere Führung« den Geist der neuen deutschen Streitkräfte in die Bevölkerung, und sie unterstützten durch ihre internationalen Kontakte die aktive Truppe. Das Ergebnis war, daß nach der politischen und moralischen Katastrophe von Nationalsozialismus und Zweitem Weltkrieg Deutschland im Kreise der ehemaligen Gegner wieder Anerkennung und Respekt fand, was schließlich in Partnerschaft und Freundschaft mündete.

Auch wenn die Geschichte der Bundeswehr historisch erst in ihren Anfängen aufgearbeitet wurde, so ist doch aus Anlaß ihres 40jährigen Bestehens viel über sie geschrieben und gesprochen worden. Die Reservisten wurden dabei nicht vergessen, ihrer Doppelrolle wurde aber wohl nicht überall ausreichend gedacht. Vierzig Jahre nachdem Wehrpflichtige in allen Teilen der Bundeswehr eingesetzt und ihren Platz gefunden haben, um anschließend gemeinsam mit ausgeschiedenen Zeit- und Berufssoldaten als Reservisten weiter zu dienen, erscheint es daher angebracht, ihre Leistung gesondert zu würdigen.

Daß dieser Band nicht nur eine erste wissenschaftliche Bestandsaufnahme ist, sondern auch den gelungenen Versuch darstellt, die Reservisten in ihren vielfältigen und teilweise miteinander überhaupt nicht zu vergleichenden Aufgaben darzustellen, ist in erster Linie ein Verdienst der beteiligten Autoren. Dem Herausgeber dieses Bandes, aus seiner Zeit als Befehlshaber eines Territorialkommandos mit allen Reservistenfragen bestens vertraut, ist es in herausragender Weise gelungen, eine in sich schlüssige Konzeption zu entwickeln, mit der von den Anfängen bis heute die unterschiedlichen Facetten der Reservistenorganisation, ihrer vielfältigen Einsätze und Tätigkeiten beleuchtet und in den Gesamtzusammenhang eingeordnet werden. Von daher liegt hiermit nicht nur eine Geschichte der Reservisten, sondern zugleich auch ein Zeitdokument über die Entwicklung der Bundeswehr vor.

Reservisten sind in den vergangenen 40 Jahren ihrer Doppelrolle in besonderem Maße gerecht geworden. Als Mittler haben sie in die Gesellschaft hinein gewirkt, als Soldaten im Wartestand waren sie bereit, für die Verteidigung ihres Landes einzutreten. Dank ihres Mitwirkens ist dieser Fall jedoch nicht eingetreten. Sie alle können sich in diesem Buch wiederfinden und daraus auch die Erkenntnis mitnehmen, daß es sich lohnt, auch weiterhin engagiert als Reservist zu wirken.

Hans Frank
Vizeadmiral und Beauftragter für Reservistenangelegenheiten der Bundeswehr

Einführung

Als das Sowjetimperium zusammenbrach, der Kalte Krieg sein Ende fand und die Bundeswehr 1990 ein neues Gesicht und einen veränderten Auftrag erhielt, hatten in ihren Reihen sieben Millionen Soldaten gedient, die weitaus meisten als Wehrpflichtige und Reservisten. Reservisten machten Ende der 80er Jahre, als die Streitkräfte der Bundesrepublik sich in stetigem Prozeß von einer anfangs stehenden Armee zu einer Mobilmachungsarmee entwickelt hatten, 63 % des Verteidigungsumfangs aus. Reservisten gaben der Bundeswehr Durchhaltefähigkeit, bildeten Verstärkungen, ganze Einheiten, Verbände und Großverbände und ermöglichten, daß hinter der allmählichen Wandlung einer sich auf das nukleare Potential stützenden Abschreckung zu einer vornehmlich auf konventionelle Truppen basierenden Strategie auch die notwendige Glaubwürdigkeit stand.
Mit diesen Reservisten befaßt sich dieses Buch. Es will die Rolle der Reservisten der Bundeswehr in deren ersten Phase ergründen und festhalten, in geschichtlichem, strategischem und verfassungsrechtlichem Zusammenhang darstellen und zur Abrundung den Ausblick geben, wo der Reservist in der »neuen« Bundeswehr seinen Platz findet. Nicht unter das Thema fällt der Beitrag über die Reservisten der NVA. Doch auch sie waren deutsche Reservisten. Man kann sie bei späteren Betrachtungen, in denen auch 45 Jahre deutscher Trennung nur mehr eine Episode gewesen sein werden, nicht auslassen. Das dürfte den Beitrag in diesem Buch rechtfertigen.
Der Band wendet sich als militärgeschichtliche Arbeit nicht nur an Soldaten. Er erscheint zu einem Zeitpunkt, an dem wieder einmal die Frage gestellt wird, ob Berufs- oder Wehrpflichtarmee die bessere Form für die Bundeswehr sei. Aufgrund seines historischen Ansatzes will er diese nicht beantworten. Das Buch will aber durchaus Anregungen geben, diese Problematik auch aus den mit den Reservisten der Bundeswehr bis 1990 gemachten Erfahrungen anzugehen. Sicher ist, daß die Reservisten der Bundeswehr, indem sie Millionen deutscher Bürger repräsentiert haben, allen Zweifel an der Bereitschaft des deutschen Volkes, für Frieden, Freiheit und Recht einzustehen, widerlegt haben. Man wird daraus die Folgerungen ziehen, die notwendig sind, um mit dem Blick nach vorne für die Bundeswehr die richtige Struktur zu finden, die den Anforderungen einer ungewissen, aber nicht von Gefährdung unserer Sicherheit freien Zukunft entspricht, in der die Friedenserhaltung vielleicht die größte Herausforderung sein wird.

Das Buch wendet sich auch an Historiker, die sich künftig mit der Geschichte der Bundeswehr befassen. Den Autoren ist sehr wohl bewußt, daß es noch mancher Forschungsarbeit bedarf, um die Rolle der Reservisten in der Periode vor 1990 noch eingehender und in ihrer Auswirkung auf die einzelnen Bereiche der Bundeswehr, auf das Bündnis und auf die Gesamtverteidigung der Bundesrepublik zu untersuchen. Das wird nur möglich sein im Rahmen der späteren Gesamtgeschichtsschreibung Bundeswehr. So soll diese Arbeit zwar einen umfassenden Überblick und einen hinreichenden Einblick in den »Baustein Reservisten« der deutschen Streitkräfte geben, aber zugleich soll sie Anreiz zu weiterer wissenschaftlicher Arbeit sein.
Günter Roth spannt in einem einleitenden Beitrag den historischen Bogen der Vorgeschichte von Wehrpflicht und Reservistentum von der Französischen Revolution bis hin zur Bundeswehr. Er zeigt auf, daß die Wehrpflicht nicht *a priori* ein Produkt demokratischer Verfassung und hoher bürgerlicher Gesinnung ist, sondern stets in Abhängigkeit von den politischen Intentionen des Staates sehr wohl der Verteidigung dienen, aber auch mißbraucht werden kann. Aus Gerd Roelleckes verfassungsrechtlichem und zugleich rechtsphilosophischem Beitrag wird deutlich, daß der im freien Teil Deutschlands lebende Volksteil sich dafür entschieden hatte, bei einer ungewöhnlich liberalen Wehrverfassung der Ansicht des höchsten Gerichtes zu folgen, »daß der Staat seiner in der Verfassung übernommenen Verpflichtung, die verfassungsmäßige Ordnung [...] zu schützen, nur mit Hilfe eben dieser Bürger und ihres Eintretens für den Bestand der Bundesrepublik Deutschland nachkommen kann«. Hans-Jürgen Rautenberg zeichnet vor dem Hintergrund der globalen Konfrontation des Kalten Krieges auf hoher Ebene der Militärpolitik und Militärstrategie den Rahmen, in den sich die Darstellungen der nachfolgenden Beiträge einordnen. Den von Wilhelm Langer, Ekkehart Guth, Dieter Stockfisch und Helmuth Köhnke verfaßten Kapiteln, in denen sich der Reservist wiederfinden soll, ist dessen Rolle in den einzelnen Organisationsbereichen der Streitkräfte – Heer, Luftwaffe, Marine und Sanitätsdienst – zu entnehmen. Die Autoren machen deutlich, wie umfangreich und wie verzahnt mit der Friedensstruktur die Eingliederung der Reservisten in den Verteidigungsumfang der Bundeswehr war, wie viel Verantwortungsbewußtsein und auch Opferbereitschaft sich in ihren Reihen gefunden hat. Das Buch bietet dem »Verband der Reservisten der Deutschen Bundeswehr e.V.« eine gute Gelegenheit zur Selbstdarstellung. Armin Steinkamm und Jürgen v. Lowtzow haben sie genutzt, um die Geschichte des Verbandes in all ihren Facetten herauszuarbeiten. Wenngleich der Reservistenverband im Berichtszeitraum nur einen kleinen Teil der Reservisten der Bundeswehr zu seinen Mitgliedern zählte, so wirkte er sich doch auf die gesamte Bundeswehr und noch darüber hinaus aus. Sein Auftrag war damals wie heute für alle Reservisten zu sprechen, den Kontakt zu Reservistenorganisationen befreundeter Nationen zu pflegen, die militärische Weiterbildung zu fördern und zur Stärkung des Verteidigungswillens der Bürger beizutragen. Vizeadmiral Hans Frank hat als Stellvertreter des

Generalinspekteurs der Bundeswehr und Beauftragter für Reservistenangelegenheiten der Bundeswehr die Rolle, die heute dem Reservisten in der neu gestalteten Bundeswehr zugedacht ist, aufgezeichnet. Dem Herausgeber blieb mit der Darstellung des organisatorischen Teils der Reservistenkomponente der Bundeswehr die nicht in allen Punkten dankbare Aufgabe, nicht nur auf die mit der Eingliederung der Reservisten in den Verteidigungsumfang geleistete enorme Planungsarbeit hinzuweisen, sondern auch auf prinzipielle Probleme der Reservistenplanung. Es ist festzuhalten, daß der Reservist auch da, wo ihm Unangemessenes abverlangt wurde, nicht die Flinte ins Korn geworfen, sondern in aller Regel versucht hat, aus der Situation das Beste zu machen. Mehr als manches andere wirft das ein Licht auf den deutschen Reservisten.

Der Dank aller Autoren und insbesondere des Herausgebers gilt Roland Foerster als einem Lektor, der von seiner großen Erfahrung her das Entstehen des Buches nicht nur sprachlich und organisatorisch sondern mit thematischem Sachverstand mit in der Hand hatte.

Mein Dank gilt nicht zuletzt all denen, die das Vorhaben in der Gesellschaft der Freunde der Universität Mannheim, im Bundesministerium der Verteidigung, im Militärgeschichtlichen Forschungsamt, im Bundesarchiv-Militärarchiv und beim Verband der Reservisten der Bundeswehr e.V. unterstützt haben, sowie den zahlreichen Freunden, Bekannten und anderen Persönlichkeiten, die dem Herausgeber mit Rat und Tat zur Seite standen, ganz besonders Professor Gerd Roellecke und General a.D. de Maizière. Sie alle haben damit zum Gelingen dieser Publikation beigetragen.

Dieses Buch wäre nicht zustandegekommen, wenn sich nicht die Mitglieder der »ZiFkras«, der »Ehemaligenkameradschaft der Reserveoffiziere (vorl.)«, als »ungediente Führungskräfte« zu diesem Vorhaben bekannt und es nachhaltig unterstützt hätten, allen voran ihr Vorsitzender, Bernhard Paeslack. Es wäre nicht zustandekommen, wenn nicht Dr. Manfred Wörner, der als Bundesminister der Verteidigung wie kaum ein anderer die Bedeutung der Reservisten für die Verteidigung erkannt hatte, sich als Generalsekretär der NATO noch gegen Ende seiner Lebenszeit mit Nachdruck dafür eingesetzt hätte, daß notwendige Unterstützung aus dem zivilen Bereich eingeflossen ist.

Gerhard Brugmann
Generalmajor a.D.

Günter Roth

Die Vorgeschichte

Vorüberlegungen

Die allgemeine Wehrpflicht und der Status des beorderten Reservisten ist als Prinzip weder ein Ideal der Aufklärung noch eine konstitutive Maxime der aus der Französischen Revolution hervorgegangenen republikanisch-demokratischen Staatsformen der Neuzeit. Wehrpflicht als Bürgerpflicht steht vielmehr in einem diametralen Spannungsverhältnis zu dem elementaren Naturrecht der freien Selbstbestimmung des Menschen. Die allgemeine Wehrpflicht und die Heilsbotschaft des *»pursuit of happiness«*[1] sind damit Antipoden. Das Postulat der Aufklärung, die Befreiung des Menschen von der Gewaltherrschaft des absoluten Staates durch die Volkssouveränität[2] und die Bindung des Herrschers an das vom Volk gegebene Gesetz[3] wird durch die vom absolutistischen Souverän[4] verordnete Pflicht, individuelle Gewalt im Krieg zu erdulden oder gegen seine moralischen Überzeugungen und seinen erklärten Willen anzuwenden auf fundamentale Weise konterkariert.

Freiheit des Einzelnen und Pflichten gegenüber der staatlichen Gemeinschaft beinhalten *per se* Zielkonkurrenzen und -konflikte: In den beiden verheerenden Volkskriegen des 20. Jahrhunderts hatte der die Armee repräsentierende Bürger keinen Einfluß auf die Entscheidung über Frieden oder Krieg – und damit über sein eigenes und das Leben anderer. In beiden Weltkriegen überstieg der von den Wehrpflichtigen und Reservisten zu entrichtende Blutzoll die sittliche Grenze. Die europäischen Mächte, und dies gilt auch für den deutschen Nationalstaat der nach-bismarckschen Epoche, waren, wie Thomas Mann resümiert, vom Machtstaat fasziniert. Am Ende des Ersten Weltkrieges, an dem insgesamt 71 Millionen Soldaten teilnahmen, gingen mit der Donaumonarchie und dem Zarenreich auch das jahrhundertealte europäische Gleichgewichtssystem unter. George F. Kennan hat die Folgen dieses Volkskrieges »the great seminal catastrophe of this century« [»Die Urkatastrophe dieses Jahrhunderts«] und der Ökonom Josef Schumpeter den »Totentanz der Zivilisation« genannt.

Die Bundesrepublik Deutschland und die Bundeswehrführung berufen sich mit Blick auf die Einführung der allgemeinen Wehrpflicht 1956 und des damit verbundenen Reservistenstatus auf das Vorbild der vordemokratischen Reformer Preußens nach der verheerenden Niederlage gegen das napoleonische Frankreich Anfang des 19. Jahrhunderts. Freiherr von und zum Stein und Gerhard v.

Scharnhorst hatten durch ihre Reformen ein Bündnis zwischen Krone, Volk und Armee als Voraussetzung für den Willen zur Volkserhebung und zum Befreiungskampf gegen Napoleon I. Bonaparte für unverzichtbar erklärt. Sie schufen aber durch ihre Reformen auf der Grundlage der Wehrpflicht weder eine »Bürgerarmee« noch riefen sie das Prinzip des »Staatsbürgers in Uniform« ins Leben. Die nach der Reorganisation der preußischen Armee verkündete Wehrform sah dagegen eine neue Berufsarmee, also erneut ein Stehendes Heer vor. Es sollte sich nun aus freiwilligen Berufssoldaten rekrutieren, die dem revolutionären Enthusiasmus der französischen Armeen einen preußisch-deutschen Patriotismus und damit gleichwertige Kampfkraft entgegensetzen sollten. Landwehr und Landsturm als die neue Form des alten Milizsystems waren, auf dem gleichen Freiwilligkeitsprinzip aufbauend, Bindeglied und Rückhalt des Stehenden Heeres im Zeitalter des Befreiungskampfes Preußens gegen Napoleon I.
Wer die politischen und militärischen Reformen, die zur Beseitigung des napoleonischen Jochs über Preußen führten, als den Beweis für den Erfolg des Prinzips der Wehrpflicht[5] reklamiert und darüber hinaus einen zwingenden inneren Zusammenhang von Wehrpflicht, Volkssouveränität und Demokratie konstruiert, unterliegt einem zur Legende stilisierten historischen Irrtum[6].
Immer aber ist die Wehrpflicht als ethisch vertretbar und auch geboten dann postuliert worden, wenn es um die reine Verteidigung des Gemeinwesens oder das Überleben der Bevölkerung ging, so wie es Carnot, Clausewitz und Moltke formuliert haben. In dieser Rechtfertigung wurzelt die Wehrpflicht der Bundesrepublik Deutschland.

Der Mythos der Identität von Wehrpflicht und Demokratie: die *»Levée en masse«* in Frankreich

Die Große Französische Revolution, ausgelöst am 14. Juli 1789 durch die Erstürmung der Bastille, brennt als Fanal einer neuen Zeit in unserem historischen Bewußtsein. Die Grundideen der Aufklärung von Freiheit, Gleichheit und Brüderlichkeit markieren einen fundamentalen Epochenwechsel. Die absolute Monarchie der Bourbonen in Frankreich, die unter Ludwig XIV. mit dem Ausgreifen bis an die Rheingrenze ihren Höhepunkt gefunden hatte, wurde von der Revolution buchstäblich hinweggefegt. Damit war die Agonie des *ancien régime* der alten Monarchien nicht nur in Frankreich eingeläutet. Mit der Bourbonenherrschaft zerschlug der Sturm ihr unbeschränktes Machtmittel, das stehende Söldnerheer. Als Postulat der Aufklärung führte die *volonté générale*, der Allgemeinwille, zur Auflösung des aus Söldnern rekrutierten Berufsheeres, um das konstitutive Element absoluter Herrschaft zu beseitigen. An seine Stelle sollte eine allgemeine und gleiche Wehrpflicht treten. Deshalb wurden bereits 1789 in der französischen Nationalversammlung Konzepte für eine allgemeine Wehrpflicht beraten, dann aber verworfen[7]. 1791 wurde sogar die Miliz, jene seit dem Mittelalter bestehende Institution zur Landesverteidigung, die bei Gefahr im Verzuge aufgeboten wurde, abgeschafft. Die Reste der französischen Armee verfielen immer mehr; die Freiwilligenverbände aber, die aus der Nationalgarde hervorgegangen waren, erwiesen sich gegenüber den Berufsheeren der Interventionsarmeen Österreichs und Preußens als unterlegen. Wie gering das Bedürfnis nach Verteidigung der revolutionären Ideen in den Anfängen der Republik ausgeprägt war, zeigte sich im Juli 1792, als der feierliche Aufruf »Das Vaterland ist in Gefahr« nahezu wirkungslos verhallte[8]. Das Prinzip der Freiwilligkeit, Dienst mit der Waffe zu leisten, wurde erst aufgegeben, als nach der Hinrichtung Ludwig XVI. am 21. Januar 1793 die Reaktion der übrigen europäischen Dynastien gegenüber Frankreich bedrohliche Ausmaße angenommen hatte. Da die freiwilligen Meldungen zur Landesverteidigung noch immer ausblieben, antwortete die Nationalversammlung mit der Verabschiedung des Wehrpflichtgesetzes vom 24. Februar 1793, das alle wehrfähigen Männer vom 18. bis zum 40. Lebensjahr für dienstpflichtig erklärte. Auf diese Weise sollte eine Heeresstärke von 300 000 Mann aufgebracht werden[9]. Doch die praktische Anwendung führte zu zahllosen Ausnahmen einerseits und zum Aufgebot der berüchtigten *Sansculotten*[10] andererseits. In der am 24. Juli 1793 beschlossenen Verfassung setzte sich erstmals die grundsätzliche republikanische Auffassung von der Identität der bürgerlichen und der militärischen Nation durch. Diese Gleichsetzung wurde zum Prinzip republikanisch-demokratischer Staatsauffassung. Dem Bürger sollten zugleich bürgerliche und militärische Pflichten obliegen: »Allgemeines Wahlrecht und allgemeine Wehrpflicht waren korrespondierende Mittel, um Freiheit und Vaterland mit allen Kräften zu verteidigen[11].« Doch dieses Prinzip sollte reine Theorie bleiben. Erst mit einem Gesetz, das die Jakobiner am 23. August 1793 durchsetzten, wurde die Volksbewaffnung verfügt. Durch diese Verordnung sollten nun alle Franzosen für die Rettung der Republik herangezogen werden, und zwar im Rahmen einer allgemeinen – totalen – Dienstpflicht, die alle Bürger, Junge und Alte, Männer und Frauen, einschloß. Die Umsetzung dieses Gesetzes ist aufs engste mit dem Grafen Lazare Carnot verbunden. Aus der Grundüberzeugung heraus, »tout citoyen est né soldat«[12], schuf er die *»levée en masse«* – das Massenaufgebot. Die Schaffung dieses Volksheeres leitete eine epochale Wende im Militärwesen ein.

Dieses Idealbild der *levée en masse*, das dem Prinzip der Volkssouveränität entsprach, wurde von Carnot gegen den Widerstand der Mehrheit des Volkes als allgemeine und gleiche Wehrpflicht durchgesetzt. Nach seiner Überzeugung sollte es allerdings nur als zeitlich befristetes Aushilfsmittel in einer Notsituation dienen. Er dachte auch nicht an ein Heer in Friedenszeiten, das aus Wehrpflichtigen und Berufsoffizieren bestehen würde, so wie es für die spätere Entwicklung der Institution »allgemeine Wehrpflicht« zur Regel wurde. Carnots eigentliche, heute oft verkannte historische Bedeutung liegt darin, daß er mit seiner *levée en masse* lediglich ein Mittel schuf, das auf die Dauer eines Krieges allein zur Verteidigung gedacht war[13].

Vor diesem Hintergrund ist festzuhalten, daß jenes Idealbild der gegenseitigen Bedingtheit von republikanischem Geist und bewaffneter Macht in Form der allgemeinen Wehrpflicht, wie sie bis auf den heutigen Tag immer wieder beschworen wird, im revolutionären Frankreich des ausgehenden 18. Jahrhunderts nicht dem Willen des Volkes entsprach und allein durch Dekret verordnet war. Diese Identität von Demokratie und allgemeiner Wehrpflicht muß aus historischer Sicht demnach ins Reich der Mythen verwiesen werden.

Die Wehrpflicht: Mittel zur Verteidigung und zum Angriff

Lazare Carnot gründete seine Idee vom Volksheer auf das republikanische Prinzip, daß die Verteidigung des Gemeinwesens Sache aller freien Bürger sei. Seine Maxime beruhte auf der Überzeugung, daß militärische Macht nur zu defensiven Zwecken eingesetzt werden darf: »Der Krieg ist die Kunst zu bewahren; die Zerstörung stellt einen Mißbrauch des Krieges dar. Der einzige Krieg, der es verdient, als berechtigt angesehen zu werden, ist der Verteidigungskrieg, das Recht des Schwächeren ...[14].« Diese grundlegende Auffassung wurde zuerst von den Jakobinern[15] und dann von Napoleon I. in ihr Gegenteil verkehrt. Ihre pragmatischen Vorstellungen ließen die Schwüre von 1790 und 1791, niemals wieder die historischen Grenzen des Landes und des französischen Volkstums erobernd zu überschreiten, sehr rasch in Vergessenheit geraten. Aus den historischen wurden dann sehr schnell die »natürlichen« Grenzen. Als sich in Napoleon der geniale Führer gefunden hatte, die in der *levée en masse* gebündelte militärische Kraft des ganzen Volkes offensiv zu nutzen, durchbrach er mit den Revolutionskriegen alle von den alten Monarchien errichteten Dämme und überzog ganz Europa mit der Furie des Eroberungskrieges. Die Ideen Rousseaus und Kants Schrift »Zum ewigen Frieden«[16] wurden durch die Eroberungskriege Napoleons *ad absurdum* geführt. Er folgte damit weder den Idealen der französischen Revolution noch den klugen Ratschlägen eines Talleyrand, sich selbst zu beschränken. Seinem ungebändigten Machtwillen verlieh er Ausdruck, als er zu Metternich sagte, daß er sich »einen Dreck um das Leben einer Million Menschen schert«[17].

Vor einer solchen Härte des Kampfes, ausgelöst von dem völlig neuen Enthusiasmus des ganzen Volkes, verblaßte alles, was die absolutistische Monarchie ihren Untertanen zu schieren Zwecken der Macht jemals an politisch-militärischem Einsatz, an Opfern von Gut und Blut zugemutet hatte. Und wer es in dieser Zeit des Aufbruchs wagte, sich gegen die auf Eroberungskriege ausgerichtete eher zwangsweise Rekrutierung oder auf die erst vor kurzem feierlich zugesicherten Freiheitsrechte des Individuums zu berufen, sah sich sehr schnell zum Volksverräter gestempelt: »Zehntausende von Köpfen mußten die Guillotinen abhakken, um den geschlossenen Kampfwillen der französischen Nation zu sichern[18].« Die Kriegspolitik der revolutionären Regierungen Frankreichs wurde nun eben

nicht mehr durch die eher nüchterne, auch von patriarchalischen Wohlfahrtsrücksichten mitbestimmte Staatsraison der alten fürstlichen Kabinette festgelegt, die sich begrenzte Kriegsziele gesetzt hatten. Vielmehr bestimmten fortan die Leidenschaften eines nationalen, oft mit demagogischen Mitteln hochgeputschten nationalen »Volkswillens« die gnadenlose Form des Krieges[19].
Mit Napoleon Bonaparte, der Politik wie Heerführung mit der gleichen angeborenen Virtuosität meisterte, endete die Epoche der Kabinettskriege. Mit ihr verschwanden Strategie und Taktik, solche Kriege zu führen, eine militärische Kunst, die im Manövrieren auf der inneren Linie und in der »Schiefen Schlachtordnung« Friedrich des Großen ihren Höhepunkt gefunden hatte. Damit war auch die Art der Kriegführung vom Mittelalter bis ins 18. Jahrhundert beendet, die von den Grundsätzen der »Ermattungsstrategie« bestimmt war. Sie hatte in der Maxime gegipfelt, den Gegner zum Einlenken oder zum Abzug zu zwingen, nicht aber ihn zu vernichten, schon um damit die kostspielige Armee nicht zu gefährden[20]. Der Vergangenheit gehörte nun auch die Überzeugung Friedrich des Großen an: »Kriege müssen so geführt werden, daß der friedliche Bürger [...] in seiner Behausung ruhig und ungestört [bleibt] und [...] gar nicht [merkt], daß sein Land Krieg führt, würde er es nicht aus den Kriegsberichten erfahren[21].«

Das Ende des Heiligen Römischen Reiches Deutscher Nation

Der nach der Kanonade von Valmy durch Seuchen und Versorgungsprobleme am 20. September 1792 erzwungene Rückzug des österreichisch-preußischen Koalitionsheeres vor dem Ansturm einer zusammengewürfelten französischen Armee revolutionärer Sansculotten markiert – wie Johann Wolfgang v. Goethe konstatierte – eine neue Epoche der Weltgeschichte[22]. Doch um das jahrhundertealte europäische Staatensystem wirklich zum Einsturz zu bringen, mußte erst das militärische Genie Napoleon zum Ersten Konsul der französischen Republik berufen werden. Der unwiderrufliche Untergang der europäischen Monarchien schien nach der Dreikaiserschlacht von Austerlitz 1805 und der Schlacht von Jena und Auerstedt 1806 gekommen. Die politischen Erschütterungen waren so gewaltig, daß Kaiser Franz II. die Kaiserkrone des Heiligen Römischen Reiches Deutscher Nation niederlegte. Die Niederlage Preußens 1806 hinterließ einen derart verheerenden Eindruck auf die Führungsschichten des Landes, daß sich seine einst für unbesiegbar angesehene Armee geradezu ins Nichts auflöste. Den Fehler, die existentiellen Gefahren für die alten Monarchien, angelegt in den Idealen der französischen Revolution, nicht erkannt und aus den militärischen Erfolgen Napoleons keine Konsequenzen gezogen zu haben, beschreibt treffend Königin Luise: »Die göttliche Vorsehung leitet unverkennbar neue Weltzustände ein und es soll eine andere Ordnung der Dinge werden, da die alte sich überlebt hat und in sich selbst abgestorben zusammenstürzt. Wir sind eingeschlafen auf den Lorbeeren Friedrichs des Großen, welcher, der Herr seines Jahrhunderts, eine neue Zeit schuf. Wir sind mit derselben nicht fortgeschritten, deshalb überflügelt sie uns[23].« Ganz in diesem Sinne beurteilte Carl v. Clausewitz das Desaster jener Schlacht, das er dem erstarrten Denken der preußischen Generale zuschrieb: »Als im Jahre 1806 die preußischen Generale, [...] sämtlich mit der schiefen Schlachtordnung Friedrichs des Großen sich in den offenen Schlund des Verderbens warfen, war es nicht bloß eine Manier, die sich überlebt hatte, sondern die entschiedenste Geistesarmut, zu der je ein Methodismus geführt hat[24].«

Die von Napoleon I. entwickelte Tirailleur- und Kolonnentaktik erwies sich der starren, auf den Zusammenhalt des Karree gestützten Gefechtsordnung der stehenden Heere überlegen, die Kriegskunst der Feldherrn des absolutistischen Zeitalters hatten dem nichts entgegenzusetzen. Die Überlegenheit Napoleons gründete jedoch nicht etwa auf der Erfindung neuer taktischer Kunstformen oder einer neuen Waffentechnik. Napoleon war nach Auffassung der Strategen seiner Zeit als Feldherr eher kunstlos, mehr roh als genial[25]. Sein Erfolg bestand vor allem darin, daß er die Kräfte zusammenhielt zum entscheidenden Stoß an der entscheidenden Stelle. Hohe Beweglichkeit und die Zielsetzung, an den Brennpunkten stets in überlegener Zahl zur Stelle zu sein, also stets starke Reserven zur Verfügung zu haben, um die Schlachtentscheidung herbeizuführen, das war das eigentlich Neuartige napoleonischer Kriegführung. Diese Taktik setzte jedoch etwas Wesentliches voraus: sie wurde ihm auf Dauer erst durch die schier unerschöpflichen Kraftquellen der *levée en masse* ermöglicht.

Die von dem Enthusiasmus der Revolution getragenen Massenheere Frankreichs stellten in der Hand des von titanischem Machtwillen und Hegemoniestreben beseelten Napoleon die Ballung höchster militärischer Energie dar. Das Volksheer war nicht mehr Mittel zur Selbstbehauptung der Nation, sondern Instrument der Eroberung für den Usurpator und das imperiale Frankreich. In diesem Mißbrauch der Volksheere des ersten französischen Kaiserreiches wird bereits die Dimension des Menetekels sichtbar: getrieben von den Leidenschaften einer Nation und ausgenutzt von einem dämonischen Führer wird der eigentlich defensive Sinn des Volksaufgebots pervertiert. Das revolutionäre Frankreich unter der Herrschaft Napoleon I. war über zwanzig Jahre lang bereit, die gesamte Kraft des Volkes in den Dienst hegemonialen Machtstrebens zu stellen und jedes Opfer dafür zu bringen.

Wenn auch Clausewitz die geistige Unbeweglichkeit der preußischen Generalität in der Schlacht bei Jena und Auerstedt brandmarkte, so hatte er doch klar erkannt, daß die entscheidenderen Fehler weniger auf dem Gebiet der Strategie und Taktik als vielmehr auf dem der Politik gemacht worden waren[26]. Der preußische König, seine Minister und Generale hatten nicht erkennen wollen, daß Napoleon bei seiner Kriegführung die Reserven eines ganzen Volkes zur Rekrutierung eines großen Heeres heranziehen konnte und daß nicht zuletzt diese zahlenmäßige Überlegenheit die Voraussetzung seines militärischen Erfolges bildete.

Karl Reichsfreiherr vom und zum Stein (1757–1831).
Kopie von W. Körber nach einem Portraitgemälde von Johann Christoph Rincklake, 1804. (Bildarchiv Preußischer Kulturbesitz Berlin)

Die von Friedrich Wilhelm III. endlich zur Reorganisation des preußischen Staates und der Armee berufenen Reformer, Karl Freiherr vom und zum Stein und Gerhard v. Scharnhorst, zogen aus dieser Erkenntnis den Schluß, daß Napoleon und seine auf dem Rekrutierungssystem der *levée en masse* beruhende Armee nur durch ein Volksaufgebot Preußens zu bezwingen sei. Es sollte von ebenso starken und ursprünglichen nationalen Kräften getragen sein wie das französische. An die Stelle des eher seelenlosen Machtinstruments der alten Monarchien, des stehenden Söldnerheeres, mußte die kämpfende Nation treten. Das bedeutete, daß sich das gesamte überkommene Verständnis dynastischer Staatsraison, das Verhältnis von Krone, Volk und Armee, grundlegend ändern mußte. Im Sinne der Kantschen Maxime von der »Befreiung des Individuums« sollte nunmehr ein Bündnis zwischen Regierung, Volk und Armee geschlossen werden, das dem Bürger den Dienst für den Staat und dessen Souveränität den Einsatz seines Lebens wert erscheinen ließ. Freiheit und Unabhängigkeit mußten zum Lebensprinzip des Bürgers und der preußischen Nation werden.

Die Reorganisation der Preußischen Armee nach dem Tilsiter Frieden von 1807: Berufsheer, Landwehr, Landsturm[27]

Gerhard v. Scharnhorst hatte als Hannoverscher Offizier in den Koalitionskriegen gegen das revolutionäre Frankreich dessen Strategie und Taktik sowie das völlig neue Phänomen eines vom Volk getragenen Enthusiasmus der französischen Soldaten kennengelernt. Nachdem er 1801 in preußische Dienste getreten war und als Generalstabschef des Herzogs von Braunschweig die katastrophale Niederlage im Jahre 1806 und dabei die Überlegenheit der Kolonnen- und Tirailleur-Taktik des französischen Heeres erleben mußte, wurde er nach dem Tilsiter Frieden von 1807 zum Vorsitzenden der Militär-Reorganisationskommission der preußischen Armee berufen. Das geistige Fundament seines Reformwerkes, das er ebenso zäh wie unbeugsam schließlich gegen einen zaudernden König durchsetzte, sollte eine bis in die Gegenwart wirkende Tradition preußisch-deutschen Führungsdenkens und des inneren Selbstverständnisses deutscher Streitkräfte begründen. Scharnhorsts Gedankenwelt, bestimmt von den Postulaten der Aufklärung, beeinflußte Geist und Substanz aller späteren Führungsvorschriften. Nicht zuletzt auch die Gründungsväter der Bundeswehr haben versucht, an die geistigen und politischen Leitvorstellungen Scharnhorsts und der preußischen Reformer anzuknüpfen[28].
Voraussetzung, die preußische Nation zur Erhebung gegen die napoleonische Herrschaft zu gewinnen, war u.a. die Abschaffung der Erbuntertänigkeit der Landbevölkerung und die Einführung einer auf der Mitverantwortung des einzelnen beruhenden Gemeindeordnung. Freiwilligkeit und Mitverantwortung, diese Maxime Steins bildete die Grundlage der Scharnhorstschen Formel vom »Bündnis zwischen Regierung und Nation« im März 1808[29].
Für Preußen überwog zunächst die Notwendigkeit, einen nationalen Patriotismus zu entwickeln, der sich als Kraftquell der Erhebung gegen den Bonapartismus und die napoleonische Herrschaft beweisen sollte. Zur Erreichung dieses Zieles bildete das von Scharnhorst geschaffene Krümpersystem eine wesentliche Voraussetzung: Um die von Napoleon festgesetzte Heeresbeschränkung auf 42.000 Mann zu umgehen, wurden in einem ständigen Wechsel Rekruten zu kurzfristiger Ausbildung einberufen, so daß etwa 36.000 Wehrpflichtigen und späteren Reservisten mit der Heranziehung zum Waffendienst das Gefühl selbständiger, eigenverantwortlicher und nationaler Verpflichtung vermittelt wurde.

Gerhard von Scharnhorst, preußischer General (1755–1813). Kreidelithographie, um 1815. (Bildarchiv Preußischer Kulturbesitz Berlin)

Freiherr vom Stein und Wilhelm v. Humboldt gingen aber bei ihren Reformen noch einen Schritt weiter. Die Sublimierung aller geistigen Kräfte des Volkes für einen Befreiungskampf war für sie die Ausdehnung des Bündnisses von Krone, Volk und Armee auch auf Kirche und Schule. Diesen Institutionen wurde die Aufgabe zugewiesen, »... einen sittlichen, religiösen, vaterländischen Geist in

der Nation zu heben, ihr wieder Mut, Selbstvertrauen, Bereitwilligkeit zu jedem Opfer, für Unabhängigkeit von Fremden und für Naturlehre einzuflößen«[30]. Diese idealistische Leitlinie bildete das Fundament der grundlegenden Überzeugungen Scharnhorsts: »Es scheint bei der jetzigen Lage der Dinge darauf anzukommen, daß die Nation mit der Regierung aufs Innigste vereinigt werde, daß die Regierung gleichsam mit der Nation ein Bündnis schließt, welches Zutrauen und Liebe zur Verfassung erzeugt und ihr eine unabhängige Lage wert macht[31].« Deshalb legte er in einem Immediatbericht vom 31.August 1807 einen Entwurf zur Verfassung der Reservearmee vor[32], die ein Konzept für die Aufbietung von Streitkräften bot, die erst im Kriegsfalle eingesetzt werden sollten. Solche Überlegungen gingen zwar von dem Postulat aus, »alle Bewohner des Staats sind geborene Verteidiger desselben«[33], ihre organisatorische Umsetzung zielte jedoch nicht auf die Einführung der allgemeinen Wehrpflicht, da nicht alle Soldaten in einer einheitlichen Streitmacht zusammengefaßt wurden. Das System spaltete vielmehr die Armee in ein stehendes Berufsheer und in eine Reservearmee. Diese Zweiteilung der Streitkräfte sollte bis in die Zeiten der deutschen Wehrmacht die bestimmende Wehrverfassung bleiben.
Die Begründung der Scharnhorstschen Reorganisationskommission für diese Trennung folgte dem Gedanken, daß es »... einen großen Aufwand bedarf, indem eine solche mit Gewalt ausgehobene Mannschaft nicht durch die Liebe für das Vaterland und seine Verfassung sich großen Aufopferungen unterwirft, sondern daß diese nur durch Disziplin und einen durch den Krieg erzeugten kriegerischen Geist bewirkt werden kann«[34]. Aus dieser Einschätzung muß geschlossen werden, daß selbst eine durch weitreichende Reformen geförderte individuelle Freiheit den einzelnen nicht zwangsläufig zu einer umfassenden Freiwilligkeit zum Dienste am Vaterland veranlaßt.

Die Erhebung Preußens

Das Signal zur Erhebung Preußens und zu den Befreiungskriegen bildete dann das von Burggraf von Dohna und auf Carl v. Clausewitz zurückgehende Gesetz über die Landesbewaffnung und Errichtung der »Landwehr« vom 9. Februar 1813, während man bisher von »Nationalmiliz« gesprochen hatte. Doch alle diese Maßnahmen wurden erst durch die säkulare Entscheidung General Yorck von Wartenburgs, seiner »Konvention von Tauroggen« wirksam, die »dem Wesen preußischer Haltung des Handelns in verantwortlicher Lage auch gegen den Befehl«[35] entsprach. Yorck hatte durch seine Entscheidung am 30. Dezember 1812, das der französischen *grande armée* unterstellte preußische Hilfskorps für neutral zu erklären, »... dem Schicksal in die Räder gegriffen und sie zur anderen Richtung gebracht«[36]. Am 17. März 1813 erfolgte dann der Aufruf »An mein Volk«, der Befehl zur Bildung von Landwehr und Landsturm, wodurch jeder 17. Einwohner des viereinhalb Millionen Einwohner zählenden König-

reichs Preußen zum Soldaten, zum befristeten »Bürger in Uniform« wurde. »Bürger in Uniform« bezog sich also nur auf die Reserveformationen.
Dieser Aufruf König Friedrich Wilhelm III. hat die bis dahin nicht bestehende Brücke zwischen Fürst und Volk geschlagen[37]. Ihr hervorstechendes Kennzeichen war die Begeisterung und Opferwilligkeit, mit der namentlich die gebildeten Schichten diesem Aufruf folgten, während die akademische Jugend begeistert in die neu errichteten »Freiwilligen Jäger« und die Landwehr eintrat[38].
Die Errichtung der Landwehr darf als die ideelle Krönung der preußischen Heeresreform gelten, da damit unter der Devise »Mit Gott für König und Vaterland« das ganze Volk in das Bündnis von Regierung und Nation aufgenommen war, und die Scharnhorstsche Maxime, »alle Bewohner des Staates sind geborene Verteidiger desselben«[39], eine realistische Basis erhielt. Gleichwohl, die allgemeine Volksbewaffnung war auch der Kritik ausgesetzt, nicht zuletzt durch den König selbst. In altem, ständischem Denken verhaftete Geister befürchteten, daß der bürgerliche und »jakobinische« Geist der Landwehr auch in die alte königliche Berufsarmee eindringen und zu einer Gefahr für das monarchistische Regierungssystem werden könnte.
Wenn auch Landwehr und Landsturm das politische Ethos und die sittliche Triebkraft der Erhebung Preußens repräsentierten und nach dem Untergang der alten friderizianischen Armee eine Brücke zum Volk schlugen, so haben sie dennoch zur militärischen Überwindung Napoleons nur wenig beigetragen. Die nur eingeschränkte militärische Tauglichkeit der Landwehrsoldaten sollte schließlich nicht nur die Zweiteilung der Streitkräfte in »Linie« und »Landwehr« aufrechterhalten, sondern viel später noch, bei der Roonschen Reorganisation der Streitkräfte von 1860, zu einem nachdrücklichen Plädoyer für die Abschaffung der Landwehr als eigenständiger militärischer Organisation führen[40].
Napoleons Armeen wurden schließlich von den Berufsarmeen der Verbündeten geschlagen, in deren Zentrum die Schlesische Armee unter Feldmarschall Lebecht v. Blücher stand. Es ist deshalb festzuhalten, daß der Einsatzwert des Reservisten der Landwehr dem des Berufssoldaten nachstand. Selbst Carnot hatte aus diesem Grunde nach nur dreijähriger Dauer das Wehrpflichtgesetz wieder aufgehoben. Aus den gleichen und weiteren Gründen wurde auch der Nationalmiliz eine Absage erteilt, einer Wehrstruktur, die süddeutsche Liberale um Karl v. Rotteck für eine zukunftsweisende und den angestrebten politischen Verhältnissen adäquate militärische Organisationsform hielten, die dem Ziel einer Verbürgerlichung der Armee diene[41]. Die Rekrutierung großer Berufsarmeen unter der Fahne des Königs stellte aber trotzdem kein Problem dar, weil der französischen und später der preußischen Armee genügend Freiwillige zuströmten.

Das Wehrpflichtgesetz von 1814 in Preußen

Das Gesetz über die »Verpflichtung zum Kriegsdienste« vom 3. September 1814[42] verpflichtete alle männlichen Einwohner Preußens, die das 20. Lebensjahr vollendet hatten, »zur Vertheidigung des Vaterlandes« und verwirklichte damit die Idee von der Allgemeinen Wehrpflicht. Es beendete das veraltete Kantonsystem von 1792, das zahlreiche Exemptionen vom Militärdienst zugelassen und deshalb zu dem geflügelten Wort vom »unsicheren Kantonisten« geführt hatte. An die Stelle des früheren Heeres, das noch barbarische Leibesstrafen gekannt hatte, trat nunmehr auf gesetzlicher Grundlage ein gänzlich neues Militärsystem.

Das Wehrpflichtgesetz faßte eine Reihe von Vorläuferverordnungen zusammen und gliederte die Armee in das Stehende Heer, die Landwehr des ersten und des zweiten Aufgebots sowie den Landsturm. Das Stehende Heer – die »Linienarmee« – sollte die »Haupt-Bildungsschule der ganzen Nation für den Krieg« sein[43]. Die Wehrpflichtigen – Ausnahmen wurden nicht mehr zugelassen – konnten zwischen ihrem 17. bis 24. Lebensjahr im Stehenden Heer dienen, oder sich freiwillig zum Dienst in den seit 1813 errichteten »Jägerdetachments« melden, die zwar der Linie zugeordnet waren, aber eine freiere Stellung genossen. Für wehrpflichtige junge Leute des Bildungsbürgertums wurde die Institution des »Einjährig-Freiwilligen« eingerichtet, ein Charakteristikum der allgemeinen Wehrpflicht in Preußen. Wer Besitz oder Bildung nachweisen konnte, diente nur wenige Monate und konnte, dem Adel gleichgestellt, Offizier werden. All dem lag der Gedanke Scharnhorsts zugrunde, im Bürger politisches Verantwortungsbewußtsein zu wecken und sich aus freien Stücken Heer und Monarchie zur Verfügung zu stellen.

Die Landwehr, dem Stehenden Heer theoretisch gleichberechtigt zur Seite gestellt, hob die ständische Trennung von Heer und Volk endgültig auf. Der Auftrag der Landwehr ruhte vorwiegend in der altüberkommenen Tradition der Landesdefension, also der Heimatverteidigung. In ihr sollten vorwiegend Freiwillige dienen; diese wurden aber durch wehrfähige Männer zwischen dem 17. und dem 40. Lebensjahr ergänzt, so daß auch die Landwehr teilweise auf der Wehrpflicht beruhte. Der gebildete Bürger konnte zum Offizier gewählt werden[44].

Im Hinblick auf das tiefgreifende Reformwerk in Preußen ist aber auch der skeptische Realismus Steins von Bedeutung, der von der Freiwilligkeit des Bürgers keine Wunder erwartete. So war er der Auffassung, daß die Bauern, soeben von Erbuntertänigkeit und Leibeigenschaft befreit, nur langsam an selbständiges Handeln gewöhnt werden sollten, ehe man sie zu Versammlungen einberufen und ihnen politische Entscheidungen anvertrauen werde[45].

Das Steinsche Reformwerk und die Allgemeine Wehrpflicht

Das große Reformwerk, das während der kurzen Ministerschaft Steins vom September 1807 bis November 1808 mit Entschiedenheit begonnen wurde, leitete nach den Befreiungskriegen und durch die gesetzlich festgelegte allgemeine Wehrpflicht endgültig den Übergang vom absolutistischen zum Verfassungsstaat ein, wenn auch der preußische König seine Versprechungen, Preußen eine Verfassung zuzugestehen und einen deutschen Nationalstaat zu schaffen, nicht gehalten hat. In dieser Periode des Übergangs zu einer neuen Ordnung, in der jeder männliche Bürger durch die neue allgemeine Dienstpflicht für das Gemeinwohl Verantwortung trug, sollte eine neue und zeitgemäße Einstellung gegenüber dem Staat das Bewußtsein des Bürgers für staatliche Belange öffnen. Bemerkenswerterweise führte Preußen die allgemeine Wehrpflicht ein, als nach dem Sieg gegen Napoleon I. ein Volksaufgebot nicht mehr erforderlich war. Insoweit ist die allgemeine Wehrpflicht von 1814 nicht dem patriotischen Geist der Landesverteidigung entsprungen. Sie erhielt eine »von oben« verordnete Ausrichtung gegen das Prinzip der Freiheit des Individuums. Realiter diente sie somit vordringlich eher der Erziehung zur Staatsraison und zum Gehorsam, aber weniger der freien Entfaltung der Persönlichkeit der Dienstpflichtigen. Auch darf im Hinblick auf den noch heute gültigen Vorbildcharakter der stein- und scharnhorstschen Grundüberzeugungen nicht übersehen werden, daß in der unmittelbaren Umgebung Steins Männer wie Niebuhr, Sack oder Vincke nachhaltig Widerstand gegen die allgemeine Wehrpflicht leisteten. Letzterer bezeichnete sie, weil sie dem Freiheitsprinzip eklatant widerspräche und auch zur geistigen Disziplinierung benutzt werden könne, gar als das »Grab aller Kultur«[46].
Neben der kulturpessimistischen Einschätzung, die Wehrpflicht und die strenge Hierarchie des Militärapparates lege der freien Selbstbestimmung des einzelnen Fesseln an, trat gegen Ende des 19. Jahrhunderts noch eine andere verhängnisvolle Auswirkung der Wehrpflicht zutage, der Volkskrieg. Nachdem sich am Ende des deutsch-französischen Krieges 1870/71 durch Léon Gambettas Aufruf erstmals die bisher ungeahnten Dimensionen von Volkskriegen offenbart hatten, zeigte der Erste Weltkrieg ein neues, schreckliches Antlitz. Es war der Krieg eines »Volkes in Waffen« [...], »an dem sich jeder, wenn er irgendeine Waffe tragen konnte [...] zu beteiligen hatte«. Dem Prinzip folgend, daß jeder Bürger der geborene Verteidiger seines Landes sei, konnte der Volkskrieg zunächst nur Verteidigungskrieg sein. Die Tatsache jedoch, daß j e d e r Angehörige des feindlichen Staates nunmehr als Feind anzusehen war, ließ den Volkskrieg zu einem Krieg nicht zwischen Heeren, sondern zwischen Völkern werden und kennzeichnete damit einen Rückfall in eine barbarische Form der Kriegführung[47]. Bedingt durch das Wehrpflicht- und Reservistensystem war der Volkskrieg gekennzeichnet vom Kampf bis zur totalen Erschöpfung der menschlichen und materiellen Ressourcen, andererseits von einer schier unbegrenzten »Durchhaltefähigkeit« der kriegführenden Staaten. Es waren die Wehrpflichtigen und die Reservisten,

die sich in der Totalität zukünftiger Konflikte als das eigentliche »Material der Materialkriege« erweisen sollten[48].

Der gebildete Offizier als Grundpfeiler preußisch-deutscher Militärtradition

Ehe die Scharnhorstsche Heeresreform voll zur Geltung kam – von den 143 Generälen des Jahres 1806 blieben 1813 nur Blücher und Tauentzien übrig – wollten manche preußischen Offiziere auf eigene Faust die Erhebung Preußens gegen das französische Joch einleiten. So war es Major v. Schill, der bereits 1809 mit seiner »Schwarzen Schar« unter der Parole »Lieber ein Ende mit Schrecken, als ein Schrecken ohne Ende« auf eigene Faust zur allgemeinen Erhebung aufrief[49]. Doch die Zeit war noch nicht reif. Denn Scharnhorsts Konzept vom Bürger als geborenem Verteidiger des Staates, durch das auch die Bevorzugung des Adels beseitigt werden sollte, setzte einen völlig neuen Typus Offizier voraus.
Dieser neue Offizier, der ab 1810 in der reformierten Allgemeinen Kriegsschule und späteren Kriegsakademie heranzubilden und zu formen war, sollte eine von Scharnhorsts grundlegenden Ideen verwirklichen. Er sollte nun die »Ehre des Soldaten« sichern, deren Anerkennung sich an den Menschen- und Persönlichkeitsrechten ausrichtete. Auf diese Weise wurden der preußische Berufssoldat des aktiven, stehenden Heeres und der Reservist der Landwehr und des Landsturms zu gleichgeachteten Mitgliedern der Gesellschaft. Die Reservisten der Landwehr wurden zu »Bürgern in Uniform«[50].
Das System, daß die Gebildeten durch den einjährig-freiwilligen Dienst Offizier werden konnten, führte im Laufe der Zeit zu einer immer engeren Verbindung zwischen Bürgertum und Armee, was längerfristig bis zum Ende der Monarchie auch wesentlich zur Militarisierung der Gesellschaft beitrug. Als Reserveoffizier, der nach der Reorganisation an die Stelle des Landwehroffiziers getreten war, genossen die Angehörigen vor allem des Großbürger- und höheren Beamtentums Privilegien, die ansonsten in einer noch immer feudal-monarchistisch orientierten Gesellschaft nur der adeligen Führungsschicht zukamen. Gesellschaftlich konnte der Bildungsbürger als Reserveoffizier theoretisch alle sozialen Schranken bis hin zur Hoffähigkeit durchbrechen – wenn das auch nur in Ausnahmefällen geschah. Andererseits schuf sich der Staat neben dem dringend erforderlichen Nachwuchs an Subalternoffizieren ein Substrat zuverlässiger und militärisch orientierter Untertanen, die ein Interesse an der Stabilisierung der herrschenden politischen Ordnung hatten und deren Ziele nachhaltig stützten. Dazu stand der Reserveoffizier unter der Kontrolle der Armee und trug deren gesellschaftlich-politische Vorstellungen hinüber ins Zivilleben[51].
Es darf nicht übersehen werden, daß schon sehr frühzeitig solche Vorstellungen, ähnlich denen, die zur Einführung der Wehrpflicht führten, umstritten waren. So stellte sich ein weitblickender Geist wie General Yorck einer weiteren Überzeu-

gung Scharnhorsts entgegen und wandte sich entschieden gegen die »moderne Gleichmacherei«, daß nämlich bürgerliche Fähnriche gemäß der neuen Ordnung nach bestandener Prüfung von den Hauptleuten und Stabsoffizieren des Regiments zum Offizier gewählt und dem König präsentiert wurden[52]. Gleichwohl konnte sich Scharnhorsts Idee vom gebildeten Offizier schließlich auch deshalb durchsetzen, weil ein erheblicher Teil des preußischen Adels durch Hauslehrer und Universität bereits gebildet war und weil darüber hinaus der preußischen Armee durch die Reservisten in Landwehr und Landsturm ein Potential aus dem Bildungsbürgertum zugeführt wurde, das von den Vorstellungen Fichtes in den »Reden an die deutsche Nation«, von Ernst Moritz Arndts »Geist der Zeit«, Schleiermachers patriotischen Ansprachen oder Theodor Körners Gedichten[53] bereits durchdrungen war. Dieser Geist des deutschen Idealismus bildete den Humus für die Verwirklichung der universalen Idee von einer zweckfreien Bildung eines Wilhelm von Humboldt, der Anfang 1809 an die Spitze des preußischen Kulturressorts berufen worden war. Scharnhorst setzte diesen Gedanken in die Forderung um, ein *»studium generale«* in die Offizierausbildung aufzunehmen. Stein, Scharnhorst und Humboldt erfüllten durch ihre Reformen das Gebot ihrer Epoche mit Leben: »Freiheit im Gehorsam«[54] zur Befreiung Preußens von der Fremdherrschaft.

Scharnhorsts Überzeugung, daß der gebildete Offizier und der Soldat von Ehre die Voraussetzungen für ein Reformwerk darstellten, fand in seiner unmittelbaren Umgebung herausragende Repräsentanten: Neidhardt v. Gneisenau, Boyen

Theodor Körner, Friesen und Hartmann auf Vorposten, 1815. Öl auf Leinwand von Georg Friedrich Kersting. (Bildarchiv Preußischer Kulturbesitz Berlin)

und Carl v. Clausewitz führten Scharnhorsts Werk nach dessen tödlicher Verwundung in der Schlacht von Großgörschen 1813 eindrucksvoll fort. Das militärphilosophische Werk »Vom Kriege« Carl v. Clausewitz' legte das Fundament für das politische Prinzip vom Primat der Politik und für das preußisch-deutsche militärische Führungsdenken. Der Begründer und Chef des Großen Generalstabs, Helmuth von Moltke, setzte später durch seine auf die Ideen der Aufklärung und den deutschen Idealismus zurückgehende Maxime »überhaupt – Gehorsam ist Prinzip, aber der Mann steht über dem Prinzip«[55] den großen Geistern der preußischen Reformzeit Scharnhorst, Gneisenau, Boyen, Yorck und Clausewitz ein Denkmal. Diese Grundüberzeugung sollte zum Fundament des Verhältnisses vom Offizier zum Soldaten werden, das sich auch in der Felddienstordnung für die preußisch-deutsche Armee aus dem Jahre 1908 widerspiegelt[56].

Auszug der ostpreußischen Landwehr, 1860/61.
Gemälde von Gustaf Graef.
(Museum Ostdeutsche Galerie Regensburg)

Die Zeit der Restauration in Preußen nach 1815

In der Zeit der Restauration nach 1815 sahen die Nachfolger Scharnhorsts und Gneisenaus ihre Hauptaufgabe darin, das Bewußtsein der Wehrpflichtigen systematisch mit dem »rechten Soldatengeist« zu durchdringen und sie auf jede

Weise gegen liberales Ideengut zu immunisieren. Die Armee – zumindest in Preußen – sollte die »Erziehungsschule der Nation« sein[57]. Die allgemeine Wehrpflicht diente in dieser Epoche der politischen Stagnation als erzieherisches Mittel, durch königstreue Wehrpflichtige und Reservisten einen Damm gegen das Vordringen liberaler Ideen zu bilden, während später, nach der Reichsgründung von 1871 der Ausbreitung sozialdemokratischen Gedankenguts ein Riegel vorgeschoben werden sollte[58].

Im Zuge der Roonschen Heeresreform wurde durch Kabinettsordre vom 23. Februar 1860 die Landwehr als selbständige Institution aufgehoben. Mit dieser Strukturreform war in Preußen dem Dualismus zwischen Linie und Landwehr ein Ende gesetzt und einer »Verbürgerlichung der Armee« die Grundlage entzogen. Das stehende Berufsheer konnte wieder ein Eigenleben innerhalb der Gesellschaft führen; es befand sich weitgehend in der Hand des königlichen Souveräns. Damit war auch Scharnhorsts Idee von einem Bündnis zwischen Armee und Volk die Substanz entzogen. Die neue Wehrstruktur behielt trotz erbitterter Gegenwehr der liberalen Mehrheit im preußischen Landtag die dreijährige Dienstpflicht bei. Auf ihrer Grundlage wurden die Einigungskriege von 1864 bis 1870/71 erfolgreich geführt. Während dieser Kriege trat jedoch ein Paradoxon zutage: einerseits verhielt sich die zu Disziplin und unbedingtem Gehorsam erzogene preußische Berufssoldaten-Armee unbeirrbar königstreu, andererseits zeigte das Offizier- und Unteroffizierkorps auf allen Führungsebenen anstatt sturen Gehorsam eigenständige Verantwortungsfreude, Mitdenken und selbständiges Handeln im Sinne der »Auftragstaktik«. Diese als singulär zu bezeichnende Führungsmethode, die eigentlich im Widerspruch zu dem immer wieder kolportierten, angeblich blinden preußischen Gehorsam stand, hatte schon Prinz Friedrich Karl mit folgenden Worten beschrieben:

> »Überhaupt scheint mir [...] [sich] auch in den preußischen Offizierkorps [...] ein ungewöhnlicher Sinn nach Unabhängigkeit von oben und Aufsichnehmen der Verantwortlichkeit wie in keiner anderen Armee herausgebildet zu haben. Wir lassen, wie die Dinge naturgemäß einmal liegen, dem Ingenium des Einzelnen freieren Lauf[59].«

Im Führungsprinzip der Auftragstaktik lebte trotz der politischen und organisatorischen Rückschritte der Epoche das Vermächtnis der Scharnhorstschen und Gneisenauschen Maxime der Eigenverantwortung fort. So legte Kaiser Wilhelm II. in der zitierten Felddienstordnung von 1908 persönlich fest:

> »Der für die Handhabung des Felddienstes gelassene Spielraum soll der selbständigen Überlegung und Tätigkeit der Führer zugute kommen. Er darf nicht durch Anordnungen der Vorgesetzten eingeengt werden[60].«

Das Prinzip Führen nach Auftrag, das dem Vorgesetzten möglichst freie Hand, aber damit auch die Verantwortung überläßt, verkörpert eine Kontinuitätslinie von den preußischen Armeen der Befreiungskriege über die Einigungskriege und die Armeen des Ersten und Zweiten Weltkrieges bis hin zur Bundeswehr. Dieses Prinzip des Führens mit dem Mittel des Auftrags[61] durchdrang in so hohem Maße die deutschen Armeen, daß auch Reservesoldaten, wenn sie an die Stelle der ausgefallenen Führer traten, diese Führungsphilosophie mit großem Erfolg anzuwenden wußten.

Die Wehrpflicht und der Reservistenstand – politisches Mittel staatsbürgerlicher Disziplinierung von 1815–1914

Als Kriegsminister General v. Roon und Generalstabschef v. Moltke sich vergeblich gegen ein »Volk in Waffen« gewehrt hatten und die befürchtete Konsequenz, die Radikalisierung des Krieges, nicht verhindern konnten, entdeckte die Monarchie in der Wehrpflicht und dem Reservistenstatus die Chance politischer Beeinflussung und Disziplinierung. Solche Möglichkeiten standen unter der Parole »die Gesinnung macht den Soldaten«, wobei die Konservativen, Liberalen und Sozialdemokraten darunter Unterschiedliches, ja Diametrales verstanden. Für die Krone und die ihr verbundenen Konservativen war die Armee auch ein innenpolitisches Machtinstrument. Für die Liberalen löste die Wehrpflicht einen Demokratisierungseffekt aus. Für die Sozialdemokraten bot sie unter dem Aufruf »geht massenweise in die Armee« die Chance, sozialdemokratisches Gedankengut zu verbreiten.
Nachdem die Armee lange als die »Erziehungsanstalt des Staates« gesehen worden war, wurde sie nun einerseits zur »Schule der Nation«, das heißt, der regierenden Klasse. Andererseits wandelte sie sich aber auch zum Kampffeld parteipolitischer Programmatik.
Damit wurde das innere Gefüge der Armee von unterschiedlichen politischen Überzeugungen beeinflußt, die befürchten ließen, daß trotz des hierarchischen Prinzips von Befehl und Gehorsam die gebotene Neutralität der Waffenträger und die für Streitkräfte unverzichtbare innere Geschlossenheit untergraben würden. Die daraus resultierende Gefahr einer Minderung der Einsatzfähigkeit im Kriege wurde noch durch die Befürchtung verstärkt, die Armee könnte nicht mehr verläßliches Instrument der Krone im Inneren sein.
Neben solchen Einschränkungen und innenpolitischen Unwägbarkeiten verursachte die Wehrpflicht insgesamt betrachtet mehr Probleme als Vorteile: so gelang es nicht, die tauglich gemusterten Rekruten der jeweiligen Jahrgänge auch tatsächlich einzuberufen. Im Durchschnitt waren es bei Ausbruch des Ersten Weltkrieges in Deutschland 36,5 %, wodurch eine empfindliche Wehrungerechtigkeit geschaffen wurde[62]. Die Spirale von Heeresvermehrungen und Rüstungsdynamik führte zu immer größeren Wehrpflichtarmeen der europäischen Mächte und ihrer potentiellen Gegner. Die sich aus der befürchteten »Einkreisung des Reiches« ergebende Gefahr eines Zweifrontenkrieges zwang die Reichs- und Armeeführung dazu, die Heeresstärke an dem Potential mehrerer Staaten zu orientieren. Diese Lage schuf ins Unbeherrschbare anwachsende Finanzierungsprobleme. Ende 1912 wurde deshalb der damalige Oberst des Generalstabs Erich Ludendorff gemahnt: »Wenn Sie es so weitertreiben mit Ihren Rüstungs-

forderungen, dann bringen Sie das Deutsche Volk zur Revolution«[63]. So bewirkte die kompromißlose Durchsetzung der Wehrpflicht in ganz Europa ein neues Phänomen, ein sich beschleunigendes personalintensives Wettrüsten.
Den einzigen Ausweg aus der Dynamik von Heeresvermehrungen und Rüstung sah der Nachfolger v. Schlieffens, Helmut v. Moltke d.J., zusammen mit Reichskanzler v. Bethmann-Hollweg darin, vor den tödlichen Gefahren eines erneuten Waffengangs im Zeitalter des Volkskrieges zu warnen, der ganz Europa in Brand stecken könne und an dessen Ende es keinen Sieger geben werde[64]. Gleichzeitig spaltete das Wettrüsten den Reichstag. So standen die Sozialdemokraten den militärischen Institutionen des Reiches bis zum Ausbruch des Ersten Weltkrieges mit scharfer Ablehnung gegenüber; Rüstungsvorlagen konnten niemals auf die Zustimmung der SPD rechnen[65]. Diese Partei hätte überhaupt die allgemeine Wehrpflicht am liebsten durch ein Milizsystem ersetzt, also mit der von oben am wenigsten kontrollierbaren Form der Volksbewaffnung.
Die Wendung der deutschen Außenpolitik unter Kaiser Wilhelm II., das Streben nach Weltgeltung, stand allerdings mit der weitverbreiteten Einstellung der Deutschen und damit eines großen Teils des Reservistenheeres im Einklang: »Die Stimmung ist nahezu Allgemeingut der Nation, daß wir nur durch einen großen europäischen Krieg die Freiheit zu unserer weltpolitischen Betätigung uns erkämpfen können[66].« Diese Haltung und das einsatzbereite Volksheer[67] veranlaßten den nationalliberalen Politiker Edmund Rebmann im Februar 1913 zu den Worten: »Sagen wir wieder einmal dem Volke: Wir haben unsere Waffen und wir wollen sie brauchen, der Teufel soll holen, wenn wir nicht wieder dieselbe Sache erhalten wie im Jahr 1870[68].«
Das Volksheer und die militarisierte Stimmung in weiten Teilen der europäischen Staaten führten zu einer latenten Bereitschaft, Probleme, die politischen und wirtschaftlichen Konflikten entsprangen, mit militärischer Macht zu lösen. In Deutschland konnte sich deshalb Reichskanzler v. Bethmann-Hollweg wiederholt im Deutschen Reichstag am Vorabend des Ersten Weltkrieges nicht mit seinen Mahnungen durchsetzen, als er eindringlich vor den Folgen eines Krieges warnte[69].

Der Mythos vom »kurzen Krieg«

Die schnellen Erfolge der preußisch-deutschen Waffen in den Kriegen von 1864, 1866 und 1870/71 hatten den Mythos vom »kurzen Krieg« begründet[70]. Doch der greise Feldmarschall v. Moltke trat dieser Hoffnung als Abgeordneter im Deutschen Reichstag 1890 entschieden entgegen:

> »Wenn der Krieg [. . .] kommt, so ist seine Dauer und sein Ende nicht abzusehen. Es sind die größten Mächte Europas, welche, gerüstet wie nie zuvor, gegeneinander in den Kampf treten; keine derselben kann in einem oder in zwei Feldzügen so vollständig niedergeworfen werden, daß sie sich überwunden erklärte[71].«

Helmuth Graf von Moltke, preußischer Generalfeldmarschall (1800–1891). Portraitfoto Reichard & Lindner, Berlin, um 1875. (Bildarchiv Preußischer Kulturbesitz Berlin)

Und er beschrieb das von ihm so sehr gefürchtete grauenhafte Antlitz des Volkskrieges im Industriezeitalter mit den Worten: »Schlimm genug, wenn sich die Armeen zerfleischen müssen; man führe doch nicht die Völker gegeneinander, das ist kein Fortschritt sondern ein Rückschritt in die Barbarei[72].« 1870 gab er dem Drängen von Politikern und Militärs nicht nach, angesichts des täglich zahlenmäßig immer überlegener werdenden französischen Volksheeres die Landwehr aus der Heimat in Marsch zu setzen[73]. Wie schon in den Befreiungskriegen hatten deshalb die Reservisten der Landwehr keinen Anteil am Sieg. Ein Krieg war für Moltke ein regulierter Kampf zwischen Staaten mit regulären Heeren um die Macht. Schließlich zeigten sich aber die preußisch-deutschen Linienarmeen im Kampf gegen die an Zahl weit überlegene französische Volksarmee Gambettas, eine Art Volksaufgebot, überlegen[74]. Für Moltke war im Sinne von Clausewitz ein Volkskrieg unter Einsatz von Landwehr und Landsturm nur legitimiert, wenn darin die letzte Rettung des Landes erblickt wurde[75]. Ansonsten war für ihn der Volkskrieg, der den kurzen Krieg immer unmöglicher erscheinen ließ, eine Entartung, mit der auch ein Niedergang der Kriegskunst verbunden sein würde.

Landwehr und Landsturm, und damit das Reservistenkonzept der allgemeinen Wehrpflicht, waren zwar Ausdruck der Volksbewaffnung. Das System zielte jedoch primär auf die Verteidigung der Heimat[76]. Diese strikte Beschränkung der Verwendung von Reservekontingenten zur Abwehr einer gegnerischen Invasion wurde aber bereits von einem der Nachfolger Moltkes, Generalfeldmarschall Alfred Graf v. Schlieffen, aufgegeben. Schlieffen gliederte nämlich in seinem Angriffsplan gegen Frankreich, dem sog. Schlieffen-Plan von 1905, in großem Umfang aus Reservisten bestehende Reservekorps in die 1. und 2. Angriffsarmee ein, um dadurch die notwendige Überlegenheit des rechten Flügels sicherzustellen, die angesichts des drohenden Zweifrontenkrieges unverzichtbar schien. Erstmals wurden also genuine, organische Reservekontingente dem Dogma der Vernichtungsschlacht untergeordnet – und mit dem Ziel eines »kurzen Krieges« von vornherein als Schlüssel zum Erfolg eingeplant[77]. Damit wurde das Moltkesche Prinzip, die »Reservearmee Landwehr« nicht zu Entscheidungsschlachten heranzuziehen, im Kaiserreich Wilhelm II. aufgegeben. Es machte dem 1905 unter dem Eindruck der militärischen Schwäche Rußlands entworfenen Schlieffen-Plan Platz, der in den darauf folgenden Jahren vom neuen Generalstabschef Helmuth v. Moltke d.J. den sich rasant entwickelnden außenpolitischen Konstellationen aber nicht angepaßt, sondern eher verwässert wurde. Das »eingekreist geborene Reich« sah nur in einem offensiv geführten Krieg die Chance, angesichts eines unvermeidbaren Mehrfrontenkrieges zum Erfolg zu kommen. Die durch die Wehrpflicht und das Reservistensystem möglich gewordene Aufstellung von originären Reservekorps wurde deshalb zu einer entscheidenden Komponente des Schlieffen-Plans[78].

Der Erste Weltkrieg. Die »Urkatastrophe des 20. Jahrhunderts[79]«

Die deutsche Armee zog im August 1914 – wie alle anderen am Krieg beteiligten Heere der europäischen Staaten – mit Begeisterung ins Feld. In diesem an das Jahr 1813 erinnernden Patriotismus unterschieden sich Berufssoldaten, Freiwillige, Wehrpflichtige und Reservisten nicht. Das Wort Wilhelm II., »Ich kenne keine Parteien mehr, ich kenne nur Deutsche«[80], brachte die Stimmung im deutschen Volk auf den Punkt, führte zum »Burgfrieden der Parteien« und zur Zustimmung der SPD zu den Kriegskrediten. Der deutsche Soldat war überzeugt, mit seinem Einsatz zur Sicherung der Existenz des Vaterlandes aufgerufen zu sein. Die unterschiedlichen politischen Einstellungen traten unter der Devise, das Vaterland sei in Gefahr, zurück und wichen einer ungeheuren patriotischen Begeisterung[81]. Der Armee strömten Freiwillige insbesondere aus der studentischen Jugend zu. Allerdings war die Begeisterung der jungen Soldaten auch von einem überwältigenden Gefühl der Überlegenheit[82] und von der Vorstellung eines kurzen Krieges nach dem Vorbild von 1870/71 getragen, die sich in der Voraussage des Kaisers, »Ihr werdet wieder zuhause sein, ehe noch das Laub von den Bäumen fällt«[83], widerspiegelte. Als sich der kurze Krieg als Illusion erwies, als der Volkskrieg sein gefräßiges Antlitz in den Materialschlachten gezeigt hatte, trat beim Frontsoldaten an die Stelle des anfänglichen Enthusiasmus eine Haltung, sich gegen den fremden Vernichtungswillen verbissen zur Wehr zu setzen. Es liegt eine Vielzahl von Dokumenten vor, die nachweisen, daß Einsatzwille und Leidensfähigkeit des deutschen Soldaten auch unter härtesten Kampfbedingungen nicht zu erschüttern waren, wozu Reichskanzler v. Bethmann-Hollweg feststellte, »daß unsere Leute in der Hölle aushalten«[84]. Diese hohe Moral war bei den Berufssoldaten, den Freiwilligen, den Reservisten und den Wehrpflichtigen gleichermaßen ausgeprägt – und die sozialdemokratischen Soldaten bildeten hierin keine Ausnahme[85]. Das Novum, daß am 1. August 1914 zu Beginn des beispiellosen Sturmlaufs durch Belgien und Nordfrankreich die deutschen Reservekorps und Reservedivisionen in vorderster Linie kämpften und sich erfolgreich gegen aktive französische Verbände durchsetzen konnten, wollte der Chef des alliierten Großen Hauptquartiers, Generalissimus Josef Joffre, bis zum 25. August 1914 nicht wahrhaben. Doch dann mußte er zur Kenntnis nehmen, daß Reservekorps der deutschen 2. Armee die Truppen seiner aktiven 5. Armee gründlich geschlagen hatten[86].

Die Leistungen der deutschen Reservisten am Anfang des Ersten Weltkrieges haben gezeigt, daß eine zweijährige Ausbildung den Wehrpflichtigen nicht nur zur Verteidigung sondern auch zum Angriff befähigen kann, wenn in das Führerkorps der Reserveverbände weitgehend aktive Offiziere und Portepeeunteroffiziere als Korsettstangen eingebaut sind, diese Einheiten in gleicher Zusammensetzung ihre Wehrübungen durchgeführt und dadurch eine hohe innere Geschlossenheit als Voraussetzung ihres Einsatzwillens und ihrer Durchhaltefähigkeit erreicht haben.

Bei den Angriffsoperationen des rechten deutschen Flügels im August und September 1914, die in einem unvorstellbaren Tempo abrollten, war der infanteristische Kampf die bestimmende Kampfweise. Das oftmals geradezu berserkerhafte Vorstürmen der deutschen Regimenter ähnelte sehr den Anfangsschlachten des Siebziger Krieges bei Weißenburg, Wörth, Mars La Tour oder Thionville mit ihren ungeheuren Verlusten[87]. Nach dem Abbrechen des Schlieffen-Plans Ende September 1914 hatte die deutsche Armee bereits so große Verluste zu beklagen, daß der neuberufene Chef des Generalstabs, General v. Falkenhayn, dem Reichskanzler gegenüber bereits im November 1914 feststellte, die Armee sei ein »zertrümmertes Werkzeug«, so daß ein politischer Ausweg aus dem Krieg gefunden werden müsse[88]. Dennoch hat der Reservist im Verlauf des Ersten Weltkrieges in den Reserveverbänden und in den durch ihn immer wieder aufgefrischten aktiven Regimentern überzeugende Leistungen vollbracht. Die Wehrpflichtigen und Reservisten haben ihre Kampffähigkeit bei der Verteidigung wie im Angriff – und dies gilt in hohem Maße für alle am Krieg beteiligten Armeen[89] – überzeugend nachgewiesen und damit die überkommenen Vorbehalte gegen den Einsatz der Landwehr im Fronteinsatz widerlegt. Die großen Leistungen der Reserveverbände im Ersten Weltkrieg dürfen aber nicht den Blick darauf verstellen, daß der Rückgriff auf Reservisten und Wehrpflichtige erst die permanente Aufwuchsfähigkeit und die Durchhaltefähigkeit ermöglichten, die zu den langen Kriegen mit ihren Millionen Kriegstoten[90] und den großen Opfern der Zivilbevölkerung führten.

Wehrpflicht und Kriegführung im Zeitalter industrialisierter Volkskriege

Die Wehrpflicht veränderte nicht nur die Kriegführung sondern auch das Führungsdenken der politischen und militärischen Köpfe. Von den Chefs des Großen Generalstabs, den Generalfeldmarschällen v. Waldersee und v. Schlieffen, wurde im nachhinein die Jahre zurückliegende Auseinandersetzung zwischen Helmuth v. Moltke d.Ä. und Reichskanzler v. Bismarck diesmal zugunsten der Militärs entschieden. Moltke hatte in seiner These vom Lebensgesetz des absoluten Krieges[91] formuliert:

> »Die Politik bedient sich des Krieges für die Erreichung ihrer Zwecke, sie wirkt entscheidend auf den Beginn und das Ende desselben ein, und zwar so, daß sie sich vorbehält, in seinem Verlauf ihre Ansprüche zu steigern oder aber mit einem minderen Erfolg sich zu begnügen. Bei dieser Unbestimmtheit kann die Strategie ihr Streben stets nur auf das höchste Ziel richten, welches die gebotenen Mittel überhaupt erreichbar machen. Sie arbeitet so am besten der Politik in die Hand, nur für deren Zweck, aber im Handeln völlig unabhängig von ihr[92].«

Während Bismarck gegenüber der obersten militärischen Führung stets den Grundsatz des Primats der Politik auch während der Dauer des Krieges behaupten konnte, gelang dies seinen Nachfolgern, vor allem dem Fürsten v. Bülow und v. Bethmann-Hollweg nicht mehr. Die Nachfolger Moltkes d.Ä., Waldersee und Schlieffen, beanspruchten nun nicht nur ihre völlige Unabhängigkeit im Kriege, sondern beteiligten den verantwortlichen Reichskanzler auch nicht mehr in ausreichendem Maße bei der Erarbeitung ihrer Kriegspläne. Diese Abkehr von der Entscheidungsfindung im Kriegsrat[93] führte zu einem exponierten Denken in der deutschen obersten Militärführung, die vor allem die politischen Folgen des Schlieffen-Plans für das Deutsche Reich nicht realistisch genug einschätzte[94]. Die Verselbständigung des Militärs, die sich im Verlaufe des Ersten Weltkrieges zur Militarisierung des gesamtstaatlichen Geschehens entwickelte, hatte zur Folge, daß das Reich den Krieg bekam, den es nicht wollte, nämlich den Krieg gegen Frankreich, gegen Rußland und gegen die See- und Weltmacht England, der – rationales Kalkül unterstellt – von vornherein nicht zu gewinnen war. Dagegen bezeugen die Feldpostbriefe aus den Schützengräben im Westen, daß sich trotz der vergeblichen Materialschlachten zwar auch Resignation breitmachte[95], jedoch ohne daß der Widerstandswille erlahmt wäre.

Immerhin muß festgehalten werden, daß der Nachfolger von Moltke d.J. als Generalstabschef, Erich v. Falkenhayn, wie gesagt schon im November 1914 die politische Führung auf die Notwendigkeit hingewiesen hatte, einen politischen Ausweg aus dem Krieg zu finden, da die Armee militärisch nicht mehr in der Lage sei, den Sieg zu erkämpfen[96]. Die politische Leitung und die überwiegende Mehrheit der militärischen Führungseliten zeigten sich aber außerstande, den Punkt zu erkennen, »wann der richtige Moment eingetreten sei, den Übergang vom Kriege zum Frieden einzuleiten«[97]. Einer der wesentlichen Gründe, nicht frühzeitig einen Verständigungsfrieden zu suchen, war jedoch das Bewußtsein der Verfügbarkeit eines scheinbar unerschöpflichen Potentials an Reservisten- und Wehrpflichtigenjahrgängen. Dabei spielte natürlich der Gesichtspunkt eine Rolle, daß Deutschland 67, Frankreich beispielsweise aber nur 47 Millionen Einwohner zählte, also eine weitaus größere Durchhaltefähigkeit für das Reich anzunehmen war. Veranlaßt von der geistlosen Mechanik, immer neue Jahrgänge auszuheben und 1916 in die »Knochenmühle vor Verdun«, später in die Materialschlachten an der Somme und anderswo zu werfen, kam der zynische Begriff des »Kanonenfutters« auf[98]. Nun verwarfen auch v. Bethmann-Hollweg und v. Falkenhayn den Gedanken eines Kompromißfriedens und waren der Ansicht, »die Opfer müßten sich gelohnt haben«. Daher sei nach ihrer Meinung der Krieg weiterzuführen, um auf der Grundlage der erst kurz nach Kriegsbeginn nachgelieferten Kriegsziele[99] doch noch einen »Siegpreis« zu erringen. Solche Auffassungen konnten allein unter dem menschenverachtenden Gesichtspunkt vertreten werden, daß durch die Ausschöpfung der personellen Ressourcen durch die allgemeine Wehrpflicht der Krieg schließlich über die Verlustlisten entschieden werden würde. So geriet der wehrpflichtige Soldat, als nach dem Scheitern des Schlieffen-Plans zunehmend die Feuerkraft, das Reservistenpotential und die Ermattungsstrategie das Kriegsgeschehen bestimmten, zum reinen

Kriegsmaterial. Aufschlußreich dazu ist Ludendorffs Einschätzung: »Der Krieg verbraucht Menschen. Das liegt in seinem Wesen«[100]. Das geradezu ungeheuerliche Verbum »verbrauchen« degradierte die der militärischen Führungskunst anvertrauten Soldaten zu Nachschubartikeln wie Geschütze, Munition oder Betriebsstoff.

Der wehrpflichtige und der Soldat der Reserve gerieten damit in der strategischen und taktischen Planung zur bloßen Ziffer. Er war Opfer eines die Köpfe der militärischen und politischen Planer vernebelnden Mythos von kriegsentscheidender Durchhaltefähigkeit. Diese Denkkategorie führte im Ersten Weltkrieg bei allen kriegführenden Mächten zu einem geradezu fanatischen Durchhaltewillen und zähem Festhalten an – auch utopischen – Kriegszielen. Daraus entwickelte sich auf deutscher Seite die Devise »bis zum letzten Fußbreit Erde und bis zum letzten Mann zu kämpfen«[101]. Sie blieb bis September 1918 bestimmend. Voraussetzung und Instrument für diese Auffassung war die allgemeine Wehrpflicht in einem Abnutzungskrieg unvorstellbaren Ausmaßes, der den Blick für politische Kompromißlösungen gänzlich verstellte.

Haben die großen Mächte aus der »Urkatastrophe des Ersten Weltkrieges« gelernt? Waren die Millionen von Soldaten, die trotz anfänglicher Begeisterung aber doch nur aufgrund der gesetzlichen Wehrpflicht den Soldatentod fanden, nicht ein unübersehbares Menetekel g e g e n eine »Bewaffnung des Volkes« und g e g e n den Volkskrieg, in dem der Wehrpflichtige und Reservist zum bloßen Menschenmaterial verkommen war? Die schreckliche Lektion des Ersten Weltkrieges ist jedoch nicht verstanden worden, wie die Katastrophe des Zweiten Weltkrieges nachweist.

Die Wehrpflicht in der Zwischenkriegszeit 1919–1939

Der Versailler Friedensvertrag legte 1919 fest: »Die allgemeine Wehrpflicht wird in Deutschland abgeschafft«[102]. Wenn es auch, vor allem aus französischer Sicht, darum ging, durch die radikale Verkleinerung deutscher Streitkräfte dem Reich jede Möglichkeit eines Angriffskrieges zu versagen, so war Marschall Ferdinand Foch allerdings der Auffassung, es sei in diesem Sinne günstiger, den Deutschen keine Freiwilligen- sondern eine Wehrpflichtarmee mit einjähriger Wehrpflicht zu verordnen. Foch ließ sich dabei von der Überzeugung leiten, daß Wehrpflichtige mit nur einjähriger Dienstzeit und demnach vergleichsweise ungenügender Ausbildung zum Angriff unfähig seien und daher keine Gefahr für Frankreich darstellen würden[103]. Er konnte sich mit seiner Auffassung nicht durchsetzen. Die hochqualifizierten Berufssoldaten der Reichswehr, des sog. 100.000-Mann-Heeres, sollten tatsächlich 15 Jahre später zum Kader einer enormen deutschen Wehrpflichtarmee werden.

Die Wehrpflicht im »Dritten Deutschen Reich« 1935–1945

Nachdem im August 1934 auch die staatspolitischen Befugnisse des Reichspräsidenten auf Hitler übergegangen waren, kündigte dieser 1935 den Versailler Vertrag und führte die allgemeine Wehrpflicht wieder ein. Dieser Schritt entsprach nicht nur seiner Überzeugung, sondern auch den Anschauungen eines großen Teils der konservativen deutschen Eliten: der »Zukunftskrieg ums Dasein« und zur Gewinnung einer Weltmachtstellung Deutschlands habe eine große Armee zur Voraussetzung[104]. In diesen Zielvorstellungen wird eine weitgehende Identität von Hitlers machtpolitisch-expansiver Programmatik[105] und den traditionsbedingten Vorstellungen der politischen und militärischen Eliten des Deutschen Reiches deutlich[106], wenn auch seine rasse-ideologische Weltanschauung langezeit für große Teile des deutschen Volkes im Dunkeln blieb. Die Wehrpflichtarmee – im Sinne der NS-Ideologie Ausdruck der »Volksgemeinschaft«, sollte jedenfalls die Grundlage der Hitlerschen Kriegs- und Eroberungspolitik sein, deren Ziele der Diktator den Spitzen der politischen und militärischen Führung bereits am 5. November 1937 verkündet hatte[107].

Im Verlaufe des Zweiten Weltkrieges standen insgesamt etwa achtzehn Millionen Männer, also etwa die Hälfte der Gesamtzahl der männlichen Deutschen, unter Waffen[108]. Davon waren etwa zwei Millionen Berufssoldaten und Freiwillige, alle anderen wurden eingezogen, so daß die deutsche Wehrmacht eine Wehrpflichtarmee mit einem vergleichsweise kleinen Anteil an Berufssoldaten und Freiwilligen gewesen ist. Die Wehrpflicht wurde deshalb von den politischen Führungskadern des NS-Regimes als ein geeignetes Mittel zur Indoktrination der Wehrmacht mit dem nationalsozialistischen Gedankengut angesehen[109]. Die nationalsozialistische Ausrichtung der Wehrmacht sollte nicht nur das verläßliche Instrument in Hitlers Angriffskriegen sondern auch Basis zur umfassenden Militarisierung der »Volksgemeinschaft der Deutschen« sein. Doch im Gegensatz zum Ersten Weltkrieg war bei Beginn des Zweiten Weltkrieges am 1. September 1939 weder Begeisterung über den Krieg noch der Drang dabeizusein zu verspüren.

Aber erneut zeigten die Wehrpflichtigen und die Reservisten im Verlauf des Krieges – und zwar bis zum bitteren Ende – ein kaum faßbares Maß an Opferbereitschaft und Einsatzwillen. Diese Einsatzbereitschaft beruhte beileibe nicht bloß auf »bedingungslosem Gehorsam«, den man auf die Person Hitlers geschworen hatte und auch nicht auf der Indoktrination mit nationalsozialistischem Gedankengut eines dumpfen Blut-und-Boden-Mythos. Je länger der Krieg dauerte, je näher sich die Fronten an die Heimat heranschoben, desto mehr rückte dagegen für die überwiegende Mehrheit der deutschen Soldaten, der Wehrpflichtigen und Reservisten ein ganzes Syndrom von Motivationen in den Vordergrund, mit größter Aufopferung zu kämpfen. An erster Stelle stand wohl die subjektive Überzeugung, für eine gute Sache, für den Erhalt der Heimat und der Familien zu kämpfen. Angesichts des zunehmenden Bombenterrors in den Städ-

ten, der Forderung der Alliierten nach *»unconditional surrender«* mit höchst ungewissen Aussichten für die Zukunft des Vaterlandes und im Hinblick auf die Erlebnisse vieler Soldaten in den Abwehrkämpfen des Rußlandfeldzuges, die für eine Besetzung Deutschlands durch die Rote Armee das Allerschlimmste befürchten ließen, galt es für jeden einzelnen, das bittere Ende so gut er konnte zu verhindern. Hinzu trat Angst vor dem politischen System des Bolschewismus sowjetischer Prägung, die die NS-Propaganda auf effiziente Weise noch geschürt hatte. In den Einheiten und Verbänden der Wehrmacht, am stärksten ausgeprägt in den kleinen Kampfgemeinschaften der immer stärker dezimierten Kompanien und Bataillone, auf Kriegsschiffen und bei den Besatzungen von Kampfflugzeugen spielten das berechtigte Vertrauen in den nächsten Vorgesetzten, das Aufeinanderangewiesensein und die enge Kameradschaft eine außerordentlich wichtige Rolle für die Steigerung des Einsatzwillens bis zum letzten Atemzug. Der Wunsch, den Freund und Kameraden in kritischen Situationen nicht im Stich zu lassen und auch die Furcht, in Kriegsgefangenschaft zu geraten, waren dafür gleicherweise maßgebend. Komplementär zu diesen Tugenden gaben persönliches Vorbild und Führungskompetenz der militärischen Führer der Front auch dann noch Rückhalt und Zusammenhalt, als der »Endsieg« sich längst als illusionär erwiesen hatte. Im höheren Offizierkorps, soweit die geistigen Wurzeln seiner Vertreter noch bis in die Reichswehr und ins Kaiserreich zurückreichten und sein Denken nicht der NS-Ideologie zum Opfer gefallen war, mag darüber hinaus auch die Besinnung auf die überlieferten Werte preußisch-deutschen Soldatentums für den Durchhaltewillen bestimmend gewesen sein. Dieser Leistungswille und diese Opferbereitschaft hat den deutschen Soldaten des Zweiten Weltkrieges im Urteil vieler ausländischer Politiker, Historiker und Militärs zum »besten Soldaten der Welt« gemacht[110]. Diese Eigenschaften unzähliger deutscher Soldaten waren es, die den ersten Bundeskanzler der Bundesrepublik Deutschland, Konrad Adenauer, am 3. Dezember 1952 zu seiner Ehrenerklärung im Deutschen Bundestag veranlaßten[111].
Als die Zeit der Siege endgültig vorbei war, was sich spätestens mit der erfolgreichen alliierten Invasion vom 6. Juni 1944 in Frankreich und der Zerschlagung der Heeresgruppe Mitte im Juni 1944 an der Ostfront abzeichnete, zeigten sich bei der deutschen politischen und teilweise der militärischen Führung ähnliche Verhaltensmuster wie im Ersten Weltkrieg: »Kampf bis zum letzten Mann und bis zur letzten Patrone« lautete abermals die Parole[112]. Diese Devise hielt die Wehrpflichtarmee Wehrmacht auch dann noch durch, als es keine Chance für einen Verhandlungsfrieden mehr gab, von einem Sieg ganz zu schweigen.
Den Preis für die Devise »Alles oder Nichts«, »Sein oder Nichtsein« zahlte nicht nur das gesamte deutsche Volk, insbesondere die Soldaten. Leidtragende waren auch die Völker und das Militär der Staaten, die Hitler in seinen Krieg gezogen hatte. Die Pervertierung der Tugenden des deutschen Soldaten, der schamlose Mißbrauch, den »der Führer« mit Treu und Glauben, dem Opfersinn und der Einsatzbereitschaft vieler Millionen von Soldaten getrieben hat, um seine ver-

brecherischen politischen und ideologischen Ziele durchzusetzen, wird durch nichts deutlicher als durch das Hitlersche Diktum, »Wenn das deutsche Volk einmal nicht mehr stark und opferbereit genug ist, sein eigenes Blut für seine Existenz einzusetzen, so soll es vergehen und von einer anderen, stärkeren Macht vernichtet werden[113].« Den höchsten Blutzoll für diese paranoide Devise hatten die Soldaten der Geburtsjahrgänge zu begleichen, die erst zu einem Zeitpunkt ausgehoben wurden, als das Reich gegen den Moltkeschen Grundsatz verstieß, daß ein Krieg zu beenden sei, wenn nichts mehr zu gewinnen ist und seine Weiterführung den Schaden für die Nation nur noch vergrößere.
Im Ersten Weltkrieg war die deutsche Wehrpflichtarmee zunächst ein Instrument zur Durchsetzung machtpolitischer Vorstellungen und Interessen, schließlich im Bewußtsein vieler Soldaten auch der Selbstbehauptung. Von Adolf Hitler wurde sie darüber hinaus als Mittel seines Rasse- und Vernichtungskrieges mißbraucht. So zeigt sich am Beispiel des Zweiten Weltkrieges, wie aufgrund der allgemeinen Wehrpflicht Reservisten und Wehrpflichtige für völkerrechtswidrige, menschenverachtende ideologische Zielsetzungen herangezogen werden können, wenn es einer demagogisch-populistischen Propaganda gelingt, das Volk und die Armee von der »Notwendigkeit« des Totalen Krieges zu überzeugen, bis hin zur zynischen Alternative von »Sein oder Nichtsein«. So führten Hitlers Angriffskriege, die nur auf der Basis einer Wehrpflichtarmee möglich waren, den Scharnhorstschen Leitgedanken vom Bürger als dem geborenen Verteidiger seines Staates auf makabre Weise *ad absurdum*.

Wehrpflichtarmeen – ein zweischneidiges Schwert

Die Militärgeschichte zeigt, daß das System der Wehrpflicht, die Armee als »Bürgerarmee«, nicht *per se* Garant für ihren Gebrauch als defensives Instrument zur Abwehr eines Angriffs und zur Selbstbehauptung ist. Und weiter: nicht allein politische Vernunft oder der »Volkswille« bestimmen ihren Einsatz. Dieser hängt in erster Linie von den ethisch-moralischen Normen, der verfassungsmäßigen Struktur und der ideologischen Ausrichtung des jeweils betroffenen Staates sowie von dessen Wertmaßstäben und politischen Zielen ab. Das »Volk in Waffen« kann demnach für sehr unterschiedliche politische Zwecke und machtpolitische und ideologische Ziele verwendet und deshalb auch mißbraucht werden. Bei emotionsloser und enttabuisierter Betrachtung der Rolle des Wehrpflichtigen und des Reservisten in den beiden großen Kriegen des 20. Jahrhunderts wird evident, daß die Nutzung der Wehrpflicht und die dadurch ausgelöste Spirale permanenter Heeresvermehrungen, der Rüstungsdynamik und einer hohen Durchhaltefähigkeit ein Verhängnis für die beteiligten Nationalstaaten war.
Die Idee Carnots, »tout les citoyens est le né soldat«, gerät dann zum Verderben, wenn sie nicht ausschließlich zur Verteidigung oder Wiederherstellung der Sou-

veränität des Staates eingesetzt wird. In der Hand von Imperatoren, Diktatoren und Ideologen, die sich von aggressivem Willen zur Macht oder ideologischen Eroberungsphantasien leiten lassen, ist die allgemeine Wehrpflicht ein Mittel zur Radikalisierung des Krieges und Unterdrückung anderer Nationen. Das schier unerschöpfliche Reservoir an Wehrpflichtigen und Reservisten in der Verfügungsgewalt Hitlers führte Europa in der Mitte des 20. Jahrhunderts an einen Tiefpunkt abendländischer Kultur. Die auf die Wehrpflicht gegründete Kriegführung kennzeichnete aber nicht nur einen verheerenden Rückschritt der europäischen Zivilisation. Sie war auch die Voraussetzung, Krieg ohne die Grundsätze der Kriegskunst[114] und bar jeder Humanität zu führen, wie es die Diktatoren Hitler und Stalin auf schreckliche Weise demonstrierten.
Im Zweiten Weltkrieg stellte sich heraus, daß sich die Wehrpflichtarmee Wehrmacht einschließlich ihrer militärischen Führung dem Machtwillen Hitlers nicht zu entziehen wußte. Gegen ihren Willen wurde sie deshalb zum Werkzeug, zum »Schwert« in Hitlers Weltanschauungskrieg, bei dem jede Tendenz zum Kompromißfrieden hartnäckig abgelehnt wurde. Die hohe Generalität der Wehrmacht hat durch den mangelnden Willen oder ihre Unfähigkeit, sich getreu der Tradition ihres Berufs dem Eid auf die Person des Diktators zu entziehen, auch aus der Sicht ihrer Berufsethik schwere Schuld auf sich geladen.
Als Instrument von Angriffskriegen werden Wehrpflichtarmee und Reservistensystem fragwürdig. Sie stellen in diesem Fall die diametrale Umkehrung und einen Mißbrauch der Freiheitsideen der Aufklärung dar, die den Bürger nur zur Verteidigung seines Gemeinwesens bei Gefahr im Verzuge verpflichtet[115].

Die Entscheidung der Bundesrepublik Deutschland für die Wehrpflicht

Der Ausgang des Zweiten Weltkrieges barg in sich schon den bald ausbrechenden Ost-West-Konflikt und eine grundlegende Veränderung der Weltordnung. Vor diesem Hintergrund erlangte die bald entstehende Bundesrepublik Deutschland als Kernland Europas wieder Bedeutung und wurde für den Westen nur wenige Jahre nach Kriegsende ein unverzichtbarer militärischer Partner.
Die Deutschen waren allerdings nach dem verlorenen Krieg, dem damit verbundenen Verlust der nationalen Identität, wegen der schweren Erschütterung ihrer geistigen und moralischen Werteordnung und angesichts der Not der Nachkriegsjahre in ihrer überwältigenden Mehrheit militär- und kriegsmüde. Auch die Erfahrungen von Kriegsgefangenschaft, Besatzungszeit und die kollektive Verurteilung der Soldaten der Wehrmacht hatte ihre Spuren hinterlassen. So machte sich eine lähmende Abneigung breit gegen alles, was mit Soldaten und Wehrdienst zu tun hatte. Dieses abgrundtiefe Gefühl der inneren Verweigerung, das auch in die politische Dimension ausgriff, bündelte sich in der sog. Ohne-mich-Haltung und einer Nie-wieder-Krieg-Stimmung, die breite Bevölkerungs-

schichten erfaßt hatten. Die Frage eines möglichen deutschen Beitrages zur Verteidigung des Westens führte deshalb zu leidenschaftlichen Auseinandersetzungen in der gesamten Bundesrepublik, an der sich alle gesellschaftlichen Gruppierungen beteiligten[116]. Die Debatte drehte sich allerdings zunächst mehr um grundsätzliche Probleme einer deutschen Wiederbewaffnung als um die Frage, ob damit erneut die Einführung der Wehrpflicht verbunden sein würde. Die Einsicht jedoch, daß bei der Aufstellung neuer Streitkräfte auf die ehemaligen Soldaten der Wehrmacht nicht verzichtet werden könne, führte angesichts der ablehnenden Haltung vieler ehemaliger Soldaten früh zu der nüchternen Einschätzung der Bundesregierung, der ins Auge gefaßte Verteidigungsbeitrag sei wohl nicht durch Freiwillige aufzubringen[117].

Seit 1950 waren von mehr oder weniger berufener Seite zahlreiche Überlegungen über die Wehrform in der Bundesrepublik angestellt worden. In der Anfangsphase war die Frage des künftigen Wehrsystems frei von jeglicher Prädisposition debattiert worden. Für Konrad Adenauer, der bereits Ende 1949 einen Verteidigungsbeitrag der Bundesrepublik Deutschland nicht grundsätzlich ausgeschlossen hatte, spielte die Frage, ob dabei auf die allgemeine Wehrpflicht zurückgegriffen werden sollte, zu diesem Zeitpunkt noch keine Rolle[118]. Noch war von der apodiktischen Festlegung nichts zu hören, eine Freiwilligenarmee sei, vor dem Hintergrund der trüben Erfahrungen mit der Reichswehr als einer Art »Staat im Staate«[119], mit der demokratischen Staatsform unvereinbar. Andererseits erhob in dieser Phase der Diskussion auch niemand die These zum Dogma, daß die allgemeine Wehrpflicht ein konstitutives, quasi unveräußerliches Element und damit die einzig adäquate Wehrform der Demokratie sei.

Schon vorher, bei den Beratungen des Parlamentarischen Rates über eine künftige deutsche Verfassung 1949, hatte allerdings eine Bemerkung von Theodor Heuss, dem späteren ersten Bundespräsidenten, die allgemeine Wehrpflicht sei das »legitime Kind der Demokratie«, für heftige Diskussionen gesorgt. Später zu einem geflügelten Wort stilisiert, sollte das Zitat zu der permanent wiederholten und für sakrosankt erklärten These deutscher Politiker und eines Teils der Medien führen, daß Wehrpflicht und Demokratie die beiden Seiten einer Medaille seien, die sich gegenseitig bedingten[120]. Diese Auffassung ist historisch falsch. Theodor Heuss, Altliberaler und ein profunder Kenner der Geschichte, war gründlich mißverstanden worden. Er hatte sich dieser Metapher bedient, als im Parlamentarischen Rat das verfassungsmäßige Recht auf Kriegsdienstverweigerung verhandelt wurde. Wehrpflicht und die Wehrverfassung der künftigen Bundesrepublik Deutschland standen damals überhaupt nicht zur Debatte. Vielmehr wollte er vor dem Erfahrungshintergrund des Mißbrauchs der Wehrpflichtarmee Wehrmacht im »Dritten Reich« verhindern, daß durch ein konstitutionell verbrieftes Recht auf Kriegsdienstverweigerung ein »Massenverschleiß des Gewissens« bei den Wehrunwilligen eintreten werde[121].

Erst im weiteren Verlauf der öffentlichen Diskussion um Form und Umfang eines deutschen Verteidigungsbeitrages, wobei auch die Rehabilitierung des Soldaten der Wehrmacht zur Sprache kam, da ohne ihre Mitwirkung der Aufbau neuer Streitkräfte unmöglich schien, wurde über die zukünftige Wehrform der Bundesrepublik Deutschland intensiver nachgedacht. So plädierte etwa der ehemalige General der Panzertruppe Leo Freiherr Geyr v. Schweppenburg für ein Milizsystem als ein »mögliches Wehrsystem«, das aus Kadern von Reserven und von präsenten Verbänden bestehen sollte. Seine Vorstellungen, aus der Erfahrung des Zweiten Weltkrieges ab 1943 geboren, ließen ihn eine Reservistenkonzeption vertreten, die dem Schweizer Milizsystem ähnelte[122]. Auch der frühere General der Panzertruppe Gerhard Graf v. Schwerin knüpfte an solche Überlegungen an. Er ging von einem Freiwilligensystem für bestimmte Kerntruppen der Berufsarmee und von einer Milizkomponente auf der Grundlage der allgemeinen Wehrpflicht aus[123].

Nachdem 1956 bereits Tausende von Freiwilligen in die junge Bundeswehr eingerückt waren, brach die Debatte um die Einführung der Wehrpflicht in voller Stärke auf, als am 8. Februar das Bundeskabinett den Entwurf eines Wehrpflichtgesetzes verabschiedete. Der Streit um die Wehrpflicht entzündete sich letztlich am personellen Planungsumfang der Streitkräfte von 500.000 Mann, ein Problem, das die Wehrpflichtdiskussion zu einer Umfangsdiskussion werden ließ[124].

Neben vorwiegend politischen wurden auch eine Fülle bündnispolitischer, strategisch-operativer, staatsrechtlicher, wirtschaftlicher und ethischer Argumentationen *pro* und *contra* allgemeine Wehrpflicht in die öffentlichen Verlautbarungen, Umfragen und parlamentarischen Debatten eingeführt[125]. Die erschöpfende Auslotung der philosophischen und naturrechtlichen Tiefendimension des Problems Wehrpflicht *versus* Freiwilligkeit blieben dagegen eher esoterischen Zirkeln vorbehalten[126]. Im Vordergrund stand weitgehend die verfassungspolitische Frage, wie die neuen Streitkräfte in den demokratischen Staat einzugliedern seien, und wie eine parlamentarische Kontrolle der Streitkräfte gewährleistet werden könne[127].

Bedenken wurden auch hinsichtlich des demokratischen Gefüges in der zu erwartenden Wehrpflichtarmee geäußert. So erläuterte der verteidigungspolitische Sprecher der Bundestagsfraktion der SPD, Fritz Erler, die ablehnende Haltung seiner Partei mit den Worten: »Der Geist der Gesamtarmee hängt – auch wenn Sie die Wehrpflicht einführen – nicht von der Gesinnung der Wehrpflichtigen, sondern von der Gesinnung des Kerns [die Berufssoldaten – der Verf.] und der Vorgesetzten ab, [. . .] denn der ist in beiden Fällen identisch[128].« Diese Auffassung reflektiert die historische Erfahrung, daß Streitkräfte jeweils »von oben«, nämlich durch die Regierung oder das Berufsmilitär und nicht etwa »von unten«, durch die wehrpflichtigen Soldaten, geprägt werden, die am Ende der Befehlshierarchie stehen und nur wenig Einfluß nehmen können. Hoffnungen von demokratischer Seite auf eine »Verbürgerlichung« der Armee durch das liberale oder soziale Gedankengut der Wehrpflichtigen hatten sich bisher stets als Illusion erwiesen.

Grundsätzlich war jedoch einerseits dem Defensionsprinzip durch das verfassungsmäßig festgelegte Verbot jedes Angriffskrieges Genüge getan, um jeden künftigen Mißbrauch der Wehrpflicht- und Reservistenarmee zu verhindern. Andererseits blieb die Wehrpflicht wegen ihres massiven Eingriffs in die persönlichen Freiheits- und Selbstbestimmungsrechte der Betroffenen[129] bis in die heutige Zeit umstritten. Denn im Sinne Immanuel Kants wird der gesetzliche Wehrdienst die naturrechtlich verankerte freie Selbstbestimmung des Bürgers verletzen, anstatt ihm die autonome Entscheidung der Freiwilligkeit zu überlassen[130].
Die Bundesrepublik Deutschland entschied sich 1956 für die allgemeinen Wehrpflicht. Nach einer 18-stündigen Marathon-Sitzung am 6./7. Juli verabschiedete der Bundestag das Wehrpflichtgesetz. Es trat nach Zustimmung des Bundesrates am 25. Juli in Kraft[131]. Die Gründe für die Einführung einer Wehrpflichtarmee sind rational und einsichtig. Unter den Bedingungen des Kalten Krieges sind sie vorwiegend in bündnispolitischen und strategisch-operativen Voraussetzungen, Bedingungen und Zwängen zu suchen. Wenn sich auch unter dem nuklearen Schirm der westlichen Alliierten das Kriegsbild nicht mehr an den Massenheeren des Ersten und Zweiten Weltkrieges orientierte, so standen sich doch auf beiden Seiten des Eisernen Vorhangs starke konventionelle Kräfte gegenüber, die letztlich allein aufgrund einer allgemeinen Dienstpflicht unterhalten werden konnten. Einer reinen Berufsarmee Deutschlands hätten die NATO-Partner ohnehin niemals zugestimmt.
Am 1. April 1957 rückten die ersten 10.000 deutschen Wehrpflichtigen nach dem Zweiten Weltkrieg in die Kasernen ein und begründeten damit einen millionenfachen Stamm an Reservisten. Musterung und Einberufung waren problemlos verlaufen; die Rate derjenigen, die von ihrem verfassungsmäßigen Recht auf Verweigerung des Wehrdienstes mit der Waffe Gebrauch machten, belief sich auf 0,3 %. 8 % der Einberufenen verpflichteten sich im Laufe ihrer Dienstzeit weiter. Dieses Ergebnis läßt trotz des dahinterstehenden gesetzlichen Zwanges für den nachdenklichen Betrachter einen Lichtstrahl der Maxime von der Freiwilligkeit aufschimmern, die das freiheitliche Gedankenfundament der preußischen Reformer bildete.
Wie die Geschichte zeigt, haben im Zusammenwirken mit den alliierten Bündnispartnern die Wehrpflichtigen und Reservisten der Bundeswehr maßgeblich zur Glaubwürdigkeit der Abschreckung beigetragen und damit nicht nur über viele Jahre Frieden und Freiheit der westlichen Welt sichergestellt, sondern auch die Wiedervereinigung Deutschlands ermöglicht.

Epilog

Die allgemeine Wehrpflicht ist vom ausgehenden 18. bis zum Ende des 20. Jahrhunderts in ihren Erscheinungsformen nirgends gleichartig. Abhängig von nationaler Eigenart, politischem Selbstverständnis und historischer Entwicklung hat jedes Land eine spezifische Form der Wehrpflicht hervorgebracht, die auch auf jeweils unterschiedliche Weise in die Gesellschaft integriert war. In verschiedenen Gesellschaften und Staaten ist die Ausprägung der Wehrpflicht nur selten mit der anderer Nationen vergleichbar.

Das Wehrsystem Wehrpflicht und die aus ihm hervorgehenden unterschiedlichen Reservistenkonzeptionen sind nicht notwendig an den freiheitlich-demokratischen Staat gebunden. Wehrpflichtige haben im Laufe der Geschichte, wie das Gesetz es befahl, in den meisten Armeen der Welt gekämpft – unter dem Banner der Freiheit ebenso wie bei den Eroberungs- und Vernichtungskriegen totalitärer Diktaturen. Von daher sind Wehrpflichtarmeen *per se* kein Garant für eine demokratische innere Verfaßtheit der Gesellschaft und schon gar nicht für eine zurückhaltende und friedliche Außenpolitik.

Andererseits wird eine Gesellschaft nicht deshalb als undemokratisch und weniger liberal zu beurteilen sein, weil sie die Wehrpflicht abschafft und eine Berufsarmee unterhält. Einige der ältesten Demokratien der Welt weisen das nach. Die Reichswehr als Negativbeispiel in diesem Fall heranzuziehen, wäre verfehlt: sie war das abschreckende – und unter heutigen Bedingungen unwiederholbare – Resultat einer verfehlten und zur Selbstverteidigung unfähigen Verfassung. Wehrform und politisches System verhalten sich demzufolge weitgehend indifferent zueinander[132].

Anmerkungen

1 *Declaration of Independence* der Vereinigten Staaten von Amerika vom 4.7.1776.

2 Zurückzuführen u.a. auf Jean Jacques Rousseau (1712–1778), der die Staatstheorie von einer allgemeinen Übereinkunft zwischen Bürger und Staat entwickelte, in dem der politisch mündige Bürger freiwillig seine Naturfreiheit (Souveränität) an den kollektiven »Gesamtwillen« des Staates abtritt. Rousseau wurde zum geistigen Wegbereiter der Französischen Revolution; seine Gedanken beeinflußten die Romantik, den deutschen Idealismus und damit auch das Denken der preußischen Reformer, vor allem Wilhelm v. Humboldts. Vgl. Johannes Hirschberger, Geschichte der Philosophie, Bd 2, Freiburg, Basel, Wien [13]1991.

3 John Locke (1632–1704) vertrat in seiner Staatslehre ein unveräußerliches überstaatliches Naturrecht, das dem Bürger gegenüber dem Monarchen die oberste Gewalt (Souveränität) der Gesetzgebung und damit ein Widerstandsrecht einräumte. Ein »Gesellschaftsvertrag« sollte das Verhältnis zwischen Herrscher und Bürgern zur Verhinderung von Machtmißbrauch regeln. Dieser schloß die Übernahme bestimmter Pflichten auf beiden Seiten ein. Vgl. zuletzt Heinz Duchhart, das Zeitalter des Absolutismus, München [3]1998, insbes. S. 65 f.

4 Die Staats- und Gesellschaftslehre Thomas Hobbes' (1588–1679) lieferte vier Jahrzehnte vor Locke die theoretische Rechtfertigung des absolutistischen Staates. Seiner These zufolge konnte der naturgegebene Kampf aller gegen alle allein durch die Übertragung der Macht auf den Souverän vermieden werden. Vgl. ebd., S. 39, 159–165.

5 In Preußen wurde die allgemeine Wehrpflicht erst nach den Befreiungskriegen, am 3.9.1814, eingeführt.

6 Vgl. Roland G. Foerster, Einführung, in: Die Wehrpflicht. Entstehung, Erscheinungsformen und politisch-militärische Wirkung, hrsg. von dems., München 1994, S. XIII–XV.

7 Werner Gembruch, Zur Diskussion um Heeresverfassung und Kriegführung, in: Napoleon I. und das Militärwesen seiner Zeit, hrsg. von Wolfgang v. Groote und Klaus-Jürgen Müller, Freiburg 1968, S. 25–27.

8 Francois Furet und Denis Richet, Die Französische Revolution, München o.J., S. 190 f.

9 Rainer Wohlfeil, Vom Stehenden Heer des Absolutismus zur Allgemeinen Wehrpflicht (1789–1814), in: Handbuch zur deutschen Militärgeschichte, hrsg. vom Militärgeschichtlichen Forschungsamt, Bd 1, Teil II, München 1979, S. 42–46.

10 Spottname für die Republikaner während der Französischen Revolution, Ausdruck republikanischer Gesinnung.

11 Wohlfeil, Vom Stehenden Heer (wie Anm. 9), S. 43.

12 Denkschrift Carnots aus dem Jahre 1788. Vgl. Dietmar Schössler, Bundeswehr und Reservisten, Regensburg 1979, S. 1 f.

13 Wohlfeil, Vom Stehenden Heer (wie Anm. 9), S. 44 ff.

14 Torsten Holm, Allgemeine Wehrpflicht. Entstehung, Brauch und Mißbrauch, München 1953, S. 13.

15 Vgl. Gerhard Ritter, Staatskunst und Kriegshandwerk. Das Problem des Militarismus in Deutschland, Bd 1: Die altpreußische Tradition, 1740–1890, München [4]1970, S. 60.

16 Immanuel Kant, Zum Ewigen Frieden (1795), hrsg. von Wilhelm Weischedel, Bd 11, Frankfurt/M. 1977.

17 In Metternichs nachgelassenen Papieren, I (1880), S. 155.

18 Ritter, Staatskunst (wie Anm. 15), S. 61.

19 Ebd., S. 62.

20 Zur Kontroverse um die »Vernichtungs-« und »Ermattungsstrategie«, den sog. »Strategiestreit«, siehe Volkmar Regling, Grundzüge der Landkriegführung zur Zeit des Absolutismus und im 19. Jahrhundert, in: Handbuch zur deutschen Militärgeschichte (wie Anm. 9), Bd. 5, Teil IX, S. 136–139 und 432–435; vgl. Sven Lange, Hans Delbrück und der »Strategiestreit«, Freiburg 1995.

21 Friedrich der Große, Politisches Testament von 1768, Berlin 1922, S. 129.

22 Johann Wolfgang v. Goethe, Campagne in Frankreich 1792, Stuttgart 1948, S. 59.

23 Gertrud Mander, Königin Luise, Berlin 1981, S. 114.

24 Jehuda L. Wallach, Das Dogma der Vernichtungsschlacht, Frankfurt/M. 1967, S. 7.

25 Scharnhorst nannte noch 1802 den napoleonischen Grundsatz des konzentrierten Schlagens »einen verzweifelten Entschluß, bei welchem alle Strategie aufhört«, in: Denkwürdigkeiten der Berliner Militärischen Gesellschaft, 1802, Bd 1, S. 56.

26 Ritter, Staatskunst (wie Anm.15), S. 66.

27 Die früheren Miliz- und Defensionssysteme werden hier nicht im einzelnen behandelt; vgl. hierzu Helmut Schnitter, Die überlieferte Defensionspflicht. Vorformen der allgemeinen Wehrpflicht in Deutschland; in: Die Wehrpflicht (wie Anm. 6), S. 29–37.

28 Nicht ohne Grund erhielten die ersten Soldaten der Bundeswehr die Ernennungsurkunden am 200. Geburtstag Scharnhorsts, dem 12. November 1955, ausgehändigt. Vgl. Hans Ehlert, Innenpolitische Auseinandersetzungen um die Wehrverfassung 1954 bis 1956, in: Anfänge westdeutscher Sicherheitspolitik, hrsg. vom Militärgeschichtlichen Forschungsamt, Bd. 3: Die NATO-Option, München 1993, S. 523 f.

29 Die Reorganisation des Preußischen Staates unter Stein und Hardenberg, Teil 2: Das Preußische Heer vom Tilsiter Frieden bis zur Befreiung 1807–1814, hrsg. von Rudolf Vaupel, Bd 1, Leipzig 1938, S. 7.

30 Reinhard Höhn, Scharnhorst. Soldat, Staatsmann, Erzieher, München 1981, S. 45.

31 Ebd., S. 181.

32 Das Preußische Heer (wie Anm. 29), S. 82 f.

33 Ebd., S. 324.

34 Ebd., S. 321.

35 Hans Joachim Schoeps, Preußen. Geschichte eines Staates, Frankfurt/M., Berlin 1966, S. 137.

36 Theodor von Schön, Aus den Papieren des Ministers, Bd 1, Halle 1875, S. 172.

37 Aufruf an mein Volk, in: Schlesische Zeitung vom 20.3.1813, als Einblattdruck verbreitet. Vgl. Urkunden der deutschen Erhebung, hrsg. von Fr. Schulze, Berlin 1913.

38 Schoeps, Preußen (wie Anm. 35), S. 140.

39 Das Preußische Heer (wie Anm. 29), S. 7.

40 Vgl. Heinz Stübig, Die Wehrverfassung Preußens in der Reformzeit, in: Die Wehrpflicht (wie Anm. 6), S. 52 f.

41 Ritter, Staatskunst (wie Anm. 15), S. 130 ff.

42 Abgedruckt bei Eugen von Frauenholz, Das Heerwesen des XIX. Jahrhunderts, München 1941, S. 180–182. Siehe zum Folgenden Heinz Stübig, Die Wehrverfassung Preußens (wie Anm. 40), S. 46 f.

43 Ebd., S. 46.

44 Hierzu vor allem Wohlfeil, Vom Stehenden Heer (wie Anm. 9), S. 125–130, sowie Stübig, Die Wehrverfassung Preußens (wie Anm. 40), S. 46 f. Die Landwehr des zweiten Aufgebots war hauptsächlich zur Verstärkung der Garnisonen vorgesehen; der Landsturm trat nur bei einer feindlichen Invasion zusammen und umfaßte alle Männer bis zum 50. Lebensjahr, soweit sie nicht im Stehenden Heer oder in der Landwehr dienten.

45 Brief Steins an Hardenberg vom 8.12.1807, in: Stein, Gesamtausgabe, Bd II, Teil 2, Stuttgart 1960, S. 561.

46 Schoeps, Preußen (wie Anm. 35), S. 127.

47 Regling, Grundzüge der Landkriegführung (wie Anm. 20), S. 194; vgl. Holger Afflerbach, »Bis zum letzten Mann und letzten Groschen?«, in: Die Wehrpflicht (wie Anm. 6), S. 71–73.

48 Stig Förster, Helmuth v. Moltke und das Problem des industrialisierten Volkskriegs im 19. Jahrhundert, in: Generalfeldmarschall v. Moltke, Bedeutung und Wirkung, hrsg. von Roland G. Foerster, München 1991, S. 103–115.

49 v. Schill fiel in Stralsund im Straßenkampf; elf seiner Offiziere wurden in Wesel standrechtlich erschossen, 500 seiner Soldaten auf französische Galeeren verbracht.

50 Fritz Hartung, Politische Testamente der Hohenzollern, in: Volk und Staat in der deutschen Geschichte, Leipzig 1940, S. 139 f.

51 Ausführlich behandelt nur bei Manfred Messerschmidt, Die politische Geschichte der preußisch-deutschen Armee, in: Handbuch zur deutschen Militärgeschichte (wie Anm. 9), Bd 2, Teil IV/1, München 1975, S. 87–103, insbes. S. 102 f., sowie S. 183.
52 Schoeps, Preußen (wie Anm. 35), S. 128.
53 Bekannt wurden vor allen Dingen die Gedichte Theodor Körners (gefallen in Gadebusch am 26.8.1813).
54 Friedrich Julius Stahl, Siebzehn parlamentarische Reden, Berlin 1862, S. 251 f.
55 Unterredung Moltke – Friedjung am 22.9.1889, in: Heinrich Friedjung, Der Kampf um die Vorherrschaft in Deutschland 1859–1866, Stuttgart [3]1899, Bd 2, S. 570.
56 Felddienstordnung, Berlin 1908, Nr. 6: »Die nie rastende Fürsorge für das Wohl seiner Mannschaft ist das schöne und dankbare Vorrecht des Offiziers«.
57 Hans-Martin Ottmer, Ursachen und Hintergründe zur Entwicklung deutscher militärischer Tradition vom Ende des 18. Jahrhunderts bis 1914, in: Gustav-Adolf Caspar et al., Tradition in deutschen Streitkräften bis 1945, Herford, Bonn 1986, S. 163.
58 Ebd., S. 171.
59 Abgedruckt bei Karl Demeter, Das deutsche Offizierkorps in Gesellschaft und Staat 1650–1945, Berlin 1953, S. 249–251.
60 Felddienstordnung (wie Anm. 56).
61 »Man verstand darunter, im Gegensatz zu dem sich in Einzelheiten der Ausführung einmischenden bindenden Befehl, die Bezeichnung des zu erreichenden Ziels unter Überweisung der Mittel, aber unter voller Freiheit für die Durchführung des Auftrags. Dem lag der gesunde Gedanke zugrunde, daß der, welcher die Verantwortung für das Gelingen trägt, sich auch den Weg zu ihm wählen muß«. Hans v. Seeckt, Gedanken eines Soldaten, Berlin 1929, S. 64.
62 Afflerbach, »Bis zum letzten Mann« (wie Anm. 47), S. 76 f. und S. 90.
63 GenLt v. Wandel, Direktor des Allgemeinen Kriegs-Departements im Kriegsministerium, zit. in: Afflerbach, ebd., S. 75.
64 Helmuth v. Moltkes militärisch-politischen Überlegungen nach den Erfahrungen der Einigungskriege, in: Militärische Verantwortung in Staat und Gesellschaft, hrsg. von Detlef Bald, Koblenz 1986, S. 83–107, hier S. 94–103.
65 Michael Stürmer, Das ruhelose Reich. Deutschland 1866–1918, Berlin 1983, S. 350–352.
66 Hans Plehn, Deutsche Weltpolitik, Berlin 1913, S. 1.
67 Vgl. Afflerbach, »Bis zum letzten Mann« (wie Anm. 47), S. 75 f.
68 Von Bassermann zu Stresemann, hrsg. von Klaus-Peter Reiss, Düsseldorf 1967, S. 139 f.
69 Vgl. Stürmer, Das ruhelose Reich (wie Anm. 65), S. 365.
70 Rudolf Stadelmann, Moltke und der Staat, Krefeld 1950, S. 260 f.
71 Gesammelte Schriften und Denkwürdigkeiten des Generalfeldmarschalls Graf Helmuth v. Moltke, Bd 7, Berlin 1892, S. 139.
72 Franz Herre, Moltke. Der Mann und sein Jahrhundert, Stuttgart 1984, S. 306.
73 Stadelmann, Moltke (wie Anm. 70), S. 257.
74 Herre, Moltke (wie Anm. 72), S. 305–309.
75 Carl von Clausewitz, Vom Kriege. Hinterlassenes Werk, hrsg. von Werner Hahlweg, Bonn [19]1991, S. 636 ff.
76 Eckardt Opitz, Allgemeine Wehrpflicht – ein Problemaufriß aus historischer Sicht, in: Allgemeine Wehrpflicht, hrsg. von Eckardt Opitz und F. Rödiger, Bremen 1995, S.14, sowie Wohlfeil (wie Anm. 9), S. 46.
77 Gerhard Ritter, Der Schlieffen-Plan. Kritik eines Mythos, München 1956.
78 Wallach, Dogma der Vernichtungsschlacht (wie Anm. 24), S. 58, vor allem S. 94.
79 Ernst Schulin, Die Urkatastrophe des 20. Jahrhunderts, in: Der Erste Weltkrieg. Wirkung, Wahrnehmung, Analyse, hrsg. von Wolfgang Michalka, München 1994, S. 3–27, Titel nach George F. Kennan, hier S. 3 und Anm. 1.
80 Zit. in Afflerbach, »Bis zum letzten Mann« (wie Anm. 47), S. 79.
81 Schulin, Die Urkatastrophe (wie Anm. 79), hier S. 8–10.
82 Vgl. Von der Friedenssicherung zur Friedensgestaltung, hrsg. von Heinrich Walle, Herford, Bonn 1991, S. 156 sowie Lothar Gall, Bismarck. Der weiße Revolutionär. Frankfurt a.M. 1981, S. 452.
83 Fritz Klein, Deutschland im Ersten Weltkrieg, Bd 1, Berlin (Ost) 1969, S. 309.
84 Zit. in John Keegan, Das Antlitz des Krieges, Düsseldorf, Wien 1980, S. 255.
85 Kriegsminister Wild v. Hohenborn in einem Brief an seine Frau vom 8.10.1914: »Die Sozen in der Front sind untadelhaft. In der Armee gibt's keine Sozen! nur brave Soldaten!«, zit. in Afflerbach, »Bis zum letzten Mann« (wie Anm. 47), S. 79.
86 Sebastian Haffner und Wolfgang Venohr, Das Wunder an der Marne, Bergisch-Gladbach 1982, S. 12–14 sowie S. 33.
87 Herre, Moltke (wie Anm. 72), S. 290 f., S. 293 und S. 331.
88 Zit. in Afflerbach, »Bis zum letzten Mann« (wie Anm. 47), S. 88.
89 Auch die Leistungen der französischen Reservisten sind verbrieft: General Gallieni, Gouverneur des Gouvernements Militaire de Paris, bekannte gegenüber seinem Kriegsminister Messimy am 26.8.1914: »[. . .] Und dann kämpfen – kämpfen gegen die besten Soldaten der Welt! [. . .] Ich muß ihnen etwas abbitten, meinen Reservisten. Sie haben am Ourcq wie die Löwen gekämpft, [. . .]«; zit. in: Haffner/Venohr, Das Wunder an der Marne (wie Anm. 86), S. 62 f.

90 Vgl. zur Steigerung der Verlustzahlen in den Kriegen des 19. und 20. Jahrhunderts John Keegan, Die Kultur des Krieges, Berlin 1995, S. 508–517. Die Verluste des Deutschen Reiches allein im Ersten Weltkrieg werden dort mit mehr als 2 Mio. beziffert.

91 Vgl. Ritter, Staatskunst (wie Anm. 15), S. 262–302.

92 Moltkes Militärische Militärische Werke, hrsg. vom Großen Generalstab, Teil II: Taktisch-strategische Aufsätze, Bd. 2, Berlin 1900, »Über Strategie« (1871), S. 291–293, hier S. 291.

93 Gerhard Ritter konstatiert deshalb: »Der Kriegsausbruch von 1914 ist das erschütterndste Beispiel hilfloser Abhängigkeit der politischen Staatsleitung von der Planung der Militärtechniker, das die Geschichte kennt«; in: Ritter, Der Schlieffen-Plan (wie Anm. 77), S. 95.

94 Haffner/Venohr, Das Wunder an der Marne (wie Anm. 86), S. 12–14.

95 Bernd Ulrich, Die Augenzeugen. Deutsche Feldpostbriefe in Kriegs- und Nachkriegszeit 1914–1933, Essen 1997.

96 Holger Afflerbach, Die militärische Planung des Deutschen Reiches im Ersten Weltkrieg, in: Der Erste Weltkrieg (wie Anm. 79), S. 280–317, hier S. 286–288.

97 Otto von Bismarck, Gedanken und Erinnerungen, hrsg. von Gerhard Ritter und Rudolf Stadelmann, Berlin 1932, S. 313 f.

98 Vgl. Gotthard Breit, Das Staats- und Gesellschaftsbild deutscher Generale beider Weltkriege im Spiegel ihrer Memoiren, Boppard a. Rh. 1973, S. 72.

99 Georges-Henri Soutou, Die Kriegsziele des Deutschen Reiches, in: Der Erste Weltkrieg (wie Anm. 79), S. 28 ff.

100 Erich Ludendorff, Meine Kriegserinnerungen 1914–1918, Berlin 1919, S. 470.

101 Holger Afflerbach, Falkenhayn. Politisches Denken und Handeln im Kaiserreich, München 1994, Kap. V, S. 2.

102 Reichsgesetzblatt 1919, S. 153.

103 Vgl. Michael Salewski, Entwaffnung und Militärkontrolle in Deutschland 1919–1927, München 1966, S. 17.

104 Stürmer, Das ruhelose Reich (wie Anm. 65), S. 273.

105 Eberhard Jäckel mit Axel Kuhn, Hitler. Sämtliche Aufzeichnungen 1905–1924, Stuttgart 1980, S. 214, 218, 583 und 728.

106 Wilhelm Deist, Schlußbetrachtung, in: Die Aufrüstung der Wehrmacht, in: Das Deutsche Reich und der Zweite Weltkrieg, Bd 1: Ursachen und Voraussetzungen der deutschen Kriegspolitik, Stuttgart 1979, S. 535–558.

107 Vgl. Hoßbach-Protokoll vom 5.11.1937, in: ebd., S. 603–622.

108 Zu den Zahlenangaben: Mueller-Hillebrand, Das Heer 1933–1945, Bd 3, Frankfurt/M. 1969, S. 253; vgl. weiterhin Rüdiger Overmans, Die Toten des Zweiten Weltkrieges, in: Der Zweite Weltkrieg. Analysen, Grundzüge, Forschungsbilanz, hrsg. von Wolfgang Michalka, München, Zürich 1989, S. 858–873, hier S. 859.

109 Helmut Krausnick, Zum militärischen Widerstand gegen Hitler 1933–1938, in: Aufstand des Gewissens. Militärischer Widerstand gegen Hitler und das NS-Regime 1933–1945, hrsg. von Heinrich Walle, Berlin, Herford 1994, S. 350 f.

110 Vgl. Martin van Creveld, Kampfkraft. Militärische Organisation und Leistung 1939–1945, Freiburg 1982, insbes. S. 203–205.

111 »Ich möchte heute vor diesem Hohen Hause im Namen der Bundesregierung erklären, daß wir alle Waffenträger unseres Volke einschließlich der Waffen-SS, die im Namen der hohen soldatischen Überlieferungen ehrenhaft zu Lande, auf dem Wasser und in der Luft gekämpft haben, anerkennen. Wir sind überzeugt, daß der gute Ruf und die große Leistung des deutschen Soldaten trotz aller Schmähungen während der vergangenen Jahre in unserem Volke noch lebendig sind und auch bleiben werden. Es muß unsere gemeinsame Aufgabe sein – und ich bin sicher, wir werden sie lösen -, die sittlichen Werte des deutschen Soldatentums mit der Demokratie zu verschmelzen«.

112 Alexander Stahlberg, Die verdammte Pflicht, Berlin, Frankfurt/M. 1995, S. 359–372, insbes. S. 371.

113 Zit. nach Sebastian Haffner, Anmerkungen zu Hitler, München [2]1978, S. 152.

114 J. F. C. Fuller, Die entartete Kunst, Krieg zu führen, 1789–1961, Köln 1964, S. 33 f., 36.

115 Regling, Grundzüge der Landkriegsführung (wie Anm. 20), S. 194 ff.

116 Roland G. Foerster, Innenpolitische Aspekte der Sicherheit Westdeutschlands 1947–1950, in: Anfänge (wie Anm. 28), Bd 1: Von der Kapitulation zum Pleven-Plan, München 1982, S. 429–432, sowie Hans-Erich Volkmann, Die innenpolitische Dimension Adenauerscher Sicherheitspolitik, in: Anfänge (wie Anm. 28), Bd 2: Die EVG-Phase, München 1990, S. 463–600.

117 Christian Greiner, Die militärische Eingliederung der Bundesrepublik Deutschland in die WEU und die NATO 1954–1957, in: Anfänge, Bd 3 (wie Anm. 28), S. 561–850.

118 Opitz, Allgemeine Wehrpflicht (wie Anm. 76), S. 10.

119 Foerster, Innenpolitische Aspekte (wie Anm. 116), S. 403–575.

120 Detlef Bald, Wehrpflicht – Der Mythos vom legitimen Kind der Demokratie, in: Allgemeine Wehrpflicht (wie Anm. 76), S. 30–45.

121 Vgl. Foerster, Innenpolitische Aspekte (wie Anm. 116), S. 425–427.

122 Detlef Bald, Erfahrungen des Weltkrieges und Ansätze zu einem alternativen Verteidigungskonzept in den 50er Jahren, in: Miliz als Vorbild?, hrsg. von Detlef Bald, Baden-Baden 1987, S. 71–82, hier S.71–73.

123 Ebd., S. 74.

124 Vgl. Wilhelm Meier-Dörnberg, Die Auseinandersetzung um die Einführung der Wehrpflicht, in: Die Wehrpflicht (wie Anm. 6), S. 107–118, hier S. 108–110.

125 Vgl. ebd., S. 111–116.

126 Ernst Nagel, Wieviel Pflichterfüllung kann der Staat verlangen?, in: Allgemeine Wehrpflicht (wie Anm. 76), S. 92–101.

127 Vgl. Hans-Jürgen Rautenberg, Zur Standortbestimmung für künftige deutsche Streitkräfte, in: Anfänge, Bd 1 (wie Anm.116), S. 797.

128 Fritz Erler, zit. in: Die Parlamentarischen Väter der Bundeswehr. Debatten und Entscheidungen in Bundestag und Bundesrat, hrsg. vom BMVg, Bonn 1985, S. 192.

129 Vgl. zu den ethischen und juristischen Aspekten der Einführung der Wehrpflicht den Beitrag von Gerd Roellecke in diesem Band, S. 51–70.

130 Immanuel Kant, Die Metaphysik der Sitten, hrsg. von W. Weischedel, Bd VIII, Frankfurt/M. 1968, S. 469.

131 269 gegen 166 Stimmen bei 20 Enthaltungen. Vgl. Meier-Dörnberg, Die Auseinandersetzung (wie Anm. 124), S. 116, sowie Ehlert, Innenpolitische Auseinandersetzungen (wie Anm. 28), insbes. S. 514–560.

132 Siehe hierzu Foerster, Einführung, in: Die Wehrpflicht (wie Anm. 6), S. XIII-XV.

Gerd Roellecke

Die Verfassungsentscheidung für eine allgemeine Wehrpflicht

I. Strukturen

Streitkräfte dienen der Verteidigung (Art. 87a Abs. 1 GG). Verfassungsrechtlich ist die Einsatzbereitschaft der Streitkräfte wesentlicher Gesichtspunkt, nach dem die militärische Organisation und ihre Rechte und Pflichten zu beurteilen sind[1]. Im Verteidigungsfall müssen die Streitkräfte in kurzer Frist verstärkt werden. Verstärkt werden sie mit Reservisten. Reservisten sind vor allem gediente Wehrpflichtige. Ungediente Wehrpflichtige gehören zur Ersatzreserve (§ 4 Abs. 2 WPflG). Beide unterliegen der Wehrüberwachung. Die Reserve wird durch die Verfügungsbereitschaft (§ 5a WPflG), Wehrübungen (§ 6 WPflG) und durch den unbefristeten Wehrdienst im Verteidigungsfall (§ 4 Abs. 1 Nr. 4 WPflG) in Anspruch genommen. Funktional, das heißt aus der Sicht der Verteidigung, ist die Stellung der Reservisten daher geprägt von der Unterscheidung zwischen Frieden und Verteidigungsfall.

Moderne Staaten können in der Regel Frieden durch Recht und Organisation gewährleisten, Angriffe aber nicht ausschließen. Recht und Organisation versetzen sie in die Lage, die ständige Verteidigungsbereitschaft aller Bürger durch Streitkräfte zu ersetzen, die sich im Frieden auf den Verteidigungsfall vorbereiten[2]. Zur Vorbereitung gehört sowohl die fachliche Ausbildung wie die Sozialisation der Soldaten. In beiden Hinsichten unterscheiden sich Berufs- und Zeitsoldaten auf der einen deutlich von Wehrpflichtigen und Reservisten auf der anderen Seite.

Fachliche Ausbildung verlangt das Erlernen gefechtsmäßigen Verhaltens und des Umgangs mit Waffen und Gerät sowie den Erwerb von Routine, damit die Soldaten sich im Ernstfall »mit schlafwandlerischer Sicherheit« bewegen können. Lernen und besonders der Erwerb von Routine beanspruchen Zeit. Der Grundwehrdienst dauert heute zehn Monate (§ 5 Abs. 3 Satz 4 WPflG), Wehrübungen dauern bei Mannschaften höchstens neun Monate (§ 6 Abs. 2 WPflG). Berufsssoldaten dagegen werden auf Lebenszeit berufen, Zeitsoldaten auf bis zu zwanzig Jahre (§ 1 Abs. 2, § 40 SoldatenG). Für sie steht also unvergleichlich mehr Zeit zur Verfügung. Deshalb ist anzunehmen, daß sie fachlich besser ausgebildet sind als Wehrpflichtige und Reservisten.

Sozialisation meint »die Übernahme von Wertmustern, normativen Verhaltenserwartungen, Standards der Selbstachtung und Fremdachtung (Moral) und expressiven Handlungsmustern in die Persönlichkeitsstruktur mit dem Ergebnis, daß sie als eigene, nicht zugemutete erlebt und entsprechend entlastet vollzogen werden können[3]«. Für Soldaten ist eine solche Entlastung noch wichtiger als für Feuerwehrleute, Polizisten, Ärzte und Pfarrer, weil Disziplin, Gehorsam und Lebensrisiko sie besonders belasten. Da Sozialisation gleichfalls Zeit und Konzentration auf die Aufgabe verlangt, ist davon auszugehen, daß Berufs- und Zeitsoldaten nicht nur fachlich versierter, sondern auch besser militärisch sozialisiert sind als Wehrpflichtige und Reservisten.

Unter dem Aspekt der Einsatzbereitschaft und -fähigkeit der Streitkräfte erscheinen Berufs- und Zeitsoldaten deshalb zweckentsprechender, funktionaler, als Wehrpflichtige und Reservisten. Der Unterschied strukturiert die gesamten Streitkräfte. Er prägt sowohl die Rekrutierung wie die Personalverteilung in der Organisation wie auch die Disziplinierungsmöglichkeiten. Aber alle drei Prozesse »benötigen sehr verschiedene Mittel, involvieren unterschiedliche Rechtsvorschriften, sind in ganz verschiedener Weise fehlerempfindlich und in ihren Resultaten in verschiedenem Maße reversibel«[4]. Angesichts des Unterschiedes zu den Zeit- und Berufssoldaten kann man den Unterschied zwischen Wehrpflichtigen und Reservisten ebenso vernachlässigen wie den Unterschied zwischen Zeit- und Berufssoldaten. Auch das Wehrpflichtgesetz spricht dafür, Wehrpflichtige und Reservisten wie eine Gruppe zu betrachten. Im folgenden sind die Reservisten daher immer mitgemeint, wenn von allgemeiner Wehrpflicht die Rede ist. Differenzen werden ausdrücklich hervorgehoben.

Seit der Einführung der allgemeinen Wehrpflicht während der Französischen Revolution hat man insbesondere das unvermeidliche Sozialisierungsmanko der Wehrpflichtigen mit demokratischen, republikanischen und nationalen Idealen substituiert. Das hat die erbitterten und verlustreichen Volkskriege des 19. und 20. Jahrhunderts mindestens ermöglicht[5]. Die Rechtfertigung der allgemeinen Wehrpflicht mit Demokratie und Nation könnte diese Art von Kriegen sogar mitbewirkt haben, weil sie dazu zwang, militärische Tugenden als allgemeinverbindlich darzustellen, die Differenzen zwischen den Nationen überzubetonen und dadurch Konfliktstoff anzuhäufen.

Andererseits bedroht ein Krieg nicht nur die Existenz der politischen Apparate, sondern auch Leben, Leib und Vermögen vieler Bürger sowie die Lebensart und Verfaßtheit des gesamten Volkes. Heute kann kein Staat gewährleisten, daß ein Krieg die Masse der Bürger nicht berührt. Insofern organisiert die allgemeine Wehrpflicht nur das Recht und die Pflicht jedes einzelnen zur Selbstverteidigung. Die Selbstverteidigung kann sich auf uralte Traditionen stützen. Waffen zu tragen war ursprünglich das Recht des freien Mannes und wurde mit dem Aufkommen der Reiterheere ein ritterliches Vorrecht[6]. Noch in der *Bill of Rights* von 1689 erklärten die Lords und die Gemeinen, zu ihren »alten Rechten und Freiheiten« gehöre auch, »that the subjects which are Protestants may have arms for their defence suitable to their conditions, and as allowed by law«[7]. »Die Freiheit der Bürger, sich friedlich und ohne Waffen zu versammeln, in Übereinstimmung mit den Polizeigesetzen«[8], ist ein Produkt der ziemlich unfriedlichen Französischen Revolution. Das Spannungsverhältnis zwischen den speziellen Anforderungen einer wirksamen Verteidigung und der Bedrohung des gesamten Volkes im Verteidigungsfall hat die Bundesrepublik mit einem »Mischsystem« politisch gelöst: Grundlage der Verteidigung ist eine Armee von Berufs- und Zeitsoldaten, die durch eine allgemeine Wehrpflicht gestützt wird[9].

II. Historischer Hintergrund

Die Wehrverfassung der Bundesrepublik ist vor dem Hintergrund der völligen militärischen, politischen und moralischen Niederlage Deutschlands im Zweiten Weltkrieg zu sehen. Das Jalta-Abkommen vom 11. Februar 1945 sah vor, »alle deutschen bewaffneten Kräfte zu entwaffnen und aufzulösen, für alle Zeit den deutschen Generalstab [...] zu zerbrechen, die deutsche militärische Ausrüstung entweder wegzunehmen oder zu zerstören, die gesamte deutsche Industrie, die für die Erzeugung für militärische Zwecke gebraucht werden könnte, zu beseitigen oder unter Kontrolle zu stellen«. Nach der bedingungslosen Kapitulation Deutschlands am 7. und 9. Mai 1945 setzte das Potsdamer Abkommen vom 2. August 1945 die Ziele von Jalta um. Über die Reorganisation Deutschlands waren sich die Sieger jedoch nicht einig. Die Meinungsverschiedenheiten führten zum Bruch der Siegerkoalition und schließlich zum Ost-West-Konflikt. In diesem Konflikt wollten sich die Westmächte ihrer politischen Verantwortung für Deutschland entziehen und gleichzeitig mindestens Westdeutschland auf ihre Seite ziehen. Deshalb waren sie es und nicht die Deutschen, die eine westdeutsche Verfassung verlangten. In die Aufbauphase der Bundesrepublik fiel der Beginn des Korea-Krieges am 25. Juni 1950, in dem nordkoreanische Truppen zunächst fast ganz Südkorea überrannten. Um der Bundesrepublik ein ähnliches Schicksal zu ersparen, verlangte Bundeskanzler Adenauer im Alleingang eine Verstärkung der alliierten Streitkräfte in Deutschland und bot den Aufbau deutscher Streitkräfte zur Verteidigung Europas an, lehnte aber eine deutsche Nationalarmee ab. Das Ergebnis war ein Vertrag über die Gründung der Europäischen Verteidigungsgemeinschaft vom 27. Mai 1952, der eine europäische Armee vorsah. Der Vertrag scheiterte aber an der Ablehnung Frankreichs[10]. Als Ersatz trat die Bundesrepublik am 6. Mai 1955 der Westeuropäischen Union und dem Nordatlantikvertrag (NATO) bei[11]. Damit verpflichtete sie sich zugleich, eigene Streitkräfte aufzustellen.
Innenpolitisch lösten die Bemühungen um deutsche Streitkräfte den »Kampf um den Wehrbeitrag« aus, in dem es vor allem um die Frage ging, ob die Aufstellung von Streitkräften einer Grundgesetzänderung bedurfte[12] oder nicht[13]. Zur »Klarstellung von Zweifeln« wurde deshalb mit Gesetz vom 26. März 1954[14] Art. 73 GG dahin geändert, daß der Bund »die ausschließliche Gesetzgebung über: 1. die auswärtigen Angelegenheiten sowie die Verteidigung einschließlich der Wehrpflicht für Männer vom vollendeten 18. Lebensjahr an und des Schutzes der Zivilbevölkerung« erhielt. Ein Gesetz vom 19. März 1956[15] fügte in Art. 12

Abs. 2 GG eine Regelung des Kriegsdienstverweigerungsrechtes ein. Verfassungsrechtliche Grundlage der allgemeinen Wehrpflicht ist heute Art. 12a GG, der mit der Notstandsverfassung vom 24. Juni 1968[16] in das Grundgesetz aufgenommen wurde. Die gesetzliche Grundlage wurde mit dem Wehrpflichtgesetz vom 21. Juli 1956[17] geschaffen, das heute in der Fassung der Bekanntmachung vom 15. Dezember 1995[18] gilt.

III. Die Einführung der allgemeinen Wehrpflicht

1. Tötung trotz Tötungsverbotes?

War schon die Aufstellung von Streitkräften umstritten, die Einführung der allgemeinen Wehrpflicht im Sommer 1956 war es noch heftiger. Die Gründe, aus denen man dafür oder dagegen war, lassen sich nicht in einfache Grundsätze aufschlüsseln. Wie alle einzelnen Personen haben auch Völker, Nationen und Staaten jederzeit die Wahl, sich ans Kreuz schlagen zu lassen oder Widerstand zu leisten, Angriffe abzuwehren oder hinzunehmen und sich auf Angriffe vorzubereiten oder nicht vorzubereiten. Pazifismus, also die Ablehnung von Gewalt und Kriegsvorbereitung, gab es schon lange vor dem NS-Unrechtsregime und dem Zweiten Weltkrieg. Im 16. Jahrhundert haben ihn christliche Spiritualisten sowie Quäker und Mennoniten vertreten, im 19. Jahrhundert Friedensgesellschaften wie die von Berta von Suttner 1891 gegründete österreichische Friedensgesellschaft[19]. Die Erfahrung des Zweiten Weltkrieges hat den Pazifismus nicht begründet, sondern nur verstärkt, freilich mehr bei den Verlierern als bei den Siegern. Die Sieger wurden immerhin rechtswidrig angegriffen und haben grausam gelitten, soweit sie sich nicht ausreichend verteidigt haben.

Damit läßt sich auch die – hier bewußt kraß formulierte – Frage beantworten, ob ein politischer Apparat verlangen kann, daß Menschen ihr Leben opfern, um Zwecke zu erreichen, die der Apparat gesetzt hat. Seit der griechische Philosoph Karneades (214–129 v. Chr.) gefragt hat, ob ein Schiffbrüchiger, der sich mit einem anderen an ein Brett klammert, das nur einen trägt, den anderen ins Meer stoßen darf, seitdem kann man wissen, daß die Tötung eines Menschen durch einen anderen philosophisch nicht zu rechtfertigen ist, weil die Existenz aller Menschen gleich viel wert ist. Trotzdem haben die Menschen immer einander getötet. Die Gesellschaft wird mit dem Paradox »Tötung trotz Tötungsverbotes« fertig, indem sie Totschläger entweder wegen rechtfertigenden Notstandes (§ 34 StGB) laufen läßt oder sie als Verbrecher ausschließt oder als Helden ausdrücklich einschließt. Daß Tötungen grundsätzlich nicht zu rechtfertigen sind, gilt auch für den Verteidigungsfall, und zwar für Berufs- und Zeitsoldaten in gleicher Weise wie für Wehrpflichtige. Von der aktiven Tötung zu unterscheiden ist aber das Opfer des eigenen Lebens. Daß Berufs- und Zeitsoldaten freiwillig dienen und Wehrpflichtige durch positives Gesetz zum Kriegsdienst verpflichtet werden, löst nicht das Problem, ob das Opfer ihres Lebens gerechtfertigt ist. Auch wer aufgrund eigener freier Entscheidung damit rechnen muß, daß sein Leben im Falle eines militärischen Einsatzes aufs Höchste gefährdet ist, will nicht sterben. Er erwartet vielmehr, daß sein Leben nur eingesetzt wird, wenn es nicht anders geht. Denn auch er hat ein unverbrüchliches Recht auf Leben und auf Schutz dieses Lebens. Nur weiß er, daß dieses Recht mit einem tiefen Widerspruch belastet ist. Abgesehen davon, daß der Staat auf Grund eines Gesetzes in das Recht auf Leben eingreifen darf (Art. 2 Abs. 2 Satz 2 GG), kann er das Leben der meisten Bürger nur schützen, wenn er von einigen Bürgern verlangt, im Ernstfall ihr Leben einzusetzen und zu opfern. Das Bundesverfassungsgericht hat daher im Schleyer-Fall[20] erklärt: »Das Grundgesetz begründet eine Schutzpflicht nicht nur gegenüber dem einzelnen, sondern auch gegenüber der Gesamtheit aller Bürger«, und es mit dieser Begründung den staatlichen Organen freigestellt, ob sie das Leben des entführten Hanns-Martin Schleyer durch die Freilassung von Terroristen retten wollten oder nicht.

Tod und Tötung im Krieg sind zwar seit dem 19. Jahrhundert völkerrechtlich geregelt und insofern »zivilisiert«. Aber ethisch sind sie ein Problem der Existenz des Kollektivs. Das Verhältnis zwischen dem einzelnen und dem Kollektiv läßt sich normativ nicht eindeutig klären. Eine Klärung setzte einen dritten Standpunkt voraus, auf den man beides beziehen könnte. Den gibt es aber seit der Entkoppelung von Religion und Politik nicht mehr. Deshalb kann man nur pragmatisch sagen: selbstverständlich kann sich jeder einzelne dem Kollektiv verweigern. Aber er kann ihm nicht entrinnen. Bleibt er, gilt im Verhältnis zu Angreifern der Satz: mitgefangen, mitgehangen. Gelingt es ihm, von einem anderen Kollektiv zugelassen zu werden, wird er sich bald mit ähnlichen Opferansprüchen konfrontiert sehen. Er hat allenfalls die Möglichkeit, ein Kollektiv mit möglichst niedrigen Opferansprüchen und geringen Risiken zu wählen.

Die Unmöglichkeit, Tötungen zu rechtfertigen, läßt freilich jeden Rechtfertigungsversuch ideologisch und anfechtbar erscheinen. Damit muß man sich abfinden. Die Politik kann nicht einfach sich weigern zu entscheiden, nur weil sie nicht sicher ist, ob ihre Entscheidung erlaubt ist. Das Risiko wäre viel zu groß. Wenn Probleme drängen, sind auch Nichtentscheidungen Entscheidungen. Verteidigungsprobleme drängen aber immer. Sie werden primär vom potentiellen Angreifer verursacht, und der hat in der Regel wenig Sinn für die Normen des Angegriffenen. Ob eine Abwehrentscheidung erlaubt war, stellt sich ohnehin erst heraus, wenn der Konflikt beendet ist und zwischen Siegern und Verlierern unterschieden werden kann.

2. Die politische Auseinandersetzung

Von dergleichen Überlegungen war der Bundesgesetzgeber mit Recht weit entfernt, als er konkret über die allgemeine Wehrpflicht zu entscheiden hatte[21]. Der deutsche Zusammenbruch von 1945 wirkte nur noch im Hintergrund. Selbst die

Bedrohung im Ost-West-Konflikt gab nicht den Ausschlag. Ausschlaggebend waren die internationalen Verpflichtungen, die die Bundesrepublik bereits eingegangen war, und die Sicherheitshoffnungen, die sich damit verbanden, wenn auch beides eng mit dem Ost-West-Konflikt verknüpft war. Die militärischen Planer hofften insbesondere, daß das Gebiet der Bundesrepublik nicht nur Vorfeld einer Hauptverteidigungslinie am Rhein sein würde. Für eine Verteidigung an der Elbe glaubten sie aber, mindestens 500.000 deutsche Soldaten zu benötigen. Dieser personelle Umfang der deutschen Streitkräfte entsprach auch ungefähr den Vorstellungen der Alliierten. Angesichts der damals verbreiteten »ohne mich«-Einstellung erwartete jedoch niemand, 500.000 deutsche Soldaten allein aus Freiwilligen rekrutieren zu können. Also hielten die Planer eine allgemeine Wehrpflicht für erforderlich.

Das Für und Wider läßt sich nicht nach dem Rechts/Links-Schema sortieren. Die Gründe gegen die allgemeine Wehrpflicht wirken im Nachhinein sogar gewichtiger. Im Dezember 1954 hatte der NATO-Rat beschlossen, das Verteidigungskonzept auf taktische Nuklearwaffen umzustellen. Das ließ große Truppenkontingente als entbehrlich erscheinen. Die Wirtschaft erhob Bedenken wegen der damaligen Knappheit an Arbeitskräften. Sie erreichte immerhin, daß die Dauer des Wehrdienstes nicht – wie ursprünglich vorgesehen – auf achtzehn, sondern auf zwölf Monate festgesetzt wurde. Außerdem schien die Einführung der allgemeinen Wehrpflicht offensichtlich die deutsche Wiedervereinigung zu erschweren. Ein möglicher Bruderkrieg mußte Gewissenskonflikte hervorrufen[22].

Die staatspolitischen Argumente, die damals vorgetragen wurden, wirken demgegenüber aufgesetzt. Daß die allgemeine Wehrpflicht das »legitime Kind der Demokratie« sei[23], hat Günter Roth[24] bereits mit treffender Begründung zurückgewiesen. Als *argumentum ad absurdum* ist hinzuzufügen, daß jene These ziemlich genau der marxistisch-leninistischen Begründung der Wehrpflicht entsprach[25]. Auch soziologisch ist die These nicht zu halten. Demokratie ist ein Entscheidungsverfahren, nicht ein gegenseitiges Treueverhältnis, und der Waffendienst verlangt nun einmal eine spezifische Sozialisation, die man nicht von jedem Bürger verlangen kann und soll. Wie wenig die ideologische Begründung der Wehrpflicht wirklich zählte, verdeutlicht besonders das Verhalten der SPD. Die allgemeine Volksbewaffnung gehörte historisch zum Programm der Sozialisten[26] und war 1848 eine wichtige März-Forderung, wenn sie auch sowohl mit effizienter Verteidigung wie mit Steuerentlastung begründet wurde, wie das Offenburger Programm der Radikalen vom 12. September 1847[27] zeigt: »Wir verlangen eine volksthümliche Wehrverfassung. Der waffengeübte und bewaffnete Bürger kann allein den Staat schützen. Man gebe dem Volke Waffen und nehme von ihm die unerschwingliche Last, welche die stehenden Heere ihm auferlegen«. Dieses Konzept hatte auch die SPD bis Kurt Schumacher vertreten. In der Wehrpflichtdebatte schwenkte sie jedoch – wahrscheinlich aus wahltaktischen Gründen – um und forderte eine Berufsarmee mit der Begründung, die parlamentarische Kontrolle der Streitkräfte gewährleiste, daß sich frühere Fehlentwicklungen - gemeint war die Reichswehr - nicht wiederholten[28]. Aber die Deutschen dachten in ihrer überwältigenden Mehrheit wohl in den Traditionen der Französischen Revolution. Die Einberufung der ersten Wehrpflichtigen im April 1957 klappte vorzüglich. Fast alle Gemusterten erschienen, und nur 0,3 Prozent beriefen sich auf ihr Recht, den Kriegsdienst mit der Waffe aus Gewissensgründen zu verweigern.

IV. Die Wehrdienstpflicht

Bei diesem geringen Anteil von Kriegsdienstverweigerern sollte es freilich nicht bleiben. In den folgenden Jahren wurden die Anträge auf Anerkennung als Kriegsdienstverweigerer so zahlreich[29], daß befürchtet wurde, die Bundeswehr könne nicht genug Wehrpflichtige rekrutieren und aus diesem Grund ihren Verteidigungsauftrag nicht erfüllen. Das Grundrecht auf Kriegsdienstverweigerung und damit das Bundesverfassungsgericht prägten fortan die Diskussion um die Wehrpflicht. In dieser Diskussion sind zwei Aspekte zu unterscheiden, der Aspekt der Verteidigung und der Aspekt des individuellen Rechtes. Diese Unterscheidung wird durch die Wehrpflicht eher verdeckt.

Wehrpflichtig sind auch Kriegsdienstverweigerer. Nur müssen sie keinen Wehrdienst, sondern einen Zivildienst leisten (Art. 12a Abs. 3 Satz 1 GG, § 3 Abs. 1 WPflG). Für die Verteidigungsbereitschaft der Streitkräfte kommt es aber allein auf den Wehrdienst an. Wie die Wehrpflichtdebatte zeigt, ist er der Sinn der Wehrpflicht und deshalb auch Maßstab für die Gleichbehandlung aller Wehrpflichtigen. Abgesehen von § 1 WPflG orientieren sich Ausnahmen denn auch am Wehrdienst, nicht an der Wehrpflicht (§ 9 ff. WPflG). Deshalb können die Ausnahmen im Hinblick auf die Verteidigungsbereitschaft der Streitkräfte gesteuert werden[30]. In dieser Sicht hat die allgemeine Wehrpflicht nur den mehr technischen Sinn, alle Männer vom vollendeten 18. Lebensjahr an zu erfassen. Das ist der Grund, aus dem Kriegsdienstverweigerer zunächst als Wehrpflichtige betrachtet werden[31]. Aber die Kriegsdienstverweigerung läßt sich nicht steuern. Sie ist keine Ausnahme vom Wehrdienst, sie verneint ihn. Darin steckt ein Problem, das bis heute nicht bewältigt ist und zunächst zu einer zweigleisigen Gesetzgebung geführt hat.

Ursprünglich, also 1956, waren das Anerkennungsverfahren für Kriegsdienstverweigerer und der Zivildienst in den §§ 25, 26 und 27 WPflG enthalten. Heute ist das Anerkennungsverfahren im Kriegsdienstverweigerungsgesetz vom 28. Februar 1983[32] und der Zivildienst im Zivildienstgesetz in der Fassung der Bekanntmachung vom 28. September 1994[33] geregelt. Das Kriegsdienstverweigerungsgesetz entspricht strukturell dem Wehrpflichtgesetz und das Zivildienstgesetz dem Soldatengesetz. Hier kommt es zunächst auf die allgemeine Wehrpflicht im Sinne einer allgemeinen Wehrd i e n s t pflicht an.

1. Verfassungsrechtliche Rechtfertigung

Wie heute noch der Wortlaut des Art. 12a Abs. 1 GG zeigt, wird die Wehrdienstpflicht nicht durch die Verfassung, sondern durch das Wehrpflichtgesetz begründet, das aber selbstverständlich nicht gegen die Verfassung verstoßen darf. Damit wird gleichzeitig der Notwendigkeit Rechnung getragen, dem Gesetzgeber einen Entscheidungsspielraum zu belassen. Das Bundesverfassungsgericht hat sich jedoch nicht mit einer ausreichenden verfassungsrechtlichen Ermächtigung zur Einführung der allgemeinen Wehrdienstpflicht begnügt.

In einer ersten Entscheidung ging es um die Frage, ob die Befreiung vom Wehrdienst für Wehrpflichtige, deren Familien durch den Zweiten Weltkrieg besonders hart betroffen waren (§ 11 Abs. 2 Nr. 1 WPflG), mit der Wehrgerechtigkeit vereinbar ist. In diesem Zusammenhang hat das Gericht ausgeführt:

> »Ihre Rechtfertigung findet die allgemeine Wehrpflicht darin, daß der Staat seiner in der Verfassung übernommenen Verpflichtung, die verfassungsmäßige Ordnung, insbesondere auch die Grundrechte seiner Bürger zu schützen (Art. 1 Abs. 1 GG), nur mit Hilfe eben dieser Bürger und ihres Eintretens für den Bestand der Bundesrepublik Deutschland nachkommen kann. Dem Schutzanspruch des einzelnen korrespondiert deshalb die Verpflichtung, sich auch seinerseits für die Belange der im Staat organisierten Gemeinschaft einzusetzen und seinen Beitrag für die Verteidigung jener Ordnung zu leisten, deren Sicherung die Verfassung insgesamt bezweckt. Die allgemeine Wehrpflicht ist Ausdruck des allgemeinen Gleichheitsgedankens[34].«

Damit ist der Sinn der allgemeinen Wehrdienstpflicht treffend umschrieben. Auf den Zweck eines Gesetzes zurückzugreifen, ist auch methodisch unbedenklich.

Bei dieser methodischen Betrachtung blieb es aber nicht, als das Gericht zu entscheiden hatte, ob die bloße schriftliche Erklärung des Wehrpflichtigen, er verweigere den Kriegsdienst aus Gewissensgründen, genüge, ihn als Kriegsdienstverweigerer anzuerkennen. Jetzt avancierte die Wehrdienstpflicht zur Verfassungspflicht:

> »Der Gesetzgeber hat sich mit dem Erlaß des Wehrpflichtgesetzes für die Einführung der allgemeinen Wehrpflicht entschieden. Sie knüpft an eine freiheitlich-demokratische Tradition an, die bis auf die Französische Revolution von 1789 und die Reformzeit in Deutschland zu Beginn des 19. Jahrhunderts zurückgeht. Ihr liegt die Vorstellung zugrunde, daß es Pflicht aller männlichen Staatsbürger ist, für den Schutz von Freiheit und Menschenwürde als den obersten Rechtsgütern der Gemeinschaft, deren personale Träger auch sie selbst sind, einzutreten. Sie findet ihre Rechtfertigung darin, daß der Staat, der Menschenwürde, Leben, Freiheit und Eigentum als Grundrechte anerkennt und schützt, dieser verfassungsrechtlichen Schutzverpflichtung gegenüber seinen Bürgern nur mit Hilfe eben dieser Bürger und ihres Eintretens für den Bestand der Bundesrepublik Deutschland nachkommen kann. Mit anderen Worten: Individueller grundrechtlicher Schutzanspruch und gemeinschaftsbezogene Pflicht der Bürger eines demokratisch verfaßten Staates, zur Sicherung dieser Verfassungsordnung beizutragen, entsprechen ein-

ander [...]. Aus der verfassungsrechtlichen Verankerung der allgemeinen Wehrpflicht folgt, daß ein Bundesgesetz, welches diese Pflicht in dem in Art. 12a Abs. 1 GG bezeichneten Umfang einführt, der Verfassung nicht nur nicht widerspricht [...], sondern eine in ihr enthaltene Grundentscheidung aktualisiert[35].«

Die Erhebung der Wehrdienstpflicht zur Verfassungspflicht ist die verfassungsrechtliche Abwandlung der These, die allgemeine Wehrpflicht sei ein legitimes Kind der Demokratie. Sie sollte erkennbar ein Gegengewicht gegen das Kriegsdienstverweigerungsrecht liefern und den Sachkonflikt zwischen Wehrdienst und Gewissensentscheidung in einen innerverfassungsrechtlichen Konflikt verwandeln, den der Gesetzgeber zu entscheiden hatte. Aber die Erhebung der Wehrdienstpflicht zur Verfassungspflicht widerspricht schon dem Wortlaut des Art. 12a GG. Sie ist kaum damit zu vereinbaren, daß die militärische Landesverteidigung »verfassungsrechtlich unbedenklich beispielsweise auch durch eine Freiwilligenarmee sichergestellt werden« kann[36]. Von einer Verfassungspflicht kann der Staat nicht entbinden. Verfassungsrechtlich kann es überhaupt keine allgemeine Schutz- und Hilfspflicht geben. Das schließen die Grundrechte aus, die ganze Lebensbereiche dem Zugriff der Politik entziehen. Rechtlich muß die verfassungsmäßige politische Entscheidung des Gesetzgebers genügen. Die Wehrpflicht-Rechtsprechung des Bundesverfassungsgerichtes hat daher die scharfe Kritik verdient, die Rainer Eckertz[37] an ihr geübt hat.
Eckertz meint freilich, die Erhebung der Wehrpflicht in Verfassungsrang zeige, daß die Wehrpflicht mit einer verfassungsmäßigen politischen Entscheidung des Gesetzgebers nicht mehr hinreichend gerechtfertigt werden könne und daß aus diesem Grunde »die Verpflichtung zum Kriegsdienst mit der Waffe davon abhängig [werde], daß ihr der einzelne Bürger in seinem Gewissen zustimmt. Sie wird unter einen Gewissensvorbehalt gestellt«[38]. Diese Ansicht widerspricht ihrerseits dem Wortlaut des Art. 4 Abs. 3 GG, der nicht die innere Zustimmung regelt – darüber kann kein Recht der Welt verfügen –, sondern Grenzen staatlichen Zwangs. Wie sich noch zeigen wird, verträgt sie sich auch nicht mit dem Grundverhältnis von Recht und Gewissen.

2. Wehrgerechtigkeit

Aber auch abgesehen vom Recht der Kriegsdienstverweigerung steckt in der allgemeinen Wehrdienstpflicht ein schwieriges politisches Problem, das in der Bundesrepublik wegen des Grundrechts auf Gleichbehandlung (Art. 3 Abs. 1 GG) zugleich eine verfassungsrechtliche Dimension hat: die Wehrgerechtigkeit, die Gleichbehandlung aller Wehrpflichtigen. Schon der konstitutionelle preußische Staat wurde nur schwer damit fertig. Der Versuch König Wilhelm I., um 1860 das Heer neu zu ordnen, war wesentlich von dem Wunsch nach mehr Wehrgerechtigkeit bestimmt und mündete bekanntlich in den preußischen Verfassungs-

konflikt. Der preußische Landtag machte Gerechtigkeit und Verteidigungsbereitschaft zu einer Machtfrage[39].
Aber das Problem ergibt sich nicht aus politischen Machtkämpfen, sondern aus der allgemeinen Wehrdienstpflicht selbst. Sie verkoppelt den personellen Umfang der Streitkräfte, der von der Verteidigungsfähigkeit bestimmt wird, mit der Geburtenrate, die vom generativen Verhalten der Bevölkerung abhängt. Beide Faktoren können erheblich auseinanderdriften, lassen sich aber kaum, zumindest nicht politisch beeinflussen. Deshalb muß die Einberufung der Wehrpflichtigen variabel gestaltet werden[40]. Das geltende Recht hält dafür mehrere Möglichkeiten bereit. So können Tauglichkeitsgrade (§ 8a WPflG) und Zurückstellungen vom Wehrdienst (§ 12 WPflG) variiert werden. Den quantitativen Bedarf über Einberufungsbedingungen zu regulieren, liegt nahe, ist aber verteidigungspolitisch gerade dann bedenklich, wenn der Bedarf unter dem Potential an Wehrpflichtigen liegt. Denn dann vermindert die Anknüpfung an Einberufungsbedingungen die Zahl der gedienten Wehrpflichtigen, also der Reservisten, auf welche die Streitkräfte im Verteidigungsfall schnell zurückgreifen müssen.
Aus der Sicht der Wehrpflichtigen ist die Variabilität der Einberufungsbedingungen noch problematischer. Einberufungen sind Belastungen und können deshalb prinzipiell nur mit Gleichbehandlung gerechtfertigt werden. Bei Vergünstigungen ist das anders. Belastungen akzeptieren die Menschen nur als Schicksalsschläge oder wenn sie sehen, daß andere in gleicher Lage genau so behandelt werden wie sie. Als »Schicksalsschlag« wird die Einberufung in totalitären Staaten verstanden[41]. Ein freiheitlich-demokratischer Staat muß sich um Gleichbehandlung bemühen.
Für die Bundesrepublik kommt hinzu, daß Kriegsdienstverweigerer ihre Wehrpflicht durch einen Zivildienst erfüllen (Art. 12a Abs. 2 GG). Um der Wehrgerechtigkeit zu genügen, muß der Bund daher die erforderliche Anzahl von Zivildienstplätzen zur Verfügung stellen. Die Erfüllung der Zivildienstpflicht ist aber nicht nur mit der Erfüllung der Wehrdienstpflicht zu vergleichen. Die Wehrgerechtigkeit gebietet auch, die Zivildienstpflichtigen untereinander gleich zu behandeln[42]. Für die Zivildienstpflicht entstehen daher entsprechende Probleme wie für die Wehrdienstpflicht. Zwar ist der personelle Umfang des Zivildienstes nicht so abhängig von der internationalen Politik wie der personelle Umfang der Streitkräfte. Dafür läßt sich die Zahl der Kriegsdienstverweigerer schlechter prognostizieren, weil sie von unkalkulierbaren Gewissensentscheidungen abhängt. Für die Wehrgerechtigkeit ist jedenfalls deutlich zwischen der Gleichbehandlung von Wehrdienstpflichtigen untereinander und der Gleichbehandlung von Wehrdienstpflichtigen und Ersatzdienstpflichtigen zu unterscheiden.
Die Gleichbehandlung von Wehrdienstpflichtigen untereinander hat seit 1956 kaum verfassungsrechtliche Schwierigkeiten bereitet[43]. Nur die Frage, ob Wehrpflichtige, deren Brüder oder Schwestern infolge des Zweiten Weltkrieges verstorben sind, auf Antrag vom Wehrdienst zu befreien sind (§ 11 Abs. 2 Nr. 1 WPflG), hat das Bundesverfassungsgericht 1974 veranlaßt, ebenso richtig wie deutlich festzustellen:

»Die Notwendigkeit, Wehrgerechtigkeit im Innern ebenso aufrechtzuerhalten wie Verteidigungsbereitschaft des grundrechtsgarantierenden Staatswesens nach außen, fordert eine enge und überschaubare, normative Ausgestaltung der Ausnahmen von der Wehrpflicht«.

Die angegriffene Vorschrift hat das Gericht bestätigt.
Die Gleichbehandlung von Wehrdienstpflichtigen und Ersatzdienstpflichtigen gestaltete sich dafür umso schwieriger. Die Kriegsdienstverweigerung aus Gewissensgründen gilt als Grundrecht, das der Gesetzgeber nicht einschränken, sondern nur konkretisieren darf[44]. Als Einschränkung gilt auch, wenn der Gesetzgeber an die Berufung auf das Grundrecht nachteilige Folgen knüpft. Da zwar die Gewissensfreiheit (Art. 18 der Allgemeinen Erklärung der Menschenrechte vom 10. Dezember 1948), nicht aber das Kriegsdienstverweigerungsrecht ein Menschenrecht ist (Art. 4 Abs. 3 Buchst. b der Europäischen Menschenrechtskonvention vom 4. November 1950), hätte indessen der Verfassungsgeber das Kriegsdienstverweigerungsrecht einschränken können. Er hat es jedoch nicht getan. Vielmehr war er darauf bedacht, die Kriegsdienstverweigerer im Vergleich zu den Wehrdienstpflichtigen nicht zu benachteiligen. Deshalb schrieb das Gesetz zur Ergänzung des Grundgesetzes vom 19. März 1956 ausdrücklich vor: »Die Dauer des Ersatzdienstes darf die Dauer des Wehrdienstes nicht übersteigen«. Dieser Satz steht heute unverändert in Art. 12a Abs. 2 GG. Schon nach § 4 Abs. 1 WPflG 1956 umfaßte der Wehrdienst Grundwehrdienst, Wehrübungen und unbefristeten Wehrdienst im Verteidigungsfall. Entsprechend lautete § 27 Abs. 1 WPflG 1956: »Seine [des Ersatzdienstes] Dauer faßt im Frieden die Dauer des Grundwehrdienstes und der Wehrübungen zusammen«. Da die tatsächliche Dauer der Wehrübungen nicht eindeutig bestimmt werden kann, die Dauer des Zivildienstes aber eindeutig bestimmt werden mußte, legte § 24 des Zivildienstgesetzes vom 13. Januar 1960[45] die Dauer des Zivildienstes auf 16 Monate fest, also vier Monate länger als die Dauer des Grundwehrdienstes, die 1960 immer noch 12 Monate betrug. Dabei blieb es im Prinzip[46] bis zum 31. Juli 1977. Am 1. August 1977 trat ein Gesetz zur Änderung des Wehrpflichtgesetzes und des Zivildienstgesetzes (Wehrpflichtänderungsgesetz – WPflÄndG) vom 13. Juli 1977[47] in Kraft, dessen Art. 1 für eine Anerkennung als Kriegsdienstverweigerer grundsätzlich eine schriftliche Erklärung des Verweigerers genügen ließ (»Postkarten-Lösung«), und dessen § 24 die Dauer des Zivildienstes auf 18 Monate erhöhte. Die Dauer des Grundwehrdienstes betrug 1977 15 Monate (§ 5 Abs. 1 Satz 2 WPflG 1972). Das Wehrpflichtänderungsgesetz 1977 hat das Bundesverfassungsgericht mit Urteil vom 13. April 1978[48] insgesamt für nichtig erklärt, weil die »Postkarten-Lösung« die Wehrgerechtigkeit verletze. Mit dem Gesetz zur Neuordnung des Rechts der Kriegsdienstverweigerung und des Zivildienstes (Kriegsdienstverweigerungs-Neuordnungsgesetz – KDVNG) vom 28. Februar 1983[49] wurde der Zivildienst daher belastender ausgestaltet und festgelegt, daß er um ein Drittel länger dauert als der Grundwehrdienst (§ 24 ZDG 1983). Da der Grundwehrdienst 1983 immer noch 15 Monate dauerte, dauerte

der Zivildienst 20 Monate. Das Kriegsdienstverweigerungs-Neuordnungsgesetz 1983 hat das Bundesverfassungericht mit Urteil vom 24. April 1985[50] für verfassungsmäßig erklärt.

Im Verfahren war die Dauer des Zivildienstes besonders umstritten. Das Gericht hat die Intention des Gesetzgebers so interpretiert:

> »Mit den angegriffenen Regelungen im Kriegsdienstverweigerungs-Neuordnungsgesetz verfolgt der Gesetzgeber das Ziel, das bisherige Verfahren der Gewissenserforschung, das durch eine mündliche Anhörung des Antragstellers, insbesondere eine eingehende Befragung zu den Beweggründen seiner Entscheidung, gekennzeichnet war, durch eine andere Art und Weise der Feststellung der behaupteten Gewissensentscheidung zu ersetzen: Die bewußte Inkaufnahme des gegenüber dem Grundwehrdienst um fünf Monate verlängerten Zivildienstes soll als tragendes Indiz für das Vorliegen einer Gewissensentscheidung gelten. In erster Linie soll die erschwerte Ausgestaltung des Zivildienstes sicherstellen, daß das Grundrecht aus Art. 4 Abs. 3 Satz 1 GG nur von echten Kriegsdienstverweigerern in Anspruch genommen wird. Sie bildet nach dem Willen des Gesetzgebers zwar die eigentliche, nicht aber die einzige ›Probe auf das Gewissen‹[51].«

In der näheren Begründung hat es allerdings festgestellt, tatsächlich sei der Zivildienst nicht so ausgestaltet, daß der Zivildienstleistende ein größeres Opfer erbringe als der Wehrdienstleistende[52]. Insofern kam es auf die Frage, ob der Gesetzgeber den Ersatzdienst auch als »Probe auf das Gewissen« organisieren dürfe, für das Ergebnis nicht an. Gleichwohl hat diese Erwägung den scharfen Widerspruch der Richter Mahrenholz und Böckenförde hervorgerufen[53]. Sie berührt in der Tat das Grundproblem des Rechtes auf Kriegsdienstverweigerung aus Gewissensgründen. Wegen dieses Problemes ist es kaum noch interessant, daß die Änderung des Zivildienstgesetzes vom 31. Juli 1986[54] den politischen Streit entschärft und die Dauer des Zivildienstes mit »drei Monate länger als der Grundwehrdienst« (§ 24 Abs. 2 Satz 1 ZDG) festgelegt hat.

V. Kriegsdienstverweigerungsrecht

1. Recht und Gewissen

Das Grundrecht auf Kriegsdienstverweigerung aus Gewissensgründen (Art. 4 Abs 3 GG)[55] ist auch verteidigungspolitisch sinnvoll. Soldaten, denen der Waffendienst wirklich *contre cœur* geht, belasten und stören die Streitkräfte nur, im Frieden wie im Verteidigungsfall, weil ihre militärische Zuverlässigkeit fraglich ist[56]. Selbst die frühere DDR, deren Verfassung kein Kriegsdienstverweigerungsrecht kannte, sah sich schon vier Jahre nach Einführung der allgemeinen Wehrpflicht 1964 veranlaßt, einen waffenlosen Wehrdienst in Bausoldateneinheiten zu ermöglichen[57]. Wie in totalitären Regimen üblich, waren mit dem Bausoldatendienst Diffamierungen und berufliche wie persönliche Nachteile verbunden. Ob das der Grund war, aus dem nur zwischen 1 und 1,5 Prozent der Wehrpflichtigen im Jahr den Bausoldatendienst gewählt haben, mag offen bleiben, obwohl man sich eigentlich nicht vorstellen kann, daß das Gewissen der westdeutschen Wehrpflichtigen erheblich empfindlicher ist als das der ostdeutschen. Offen kann die Frage bleiben, weil auch die Zahl der ernsthaften Kriegsdienstverweigerer theoretisch kein Problem ist. Wird sie so hoch, daß die Bundesrepublik nicht mehr verteidigt werden kann, muß die Bundesrepublik beim nächsten Angriff bedingungslos kapitulieren. Dann gibt es Deutschland entweder nicht mehr oder nur so wie nach 1933 oder nach 1945, und dann müssen alle, auch die Kriegsdienstverweigerer, ihr Gewissen neu justieren. Nicht einmal die Ernsthaftigkeit der Gewissensentscheidung ist das Problem. Da das Recht nur sich selbst und nicht das Individuum kennt, kann es Gewissensentscheidungen nicht zur Kenntnis nehmen. Das ist keine rechtliche Frage, sondern eine Tatsache. Das Recht ist jedenfalls von jeher letztlich mit allen Überzeugungstätern fertig geworden, in älteren Zeiten allerdings unter beträchtlichen gesellschaftlichen Kosten. Seit der Entkoppelung von Recht und Politik und der Reduktion von Wahrheit auf Wissenschaft kann es sich das Recht sogar leisten, »von Rechts wegen« Gewissensentscheidungen allen Bürgern, welchen Gewissens auch immer, zu überlassen und als Grundrecht der Gewissensfreiheit auszusondern[58]. Das Problem des Rechtes, den Kriegsdienst aus Gewissensgründen zu verweigern, besteht aber darin, daß dieser Anspruch vom Recht eine inhaltliche Spezifizierung der Gewissensentscheidung und damit etwas Unmögliches verlangt[59]. Das Gewissen ist radikal individuell. Es kann sich nicht nur gegen jede beliebige Ordnung, sondern auch gegen Gewissensentscheidungen anderer richten. Da jedes Individuum *sein* Gewissen hat, können individuelle Gewissensentscheidungen nicht nur mit der Rechtsordnung, sondern auch mit den Entscheidungen anderer gleichberechtigter Gewissensträger in Konflikt geraten. Beispiele sind Terroristen, die guten Gewissens handeln, ohne nach den Gewissen anderer zu fragen. Wer von Terroristen verlangt, sie dürften nicht als »empirische Subjekte im empirischen Bereich« ihre Ideale vollstrecken, sondern müßten die Wahrheiten der anderen achten[60], verkennt nicht nur, daß sich Konflikte als soziale Systeme im Verhältnis zu den Beteiligten verselbständigen, selbst verhärten und gegen die Wahrheiten anderer immunisieren, er verkennt auch, daß Gewissenskonflikte nur unter Entscheidungsdruck entstehen können. Das Gewissen muß daher durch die Tat beruhigt werden[61]. Mit Räsonnieren gibt es sich nicht zufrieden. Wer also von jemandem, der sich auf sein Gewissen beruft, verlangt, die Wahrheiten der anderen zu achten, nimmt der Gewissensentscheidung jeden Ernst, jede praktische Erheblichkeit. Außerdem überantwortet er die Konkurrenz von Gewissensentscheidungen der Entscheidung nach den Maßstäben der jeweils herrschenden Ordnung, von der sich das individuelle Gewissen möglicherweise gerade distanzieren will. Wenn diese Ordnung Gewissensentscheidungen anerkennt, dann allein nach ihren eigenen Maßstäben. Sonst kann sie Frieden weder stiften noch erhalten. Würde sie Gewissensentscheidungen als solche

anerkennen, so ergriffe sie in der Konkurrenz der Gewissen Partei, negierte die anderen Gewissensentscheidungen und verletzte dadurch die Gewissensfreiheit. Daß Art. 4 Abs. 3 GG trotz der unüberbrückbaren Kluft zwischen Recht und Gewissen echten Gewissensentscheidungen den Vorrang vor der allgemeinen Wehrpflicht einzuräumen scheint, dürfte damit zusammenhängen, daß in Deutschland seit der Reformation Gewissensentscheidungen traditionell als politisch erheblich gelten. Auf dem Reichstag zu Speyer haben die evangelischen Stände dem mehrheitlich katholischen Reichstag am 20. April 1529 in Religionsfragen den Gehorsam aufgekündigt, weil »in den sachen gottes ere und unser selen haile und seligkeit belangend ain jeglicher fur sich selbs vor gott steen und rechenschaft geben mus«[62]. Einen Rest dieser »protestantischen Politik« bewahrt Art. 38 Abs. 1 Satz 2 GG: Die Abgeordneten »sind Vertreter des ganzen Volkes, an Aufträge und Weisungen nicht gebunden und nur ihrem Gewissen unterworfen«. Die politische Hochschätzung des Gewissens ändert aber nichts daran, daß sich Recht und Gewissen nichts mehr zu sagen haben.
Wenn das Recht von sich aus Gewissensentscheidungen respektiert, obwohl es selbst »gewissenlos« ist, kann es daher nicht unmittelbar an das Gewissen anknüpfen, sondern nur an intersubjektiv erkennbare Indizien, die auf echte Gewissensentscheidungen deuten. Echt ist eine Gewissensentscheidung, die dem Grundrecht vorausliegt und auch ohne das Grundrecht getroffen worden wäre. Gerade das Grundrecht auf Kriegsdienstverweigerung begründet daher die Zweifel an der Echtheit der Gewissensentscheidungen. Aus diesem Grund waren jedenfalls die Gewissensentscheidungen der 1 bis 1,5 Prozent Wehrdienstverweigerer in der früheren DDR echt. Dort gab es kein Verweigerungsgrundrecht und dort mußten die Verweigerer beträchtliche Opfer auf sich nehmen. Wenn man nach dem Sinn dieser Opfer fragt, stößt man auf den soziologischen, das heißt, vorrechtlichen Sinn des Gewissens: die Aufrechterhaltung der Persönlichkeit, die Wiedererkennbarkeit des Individuums[63]. Über seine Wiedererkennbarkeit kann allein das Individuum entscheiden. Denn von ihm wird Anpassung verlangt. Im Extremfall kann das Individuum bis zur Selbstvernichtung auf seiner Wiedererkennbarkeit bestehen. Diesen Extremfall muß das Recht als Friedensordnung jedoch vermeiden. Seine soziale Geltung hängt auch von der Sichtbarkeit freier Zustimmung ab. Es gründet sich auf »Richtigkeit«, nicht auf Gewalt. Bei Gewissensentscheidungen bleibt dem Recht daher nur, an eine Erklärung des Individuums anzuknüpfen und die Echtheit der Erklärung aus seiner Opferbereitschaft zu erschließen. Die Entwicklung des Kriegsdienstverweigerungsrechtes nach 1956 lief denn auch auf eine rechtliche Begrenzung des Gewissensbegriffes und darauf hinaus, die Prüfung der Echtheit der Gewissensentscheidung von der Erklärung des Individuums in Richtung auf seine Opferbereitschaft zu verlagern.

2. Die verfassungsgerichtliche Rechtsprechung

Rechtlich begrenzt wurde die Kriegsdienstverweigerung zunächst dadurch, daß eine »situationsbedingte« – auf eine konkrete Auseinandersetzung zwischen Staaten bezogene – Verweigerung nicht anerkannt wurde:

> »In all diesen Fällen mögen ernste Gewissensbedenken den Wehrpflichtigen zu seiner Handlung bestimmen. Seine Gewissensentscheidung richtet sich aber nicht eigentlich gegen den ›Kriegsdienst mit der Waffe‹, sondern gegen die Entschließung der Staatsgewalt, die bewaffnete Macht überhaupt oder mit bestimmten Mitteln zu einem konkreten politischen oder militärischen Zweck einzusetzen. Da er [der Wehrpflichtige – der Verf.] nicht das Töten im Krieg schlechthin, sondern nur das Töten dieses Gegners, in diesem Krieg oder mit diesen Waffen ablehnt, fehlt auch der innere Grund, der es nach dem oben Gesagten erst verfassungsrechtlich rechtfertigt, ihn von der Pflicht zum Wehrdienst zu befreien[64].«

Nach dieser Argumentation ist freilich letzter Grund für die Anerkennung der Gewissensentscheidung nicht die abstrakte oder konkrete kriegerische Auseinandersetzung, sondern die generelle Ablehnung des Tötens im Kriege[65]. Das Töten im Kriege ist in der Tat ein Gewissensproblem[66]. Darum geht es hier jedoch nicht. Der Rückgriff auf die generelle, hochabstrakte Tötungsfrage bedeutete zugleich, daß die Kriegsdienstverweigerung entpolitisiert wurde. Die Verweigerung kann nicht mehr außenpolitischen Präferenzen folgen und die Politik je nach Lage unterstützen oder nicht unterstützen. Der Verweigerer hindert sich selbst daran, in einem Krieg, den er für gerecht hält oder der ihn persönlich bedroht, zu den Waffen zu greifen. Es war daher konsequent, daß das Bundesverfassungsgericht die Friedensausbildung mit der Waffe in das Verweigerungsrecht einbezogen hat[67].
Rechtlich begrenzt wird die Gewissensentscheidung ferner durch das Anerkennungsverfahren. Der Verweigerer muß sich eine Kontrolle und damit seine Erfassung als Wehrpflichtiger gefallen lassen[68] (vgl. auch § 2 Abs. 1 des Kriegsdienstverweigerungs-Neuordnungsgesetzes). Daß die Geltendmachung subjektiver Rechte von vornherein mit Verfahrensobliegenheiten belastet ist, ist in einem Rechtsstaat an sich selbstverständlich. Für das Kriegsdienstverweigerungsrecht ist das Bundesverfassungsgericht jedoch weit über diesen Gedanken hinausgegangen. Seine Überlegungen könnten vor allem für Reservisten wichtig sein, die Einberufungen zu Wehrübungen verweigern. Die Entscheidung betraf Soldaten der Bundeswehr, die während ihrer Dienstzeit beantragt hatten, als Kriegsdienstverweigerer anerkannt zu werden. Die zuständigen Prüfungsausschüsse und -kammern hatten die Anträge abgelehnt. Über eine verwaltungsgerichtliche Klage der Soldaten war noch nicht entschieden. In dieser Situation verweigerten die Soldaten den Dienst mit der Waffe und wurden dafür disziplinarisch mit Arrest bestraft. Das Bundesverfassungsgericht hat in der Strafe keine Verletzung des Kriegsdienstverweigerungsrechtes gesehen[69]. Dieses Ergebnis ist plausibel, die Begründung aber umstritten[70].

Dogmatisch hätte das Gericht mit einer Art Vertrauensschutz zugunsten der Streitkräfte argumentieren können. Hat ein Soldat seinen Wehrdienst aufgenommen, so begründet er die Erwartung, daß er die Gewissensfrage bereits beantwortet hat und seinen Dienst treu leistet. Vernimmt er nach der Aufnahme des Wehrdienstes den Ruf seines Gewissens, müßte ihm das Beharren auf der Identität seiner Persönlichkeit, das heißt, sein Gewissen, eigentlich zugleich sagen, daß er die Erwartungen, die er selbst geweckt hat, nicht ohne weiteres enttäuschen darf, sondern seinen Wehrdienst mindestens bis zur rechtskräftigen Entscheidung über seinen Antrag leisten muß. Diesen Weg, der das Gewissen gerade respektiert hätte, hat sich das Gericht jedoch selbst verstellt. Es meint, Normen mit einem Rang unter dem Verfassungsgesetz könnten nicht Maßstab für die Auslegung des Verfassungsgesetzes sein. Vielmehr müßte umgekehrt das Verfassungsgesetz die nachgeordneten Gesetze prägen. Verfassungsnormen könnten nur durch andere Verfassungsnormen eingeschränkt werden. Solch eine andere Verfassungsnorm hat das Gericht in der Funktionsfähigkeit der Bundeswehr gesehen und daraus geschlossen, die Funktionsfähigkeit der Bundeswehr könne das Kriegsdienstverweigerungsrecht einschränken.
Das war, wie Rainer Eckertz[71] richtig gesehen hat, eine verfassungsrechtliche Weichenstellung, die es erlaubte, Einschränkungen des Kriegsdienstverweigerungsrechtes vom »vorangegangenem Tun« des Wehrpflichtigen abzulösen. In seiner Entscheidung über das Wehrpflichtänderungsgesetz 1977 (»Postkarten-Lösung«)[72] hat das Gericht denn auch unter Berufung auf »eine funktionsfähige militärische Landesverteidigung« verlangt, der Gesetzgeber müsse das Kriegsdienstverweigerungsrecht so regeln, daß ein hinreichend sicherer Schluß auf die Echtheit einer Gewissensentscheidung gegen den Kriegsdienst mit der Waffe möglich werde. Eine bloße Erklärung des Verweigerers genüge nicht. Es müsse eine Prüfung hinzukommen, die auch darin bestehen könne, daß der Ersatzdienst als »Probe auf das Gewissen«, das heißt, »lästiger« ausgestaltet werde als der Wehrdienst[73].
Damit reagierte das Gericht auf die Erfahrungen, die man mit dem bis 1977 geltenden Anerkennungsverfahren gemacht hatte. Die Zahl der Anträge auf Anerkennung als Kriegsdienstverweigerer war von 3 257 im Jahr 1959 auf 40 618 im Jahr 1976 gestiegen[74] und hatte die zuständigen Behörden ebenso überfordert wie den Ersatzdienst. Die meisten Verweigerer konnten damit rechnen, nicht zum Ersatzdienst herangezogen zu werden.
Aber das war nicht der eigentliche Grund, aus dem öffentlich eine Abschaffung der Gewissensprüfung gefordert wurde. Der eigentliche Grund war das Bemühen, die allgemeine Wehrdienstpflicht auszuhöhlen und dadurch ihre Abschaffung zu erreichen. Der Deutsche Gewerkschaftsbund, Kriegsdienstverweigererverbände und nicht zuletzt die großen Kirchen hatten Wehrpflichtige beraten, wie sie ihre Verweigerung zu begründen hätten, um eine Anerkennung zu erreichen. Damit hatten sie die Kriegsdienstverweigerung kollektiviert, wohl wissend, daß gerade die Kollektivierung zu Zweifeln an der Echtheit der Gewis-

sensentscheidungen führen mußte. Es ging ihnen aber gerade darum, die Gewissensprüfungen zu diskreditieren. Bezeichnend ist, wie ein »Kongreß der kirchlichen Beauftragten, Berater und Beistände für Kriegsdienstverweigerung – Veranstaltung der Ev. Arbeitsgemeinschaft zur Betreuung der Kriegsdienstverweigerer (EAK) und der Kath. Arbeitsgemeinschaft für Kriegsdienstverweigerung und Ersatzdienst (KAK)« 1974 seine Forderung begründete, Gewissensprüfungen abzuschaffen:

> »Es gibt kein Verfahren, das das Vorliegen einer Gewissensentscheidung feststellen könnte. Aus theologischen und juristischen Gründen können wir uns als kirchliche Beauftragte nicht damit einverstanden erklären, daß der Staat sich das Recht nimmt, über die Echtheit von Gewissensentscheidungen zu befinden[75].«

Daß niemand die Echtheit einer Gewissensentscheidung überprüfen kann, ist richtig. Allerdings gilt das nicht nur für den Staat, sondern für jeden Außenstehenden, auch für die kirchlichen Beauftragten, Berater etc. Das Gewissen ist so individuell, daß man sich fragt, was jene kirchlichen Beauftragten etc. den ratsuchenden Wehrpflichtigen eigentlich gesagt haben. Das mag jedoch dahinstehen. Denn wenn Gewissensentscheidungen unüberprüfbar sind, dann steckt der Fehler nicht erst in der Gewissensprüfung, sondern bereits in der Gewährung des Rechts, den Kriegsdienst mit der Waffe aus Gewissensgründen zu verweigern. Denn mit dieser Gewährung nimmt sich der Staat zugleich das Recht, zwischen Gewissensentscheidungen, die sich als Kriegsdienstverweigerung darstellen, und solchen Gewissensentscheidungen zu unterscheiden, die das nicht tun. Aus der Tatsache, daß das Recht das Gewissen nicht erreicht, müßte man daher schließen, das Kriegsdienstverweigerungsrecht sei aufzuheben, weil es Unmögliches verlangt. Eine Aufhebung wäre jedoch auch verteidigungspolitisch unzweckmäßig. Die Unerreichbarkeit des individuellen Gewissens bedeutet aber, daß das Kriegsdienstverweigerungsrecht paradox, ein Widerspruch in sich ist.
Mit dieser Paradoxie mußten Politik und Rechtsprechung nach 1956 fertig werden. Mißt man an ihr die einschlägige Rechtsprechung des Bundesverfassungsgerichtes, kann man sie kaum tadeln. Anders als mit einer »Probe auf das Gewissen« kann sich das Recht der Identität der Persönlichkeit nicht einmal nähern. Die Einschränkung der Tatbestandsvoraussetzungen des Verweigerungsrechtes läßt sich dogmatisch gut vertreten. Ein Anerkennungsverfahren ist eine rechtsstaatliche Selbstverständlichkeit. Aus der allgemeinen Wehrdienstpflicht eine Verfassungspflicht zur Verteidigung zu machen, ist zwar dogmatisch kaum zu begründen, erklärt sich aber daraus, daß das Kriegsdienstverweigerungsrecht der deutschen Tradition entsprechend zu einer existentiellen Frage stilisiert worden war, der das Gericht nur die Existenz der Bundesrepublik entgegenhalten konnte. Aber für das Kriegsdienstverweigerungsrecht gelten gleichfalls die Sätze, mit denen Matthias Herdegen[76] seine Untersuchung über die Gewissensfreiheit schließt:

> »Die Achtung vor dem Gewissensspruch beruht auch darauf, daß der einzelne für die Entscheidung gegen das positive Recht gewisse zumutbare

Nachteile in Kauf zu nehmen bereit ist und sich nicht nur auf Kosten fremder Rechtsgüter ein ›gutes Gewissen‹ verschafft. Vom – wenngleich auf Sanktionsebene abgeschwächten – Beharren auf dem Gehorsam gegenüber dem allgemeinen Gesetzesbefehl leben die bewußtseinsbildende Kraft des positiven Rechts, seine Integrationsfunktion und damit seine Normativität.«

VI. Zusammenfassende Würdigung

So umstritten die allgemeine Wehrpflicht unmittelbar nach dem Kriege auch war, nicht zuletzt durch die Rechtsprechung des Bundesverfassungsgerichtes ist sie inzwischen fester Bestandteil des positiven Verfassungsrechtes geworden. Versuche, sie über das Kriegsdienstverweigerungsrecht auszuhebeln, sind gescheitert. Verfassungsrechtlich wurde die Wehrpflicht vor allem unter den Aspekten der Wehrgerechtigkeit und des Kriegsdienstverweigerungsrechtes diskutiert, mit der deutlichen Tendenz, das Kriegsdienstverweigerungsrecht in die Überlegungen zur Wehrgerechtigkeit einzubeziehen.
Die Wehrgerechtigkeit verlangt einmal, alle Wehrdienstpflichtigen gleich zu belasten. In dieser Hinsicht scheint sie politisch und verfassungsrechtlich nur wenig Probleme aufgeworfen zu haben, obwohl die politisch vorgegebene und deshalb kaum variable Friedensstärke der Bundeswehr bis 1990 immer wieder dazu zwang, die Dauer des Grundwehrdienstes und – zum Beispiel – die Tauglichkeitskriterien zu ändern. Diese Änderungen belasteten besonders die Reservisten, die einerseits persönlich mal mehr und mal weniger in Anspruch genommen wurden und die sich andererseits mit einer wechselnden Zahl ungedienter Wehrpflichtiger vergleichen mußten. Trotzdem haben die Reservisten praktisch nicht protestiert. Ein starkes Indiz dafür ist, daß der Reservistenanteil unter den Kriegsdienstverweigerern von 1980 bis 1990 zwar geschwankt hat, aber nicht gewachsen ist[77].
Die Wehrgerechtigkeit zwingt dazu, auch Wehrdienstpflichtige und Kriegsdienstverweigerer gleich zu behandeln. Deshalb müssen Kriegsdienstverweigerer einen Zivildienst leisten. Wenn man richtigerweise auch Verfügungsbereitschaft und Wehrübungen zum Wehrdienst rechnet (§ 4 Abs. 1 WPflG), hat die Dauer des Ersatzdienstes die des Wehrdienstes noch nie überschritten. Das Bundesverfassungsgericht hat aber eine vergleichsweise höhere Belastung der Kriegsdienstverweigerer als »Probe auf das Gewissen« zugelassen, weil die Echtheit von Gewissensentscheidungen aus tatsächlichen Gründen mit den Mitteln des Rechtes nicht überprüft werden kann.

Anmerkungen

1 Bundesverfassungsgericht, Entscheidungen (BVerfGE) Band 28, Seite 243, 261 – Anerkennung eines Soldaten als Kriegsdienstverweigerer.

2 Näher Gerd Roellecke, Streitkräfte und Bundeswehrverwaltung, in: Die Öffentliche Verwaltung (DÖV) 1992, S. 200–205.

3 Niklas Luhmann, Reform des öffentlichen Dienstes. Zum Problem ihrer Probleme, in: ders., Politische Planung, Opladen ^{2}1975, S. 203–256, 210.

4 Näher Luhmann, ebd., S. 210.

5 Siehe Günter Roth, Die Vorgeschichte (in diesem Bd), S. 14, 25–31.

6 Vgl. Hermann Conrad, Deutsche Rechtsgeschichte, Bd. 1: Frühzeit und Mittelalter, Karlsruhe ^{2}1962, S. 260; Helmut Schnitter, Die überlieferte Defensionspflicht. Vorformen der allgemeinen Wehrpflicht in Deutschland, in: Die Wehrpflicht. Entstehung, Erscheinungsformen und politisch-militärische Wirkung, im Auftrag des Militärgeschichtlichen Forschungsamtes hrsg. von Roland G. Foerster, München 1994, S. 29–37, 30. Bis zum Mittelalter könnte man die Wehrpflicht freilich auch als Wehrrecht verstehen.

7 Zitiert nach: Staatsverfassungen, hrsg. von Günther Franz, Darmstadt ^{2}1964, S. 512, 516.

8 Titel I Art. 3 Abs. 5 der Französischen Verfassung vom 3.9.1791, zitiert nach Staatsverfassungen (wie Anm. 7), S. 303, 309; siehe auch Gerd Roellecke, Art. Versammlungsfreiheit, in: Staatslexikon, hrsg. von der Görres Gesellschaft, Bd. 5, Freiburg, Basel, Wien 1989, Sp. 707–711.

9 Vgl. Weißbuch 1970 zur Sicherheit der Bundesrepublik Deutschland und zur Lage der Bundeswehr, hrsg. vom Bundesministerium der Verteidigung, Nr. 83.

10 Wegen eines Überblicks vgl. Carl Hans Hermann, Deutsche Militärgeschichte. Eine Einführung, hrsg. im Auftrag des Arbeitskreises für Wehrforschung, Frankfurt a. M. ^{2}1968, S. 571 ff. Grundlegend natürlich das Standardwerk: Anfänge westdeutscher Sicherheitspolitik, hrsg. vom Militärgeschichtlichen Forschungsamt, Bd 1: Von der Kapitulation bis zum Pleven-Plan, München 1982; Bd 2: Die EVG-Phase, München 1990; Bd 3: Die NATO-Option, München 1993.

11 Gesetz betreffend den Beitritt der Bundesrepublik Deutschland zum Brüsseler Vertrag und zum Nordatlantikvertrag vom 24.3.1955, BGBl. II, S. 256.

12 So die Feststellungsklage von 144 Bundestagsabgeordneten, in: Der Kampf um den Wehrbeitrag, hrsg. vom Institut für Staatslehre und Politik e. V. in Mainz, 1. Halbband, München 1952, S. 6 ff.

13 In der Entscheidung über die Verfassungsmäßigkeit von bewaffneten Auslandseinsätzen der Bundeswehr hat das Bundesverfassungsgericht (BVerfGE 90, S. 286, 345) die verfassungsrechtliche Befugnis zur Aufstellung von Streitkräften aus Art. 24 Abs. 2 GG abgeleitet und damit die Notwendigkeit einer Grundgesetzänderung verneint. Dazu: Gerd Roellecke, Bewaffnete Auslandseinsätze – Krieg, Außenpolitik oder Innenpolitik, in: Der Staat 34 (1995), S. 415–428.

14 BGBl. I, S. 45.

15 BGBl. I, S. 111.

16 BGBl. I, S. 709.

17 BGBl. I, S. 651.

18 BGBl. I, S. 1756.

19 Näher, auch zur Begriffsgeschichte, Kurt Röttgers, Artikel Pazifismus, Historisches Wörterbuch der Philosophie, Bd 7: P – Q, Basel 1989, Sp. 218–229, 223 f.

20 BVerfGE 46, S. 160, 165.

21 Dieser Abschnitt folgt im wesentlichen der vorzüglichen Darstellung von Wilhelm Meier-Dörnberg, Die Auseinandersetzung um die Einführung der Wehrpflicht in der Bundesrepublik Deutschland, in: Wehrpflicht (wie Anm. 6), S. 107–118.

22 Beispiel: BVerfGE 12, S. 45, 47.

23 Wie Theodor Heuss im Parlamentarischen Rat gesagt hat; vgl. von Doemming, Füßlein und Matz, Die Entstehungsgeschichte der Artikel des Grundgesetzes, JöR 1 (1951), S. 77.

24 Roth, Die Vorgeschichte (wie Anm. 5), S. 42.

25 Vgl. Rüdiger Wenzke, Die Wehrpflicht im Spiegel der marxistisch-leninistischen Theorie und der »realsozialistischen« Praxis in der DDR, in: Wehrpflicht (wie Anm. 6), S. 119–130.

26 Wenzke, Wehrpflicht im Spiegel, in: ebd., S. 120 ff.

27 Abgedruckt bei Ernst Rudolf Huber, Dokumente zur Deutschen Verfassungsgeschichte, Bd 1: Deutsche Verfassungsdokumente 1803–1850, Stuttgart, Berlin, Köln, Mainz ^{3}1978, Nr. 71, S. 321 f. Ähnlich im Heppenheimer Programm der Liberalen vom 10.10.1847, ebd., Nr. 72, S. 324, 326.

28 Siehe Meier-Dörnberg, Die Auseinandersetzung (wie Anm. 21), S. 114.

29 Statistik bei Günter Hahnenfeld und Wolfgang Boehm-Tettelbach, Wehrpflichtgesetz, Loseblattkommentar, München, Stand 1.12.1997, § 1, KDVG Randnr. 14; siehe auch BVerfGE 46, S. 339, und die Statistiken in: Wehrpflicht und Ersatzdienst. Die Auseinandersetzung vor dem Bundesverfassungsgericht, Berichte und Studien der Hanns-Seidel-Stiftung, Bd 16, hrsg. von Dieter Blumenwitz, München 1978, im Anhang S. 348 f.

30 Beispielsfall: BVerfGE 46 S. 337, 341.

31 Das ist verfassungsgemäß: BVerfGE 80, S. 354, 359.

32 BGBl. I, S. 203; dazu BVerfGE 69, S. 1 ff.

33 BGBl. I, S. 2811.
34 BVerfGE 38, S. 154, 167.
35 BVerfGE 48, S. 127, 161.
36 BVerfGE 48, S. 127, 160.
37 Rainer Eckertz, Die Kriegsdienstverweigerung aus Gewissensgründen als Grenzproblem des Rechts. Zur Überwindung des Dezisionismus im demokratischen Rechtsstaat, Baden-Baden 1986, S. 27 ff. Kritisch zu Eckertz' Konzept: Stefan Smid, Verantwortung für das Recht: Gewissensentscheidung gegen staatliche Friedenssicherung?, in: Archiv für Rechts- und Sozialphilosophie, LXXIV (1988), S. 400–411.
38 Eckertz, ebd., S. 33 und 26.
39 Näher Ernst Rudolf Huber, Deutsche Verfassungsgeschichte seit 1789, Bd 3: Bismarck und das Reich, Stuttgart 1963, S. 281 ff.
40 Dazu BVerfGE 48, S. 127, 162.
41 Vgl. für die DDR Wenzke, Wehrpflicht im Spiegel (wie Anm. 25), S. 119, 128.
42 BVerfGE 48, S. 127, 172.
43 Zu Einzelfällen vgl. BVerfGE 29, 56: Der Verdienstausfall, der durch Erfassung und Musterung entsteht, braucht nur Arbeitnehmern, nicht beruflich Selbständigen erstattet zu werden; BVerfGE 31, S. 212: Versorgung wehrdienstbeschädigter Soldaten.
44 Vgl. bereits BVerfGE 12, S. 45, 53, bestätigt durch BVerfGE 48, S. 127, 163.
45 BGBl. I, S. 10.
46 Übersicht über die früheren Regelungen der Dauer des Grundwehrdienstes bei Hahnenfeld und Boehm-Tettelbach, Wehrpflichtgesetz (wie Anm. 29), § 5 WPflG, Rdnrn. 16–16g.
47 BGBl. I, S. 1229.
48 BVerfGE 48, S. 127 ff.
49 BGBl. I, S. 203.
50 BVerfGE 69, S. 1 ff.
51 BVerfGE 69, S. 1, 25 f.
52 BVerfGE 69, S. 1, 36.
53 Abweichende Meinung, BVerfGE 69, S. 57, 66 ff.
54 BGBl. I, S. 1205.
55 Grundlegend: Eckertz, Kriegsdienstverweigerung (wie Anm. 37), einerseits und Matthias Herdegen, Gewissensfreiheit und Normativität des positiven Rechts. Beiträge zum ausländischen öffentlichen Recht und Völkerrecht, Bd. 99, Berlin u.a. 1989, andererseits.
56 So auch BVerfGE 12, S. 45, 56.
57 Siehe Wenzke, Wehrpflicht im Spiegel (wie Anm. 25), S. 129.
58 Herdegen, Gewissensfreiheit (wie Anm. 55), S. 129: »Die Entscheidungspraxis der Straßburger [Menschenrechts-]Konventionsorgane wird man ohne unzulässige Verkürzung auf die Formel bringen können, daß Gewissensentscheidungen regelmäßig hinter Allgemeingültigkeit beanspruchenden Rechtspflichten zurücktreten müssen, die auf einer religiös oder weltanschaulich neutralen Gesetzgebung beruhen«.
59 Niklas Luhmann, Die Gewissensfreiheit und das Gewissen, in: ders., Ausdifferenzierung des Rechts. Beiträge zur Rechtssoziologie und Rechtstheorie, Frankfurt a. M. 1981, S. 326–359, 341: »Die Gewissensfreiheit soll die Orientierung des Handelns am individuellen Gewissen nicht ermöglichen, sondern ersparen«.
60 So Eckertz, Kriegsdienstverweigerung (wie Anm. 37), S. 105, 112 f.
61 Georg Wilhelm Friedrich Hegel, Phänomenologie des Geistes, in: ders., Werke in zwanzig Bänden, Bd 3, Frankfurt a. M. 1970, S. 475, beschreibt das Gewissen gerade durch das Handeln und unterscheidet es dadurch vom »tatlosen Bewußtsein der Moralität«. Da die Gewissenstat die Vernetzung von Rechten und Pflichten durchschneide, wird sie für alle anderen Gewissensträger böse, S. 485.
62 Zitiert nach: Renaissance, Glaubenskämpfe, Absolutismus, bearbeitet von Fritz Dickmann, Geschichte in Quellen, hrsg. von Wolfgang Lautemann und Manfred Schlenke, Bd 3, München 1966, Nr. 64 d, S. 161.
63 Luhmann, Die Gewissensfreiheit (wie Anm. 59), S. 341.
64 BVerfGE 12, S. 45, 57.
65 Vgl. BVerfGE 80, S. 354, 358.
66 Vgl. oben, Kap. III 1.
67 BVerfGE 12, S. 45, 56; sowie 32, S. 40, 45.
68 BVerfGE 80, S. 354, 359.
69 BVerfGE 28, S. 243, 258.
70 Zur Kritik Eckertz, Die Kriegsdienstverweigerung (wie Anm. 37), S. 131 ff.
71 Ebd., S. 159.
72 BVerfGE 48, S. 127, 159.
73 BVerfGE 69, S. 1, 27 ff.
74 Wehrpflicht und Ersatzdienst (wie Anm. 29), S. 349.
75 Zitiert nach der Stellungnahme der Prozeßbevollmächtigten der Bundesregierung vom 10.11.1977, in: ebd., S. 131–153, 133.
76 Herdegen, Gewissensfreiheit (wie Anm. 55), S. 313.
77 Hahnenfeld und Boehm-Tettelbach, Wehrpflichtgesetz (wie Anm. 29), § 1, KDVG, Rdnr. 14.

Hans-Jürgen Rautenberg

Sicherheitspolitische und strategische Rahmenbedingungen 1950–1990

Anfänge des Kalten Krieges

Das »kurze« 20. Jahrhundert, an dessen Anfang fraglos die europäische Urkatastrophe des Ersten Weltkriegs steht und das vermutlich in den Jahren 1990/91 mit dem Zusammenbruch des sowjetischen Imperiums begonnen hat auszulaufen, kann als »Jahrhundert der Weltkriege« in die Annalen der Weltgeschichte eingehen. Grob die erste Hälfte, von 1914–1945, umfaßt die Phase der weltumspannenden, heißen Kriege. Die zweite Hälfte hingegen wird überwiegend als »Kalter Weltkrieg« weitergeführt, mit gelegentlichen, regional begrenzten »heißen« Kriegen, die das Bewußtsein für die latente Gefahr wach halten, daß der Waffenstillstand des Kalten Krieges jederzeit in einen globalen Waffengang umschlagen kann. Das Zeitalter der Weltkriege muß als eine Einheit betrachtet werden, als ein durchgängiger machtpolitischer und ideologischer Dauerkonflikt zwischen tödlich verfeindeten Mächtegruppierungen, deren jeweilige Gesellschaftssysteme und politischen Ordnungsvorstellungen Anspruch auf globale Geltung erheben. Anfänglich, vor allem in den 20er bis 40er Jahren, rangen drei Mächtegruppierungen mit- und gegeneinander um die Verwirklichung ihrer ideologischen und machtpolitischen Ansprüche: das revolutionäre, marxistisch-leninistische Rußland, das in der Sowjetunion seinen Staat und seine ideologische Ausprägung gefunden und die »Weltrevolution« auf seine Fahnen geschrieben hatte; dann die autokratisch-militaristischen und faschistischen Staaten Europas und Ostasiens, mit dem nationalsozialistischen Deutschland als aggressivem Protagonisten; schließlich die liberalen freiheitlichen, rechtsstaatlichen Demokratien, mit den USA und Großbritannien als Leitmächten und Orientierungszentren. Die Kernstaaten dieses ideologischen und machtpolitischen Dreiecks, vornehmlich die totalitärer Prägung, scharten oder zwangen jeweils eine Reihe von gleichgesinnten, jedenfalls graduell unterschiedlich abhängigen oder gleichgeschalteten Staaten um sich. Diese trugen bereits vor der eigentlichen globalen Machtprobe im Zweiten Weltkrieg gelegentlich Stellvertreterkriege aus oder prüften durch bewaffnete Interventionen die Konfliktbereitschaft und Kampffähigkeit des erwarteten Hauptgegners. Spanien z.B. war zwischen 1936 und 1939 nicht nur ein Erprobungsfeld für neue Waffen und neue militärische Einsatzkonzepte, sondern auch ein soziales und politisches Experimentierfeld für die kommunistische Machtergreifung.

Bei diesem weltumspannenden Ringen handelte es sich nicht um die in Europa seit langem bekannte, klassische Art zwischenstaatlicher Konflikte zur Erweiterung des eigenen Macht- und Einflußbereichs oder zur Erringung territorialer

Gewinne. Die Weltkriege des 20. Jahrhunderts wurden in der Absicht, mit dem Ziel und mit den Mitteln der Vernichtung des Gegners geführt, nach innen wie nach außen. Der Sieger gewann nicht nur einen Krieg und eine ordinäre Kriegsbeute, sondern stellte durch die Niederringung des Gegners die Überlegenheit seines Gesellschaftssystems und seiner politischen, sozialen oder rassistischen Ordnungsvorstellungen unter Beweis.

Mit dem Ende des Zweiten Weltkrieges war eine der drei rivalisierenden Mächtegruppierungen, das nationalsozialistische Deutschland, zusammen mit den faschistischen und militaristischen Spielarten seiner Ideologie in Europa und im Fernen Osten ausgeschaltet und vernichtet.

Die Haupt-Sieger der Kriegskoalition gegen Hitlerdeutschland, u.a. die USA als Führungsmacht der liberalen westlichen Staaten und die Sowjetunion als das internationalistische Zentrum der Weltrevolution, waren aus dieser ersten Phase der Weltkriege als die einzigen weltweit handlungsfähigen Mächte hervorgegangen. Es entbehrt deshalb nicht einer gewissen Logik, daß nun zwischen den beiden außereuropäischen Flügelmächten die durch gemeinsame Kriegsanstrengungen nur mühsam überdeckten, aber weiterbestehenden machtpolitischen und ideologischen Differenzen in aller Heftigkeit aufbrachen und in einen neuerlichen epochebestimmenden Konflikt mündeten. Unmittelbar nach Kriegsende, spätestens ab 1947, zeichnete sich ab, daß der Kampf zwischen Freiheit und Rechtsstaatlichkeit, zwischen Unterdrückung und totalitärer Hybris nicht beendet, sondern in Form eines »Kalten Krieges« erneut entbrannt war.

Deutschland hat in diesem Jahrhundert immer im Zentrum der weltumspannenden Konflikte gestanden: bis 1945 als wesentliche treibende Kraft mit militärischen Mitteln, als souveränes Subjekt des geschichtlichen Prozesses, nach 1945 dieser Rolle zwangsweise entkleidet, streckenweise als bloßes Objekt fremden Willens, dann aber, wenigstens in seinem westlichen Teil, selbstbeschränkt und immer im Einvernehmen mit Partnern und Verbündeten gleicher Wertorientierung. Aber auch in der Phase des Kalten Krieges blieb Deutschland als geteiltes Land, durch das die Frontlinie zwischen freiheitlichem Westen und totalitärem Sowjetimperium verlief, ein weltpolitischer Konfliktherd.

Die USA als Vormacht der westlich-demokratischen Staatenwelt hatte sich, anders als nach dem Ersten Weltkrieg, nicht aus Europa zurückgezogen, wohl aber seine Streitkräfte in so umfassendem Umfang demobilisiert, daß in der Frühphase des Kalten Krieges in Europa ein sich krisenhaft zuspitzendes Sicherheitsproblem entstand.

Die Sowjetunion hingegen hatte überall dort, wo ihre Panzerspitzen im Zuge der Niederwerfung Hitler-Deutschlands Halt gemacht hatten, ihr totalitäres Gesellschaftssystem und ihre politische Zwangsordnung errichtet und wesentliche Teile ihrer Streitkräfte auf Kriegsfuß gehalten.

Beide Vormächte, die USA und die Sowjetunion, waren fortan bestrebt, die Staaten und Länder ihres Einflußbereichs in feste Strukturen und Bündnisse zu überführen und dauerhaft an sich zu binden. Es spielte dabei keine wesentliche

Rolle, ob die Motive auch wirtschaftshegemonialer oder ausschließlich machtpolitisch expansiver Natur waren, entscheidend war, daß der Formierungsprozeß der späten 40er Jahre Europa für mehr als eine Generation teilte und die deutsche Teilung unauflöslicher Bestandteil der europäischen Teilung blieb.
Die USA schufen eine freiwillige, koordinierte Allianz gleichberechtigter, Schutz, Freiheit und Sicherheit suchender Staaten, die Sowjetunion ein Zwangsbündnis subordinierter Satellitenstaaten. Es schien auch nicht bei der ideologischen Kriegserklärung zu bleiben, als die das erklärte sowjetische Ziel der Weltrevolution aufgefaßt werden mußte und sollte; es gab genügend unzweideutige Anzeichen und Versuche der Sowjetunion, über ihren Macht- und Einflußbereich gewaltsam auszugreifen, um westliche Bestrebungen zur Bildung eines Schutz- und Verteidigungsbündnisses zu rechtfertigen.
Mit Gründung der NATO im April 1949 vollzogen die USA eine grundlegende Wende ihrer mehr als eineinhalb Jahrhunderte gültigen außenpolitischen Doktrin, Bündnisse mit außereuropäischen Mächten nur in Notzeiten, keineswegs auf Dauer abzuschließen *(entangling alliances)*. Gleichzeitig waren die Fronten und der Konfliktstoff abgesteckt, die für die nächsten 40 Jahre das Gesicht Europas, zu großen Teilen auch der Welt mitbestimmen sollten. Die von der Sowjetunion in den 50er Jahren propagierte »friedliche Koexistenz« war internationaler Klassenkampf, wenigstens auf der gesellschaftlichen Ebene.
Der Kalte Krieg, der auf den Zweiten Weltkrieg folgte, entwickelte sich als eine dauernde Abfolge von Krisen, von Beinahe-Kriegen, regionalen Kriegen, bewaffneten Interventionen, von hartnäckigen und nur von spärlichem Erfolg begleiteten Abrüstungsbemühungen, vom durchaus erfolgreichen Streben, die Eskalation der Hoch-Rüstungsprozesse wenigstens zu kontrollieren und zu begrenzen, schließlich – fast am Ende und aus heutiger Sicht schon mit dem Zusammenbruch der Sowjetunion zusammenfallend – zu einem kaum noch für möglich gehaltenen Erfolg bei den Bemühungen um die tatsächliche Abrüstung ganzer Waffenkategorien und einschneidende Truppenreduzierungen.
Es kann paradoxerweise kaum ein Zweifel daran bestehen, daß der mehr als 40 Jahre dauernde internationale Ausnahmezustand des Kalten Krieges nur deshalb nicht in einen heißen Krieg umgeschlagen ist, weil er unter dem mäßigenden, begrenzenden Schirm und Horror der nuklearen Abschreckung und Bedrohung stand.

Bedrohung, Sicherheitspolitik und deutscher Verteidigungsbeitrag

Auf dem Territorium des vollständig niedergeworfenen und besetzten Deutschland wurden im gleichen Jahr wie die NATO zwei deutsche Staaten gegründet, einem Wort des Historikers Waldemar Besson zufolge die Bundesrepublik als »Produkt amerikanischer Strategie« und die DDR als »institutionalisierte Kriegsbeute der UdSSR«.

Bereits in der ersten Regierungserklärung vor dem Deutschen Bundestag, am 20. September 1949, steckte Bundeskanzler Adenauer sein politisches Gesamtprogramm ab: Einigung Europas, Integration des westdeutschen Teilstaates in die westliche Staatengemeinschaft, kollektive Sicherheit – zunächst noch ohne einen deutschen militärischen Beitrag – und Aussöhnung mit den westlichen Kriegsgegnern, vor allem mit Frankreich. Mit der Verwirklichung dieses Konzeptes waren dann die Voraussetzungen für die spätere Lösung der nationalen Frage, die Überwindung der deutschen Teilung geschaffen. Unausgesprochen, doch unüberhörbar waren damit aber auch Prioritäten gesetzt: Sicherheit und Westintegration vor Wiedervereinigung. Adenauers Politik in den 50er Jahren war in erster Linie Sicherheitspolitik. Die Stärke dieser Sicherheitspolitik war zunächst ihre militärische Schwäche, in Verbindung mit einem einklagbaren politischen und militärischen Schutz- und Sicherheitsbedürfnis.
Adenauer nutzte dieses Kalkül für sein vorrangiges Ziel, Westdeutschland in die westliche Staatengemeinschaft zu führen, denn die »einzige Gemeinschaft, an die die Deutschen appellieren konnten, war die gemeinsame Bedrohung aus dem Osten«[1]. Fortan lag für die Bundesregierung und für die überwiegende Mehrheit der Deutschen die »Front« im Kalten Krieg – wie im Zweiten Weltkrieg – erneut gegenüber der Sowjetunion. Das begünstigte bei den politischen Eliten wie im öffentlichen Bewußtsein die Gewißheit, daß hier nur ein Konflikt in anderer Form fortgeführt wurde, der lange vorher begonnen hatte und in den die Deutschen ihr unschätzbares Erfahrungsmonopol im Kampf gegen die Rote Armee einbringen konnten. Antikommunismus war zwar nicht konstitutiv für den westdeutschen Teilstaat, der antitotalitäre Grundkonsens war aber doch ein weithin tragendes Element der westdeutschen Politik und Gesellschaft. Gemeinsame Bedrohung und gemeinsame Gegner: der Weltkommunismus und die Sowjetunion als dessen imperialer Bannerträger garantierten andererseits den verläßlichen Zusammenhalt zwischen der Bundesrepublik und der westlichen Staatengemeinschaft.
Der Ausbruch des Korea-Krieges am 25. Juni 1950 beschleunigte auf deutscher wie auf westalliierter Seite alle Entscheidungsprozesse in Richtung der von Adenauer gesteckten Ziele. Vor allem die Sicherheitsfrage rückte für die nächsten zehn Jahre ins Zentrum der europäischen und atlantischen Verhandlungsdiplomatie, die aus Sicht der Alliierten auf eine einprägsame Formel gebracht, um drei Ziele kreiste: »keep the Russians out, keep the Americans in, keep the Germans down«. Sicherheit *für* Deutschland, aber auch Sicherheit *vor* Deutschland. Mit diesen sicherheitspolitischen Rahmenbedingungen hatten die Bundesregierungen und die Dienststelle Blank als Planungsbehörde für einen deutschen Verteidigungsbeitrag fortan zu rechnen. Zu rechnen war auch mit den militärischen Kräften der Sowjetunion und ihrer Satellitenstaaten, die bereits im Dezember 1948 mit 175 sowjetischen Divisionen angesetzt wurden, Anfang 1953 vorübergehend gar mit 220 Divisionen. Im großen und ganzen aber lag die Annahme von 175–180 sowjetischen Divisionen bis zum Ende der 50er Jahre

allen amerikanischen und deutschen Feindlagebeurteilungen und Bedrohungsanalysen zugrunde. Wenn einigermaßen Klarheit über das Potential der Bedrohung bestand, so herrschte durchgehend Unsicherheit über die Absichten der Sowjetunion, ob, wann und wie sie dieses Potential einsetzen würde. Anfang der 60er Jahre gaben die Sowjets, durchaus glaubwürdig, den Gesamtumfang ihrer Streitkräfte mit 2.874.000 Soldaten an, ohne die Gliederung in Divisionen zu nennen[2]. Militärisch wurde in den 50er Jahren stets ein »Angriff-aus-dem-Stand-Szenario« angenommen.

Generalleutnant a.D. Adolf Heusinger, der Leiter der militärischen Abteilung in der Dienststelle Blank, die mit den militärischen Planungs- und Aufbauvorbereitungen der künftigen deutschen Streitkräfte beauftragt war, ging Anfang 1953 in einer für die 50er Jahre ebenso exemplarischen wie alarmierenden Bedrohungsanalyse von folgenden Annahmen aus:

> »Das Gesamtpotential der russischen Wehrmacht ist in Friedenszeiten auf rd. 220 Divisionen zu schätzen. Davon sind etwa 85 hochwertige Panzer- bzw. mechanisierte Divisionen. [...] Diese rd. 220 Divisionen werden im Falle eines Krieges ohne Schwierigkeiten innerhalb von 2–3 Monaten zu verdoppeln sein, so daß die Heeresstärke der sowjetischen Wehrmacht im Kriegsfalle auf rd. 400 Divisionen geschätzt werden muß. [...] Zu diesen starken Heeresverbänden tritt eine Luftwaffe in Stärke von rd. 20–25.000 einsatzbereiten Flugzeugen in Friedenszeiten. [...] Von der russischen Gesamtwehrmacht sind als erster Sturmblock gegen Westeuropa in Ostdeutschland, Polen, Österreich und Ungarn über 30 Divisionen [...] bereitgestellt. All' diese Verbände haben heute schon Kriegsstärke und sind mit allem ausgerüstet, um einen Angriff kurzfristig nach Westen vortragen zu können. [...] Dieses militärische Machtinstrument kann die diktatorische Staatsführung der Sowjetunion eines Tages schlagartig einsetzen, um ihre politischen Ziele notfalls auf dem Wege eines heißen Krieges durchzusetzen. Wenn sie bis heute von diesen Mitteln keinen Gebrauch gemacht hat, so darf sich der Westen dadurch nicht einschläfern lassen. Ein wesentlicher Grund wird darin liegen, daß der militärische Aufbau der Satellitenstaaten sowie der Aufbau der sowjetischen und der Satelliten-Wirtschaft noch einer kurzen Zeit bedarf. Mir scheint, daß diese Zeit mit etwa 2 bis 3 Jahren zu bemessen ist. Dann dürfte der Zeitpunkt gekommen sein, zu welchem die Ostblockstaaten ein Höchstmaß an wirtschaftlicher und militärischer Einsatzbereitschaft erreicht haben.«

Dem stellte Heusinger die unzureichenden westlichen Kräfte gegenüber, die er mit »zehn anglo-amerikanische Divisionen, fünf französische Divisionen, zwei belgische Divisionen, eine holländische Division und einige kleinere Verbände [...]« ansetzte. »Diese Kräfte sind nicht alle in voller Kriegsstärke und sofort einsatzbereit[3].«

Es verdient festgehalten zu werden, daß die qualitativen Beurteilungskriterien der sowjetischen Militärmacht wie hohe Präsenz, tiefe Staffelung, kriegsfähige Vorne-Dislozierung, schnelle Zuführung von Reserven, hohe Mobilmachungs-

und große Durchhaltefähigkeit sowie das Potential zur strategischen Überraschung bis in die 80er Jahre hinein Konstanten in den Bedrohungsanalysen der NATO und damit auch der Bundeswehrführung blieben. Alle militärischen Einsatzplanungen und Doktrinen der NATO und sämtliche Militärstrategien mit ihren Varianten zwischen 1949 und 1989 basieren auf der Annahme einer grundsätzlichen zahlenmäßigen Unterlegenheit des Westens bei den konventionellen Streitkräften und Waffensytemen. Es war weder möglich noch erschien es aus finanziellen Gründen den westlichen Gesellschaften zumutbar, dieses Kräfteverhältnis ausgeglichen zu gestalten. Das hätte bedeutet, sich prinzipiell auf einen Rüstungswettlauf im konventionellen Bereich einzulassen.

Vor diesem Hintergrund wurde die Aufstellung eines deutschen Verteidigungsbeitrages geplant. Politisch waren Wiederbewaffnung und Erlangung der Souveränität durch Adenauer und die Bundesregierung zu einem Junktim verknüpft, das dann der Hauptgegenstand einer Abfolge von internationalen Konferenzen und diplomatischen Verhandlungen mit den Besatzungsmächten zwischen 1951 und 1955 war.

Die politischen Stationen auf dem Wege der Bundesrepublik in die westlichen Verteidigungsbündnisse von WEU und NATO nach dem Scheitern der Europäischen Verteidigungsgemeinschaft (EVG) im Jahre 1954, die Ablösung des Besatzungsstatuts, die Gewinnung der weitgehenden Souveränität, allerdings mit einer Reihe von alliierten Vorbehaltsrechten, brauchen in diesem Zusammenhang nur am Rande erwähnt zu werden.

Anläßlich der Unterzeichnung der Schlußakte der Londoner Neunmächtekonferenz am 6. Oktober 1954, der entscheidenden Weichenstellung in Richtung NATO-Beitritt, gab Bundeskanzler Adenauer eine richtungweisende Erklärung zur deutschen Außen- und Sicherheitspolitik ab, die bis zum Ende des Kalten Krieges nichts von ihrer Gültigkeit verlieren sollte und handlungsbestimmend für den gesamten Prozeß der Wiedervereinigung in den kritischen Wochen und Monaten der Jahre 1989/90 blieb. Der Kanzler erklärte, daß sich die Bundesrepublik »aller Maßnahmen enthalten wird, die mit dem streng defensiven Charakter [der Verträge – der Verf.] unvereinbar sind. Insbesondere verpflichtet sich die Bundesrepublik Deutschland, die Wiedervereinigung Deutschlands oder die Änderung der gegenwärtigen Grenzen der Bundesrepublik Deutschland niemals mit gewaltsamen Mitteln herbeizuführen und alle [...] entstehenden Streitfragen mit friedlichen Mitteln zu lösen«[4].

Sechs Jahre nach ihrer Gründung, in einer historisch äußerst kurzen Spanne, hatte sich die Bundesrepublik von Besatzung und Fremdbestimmung seiner äußeren und inneren Geschicke emanzipiert, hatte sich das Recht der Eigenentwicklung gesichert und war zum selbstbestimmten Subjekt in der Gemeinschaft freier Völker geworden.

Die militärischen Vorbereitungen zur Aufstellung eines deutschen Verteidigungsbeitrages hatten bereits im Oktober 1950 begonnen, als der Himmeroder Expertenausschuß[5] in einer Art Notprogramm die Eckdaten und die Grobstruktur der künftigen deutschen Streitkräfte festlegte. Es bedurfte aber noch weiterer fünf Jahre Planungsarbeit, die immer wieder dem Gang, dem Stand und den Ergebnissen der politischen Verhandlungen mit den westlichen Alliierten angepaßt werden mußte, bis die Bundeswehr ab 1956 als Bündisarmee, Verteidigungsarmee und Wehrpflichtarmee Gestalt annahm. Noch bevor aber die ersten Kader der neuen deutschen Streitkräfte zusammentraten, war die geltende Strategie der NATO, die Strategie der »Massiven Vergeltung«, in eine Krise geraten und hatte an Glaubwürdigkeit verloren.

Akzentverschiebungen in der Strategie der »Massiven Vergeltung«

Bei Gründung der NATO 1949 besaßen die USA sowohl bei den nuklearen Waffen als auch bei den Trägermitteln – Bombenflugzeugen mit interkontinentaler Reichweite – das Monopol. Aber bereits im August des Gründungsjahres überraschte die Sowjetunion die Weltöffentlichkeit mit der ersten erfolgreichen Erprobung einsatzfähiger Nuklearwaffen. Bis 1957 fehlten ihr allerdings die Trägermittel, um den amerikanischen Kontinent zu erreichen.
Die NATO besaß zu diesem Zeitpunkt weder eine gemeinsame, mit den USA abgestimmte, verbindliche Militärstrategie noch hatten die USA spezifische Einsatzpläne für den europäischen Kriegsschauplatz entwickelt. Sie stützten sich auf die Präponderanz ihrer strategischen Luftwaffe. Für NATO und USA gemeinsam galt das Prinzip Kriegsverhinderung durch Abschreckung, glaubwürdig bekräftigt durch die amerikanischen Kernwaffen und die strategische Bomberflotte der USA. Erst am 9. Dezember 1952 wurden die der »Massiven Vergeltung« zugrundeliegenden strategischen Überlegungen und Annahmen in der »NATO Strategic Guidance«, der MC 14/1, zu einem militärstrategischen Konzept zusammengefaßt und damit für das Bündnis zur verbindlichen militärischen Handlungsanweisung. Sicherheitspolitisch versuchten die USA ihr strategisches Prinzip durch ein weltumspannendes Netz von Militärpakten und Militärstützpunkten zu ergänzen und abzurunden, um die Sowjetunion in ihren expansiven Bestrebungen »einzudämmen«. *»Containment«* hieß folglich das politische Gesamtkonzept.
Von Anfang an konnte die NATO – aus politischen und vor allem finanziellen Gründen – keine ausreichenden konventionellen Kräfte zur Verteidigung ihres Bündnisgebietes bereitstellen. Ihr Unterlegenheitsverhältnis im Vergleich zur Sowjetunion und ab 1955 zum Warschauer Pakt schwankte stets zwischen 1 : 5 und 1 : 3. Nicht zuletzt daraus resultierte der Zwang zur Kompensation mit nuklearen Waffen.
Die Doktrin der »Massiven Vergeltung«, nämlich den Einsatz nuklearer Waffen anzudrohen und damit einen Ausgleich für die Unterlegenheit bei den konventionellen Streitkräften zu suchen, war eine Kombination aus den Elementen Abschreckung und Verteidigung, wobei der Schwerpunkt allerdings auf den nuklearen Komponenten lag. Die konventionellen Streitkräfte sollten – immer

als Antwort auf eine Aggression der Sowjetunion – das Bündnisgebiet so weit vorne wie möglich, in den frühen 50er Jahren ostwärts des Rheins, gegen die angreifenden Kräfte verteidigen, den Angriff verzögern oder aufhalten. Damit sollten Voraussetzungen für den Einsatz der Nuklearwaffen und den eigenen Gegenangriff geschaffen werden, durch den die Integrität und Sicherheit des Bündnisgebietes wiederhergestellt werden sollten. Hinter dem »Schild« der konventionellen Streitkräfte sollte das »Schwert« der strategischen Luftstreitkräfte den Gegenschlag führen. Ausformuliert, differenziert und um die Einsatzmittel taktischer Nuklearwaffen ergänzt wurde diese »Schwert-Schild-Doktrin« auf der NATO-Ratssitzung am 18./19. Dezember 1954 zur verbindlichen Anweisung an die militärischen Befehlshaber der Allianz[6].

Der geplante deutsche Verteidigungsbeitrag gewann in diesem Zusammenhang besondere Bedeutung. Aus den bereits vorhandenen 18 westlichen und den vorgesehenen 12 deutschen Divisionen war eine »operative Masse« zu bilden, mit der eine bewegliche, offensive Verteidigung mit Aussicht auf Erfolg überhaupt erst zu führen war.

Das Konzept der »Massiven Vergeltung« war stets von Zweifeln an seiner Glaubwürdigkeit begleitet. Diese Zweifel gewannen an Gewicht, als mit der ersten einsatzfähigen Wasserstoffbombe der Sowjetunion das amerikanische Nuklearmonopol endgültig verloren ging. Es waren aber schließlich überwiegend finanzielle und budgetäre Gründe, die die USA Anfang 1954 zwangen, das bisherige strategische Konzept zu überdenken. Um Kosten zu sparen, sollten stehende Verbände des amerikanischen Heeres durch eine noch konsequentere Abstützung auf die nuklearen Elemente ersetzt werden. Jetzt drohten die USA und damit die NATO den »sofortigen und unbegrenzten Einsatz von Kernwaffen auf Ziele eigener Wahl an«[7]. John F. Dulles, der neue Außenminister der Eisenhower-Administration, unterstrich in einer Grundsatzrede vom 12. Januar 1954 zwar die Bedeutung der »lokalen Verteidigung«, d.h. durch konventionelle Streitkräfte, diese aber müßten »durch eine weitere Abschreckung einer massiven Vergeltungsmacht verstärkt werden«[8]. Die Folge war eine noch stärkere, fast ausschließliche Betonung der nuklearen Komponenten, strategischer wie taktischer Art, in der westlichen Militärstrategie.

Das Manöver »Charte Blanche« im Sommer 1955, bei dem der massive Einsatz sogenannter taktischer Kernwaffen auf dem europäischen, vornehmlich deutschen Gefechtsfeld durchgespielt wurde, belegte zwar die theoretische Schlüssigkeit des erweiterten strategischen Konzepts von NATO und USA, traf aber die deutschen Planungen zur Aufstellung eines Verteidigungsbeitrages in einem kritischen Moment. Nach den Erkenntnissen des Manövers erhoben sich mehr als je zuvor Zweifel, ob der geplante Verteidigungsbeitrag von 12 Divisionen im Umfang von 500.000 Soldaten mit einer Militärstrategie noch in Einklang zu bringen war, die so ausschließlich auf den massenhaften Einsatz nuklearer Mittel, mit so verheerenden Folgen für das solcherart »verteidigte« Gebiet, ausgerichtet war.

Trotzdem hielten die Bundesregierung und das Verteidigungsministerium an ihren militärischen Planungen »hinsichtlich Gliederung, Ausrüstung und Stationierung[9]« fest. Vollends fragwürdig aber wurde der zahlenmäßige Umfang der deutschen Aufstellungsplanung, als ein Jahr später bekannt wurde, daß die USA bis 1960 einschneidende Truppenreduzierungen von 800.000 Mann ihrer Heeresverbände ankündigten[10]. Damit schien einer Bundeswehr auf der Grundlage der allgemeinen Wehrpflicht militärstrategisch und bündnispolitisch die Grundlage entzogen zu sein. Die modifizierte Fassung der Konzeption der »Massiven Vergeltung« wurde dann am 21. März 1957 als »Overall Strategic Concept for the NATO Area« in der MC 14/2 festgeschrieben und erst 1968 durch die MC 14/3, die Strategie der Flexiblen Reaktion ersetzt.
Die Bundesregierungen und die Planungsbehörde der Dienststelle Blank erhielten bis zum Beitritt der Bundesrepublik in die NATO die für ihre sicherheitspolitischen und militärischen Planungen und Entscheidungen notwendigen Informationen über ihre künftigen Partner und über die Entwicklung der Militärstrategie von den USA lediglich nach dem Grundsatz »Kenntnis nur wenn nötig«. Erst ab 1957, mit deutschen Vertretern in den entscheidenden NATO-Gremien, gewannen sie Einblick in die strategischen und operativen Planungen der Allianz, auf die sie dann allerdings auch gestaltend und mitverantwortlich Einfluß nahmen.
Der neu ernannte Bundesminister für Verteidigung, Franz-Josef Strauß, und die militärische Führung der Bundeswehr fanden aus der strategischen Krise 1955/56, die zugleich ein deutlich verlangsamtes Tempo der deutschen Truppenaufstellung und eine vorübergehende Verringerung des Gesamtumfangs der Streitkräfte zur Folge hatte, einen gangbaren Ausweg. Sie griffen die konventionellen Komponenten in der geltenden Strategie und die Aufgaben der konventionellen »Schildstreitkräfte« auf und hoben nun ihre wachsende Bedeutung hervor. Nach einer allein mit konventionellen Kräften ausgefochtenen Anfangsphase des Krieges werde der Gegner zu einer »strategischen Pause« vor der nuklearen Eskalation gezwungen und damit Zeit für politische Verhandlungen gewonnen. Der von den tatsächlichen Verhältnissen zunächst nicht abgedeckte Bedeutungszuwachs der konventionellen Kräfte war gewissermaßen eine Vorwegnahme der erst gegen Ende der 60er Jahre erreichten Fähigkeiten. Rückendeckung für diese vorsichtige Abkehr vom nuklearen Übergewicht in der gerade erst festgelegten MC 14/2 erhielt die Bundesregierung durch den amerikanischen NATO-Oberbefehlshaber General Norstad, der die Rolle der nuklearen Kräfte ebenfalls zurückhaltend interpretierte, indem er vor der Sackgasse des »Alles oder Nichts« warnte[11]. Schließlich wurde auch der Radford-Plan nur in Ansätzen realisiert und bald ganz zu den Akten gelegt.
Die Bedeutung der »Schildkräfte« wuchs dann tatsächlich in dem Maße, wie die Bundesrepublik einsatzfähige Großverbände zur Unterstellung unter die Militärorganisation der Allianz melden konnte. Die strategische Forderung, so weit ostwärts wie möglich die Verteidigung aufzunehmen, wurde bis zum Ende des

Jahrzehnts so weit erfüllt, daß sie bis zum »Eisernen Vorhang«, also bis zur innerdeutschen Demarkationslinie vorgeschoben werden konnte. Bereits 1960 war unter dem Einfluß deutscher strategischer Mitwirkung die Unausweichlichkeit einer automatischen Eskalation in das Einsatzspektrum der nuklearen Waffen durchbrochen, denn man glaubte nun in der Lage zu sein, lokale Konflikte zunächst ohne den Einsatz strategischer Luftstreitkräfte im Rahmen beweglicher, operativer Kriegführung durchstehen zu können.

Eine eigenständige deutsche nationale Verteidigungsplanung hat es zu keinem Zeitpunkt gegeben. Dies in der richtigen Erkenntnis, daß die Bundesrepublik weder über die wirtschaftlichen, finanziellen und militärischen Mittel verfügte, noch die geographischen Voraussetzungen und vor allem nicht den politischen Handlungsspielraum besaß, um aus eigener Kraft die Sicherheit des Bundesgebietes und seiner Bevölkerung zu erhalten.

Es gelang der Bundesrepublik andererseits, die Strategie der Massiven Vergeltung in dem Sinne zu interpretieren, die konventionellen Kräfte stärker in den Vordergrund zu rücken, womit die der Kernwaffen graduell an Bedeutung verlor. General Speidel, 1960 Befehlshaber der NATO-Landstreitkräfte in Mitteleuropa, verwies sie als »absolute Waffen« zurück in den politischen Raum[12]. Noch im gleichen Jahr 1960 erteilte die Allianz den richtungsweisenden Befehl für die »Vorwärtsverteidigung«. Im Zuge der öffentlichen Debatten über die neue Strategie der Flexiblen Reaktion wurde der Begriff der »Vorwärtsverteidigung« mißverständlich interpretiert. Bereits im Weißbuch 1969, dem ersten einer Bundesregierung zur Verteidigungspolitik, wurde unmißverständlich klargestellt, daß das strategische Konzept der NATO »Verteidigung so weit vorn wie möglich« fordert. Fortan wurde der Terminus »Vorneverteidigung« als unverzichtbare Bedingung des deutschen Verteidigungsbeitrages benutzt[13].

Die USA hatten bereits im Oktober 1957 mit dem Start des sowjetischen Sputnik-Satelliten ihr Monopol auch bei den Trägermitteln mit interkontinentaler Reichweite verloren und sahen sich nun einer glaubwürdigen Gegenabschreckung ausgesetzt. Im nuklearen Patt verlor die Androhung der Massiven Vergeltung an Glaubwürdigkeit und damit auch die Abschreckung, auf der die gesamte Strategie des Westens letztlich beruhte. Ein strategischer Wechsel bahnte sich an.

Verteidigungsfähigkeit und Entspannung in den 70er Jahren

Dem Wechsel ging ein langjähriger, öffentlicher Diskussionsprozeß diesseits und jenseits des Atlantiks voraus. Zu Beginn der 60er Jahre, als der Ost-West-Gegensatz in den Berlinkrisen (1959–1961) und der Kubakrise (1962) erneut einem Höhepunkt zusteuerte, verdichtete sich in den Führungszentren der USA und der NATO die Erkenntnis, daß die militärstrategischen Instrumente viel zu starr und unflexibel waren, um solcherart Krisen zu meistern. In der Kuba-Krise war

es letztlich der Einsatz der amerikanischen Blockadeflotte gewesen, der die Sowjetunion zum Einlenken und zum Rückzug bewegt hatte, nicht etwa die Androhung eines Einsatzes nuklearer Mittel. Im Verlauf beider Krisen gewannen die USA und ihre europäischen Verbündeten Lehren und Erfahrungen, die unmittelbar in die neue Strategie der »Flexible Response«, der »angemessenen Reaktion« einflossen. Im Kern ging es um die Rückgewinnung eines glaubwürdigen strategischen Konzepts des Westens. Die USA selbst drängten auf die Ablösung der starren Doktrin der MC 14/2 mit besonderem Nachdruck, nachdem die Sowjetunion ein eigenes interkontinentales Raketenpotential aufgebaut hatte.
Zunächst scheiterte die Formulierung einer neuen Strategie am Widerstand des französischen Staatspräsidenten de Gaulle. Frankreich war dabei, ein eigenes strategisches Nuklearpotential aufzubauen, das sich stark an Abschreckung durch »Massive Vergeltung« anlehnte. 1966 verließ Frankreich die militärische Integration der NATO, und damit war der Weg frei für die am 16. Januar 1968 in einem NATO- Dokument formulierte MC 14/3 (Flexible Response).
Der Grundgedanke der neuen Strategie war, im gesamten Spektrum der möglichen Bedrohung angemessen reagieren zu können und dabei die Kräfte, Mittel und Einsatzoptionen unter das Prinzip der Verhältnismäßigkeit zu stellen. Die Gefahr eines nuklearen Automatismus sollte gebannt werden. Dem entsprachen die unterschiedlichen Reaktionsarten der »direkten Verteidigung«, der »vorbedachten Eskalation« und der »allgemeinen nuklearen Reaktion«. Die für diese Strategie bereitzustellenden Streitkräfte sollten ausgewogen mit konventionellen, taktischen und strategischen Nuklearwaffen ausgerüstet sein. Auf dem Aggressor lastete die Unvorhersehbarkeit, wie die NATO reagieren würde, und vor allem blieb er im Ungewissen, wann und unter welchen Umständen sie nukleare Waffen einsetzen würde. Die Strategie der angemessenen Reaktion war eine Abschreckungsstrategie, denn das amerikanische strategische Nuklearpotential bildete das stärkste Abschreckungsmittel in der sogenannten Triade der westlichen Kräfte und Einsatzoptionen.
Parallel zur Entwicklung der MC 14/3 verständigte sich das Bündnis im Harmel-Bericht über die »Künftigen Aufgaben der Allianz« auf ein ergänzendes politisches Konzept, das im Dezember 1967 auf einer NATO-Ratstagung gebilligt wurde. Der »Bericht an den Rat«, benannt nach dem Vorsitzenden des NATO-Studienausschusses und amtierenden belgischen Außenminister, enthielt Verfahren und Empfehlungen, »wie das Bündnis als Faktor eines dauerhaften Friedens zu stärken« sei. Darin boten die Bündnispartner umfassende Verhandlungen über Entspannung, Abrüstung und Rüstungskontrolle an. Die NATO hatte eine Doppelstrategie gefunden, in der ausreichende militärische Stärke und Verteidigungsfähigkeit mit einer Politik der Entspannung und friedlichen Konfliktbeilegung verknüpft waren. Diese Doppelstrategie sollte sich als ein überaus taugliches und erfolgreiches sicherheitspolitisches Instrument für die nächsten 20 Jahre erweisen.
Ab Mitte der 60er Jahre verlagerten sich die Brennpunkte der internationalen Politik allmählich von Europa nach Ostasien, wo der Vietnam-Konflikt verlust-

reich ausgefochten wurde und in die Regionen der sogenannten »Dritten Welt«, wo der Ost-West-Konflikt zunehmend von einem spannungsreichen Nord-Südkonflikt zwischen den reichen Staaten der nördlichen Halbkugel und den ärmeren der südlichen überlagert wurde. Die Sowjetunion war um Konsolidierung ihres Imperiums bemüht und suchte strategischen Gleichstand mit den USA. Sie wurde im Zuge dieser Entwicklung, wenigstens im militärischen Bereich, eine den USA ebenbürtige Supermacht. Beide Weltmächte waren Anfang der 70er Jahre in der Lage, sich in einem »Gleichgewicht des Schreckens« gegenseitig unakzeptablen, existenzbedrohenden Schaden zuzufügen. Die gegenseitige Vernichtungsmöglichkeit, die auf der sogenannten »Zweitschlagkapazität« der nuklearstrategischen Potentiale beruhte, wurde 1972 im Vertrag über die Begrenzung der Systeme zur Abwehr ballistischer Flugkörper abgesichert (ABM-Vertrag).
Es begann eine lange Phase der Entspannung und der Suche nach einer stabilen sicherheitspolitischen Architektur auf einer niedrigeren Stufe der Rüstungen, die nur vorübergehend durch den Einmarsch der Sowjetunion und einiger ihrer Verbündeten in die Tschechoslowakei im August 1968 einen Rückschlag erlitt. Auf drei Ebenen wurde mit dem Ziel verhandelt, die Ursachen der Spannungen abzubauen und kontrollierbare Abkommen über die Begrenzung der Rüstungen zu erzielen. Im strategischen Verhältnis der USA zur Sowjetunion bildete sich ein Bilateralismus heraus, der der strategischen Parität der beiden Weltmächte Rechnung trug. Die in den Jahren 1972 bis 1979 zwischen ihnen abgeschlossenen Abkommen und Verträge dienten allesamt der Begrenzung und Kontrolle der strategischen Nuklearwaffen und ihrer Trägermittel oder legten Verfahren fest, um den ungewollten Ausbruch eines Atomkrieges zu verhindern.
Auf einer zweiten Ebene fanden in Europa Verhandlungen von »Block zu Block« – von NATO zum Warschauer Pakt – mit dem Ziel statt, Sicherheit und Zusammenarbeit zu fördern, die Ungleichgewichte bei den konventionellen Streitkräften zu beseitigen und diese auf ein stabiles, niedrigeres Niveau zu reduzieren. Die Verhandlungen über beiderseitige ausgewogene Truppenreduzierung (MBFR), mit dem Ziel gleicher Personalstärken für die Land- und Luftstreitkräfte von je 900.000 Mann für beide Seiten, zogen sich mit Unterbrechungen von 1973 bis 1989 ohne greifbare Ergebnisse hin. Zu weit von einander entfernt lagen die Vorstellungen beider Allianzen über die Ausgangsdaten zur Analyse der Streitkräfte und die Modalitäten einer Verifikation vertraglicher Abmachungen. Sinn und Zweck der Verhandlungen waren über weite Strecken vorwiegend in der Tatsache begründet, daß verhandelt wurde und der Dialog nicht abriß.
Erfolgreicher verliefen die Anfang der 80er Jahre aufgenommenen Verhandlungen zwischen 35 europäischen Staaten über vertrauens -und sicherheitsbildende Maßnahmen in Europa, die im September 1986 in einem ersten Vertrag ihren Niederschlag fanden. Die Konferenz über Sicherheit und Zusammenarbeit in Europa (KSZE) hatte in ihrer Schlußakte von Helsinki (1975) bestimmte Normen für eine auf Vertrauen aufgebaute politische Kooperation festgelegt und sich darüber hinaus verpflichtet, diese auch auf den militärischen Bereich auszu-

dehnen. Als Ergebnis der Stockholmer Konferenz wurde die vorherige Ankündigung größerer militärischer Aktivitäten, die Notifizierung von Manövern und Inspektionen vor Ort bei Verdacht der Nichteinhaltung der Verpflichtungen vereinbart.
Auf einer dritten Ebene setzten die beiden Weltmächte in multilateralen Verträgen gemeinsame Interessen und Ziele durch, etwa die Nichtverbreitung von Atomwaffen, ein umfassendes Verbot von Toxin-Waffen oder das Verbot der Stationierung von Kernwaffen im Weltraum.
Die Bundesrepublik Deutschland hatte an den Entspannungsbemühungen der Jahre, die auf die neue Strategie des westlichen Bündnisses folgten, besonderen Anteil. Mit ihrer Ostpolitik von 1969 bis 1975, die in einer Reihe von Abkommen und Verträgen das Verhältnis zur Sowjetunion und zu den osteuropäischen Nachbarn auf eine neue Grundlage stellte und in einem Grundlagenvertrag mit dem zweiten deutschen Staat, der DDR, auch zu einer Entspannung im innerdeutschen Verhältnis führte, hatte die Bundesrepublik ihren außen- und sicherheitspolitischen Handlungspielraum erheblich erweitert und damit auch an Gewicht im NATO-Bündnis gewonnen. Mit der Schlußakte der Konferenz über Sicherheit und Zusammenarbeit in Europa von 1975 und dem darin festgelegten Verzicht auf die Androhung und Anwendung von Gewalt in den internationalen Beziehungen war der Höhepunkt des Entspannungsprozesses aber bereits überschritten.
Während sich die bipolaren Strukturen allmählich auflockerten, neue Mitspieler, wie das kommunistische China, auf die weltpolitische Bühne drängten und sich die ideologischen Konflikte im kommunistischen Lager verschärften, verfestigten sich in Europa die Militärblöcke. In beiden so unterschiedlichen Allianzen brachen auch bündnisinterne Spannungen auf.
Während der gesamten 70er Jahre drängten die USA ihre europäischen Verbündeten zur Bereitstellung stärkerer konventioneller Kräfte. Die europäischen Verbündeten hingegen widersetzten sich im allgemeinen diesen Forderungen, weil sie die Befürchtung hegten, vom nuklearstrategischen Potential der USA »abgekoppelt« zu werden, aber auch die Kosten scheuten, die damit zwangsläufig verbunden waren. Im Verhältnis zur Sowjetunion, der sie Anfang der 70er Jahre strategische Parität zugestanden hatte, konnten die USA kein Interesse an einer nuklearen Eskalation haben. Im Blick auf diese Interessengemeinschaft hegten die europäischen Partner in der Allianz deshalb dauernde Zweifel an der amerikanischen Zusicherung, die Abschreckung des nuklearstrategischen Potentials gelte auch für Europa. Die Sorge um die strategische Einheit des nordatlantischen Bündnisgebietes und die gleiche Sicherheit für den europäischen wie den atlantischen Teil wurde nie ganz ausgeräumt, ja sie nahm während der strategischen Kontroversen in der Mitte der 80er Jahre dramatische Ausmaße an.
Gegen Ende des Jahrzehnts, 1977/78, stagnierte die Entspannung zwischen den Weltmächten, auch der europäische Entspannungsprozeß trat auf der Stelle. Der Einmarsch der Sowjetunion in Afghanistan Ende Dezember 1979 markierte symbolträchtig das Ende der Entspannungsära.

Neue Krisen mit neuer Konfrontation zogen in Europa herauf. Im Windschatten der Entspannung hatte die Sowjetunion auf konventioneller Ebene wie auch bei den Nuklearwaffen ein gigantisches Aufrüstungsprogramm realisiert. Vor allem durch die Modernisierung ihrer nuklearen Mittelstreckenraketen gewann die Sowjetunion eurostrategische Fähigkeiten, denen die westliche Allianz in Europa zunächst nichts Gleichwertiges entgegenzusetzen hatte. Seit Ende der 50er Jahre hatte Westeuropa im Schatten der Bedrohung durch sowjetische Mittelstreckenraketen gelebt, diese Bedrohung war jedoch solange neutralisiert worden, wie die USA glaubwürdig mit massiver Vergeltung drohen konnten, falls die sowjetischen Mittelstreckenpotentiale in einem Konflikt eingesetzt werden sollten. Im Verlauf der 60er Jahre veralteten die sowjetischen Mittelstrekkenraketen vom Typ SS-4 und SS-5, und die Allianz gab sich der trügerischen Hoffnung hin, daß die Sowjetunion ihr Mittelstreckenpotential nicht modernisieren werde. Mit der Einführung moderner, zielgenauer Raketen vom Typ SS-20 ab 1976 änderte sich die Bedrohungssituation in Europa schlagartig, denn nun bestand tatsächlich die Möglichkeit, daß Europa, »abgekoppelt« vom amerikanischen strategischen Nuklearpotential, Opfer eines regionalen Nuklearkrieges, wenigstens aber nuklearer Erpressung werden könnte.
Auch die bisher so erfolgreiche Strategie der »Flexiblen Reaktion« geriet in eine Glaubwürdigkeitskrise, weniger bei der sowjetischen Gegenmacht, als in den westlichen Gesellschaften und bei ihren Eliten in Parteien, Medien und den Kirchen. Die erste Antwort auf die neue Bedrohung war der 1979 gefaßte Doppelbeschluß der NATO. Zur Wiederherstellung und Erhaltung einer stabilen Abschreckung beschloß das Bündnis ein zahlenmäßig begrenztes westliches Potential aus nuklearfähigen Pershing II-Raketen und Marschflugkörpern in Europa zu stationieren und dem sowjetischen Potential entgegenzusetzen. Der Beschluß war mit einem Verhandlungsangebot verbunden, auf die Stationierung zu verzichten, falls die Sowjetunion ihrerseits ihre Mittelstreckensysteme beseitige. Um die Realisierung dieser »Nullösung« oder ggf. die Implementierung des Stationierungsbeschlusses entbrannte in Europa eine jahrelange Diskussion um die Grundlagen der westlichen Militärstrategie, die im Erstarken einer wortmächtigen Friedensbewegung und einer Flut alternativer strategischer Vorschläge und Entwürfe Mitte der 80er Jahre ihren Höhepunkt erreichte. Westeuropa lebte in der Furcht, zeitweise in der Hysterie, eines unmittelbar bevorstehenden Nuklearkriegs. Denn der »Zwang zum frühzeitigen nuklearen Ersteinsatz aufgrund unzureichender konventioneller Verteidigungsfähigkeit« war die Achillesferse und blieb die »wesentlichste psychologische Hypothek für die Strategie der westlichen Seite«[14].
Zu keinem Zeitpunkt in den 60er und 70er Jahren ist der Westen nämlich der Versuchung erlegen, sich im konventionellen Bereich auf eine Rüstungskonkurrenz oder gar einen Rüstungswettlauf zum konventionellen Hochrüstungsprogramm der Sowjetunion einzulassen.

Sicherheitspolitische Kontinuität und militärstrategische Experimente in den 80er Jahren

Die Sicherheitspolitik aller Bundesregierungen seit dem Beitritt zur NATO im Jahre 1955 war Friedenspolitik im Rahmen der westlichen Verteidigungsallianz. Erhaltung des Friedens in Freiheit, Abwendung von politischer Erpressung und Androhung des Einsatzes militärischer Gewalt, Erhaltung oder Wiederherstellung eines Gleichgewichts der Kräfte in Europa und der Abbau der Spannungen durch Rüstungskontrolle und Abrüstung bildeten das interdependente Geflecht deutscher Gesamtpolitik. Alle Weißbücher zur Sicherheit der Bundesrepublik zwischen 1969 und 1985 waren sich in dieser Selbstcharakterisierung einig und unterstrichen damit eine bemerkenswerte Kontinuität der sicherheitspolitischen Anstrengungen des westdeutschen Teilstaates.

Im großen und ganzen ist es allen Bundesregierungen auch gelungen, ihre Sicherheitspolitik in enger Abstimmung mit den Partnern in der Allianz zu gestalten. NATO-Bündnis und deutsche Bündnisfähigkeit sind stets Fundament und Garant der Sicherheit des Landes gewesen und die Zugehörigkeit zur westlichen Sicherheitsgemeinschaft war über Jahrzehnte hinweg nahezu konstitutiv und so etwas wie die *raison d'etre* der alten Bundesrepublik gewesen. Nur als Mitglied und Partner in dieser Werte- und Verteidigungsgemeinschaft war auch die weiterhin offene nationale Frage, die Wiedervereinigung der beiden deutschen Teilstaaten, zu gegebener Zeit zu lösen. Selbst als in der ersten Hälfte der 80er Jahre in Westeuropa laute Zweifel am Sinn der nuklearen Abschreckung geäußert und diese als eigentliche Gefahr für den Weltfrieden hingestellt wurde, als Forderungen nach einseitiger nuklearer Abrüstung des Westens erhoben wurden und Westeuropa auf gleiche Distanz zu den USA wie zur Sowjetunion gehen sollte, ist keine der Bundesregierungen der Versuchung erlegen, einen »dritten Weg« zwischen den großen Militärallianzen zu gehen. Bündnisfähigkeit und Bündnissolidarität zahlten sich in der historischen Stunde der deutschen Wiedervereinigung aus.

Die Streitkräfte der Bundesrepublik waren von Anfang an das Unterpfand der deutschen Bündnistreue und der Garant für den sicherheitspolitischen und militärischen Einfluß in den Organisationen der NATO. Trotz aller gegenteiligen Behauptungen in zahllosen Streitschriften und einer nie zur Ruhe gekommenen öffentlichen Diskussion hatten die Streitkräfte einen klar umrissenen Auftrag. Als militärisches Instrument der deutschen Sicherheitspolitik, als Armee im Bündnis und damit zur selbständigen militärischen Machtentfaltung weder konzipiert noch geeignet, hatten sie gemeinsam mit den Streitkräften der Partner die Unversehrtheit des Territoriums der Bundesrepublik und die »Freiheit der Eigenentwicklung« zu erhalten.

Es ist auch zu keiner Zeit an dem Grundsatz gerüttelt worden, die Kampfverbände der Bundeswehr bereits im Frieden zur Unterstellung unter die Operationsführung von NATO-Kommandobehörden vorzusehen. Allerdings verblieben zahlreiche Verbände des Territorialheeres unter nationaler Befehlsführung.

Auf diese Grundsätze abgestimmt und daraus abgeleitet war der gesamte Prozeß der Bundeswehrplanung. Erstmals 1972 erließ ein Bundesminister der Verteidigung, Georg Leber, »Verteidigungspolitische Richtlinien« (VPR), in denen deutsche Interessen und die langfristigen Grundzüge deutscher Sicherheitspolitik niedergelegt waren. Daraus ergaben sich die Grundsätze der Verteidigungspolitik, die Aufgaben der Bundeswehr und die weitere Entwicklung des deutschen Verteidigungsbeitrages zur NATO. 1973 wurden auf der Grundlage der VPR, die allerdings der Öffentlichkeit nicht zugänglich waren, die Militärstrategische Konzeption (MSK), ab Mitte der 80er Jahre die Militärstrategische Zielsetzung (MSZ) fixiert, die dann kontinuierlich fortgeschrieben wurde. MSK und MSZ bestimmten die militärstrategischen Ziele und Kriterien für Umfang, Gliederung, Ausrüstung und Bewaffnung der Bundeswehr und die Aufgabenschwerpunkte ihrer Teilstreitkräfte. MSK und MSZ waren gleichzeitig Maßstab für die militärischen Führungsentscheidungen, die Vertretung deutscher Interessen im Bündnis und der militärstrategischen Position im Rahmen der Strategie der Flexiblen Reaktion.

MSK und MSZ ihrerseits waren die richtungweisenden Dokumente für eine Reihe weiterer Konzeptionen, etwa die der Teilstreitkräfte oder die Fachkonzeptionen für gemeinsame, teilstreitkraftübergreifende Aufgaben. Auch die Rüstungsplanung der Bundeswehr waren aus der VPR und der MSK bzw. MSZ abgeleitet. Im Weißbuch 1975/76 heißt es zusammenfassend:

> »Die militärstrategische Konzeption der Bundeswehr ist eingebunden in die NATO-Strategie und berücksichtigt bündnispolitische Rahmenbedingungen. Unsere Streitkräfte entsprechen nach Umfang, Struktur und Kampfkraft den Verteidigungsplänen der NATO[15].«

Im Prinzip ist dieser Zusammenhang auch während der 80er Jahre nicht aufgelöst worden. Das System von Zielsetzung, Planung, Realisierung und Kontrolle wurde zwar verfeinert, richtungsweisend aber blieben die Verteidigungspolitischen Richtlinien und ihre Folgedokumente.

An der Schwelle zu den 80er Jahren mußten auch neutrale Beobachter den Eindruck gewinnen, daß die Sowjetunion erneut auf eine weltumspannende Konfrontation mit dem Westen zusteuerte und in einem Akt der Zusammenfassung ihrer imperialen Kräfte eine Entscheidung im Ost-West-Konflikt suchte. Im Mittleren Osten, wo sie Afghanistan kriegerisch besetzte, schien sie bis zum Persischen Golf ausgreifen zu wollen, um aus ihrer kontinentalen Isolation auszubrechen. In Syrien unterstützte sie das dortige Regime bei dessen Besetzung und Durchdringung des Libanon, in Mittelamerika revolutionäre Regime. Ähnliches war in Afrika zu beobachten, wo ideologisch ihr nahestehende Regime entweder in Bürgerkriegen verstrickt waren oder eine regionale Vorherrschaft zu errichten suchten. Im eigenen sozialistischen Lager kämpfte die Sowjetunion gegen zentrifugale Kräfte und Auflösungserscheinungen. Polen wurde allein mit der latenten Drohung eines »brüderlichen« Einmarsches »befreundeter« Armeen bei der Stange gehalten. In Europa, das wieder Zentrum und Brennpunkt der

Konfrontation geworden war, lief das sowjetische Rüstungsprogramm aus den 70er Jahren auf Hochtouren, und das modernisierte sowjetische Mittelstreckenpotential der SS-20 wuchs kontinuierlich, was im NATO-Bündnis mit buchhalterischer Akribie registriert und öffentlich gemacht wurde, ohne allerdings die Öffentlichkeit im gewünschten Sinne beeindrucken zu können.
Das Gleichgewicht der Kräfte, das zu erhalten Ziel der erfolgreichen Bemühungen um Rüstungskontrolle und Entspannung in den 70er Jahren gewesen war, war empfindlich gestört. Die Spannungen zwischen den beiden Weltmächten nahmen zu, und ihre neue Machtrivalität definierte sich – anders als in den 50er Jahren – fast ausschließlich in militärischen und strategischen Kategorien. In Deutschland rangen die Bundesregierungen um die Durchsetzung des NATO-Doppelbeschlusses gegen eine erstarkende Protestbewegung und kämpften gegen den offenkundigen Legitimationsverlust der nuklearen Abschreckung. Wie in den 50er Jahren stand in den 80er Jahren die Sicherheitspolitik im Zentrum der deutschen Gesamtpolitik.
Während in den Vereinigten Staaten die Reagan-Administration einen lange vermißten Führungswillen an den Tag legte und mit einem umfassenden Rüstungsprogramm in den 70er Jahren verlorenen Boden wieder gutmachte, begann in der Sowjetunion nach dem Tode Breschnews eine Phase der Führungs- und Orientierungsschwäche. Ein Generalsekretär folgte dem anderen. In der spanungsgeladenen ersten Hälfte der 80er Jahre wuchs in ganz Europa und in den Vereinigten Staaten die Angst vor kriegerischen Verwicklungen der beiden Supermächte. Die USA verschärften ihren wirtschaftlichen und propagandistischen Druck auf die Sowjetunion, die ihrerseits auf die propagandistische Durchschlagskraft der Protestbewegungen in Westeuropa setzte und diese in ihrem Sinne zu instrumentalisieren suchte.
Bis 1984 galt das Hauptaugenmerk der internationalen Politik der Frage der nuklearen Mittelstreckenpotentiale in Europa, ohne daß es zu einer Annäherung kam. Als im November 1983 der Deutsche Bundestag mit der Mehrheit der neu gewählten christlich-liberalen Koalition für die Durchführung des Stationierungsteils des NATO-Doppelbeschlusses grünes Licht gab und die ersten Pershing II-Raketen in der Bundesrepublik stationiert wurden, brach die Sowjetunion die im Herbst 1981 begonnenen Genfer INF-Verhandlungen über Mittelstrekkenwaffen größerer Reichweite ab. Erstmals seit 20 Jahren waren wieder amerikanische Raketen und Marschflugkörper in Europa stationiert, die das Gebiet der Sowjetunion erreichen konnten. Im gesamten Zeitraum der Nachrüstungsdebatte seit 1979 hatte die NATO die Zahl der Kernwaffen in Europa jedoch keineswegs vermehrt, sondern erheblich verringert, ohne daß diese Tatsache nennenswerten Einfluß auf die Protestbewegungen in Europa gehabt hätte.
Neben den INF-Verhandlungen wurden die bilateralen Gespräche über die Reduzierung der strategischen Waffensysteme (START) abgebrochen, die Verhandlungen über eine ausgewogene, beiderseitige Reduzierung der konventionellen Streitkräfte (MBFR) zunächst ausgesetzt, später im Jahr 1984 aber wieder

aufgenommen, ohne daß Ergebnisse erzielt werden konnten. Lediglich der KSZE-Prozeß blieb vom eisigen Klima zwischen den Supermächten verschont und wurde mit der Stockholmer Konferenz über Vertrauens- und Sicherheitsbildende Maßnahmen und Abrüstung in Europa (KVAE) im Januar 1984 fortgeführt; im übrigen waren 1984 alle Verhandlungstische verwaist.
Dafür rückte zur Mitte des Jahrzehntes ein anderes Thema in den Vordergrund, das geeignet schien, sämtliche bisherigen strategischen Gewißheiten zu erschüttern. Zunächst von der Öffentlichkeit unbeachtet, stellte der amerikanische Präsident im März 1983 in einer Rede die rhetorische Frage, wie es denn wäre, wenn die Sicherheit der freien Welt »nicht auf der amerikanischen Drohung einer sofortigen Vergeltung beruht, um vor einem Angriff abzuschrecken«[16]. Er schlug vor, die Bedrohung durch strategische Nuklearraketen mit einem Schutzschild weltraumgestützter Abwehrraketen zu neutralisieren. Die strategische Verteidigungsinitiative (SDI), mit der die USA auch den militärischen und technologischen Druck auf die Sowjetunion erhöhten, löste in den Vereinigten Staaten und vor allem in Westeuropa eine Strategiediskussion aus, die ähnlich leidenschaftlich geführt wurde, wie jene, die der Formulierung der Strategie der Flexiblen Reaktion in den 60er Jahren vorausgegangen war. Die technische Machbarkeit des SDI-Konzeptes wurde von Anfang an heftig bezweifelt. Entscheidend aber war, daß diese Strategie der gesamten nuklearen Abschreckung, auf der die bisherigen drei Strategien der NATO letztlich beruhten – wenn auch in höchst differenziertem Ausmaß –, die moralische Legitimierung entzog. In einer Zeit, in der alle westeuropäischen Regierungen fast verzweifelt versuchten, ihre Öffentlichkeiten von der Notwendigkeit und moralischen Berechtigung der Aufstellung nuklearer Mittelstreckenwaffen in Europa zu überzeugen, um den Zusammenhang der nuklearen Abschreckung wiederherzustellen, forderten die USA das bisherige strategische Denken und Planen der NATO in grundlegender Weise heraus.
Die europäischen Verbündeten fragten sich jetzt zu Recht, was denn die nuklearen Abschreckungs- und Schutzgarantien der USA noch wert seien, wenn die strategische Einheit des nordatlantischen Bündnisses über dem einseitigen amerikanischen Versuch auseinanderzubrechen drohte, ihr eigenes »Fenster der Verwundbarkeit« zu schließen. Wenn das SDI-Programm, das kurz nach der Rede des amerikanischen Präsidenten organisatorische Gestalt annahm und großzügig mit finanziellen Mitteln ausgestattet wurde, die nuklearstrategischen Waffen tatsächlich überflüssig machte, dann war die Notwendigkeit einer neuen Strategie für die NATO nahezu unabweisbar.
Die Sowjetunion sah in der Strategischen Verteidigungsinitiative den Versuch der USA, ihre strategische Überlegenheit zurückzugewinnen; fraglich aber war, ob sie in diesem neuen Rüstungswettlauf wirtschaftlich mithalten konnte. Die strategische Herausforderung der USA traf die Sowjetunion in einer überaus desolaten Phase ihrer stagnierenden und im Grunde nicht mehr reformierbaren Kommandowirtschaft. Sie markierte – jedenfalls aus der Rückschau der histori-

schen Ereignisse, die wenige Jahre später zur Implosion des sowjetischen Imperiums führten – den Anfang vom Ende ihres maroden politischen Systems.
Beide Weltmächte erkauften ihre jeweiligen strategischen Rüstungsprogramme mit einer Verkrampfung und Verschlechterung des Verhältnisses zu ihren jeweiligen Verbündeten. Sie entzündeten damit offene Kritik der Europäer diesseits und jenseits des Eisernen Vorhangs an den Leitmächten der beiden Paktsysteme. Die USA riskierten Mitte der 80er Jahre sogar, ihre europäischen Partner zu verlieren, denn sie scheuten sich nicht, mit dem Abzug von US-Truppen aus Europa zu drohen, wenn die europäischen Verbündeten keine weiteren Anstrengungen zur Stärkung ihrer konventionellen Kräfte unternähmen. In manchen Kommentaren der westlichen Medien sprach man von glatter Erpressung. Die zunehmenden Meinungsverschiedenheiten und Interessenkonflikte mit den USA ließen die europäischen Verbündeten näher zusammenrücken, sie besannen sich auf mehr Eigenständigkeit, bildeten eigenständige europäische Beratungsgremien innerhalb der NATO und der Westeuropäischen Union. Die Stärkung des »europäischen Pfeilers« in der NATO war langfristig eine wirksame Folge. Auch wenn die europäischen NATO-Staaten mit gestärktem Selbstbewußtsein aus der jahrelangen Strategie-Debatte hervorgingen, die Kontroverse um die nuklearen Mittelstreckensysteme und das SDI-Programm hatten ihnen ihre sicherheitspolitische Abhängigkeit von der USA drastisch vor Augen geführt. Am Ende des ereignisreichen Jahrzehnts gab es dennoch keine grundlegende Änderung der Strukturen und der Machtverhältnisse innerhalb der NATO.
Im März 1985 wurde Gorbatschow Generalsekretär der Kommunistischen Partei der Sowjetunion. Sein innenpolitisches Reform-Programm, mehr Öffentlichkeit und Transparenz *(Glasnost)*, sowie eine Umgestaltung der zentralen Verwaltungswirtschaft *(Perestroika)*, wurde zutreffend auch als Bereitschaft zur Wiederaufnahme des Dialogs mit den USA gedeutet. Mit dem Führungswechsel in der Sowjetunion kam Bewegung in die festgefahrenen Abrüstungs- und Rüstungskontrollverhandlungen. Eine Mischung aus spektakulären Gipfeltreffen und »stiller Diplomatie« kennzeichnete die folgenden beiden Jahre. Erste Fortschritte wurden bei den INF-Verhandlungen erzielt, die sich von 1985 bis 1987 mit immer neuen Vorschlägen beider Seiten hinzogen. Allmählich und in immer schnelleren Schritten näherte sich die Sowjetunion den westlichen Forderungen und Verhandlungspositionen. Trotz solcher attraktiv erscheinenden Vorschläge beharrten die USA und ihre Verbündeten auf der »Nullösung«, denn es war unübersehbar, daß die Sowjetunion bei aller Bereitschaft zur substantiellen Verringerung ihres nuklearen Mittelstreckenpotentials ihr strategisches Ziel noch nicht aus den Augen verloren hatte: die Denuklearisierung der NATO-Streitkräfte in Europa und die dauerhafte Sicherung nuklearer Einsatzoptionen gegen das westliche Europa. Was immer die Gründe gewesen sein mochten, die desolate wirtschaftliche Lage der Sowjetunion und die Erkenntnis, die Konfrontation mit den USA langfristig nicht mehr durchhalten zu können: am 8. Dezember 1987 verständigten sich beide Seiten auf das INF-Abkommen, das die seit

1979 andauernde Streitfrage durch die Erfüllung der westlichen Ziele beendete. Die Sowjetunion war in der Schlußphase der Verhandlungen noch weiter gegangen und hatte die Einbeziehung auch der Mittelstreckenraketen kürzerer Reichweite in das Vertragswerk gefordert. Mit dieser doppelten Null-Lösung war die Bundesregierung gezwungen, die 72 nuklearfähigen Raketen der deutschen Luftwaffe vom Typ Pershing Ia aufzugeben, »doch das Wesentliche für das Ost-West-Verhältnis allgemein und für die Beziehungen zwischen den beiden Supermächten lag in der Beseitigung der bodengestützten Mittelstreckensysteme«[17].
Generell ging es in der leidenschaftlich geführten Strategiedebatte der 80er Jahre um eine Neubewertung der Rolle der nuklearen Waffen im gesamten Spektrum der militärischen Einsatzmöglichkeiten und um eine Aufgabenerweiterung der konventionellen Kräfte. Eine Sonderrolle nahmen dabei die amerikanischen Vorstellungen von der Führbarkeit eines Krieges unter nuklearen und chemischen Einsatzbedingungen ein. Diese Debatte wurde parallel zum Ringen um den nuklearen Mittelstreckenbereich geführt und verhärtete die Irritationen im europäisch-atlantischen Verhältnis zusätzlich.
Die USA hatten Ende der 70er Jahre in einer nationalen Führungsvorschrift, dem Field Manual 100-5 (FM 100-5), ein Luft-Landschlacht-Konzept (Air-Land-Battle Concept) entwickelt, nach dem der Gegner in der Tiefe seines eigenen Raumes, auf einem »erweiterten Schlachtfeld« *(extended battlefield)* bekämpft werden sollte. Den Amerikanern ging es in dieser Vorschrift zunächst darum, den Einsatz der Land- und Luftstreitkräfte besser aufeinander abzustimmen und moderne Waffentechnologie optimal zu nutzen, um das Gefecht unter konventionellen, nuklearen und chemischen Bedingungen führen zu können. Als die Amerikaner 1982 das neue Einsatzkonzept für ihre NATO-assignierten Heeresverbände in Europa zur verbindlichen Doktrin erklärten, brachen erneut Differenzen mit den europäischen Verbündeten über die nukleare Rolle der USA in der NATO auf. Den Europäern erschienen die Grenzen zum Einsatz chemischer und nuklearer Waffen, der nach der geltenden Strategie einen qualitativen Sprung markierte und nur nach einem politischen Konsultations-Verfahren freigegeben werden sollte, allzusehr verwischt. Zweifelhaft war also, ob die operativen Vorstellungen der Amerikaner über ein »erweitertes Gefechtsfeld« mit den Grundsätzen der MC 14/3 und der Vorneverteidigung zur Deckung gebracht werden konnten. Amerikanische Zusicherungen, daß die US-Truppen in Europa grundsätzlich den Bedingungen der gemeinsamen Einsatzplanung unterlägen, räumten die europäischen Vorbehalte nicht vollständig aus.
Zu einer Annäherung der operativen Einsatzvorstellungen kam es im November 1984, als der Verteidigungsplanungsausschuß der NATO eine langfristige Richtlinie zur Bekämpfung der sogenannten »Folgestaffeln« des Warschauer Paktes billigte. Die aus der Tiefe ihrer Aufmarschräume in strategischen Staffeln nachfolgenden Landstreitkräfte sollten schon vor Eintreten ins Gefecht nachhaltig bekämpft werden. Mit dem FOFA-Konzept *(follow-on forces attack)*, in der neue, moderne, äußerst kostspielige Waffentechnologien eine zentrale Rolle spielen soll-

ten, versuchte das Bündnis, wenigstens bei den konventionellen Optionen gegenüber dem Warschauer Pakt verloren gegangenen Boden wieder gut zu machen. Zur Ausfüllung dieses Konzeptes, das die europäischen NATO-Staaten zu erheblichen finanziellen Aufwendungen gezwungen hätte, kam es nicht mehr, weil mit dem Zusammenbruch der Sowjetunion und der Auflösung des Warschauer Paktes auch die gegnerischen Folgestaffeln abhanden gekommen waren. Am Ende des Kalten Krieges unterzeichnete das bereits wiedervereinigte Deutschland am 19. November 1990 in Paris den Vertrag über die Reduzierung der konventionellen Streitkräfte in Europa (KSE), den ersten und wichtigsten Vertrag über Rüstungsbegrenzung und Rüstungskontrolle konventioneller Streitkräfte in Europa. Auf dem Verhandlungswege war erreicht worden, was mit dem Aufbau der westlichen Verteidigungsfähigkeit, mit nuklearer Abschreckung, differenzierten Nuklearstrategien und mit beharrlichen Angeboten zur Entspannung 40 Jahre lang das Ziel des westlichen Verteidigungsbündnisses gewesen war: der Abbau der Spannungen in Europa, der Abbau der strukturellen Offensivfähigkeit und generell der Abbau der konventionellen Überlegenheit des Warschauer Paktes. Die militärische Konfrontation in Europa war beendet.

Anmerkungen

1 Arnulf Baring, Außenpolitik in Adenauers Kanzlerdemokratie, München und Wien 1969, S. 68.

2 Hans-Jürgen Rautenberg, Die Bundesrepublik Deutschland in den 50er Jahren, in: Bedrohung durch die Sowjetunion? Westliche Analysen der politischen Absichten Moskaus im Zeitvergleich der 50er und 80er Jahre, hrsg. von Carl-Christoph Schweitzer, Baden-Baden 1989, S. 332.

3 BA-MA, BW 2/982, GenLt a.D. Adolf Heusinger, Beurteilung der militärischen Lage vom 20.2.1953, abgedruckt in: Friedenssicherung durch Verteidigungsbereitschaft. Deutsche Sicherheitspolitik 1949–1989, hrsg. von Hans-Adolf Jacobsen, Uwe Heuer, Hans-Jürgen Rautenberg, Mainz 1990, Dok. 9.

4 Ebd., Dok. 13.

5 Die Himmeroder Denkschrift. Politische und militärische Überlegungen für einen Beitrag der Bundesrepublik Deutschland zur westeuropäischen Verteidigung, hrsg. von Hans-Jürgen Rautenberg und Norbert Wiggershaus, Karlsruhe 1975.

6 Verteidigung im Bündnis. Planung, Aufbau und Bewährung der Bundeswehr 1950–1972, hrsg. vom Militärgeschichtlichen Forschungsamt, München 1975, S. 48.

7 Sicherheitspolitik der Bundesrepublik Deutschland. Dokumentation 1945–1977, Teil 2, hrsg. und eingeleitet von Klaus von Schubert, Köln 1979, S. 29.

8 Ebd., S. 102.

9 Rede des Bundesministers für Verteidigung vom 16.7.1955, in: Friedenssicherung durch Verteidigungsbereitschaft (wie Anm. 3), Dok. 18.

10 Radford-Plan vom 13.7.1956. Einzelheiten dazu in: Anfänge westdeutscher Sicherheitspolitik, Bd 3, Die NATO-Option, hrsg. vom Militärgeschichtlichen Forschungsamt, München 1993, S. 216 ff.

11 Rede des SACEUR vom 12.11.1957, in: Sicherheitspolitik der Bundesrepublik Deutschland (wie Anm. 7), S. 116 f.

12 Rede General Speidel vom 8.8.1960, in: ebd., S. 118 f.

13 Weißbuch 1969. Zur Verteidigungspolitik der Bundesregierung, Bonn 1969, S. 19 f.

14 K.-Peter Stratmann, Aktuelle Strategieprobleme des Westens, in: Sicherheit und Frieden. Handbuch der weltweiten sicherheitspolitischen Verflechtungen, hrsg. von Ortwin Buchbender, Hartmut Bühl, Heinrich Quaden, Herford 1983, S. 224.

15 Weißbuch zur Sicherheit der Bundesrepublik Deutschland und zur Entwicklung der Bundeswehr, Presse- und Informationsamt der Bundesregierung, Bonn 1976, S. 89.

16 Die Internationale Politik 1983–1984. Jahrbücher der Deutschen Gesellschaft für Auswärtige Politik, München 1986, S. 75.

17 Die Internationale Politik 1987–1988. Jahrbücher der Deutschen Gesellschaft für Auswärtige Politik, München 1990, S. 41.

Gerhard Brugmann

Reservisten in Planung und Einsatz

Als am 3. Oktober 1990 Deutschland wieder vereinigt wurde und die Westgruppe der Sowjetischen Truppen (WGT) sich anschickte, die ehemalige Deutsche Demokratische Republik und damit Deutschland zu verlassen, hatte die Bundeswehr ihren geschichtlichen Auftrag ausgeführt, als Kern der Verteidigung Mitteleuropas im Rahmen der NATO gemeinsam mit den dort stationierten amerikanischen, britischen, niederländischen, belgischen, dänischen, kanadischen NATO-Kontingenten und der französichen Armee die Sowjetunion von einem weiteren Vordringen im Zentrum Europas abzuschrecken. Um diesem Auftrag nachzukommen, hatte sie ihren Verteidigungsumfang ständig erweitern müssen, von anfänglich einer knappen halben Million Soldaten auf schließlich 1,334 Millionen. Die meisten dieser 1,334 Millionen Soldaten waren »mob-eingeplante«, also mobilmachungs-eingeplante Reservisten.

Die Rolle, die diese Reservisten in der Bundeswehr spielten, ist schwer zu erfassen. Wie ihre Bezeichnung sagt, waren sie Reserve, also ein Mittel, das bereitzuhalten war, bis es gebraucht würde, um als Ersatz, als »Notnagel« oder zum Durchhalten zu dienen, und auch oft genug, um entscheidungswichtige Aufgaben zu übernehmen. Am eindrucksvollsten hat der Bundeswehr-Reservist als Planungsreserve gedient, wenn neue Aufgaben zu übernehmen waren oder wenn für alte Aufgaben das Geld nicht reichte. So haben 1990 die Reservisten schließlich 63 % des Verteidigungsumfangs der Bundeswehr ausgemacht und dabei nicht nur der Bundeswehr mehr Kampfkraft und Durchhaltefähigkeit verliehen, sondern auch unverzichtbare Aufgabengebiete vollständig übernommen. Ohne sie war eine Verteidigung Mitteleuropas – wäre aus dem kalten ein heißer Krieg geworden – nicht möglich gewesen.

Der Rolle, die der Reservist in der Bundeswehr zur Zeit des Kalten Krieges spielte, und damit auch der Bedeutung, die er für die Bundeswehr hatte, kommt man am nächsten, wenn man ihn zunächst einmal nüchtern als Planungszahl begreift, wenn man ferner den Gründen für seine schließlich ins Uferlose gewachsene Einbeziehung in den Verteidigungsumfang nachgeht, und wenn man den offiziellen Berichten, namentlich den Weißbüchern und den Zustandsberichten, entnimmt, wie die Bundeswehr mit ihren Reservisten umgegangen ist: fordernd oder auch sie negierend, aber immer mit dem Ausdruck der Dankbarkeit, wenn sie da waren, um in Breschen zu springen, die sich vornehmlich dann auftaten, wenn die Bedrohung wuchs.

I. Der Reservist im Szenarium Mitteleuropa

1. Die Bedrohung

Als in der zweiten Hälfte der 50er Jahre die Bundeswehr aufgestellt wurde, stand die Sowjetunion mit starken militärischen Kräften tief im Herzen Europas. Als das sowjetische Kolonialreich zerfiel, standen die Spitzen der Roten Armee immer noch an der Elbe, und die militärische Bedrohung Mitteleuropas war, an der Kampfkraft des Warschauer Paktes gemessen, stärker denn je.

Im Warschauer Pakt waren unter der rigorosen Führung der Sowjetunion neben den sowjetischen Streitkräften die Streitkräfte der Satellitenstaaten Bulgarien, DDR, Polen, Rumänien, Tschechoslowakei und Ungarn, bis 1968 auch Albanien, eingebunden. Der Warschauer Pakt bezeichnete sich als Freundschafts-, Zusammenarbeits- und Beistandspakt. Die Sowjetunion nutzte ihn zur Disziplinierung der Satellitenstaaten im Rahmen der Breschnew-Doktrin, die die Souveränität und Selbständigkeit der Verbündeten der Sowjetunion einschränkte. Vor allem verstand er sich als Instrument für eine gewaltsame Einbeziehung Westeuropas in das kommunistische System. Seine Angriffsziele in Mitteleuropa waren die Atlantikküste in Frankreich und die spanischen Pyrenäen, die Nordseehäfen, die Kimbrische Halbinsel und das übrige Dänemark[1].

Für diesen Einsatz standen noch zu den Zeiten der *Perestroika* Gorbatschows – Ende der 80er Jahre – in fünf Fronten gegliedert Kräfte in einem Umfang bereit, der einem so weiträumigen Feldzug angemessen war: Die Küstenfront, die bis zu den Nordseehäfen der Niederlande und Belgiens durchzustoßen und die Kimbrische Halbinsel sowie das restliche Dänemark zu nehmen gehabt hätte; die Zentralfront, die im Schwerpunkt eingesetzt über den Mittellauf des Rheins ungefähr auf Luxemburg angreifen sollte; und die Tschechische Front, die den Rhein in Süddeutschland als Ziel hatte, gegebenenfalls unterstützt durch einen Vorstoß vom Balkan her durch Österreich. Über diese drei Fronten hinweg sollten anschließend im Norden die Belorussische Front und links angelehnt die Karpathenfront den Angriff in die Tiefe Frankreichs fortführen und zur Biscaya bis zur Grenze Spaniens vorstoßen. Insgesamt rund hundert Divisionen, die Baltische Rotbanner-Flotte und starke Luftstreitkräfte standen für diesen Feldzug, so er denn stattfinden könnte, bereit. Die Wege der Angriffskräfte zu ihren Zielen führten, von in Dänemark geplanten amphibischen Landungen abgesehen, samt und sonders durch die damalige Bundesrepublik Deutschland.

2. Die Verteidigung auf dem Boden der Bundesrepublik

Auf dem Boden der alten Bundesrepublik hätte sich die Verteidigung Westeuropas entschieden. Hier konzentrierten sich daher Truppen von sechs NATO-Staaten und Frankreichs zusammen mit der Bundeswehr. Diese bestand aus dem

Feldheer von 12 Divisionen, gegliedert in drei Korps und die 6. Panzergrenadierdivision, aus der Luftwaffe mit 550 Kampfflugzeugen und sechs Flugabwehrraketenregimentern, aus der Bundesmarine mit 124 Kampfschiffen und 112 Kampfflugzeugen und aus dem Territorialheer[2].
Die 6. Division hatte zusammen mit der 1. dänischen Division Schleswig-Holstein mit dem nördlichen Hamburg und Dänemark zu verteidigen. Die niedersächsische Ostgrenze hatte unter Führung der Heeresgruppe Nord das I. Korps zusammen mit dem 1. niederländischen, dem 1. britischen und dem 1. belgischen Korps zu halten. An der Ostgrenze der Länder Hessen und Bayern war im Rahmen der Heeresgruppe Mitte in deren Nordbereich bei Fulda der Einsatz des III. Korps und im Süden der Front der Einsatz des II. Korps, zwischen ihnen zwei amerikanische Korps, vorgesehen. Als Reserve stand in Frankreich und Süddeutschland die 1. französische Armee bereit. Die NATO-Luftstreitkräfte verfügten zur Verteidigung Mitteleuropas, einschließlich der deutschen, über 1.900 Kampfflugzeuge[3]. Die Bundesmarine sicherte die deutschen Küsten und vor allem zusammen mit dänischen und norwegischen Kräften die Ostseeausgänge.

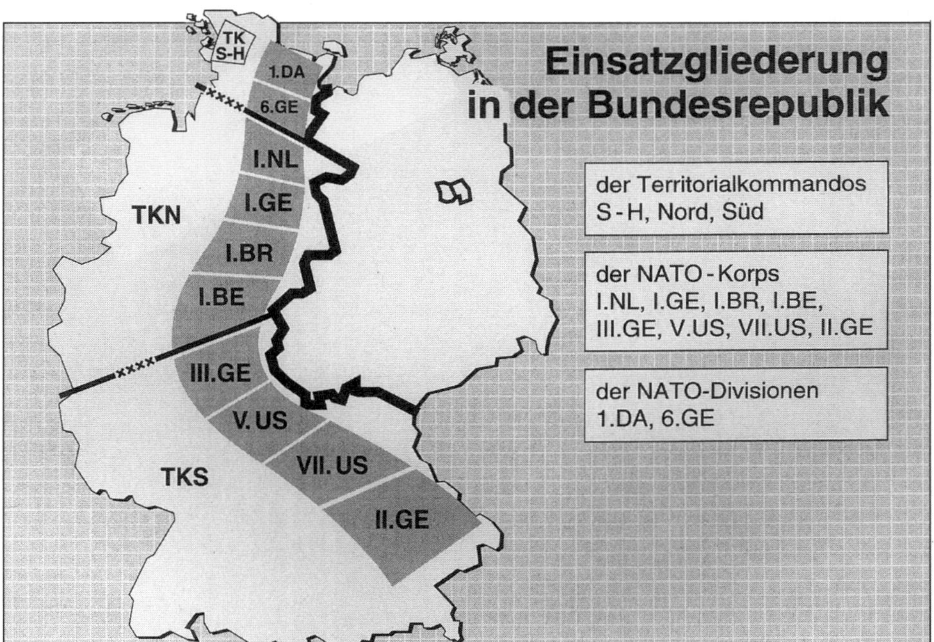

3. Der Kräftevergleich

Eine solche militärische Kräftekonzentration in, bzw. gegenüber Mitteleuropa, wie sie der Kalte Krieg hervorgebracht hat, hatte es in Friedenszeiten bis dahin noch nicht gegeben. War diese Kräftekonzentration 1949 bei Gründung der NATO noch sehr einseitig sowjetisch gewesen, so hatte zehn Jahre später die NATO schon bemerkenswert nachgezogen. Die NATO hatte 1959 in Gesamt-Europa 3,5 Millionen Mann unter Waffen und konnte 47 Heeres-Divisionen und etwa 5.000 Kampfflugzeuge den sieben Millionen Soldaten, 190 Heeresdivisionen und 23.000 Kampfflugzeugen des Warschauer Paktes entgegenstellen[4]. Gegen Ende des Kalten Krieges stellte sich die Kräftekonzentration ausgeglichener dar. Für 1983 gibt das Weißbuch der Bundesregierung für den hier vornehmlich interessierenden Raum Mitteleuropa folgendes Kräftebild an[5]:

Das Kräfteverhältnis in Mitteleuropa 1983

NATO		Warschauer Pakt
35	Div	95
7600	Kampfpanzer	25 500
19 350	Schützenpanzer, Mannschaftstransportpanzer	43 600
4050	Geschütze, Mehrfachraketenwerfer, Mörser, Granatwerfer	17 500
1900	taktische Kampfflugzeuge	3 990

Der Anteil deutscher Streitkräfte an der Verteidigung Mitteleuropas und der nördlich angrenzenden Gewässer war dabei entscheidend.

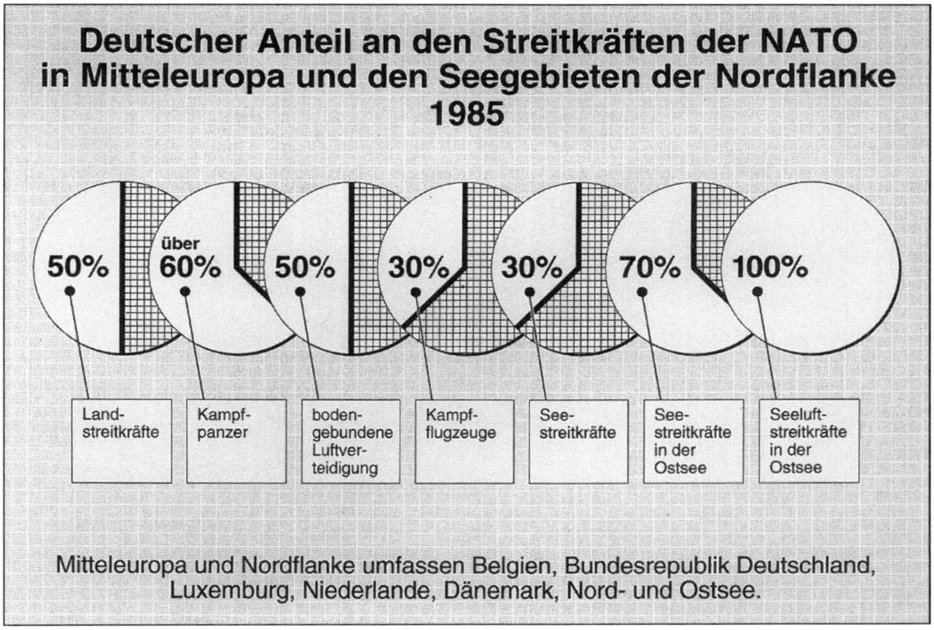

4. Der Reservistenanteil

Das in den Anfangsjahren des Kalten Krieges zu Ungunsten der NATO bestehende Ungleichgewicht zeigt, welche Bedeutung die 1956 beginnende Aufstellung der Bundeswehr für die Verteidigung Mitteleuropas hatte. Vertraglich war 1954 festgelegt worden, daß die Bundesrepublik Streitkräfte mit 12 präsenten Divisionen, 1.350 Flugzeugen und mit leichten Seestreitkräften aufstellen durfte und diese zur Unterstellung unter NATO-Kommando im Kriegsfall bereitstellen sollte[6]. Dieses Ziel wurde vollständig 1972 erreicht[7].

In den 50er und 60er Jahren, den Aufstellungsjahren der Bundeswehr, zwangen der hohe Stand der Einsatzbereitschaft der Warschauer-Pakt-Truppen und deren Stationierung nahe der Ostgrenze der Bundesrepublik die NATO, ihre Kräfte in hohem Maße präsent zu halten. In der Bundeswehr spielten Reservisten daher in dieser Periode, weil nicht zur präsenten Truppe gehörig, keine große Rolle. Hinzu kam, daß damals die Strategie der Massiven Vergeltung galt, d.h. daß der Warschauer Pakt, sobald er angreifen würde, mit dem unmittelbaren Einsatz der atomaren Mittel der NATO zu rechnen hatte. Das wiederum bedeutete, daß bei der in den 50er und 60er Jahren bestehenden atomaren Unterlegenheit der Sowjetunion von einer sehr kurzen Kriegsdauer auszugehen war, so daß in der Anfangszeit der Bundeswehr auch von daher kein großer Bedarf an Personalersatz und insofern auch kein Bedarf an Reservisten bestand[8].

Betrachtet man dagegen die Kriegsgliederung der Bundeswehr gegen Ende des Kalten Krieges, also in den 80er Jahren, so zeigt sich, daß die deutschen Streitkräfte in dieser Phase über einen Verteidigungsumfang verfügten, der weit überwiegend aus Reservisten gebildet wurde. Das bedeutete, daß die Bundeswehr sich den verändernden Verhältnissen angepaßt und dabei im Laufe der Zeit von einer Präsenz- zu einer Mobilmachungsarmee gewandelt hatte.

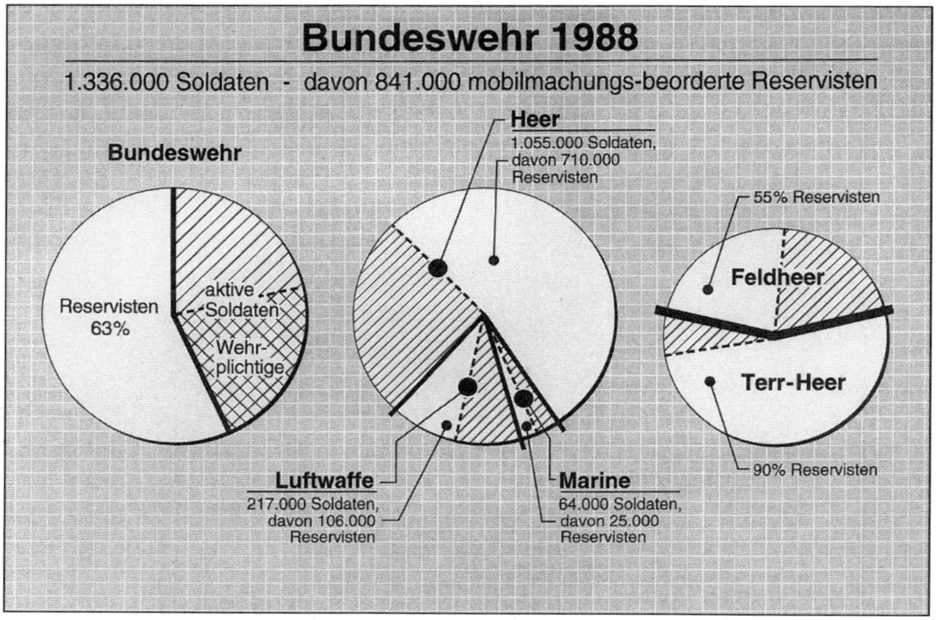

II. Von der Präsenz- zur Mobilmachungsarmee

Die Entwicklung der Bundeswehr von einer Präsenz- zur Mobilmachungsarmee ist auf eine Reihe verschiedener Faktoren zurückzuführen. Sie reichen von einer Fixierung auf den Friedensumfang von 495.000 Soldaten über strategische Gesichtspunkte bis hin zur wachsenden Souveränität der Bundesrepublik, zur Entwicklung der Besatzungs- in Gaststreitkräfte und nicht zuletzt bis zu handfesten finanziellen Problemen.

1. Das Festhalten am Friedensumfang

Die aus den Pariser Verträgen abgeleitete Höchstgrenze von 495.000 Soldaten entsprach einerseits dem anfänglichen Kräftebedarf der NATO zur Verteidigung Mitteleuropas, sie lag andererseits aber auch grundsätzlich im Interesse der Verbündeten, die im Zweiten Weltkrieg Feindstaaten Deutschlands gewesen waren und sich gegenüber einer eventuellen unerwünschten Aufrüstung der Bundesrepublik absichern wollten. Die Zahl von knapp einer halben Million deutscher

Soldaten, die im Laufe der Zeit geradezu magische Züge annahm, indem sie bei unzähligen Anlässen wie ein Naturgesetz beschworen wurde, kam nationalen deutschen Interessen entgegen. Dies traf nicht nur aus Gründen der Sicherheit zu, sondern auch deshalb, weil sie zum einen auf deutschen Boden bezogen eine zahlenmäßige deutsche Dominanz begründete, aus der sich im Bündnis auch Ansprüche ableiten ließen[9]. Zum anderen hat diese Zahl aber den Staatshaushalt nur in einem noch erträglichen Maße belastet, sodaß sie wirtschaftlich vertretbar war.
Die NATO kümmerte die Begrenzung der präsenten Bundeswehr auf eine knappe halbe Million wenig. Sie hatte die Verteidigung gegenüber der immer weiter anschwellenden Kampfkraft des Warschauer Paktes sicherzustellen und forderte von der Bundesregierung wie von den anderen Partnern mit steter Beharrlichkeit, vor allem ihre Landstreitkräfte zu verstärken. Dem stand aber das Festhalten an der Friedensumfangszahl der Bundeswehr entgegen. Sie wurde Jahr für Jahr im Haushaltsplan der Regierung festgeschrieben und überschritt 495.000 nicht. Das führte insbesondere beim Heer zu der Schwierigkeit, mit einem zugebilligten Friedensumfang von etwa 340.000 Heeressoldaten nicht nur 12 präsente Divisionen aufzustellen, sondern außerdem die Nationale Militärische Verteidigung, also das Territorialheer aufzubauen. Schaute man etwa 1975 auf andere NATO-Staaten, so stellte man fest, daß beispielsweise das Heer der Vereinigten Staaten bei einem Umfang von 800.000 Soldaten nur 12 bis 13 Divisionen, und das französische Heer bei etwa gleicher Personalstärke wie das deutsche nur sechs Einsatzdivisionen parat hielten[10]. Abhilfe schaffen konnten bei der Friedensumfangszahl der Bundeswehr von 495.000 nur die Reservisten.

2. Die strategischen und operativen Erfordernisse

Wichtigster Anlaß für die Einplanung von Reservisten waren die sich ändernden strategischen und operativen Erfordernisse. Strategisch war es das in den 60er Jahren sich bildende nukleare Patt mit seiner allmählichen Verlagerung des Schwergewichts auf die konventionellen Waffen. Operativ traten vor allem die schrittweise Durchsetzung des Prinzips der Vorneverteidigung, wie auch der Zwang in den Vordergrund, dem Mangel an Truppen zur Deckung überbreiter Gefechtsstreifen entgegenzuwirken.
Nach deutscher wie allgemeiner NATO-Doktrin waren die Gefechtsstreifen an der Zonengrenze gegenüber der DDR, vor allem aber gegenüber der Tschechoslowakei, bei weitem zu breit. Wenn beispielsweise wie in Schleswig-Holstein eine Brigade auf 30 km Frontbreite zur Verteidigung eingesetzt werden sollte, war der Ruf nach Verstärkung unüberhörbar und führte schließlich auch zur Aufstellung von mobilmachungsabhängigen Kampfkompanien und -bataillonen, die in die Fronttruppe organisch eingebunden wurden. Bereits in den 60er Jahren wurden im Heer Überlegungen angestellt, wie im Wege der Aufstellung

mobilmachungsabhängiger Reservebrigaden dem Mangel abgeholfen werden könnte.
Überlegungen zur Verstärkung der Fronttruppen traten in scharfe Konkurrenz zu dem Bedarf an Sicherungskräften für den rückwärtigen Bereich, der immer größer wurde, je weiter die Verteidigung der Bundesrepublik nach vorne verlegt wurde.
Zu Beginn des Kalten Krieges war am Rhein der »Vordere Rand der Verteidigung« oder, im damals noch verständlicheren Wehrmachtsdeutsch, die »Hauptkampflinie«, an der ein Angriff des Warschauer Paktes aufgefangen werden sollte. Der Name des britischen Expeditionskorps »British Army of the Rhine«, den die traditionsbewußten britischen Streitkräfte in Deutschland auch noch weiterführten, als ihr Verteidigungsabschnitt längst an der Innerste lag, steht symbolisch für diese ursprüngliche Operationsplanung. Sie sah schlicht vor, daß die Bundesrepublik Deutschland, von der Zonengrenze und der Grenze zur Tschechoslowakei an, zur Gänze Verzögerungszone, also Vorfeld der Verteidigung sein würde.
Das konnte deutscherseits nicht hingenommen werden und war operativ gesehen, bezogen auf die Verteidigung nicht nur Mittel- sondern ganz Westeuropas, auch keine günstige Lösung. Zeitgleich mit dem Aufwuchs deutscher Kräfte und deren Einplanung wurde der Vordere Rand der Verteidigung stetig weiter nach Osten verschoben und lag schließlich an manchen Stellen sogar bedenklich nah an der Grenze. Dieser Prozeß beinhaltete eine permanente und zähe Auseinandersetzung zwischen dem selbstverständlichen Streben der verantwortlichen NATO-Befehlshaber und -kommandeure, die von Kräften, Zeit und Raum abhängige militärisch erfolgversprechendste Lösung zu wählen, und dem ebenso selbstverständlichen deutschen Interesse, die militärische Entscheidung möglichst grenznah zu suchen, um möglichst großen Teilen des Landes zu ersparen, als Gefechtsfeld herhalten zu müssen. Damit wurde das Rückwärtige Gebiet, für dessen Sicherheit die Bundesrepublik auch gegenüber der NATO verantwortlich war, immer größer, womit der Bedarf an territorialen Dienststellen und national geführten deutschen Truppen stieg. Diese Truppen bestanden fast ausnahmslos aus Reservisten. Schließlich war die NATO nur noch für die Sicherheit in einem Grenzstreifen bis zu etwa 100 km Tiefe verantwortlich. Aber auch dort trugen nationale deutsche Dienststellen Verantwortung, insbesondere für die Wahrnehmung deutscher Interessen und die Zivil-Militärische Zusammenarbeit.
Ein besonders großer Teil der Reservisten diente in den Truppenteilen, die für die Sicherstellung der Operationsfreiheit der NATO-Kontingente – deutsche NATO-Truppen eingeschlossen – aufgestellt wurden. Allein für die Sicherung rückwärtiger Gebiete wurden weit über 100.000 Reservisten in Einheiten und Verbänden von Zug- bis Brigadestärke eingeplant. Die Feldjägerorganisation wurde mit Reservisten erheblich erweitert. Die im Verteidigungsfall zu erwartenden Bewegungen von Truppen und auch der Zivilbevölkerung über große Flüsse und Kanäle wurde durch Reservetruppen der Pioniere sichergestellt. Die ABC-Abwehrtruppe wurde verstärkt, und anderes mehr.

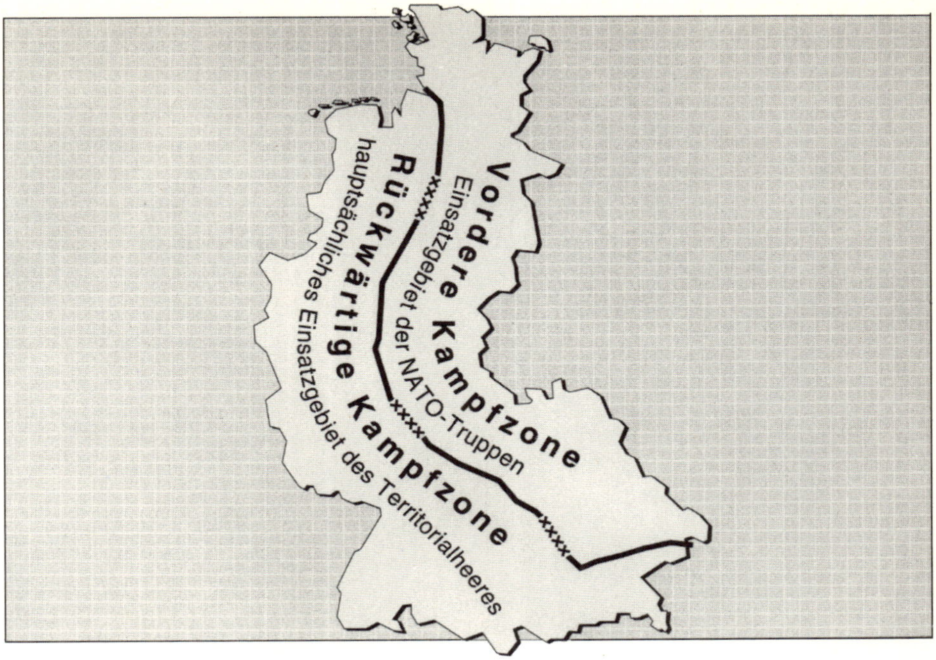

Die Verantwortungsbereiche von NATO und Territorialheer

Der Bedarf an Reservisten, soweit er beim Heer durch die Vorneverteidigung und durch die Überbreite der Gefechtsstreifen ausgelöst wurde, erhöhte sich weiter durch Veränderungen auf strategischer Ebene, die, ausgelöst durch die sowjetischen Rüstungsanstrengungen, eine Vermehrung der Kampfkraft verlangten. Schon 1959 forderte die NATO die Vermehrung der NATO-Divisionen für die Verteidigung Mitteleuropas auf 30[11]. Die atomare Aufrüstung der Sowjetunion, die Ende der 60er Jahre zum nuklearen Patt führte, verlagerte das Schwergewicht auf die konventionelle Rüstung und verlangte NATO-seitig enorme Anstrengungen. 1968 wurde anstelle des Verteidigungskonzepts der Massiven Vergeltung das die konventionelle Verteidigung in den Vordergrund stellende Konzept der Angemessenen Reaktion und Flexiblen Verteidigung eingeführt. 1971 bestätigte die NATO unter Betonung der Vorneverteidigung, die ihrerseits zusätzlich die personalintensive konventionelle Verteidigung unterstrich, das neue Konzept nachdrücklich[12]. 1979 folgte der NATO-Doppelbeschluß, der die Modernisierung der NATO-Mittelstreckenraketen brachte, zugleich die Notwendigkeit von Verhandlungen zur Verminderung der Rüstungen forderte und an der Flexiblen Verteidigung festhielt.

Im Rahmen der zunehmenden Betonung der konventionellen Verteidigung brachte einen besonders heftigen Schub die Einplanung von 90.000 Reservisten, als 1982 die Aufstellung der Wartime Host Nation Support-Organisation begann. Mit dieser Organisation wurde die Aufnahme von sechs amerikanischen

Divisionen und 30 Staffeln der amerikanischen Luftstreitkräfte als überseeische Verstärkungen im Rahmen des Reforger-Programms (Return of Forces to Germany), und weitgehend auch deren Versorgung, sichergestellt.
Die Verlängerung der mutmaßlichen Kriegsdauer – eine Konsequenz der strategischen Veränderungen – erforderte zusätzliche organisatorische Anstrengungen, die nur mit Reservisten zu bewältigen waren. Es mußte eine Personalersatzorganisation eingerichtet werden, die Reservisten in erforderlichem Umfang bereithielt. In ebenfalls großem Umfang verlangte die Versorgung sanitätsdienstlicher wie allgemeiner Art die Einplanung von Reservisten. Allein die Reservelazarett-Organisation mit ihren 170.000 Betten hatte einen Bedarf an 50.000 Reservisten, hinzu kamen bis zu 40.000 Krankenschwestern und anderes weibliches medizinisches Personal.
Das Führungssystem des Territorialheeres verfügte über im Frieden funktionsfähige Stäbe. Es bedurfte aber für Krise und Krieg erheblicher Verstärkungen durch Reservisten, insbesondere bei den Führungstruppen.

3. Die wachsende Souveränität

Dem territorialen Führungssystem stellten sich neue Aufgaben zunehmend auch deshalb, weil mit der sich verfestigenden Souveränität der Bundesrepublik die Gesamtverteidigung an Bedeutung gewann. Die Bundesrepublik hatte sich 1977 gegenüber dem NATO-Oberbefehlshaber Europa verpflichtet, in Krise und Krieg ihre Regierungsfähigkeit, innerstaatliche Sicherheit und Ordnung aufrechtzuerhalten[13]. So selbstverständlich das klingt, so bedeutete dieses Abkommen doch ein etwas verspätetes Abschiednehmen der vormaligen Besatzungsmächte von einem Teil ihrer Pflichten, die sie mit dem Deutschlandvertrag der Bundesrepublik übergeben hatten. Diese Verpflichtung rückte die Notwendigkeit einer funktionierenden Gesamtverteidigung, die als das Zusammenwirken von Ziviler Verteidigung und Nationaler Militärischer Verteidigung verstanden wurde, stärker ins Licht. Nationale Militärische Verteidigung verlangte die Erfüllung militärischer Aufgaben, die in der Regel nicht von der deutschen NATO-Truppe, nämlich dem Feldheer, der Luftwaffe oder der Marine zu erbringen waren. Sie wurden damit zur typischen Aufgabe für den Einsatz des Territorialheeres mit seinen Reservisten. Es handelte sich namentlich um die Mittlerfunktion zum Zwecke des Zusammenwirkens von NATO und Verwaltung, um die Vertretung nationaler Interessen beim Bündnis, insbesondere bei den im Kriege führenden NATO-Oberbefehlshabern, -Befehlshabern und -Kommandeuren, um die Sicherung rückwärtiger Gebiete und um Aufgaben im Bereich des Transports oder beispielsweise der Verkehrsführung.

4. Die Umwandlung der Expeditions- in Gaststreitkräfte

Begleitet wurde diese operativ-strategische und die politische Entwicklung von einem Prozeß der Umgestaltung der als Expeditionsstreitkräfte autark organisierten alliierten Truppen in Gaststreitkräfte, die aus Besatzungszeiten in Deutschland verblieben waren. Sie führte zum Host Nation Support, der von der Bundeswehr einen weiteren, meist reservistenintensiven Aufwand verlangte.
In fremdem Land, erst recht über See, autarke Expeditionsstreitkräfte zu unterhalten, ist ein teures Unterfangen. So haben es alle in der Bundesrepublik stationierten alliierten Streitkräfte, allen voran die amerikanischen, begrüßt, mit der Einbeziehung der Bundesrepublik Deutschland in die NATO-Verteidigung einen Partner zu gewinnen, der ihnen manche Aufgabe abnehmen konnte.
Diese Entwicklung jedoch ging nicht eben schnell voran. Das Beharrungsvermögen der an Besatzungsrechte gewöhnten alliierten Dienststellen und noch mehr die Bequemlichkeit deutscher Politik und Verwaltung, verantwortung- wie kostensparend manches für lange Zeit beim alten zu lassen, verlangsamten sie. Mitte der 80er Jahre war es dann so weit, daß in Abkommen der drei deutschen Territorialkommandos mit den befreundeten alliierten nationalen und NATO-Oberbefehlshabern die Abgrenzung der jeweiligen Verantwortlichkeiten und die Aufgabenteilung festgelegt werden konnten. Damit wurden zahlreiche, meist von Reservisten wahrgenommene Unterstützungsaufgaben der Bundeswehr für die Alliierten und alle Aufgaben, die mit der Aufrechterhaltung der Operationsfreiheit zusammenhingen, festgeschrieben[14].

5. Die Verwendung der Reservisten

Wenn die Reservisten auch bis Anfang der 70er Jahre in der Bundeswehr keine große Rolle spielten, so waren sie in Truppe und Stäben doch bald überall zu finden. Es war aber nicht allein die große Zahl der Reservisten, die schließlich mit 63 % des Verteidigungsumfangs die Bundeswehr in die Lage versetzten, wenn sie gefordert würde, ihren Auftrag im Rahmen der Verteidigung der Bundesrepublik und Mitteleuropas zu erfüllen. Es war auch das Können, das die Reservisten einbrachten. Reservisten dienten in Verwendungen bis zum Oberst und Kapitän zur See. Sie dienten in großem Umfang in Führungspositionen als Einheitsführer, als Kommandanten und als Kommandeure. Sie dienten in speziellen Funktionen in der Operationsführung, der Logistik, der Technik und in großer Zahl im Sanitätswesen. Sie waren Kampf- und Kampfunterstützungstruppe, Führungs- und Logistiktruppe, vom Schützen, vom Panzersoldaten, Kanonier und Pionier bis zum Kommandeur. Sie brachten über ihre militärische Ausbildung hinaus auf allen Ebenen ihr berufliches Fachkönnen ein. Erinnert man sich ihrer, dürfen auch die 40.000 Frauen nicht vergessen werden, die, Reservisten gleich, für den Dienst in der Lazarettorganisation bereitstanden.

Kein Bereich der Bundeswehr war von Reservisten so abhängig wie die Nationale Militärische Verteidigung, die zunächst das Kommando Territoriale Verteidigung, später das Territorialheer repräsentierte. Mitte der 80er Jahre verfügten Feldheer, Luftwaffe und Marine zusammen über 300.000 Stellen für Reservisten, im Territorialheer dienten 540.000. Ende der 80er Jahre bestand das Territorialheer zu über 90 % aus Reservisten. Wenn der Einsatz des Feldheeres, der Luftwaffe und der Marine ohne Reservisten in Teilen noch denkbar war, das Territorialheer gab es ohne diese Soldaten praktisch nicht. Ohne das Territorialheer – das *de facto* eine eigene Teilstreitkraft war, in dem Soldaten aller drei Teilstreitkräfte dienten – und ohne seine Reservisten aber war eine Verteidigung der Bundesrepublik und Mitteleuropas nicht möglich. So war ohne das Territorialheer ein Aufmarsch der NATO in der Bundesrepublik nicht durchzuführen. Ohne das Territorialheer hätten alle Aufgaben der Aufrechterhaltung der Operationsfreiheit in der Bundesrepublik, vom Raumschutz und Objektschutz oder der Raumordnung im rückwärtigen Gebiet, bis hin zu weiten Teilen der Versorgung der Bündnisstreitkräfte, insbesondere der deutschen, nicht sichergestellt werden können. Ohne die Reservisten des Territorialheeres hätte im Einsatz kaum die unerläßliche Koordination zwischen zivilen und militärischen Stellen stattfinden können. Ohne Reservisten hätten in Krise und Krieg Regierungsgewalt, innerstaatliche Sicherheit und Ordnung nicht – wie sich die Bundesrepublik der NATO gegenüber verpflichtet hatte – aufrechterhalten werden können.
Reservisten waren im Laufe der Zeit gleichermaßen wie die aktiven und die grundwehrdienstleistenden Soldaten unverzichtbare Bestandteile der Bundeswehr geworden. In den 80er Jahren war auch der für eine präsente Armee wichtige Grad der Verfügbarkeit von aktiv Dienenden und Reservisten kein signifikantes Unterscheidungsmerkmal mehr. Die Vorwarnzeiten waren länger geworden. Die Bereitschaftsregelungen erlaubten auch den aktiv Dienenden in großer Zahl lange Abwesenheit. Die Einplanung von Reservisten auch für zeitkritische Aufgaben bei der Herstellung der Einsatzbereitschaft war gang und gäbe. Die Reservisten der Bundeswehr waren im Verlauf des Kalten Krieges ein fester und ein bedeutender Faktor der Abschreckung gegenüber der Sowjetunion und ihren Satelliten geworden.
Vor diesem Hintergrund muß gefragt werden, wie die Bundeswehr ihre Reservisten gesehen und eingeschätzt hat. Es können zahlreiche Verlautbarungen aus Reden und Schriften hoher Repräsentanten der Bundeswehr und der Politik, ebenso wie schriftliche und mündliche Äußerungen verantwortlicher Führer der Bundeswehr angeführt werden, die zu Recht den Reservisten loben, die seine Leistungen hervorkehren, seine Unverzichtbarkeit herausstellen. Wichtiger ist, wie die Reservisten ausgebildet, bewaffnet und organisiert, wie sie im Frieden geführt wurden und im Kriege eingesetzt werden sollten. Antwort auf diese Fragen geben die Weißbücher, die Planungsdokumente, insbesondere die Reservistenkonzeptionen des Bundesministeriums der Verteidigung, Einsatzdokumente und Zustandsberichte.

III. Der Reservist als Planungsgröße

1. Der Reservist im Spiegel der Weißbücher

Bis zur Wende haben die Bundesregierungen zu Fragen der Verteidigung acht Weißbücher erarbeitet. Das erste erschien 1969. Ihm folgten zunächst in Jahresschritten vier, dann erschienen 1979, 1983 und 1985 drei weitere. Diese Weißbücher machen verblüffend deutlich, daß die Verteidigungsplanung in den siebziger Jahren begann, zunehmend von unseren Reservisten abhängig zu werden. Sie zeigen, wie diese Abhängigkeit in den achtziger Jahren ins Überdimensionale wuchs und wie sich in der Bundeswehr eine konzeptionelle Problematik aufbaute, an der die Eingliederung der Reservisten in die Verteidigung zu scheitern drohte und die neunziger Jahre kaum überstanden hätte, hätten sich die Verhältnisse nicht grundlegend geändert.

a) Weißbuch 1969: Die Bundeswehr als Präsenzarmee

Das »Weißbuch 1969 zur Verteidigungspolitik der Bundesregierung«, das sich als erstes Weißbuch seiner Art in Deutschland bezeichnet[15], weist auf eine Veränderung des Kräfteverhältnisses in Mitteleuropa hin, die dadurch entstanden war, daß neue sowjetische Streitkräfte im westlichen Vorfeld der Sowjetunion stationiert worden waren. Diese sowjetischen Verstärkungen bedeuteten für die NATO, und damit auch für die deutschen Streitkräfte, daß – mit den Worten des Weißbuchs – die Präsenz der NATO-Truppen entscheidend und daß optimistische Annahmen bezüglich der Vorwarnzeit weniger denn je begründet seien[16]. Reservisten spielen in diesem Weißbuch folglich noch keine Rolle. Es beschränkt sich deshalb darauf, auf einen Beschluß der Verteidigungsminister der NATO hinzuweisen, der forderte, die Ausbildung der Reservisten zu verbessern[17]. Darüber hinaus macht es lediglich auf eine allgemeine Erklärung der Regierung aufmerksam, derzufolge ein flexibles System zur Heranziehung der Reservisten und deren Eingliederung in die Verbände des Heeres es erlauben würde, in Spannungszeiten elastisch zu reagieren[18].

b) Weißbuch 1970: Die Entdeckung des Reservisten

Das schon wesentlich voluminösere »Weißbuch 1970 zur Sicherheit der Bundesrepublik Deutschland und zur Lage der Bundeswehr« geht gegenüber seinem Vorläufer recht umfassend auf die Reservisten ein und macht deutlich, daß sich mit der Abkehr von der NATO-Strategie der Massiven Vergeltung und mit der Einführung der Strategie der Flexiblen Reaktion bei gleichzeitig abgestufter Präsenz für alle drei Teilstreitkräfte die Rolle der Reservisten in der Bundeswehr verändert habe. Die Bundeswehr müsse, um die volle Einsatzfähigkeit herzustellen, in erheblichem Umfang auf Reservisten zurückgreifen, ganz zu schweigen von der für den Verteidigungsfall vorgesehenen »Aufstellung des Territorialheeres«. Deshalb seien »der Ausbildungsstand und der Verteidigungswille der Reservisten besonders wichtig«[19]. Übersichtlich werden Fragen aufgeworfen, die es bei einer intensiven Nutzung der inzwischen auf eineinhalb Millionen angewachsenen Zahl an ausgebildeten Reservisten zu lösen gälte, wobei noch offengehalten wird, ob die Territoriale Verteidigung von »einer Art Miliz« wahrgenommen werden könnte[20].

c) Weißbuch 1970/71: Der Reservist als »Notnagel«

Zur Frage der Miliz wird im folgenden Weißbuch 1971/72 noch nicht Stellung genommen. Dieses Weißbuch beschränkt sich auf knappe Angaben zum Verteidigungsanteil der Reservisten in der Bundeswehr und auf kurze Ausführungen über die organisatorischen Maßnahmen, die mit einer anzustrebenden Einplanung von 800.000 Reservisten erforderlich würden. Diese Einzelmaßnahmen, wenige an der Zahl, werden als eine »Neue Konzeption« ausgegeben. Diese »Neue Konzeption« befaßt sich mit der Herabsetzung des Höchstalters für die Heranziehung zu Pflichtwehrübungen und für die Mobilmachungsbeorderungen, mit Richtlinien für die Mobilmachungseinplanung und Verwendung in Wehrübungen und der Verbesserung der Unterhaltssicherung[21]. Ausdrücklich hingewiesen wird auf eine notwendige Unterstützung durch den Reservistenverband, der in der Allgemeinen Reservistenarbeit seine Mitglieder militärisch fördern und dafür Zuwendungen aus dem Verteidigungshaushalt erhalten soll[22].
Das Weißbuch erläutert die Notwendigkeit einer im vorhergehenden Weißbuch bereits erwähnten »Abgestuften Präsenz« und führt aus, daß der Haushalt Mittel nur für einen Friedensumfang von 460.000 Soldaten hergäbe. Bekanntgegeben wird, daß der Reservistenanteil des Verteidigungsumfangs im Feldheer 45 %, im Territorialheer 85 %, in der Luftwaffe 43 % und in der Marine 49 % betrüge[23].
Es ist bemerkenswert, daß in den eingehenden Ausführungen des Weißbuches über »Ausbildung und Bildung«, »Die innere Entwicklung der Bundeswehr« und »Soldat in der Gesellschaft« Reservisten ausgeklammert werden[24]. Verwunderlich ist das jedoch nicht. Der Reservist war damals noch Außenseiter. Selbst die 1970 von der Bundesregierung eingesetzte Wehrstrukturkommission, die Fragen der Wehrgerechtigkeit und Optionen einer neuen Wehrstruktur untersuchte, befaßte sich nur oberflächlich mit den Reservisten[25]. Besonders deutlich macht das ihr Hinweis, das Territorialheer könne, soweit es nicht über präsente Teile verfüge, aus einem kleinen Kader und aus jenen Reservisten gebildet werden, die für die Auffüllung von Kaderbrigaden nicht benötigt würden[26].
Durch seine knappen und recht unzusammenhängenden Angaben zu den Reservisten macht das Weißbuch 1971/72 das Ringen deutlich, das sich im Rahmen der von einer quälenden Haushaltsenge getriebenen Strukturüberlegungen für

eine neu zu gestaltende Bundeswehr um die Eingliederung der 800.000 für die Verteidigung erforderlichen Reservisten abspielte.

d) Weißbuch 1973/74: Die Absage an eine Milizstruktur

Das Weißbuch 1973/74[27] verbrämt mühsam die von der Finanznot bestimmten Strukturentscheidungen der Bundeswehr. Die Überlegenheit des Warschauer Paktes war durch qualitative und quantitative Verstärkung der konventionellen Streitkräfte weiter angewachsen[28]. Ein Verteidigungsumfang von wenigstens 1,2 Millionen Soldaten war für die Bundesrepublik unverzichtbar. Um die Ausrüstung der Streitkräfte auf einem technisch angemessenen Stand zu halten, mußten die Betriebskosten, gemeint waren vor allem Personalkosten, zu Gunsten der Investitionskosten gesenkt werden[29]. Die Strukturentscheidungen sahen als Folge erhebliche Kaderungen präsenter Teile vor. Das Not-Soll an Offizieren und Unteroffizieren, das sich darin ausdrückte, daß nur ein auf die Dauer ungenügender Teil der in den Stellen- und Ausrüstungsnachweisen (StAN) vorgesehenen Offiziers- und Unteroffiziersstellen geöffnet wurde, belastete weiter nicht nur die Ausbildung, sondern, von nun an sich vermehrt bemerkbar machend, auch die Menschenführung. Am härtesten trafen die Strukturentscheidungen aber die Reservisten, die inzwischen 63,4 % des Verteidigungsumfangs ausmachten[30]. Der im Feldheer, der Luftwaffe und der Marine dienende Anteil war zwar zum großen Teil, vor allem, soweit es sich um die Verfügungsbereitschaft handelte, für seine Verwendung gut ausgebildet; zu viele Soldaten waren es jedoch nicht, da es an Wehrübungsplätzen und regelmäßiger Heranziehung zu Übungen fehlte, oder die erforderliche Umschulung nicht stattfand. Für die Reservisten im Territorialheer aber, die deutlich mehr als die Hälfte aller mobilmachungsbeorderten Reservisten ausmachten, fehlte es in großem Umfang an moderner Ausrüstung und Bewaffnung, und – noch schwerwiegender – an Aus- und Weiterbildungsmöglichkeiten.

Das Weißbuch selbst spricht keine Strukturentscheidungen an, die die mobilmachungsbeorderten Reservisten des Verteidigungsumfangs betrafen[31]. Sie müssen den von der Wehrstruktur-Kommission erarbeiteten Strukturmodellen und deren Bewertung[32] entnommen werden, der sich das Verteidigungsministerium angeschlossen hatte. Festgestellt wird lediglich: »Reservisten, die zur Auffüllung der Kaderverbände nicht benötigt werden, sollen im Territorialheer genutzt werden. Sie werden für eine relativ kurze Zeit mob-beordert und innerhalb von drei Jahren zwei- bis dreimal zu Wehrübungen im Verband herangezogen[33].«

Es ist nur fair, in diesem Zusammenhang darauf hinzuweisen, daß der Generalinspekteur als Planungsbeauftragter und der Verteidigungsminister sich angesichts einer prekären Haushaltslage vor schwierige Entscheidungen gestellt sahen. Da reine Freiwilligen-Streitkräfte finanziell und auch aus Mangel an Freiwilligen nicht in Frage kamen, lag eine Miliz-Lösung nahe. Doch hier schieden sich die Geister. Die Wehrstruktur-Kommission faßte ihre Beurteilung des Komplexes, die dann vom Verteidigungsministerium getragen wurde, folgendermaßen zusammen:

»Die Miliz setzt Tradition und eine Gesellschaft voraus, die in ihrer großen Mehrheit zur Landesverteidigung entschlossen und bereit ist, die damit verbundenen Pflichten und Belastungen zu tragen. Diese Tradition und die gesellschaftlichen Voraussetzungen fehlen in unserem Land. Unsere sicherheitspolitische Lage und die Bündnisverpflichtungen erfordern präsente Verbände. Die Kosten für die Ausrüstung einer Massenmiliz würden unsere finanzwirtschaftlichen Möglichkeiten übersteigen. Aus diesen gesellschaftlichen, militärischen und finanziellen Gründen kommt eine Miliz als Gesamtstruktur für die Bundeswehr nicht in Betracht, allenfalls als kleinere Komponente im Heer[34].«

Dafür, daß eine Miliz-Lösung größeren Umfangs nicht in Frage käme, sprach zweifellos eine Reihe gewichtiger Gründe. Doch sprachen mindestens ebenso gewichtige Argumente für eine Miliz-Lösung in größerem Umfang. Daß aber die gesellschaftlichen Voraussetzungen in der Bundesrepublik gefehlt haben sollten, war eine schwerwiegende Fehleinschätzung. In den folgenden anderthalb Jahrzehnten haben Hunderttausende von Reservisten jene Einschätzung durch ihren meist selbstverständlich und oft aufopfernd erbrachten Dienst widerlegt. Auch wird man im Hinblick auf neuere eingehende Untersuchungen der Behauptung, einer Miliz hätten finanzwirtschaftliche Gründe im Wege gestanden, erhebliche Bedenken entgegenbringen müssen[35].

e) Weißbuch 1975/76: Das Ringen um eine adäquate Konzeption

Bereits das nächste Weißbuch (1975/76) korrigiert die Vorstellung von einem mangelnden Grundkonsens in Verteidigungsfragen im Volke[36]. Korrigiert wurde aber nicht die Entscheidung gegen eine Miliz. Es wurde auch nicht ein Versuch angeordnet, obgleich Truppenversuche selbst im Brigaderahmen im Heer nichts Ungewöhnliches waren.

Das Weißbuch 1975/76 konzentriert sich nach dem Willen des Ministers auf ausgewählte Schwerpunkte[37]. Bemerkenswerterweise ist der Reservist im Stichwortverzeichnis nicht zu finden. Auffällig ist, daß er in dem Kapitel »Soldat«, das sich u. a. ausgiebig mit dem Selbstverständnis des Soldaten, der Inneren Führung, dem Bild des Soldaten, der sozialen Sicherung oder den Ausbildungsstätten befaßt, auch nicht vorkommt[38]. Den Reservisten werden jedoch neue und schwierige Aufgaben zugeordnet. Die reservistenabhängige Heimatschutztruppe, die nach ihrer Struktur und mit ihren Waffen die ihr zugewiesenen Aufgaben im Verteidigungsfall nur unzureichend erfüllen könne und daher nur begrenzt fähig sei, im eigenen Hinterland luft- oder seegelandete Verbände zu zerschlagen und durchgebrochene mechanisierte Feindkräfte aufzufangen, sollte im Rahmen einer neuen Truppenstruktur ihren Verteidigungsumfang und den materiellen Aufwand für ihre Kader- und Mobilmachungseinheiten kostenwirksamer nutzen[39]. Was mit dieser nicht leicht verständlichen Ausführung gemeint ist, erläutert das Weißbuch damit, daß das neue Konzept vorsähe, die Heimatschutztruppe in infanteristische Sicherungstruppen für den Raum- und Objektschutz und in weitgehend gepanzerte Truppen umzugliedern, die nach Mobilmachung schnell, auch zur Verstärkung vorne eingesetzter NATO-Truppen einsetzbar wären[40].

f) Weißbuch 1979: Der Reservist als Pfeiler einer neuen Heeresstruktur

Das nächste Weißbuch[41] erschien erst drei Jahre später, 1979, dem Jahr des NATO-Doppelbeschlusses[42]. Dieses Weißbuch reflektiert in besonderer Weise die Schwierigkeiten, in die die Bundeswehrplanung geraten war. Die Planung mußte bei nunmehr eindeutiger konventioneller Überlegenheit des Warschauer Paktes in Mitteleuropa[43] und bei unzureichenden finanziellen Mitteln den einschlägigen NATO- wie Regierungsbeschlüssen nachkommen und eine neue Bundeswehrstruktur präsentieren, die auf die veränderte Lage, insbesondere die Schwerpunktverlagerung hin, zur konventionellen Verteidigung ausgerichtet war. Bereits eine Regierungserklärung von 1973 hatte eine neue Struktur angekündigt[44]. 1978 hatte der Verteidigungsminister entschieden, diese neue Struktur bis Mitte der achtziger Jahre einzuführen[45]. Im Mai 1978 hatte eine NATO-Gipfelkonferenz ein langfristiges Verteidigungsprogramm beschlossen, das eine weitgefächerte Planung zur Verstärkung der Verteidigungsanstrengungen, dabei auch eine verstärkte Mobilisierung von Reservisten, enthielt[46].
Die vorgesehene neue Bundeswehrstruktur betraf vornehmlich das Heer und den Sanitätsdienst, soweit er dem Territorialheer angehörte. Sie verbesserte die Kampfkraft des Feldheeres durch veränderte Gliederung und Bewaffnung. Den Sanitätsdienst erweiterte sie im Kriegsfall erheblich. Das Territorialheer erhielt eine Struktur, deren Planung im Gesamtbild die Aufgaben der Nationalen Militärischen Verteidigung eindrucksvoll reflektierte[47], deren Durchführbarkeit aber in mehreren Bereichen mehr als fragwürdig war. Die Planung sah rund 40 % Reservisten mehr als bisher vor[48]. Ungeklärt waren eine ausreichende Bewaffnung, die in großem Umfang erforderliche Umschulung und Weiterbildung von Reservisten, die Stationierung und die Ausbildung der Einheiten, Verbände und Großverbände. Daß für die Masse des Territorialheeres, insbesondere die Kampftruppen, angemesse Lösungen gefunden würden, war schon damals mehr als zweifelhaft. Die Strukturplanung der Nationalen Militärischen Verteidigung stellte sich je nach Blickwinkel als ein ungedeckter Scheck oder als großangelegtes Täuschungsmanöver dar. Das Weißbuch zitiert den NATO-Oberbefehlshaber Europa mit den Worten:

> »Ich bin über die Umstrukturierung des Heeres erfreut. Sie bringt zusätzlich Feuerkraft und Beweglichkeit, vermehrte Kräfte für die Vorneverteidigung und eine verbesserte Territorialverteidigung. Alles dies gibt Anlaß zur Zufriedenheit[49].«

Die sich in den folgenden Jahren weiter fortsetzende Ausweitung vor allem des Heeresumfangs, die mit der Aufstellung zahlreicher neuer reservistenabhängiger Mobilmachungs-Truppenteile einherging, hat angesichts mancher offenkundiger Mängel in Ausrüstung und Ausbildung zu Diskussionen in der Truppe und auch zu Meinungsverschiedenheiten mit der Obersten Führung geführt. Dabei war der Truppe durchaus verständlich zu machen, daß der Aufstellung, namentlich von Kampfverbänden und -einheiten, auch wenn ihr Einsatzwert gelegentlich fragwürdig war, ein Abschreckungswert innewohnte, auf den es dem Warschauer Pakt gegenüber in besonderem Maße ankam. Schon in den 60er Jahren hatte die Oberste Führung bei fehlenden Haushaltsmitteln beispielsweise der Beschaffung von auffälligen, vorzeigbaren Waffen und Waffenträgern gegenüber der von der NATO geforderten Munitionsbevorratung den Vorzug gegeben. Wo diesem Verfahren zugunsten der Abschreckung jedoch Grenzen zu setzen waren, war schwer zu bestimmen. Das Problem blieb aufgrund gegensätzlicher Interessen zwischen planender Oberster Führung und den vor Ort für die Durchführung Verantwortlichen umstritten. Der inzwischen eingetretene zeitliche Abstand läßt es zu, die Auffassung zu vertreten, daß die Erhaltung des Friedens durch Abschreckung, auch mit gewagten Mitteln, den Erfolg gebracht habe, der das mitunter extreme Verfahren im nachhinein rechtfertigte.
Der Täuschung des Warschauer Paktes setzte 1988 das Heeresmanöver »Landesverteidigung 88« die Krone auf, als dem Warschauer Pakt der Eindruck vermittelt wurde, daß sogar das zu 90 % mobilmachungsabhängige deutsche Territorialheer voll einsatzbereit und in der Lage wäre, die Operationsfreiheit der in der Bundesrepublik zur Vorneverteidigung eingesetzten NATO-Streitkräfte sicherzustellen.

g) *Weißbuch 1983: Wartime Host Nation Support (WHNS) als neue und zusätzliche Aufgabe für die Reservisten*

1983 war der Bedarf an Reservisten noch weiter angewachsen. 90.000 Reservisten waren für den War Time Host Nation Support bereitzustellen, der Organisation, die geschaffen wurde, um sechs innerhalb von zehn Tagen aus Amerika kommende US-Divisionen und 30 Staffeln der US Air Force aufzunehmen[50]. Diese Planung war eine der Antworten auf die ständig weiter wachsende Bedrohung durch den Warschauer Pakt und die weltweit orientierte sowjetische Machtpolitik, für die Krieg nach wie vor als legitimes Mittel galt[51]. Neben der ohnehin schon bestehenden konventionellen Überlegenheit der Sowjetunion hatte deren Überlegenheit bei nuklearen Waffen, die gegen Ziele in Europa gerichtet waren, die Bedeutung konventioneller Streitkräfte noch weiter hochgetrieben. In dieser Situation kam es für die NATO darauf an, durch die Einbeziehung überseeischer Truppen ihre Fähigkeit zu ausdauernder Vorneverteidigung mit konventionellen Kräften so zu steigern, daß sie sich die Entscheidungsfreiheit wieder verschaffte, Maßnahmen der Vorbedachten Eskalation zu erwägen

und ihre Strategie neu in vollem Umfang glaubhaft zu machen[52]. Zu diesem Zeitpunkt stellte die Bundeswehr 50 % der Landstreitkräfte in Mitteleuropa[53]. Die Mehrzahl der Soldaten waren Reservisten.
In die Bundeswehr waren 1985 762.000 Reservisten eingeplant, davon 40.000 Offiziere, 196.000 Unteroffiziere und 526.000 Mannschaften[54]. Diese Zahlen genügten aber noch lange nicht. Das Weißbuch 1985 gibt die Planungszahlen für 1987 bekannt – 850.000 Reservisten bei einem Verteidigungsumfang von 1,34 Millionen Soldaten[55] – und stellt fordernd fest, daß dieser Bedarf nur durch gut ausgebildete und motivierte Soldaten gedeckt werden dürfe. Den Reservisten käme zentrale Bedeutung zur Sicherstellung der Verteidigungsfähigkeit zu[56]. Damit wurde ausgesprochen, was schon seit mehr als zehn Jahren der Fall war, daß die Bundeswehr längst keine Präsenzarmee mehr war, sondern nur unter Einsatz ihrer Reservisten ihren Auftrag erfüllen konnte.

h) Weißbuch 1985: Das Bekenntnis zur Mobilmachungsarmee

Es wäre 1985 an der Zeit gewesen, aus dieser Erkenntnis Folgerungen für den Aufbau der Bundeswehr zu ziehen. Der Gedanke an Miliz-Streitkräfte flackerte wieder auf[57], wurde aber erneut verworfen. Die Streitkräfteplanungen des Planungsstabes des Verteidigungsministers, ebenso wie die des Stabes des Generalinspekteurs und auch die des Stabes des Inspekteurs des Heeres bewegten sich in eingefahrenen Gleisen. Der Reservist war zur Planungszahl geworden, mit der hochgesteckte Ziele des Kräftegleichgewichts und der Durchhaltefähigkeit, letztlich der Auftragserfüllung, erreicht werden sollten. In Realität war das jedoch nicht so ohne weiteres möglich. Der geforderte gut ausgebildete Reservist für die jeweilige Verwendung war, weil er zu häufig nicht um- oder nachgeschult wurde, nicht die Regel. Schon gar nicht war die Regel das gekaderte oder zur Gänze mobilzumachende Batallion bzw. die mobilzumachende Brigade, die ausreichend ausgebildet und als ein nach Mobilmachung »schnell einsetzbares Mittel« gelten konnte[58].
Daß auch in besonderem Maße Fragen der Menschenführung involviert waren, betont das Weißbuch 1985 im Hinblick darauf, daß künftig die dreifache Zahl an Reservisten Wehrübungen leisten würde[59]. Mehr noch wurde die Menschenführung mit der Zunahme der Mobilmachungsübungen auf den Prüfstand gestellt. Vor allem aber wurde sie es unter dem Gesichtspunkt der Einsatzplanung, die zu dem Zeitpunkt nicht immer mit dem Ausbildungsstand der Truppenteile in Übereinstimmung stand. Zu denken gibt, daß wenig später in einem frühen Entwurf der Reservistenkonzeption 1988 für notwendig erachtet wurde, die Geltung der Grundsätze der Inneren Führung ausdrücklich auch für die Reservisten zu reklamieren. Eine Selbstverständlichkeit, die zu artikulieren jedoch nicht grundlos war. Wenn sich der Planung mit 850.000 Reservisten auch viele Hindernisse entgegenstellten, so konnte die Bundeswehrführung doch sicher sein, daß die Forde-

rung des Weißbuchs nach hoher Motivation der Reservisten nicht ins Leere ging. Wäre nicht ein hinreichender Anteil der mob-beorderten Reservisten hoch motiviert gewesen wäre, wären nicht die mannigfachen Probleme, vor die die Reservisten, vor allem in Übungen, gestellt wurden, in aller Regel durch Einsatzwillen, Einfallsreichtum, Kameradschaftlichkeit und Loyalität gegenüber dem Staat überwunden worden.

2. Die reservistenrelevante konzeptionelle Planung

Wie allein schon die Weißbücher nachweisen, sind die mobilmachungsbeorderten Reservisten der Bundeswehr trotz ihrer Zahl und Bedeutung organisatorisch der Bundeswehr aufgepfropft und nicht *a priori* integriert worden. Die politische wie die militärische Führung der Bundeswehr hat die Friedens- und nicht die Verteidigungsstruktur der Streitkräfte zur Grundlage ihrer Streitkräfteplanung genommen. Sie ist trotz des Überwiegens der Reservisten bei der Vorstellung einer in sich geschlossenen 495.000-Mann-Armee geblieben, und ist den Erfordernissen der Einsatzplanung für weit mehr als eine Million Soldaten sehr weitgehend mit planerischen Behelfen nachgekommen. Die drei sogenannten Reservistenkonzeptionen, die in den Jahren bis zur Wende erlassen wurden, haben folgerichtig im Wesentlichen den Charakter einer Sammlung derjenigen Einzelmaßnahmen, die zum jeweiligen Zeitpunkt bei der Einplanung von Reservisten als regelungsbedürftig angesehen wurden.
Die Reservistenkonzeption von 1971[60] beschränkte ihre konzeptionelle Funktion auf vier Punkte. Zuoberst stand der Verzicht auf eine Änderung des organisatorischen Umfangs der Bundeswehr, womit die Fortdauer des Ausschlusses der nicht auf Friedensstellen beorderten Reservisten – und damit der Masse der Reservisten – aus dem Organisationsumfang gemeint war[61]. Das führte zu der zweiten konzeptionellen Feststellung, daß der Verteidigungshaushalt keine Ausweitung der finanziellen Möglichkeiten erlaube. Damit wurden die Teilstreitkräfte und die Sanitätsinspektion für die Personalkosten, für Ausrüstung, die Ausbildung, für Logistik und Infrastruktur, soweit die Reservisten und Mobilmachungstruppenteile betroffen waren, auf ihre auf den Friedensumfang ausgerichteten Budgets angewiesen[62], eine Zumutung, die unvermeidlich hauptsächlich zu Lasten der Reservisten ging. Von konzeptionellem Rang war ferner die Einbindung des Reservistenverbandes. Ihm wurde die sogenannte Allgemeine Reservistenarbeit übertragen, während die Spezielle Reservistenarbeit den Teilstreitkräften und der Inspektion Sanitätswesen zugeordnet wurde[63]. Während die Spezielle Reservistenarbeit in den Teilstreitkräften erfolgt und sich auf die mobbeorderten Reservisten bezieht, befaßt sich die Allgemeine Reservistenarbeit mit den Mitgliedern des Reservistenverbandes und soll diese durch militärische Förderung und Information zu aktiver Mitarbeit anregen[64]. Da auch damals schon nur ein geringer Teil der mobilmachungsbeorderten Reservisten im Ver-

band der Reservisten organisiert war[65], kam die Allgemeine Reservistenarbeit nur wenigen beorderten Reservisten zugute. Schließlich sah die Konzeption vor, daß die Teilstreitkräfte die konzeptionelle Arbeit hinsichtlich Einsatz und Verwendung der Reservisten mit dem Ziel einer innerhalb der Teilstreitkräfte koordinierten Reservistenarbeit selbst übernähmen, und beauftragten die Teilstreitkräfte mit der Entwicklung von Modellen für einen noch weiter ansteigenden Einsatz von Reservisten[66].

Die Konzeption von 1971 reichte als planerische Grundlage für die enorme Aufgabe, die die Teilstreitkräfte – insbesondere das Heer – mit der Erweiterung, die die Bundeswehr durch die umfangreiche Heranziehung von Reservisten erfuhr, nicht aus. Besonders Heeresinspekteure forderten mit zunehmendem Nachdruck eine Überarbeitung der Reservistenkonzeption[67].

Die Reservistenkonzeption von 1980[68] verweist auf eine Erhöhung der Zahl der Wehrübungsplätze und auf vermehrte Mobilmachungsübungen beim Heer als Maßnahmen zur Intensivierung der Ausbildung, Maßnahmen, mit denen mittel- und langfristig Abhilfe geschaffen werden sollte[69]. Sie gibt Einzelmaßnahmen zur Eingliederung der Mobilmachungsbeorderten in die Bundeswehr wieder, ohne grundsätzlich Neues zu schaffen. Der Ruf nach einer Konzeption, die der Erweiterung der Bundeswehr in Krise und Krieg auf mehr als das Doppelte gerecht würde, wurde immer lauter.

Sieben Jahre wurde um eine neue Konzeption gerungen. Dieses Ringen war gekennzeichnet durch den Versuch, mit unzureichenden Finanzen und bei abnehmendem Wehrpflichtigen-Aufkommen innerhalb einer nicht tragfähigen Streitkräftestruktur die Bundeswehr mit annähernd zwei Dritteln Reservisten so einsatzbereit zu machen, daß der Reservistenanteil sich voll auswirken konnte. Das wäre die Quadratur des Kreises gewesen.

Anfang 1988, dem Jahr der dritten Reservistenkonzeption, waren 871.000 Reservisten mob-beordert[70], davon beim Heer 730.000. In Zukunft sollten es knapp eine Million sein[71]. In der Luftwaffe betrug das Personalstärke-Verhältnis vom Friedens- zum Verteidigungsumfang 1:2,1, bei der Marine 1:1,8, während es beim Heer 1:3,2 betrug[72]. Im Heer war nur die Hälfte der Verteidigungs-Dienstposten »ATN-gerecht« besetzt, d.h. entsprach den Ausbildungsanforderungen des Dienstpostens. 30 % der Dienstposten wurden als »nicht ATN-gerecht«, 20 % als »unterwertig besetzt« bezeichnet[73]. Während Luftwaffe und Marine geringere Schwierigkeiten hatten, bereitete dem Heer vor allem die Vielzahl der im Frieden nur aus gewartetem Gerät bestehenden »Geräteeinheiten«, besonders ihre Ausbildung, erhebliche Sorgen. Schon Anfang der 80er Jahre hatte sich gezeigt, daß das Inübunghalten für die Mehrzahl dieser Einheiten – damals im Heer schon etwa 2.500 – nur mit aufwendiger Unterstützung durch die aktive Truppe möglich war. Das ging merklich zu Lasten der aktiven Truppe, und war trotz deren Hilfe bei mobilmachungsgestellten Bataillonen kaum und bei den Heimatschutzbrigaden und Heimatschutzregimentern nicht sicherzustellen[74].

Eine Erhöhung des Übungsumfangs für Reservisten war nicht nur vom Finanziellen her, sondern auch unter volkswirtschaftlichen Gesichtspunkten in Einzelwehrübungen nur geringfügig, in Mobilmachungsübungen kaum möglich. Die Arbeitsmarktlage sprach dagegen. Die Rückstellungsquote bei Mobilmachungs-Übungen stieg derart an, daß vor allem wegen zu geringer Führerdichte der Ausbildungserfolg bei vielen Übungen infrage gestellt war. Zudem fand eine starke personelle Fluktuation bei den Reservisten statt. Beim Heer stiegen die Ausfälle bei Mobilmachungs-Übungen von 29 % im Jahr 1983 auf 36 % in 1987 an[75].

Immer deutlicher wurde, daß völlig neue Wege hätten beschritten werden müssen, um die Einsatzfähigkeit der Bundeswehr in ihrer Gesamtheit sicherzustellen. An eine Verkleinerung der Bundeswehr war nicht zu denken, denn im Rahmen der nuklearen Abrüstungsverhandlungen nahm die Bedeutung konventioneller Kampfkraft nur noch zu. Die Erkenntnis, daß die Bundeswehr bei einem Personalanteil von zwei Drittel Reservisten eine Ausbildungs- bzw. eine Kaderarmee geworden war, griff um sich und wurde auch von Dr. Wörner, dem damaligen Minister, geteilt[76].

Die Bundeswehr nahm eine neue Strukturplanung in Angriff, das Heer die Heeresstruktur 2000. Die Auseinandersetzungen um den richtigen Weg in die Zukunft der Bundeswehr wurden härter. Der Amtschef Heeresamt[77], der aus seiner Verantwortung heraus die Vorstellungen der Heeresführung nicht mehr mittragen konnte, nahm 1986 seinen Abschied. Schließlich unterschrieb der Minister im Mai 1988 die dritte, so bezeichnete Reservistenkonzeption der Bundeswehr.

Diese Konzeption war das Ergebnis einer Planungsarbeit, die mit hohem Verantwortungsbewußtsein die Sicherheitsbedürfnisse der Bundesrepublik und ihrer Alliierten an erste Stelle setzte und dabei gewollt Mängel in Kauf nahm. Der rasante Abstieg der wirtschaftlichen Verhältnisse des Ostblocks, namentlich der Sowjetunion, hatte die Befürchtung aufkommen lassen, daß diese eines Tages, mit dem Rücken an der Wand, ihre zahlenmäßige militärische Überlegenheit auf konventionellem wie auf nuklearem Gebiet ausspielen könnte. Dem vorzubeugen schien jedes Mittel recht. Nicht zuletzt das der Täuschung. Als das Territorialkommando Süd 1986 den Auftrag erhielt, für 1988 die jährliche Heeresübung anzulegen und sie durchzuführen, meldete das Kommando nach Auftragsauswertung mit Rücksicht auf den Zustand des Territorialheeres dem Inspekteur des Heeres, ein wesentliches Element der Übung müsse die Täuschung des potentiellen Gegners über den Zustand des Territorialkommandos sein[78].

Die Konzeption stellte eine Reihe wichtiger Grundsätze auf, die deutlich machten, daß die Schwachstellen sehr wohl erkannt waren. So forderte sie ungeteilte Führungsverantwortung[79]; eine materielle Ausstattung der gekaderten Truppenteile, die nach Art und Qualität dem Einsatzauftrag entspräche[80]; sie forderte, den Grundsätzen der Inneren Führung für alle Soldaten Geltung zu verschaffen, und damit auch für die Reservisten[81]; sie verlangte Verantwortung solcher Reservisten, die Disziplinarvorgesetzte waren, für ihre beorderten Untergebenen auch außerhalb von Wehrübungen[82]; sie forderte Einfluß der Führer von Mobilmachungs-Truppenteilen auf Stellenbesetzung, Personalauswahl und Verwendungsplanung[83]; Vorbereitung der Personalführung auf die Führung der Reservisten im Kriegsfall[84]; Verringerung der Ausfallraten bei Mobilmachungsübungen[85]; und schließlich Wehrgerechtigkeit[86]. Die Postulierung einer Reihe von Grundsätzen war jedoch rein deklamatorisch. Die Voraussetzungen für ihre Verwirklichung wurden mit der Konzeption nicht geschaffen.

Die Kritik der Befehlshaber und Kommandeure, die noch dem letzten, im Wesentlichen unveränderten Konzeptions-Entwurf entgegengebracht worden war, blieb bestehen. Die Konzeption wurde als ein Kurieren an Symptomen, als kleinster gemeinsamer Nenner, als mehr am Friedens- als am Verteidigungsumfang orientiert, kritisiert[87].

Die Konzeption wollte mit tiefgreifenden Maßnahmen eine Steigerung der konventionellen Verteidigungsfähigkeit erreichen[88]. Das gelang ihr nur zum Teil. Sie war kein Durchbruch und konnte die Einsatzbereitschaft der Bundeswehr nicht befriedigend verbessern. Aber die Absicht, die Durchhaltefähigkeit der Bundeswehr zu steigern[89], wurde insofern verwirklicht, als die im Frieden aufgestellten und weitgehend teilaufgestellten Truppenteile und Stäbe durch Reservisten hinreichend aufgefüllt werden konnten und ganz allgemein genügend Ersatzpersonal bereitgestellt wurde.

Zweifellos war die Konzeption Reservisten von 1988 eines der großen Reformvorhaben der Bundeswehr, wenn man den Schwerpunkt auf »Vorhaben« legt. Sie machte deutlich, daß durch sie den Reservisten eine »nie dagewesene Bedeutung« zuwuchs[90]. Ihrer Implementierung kamen die weiteren Planungen zur Bundeswehrstruktur entgegen. Sie sahen zwar für die Marine nur unwesentliche Strukturveränderungen und für die Luftwaffe im wesentlichen Verbesserungen hinsichtlich der Ausrüstung vor, für das Heer aber eine neue Struktur, die Heeresstruktur 2000[91]. Diese Heeresstruktur 2000 schloß eine weitere Präsenzverminderung des Heeres ein und bedeutete infolge einer vermehrten Mobilmachungsabhängigkeit damit wiederum ein Mehr an Reservisten[92].

Aber auch mit diesen Neuplanungen wurde die Erkenntnis, daß die Bundeswehr eine Kaderarmee geworden war, nicht umgesetzt. Der Reservist blieb letztlich eine Zahl. Was der Verteidigungsminister Wörner, selbst Reservist, gedanklich noch anzustoßen bereit gewesen war, sein Interimsnachfolger vielleicht aufgegriffen hätte, hätte man ihm Zeit gelassen, war in den folgenden Jahren nicht fortzusetzen. So blieb bei der Planung die mechanistische Sicht erhalten, und der Reservist blieb, wie ihn 1984 und 1985 der Wehrbeauftragte gesehen hatte, das Stiefkind der Inneren Führung[93]. 1989 fand mit dem Zusammenbruch des Sowjetimperiums und dem Wegfall des Warschauer Paktes auch die Bedrohung durch die Sowjetunion ihr Ende und mit ihr eine Bundeswehrstruktur, in der der Reservist eine nicht immer gewürdigte, aber entscheidende Rolle gespielt hatte.

3. Die Reservisten in den Zustandsberichten

Vergleicht man die bis Ende der 80er Jahre sich steigernden öffentlichen und bundeswehrinternen Bekenntnisse der Bundeswehrführung zur Bedeutung der Reservisten für die Auftragserfüllung der deutschen Streitkräfte mit den Angaben, die Zustandsberichte und andere wertende Dokumente der Bundeswehr über die Verwendung der Reservisten festgehalten haben, relativieren die letzteren die gutgemeinten Bekenntnisse zu den Reservisten unübersehbar. Deutlich wird zwar einerseits, daß die Verwendung von Reservisten den Einsatzwert der im Friedensumfang aufgestellten Truppen und Stäbe fühlbar angehoben hat. Andererseits ist aber festzustellen, daß die Verwendung der Reservisten vor allem in Geräteeinheiten außerhalb des Friedensumfangs sehr häufig nicht zu der Effizienz führte, die bei besserer Ausrüstung und vor allem bei besserer Ausbildung der Einheiten dem Auftrag des Truppenteils entsprochen hätte. Der Wille der Reservisten, sich einzubringen, war in aller Regel vorhanden. Selbst in Jahren hoher Rückstellungsquoten wird das den Reservisten bescheinigt[94].
Mängel der Geräteeinheiten waren vornehmlich beim Territorialheer festzustellen, dessen Personal fast die Hälfte des Verteidigungsumfangs der Bundeswehr ausmachte. Bis 1985, als der jährliche Zustandsbericht des Heeres der Bundeswehr eine ungeschminkte Beurteilung des Territorialheeres lieferte, lesen sich die Bewertungen der Geräteeinheiten keineswegs alarmierend. Für 1978 gibt das Heer den Prozentsatz der einsatzbereiten Geräteeinheiten mit 47 %, der bedingt einsatzbereiten Geräteeinheiten mit 42 % und der nicht einsatzbereiten mit 11 % an. 1980 werden 62 % dieser Einheiten als einsatzbereit, 28 % als bedingt einsatzbereit, 10 % als nicht einsatzbereit gemeldet[95]. Ähnlich sind die Zahlenangaben für die Geräteeinheiten der gesamten Bundeswehr für 1981: einsatzbereit 65 %, bedingt einsatzbereit 23 %, nicht einsatzbereit 12 %[96].
Diesen relativ günstigen Bewertungen stehen jedoch Hinweise auf gravierende Mängel in Ausrüstung und Bewaffnung und in der Ausbildung entgegen, wie auch negative Feststellungen über die Fähigkeiten ganzer Führungsbereiche, den Einsatzauftrag zu erfüllen. Dabei werden vorsichtige Formulierungen gewählt wie »die unter nationalem Kommando verbleibenden Teile des Heeres können – selbst bei zeitgerechter Mobilmachung – ihre Unterstützungsaufgaben teilweise nur eingeschränkt erfüllen. Die Kampfaufträge zur Erhaltung der Operationsfreiheit sind nur in begrenztem Umfang erfüllbar, ...«[97]. Im gleichen Jahr sorgte sich der Inspekteur des Heeres um die zahlreichen Geräteeinheiten, die noch nicht bzw. in den letzten drei Jahren nicht geübt hatten, und deren Ausbildungsstand er als nicht ausreichend ansah[98]. Der Generalinspekteur formulierte noch 1981 zurückhaltend für das Territorialheer, daß dieses nach Abschluß der Mobilmachung seinen Auftrag mit Einschränkungen erfüllen könne[99].
Der Gegensatz des tatsächlichen Zustandes der Masse der Geräteeinheiten zu den Prozentzahlen der Zustandsberichte erklärt sich daraus, daß die Bewertungen sehr mathematisch hauptsächlich aus dem Prozentsatz des vorhandenen

Materials und des eingeplanten Personals abgeleitet wurden. Auf Alter oder Eignung des Materials, auf den Ausbildungsstand des Personals oder gar der ganzen Einheit wurde wenig Rücksicht genommen.
Diese Art der Bewertung fand ein Ende, als Mitte der 80er Jahre die besonders betroffenen Territorialkommandos nach gründlicher Recherche, unter Einbeziehung der gewissenhaft erarbeiteten Urteile aller Kommandeure und Befehlshaber und bei Anwendung bundeswehrüblicher Maßstäbe die Kommandos als nur in Teilen einsatzbereit meldeten, und als diese Bewertung von der Obersten Führung übernommen wurde. Als sich eine realistische Beurteilung vollends durchgesetzt hatte, stellte der Zustandsbericht der Bundeswehr für 1987 schonungslos fest, der Ausbildungsstand der Reservisten sei insgesamt noch ausreichend, die Mobilmachungsfähigkeit sei aber eingeschränkt, u.a. wegen der Zurückstellungen und Ausfälle bei Mobilmachungs-Übungen. Der Zustand des Feldheeres sei zwar noch befriedigend, der des Territorialheeres jedoch mangelhaft, seine Kapazität der Mobilmachungsvorbereitungen sei nach Qualität und Umfang weiterhin unzureichend. Die jährliche personelle Fluktuation und eine Ausfallquote bei Mobilmachungsübungen von 36 % verhindere eine aufbauende Reservistenarbeit und das Üben der Geräteeinheiten in Kriegsgliederung. Schwerwiegende Mängel im Organisationsstand seien mit der Struktur 4 nicht zu beheben. Treffend werden die Mängel des Territorialheeres aufgezählt: mangelhaftes Führungssystem, Kaderpersonal in unzureichendem Umfang, Mißverhältnis zwischen Auftrag und Mitteln, materielle Überalterung, andere Mängel in der Ausstattung und manches mehr[100].
Die Mängel, die vor allem beim Heer anzutreffen waren, hatte schon 1982 der Inspekteur des Heeres, Generalleutnant Glanz, in seinem Zustandsbericht herausgestrichen[101]. Um Abhilfe zu schaffen, war 1979 durch Generalleutnant Poeppel, seinen Vorgänger, der Stellvertretende Inspekteur des Heeres beauftragt worden, die Belange des Territorialheeres zu koordinieren und sich insbesondere der personellen Voraussetzungen, der Verbesserung der Ausbildungs- und der Führungsmöglichkeiten anzunehmen. Das Funktionieren des Territorialheeres sei entscheidend für die Effektivität des Feldheeres, der Streitkräfte der Verbündeten und der anderen Teilstreitkräfte der Bundeswehr. Dazu gehöre, daß dem Territorialheer gleiche Aufmerksamkeit und gleiches Ansehen gebühre wie den Verbänden des Feldheeres[102]. Das waren, wenn auch spät, klare Worte. Dennoch sprachen noch 1987 Bundestagsabgeordnete von der Notwendigkeit, den Eindruck zu vermeiden, daß die Reservisten als zweitklassig angesehen würden[103]. 1989 gab der Inspekteur des Heeres einen Ukas heraus, in dem er feststellte, daß der Informationsstand über die territorialen Aufgaben des Heeres bei den Stäben und Verbänden des Feldeeres unzureichend sei, und befahl Abhilfe durch Informationsveranstaltungen[104].

IV. Ergebnis

Die Streitkräfteplanung sah den Einsatz der Reservisten mehrheitlich in Truppenteilen und Stäben vor, in denen sie den aktiven Soldaten in jeder Weise gleichgestellt waren. Insbesondere traf das für die Einplanung in Truppenteile des Feldheeres, der Luftwaffe, der Marine und des Sanitätsdienstes zu, die zur NATO-Assignierung vorgesehen waren. Eine Würdigung der Rolle, die die Reservisten bis 1990 in der Bundeswehr gespielt haben, kommt aber nicht daran vorbei, daß der Reservist für die Politiker, für die Planer und für die militärischen Führer im Verteidigungsministerium auch als Behelf, wenn zwar nicht so gesehen, so doch als solcher verplant wurde. Die entscheidenden Dokumente geben das unübersehbar wieder, indem sie sich im Gegensatz zu ihrer intensiven Beschäftigung mit den Berufs-, den Zeit- und den grundwehrdienstleistenden Soldaten sehr spärlich mit den Reservisten befaßt haben. Als »Stiefkinder der Inneren Führung« wurden Reservisten in großem Umfang für Kriegseinsätze eingeplant, denen sie in häufig mit veraltetem Material ausgerüsteten und ungeübten Truppenteilen nicht gewachsen gewesen wären. Mit Reservisten wurde, mit sich immer weiter steigernder Improvisation, der Verteidigungsumfang stetig erweitert und – darauf kam es an – erfolgreich die Abschreckung gegenüber der wachsenden konventionellen wie atomaren Bedrohung durch die Sowjetunion und ihren Warschauer Pakt aufrechterhalten.

Unleugbar haben sich die Reservisten in allen Teilstreitkräften und im Zentralen Bereich in der ihnen auferlegten Rolle bewährt. Sie haben sie angenommen und mit Leben erfüllt, auch wo sie sich behelfen mußten. Die Rückstellungszahlen sind kein Gegenbeweis[105]. Der Reservist hat entscheidend dazu beigetragen, daß sich das professionell ersonnene und organisatorisch ausgefeilte System der Kriegs-Bundeswehr trotz seiner Mängel bewährt und erfolgreich abgeschreckt hat. Und Abschreckung war der Friedensauftrag der Streitkräfte. Am Ende der Heeresübung »Landesverteidigung 88«, an der vornehmlich Reservisten mitwirkten, stellte der Leiter der KSZE-Gruppe der Sowjetunion *coram publico* fest, er habe viele Reservisten gesprochen, von jedem habe er den Eindruck gewonnen, daß er seinen Auftrag gut gekannt habe, daß er ihn beherrscht hätte und daß er motiviert gewesen sei, ihn nach besten Kräften auszuführen. Truppenführer wissen, daß Reservisten immer wieder Können bewiesen haben, das nicht selten über den Leistungen aktiver Soldaten lag.

Der Reservist hat Lücken gefüllt, wo im Frieden Vertretungen notwendig waren. Er hat Friedensumfänge in der Truppe und in Stäben auf Kriegsstärke gebracht. Im Mobilmachungsfall hätte er vielfach als voll ausgebildeter Soldat noch nicht ausreichend ausgebildete Soldaten ersetzt. Er hat der Bundeswehr ihre viel berufene Durchhaltefähigkeit garantiert und den Personalersatz gestellt. Er hat ganze Einheiten, Verbände und Großverbände gestellt. Die Reservisten haben der Bundeswehr und ihren Alliierten ermöglicht, im Ernstfall in der Bundesrepublik aufzumarschieren und sich auf die Operationsfreiheit in ihrem Rücken

abzustützen. Sie haben der Bundeswehr und auch den Fronttruppen der NATO sanitätsdienstliche Absicherung und logistischen Rückhalt gesichert. Sie hätten die Stäbe gefüllt und die Truppe gebildet, an die sich in Krise und Krieg die zivile Verteidigung hätte anlehnen können. An all dem ist das Verdienst der Reservisten um die Aufrechterhaltung der Freiheit in Mitteleuropa und ist ihre Leistung zu messen.
Und das ist viel.

Anmerkungen

1 Bundesarchiv-Militärarchiv (BA-MA), AKZ 106/97/1.
2 Stand 1982; siehe: Streitkräfte 1981/82. Die Military Balance des Internationalen Instituts für Strategische Studien, Bd 27, London, München 1982, S. 73–76.
3 Weißbuch 1983 zur Sicherheit der Bundesrepublik Deutschland, hrsg. vom BMVg, S. 108.
4 The Sowjet Union and the NATO Powers. The Military Balance, ed. The Institute for Strategic Studies, London o.J. [1959], S. 2–4, 6, 8–10.
5 Weißbuch 1983 zur Sicherheit der Bundesrepublik Deutschland, hrsg. vom BMVg, Seite 108.
6 Protocol No. II on Forces of Western European Union, signed at Paris on October 23, 1954; entered into force on May 6, 1955, legt in Art. I für die Bundesrepublik Deutschland eine Maximalstärke ihrer Streitkräfte fest, die »is laid down for peacetime in the Special Agreement annexed to the Treaty on the Establishment of a European Defence Community signed at Paris, on May 27, 1952«. Dieses Agreement wurde bisher nicht veröffentlicht.
7 Walter Windisch, Die Streikräftestruktur, in: Standortbestimmung – 20 Jahre Bundeswehr, Schriftenreihe Innere Führung, Reihe Politische Bildung, hrsg. vom BMVg – Fü S I 5, Heft 10, Bonn 1975, S. 156.
8 Weißbuch 1970 zur Sicherheit der Bundesrepublik Deutschland und zur Lage der Bundeswehr, hrsg. vom BMVg, S. 58.
9 Christian Greiner, Die militärische Eingliederung der Bundesrepublik, in: Anfänge westdeutscher Sicherheitspolitik, hrsg. vom Militärgeschichtlichen Forschungsamt, Bd 3: Die NATO-Option, München 1993, Seite 587: Adenauer wandte sich in den Verhandlungen zu den Pariser Verträgen energisch gegen eine konventionelle Kräfterelation innerhalb der NATO in Westeuropa, die die Bundesrepublik hätte ins Hintertreffen geraten lassen.
10 Windisch, Streitkräftestruktur (wie Anm. 7), S. 158.
11 MC 70, siehe 30 Jahre Bundeswehr, hrsg. vom BMVg, 12.11.1985, Zeittafel, S. 10.
12 Weißbuch 1971/72 zur Sicherheit der Bundesrepublik Deutschland und zur Entwicklung der Bundeswehr, hrsg. vom BMVg, S. 13: AD 70, Study on Alliance Defence Problems in the 1970s.
13 SACEUR Agreement vom 9.2.1977, Art. III.
14 Die drei Territorialkommandos schlossen Ende der 80er Jahre mit den nationalen alliierten Oberkommandos und den NATO-Befehlshabern in der Bundesrepublik Grundsatzvereinbarungen (General Arrangements) ab.
15 Weißbuch 1969 zur Verteidigungspolitik der Bundesregierung, hrsg. vom BMVg, Bonn 1969, S. 9.
16 Ebd., S. 20.
17 Ebd., S. 17.
18 Ebd., S. 26.
19 Weißbuch 1970, S. 58.
20 Ebd., S. 59 f.
21 Weißbuch 1971/72, S. 51 f.
22 Ebd., S. 50.
23 Ebd.
24 Ebd., S. 66–97.
25 Ebd., S. 64–66.
26 Die Wehrstruktur in der Bundesrepublik Deutschland. Analysen und Optionen – Zusammenfassung –, Bericht der Wehrstrukturkommission an die Bundesregierung 1972, hrsg. von der Wehrstrukturkommission der Bundesregierung, S. 26.
27 Weißbuch 1973/74 zur Sicherheit der Bundesrepublik Deutschland und zur Entwicklung der Bundeswehr, hrsg. vom BMVg.
28 Weißbuch 1973/74, S. 12.
29 Ebd., S. 80.
30 Ebd., S. 105, i.V.m. S. 112.
31 Ebd., S. 68–77.

32 Ebd., S. 78–80.
33 Ebd., S. 79.
34 Ebd., S. 78.
35 Jürgen Singer, Das Milizsystem unter wirtschaftlichen Aspekten, Bern, Stuttgart, Wien 1997 (= Beiträge zur Wirtschaftspolitik, Bd 65); zugl. Habil.-Schrift Universität Erlangen-Nürnberg 1995, siehe insbes. S. 275–295.
36 Weißbuch 1975/76 zur Sicherheit der Bundesrepublik Deutschland und zur Entwicklung der Bundeswehr, hrsg. vom BMVg, S. 138.
37 Weißbuch 1975/76, Vorwort des Bundesministers der Verteidigung.
38 Ebd., S. 133–205.
39 Ebd., S. 96.
40 Ebd., S. 113 f.
41 Weißbuch 1979 zur Sicherheit der Bundesrepublik Deutschland und zur Entwicklung der Bundeswehr, hrsg. vom BMVg.
42 Vgl. Weißbuch 1983 (wie Anm. 3), S. 193–202.
43 Weißbuch 1979, S. 118.
44 Ebd., S. 147.
45 Ebd., S. 147 f.
46 Ebd., S. 128.
47 Ebd., S. 152–154.
48 Ebd., S. 154.
49 Ebd., S. 149 f.
50 Weißbuch 1983, S. 127 und 131.
51 Ebd., S. 36.
52 Ebd., S. 85.
53 Ebd., S. 126.
54 Weißbuch 1985 zur Lage und Entwicklung der Bundeswehr, hrsg. vom BMVg, S. 257.
55 Ebd., S. 257, 394, 399.
56 Ebd., S. 394.
57 Ebd.
58 Weißbuch 1975/76, S. 115.
59 Weißbuch 1985, S. 306.
60 BA-MA, AKZ 106/97/3, Reservistenkonzeption, BMVg vom 9.7.1971.
61 Ebd., S. 26.
62 Ebd.
63 Ebd., S. 11 f.
64 Ebd., S. 11.
65 BA-MA, BH1/2983, Zustandsbericht Heer 1976, S. 8: Weniger als 2 % des Reservistenpotentials arbeiteten aktiv im Verband mit.
66 Reservistenkonzeption 1971, S. 26 f.
67 BA-MA, BH1/2983, Zustandsbericht Heer 1976, S. 8; Zustandsbericht Heer 1977, S. 7; Zustandsbericht Heer 1978, S. 8: »Es bleibt daher bei der dringenden Forderung aus den Zustandsberichten 1976 und 1977, die Reservistenkonzeption 1971 zu überprüfen.«
68 BA-MA, AKZ 106/97/4, Reservistenkonzeption der Bundeswehr (1980), BMVg – Parlamentarischer Staatssekretär vom 29.5.1980; HVA, 2. Aufl. Oktober 1980, 11. Lfg.
69 Reservistenkonzeption 1980, S. 13.
70 BA-MA, AKZ 106/97/5, Notiz Teilstreitkräfte (TKS).
71 BA-MA, BH1/10.618, Kommandeurtagung des Heeres 1988, Vortrag StAL Fü H IV, S. 1.
72 BA-MA, AKZ 106/97/6, BMVg – Fü S I/SKB vom 14.10.1988, Bild 2.
73 BA-MA, BH1/10.618, Kommandeurtagung des Heeres 1988, Vortrag StAL Fü H IV, S. 1.
74 Vgl. BA-MA, BH1/8235, BMVg – Fü H I 2, Lagebericht Heer des Inspekteurs des Heeres vor dem Verteidigungsausschuß am 14.9.1983, S. 4a.
75 BA-MA, BH1/10.618, Kommandeurtagung des Heeres 1988, Vortrag StAL Fü H IV, Folie 11; vgl. auch BA-MA, AKZ 106/97/7, BMVg – Fü H IV 3/PrfGrp H/ResAngel. vom 4.8.1989, Schwerpunkte der Reservistenarbeit in den kommenden Jahren, S. 3, und BA-MA, AKZ 106/97/8, BMVg – Fü H IV 3 vom 10.11.1987, Ausfälle bei Mobilmachungsübungen, Folie 1.
76 BA-MA, AKZ 106/97/9, Territorialkommando Süd, Stellvertretender Befehlshaber, vom 15.10.1986, Bemerkungen BMVg vom 13.10.1986, S. 2: ». . . hob hervor, daß das Verständnis für die Bundeswehr als Kaderarmee in den Streitkräften und in der Öffentlichkeit wachsen müsse.«
77 GenLt Dr. Gerhard Wachter.
78 BA-MA, AKZ 106/97/10, Territorialkommando Süd, Befehlshaber, Großübungen/Heeresübungen Territorialheer, vom 23.2.1986, S. 2.
79 BA-MA, AKZ 106/97/11, BMVg vom 9.5.1988, Konzeption Reservisten, S. 9.
80 Konzeption Reservisten 1988, S. 39.
81 Ebd., S. 41.

82 Ebd., S. 44.
83 Ebd., S. 25.
84 Ebd., S. 23.
85 Ebd., S. 37.
86 Ebd., S. 11.
87 BA-MA, AKZ 106/97/12, Stellungnahmen von Befehlshabern und Kommandeuren November/Dezember 1987.
88 Konzeption Reservisten 1988, Vorbemerkung.
89 Ebd.
90 BA-MA, AKZ 106/97/13, Florian Gerster, MdB, vom 14.12.1987, S.1 f.
91 BA-MA, AKZ 106/97/14, Material für die Presse vom 24.2.1988, hrsg. vom BMVg – IPStab, Bundeswehrplan 1989, S. 4 und 2.
92 BA-MA, AKZ 106/97/15, Material für die Presse vom 24.2.1988, hrsg. vom BMVg – IPStab, Heeresstruktur 2000, S. 13.
93 Jahresbericht 1984 des Wehrbeauftragten, Schriftenreihe Innere Führung, hrsg. vom BMVg, S. 29 f. und Jahresbericht 1985 des Wehrbeauftragten mit der Stellungnahme des Bundesministers der Verteidigung, in: Schriftenreihe Innere Führung, hrsg. vom BMVg, S. 42 f.; siehe auch Singer, Milizsystem (wie Anm. 35), S. 261.
94 Vgl. BA-MA, BH1/2983, Zustandsbericht Heer 1978, BMVg – Fü H III 4 vom 10.4.1979, S. 7: »Verantwortungsbewußtsein und Leistungswille der Reservisten lassen sich als unverändert befriedigend bis gut bezeichnen.«
95 BA-MA, BH1/2983, Zustandsbericht des Heeres 1980, BMVg – InspH – Fü H III 4 vom 11.3.1981, S. 62; vgl. auch BA-MA, BH1/2983, Zustandsbericht des Heeres 1976, BMVg – InspH – Fü H III 4 vom 25.4.1977, S. 89.
96 BA-MA, BH1/3940, Zustandsbericht der Bundeswehr 1981, BMVg – Fü H III vom 19.10.1983, S. 90.
97 BA-MA, BH1/2983, Zustandsbericht des Heeres 1977, BMVg – InspH – Fü H III 4 vom 8.3.1978, S. 17.
98 Zustandsbericht des Heeres 1978 (wie Anm. 94), S. 7.
99 Zustandsbericht der Bundeswehr 1981 (wie Anm. 96), S. 24.
100 BA-MA, BW2/16.907, Zustandsbericht der Bundeswehr 1987, BMVg – Fü S IV 2 vom 28.6.1988, S. 10, 12, 14, 16, 30 f.
101 BA-MA, BH1/2998, Zustandsbericht des Heeres 1982, BMVg – Fü H III 4 vom 17.3.1983.
102 BA-MA, AKZ 106/97/18, BMGg – InspH vom 21.5.1979.
103 BA-MA, AKZ 106/97/16, »Ehrbar/Wimmer-Papier«, Territorialkommando Süd – AL G3 vom 7.2.1985, S. 5.
104 BA-MA, AKZ 106/97/17, Information über die territorialen Aufgaben des Heeres, BMVg – InspH vom 13.10.1989.
105 Vgl. Zustandsbericht des Heeres 1978, S. 7: Der Inspekteur des Heeres lobt trotz deutlichen Anwachsens der Rückstellungsquote das Verantwortungsbewußtsein und den Leistungswillen der Reservisten. Dazu auch die Untersuchung von Dirk Oetting, Dienen für Bonn? Zur Motivation der Reservisten, in: Armee 2000 – Wehrpflicht und Reservistenkonzeption, hrsg. von Florian Gerster und Armin A. Steinkamm, Bd 1 der Schriftenreihe »Wehrdienst und Gesellschaft« des Verbandes der Reservisten der Deutschen Bundeswehr e.V., Baden-Baden 1990, S. 75–88.

Wilhelm Langer

Reservisten des Heeres

Vorbemerkung

Am 200. Geburtstag Scharnhorsts, dem 12. November 1955, überreichte der erste Bundesminister für Verteidigung, Theodor Blank, die vom Bundespräsidenten, Professor Theodor Heuss, am 10. Oktober unterzeichneten Ernennungsurkunden den ersten 111 freiwilligen Soldaten. Knapp zwei Monate später, am 2. Januar 1956, begann mit dem Dienstantritt der ersten 1.000 Freiwilligen in Andernach der Aufbau des Heeres. Nach der Aufstellung der Lehrbataillone nahmen ab dem 1. Juli 1956 zwölf Truppenschulen des Heeres die Ausbildung auf.

Trotz der bereits am 26. Februar 1954 und 6. März 1955 mit Zweidrittelmehrheit des Bundestages erfolgten Änderungen und Ergänzungen des Grundgesetzes und dem gleichfalls am 6. März 1956 vom Bundestag beschlossenen Gesetz über die Rechtsstellung des Soldaten – Soldatengesetz – zur Einordnung der Soldaten in das staatliche Leben, war zu diesem Zeitpunkt die Einberufung Wehrpflichtiger zum Grundwehrdienst oder zu Wehrübungen noch nicht möglich. Die parlamentarische Auseinandersetzung um die Verabschiedung des Wehrpflichtgesetzes stand noch bevor. Und während die ersten freiwilligen Soldaten ab dem 15. Mai 1956 an Waffen und Gerät, das die Vereinigten Staaten geliefert hatten, durch US-Instruktoren eingewiesen und ausgebildet wurden, begann am 6. Juli 1956 die dritte und abschließende Beratung des Entwurfs eines Wehrpflichtgesetzes im Bundestag. In der bis zum Samstag, dem 7. Juli, dauernden Debatte – Schluß der Sitzung war um 3.43 Uhr – erlebte die politische Auseinandersetzung über die Aufstellung von Streitkräften in der jungen Bundesrepublik Deutschland elf Jahre nach Kriegsende noch einmal einen Höhepunkt. Nach einer 20stündigen Redeschlacht wurde in namentlicher Abstimmung gegen den erbitterten Widerstand der Opposition und nach teilweise emotionalen Redebeiträgen das Wehrpflichtgesetz mit 269 gegen 166 Stimmen bei 20 Enthaltungen angenommen[1].

Erst dieses Gesetz schuf die entscheidende Rechtsgrundlage und machte den Weg frei, Wehrpflichtige zum Wehrdienst in den Ausformungen des Grundwehrdienstes und des unbefristeten Wehrdienstes im Verteidigungsfall sowie zu Wehrübungen heranzuziehen. Für Soldaten der früheren Wehrmacht war in den Übergangs- und Schlußvorschriften des Wehrpflichtgesetzes (§ 36) festgelegt, daß sie zum Grundwehrdienst in keinem Fall mehr herangezogen würden, bestimmte Jahrgänge aber der Pflicht unterlägen, Wehrübungen zu leisten.

Reservisten leisteten weder im ersten Jahr der Aufstellung noch 1957 im Heer Dienst. Das entstehende Heer der Bundesrepublik Deutschland sah in der Planung bei Aufstellung noch keine Reservisten vor. Daß es aber ohne Reservisten nicht gehen würde, konnte bereits am 8. November 1956 einer Rede des zweiten Bundesministers für Verteidigung, Franz-Josef Strauß, vor dem Bundestag entnommen werden:

> »Es gibt kein deutsches Landverteidigungssystem und wird keines geben, weder im Rahmen der NATO noch weniger etwa in einem neutralen deutschen Staate, in dem darauf verzichtet werden könnte, die Pflicht des Bürgers zur Verteidigung seines Staates vorzusehen, ganz gleich, welche Verteidigungskonzeption zugrunde gelegt wird, ganz gleich, welche außenpolitische Konzeption dahinter steht ... [...] Die umfassenden Aufgaben, die einer Lösung zugeführt werden müssen, werden, von der Mobilen Truppe abgesehen, zu einem erheblichen Bedarf an Kräften führen, die nur über die allgemeine Wehrpflicht, über die allgemeine Verpflichtung des Bürgers zum Wehrdienst zur Verfügung stehen können[2].«

Damit konnten neben Grundwehrdienstleistenden nur Reservisten gemeint sein. Die Notwendigkeit, Reservisten in die Planung des deutschen Heeres einzubeziehen, ergab sich schon kurze Zeit nach Beginn der Aufstellung, als die optimistischen Ziele des geplanten präsenten Heeresumfangs deutlich nach unten korrigiert werden mußten. Teile der dadurch entstandenen personellen Lücken mußten durch Reservisten geschlossen werden. Sehr früh schon galt die Feststellung, daß das aktive Heer nur gemeinsam mit Reservisten seinen Auftrag zur Landesverteidigung erfüllen konnte. Es sollten aber fast zwei Jahrzehnte vergehen, bis die Reservestrukturen des Heeres nicht nur planerisch existierten, sondern durch personelle und materielle Mobilmachungsvorbereitungen umgesetzt waren.

Vierzig Jahre nach Beginn der Aufstellung des Heeres, am 4. November 1995, würdigte der elfte Bundesminister der Verteidigung, Volker Rühe, bei der Tagung der Kommandeure nicht-aktiver Truppenteile des Heeres an der Infanterieschule in Hammelburg die Leistungen der Reservisten des Heeres und ihren Beitrag zur Sicherheit und Friedenserhaltung mit folgender Feststellung:

> »Die Bundeswehr erlebt im 40. Jahr ihres Bestehens den größten Umbruch seit ihrer Aufstellung. Als größte Teilstreitkraft ist das Heer am stärksten davon betroffen. Dies gilt auch für die Reservisten. Ohne sie kann das Heer seinen Auftrag nicht erfüllen. Das selbstbewußte Motto der Reservisten behält auch in der Zukunft seine Geltung: ohne Reservisten geht es nicht[3].«

Bis zum Zeitpunkt dieser stolzen Bilanz, nach Überwindung der Teilung Deutschlands und dem Ende des Kalten Krieges, war auch für Reservisten ein weiter, mühevoller Weg zurückzulegen, auf dem sich viele Hindernisse und Herausforderungen stellten. Mob-beorderte Reservisten, d.h. Reservisten mit einem Einberufungsbescheid für den Verteidigungsfall (V-Fall), waren wie aktive Soldaten

betroffen von Aufstellungen, Umgliederungen, Verlegungen und Auflösungen ihrer Truppenteile. Sie waren gefordert, nach dem Grundwehrdienst bzw. nach ihrem Wehrdienst als Soldat auf Zeit oder Berufssoldat weiterhin pflichtgemäß in Wehrübungen und Mobilmachungsübungen (später als Einzelwehrübungen bzw. Truppenwehrübungen bezeichnet) Wehrdienst zu leisten, sich für Mobilmachungsverwendungen aus-, fort- und weiterzubilden, um die Aufwuchsfähigkeit und die Einsatzbereitschaft des Heeres zu gewährleisten. Viele Reservisten engagierten sich darüber hinaus zusätzlich in freiwilligen Wehrübungen und bei dienstlichen Veranstaltungen. Sie stellten in einer zunehmend freizeit- und ertragsorientierten Gesellschaft häufig die Interessen ihrer Familien und ihres Berufes zurück, nahmen finanzielle Nachteile in Kauf, brachten nicht selten ihre arbeitsfreie Zeit oder ihren Urlaub ein, um als Zugführer, Kompaniefeldwebel, Einheitsführer oder Kommandeur der Reserve, in Stabsverwendungen, als Soldat in der kleinen Kampfgemeinschaft oder als Führer vor der Front zum Gelingen von Ausbildungsvorhaben und damit insgesamt zur Verbesserung der Einsatzbereitschaft des Heeres beizutragen.
Die Geschichte dieser weit über zwei Millionen Reservisten, die ab Mitte der 60er Jahre bis 1990 im Heer beordert waren, in der größten Teilstreitkraft der Bundeswehr den größeren Anteil bildeten und die zum Erfolg des Heeres durch alle Strukturen ihren Anteil leisteten, wird in den folgenden Kapiteln dargestellt. Namen und Leistungen einzelner Reservisten stehen dabei für die Leistungen der Reservisten insgesamt, Bezeichnungen einzelner nicht-aktiver Truppenteile sind stellvertretend genannt für insgesamt über 3.200 nicht-aktive Truppenteile[4], die bis zur Wende mit den aktiven Truppenteilen gemeinsam das ganze Heer bildeten.
Aufwuchs, Ausbildung und Einsatz der Reservisten sind eng verknüpft mit den einzelnen Strukturen des Heeres. Die Anfangsstruktur ausgenommen, füllte jede weitere Struktur bis zur Wende 1990 durchschnittlich eine Dekade. Angelehnt an diese Strukturen, orientiert an markanten Ereignissen und kleinen Episoden innerhalb des Heeres, die Reservisten betrafen, oder an denen Reservisten beteiligt waren, soll die Geschichte der Reservisten des Heeres beschrieben werden.

Heeresstruktur 1: ohne Reservisten geplant

1956 bis 1958

Die Planung für das Heer der Bundesrepublik Deutschland machte bei Aufstellung keinen Unterschied zwischen dem Personalumfang der Soldaten im Frieden und bei der Mobilmachung. Beide Größen waren identisch. Nach Organisationsbereichen gliederte sich das Heer in:

- das mobile Feldheer (Korpsstäbe mit Korpstruppen, Divisionen, Versorgungstruppen und Heeresfliegerkommando);

- die bodenständige Organisation des Heeres (Heeresoffizierschulen, Truppenschulen, Lehrbataillone, Truppenamt);
- Territoriale Verteidigung.

Für territoriale Stäbe und Truppen lagen zu diesem Zeitpunkt noch keine abschließenden Planungen vor. Reservisten waren *expressis verbis* nicht erwähnt[5].
Die Planer der Dienststelle Blank hatten sich für den Aufbau des Heeres ab der Stunde Null ehrgeizige Ziele gesteckt. Nach ursprünglich 400.000 eingeplanten Soldaten ging man noch am 10. April 1956 davon aus, daß der NATO-Beitrag des deutschen Heeres 320.000 Soldaten umfassen sollte. Knapp die Hälfte der Stellen war für sechs Panzerdivisionen und sechs Grenadierdivisionen vorgesehen. Für die Dauer des Grundwehrdienstes waren 18 Monate geplant. Die »Bodenständige Organisation« – Truppenamt, Schulen, Depotorganisation – sollte mit 15.000 Soldaten aufgebaut werden. Die Divisionen waren in Anlehnung an das amerikanische Vorbild gegliedert. Charakteristisch für die Struktur dieser Divisionen war, daß die Panzerbataillone und Panzergrenadierbataillone Regimentern nicht fest zugeordnet, sondern für den Einsatz der Lage und dem Auftrag entsprechend den drei Kampfgruppenstäben der Divisionen unterstellt wurden. Dabei hatte die Panzerdivision drei Panzer- und drei Panzergrenadierbataillone, die Grenadierdivision sieben Grenadierbataillone und ein Panzerbataillon. Vier Korpsstäbe waren zur Führung der zwölf Divisionen geplant[6].
Das Heer in seiner 1. Struktur, deren Besonderheit diese Kampfgruppengliederung war, konnte die hochgesteckten Planungsvorgaben nicht in der vorgesehenen Zeit realisieren. Am 16. Oktober 1956 mußte Bundeskanzler Konrad Adenauer erklären, daß die Termine für den Aufbau der Bundeswehr nicht eingehalten werden könnten[7]. Franz-Josef Strauß, kurz danach, am 18. Oktober 1956, zum neuen Bundesminister für Verteidigung ernannt, gab schon nach drei Wochen, am 7. November 1956, einen neuen Zeitplan bekannt und erklärte bei Verzicht auf die gleichzeitige Aufstellung des Rahmenpersonals von zwölf Divisionen, daß nunmehr der Grundsatz »Qualität geht vor Quantität« Vorrang habe. Nach dieser Erklärung wurde zunächst mit der Aufstellung von fünf Grenadierdivisionen, zwei Panzerdivisionen, einer kleinen Gebirgsdivision und einer kleinen Luftlandedivision mit Nachdruck begonnen[8]. Die generelle Forderung, zwölf Divisionen aufzustellen, blieb aber bestehen.
Ende 1956 mußte eine weitere entscheidende Planungsvorgabe korrigiert werden. Nachdem amerikanische Pläne über eine erhebliche Verminderung ihrer Streitkräfte bekannt wurden, war die geplante Festsetzung der Dienstzeit für die Grundwehrdienstleistenden auf 18 Monate nicht mehr zu erreichen. Mit dem am 5. Dezember 1956 im Bundestag, gegen die Stimmen der Opposition, verabschiedeten Dienstzeitgesetz wurde der Grundwehrdienst auf zwölf Monate festgelegt[9].
Die Aufstellung der unter nationalem Befehl stehenden Stäbe und Truppenteile der Territorialen Verteidigung stand von Beginn an im Schatten der Aufstellung des Mobilen Heeres und vollzog sich deutlich langsamer. Zwar war schon 1953

im Jahresbericht der Bundesregierung nachzulesen: »Neben den Planungsarbeiten für die zukünftigen Streitkräfte waren Planungen für den Aufbau der militärischen territorialen Organisation vorzubereiten. Im Zuge der fortschreitenden Planungen sind im Laufe des Jahres 1953 die Fragen der Heimatverteidigung in den Vordergrund gerückt«[10], doch konzentrierten sich – verständlicherweise – die Kräfte vorrangig auf die Aufstellung und die Ausbildung des Mobilen Heeres, d.h. auf die zur NATO-Assignierung vorgesehenen einsatzbereiten Verbände. Ziel der Planung war, diese Verbände nach Friedens- und Kriegsstärke identisch aufzustellen, um sie den NATO-Kriterien entsprechend als sog. »M-Tag-Verbände« binnen sechs Stunden einsatzbereit zu haben[11]. Damit war für Reservisten in diesen Verbänden kein Platz.

Nach der am 7. November 1956 vorgenommenen Kürzung des Friedensumfangs des Heeres auf 195.000 Soldaten war dieses ehrgeizige Ziel personell voll präsenter Verbände im Mobilen Heer nicht mehr zu erreichen. Damit konnten die bis 1955 im Amt Blank erstellten Unterlagen für die Aufstellung der Truppenteile des Mobilen Heeres in der ersten Struktur nur noch bedingt genutzt werden. Unter erheblichem Zeitdruck begannen Um- und Neuplanungen, um die Struktur des Heeres dem reduzierten Personalumfang anzupassen. Die kommenden Jahre und Jahrzehnte bestätigten, daß das Heer in dieser Weise permanent betroffen war. Der Abschluß der Ausplanung bzw. die Einnahme einer neuen Struktur einschließlich notwendiger Nachbesserungen überschnitt sich immer wieder mit dem Beginn der Planungsarbeiten für eine folgende Struktur.

Da man bei der Zahl aufzustellender Truppenteile keine weiteren Reduzierungen hinnehmen wollte, konnte die Kürzung des personellen Umfanges in diesen Truppenteilen nur durch »K-Stellung« von Dienstposten, das bedeutete die Besetzung des Dienstpostens erst im Kriegsfall, ausgeglichen werden. Die Divisionen und die Verfügungstruppen wurden anteilig um 10 %, die Versorgungstruppen um 50–60 % gekürzt[12]. Damit stellte sich zwangsläufig das Problem der Besetzung dieser Dienstposten im Kriegsfall. Dafür gab es nur eine Lösung: Reservisten.

Diese Entscheidung, schon wenige Monate nach Beginn der Aufstellung des Heeres und noch bevor die ersten Grundwehrdienstleistenden ihren Wehrdienst angetreten hatten, Reservisten zur Sicherstellung des Aufwuchses für den Kriegsfall in die Planung einzubeziehen, traf das Heer unvorbereitet. Das Umsetzen dieser Entscheidung in konkrete Maßnahmen, neben der laufenden Aufstellung und Ausbildung der präsenten Truppenteile nun auch noch Vorsorge für eine Reservistenaus- und -weiterbildung und die erforderliche Mobilmachungsorganisation zu treffen, war gleichzeitig nicht zu bewältigen. Dies hatte zur Folge, daß die erforderlichen Maßnahmen für die Reservisten auf einen späteren Zeitpunkt verlegt werden mußten. Die Tendenz, Maßnahmen für die »zu spät gekommenen Reservisten« mit dem Prinzip Hoffnung zu verbinden, d.h. ihnen Verbesserungen für die Zukunft in Aussicht zu stellen, blieb über viele Jahre in der Behandlung von Reservistenangelegenheiten, vor allem aufgrund knapper Ressourcen, vorherrschend.

Verläßliche Angaben über den zahlenmäßigen Aufwuchs der personellen Kriegsanteile (später wurde das Wort »Krieg« durch »Verteidigung« ersetzt) einzelner Truppengattungen aus den Aufstellungsjahren liegen nicht vor. Fast alles war im Fluß, vieles (noch) nicht entscheidungsreif, manches noch gar nicht begonnen. Die Notwendigkeit, sich auch der Reservisten anzunehmen, sie für ihren Einsatz auszuwählen und in Wehrübungen einsatzbereit zu halten, wurde erkannt. Es sollte aber Mitte 1958 werden, bis erste konkrete Schritte eingeleitet wurden.
Aus der in den Aufstellungsjahren wechselnden organisatorischen Zuordnung der Territorialen Verteidigung (TV) wird deutlich, daß man Erfahrungen mit deutschen Streitkräften gewinnen mußte, die einerseits anteilig in das internationale Militärbündnis der NATO eingebunden waren, die andererseits mit Teilen unter nationalem Befehl standen, um jenseits von Kompetenzproblemen zu effektiven Lösungen zu gelangen. Als nationale Säule der Verteidigung war die Territoriale Verteidigung von vornherein für vielerlei Aufgaben unterschiedlicher Art konzipiert. Ihre Kommandobehörden und Dienststellen hatten den Auftrag, die anderen Teilstreitkräfte und die Alliierten zu unterstützen. Sie fungierte auch als Vertreter der Bundeswehr gegenüber dem zivilen Bereich. Damit kam der Territorialen Verteidigung eine Schlüsselrolle in der Gesamtverteidigung zu. Darüber hinaus hatte die Territoriale Verteidigung als militärischer Teil der Landesverteidigung wesentlich zum Schutz der Bevölkerung und entscheidend zur Sicherung lebenswichtiger Einrichtungen beizutragen und nicht zuletzt die Operationsfreiheit der Streitkräfte des Bündnisses in der Bundesrepublik Deutschland zu gewährleisten. Von daher war Territoriale Verteidigung – was auch der Name ausdrückt – überwiegend Aufgabe von Landstreitkräften, also des Heeres, wenngleich in der Territorialen Verteidigung Soldaten aller Teilstreitkräfte dienten[13].
Bei Beginn der Aufstellung der Bundeswehr lag die Verantwortung für die Territoriale Verteidigung unmittelbar beim Führungsstab der Bundeswehr. Dazu war am 1. Juli 1957 aus Teilen des Bundesministeriums für Verteidigung durch Ausgliederung das Amt für Territoriale Verteidigung in Bad Godesberg aufgestellt worden. Dieses Amt wurde am 26. Oktober 1957 als nunmehr vierte Teilstreitkraft in das Kommando für Territoriale Verteidigung (KTV) umgegliedert[14]. Die Unterstellung in Einsatzfragen blieb beim Führungsstab der Bundeswehr (später Führungsstab der Streitkräfte), die organisatorische Verantwortung für Aufstellung, Ausbildung und Erhalt der Territorialen Verteidigung wurde dem Führungsstab des Heeres übertragen. Erst in den späten 60er Jahren ging nach erneuter Umbenennung der Territorialen Verteidigung in Territorialheer die Gesamtverantwortung auf den Inspekteur des Heeres über. Die Aufstellung eigener Truppenteile der Territorialen Verteidigung in nennenswerter Größe fand in der Heeresstruktur 1 nicht statt.
In einem Vortrag am 28. August 1957 vor der Heeresakademie durch einen Vertreter des Führungsstabes des Heeres zum Thema Mobilmachung heißt es: »Ein

großes, noch völlig unbearbeitetes und ungelöstes Problem ist das der Mobilmachung. Maßnahmen hierfür sind dringend erforderlich für Auffüllung der Versorgungstruppen und aller Verbände, deren Stärke unter Soll liegt[15].« Entsprechend der geringen Zahl aktiver Truppenteile im Bereich der Territorialen Verteidigung wurden dort nur wenige Soldaten nach Beendigung des Grundwehrdienstes als Reservisten entlassen, so daß deren Geräteeinheiten sehr viel langsamer aufzuwachsen begannen. Bereits hier wurde auch nach außen die Rangfolge der Bedeutung zwischen dem Mobilen Heer (Feldheer) und der Territorialen Verteidigung (Territorialheer) sichtbar. Es blieb das Schicksal der Territorialen Verteidigung durch alle Strukturen, nie aus dem Schatten des Feldheeres heraustreten zu können. Dies war vor allem eine Folge, die sich durch die Ausgliederung der Territorialen Verteidigung aus dem Ministerium ergab.

In einem Beitrag des Inspekteurs des Heeres für eine Ministervorlage zum Stichwort Mobilmachung wurde festgestellt, daß hierfür dringend die noch fehlenden gesetzlichen Grundlagen geschaffen werden müßten, als Voraussetzung für die Bereitstellung einer personellen Reserve für das Feldheer im Verteidigungsfall einschließlich der besonders dringenden Einberufung von ehemaligen Offizieren zu Reserveübungen. Am 29. November 1957 wurden dazu durch den Führungsstab des Heeres erstmals Überlegungen angestellt und Grundsätze für die Mobilmachungsplanungen des Heeres entwickelt. Es sollte aber noch weitere Zeit vergehen, bis verbindliche Grundlagen vorlagen, nach denen Reservisten zu Wehrübungen einberufen und für Mobilmachungsverwendungen eingeplant werden konnten.

Ende 1957 verließen die ersten Wehrpflichtigen nach Ableistung des zwölfmonatigen Grundwehrdienstes das Heer. Damit standen neben den Soldaten der ehemaligen Wehrmacht – soweit sie noch der Wehrpflicht unterlagen – die ersten Reservisten des neuen Heeres zur Bedarfsdeckung der im Kriegsfall zu besetzenden Dienstposten bei Truppenteilen des Mobilen Heeres und der Territorialen Verteidigung zur Verfügung. Neben weiteren Aufstellungen aktiver Truppenteile begannen 1958 die ersten Einplanungen von Reservisten für eine Mobilmachung. Der Schwerpunkt lag auch bei der Mobilmachungsergänzung zunächst bei den Truppenteilen des Mobilen Heeres. Reservisten wurden in der Regel zu den Truppenteilen beordert, bei denen sie zuvor ihren Wehrdienst abgeleistet hatten.

Am 20. Juni 1958 regelten der Führungsstab des Heeres, am 16. Juli 1958 das Kommando Territoriale Verteidigung erstmals die Einberufungen zu Wehrübungen. Die Organisation der Wehrübungstätigkeit erfolgte zunächst durch den Führungsstab des Heeres. Absicht war, sie im Laufe der Zeit zunehmend zu dezentralisieren. Um möglichst viele Offiziere und Unteroffiziere der Reserve der ehemaligen Wehrmacht, auf die man als Führungs- und Funktionspersonal für die aufzustellenden Geräteeinheiten dringend angewiesen war, für Wehrübungen zu erfassen, sollten für die Ausbildung der Reservisten in Wehrübungen neben den Truppenteilen und Stäben auch die Truppenschulen und die Heeresoffiziersschulen herangezogen werden. Dabei wurde zur Ausbildung von

Reservisten in Wehrübungen zwischen aufnahmefähigen Einheiten und nicht aufnahmefähigen Einheiten unterschieden. Nicht aufnahmefähige Einheiten waren Einheiten, die mit Vorauspersonal oder als Kader noch in der Aufstellung begriffen waren, deren Ausbildungsstand unzureichend war, die nur mit einem Offizier besetzt waren oder deren Unterbringungskapazität begrenzt war. Jede aufnahmefähige selbständige Einheit sollte einen Offizier und zwei Unteroffiziere der Reserve, die übrigen Kommandobereiche Reservisten entsprechend ihrer Kapazität nach Weisung der Kommandeure aufnehmen. Erstmalig zum 20. Juli 1958 waren durch die Korps, durch das Truppenamt für die Lehrbataillone und Schulen, durch die Depotorganisation und durch das Kommando Territoriale Verteidigung für seine Pionier- und Fernmeldeeinheiten, Reservisten für Wehrübungen anzufordern. Nach Abschluß der Wehrübungen waren durch die Disziplinarvorgesetzten den zuständigen Kreiswehrersatzämtern Verwendungsvorschläge für die Soldaten der Reserve zuzuleiten. Die Betreuung der Soldaten der Reserve außerhalb des Wehrdienstes war durch die Kommandeure der Betreuungstruppenteile sicherzustellen, wobei insbesondere die militärische Weiterbildung dieser Soldaten unterstützt werden sollte. Im Rahmen der zur Verfügung stehenden Mittel sollten die Soldaten der Reserve außerdem zu Veranstaltungen ihrer Einheit eingeladen werden[16].
Zur Information der Reservisten hatte der Bundesminister für Verteidigung 1958 ein »Merkblatt für die Einberufung von Wehrpflichtigen zu Wehrübungen« herausgegeben und dabei auf zwölf Seiten die Rahmenbedingungen für das Ableisten von Wehrübungen (Wehrsold, Heilfürsorge, Unterhaltssicherung, Arbeitsplatzschutz usw.) erläutert[17]. Dem Merkblatt war ein »Aufruf zur Durchführung der ersten Wehrübungen« beigefügt. Dieser Aufruf wurde am 14. Juni 1958 in der Tagespresse veröffentlicht. Darin wurde angekündigt, daß die Bundeswehr im Laufe des Jahres 1958 Wehrpflichtige, die in der früheren Wehrmacht gedient hatten, erstmalig zu Wehrübungen einberufen würde. Da Unterkunft und Ausbildungsmöglichkeiten nur in begrenztem Maße zur Verfügung standen, waren nur ehemalige Offiziere und Unteroffiziere vorgesehen, die sich freiwillig meldeten und die den Geburtsjahrgängen 1914 und jünger angehörten. Ehemalige Mannschaften konnten in Ausnahmefällen berücksichtigt werden, ebenso ältere ehemalige Offiziere und Unteroffiziere, wenn diese aufgrund früherer militärischer Spezialausbildung bzw. zivilberuflicher Kenntnisse für eine vorzeitige freiwillige Ableistung von Wehrübungen besonders geeignet erschienen. Für die Dauer der ersten Wehrübungen wurden vier Wochen festgelegt. Am 5. August 1958 traten die ersten Reservisten im Heer ihre Wehrübung an.
In den Anfangsjahren wurden ausschließlich Einzelwehrübungen durchgeführt, häufig zur Überbrückung personeller Engpässe (Lehrgangs- und Urlaubsvertretungen) oder als Laufbahnlehrgänge für Reserveoffizieranwärter. In einem Beitrag des Führungsstabes des Heeres zum Tätigkeitsbericht der Bundesregierung für das Jahr 1958 heißt es im Abschnitt Wehrpflichtige: Von den 1957 eingestellten Wehrpflichtigen hat sich ein großer Teil für drei Monate oder länger weiter-

verpflichtet. Ohne gesetzliche Verlängerung der Wehrdienstzeit will jedoch der Bundesminister der Verteidigung für einen noch größeren Kreis der Wehrpflichtigen das Weiterdienen attraktiver gestalten, indem er fordert, daß eine dreimonatige Weiterverpflichtung auf die Zeit des Wehrdienstes (Pflichtwehrübungen) angerechnet werden kann.

Die Abteilung Personal erließ erstmals am 15. September 1958 vorläufige Bestimmungen über die Auswahl von Wehrpflichtigen zu Wehrübungen. Am 8. Juni 1961 wurden diese Bestimmungen auf Kurzwehrübungen bis zu sieben Tage und die Teilnahme an dienstlichen Veranstaltungen erweitert. Am 18. Dezember 1963 wurden die Grundsätze und Bestimmungen über das Verfahren für die Heranziehung von Wehrpflichtigen zu Wehrübungen neu gefaßt. 1966 erfolgte eine vollständige Überarbeitung der bisher geltenden Regelungen, insbesondere zur Unterscheidung der einzelnen Wehrübungsarten, zur Festlegung einer Wehrübungsfolge im Drei-Jahres-Turnus und zur Erweiterung der Zuständigkeiten des Personalstammamtes bei Einplanungen von Reserveoffizieren zu Wehrübungen. Die Aufgaben der Wehrbereichskommandos als einplanende Stellen für Erstwehrübungen wurden auf die Stammdienststelle des Heeres übertragen. Zum 1. Juli 1967 erfolgte die Herausgabe des Erlasses »Personelle Bestimmungen für Wehrpflichtige bei Wehrübungen« (Wehrübungserlaß) durch die Abteilung Personal. Diesen Erlaß ersetzt seit dem 27. November 1991 die Zentrale Dienstvorschrift 20/3 »Wehrübungserlaß, Militärische Personalführung Reservisten und Personelle Mobilmachungsvorbereitungen«. Für den komplexen Bereich der Wehrübungen in dieser großen Zeitspanne war das eine bemerkenswert geringe Regelungsdichte.

War es schon in der Aufstellungsphase nicht einfach, sich der einzelnen Wehrübenden gezielt anzunehmen, sie immer geplant einzusetzen, sinnvoll zu fordern und auszubilden, so waren in der ersten Heeresstruktur die Voraussetzungen für die Einberufung ganzer Reserveeinheiten zu Mobilmachungsübungen nicht gegeben. Noch war vieles im Werden, in manchen Bereichen, insbesondere bei der Territorialen Verteidigung, nahmen die Strukturen der nur für den Kriegsfall erforderlichen Verbände und Einheiten erst nach und nach Gestalt an und die personellen Besetzungen dieser gekaderten Truppenteile mit Reservisten durch die Wehrersatzbehörden begannen langsam aufzuwachsen. Der Einstieg in die Wehrübungstätigkeit aber war erfolgt.

Zum Verhältnis zwischen den aktiven Soldaten und den ersten Reservisten in der Anfangsstruktur erinnert sich 40 Jahre später Generalleutnant a.D. Meinhard Glanz, der diesen Abschnitt als junger Offizier in der Truppe erlebte, mit folgender Feststellung:

> »Reservisten hatten in überwiegender Mehrzahl in den Zug um Zug aufgestellten Truppenteilen gedient, zu denen sie danach auch beordert wurden. Man »kannte« sich. Wenn überhaupt, dann kam es meist nur zu gezielten Einzelwehrübungen aus Urlaubsvertretungs- oder Laufbahngründen. Das Kommando Territoriale Verteidigung (KTV), dem Führungsstab Bundes-

wehr (Fü B) unmittelbar unterstellt, war durch den schrittweisen Aufbau noch nicht in der Lage, aus der Papierform hoher Reservistenanteile zu Erfahrungen zu kommen. Einzelwehrübungen herrschten auch hier vor, die wenigen Wehrübenden aus Wehrmachtsgedienten wurden einfach wie die vielen Eignungsübenden angesehen und behandelt.
Mein Erinnerungseindruck: Gleichgültig[18].«

Heeresstruktur 2: Brigaden, Territorialreserve und Heimatschutztruppe

1959 bis 1969

Mitte der 50er Jahre erfolgte die Ausrüstung der sowjetischen Landstreitkräfte in Osteuropa mit taktischen Atomwaffen, die zum unmittelbaren Einsatz auf dem Gefechtsfeld bestimmt waren. Sie zwang das noch junge Heer rasch zu reagieren. Gefordert war eine Struktur, die das Heer zur Kriegsführung auch unter atomaren Bedingungen befähigte. Die Divisionen der Heeresstruktur 1 waren zu schwerfällig, um die Verteidigung aufgelockert und beweglich zu führen und bei Gegenangriffen rasch zusammengefaßt zu werden. Die Stäbe der für jeden Einsatz neu zu gliedernden Kampfgruppen waren damit überfordert. Es galt, Verbände zu schaffen, die einerseits groß genug waren, das Gefecht der verbundenen Waffen selbständig zu führen und die andererseits so ausgerüstet waren, daß sie mehrere Tage auf sich gestellt kämpfen konnten. Sie mußten dennoch klein und wendig genug sein, um im überschaubaren Raum, von vorn geführt, schnell der Lage entsprechend – insbesondere auch im Gefecht unter nuklearen Bedingungen – zu agieren und zu reagieren. So kam es zum Konzept der Brigade, die bereits im Frieden organisch über die wichtigsten Truppengattungen und Versorgungselemente verfügte und ohne nennenswerte Mobilmachungsmaßnahmen binnen weniger Stunden einsatzbereit sein konnte. Man unterschied Panzer- und Panzergrenadierbrigaden, Sondergliederungen gab es für Gebirgs- und Fallschirmjägerbrigaden.
Im Herbst 1958 stand die neue Brigade im Rahmen einer Lehr- und Versuchsübung auf dem Prüfstand. Aus den dabei gewonnenen Erfahrungen und nach einigen Korrekturen wurde die »Division 59« Grundlage der neuen Struktur des Heeres, der Heeresstruktur 2. Für das junge deutsche Heer war damit noch ein weiterer Prestigeerfolg verbunden. Den NATO-Armeen wurde das Modell der deutschen »Division 59« als NATO-Standarddivision allgemein zur Einführung empfohlen[19].
Für die Aufstellung nicht-aktiver Truppenteile und die Heranziehung von Reservisten für eine Mob-Beorderung brachte der Wechsel in die 2. Heeresstruktur zu Beginn zunächst keine wesentlichen Änderungen. Trotz der unstrittigen Bedeutung der Territorialen Verteidigung blieb die Aufstellung der Truppen des Feld-

heeres, die der NATO zur Verfügung gestellt wurden, vorrangig. Bis Juli 1960 hatte das Heer von weiterhin zwölf geplanten Divisionen sieben Divisionen aufgestellt und der NATO unterstellt; vier Divisionen befanden sich in der Aufstellung. Die Gesamtstärke des Mobilen Heeres betrug zu diesem Zeitpunkt 168.000 Soldaten. Dem standen Mitte 1960 im Bereich der Territorialen Verteidigung lediglich 15.000 Soldaten gegenüber, die im Kommando selbst, bei den Wehrbereichskommandos, den TV-Stäben (Territorialverteidigungsstäben, den zukünftigen Verteidigungsbezirkskommandos), den Deutschen Bevollmächtigten bei den NATO-Heeresgruppen, den verschiedenen Kommandanturen und bei wenigen Truppenteilen der Fernmelde-, Feldjäger- und Pioniertruppe eingesetzt waren.
In einer Planübung bei Allied Forces Central Europe (AFCENT) waren am 20. November 1959 die Probleme des Ersatzes bei personellen Ausfällen erörtert worden. Es wurde festgestellt, daß zu diesem Zeitpunkt geschlossene Einheiten für die Ersatzgestellung nicht zur Verfügung standen bzw. noch nicht vorgesehen waren. Man entschied, jeder Brigade für die Ersatzbereitstellung ein Feldersatzbataillon zuzuordnen. Zur Auffüllung der aktiven Truppenteile auf das Kriegssoll wurde die sog. Alarmreserve vorgesehen. Diese Alarmreserve bestand aus Reservisten, die in einem Umkreis von höchstens 50 km vom Aufstellungsort entfernt wohnten. Sie sollten bei der Alarmierung im Verlauf von sechs bis zwölf Stunden bei der Einheit eintreffen. Vorteil war, daß sie die Einheit kannten, im allgemeinen dort gedient hatten, in kurzer Zeit vor Ort sein und damit schnell wieder in den Verband integriert werden konnten. Bei dieser Besprechung wurde auch entschieden, daß die Aufstellung von Sicherungskräften unter nationaler Führung erforderlich sei. Für die Aus- und Weiterbildung der Alarmreserve wurde gefordert, vor allem praktische Übungen durchzuführen, die sich am Einsatzauftrag orientierten.
In einer Stellungnahme des Führungsstabes des Heeres vom 8. September 1960 zur Einberufung von Reservisten im Rahmen des formalen Alarmsystems wurde festgestellt, daß die Korps ohne Reservisten nicht einmal für Verteidigungsaufgaben als bedingt einsatzfähig betrachtet werden konnten. Solange die Friedensstärken unter den Kriegsstärken lagen, konnte das Heer den Forderungen der NATO nur begrenzt gerecht werden. Eine frühestmögliche Ergänzung der M-Tag-Verbände durch Reservisten war deshalb zwingend erforderlich[20].
Brigadegeneral Thilo, später Kommandierender General II. Korps, beschrieb am 24. November 1960 bei einem Informationslehrgang für frühere Generale an der Schule für Innere Führung die Planung, Gliederung und Aufstellung des deutschen Heeres wie folgt:

- Das Feldheer mit den assignierten Verbänden unter NATO-Kommando.
- Die bodenständige Organisation des Heeres mit Truppenamt, Schulen, Lehrtruppen und Depotorganisation Heer.
- Eine Ausbildungsorganisation mit 286 Kompanien und einem Gesamtumfang von 44.000 Soldaten für die Rekrutenausbildung in den ersten drei Monaten.

- Die Territorialverteidigungstruppen mit Kurzausbildungskompanien, die vom Heer personell, ausbildungsmäßig und materiell betreut werden. Die Kurzausbildungskompanien bilden in halbjähriger Frist Wehrpflichtige für eine spezielle Mobilmachungsverwendung aus. Der Gesamtumfang der Truppen der Territorialen Verteidigung im Frieden beträgt etwa 20.000, der Umfang der Kurzausbildungskompanien rd. 6.000 Soldaten.
- Die Basistruppen, die im Frieden dem Kommando Territoriale Verteidigung, im Kriege den Deutschen Bevollmächtigten bei den NATO-Kommandostäben bzw. den logistischen nationalen Führungsstäben direkt unterstehen[21].

Anfang 1960 standen etwa 80.000 gediente Reservisten für die Heranziehung bei einer Mobilmachung zur Verfügung. »Eine Armee ohne ausgebildete Reserven ist nur eine halbe Armee. Ihr Wert im Kriege ist nicht hoch anzusetzen, denn sie wäre in einer modernen Schlacht schnell verbraucht«[22], schrieb im März 1960 Adelbert Weinstein, Redakteur und Militärexperte der Frankfurter Allgemeinen Zeitung, in der Nr. 1 »Die Reserve«, dem Organ des Verbandes der Reservisten der Bundeswehr, der am 22. Januar 1960 gegründet und zu dessen erstem Präsidenten Weinstein gewählt worden war.
Seit Aufnahme der Wehrübungstätigkeit im Heer im August 1958 hatten – soweit festzustellen war – bis Ende 1959 insgesamt nur 54 Reservisten Wehrübungen abgeleistet[23]. Dies sollte sich in den nächsten Jahren deutlich ändern. Trotz struktureller Probleme und trotz des Vorrangs der Aufstellung von aktiven Truppenteilen für das Mobile Heer wurden ab 1960 Reservisten vermehrt zu Pflichtwehrübungen herangezogen oder sie meldeten sich freiwillig. Für die aktiven Truppenteile, bei denen Reservisten zu Wehrübungen antraten, war es oftmals keine einfache Aufgabe, sich nun, angesichts der schwierigen Rahmenbedingungen, die durch ein hohes Fehl bei Unteroffizieren, notwendige Verpflichtungen zu Personalabgaben für Neuaufstellungen und die Ausbildung der eigenen Wehrpflichtigen bei noch unvollständigen Ausbildungsunterlagen verursacht wurden, auch noch verstärkt um Wehrübende zu kümmern.
Die kritischen Anmerkungen eines Reservisten nach einer vierwöchigen Wehrübung aus dem Jahr 1960 machen bereits für die Anfangsjahre deutlich, in welchem Spannungsfeld die Durchführung von Wehrübungen stand, mit welcher Erwartungshaltung Reservisten Wehrübungen antraten und wie ernüchternd oft die Realität während der Wehrübung von ihnen empfunden und am Ende bewertet wurde. Dieser Reservist schrieb:

> »Es gibt gewisse Gebiete, über die jeder Reservist, der von einer (Wehr-) Übung zurückkehrt, mit Recht sprechen kann und muß und die wert sind, im Reservistenkreise diskutiert zu werden. Der nicht kriegsgediente Reservist der Bundeswehr kommt zur Ableistung einer Wehrübung zu seinem Truppenteil mit der Absicht, in dieser Zeit seinen militärischen Ausbildungsstand zu ergänzen, sich mit technischen Neuigkeiten vertraut zu machen und – das ist das Wichtigste – in der Praxis durchzuexerzieren, was von ihm einmal auf dem Gefechtsfeld verlangt werden könnte. Mit anderen Worten ausgedrückt:

Es kommt in den zur Verfügung stehenden vier Wochen darauf an, daß der Reservist diejenige Stelle ausfüllt, die der Mob-Plan seines Bataillons für ihn vorsieht.

Der Wehrübende wird aber bald merken, daß eine solche Stelle in vielen Fällen für ihn nicht vorhanden ist. Er wird zu der Überzeugung kommen, daß von einer zielstrebigen und bewußten Weiterbildung und Ergänzung seiner Kenntnisse in der Truppe leider nur schwache Vorstellungen vorhanden sind. Dies kann der Truppe nicht einmal zum Vorwurf gemacht werden, da – wie man bei der Truppe sagte – bis heute noch keine klaren Anweisungen über Art und Weise des Ablaufs einer Wehrübung für die verschiedenen Dienstgrade vom Ministerium ergangen sind. So kann es nicht ausbleiben, daß der Reservist sich in der Truppe manchmal als überflüssiges Rädchen einer großen Maschinerie fühlt[24].«

Diese Diskrepanz, zwischen der Erwartungshaltung des Wehrübenden und den Möglichkeiten des Übungs- bzw. Ausbildungstruppenteils, den Reservisten im Rahmen des laufenden Dienstbetriebs des Truppenteils sinnvoll und fordernd in den Dienstablauf einzubinden, nicht nur begrenzt auf Einzelwehrübungen, zieht sich wie ein roter Faden durch alle Strukturen des Heeres. Mehrere Weißbücher der Bundesregierung griffen diesen Sachverhalt auf, Weisungen des Führungsstabes haben Vorgaben angeordnet und Inspekteure bei Kommandeurtagungen und in Kommandeurbriefen sich dieses Themas angenommen. So auch mehrfach der Wehrbeauftragte des Deutschen Bundestages in seinen Jahresberichten. Es war und ist ein letztlich schwer aufzulösendes Spannungsfeld, das häufig nur im gemeinsamen Gespräch und durch zeitgerechte Information zwischen dem Übungstruppenteil und dem Wehrübenden gelöst werden kann.

Die Forderung nach klaren Vorgaben für die Einplanung und Einberufung von Reservisten zu Wehrübungen wurde Anfang 1962 immer nachdrücklicher gestellt. Bei einer Besprechung im Führungsstab des Heeres am 1. Juni 1962 wurde gefordert, alle bisherigen Bestimmungen im Zusammenhang mit Wehrübungen in einem Ministerialblatt des Bundesministeriums der Verteidigung (VMBl) zusammenzufassen. Man könne von der Truppe nicht verlangen, in verschiedenen VM-Blättern die Bestimmungen zu suchen, da z.T. bei später aufgestellten Einheiten nicht alle VM-Blätter vorhanden seien. Für den Wehrübungsplan des Heeres wurden bei dieser Besprechung folgende Vorgaben bestimmt:

- Festlegung des Solls an Wehrübenden für das Übungsjahr erfolgt durch den Führungsstab des Heeres.
- Aufteilung dieses Solls auf die Korps, Truppenamt und Kommando Territoriale Verteidigung.
- Die aufnehmende Truppe meldet die Kapazität an das zuständige Kreiswehrersatzamt.
- Die Fristen für die Anforderungen bei den Kreiswehrersatzämtern werden von zunächst sechs Wochen auf drei Monate erhöht[25].«

Die Notwendigkeit und die Bedeutung der Betreuung von Reservisten und ihrer Weiterbildung nach dem Ausscheiden aus dem aktiven Wehrdienst waren bereits in den Anfangsjahren der Bundeswehr erkannt, und erste Maßnahmen für eine gezielte Reservistenbetreuung mit einer Weisung des Generalinspekteurs vom 7. September 1958 angeordnet worden. Darin wurde verfügt, daß die Betreuung in der Verantwortung der Truppe bei sog. Betreuungsbataillonen liegen sollte. Die personell schwierige Lage der Truppe in den Aufstellungsjahren und ihre Überforderung in vielerlei Hinsicht ließ diesen Weg, auf dem zwar erste Erfolge erzielt wurden, für die weitere Entwicklung jedoch als ungeeignet erscheinen, er wurde bald wieder aufgegeben. Die zunehmend größer werdende Zahl von Reservisten konnte nur von einer neuen Organisation, die auch die standortfreien Räume des Bundesgebietes umfaßte, wahrgenommen werden[26].

Knapp drei Jahre später, am 6. Februar 1961, wurde mit einer Grundsatzweisung des Generalinspekteurs der Start für den Aufbau dieser Organisation gegeben, und ihre Aufgaben und Ziele festgelegt. In dieser Grundsatzweisung heißt es:

> »Je lebendiger sich die Verbindung zwischen der Bundeswehr und ihren Reservisten gestaltet, um so besser werden diese auf den Verteidigungsfall vorbereitet sein und um so fester wird die Truppe im Volk verwurzelt und die Verteidigungsbereitschaft gestärkt werden. Es ist deshalb eine besonders dringliche und bedeutungsvolle Aufgabe der Bundeswehr, die Reservisten außerhalb des Wehrdienstes in ihrer Einsatzbereitschaft zu fördern, den Zusammenhalt untereinander und mit der Truppe zu pflegen und sie in allen Fragen der Landesverteidigung auf dem laufenden zu halten.
> Ich ordne daher an: Mit der Betreuung und Weiterbildung der Reservisten außerhalb des Wehrdienstes wird das Kommando der Territorialen Verteidigung beauftragt. Die Weisungen hierzu ergehen durch den Führungsstab der Bundeswehr[27].«

Sieben Wochen nach Erlaß dieser Grundsatzweisung wurde mit Aufstellungsbefehl Nr. 131 (TV) vom 28. März 1961 die Einrichtung des »Inspizienten für die Betreuung und Weiterbildung der Angehörigen der Reserve (InspizRes)« beim Kommando Territoriale Verteidigung durch den Führungsstab der Bundeswehr befohlen. Ein Oberst, dem ein Hilfsreferent, ein Sachbearbeiter und ein Schreiber zur Verfügung standen und der dem Befehlshaber des Kommandos Territoriale Verteidigung unterstand, erhielt folgende Aufgaben:

- Leitung der Betreuung und Weiterbildung der Angehörigen der Reserve nach den Weisungen des BMVtdg (Fü B VI),
- Fachaufsicht über die bei den Dienststellen der TV eingesetzten Offiziere, Unteroffiziere und Angestellten für die Betreuung und Weiterbildung von Angehörigen der Reserve,
- Koordinierung der Betreuung und Weiterbildung der Angehörigen der Reserve mit den Teilstreitkräften,
- Zusammenarbeit mit Reservistenvereinigungen auf Bundesebene,
- Auswertung der Tätigkeits- und Lageberichte,
- Inspizierungsberichte[28].

Diese Weisung wurde auch zur Geburtsstunde der Freiwilligen Reservistenarbeit, zu deren Unterstützung alle aktiven Truppenteile verpflichtet wurden und zu deren Träger außerhalb des Wehrdienstes der Verband der Reservisten der Deutschen Bundeswehr e.V. (VdRBw) bestellt wurde. Zur militärischen Ausbildung außerhalb von Wehrübungen im Rahmen dieser Freiwilligen Reservistenarbeit wurden 1961 die rechtlichen Voraussetzungen durch die Neufassung des Wehrpflichtgesetzes (WpflG) geschaffen. Der § 4 Abs. 4 des WpflG lautete wie folgt:

> »Außerhalb der Wehrübungen können Angehörige der Reserve zu dienstlichen Veranstaltungen durch den Bundesminister der Verteidigung oder die von ihm bestellte Stelle zugezogen werden. Während der Dienstleistung sind sie Soldat.«

Nunmehr waren die aktiven Truppenteile zweifach gefordert. Einerseits mußten sie sich um ihre eigenen Reservisten kümmern, andererseits wurde erwartet, daß sie auch den freiwilligen Reservisten bei der militärischen Weiterbildung außerhalb von Wehrübungen Unterstützung zukommen ließen. Im Laufe der Jahre entwickelten sich viele enge Kontakte und Patenschaften zwischen aktiven Einheiten und Reservistenkameradschaften und oftmals profitierten beide Seiten voneinander.

13. August 1961: Berlin wurde durch den Bau einer Mauer geteilt. Knapp fünf Wochen später – am 20. September 1961 – faßte das Bundeskabinett folgenden Beschluß:

> »Aufgrund des § 6 (7) des Wehrpflichtgesetzes hat die Bundesregierung angeordnet, daß die Wehrpflichtigen, deren Grundwehrdienst am Ende dieses Monats abläuft, eine Wehrübung von drei Monaten im Anschluß daran leisten müssen. Diese Wehrübung wird auf die Gesamtdauer der Wehrübungen angerechnet[29].«

Rd. 30.000 Wehrpflichtige waren am 30. September 1961 von dieser Verordnung der Bundesregierung betroffen. Damit bestand das präsente Heer auf einen Schlag zu mehr als zehn Prozent aus Reservisten.

In einem Vortrag des Oberst i.G. Guderian am 29. November 1961 zum Thema »Aufbau und Planung des deutschen Heeres« wurden folgende Personalstärken (Soldaten) genannt: Feldheer 193.734, bodenständige Organisation 9.539, Ausbildungsorganisation mit Wehrübungsorganisation 28.681, TV- und Basistruppen (Heer) 10.092, gesamt 292.046. In dieser Zahl waren 29.453 Grundwehrdienstleistende enthalten, deren Wehrdienstzeit um drei Monate durch Anschlußwehrübung verlängert worden war[30].

Der Beschluß des Bundeskabinetts vom 20. September 1961 hatte zur Folge, daß die der NATO unterstellten Divisionen von einer bisherigen personellen Durchschnittsstärke von 70 bis 80 % nun die volle Kriegsstärke erreichten. Die dreimonatige Anschlußwehrübung wurde auch noch auf die Soldaten ausgedehnt, die im Dezember 1961 zur Entlassung heranstanden. Am 23. März 1962 erfolgte für die Grundwehrdienstleistenden ab 1. April 1962 die Neufestsetzung der Wehrdienstdauer auf 18 Monate.

Am 7. August 1962, nach Verlängerung der Grundwehrdienstdauer auf 18 Monate, war zwar der Gesamtumfang auf 241.463 Soldaten gesunken, in dieser Zahl waren 2.634 Wehrübende, davon 616 Offiziere, 349 Unteroffiziere und 1.669 Mannschaften der Reserve enthalten, aber Wehrübende waren zu einer festen Größe im Heer geworden. Anläßlich der Übergabe der 11. Panzergrenadierdivision an die NATO führte der Inspekteurs des Heeres, Generalleutnant Alfred Zerbel, am 18. Mai 1962 bei einer Pressekonferenz zur personellen Situation des Heeres aus:

»1955 wurde mit dem Aufbau beim Nullpunkt begonnen. Jetzt umfaßt das Heer rd. 240.000 Mann. In den zurückliegenden Jahren wurden 350.000 junge Männer im Heer ausgebildet und stehen jetzt als Reservisten zur Verfügung. Von ihnen leisten bereits die ersten ihre Wehrübungen ab. Das Interesse an diesen Wehrübungen ist erfreulich stark. Monatlich melden sich schon 300 Reservisten freiwillig zu Vier-Wochen-Wehrübungen[31].«

Insgesamt beschleunigten die Ereignisse und die Folgen des 13. August 1961 die Entwicklung der Wehrübungstätigkeit im Heer außerordentlich, die Maßnahmen der Mobilmachung erhielten eine größere Priorität und die Aufgaben der Territorialen Verteidigung rückten stärker in den Mittelpunkt.
Der Mobilmachungsergänzungsbedarf in der Heeresstruktur 2 erhöhte sich in den folgenden drei Jahren um über 60 %.

Graphik 1: Personeller Mobilmachungs-Ergänzungsbedarf

	1962	1963	1964	Zunahme um
Feldheer	172.455	201.717	233.964	61.509
Territoriale Verteidigung	73.225	101.349	153.609	80.384
Basisorganisation	25.896	37.552	57.479	31.583
Gesamt	271.576	340.618	445.052	173.476

Der Gesamtbedarf an Reservisten zur Beorderung, vorwiegend für die entstehenden Geräteeinheiten (der Begriff »Geräteeinheiten« wurde ab 1989 durch »nicht-aktive Truppenteile« ersetzt), wuchs innerhalb von zwei Jahren auf 445.052 Reservisten (siehe Graphik 1). Während er sich für das Feldheer nur um etwa ein Drittel erhöhte, verdoppelte sich der Bedarf für die Bereiche Territoriale Verteidigung und Basisorganisation[32]. Dies hatte zur Folge, daß sich die personellen und materiellen Anforderungen für die Aufstellung von Geräteeinheiten überstürzten. Truppe und Wehrersatzbehörden waren in diesen Jahren stark überlastet, und dies führte zu erheblichen Problemen. Fehlende Unterbringungsmöglichkeiten, fehlende STAN-Unterlagen und fehlendes STAN-Material wurden dafür als wesentliche Ursachen genannt. Außerdem wurde die Forderung nach einem Inspizienten für die Mobilmachung erhoben[33].

Mit Weisung des Führungsstabes des Heeres vom 26. März 1963 wurde der Dienstposten eines Inspizienten für die Mobilmachung im Heer eingerichtet. Er überwachte die einheitliche Ausführung und Anwendung der Mobilmachungsgrundsätze, die Anlage und Durchführung von Mob-Übungen und die Aufstellung von Geräteeinheiten im Heer. Truppendienstlich unterstand er dem Amtschef des Truppenamtes, fachlich dem Führungsstab des Heeres[34].
In einem Vortragsmanuskript zur Aufstellungsplanung des Heeres vom 16. Oktober 1962 führte Oberst i.G. Guderian im Abschnitt »Territoriale Verteidigungstruppen und Wehrübungsorganisation« aus:

> »Die Kompanien der Wehrübungsorganisation bilden Unterführer der Reserve für Territoriale Verteidigung und Basistruppen aus ausgebildeten Reservisten des Heeres aus. Gesamtumfang der Territorialen Verteidigungstruppen im Frieden heute ca. 11.000 Soldaten, im Endstadium voraussichtlich 390.000 Soldaten [siehe Graphik 3, Seite 152], aus denen bei der Mobilmachung ein Vielfaches aufgestellt werden muß.«

Und unter dem Stichwort Basistruppen hieß es, daß der Gesamtumfang im Frieden ca. 22.000 Soldaten betrage, im Kriege ebenfalls ein Vielfaches dieser Zahl. Im Abschnitt »Mobilmachung« wurde ausgeführt, daß die ursprüngliche Planung eine Bundeswehr vorgesehen habe, die ohne Mobilmachung in den Kampf zu gehen hätte. Die personellen Forderungen an die Kriegsbundeswehr waren aber doch so groß, daß man ihnen im Frieden nicht in allen Fällen nachkommen konnte. Folglich mußten Ergänzungen vorgesehen werden, um die Truppe auf volle Kriegsstärke zu bringen. Außerdem mußte die Mobilmachung ganzer Truppenteile eingeplant werden, von Ost nach West in steigendem Ausmaß, am stärksten bei der Territorialen Verteidigung und bei der Basis, in noch beachtlichem Umfang bei den Korpsversorgungstruppen, in gewissen Fällen aber auch beim Feldheer. Wenn die personellen und materiellen Reserven es zuließen, würde sich auch das Problem der Mobilmachung von Reservetruppenteilen für das Feldheer stellen[35]. Die Umschreibung des zahlenmäßigen Aufwuchses bei Mobilmachung mit »ein Vielfaches« bestätigt, daß konkrete Zahlen für die Territoriale Verteidigung zu diesem Zeitpunkt noch nicht feststanden.
In einem weiteren Vortrag zum Thema »Das Heer – Auftrag, Stand und Planung« hieß es zum Stichwort Reservisten:

> »Das Bild wäre unvollständig, würden wir nur die aktive Truppe betrachten. Neben den Soldaten in Uniform stehen rd. 400.000 ausgebildete Reservisten, die in der Bundeswehr bereits ihren Wehrdienst geleistet haben. Diese Reservisten werden künftig in stärkerem Maße als bisher zur Wehrübung herangezogen und auf ihre Verwendung im Mobilmachungsfall ausgebildet. Sie haben oder erhalten ihre Mobilmachungsbeorderung entweder als personelle Mobilmachungsergänzung aktiver Einheiten, denn die Friedensstärke aller Einheiten liegt mehr oder weniger weit unter der Kriegsstärke, oder aber zu Geräteeinheiten, zu Truppenteilen also, für die im Frieden nur das Gerät bereitgelegt wird und die erst bei Mobilmachung zusammentreten. Ein Teil

> der Reservisten wird auch zu Wehrleitstellen einberufen. Das bedeutet, daß sie noch keine feste Mobilmachungsverwendung beim Feldheer, in der Territorialen Verteidigung oder Basis haben. Sie werden meist zu Marschbataillonen kommen, die der Ergänzung von Ausfällen dienen[36].«

Am 27. Februar 1963 wurde durch den Führungsstab des Heeres erstmals ein Wehrübungsplan für das gesamte Heer für das Jahr 1963 erlassen. Dieser Wehrübungsplan hatte zunächst noch vorläufigen Charakter. Es gab zu diesem Zeitpunkt noch keine grundsätzlichen und allgemein gültigen Regelungen über Umfang und Art der jährlich im Heer abzuleistenden Wehrübungen. Auch war noch nicht festgelegt, welche Reservisten regelmäßig zu Pflichtwehrübungen (Anzahl und Dauer) heranzuziehen waren, die verfügbaren Haushaltsmittel waren noch nicht auf den jährlich steigenden Ausbildungsbedarf abgestimmt. Die Aufnahmefähigkeit der Verbände des Heeres für Wehrübungen war dem Ausbildungsstand entsprechend noch sehr unterschiedlich, dies alles mußte berücksichtigt werden.

Ziele für die Wehrübungen 1963 warem dem vorläufigen Wehrübungsplan zufolge, die Reservisten des Heeres, der TV-Truppen und der Basisorganisation mit ihrer Mob-Verwendung vertraut zu machen und in Übung zu halten sowie den Mangel an Offizieren, Unteroffizieren und Spezialisten bei den aktiven Einheiten für besondere Ausbildungsvorhaben, insbesondere größere Truppenübungen, vorübergehend auszugleichen.

Berechnungsgrundlage für die Anzahl der Wehrübenden waren Wehrübungen von vier Wochen Dauer, die anteilig auf Reservisten der verschiedenen Laufbahnen und Kommandobereiche aufgeteilt wurden, allerdings ohne Unterschied, ob zu Wehrübungen (Einzelwehrübungen) oder Mob-Übungen (Truppenwehrübungen).

Wehrübungen konnten nach den Vorgaben auf freiwilliger Basis bis zu einer Gesamtdauer von drei Monaten ausgedehnt bzw. für Mob- und Aufstellungsübungen von Geräteeinheiten auf weniger als vier Wochen verkürzt werden. Vorzugsweise war auf Reservisten, die im Jahre 1957/58 den Grundwehrdienst abgeleistet hatten, zurückzugreifen. Zwischen dem letzten Wehrdienst und der Einberufung zu einer Wehrübung sollte ein Zeitraum von mindestens 20 Monaten liegen. Eine Verkürzung dieses Zeitraums war nur mit Einverständnis der Wehrpflichtigen möglich. Bei Nutzung aller Plätze konnten 1963 rd. 65.000 Reservisten zum Feldheer bzw. zu Truppenteilen der Territorialen Verteidigung zu Wehrübungen von vier Wochen Dauer einberufen werden[37].

Nach den G1-Meldungen (Stärkemeldungen der Personalabteilungen G1) der Kommandobehörden von Feldheer und Kommando Territoriale Verteidigung, Basisorganisation und Ausbildungsorganisation der Monate April 1962 bis April 1965 betrug die Zahl der Wehrübenden in diesen Zeiträumen jeweils:

Graphik 2: Wehrübende des Heeres

	4/1962	4/1963	4/1964	4/1965
Offiziere	671	1.096	798	1.152
Unteroffiziere	308	351	477	748
Mannschaften	2.022	2.531	986	1.456
Gesamt	3.001	3.978	2.261	3.356

Am 7. August 1963 erläuterte der neue Bundesminister für Verteidigung, Kai-Uwe von Hassel, seit dem 16. Januar 1963 im Amt, im Hessischen Rundfunk seine Vorstellungen zum weiteren Aufbau der Territorialen Verteidigung[38]. Er sprach davon, diejenigen Wehrpflichtigen, die nicht zum Feldheer einberufen werden könnten, zu einem verkürzten Wehrdienst von sechs Monaten einzuberufen und sie für die besonderen Aufgaben der Territorialen Verteidigung auszubilden. Er verfolge damit zwei Ziele: Erstens, die allgemeine Wehrpflicht solle eine Wehrpflicht für alle und nicht nur für die Ausgelosten sein – zu dieser Zeit bestimmte ein Losverfahren, wer zum Grundwehrdienst einberufen wurde – und zweitens: die Territoriale Verteidigung solle endlich die Kräfte erhalten, die sie benötige. Durch diese Absichtserklärung erhielten die konkreten Schritte zu einem planmäßigen Auf- und Ausbau der Truppenteile der Territorialen Verteidigung eine größere Bedeutung.
Schon vier Wochen vor dem Gespräch im Hessischen Rundfunk, am 9. Juli 1963, hatte der Minister die Aufstellung der »Territorialreserve« angeordnet. Ein neues, aufregendes Kapitel, in dessen Mittelpunkt in erster Linie Reservisten standen und für das man sich Anregungen bei der US Army Reserve geholt hatte, nahm seinen Anfang. Nach den Vorstellungen der Planer sollte die Territorialreserve so organisiert werden, daß sie hinter den NATO-Truppen kurzfristig einsatzbereit zur Verfügung stand. Hierzu wurden ihre Verbände und Einheiten bereits im Frieden organisatorisch und materiell voll aufgestellt. Das Personal, das aus gedienten Soldaten bestand, sollte jedoch nur zu einem geringen Teil des Jahres aktiven Dienst leisten und im übrigen seinem Zivilberuf nachgehen. Diese Territorialreserve sollte keine Miliz sein, aber dennoch aus gut ausgebildeten, kampffähigen Reserveverbänden bestehen, die nicht nach bisherigem Einberufungsverfahren aufwachsen sollten, sondern, da bereits militärisch geformt, nur noch alarmiert zu werden bräuchten.
Das Wesentliche an diesem Systems war, daß das Personal sich im allgemeinen aus dem Nahbereich der jeweiligen Einsatzräume oder Einsatzorte rekrutierte, daß Waffen und Gerät griffbereit gelagert waren und ein Einsatz nur im engeren Heimatbereich geplant war. Führer, Unterführer und Mannschaften sollten aus dem gleichen Ort oder aus der näheren Umgebung kommen, sie sollten sich aus dem zivilen Bereich her kennen und alle dem gleichen Ziel, der Verteidigung

ihrer engeren Heimat, dienen. Damit sollte innere Geschlossenheit erreicht und der Korpsgeist gefördert werden. Durch Übungen im echten Einsatzraum und am echten Objekt gut ausgebildet, würde die Territorialreserve einen hohen Einsatzwert erreichen. So die offizielle Bewertung.
Für die Territorialreserve war eine Stärke von 50.000 Reservisten geplant. Im Jahr der Aufstellung 1964 sollte sie auf 10.000 Mann, 1965 auf 25.000 und 1966 auf 50.000 Mann aufwachsen. Solange die Gesamtstärke der Territorialreserve noch nicht erreicht war, sollte es neben der Territorialreserve noch Mob-Verbände bisheriger Art für den Sicherungs- und Objektschutz geben. Die Dienstleistung als Reservist in der Territorialreserve war auf eine Beorderungsdauer von drei Jahren festgelegt. Zur Territorialreserve sollten zwar auch Reservisten nach den gesetzlichen Bestimmungen beordert werden, grundsätzlich hatten jedoch Freiwillige Vorrang. Man verfolgte das ehrgeizige Ziel, durch entsprechende Aufklärung über Aufgaben und Wesen der Territorialreserve und eine umfassende Werbung diese Freiwilligkeit in möglichst großem Umfang zu erreichen.
Die Truppenteile der Territorialreserve wurden so ausgestattet, daß sie ihre Ausbildung selbständig durchführen konnten und ihre Einsatzfähigkeit im Verteidigungsfall kurzfristig gewährleistet war. Waffen und Gerät wurden einheitlich in zentralen Gerätelagern (Rüsthäusern) deponiert und waren damit jederzeit griffbereit. Den Kampfanzug und die sonstige Bekleidung sowie die persönliche Ausrüstung nahm der Territorialreservist mit nach Hause. Damit konnte Lagerraum gespart werden und man erwartete eine bessere Pflege. Vor allem konnte die Zeit zur Herstellung der Einsatzbereitschaft dadurch wesentlich verkürzt werden. Als wesentlich bewertete man in diesem Zusammenhang die geringen Kosten für die Territorialreserve, da Kasernen und kostspielige Lager und Depots nicht benötigt wurden.
Das jährliche Ausbildungsprogramm für die Territorialreserve sah vor: Neun Abendausbildungen von jeweils etwa drei Stunden, vier Wochenendausbildungen von Samstag nachmittag bis Sonntag nachmittag, 24 Stunden durchgehend, dazu ein 13 Tage dauerndes Übungslager in einem Biwak auf einem Standortübungsplatz.
Mit neun Abenden, vier Wochenenden und einer 13-Tage-Übung auf das Jahr verteilt, bedeutete dies, daß die Reservisten der Territorialreserve mindestens in neun Monaten pro Jahr an Ausbildungsveranstaltungen teilnehmen mußten. Die Leitung und Verantwortung für die Ausbildung lag grundsätzlich in den Händen der Kommandeure und Kompaniechefs der Territorialreserve, also in den Händen von Reserveoffizieren. Sie unterstanden allerdings im Rahmen der Kommandostruktur den aktiven Kommandeuren der Verteidigungsbezirkskommandos (VBK), die mit Rat und Tat unterstützten. Prinzip aber sollte sein: Reservisten bilden Reservisten aus[39].
Sehr schnell wurde in Verbindung mit der Aufstellung der Territorialreserve auch die Frage der Wehrgerechtigkeit aufgeworfen. Es wurde gefordert, für

diese Aufgabe nicht auf Reservisten, sondern auf ungediente Wehrpflichtige zurückzugreifen. Auch zu dieser Frage nahm Minister von Hassel am 7. August 1963 im Hessischen Rundfunk Stellung:

»Man hat in diesen Tagen gefragt, warum man [für die Territorialreserve – der Verf.] nur auf Reservisten zurückgreift und nicht jene jungen Männer für diese Aufgabe verpflichtet, die im Zusammenhang mit der Wehrpflicht nicht eingezogen werden können, weil nicht alle Wehrpflichtigen der in Frage kommenden Jahrgänge bei der Bundeswehr gebraucht werden. Sie kennen das Thema, daß die Zahl der Wehrpflichtigen größer ist als die Zahl derer, die die Bundeswehr aufnehmen kann. Bei der Entwicklung der Konzeption der Territorialen Verteidigungsreserve ist nachdrücklich geprüft worden, ob die Möglichkeit besteht, diese nicht zur Wehrpflicht einberufenen Wehrpflichtigen dafür heranzuziehen. Leider ist das aus einer Reihe von Gründen nicht möglich:

- Wir verfügen nicht über eine ausreichende Zahl von Ausbildern, um diese ungedienten Wehrpflichtigen entsprechend auszubilden.
- Wir haben keine ausreichende Zahl von Kasernen, um die bisher ungedienten Wehrpflichtigen für die Kurzausbildung unterbringen zu können.
- Die nicht eingezogenen Wehrpflichtigen müßten genauso besoldet werden wie die aktiven Soldaten im Wehrdienst. Die finanzielle Belastung wäre also ungleich höher[40].«

Zur Frage der Akzeptanz der Territorialreserve äußerte sich der Minister in diesem Zusammenhang sehr zuversichtlich:

»Alle Offiziere, Unteroffiziere und Mannschaften dieser Einheiten sind Reservisten, d.h. also, Reservisten werden von Reservisten geführt. Es werden den Verbänden zugeteilt:

- Mannschaften, die in der Bundeswehr gedient haben;
- Unteroffiziere, Zeitsoldaten nach Ablauf der Dienstzeit und wehrpflichtige Soldaten, die eine Unterführerausbildung erhalten haben;
- kriegsgediente Unteroffiziere, die sich freiwillig melden;
- Reserveoffiziere der Bundeswehr und ältere kriegsgediente Offiziere, die sich freiwillig melden und vor allem als Bataillonskommandeure und Kompanieführer Verwendung finden.

Damit kein Mißverständnis entsteht: Es werden die kriegsgedienten Offiziere und Unteroffiziere im Reservedienst verwendet. Sie werden also nicht reaktiviert. Wir haben die Absicht, bei der Aufstellung dieser Reserveverbände auf Freiwillige zurückzugreifen, und ich habe aus vielen Gesprächen mit Reservistenverbänden, mit dem Verband Deutscher Soldaten, mit aktiven und ehemaligen Unteroffizieren und Offizieren, mit gedienten Wehrpflichtigen und freiwilligen Soldaten den Eindruck, daß sie bereit sind, einem solchen Freiwilligenaufruf im Zeitraum von drei Jahren zu folgen. Die Ausbildung der Territorialen Reserve ist darauf ausgerichtet, die kurzfristige Einsatzfähigkeit sicherzustellen, die Truppe in ihre Funktionen einzuweisen und hierin zu schulen sowie die innere Geschlossenheit zu fördern und dadurch ihren Einsatzwert zu erhöhen[41].«

Nicht nur aus heutiger Sicht und Bewertung standen hinter dem Konzept der Territorialreserve sehr optimistische Annahmen, die Tugenden wie Opferbereitschaft, Heimatliebe und Freizeitverzicht in besonderem Maße bei den Reservisten voraussetzten, die man für diese Aufgabe gewinnen wollte. In vielen Punkten erinnerte die Bewertung der Territorialreserve des Ministers von Hassel an die idealistischen Vorstellungen des preußischen Ministers von Boyen zur Landwehr im Wehrgesetz von 1814. Aber ob sich genügend »Bewohner des [jungen – der Verf.] Staates als geborene Verteidiger desselben« betrachten und sich freiwillig zum Dienst in der Territorialreserve melden würden, war angesichts des Mißbrauchs altruistischer Werte im Dritten Reich und deren erneute Diskreditierung in der Auseinandersetzung um die Wiederbewaffnung nicht sehr erfolgversprechend.
Knapp acht Monate später, am 31. März 1964, nahm der erste Befehlshaber der Territorialen Verteidigung, Generalleutnant Schwatlo-Gesterding, bei seiner Versetzung in den Ruhestand in einer Zwischenbilanz zur Entwicklung der Territorialreserve Stellung. Danach hatten sich von 70.000 angeschriebenen Reservisten bis zum 31. Januar 1964 5.000 zum freiwilligen Dienst in der Territorialreserve gemeldet, 3.400 davon wurden herangezogen. Das gesteckte Ziel von 10.000 freiwilligen Reservisten bis Ende 1964 wurde als noch erreichbar angesehen. Als hinderlich wurde allerdings die Einstellung mancher Arbeitgeber bewertet, darunter auch Behörden, die wenig Verständnis für freiwillige Meldungen ihrer Mitarbeiter zu militärischen Übungen in der Territorialreserve zeigten[42].
Im Laufe des Jahres 1964 wurde mit der Aufstellung der ersten 150 Einheiten der Territorialreserve begonnen[43].
Die Öffentlichkeit und insbesondere die Medien beobachteten die ersten Schritte der Territorialreserve mit unverhohlener Neugier. Noch war die Auseinandersetzung um die Aufstellung der Bundeswehr in lebhafter Erinnerung, war die Diskussion um die Frage der Ausrüstung der deutschen Streitkräfte mit atomaren Einsatzmitteln nicht beendet und die gesellschaftliche Akzeptanz und Integration der Soldaten in die Gesellschaft befanden sich im Anfangsstadium. Viele der freiwilligen Reservisten der Territorialreserve sahen sich ob ihres Engagements im persönlichen und beruflichen Umfeld mit Unverständnis und Ablehnung konfrontiert und mußten ihre Entscheidung rechtfertigen. Die Presse sprach gelegentlich abschätzig von »Kriegsspielen« der »Wochenend-, Feierabend- oder Sonntagssoldaten«[44].
Im Herbst 1964 wurden in allen Wehrbereichen erstmals Einheiten der Territorialreserve zu 13-Tage-Übungen herangezogen. Im Wehrbereich I unternahm man dabei den Versuch, in dem schwierigen Gelände der Knicklandschaft Schleswig-Holsteins die Reservisten der Territorialreserve anstelle von Kraftfahrzeugen mit Pferden beweglich zu machen. Am 28. September 1964 meldeten sich in Traventhal bei Bad Segeberg 31 Reservisten mit ihren Pferden zu einer Wehrübung. Der Befehlshaber, Vizeadmiral Rösing, hatte dafür eine besondere Genehmigung im Verteidigungsministerium eingeholt[45].

Auf dem Truppenübungsplatz Heuberg begrüßte der Befehlshaber im Wehrbereich V, Generalmajor Lechler, 600 Soldaten der Territorialreserve und erklärte dabei:

»Vor kaum einem halben Jahr haben wir bei uns in Baden-Württemberg mit der Aufstellung der Territorialreserve begonnen. Das uns von der oberen Führung gestellte Ziel, im Jahr 1964 1.200 Reservisten freiwillig zur Territorialreserve zu gewinnen, haben wir erreicht. Wir sind stolz darauf, daß es im Wehrbereich V als einzigem aller Wehrbereiche auf Anhieb gelungen ist, das befohlene Ziel voll zu erreichen. Dieses Ziel haben wir aber nur erreichen können, weil Sie, meine Soldaten der Territorialreserve aus Baden-Württemberg, dem Ruf und der Aufforderung des Bundesminister der Verteidigung gefolgt sind und sich freiwillig für diese Aufgabe zur Verfügung gestellt haben.«

Und an anderer Stelle führte er weiter aus:

»Wenn in einem Ernstfalle, den Gott verhüten möge, die aktiven Verbände unserer Bundeswehr aus ihren Garnisonen abrücken, um in ihre vorgesehenen Einsatzräume zu gelangen, stehen Sie in der Tiefe des Operationsgebietes in Ihrer unmittelbaren Heimat, z.T. in Ihren Heimatorten, um mit der Sicherung wichtiger Objekte wie Elektrizitätswerke, Gaswerke, Brücken usw., durch die Freihaltung wichtiger Aufmarschstraßen und auch durch die Abwehr etwa im Hinterland abgesprungener Sabotagetrupps die Operationsfreiheit der vorne kämpfenden Verbände zu gewährleisten[46].«

Ende 1964 zog der zweite Befehlshaber des Kommandos der Territorialen Verteidigung, Generalleutnant Übelhack, zur Territorialreserve eine erste Bilanz. Sie fiel recht ernüchternd aus. Zunächst aber blieb man noch optimistisch, wenngleich die bisher geringe Zahl freiwilliger Meldungen für die Territorialreserve nicht den Erwartungen entsprach. Im Durchschnitt verpflichteten sich 5 bis 6 % der angeschriebenen Reservisten. Es war (noch) nicht beabsichtigt, anstelle der fehlenden Freiwilligen die Einheiten der Territorialreserve durch Pflichtbeorderungen mit Reservisten aufzufüllen. Am Prinzip der Freiwilligkeit sollte so lange wie möglich festgehalten werden. Auf die Heranziehung von Funktions- und Spezialpersonal zu Pflichtwehrübungen konnte jedoch nicht verzichtet werden, um den Kampfwert der Territorialreserveeinheiten so zu gestalten wie es der Auftrag bzw. die speziellen Aufgaben erforderten[47]. Hier deutete sich bereits an, daß die Ziele der Territorialreserve auf der gewählten konzeptionellen Basis nicht erreicht werden konnten.

Zum Jahreswechsel 1964/65 wandte sich Generalleutnant Übelhack erneut mit einem Brief an einen Kreis von Reservisten, um sie für den freiwilligen Dienst in der Territorialreserve zu gewinnen. Darin erläuterte er noch einmal Auftrag, Struktur und Besonderheiten der Territorialreserve und führte abschließend aus:

»Angesichts der Bedeutung der Territorialreserve für unser Land werden Sie gewiß verstehen, daß ich mich an Sie wende. Denn es kommt auf jeden einzelnen an, auch auf Ihre Entscheidung. Die Reservisten, die sich bereits für die ersten Einheiten der Territorialreserve freiwillig zur Verfügung stellten,

> sind beispielhaft in der Erfüllung einer wichtigen staatsbürgerlichen Pflicht gewesen. Sie verdienen für ihre Dienstbereitschaft den Dank ihrer Mitbürger. Sie dienen der gemeinsamen Sache, wenn auch Sie mithelfen, einen wirkungsvollen Schutz unserer Heimat im Rahmen unserer NATO-Verpflichtungen aufzubauen[48].«

Die Planungen für Mobilmachungsübungen (Mob-Übungen) des Feldheeres für das Jahr 1965 sahen im Befehl vom 31. August 1964 eine Differenzierung der Wehrübungsplätze für Offiziere, Unteroffiziere und Mannschaften vor. Ingesamt waren dazu 420 Wehrübungsplätze festgelegt, mit denen 21.417 Reservisten zu Mobilmachungsübungen einberufen werden konnten, davon waren 70 % für Reservisten von aktiven Truppenteilen und 30 % für Reservisten von Geräteeinheiten vorgesehen. Mobilmachungsübungen sollten möglichst mit einem Truppenübungsplatzaufenthalt verbunden werden, und es war angeordnet, die zugewiesenen Plätze in vollem Umfang zu nutzen. Keine Mob-Übungen sollten aktive Truppenteile durchführen, die 1964 bereits geübt hatten und Geräteeinheiten, durch deren Übungen die aktiven Truppenteile durch Abstellungen von Personal und Material stark belastet würden, insbesondere Transport- und Nachschubkompanien.

Mit dem dritten Änderungsgesetz zum Wehrpflichtgesetz Anfang 1965 wurden besonders die materiellen Leistungen bei Kurzwehrübungen von bis zu drei Tagen Dauer verbessert, auch mit dem Ziel, die Bereitschaft zur freiwilligen Verpflichtung in der Territorialreserve zu erhöhen. Zu diesen Verbesserungen gehörten u.a. Erstattungen des Arbeitsentgeltes an den Arbeitgeber, teilweise Verdienstausfallentschädigungen für Selbständige, Fortzahlung der vollen Beiträge für die Krankenversicherung, keine Unterbrechung in der Rentenversicherung und Zahlung eines höheren Dienstgeldes anstelle des Wehrsoldes bei Kurzwehrübungen.

Aber trotz aller Appelle und gezielter Anschreibeaktionen an Reservisten, trotz verbessertem Arbeitsplatzschutz und erhöhter finanzieller Entgelte für den Wehrdienst bei Wehrübungen, war auf der Grundlage des Prinzips der Freiwilligkeit der Aufbau der Territorialreserve nicht zu realisieren.

In einer Bestandsaufnahme beim Führungsstab der Bundeswehr am 14. Januar 1965 kristallisierten sich folgende Feststellungen zum bisherigen Aufwuchs der Territorialreserve heraus:

- Regional sehr unterschiedliches Aufkommen der Freiwilligen-Meldungen und der geplanten Aufstellungsorte, d.h. die Wohnorte waren zu weit vom Standort entfernt.
- Erhebliches Fehl bei Unterführern.
- Fehl bei Ausbildungspersonal und Ausbildungseinrichtungen.
- Sehr unterschiedlicher Ausbildungsstand bei den Reservisten. Die Forderung »Reservisten bilden Reservisten aus« war nicht anwendbar.
- Die geringere Personalausstattung der Territorialen Verteidigungsorganisation war deutlich überlastet und verfügte nur über wenig qualifiziertes Personal.

- Die Ausbildungshilfe durch die Teilstreitkräfte war nur in begrenztem Umfange zu erhalten.
- Es fehlten Ausbildungsrichtlinien und Vorschriften. Es fehlten Rechtsgrundlagen, insbesondere für die Befugnisse der Soldaten im Sicherungsdienst[49].

Man kam zu dem Entschluß, die Territorialreserve zwar nicht aufzulösen, aber umzuformen. Im Februar 1965 erteilte der Minister die Weisung, eine Umstellung der Strukturform zu prüfen[50].

Das Konzept der Territorialreserve war in der bestehenden Form zum Scheitern verurteilt. Die Absicht, mit einem minimalen finanziellen Aufwand und der Hoffnung auf freiwilliges militärisches Engagement nach 18 Monaten Wehrdienst, 50.000 Reservisten an 30 Tagen im Jahr drei Jahre lang zum Wehrdienst in meist arbeitsfreier Zeit durch den Appell an ideelle, vorwiegend gemeinschaftsbezogene Werte zu gewinnen, konnte nach zwei verlorenen Weltkriegen bei einer zunehmend freizeit- und konsumorientierten Jugend und einer weitgehend negativen Belegung nationaler und soldatischer Werte keinen Erfolg haben.

Eine Arbeitsgruppe im Kommando Territoriale Verteidigung untersuchte im April 1965 den Aufbau einer Nationalgarde (Arbeitsbegriff) mit 22 Ausbildungszentren. Am 3. August 1965 erfolgte der Vorbefehl durch Kommando Territoriale Verteidigung für die Umorganisation der Territorialreserve in Sicherungskompanien und die Aufstellung von 22 Ausbildungszentren, von denen sechs Anfang 1966 den Ausbildungsbetrieb aufnehmen sollten[51].

Bereits bei Aufstellung war die Bezeichnung »Territorialreserve« nicht überall auf Zustimmung gestoßen. Es wurde gefordert, eine neue Bezeichnung auszuwählen. Im Zuge der neuen Namesgebung wurden auch Begriffe wie »Nationalgarde«, »Heimwehr«, »Heimatwehr«, »Heimatschutzkorps« auf ihre Eignung überprüft. Im Dezember 1965 erfolgten die Umwandlung und Umbenennung der Territorialreserve in Heimatschutztruppe. An die Stelle der Freiwilligkeit für den Wehrdienst als Reservist in der Territorialreserve trat die generelle Pflicht, auf der Grundlage des Wehrpflichtgesetzes bei Wehrübungen Wehrdienst in der Heimatschutztruppe zu leisten[52]. Auf geänderter Grundlage, aber bei unverändertem Auftrag, hat die Heimatschutztruppe bis zum Oktober 1966 unter Einbeziehung der Reservisten der Territorialreserve einen Umfang von 10.000 Mann erreicht.

Entscheidende Veränderungen wurden bei der Ausbildung vorgenommen. Die wenig effektiven und organisatorisch aufwendigen Abendausbildungen und zweitägigen Wochenendausbildungen entfielen. An deren Stelle traten eine zwölftägige Übung und eine dreitägige Alarmübung pro Jahr. Der Wehrübungsumfang reduzierte sich damit jährlich um die Hälfte, von 30 Tagen in der Territorialreserve auf 15 Tage in der Heimatschutztruppe.

Aber erst mit der Aufstellung von Ausbildungszentren erfolgte der entscheidende Schritt zur Verbesserung der Rahmenbedingungen für die Ausbildung der Heimatschutztruppe. Anfang 1966 wurden die ersten sechs von zunächst 22 geplan-

Einrücken zur Mob-Übung

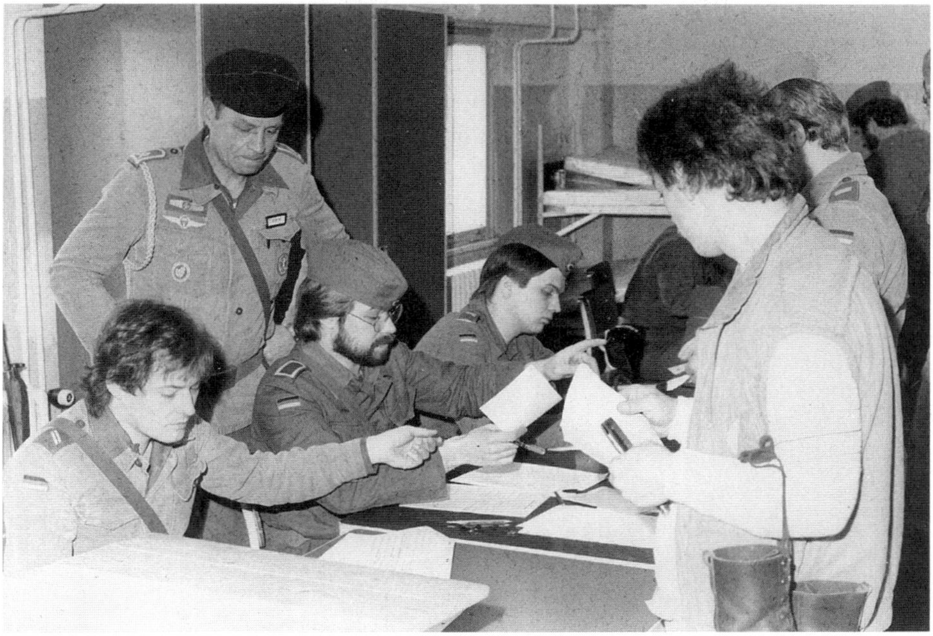

ten Ausbildungszentren aufgestellt. Sie unterstanden dem Kommandeur im Verteidigungsbezirk und waren mit einem Leiter, einem Stellvertretenden Leiter, sechs Zugführern und fünf Funktionsunteroffizieren sehr sparsam mit aktivem Personal ausgestattet. Die Versetzung des aktiven Personals zu den ersten Ausbildungszentren erfolgte zum 12. Januar 1966.
Der Leiter des Ausbildungszentrums war für die einheitliche Ausbildung aller in seinem Zentrum übenden Einheiten der Heimatschutztruppe verantwortlich. Er überwachte die Ausbildung, während für deren Durchführung die jeweiligen Führer und Unterführer der übenden Einheit verantwortlich waren. Diese bewußte Trennung der Zuständigkeiten kam auch in der Regelung zum Ausdruck, daß der Kompanieführer, also ein Reserveoffizier, für Führung und Einsatz, Erziehung und Ausbildung seiner Kompanie voll verantwortlich zeichnete.
In den Einheiten der Heimatschutztruppe dienten oftmals Reservisten aller Teilstreitkräfte, ohne Rücksicht auf ihre Waffengattung oder Verwendung und Ausbildung im abgeleisteten Grundwehrdienst. Hier zeigte sich ein deutlicher Unterschied zu der Einberufung zu truppengattungsgebundenen Geräteeinheiten. Der Auftrag lautete, mit einer stufenweise aufbauenden Ausbildung in vier Ausbildungsabschnitten während vier bis sechs Jahren die volle Einsatzbereitschaft der Sicherungskompanien zu erreichen.
Als zentrale Ausbildungsstätte für das aktive Personal (Stammpersonal) der Ausbildungszentren sowie für die Kompanie-, Zug- und Gruppenführer der Heimatschutztruppe – später auf die Bataillons- und Regimentskommandeure der Reserve erweitert – wurde die Kampftruppenschule I des Heeres in Hammelburg bestimmt. Die Kampftruppenschule I (KTS I), heute Infanterieschule, wurde damit zum Mittelpunkt der Heimatschutztruppe. Sie erhielt für diesen Auftrag 1971 den Zusatz »und Schule des Territorialheeres«.
Die Führer der Reserve der Heimatschutztruppe wurden an der KTS I in 14tägigen Lehrgängen auf die Mobilmachungsübungen ihrer Kompanien in den Ausbildungszentren vorbereitet. Dabei wurden vorhandene Kenntnisse aufgefrischt und der Ausbildungsstoff sowie die Grundlagen für den Einsatz der Heimatschutzkompanie vermittelt. Während dieser Zeit wurden die Einheitsführer mit dem Ausbildungsprogramm sowie Ziel und Methodik der Ausbildung vertraut gemacht, um während der eigentlichen Übung ihrer Kompanie keine Ausbildungszeit für Vorbereitungen zu verlieren.
Am 18. Januar 1966 eröffnete Generalleutnant Übelhack in Hammelburg den ersten Lehrgang für aktive Offiziere und Unteroffiziere, die künftig in den Ausbildungszentren die Ausbildung der Heimatschutz- und Sicherungskompanien leiten sollten. In dem aus diesem Anlaß erlassenen Tagesbefehl des Befehlshabers des Kommandos Territoriale Verteidigung heißt es:

> »Der Aufstellung und Ausbildung der Heimatschutztruppe als ein besonderer Teil der Territorialen Verteidigung kommt eine hohe Bedeutung zu. Eine wesentliche Voraussetzung für das Gelingen ist die Besetzung der Stellen in den Ausbildungszentren mit qualifizierten und für ihre neue Aufgabe einge-

hend geschulten Offizieren und Unteroffizieren. Von ihrer Arbeit, ihrem Auftreten und ihrem Können, insbesondere aber von ihrer inneren Einstellung zu dieser neuen Verwendung wird es abhängen, welchen Platz die Heimatschutztruppe in der Bundeswehr und in unserer Bevölkerung einnehmen wird[53].«

Die Standorte der ersten sechs Ausbildungszentren waren Todendorf (Wehrbereich I), Drangsfeld (Wehrbereich II), Wuppertal (Wehrbereich III), Daaden (Wehrbereich IV), Külsheim (Wehrbereich V) und Kempten (Wehrbereich VI). Jeder zum Dienst in der Heimatschutztruppe beorderte Reservist erhielt mit seiner Einberufung vom Kreiswehrersatzamt einen Brief des Befehlshabers des Kommandos Territoriale Verteidigung, der mit folgenden Worten begann:

»Am heutigen Tage werden Sie zum Dienst in einer Einheit der neuen Heimatschutztruppe einberufen, die zur Territorialen Verteidigung gehört und bisher als Territorialreserve bezeichnet wurde. Sie sollen nunmehr das militärische Wissen und Können, das Sie in der aktiven Wehrdienstzeit erworben haben, als Reservist der Bundeswehr zum Schutz der Heimat anwenden[54].«

Im weiteren Inhalt dieses Briefes wurden die Rahmenbedingungen, die Übungsdauer und die Bedeutung der Heimatschutztruppe für die Bundeswehr dargestellt.

Noch vor Weihnachten 1966, am Ende des ersten Jahres nach Aufstellungsbeginn der Heimatschutztruppe, konnte der Befehlshaber des Kommandos Territoriale Verteidigung im Ausbildungszentrum in Daaden dem Gefreiten der Reserve Karl-Heinz Hack aus Bischofsheim als dem 7.500sten Wehrübenden der Heimatschutztruppe, ein Buch mit Widmung zur Erinnerung überreichen[55].

Im Zustandsbericht der Territorialen Verteidigung vom 3. Januar 1967 wurde festgestellt, daß sich die Einrichtung von sechs Ausbildungszentren für die Heimatschutztruppe mit aktivem Ausbildungspersonal im Jahr 1966 sehr positiv ausgewirkt hat und sich deutliche Vorteile gegenüber dem früheren Verfahren gezeigt haben. In der Ausbildung der Reservisten im Ausbildungszentrum wurde vor allem der notwendige innere Zusammenhalt der Heimatschutztruppe gefördert[56].

Knapp zehn Jahre nach Aufstellung des Kommandos Territoriale Verteidigung befand sich die Territoriale Verteidigung noch mitten im Aufwuchs. Das Ziel des Friedensumfanges mit knapp 40.000 Soldaten hatte man erst zur Hälfte erreicht, auch die bisherige Kriegsstärke von über 267.000 Soldaten sollte sich in den kommenden Jahren noch deutlich erhöhen (siehe Graphik 3, S. 152). Insgesamt wurde die höhere Abhängigkeit der Truppen der Territorialen Verteidigung von Reservisten gegenüber dem Feldheer sehr deutlich.

Die Aufstellung der Heimatschutztruppe ab 1965 bedeutete für die Truppen der Territorialen Verteidigung insgesamt eine stärkere Verlagerung von den standortgebundenen Friedensaufgaben weg und hin zur Ausbildung für Krise und Krieg.

Nach dem personellen Mobilmachungs-Lagebild des Heeres im ersten Halbjahr 1966 mit Stand 7. Juni waren im Feldheer von 309 Geräteeinheiten 253 aufge-

Graphik 3: Organisationsumfang der Truppen der Territorialverteidigung Soll/Ziel – Frieden/Krieg[57] – Stand: 1. September 1966

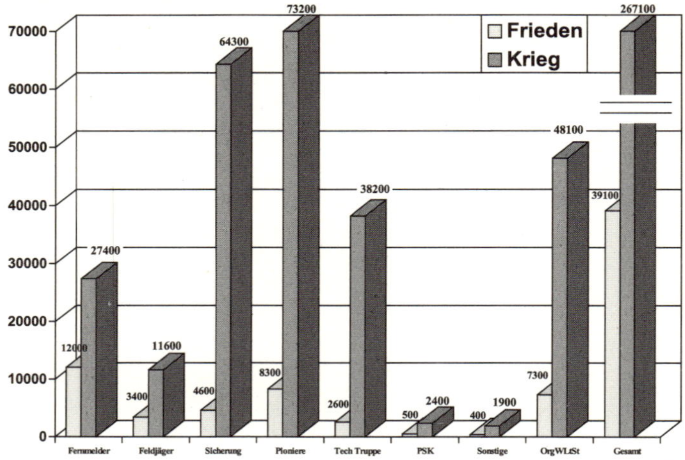

stellt und von 183.350 geforderten Reservisten waren 163.827 durch die Wehrersatzbehörden beordert. Im gleichen Zeitraum wurden im Feldheer 30 Mobilmachungsübungen aktiver Truppenteile und sieben Mobilmachungsübungen von Geräteeinheiten mit insgesamt 4.558 wehrübenden Reservisten durchgeführt; die Ausfälle lagen zwischen 13 und 20 %[58].

Ein halbes Jahr später, am 12. Januar 1967, hatte sich die Zahl der aufgestellten Geräteeinheiten auf 268 erhöht, die Zahl der beorderten Reservisten hatte um knapp 9.000 auf 172.784 zugenommen. An 69 Mobilmachungsübungen im zweiten Halbjahr 1966 nahmen 9.909 Reservisten teil. Die Ausfallquote lag im Durchschnitt bei 17 %, damit hatten 1966 im Heer 14.467 Reservisten in Mob-Übungen und 57.699 Reservisten in Einzelwehrübungen Wehrdienst geleistet. Die zugewiesenen Wehrübungsplätze waren zu 96 % genutzt worden.

Der Aufbau der Heimatschutztruppe schritt auch im folgenden Jahr zügig voran. Am 1. April 1967 nahmen weitere sieben Ausbildungszentren den Dienstbetrieb auf. Ziel war es, im Laufe der Ausbildungsjahre 1968/69 den Aufwuchs mit insgesamt 22 Ausbildungszentren und der Aufstellung von 50.000 Soldaten für die Heimatschutztruppe abzuschließen. In 1968 hatten 25.000 Reservisten in 13 Ausbildungszentren als Soldaten der Heimatschutztruppe Wehrübungen geleistet. Ein Viertel dieser Reservisten war bereits zum zweitenmal einberufen worden.

Die gesamten 60er Jahre hindurch forderte die Territoriale Verteidigung zusätzliches aktives Personal, um bessere Voraussetzungen für die Führung der nicht-aktiven Truppenteile und die Ausbildung bei Wehrübungen zu erreichen. Als besonders nachteilig wurde die Versetzung vor allem lebensälterer und leistungsmäßig eingeschränkter Soldaten aus dem Feldheer zur Territorialen Verteidigung bewertet.

Die vermehrte Teilnahme von Reservisten an Gefechtsübungen ist Ende der 60er Jahre ein Stück Normalität geworden. So waren an der Übung »Hermelin II« des

I. Korps im November 1968 1.750 Reservisten beteiligt, ein Drittel davon hatte sich freiwillig gemeldet, wie der Inspekteur des Heeres, Generalleutnant Moll, erfreut feststellte. Verteidigungsminister Gerhard Schröder hatte schon angedeutet, daß die Bundeswehr von einer Präsenzarmee künftig stärker in eine Mobilmachungsarmee umgewandelt würde und daß Reservisten eine größere Bedeutung und Aufmerksamkeit zukommen werde. Der Wechsel in eine neue Struktur stand bevor[59].

Den Beginn der gezielten Reservistenarbeit in der 2. Heeresstruktur beschreibt 1997 der neunte Inspekteur des Heeres, Generalleutnant a.D. Glanz, selbst Bataillonskommandeur während der Heeresstruktur 2, fast 14 Jahre nach seinem Ausscheiden aus dem aktiven Dienst mit nachfolgendem kritischen Kommentar:

> »Die allmählich zunehmende Anzahl von Übungen im Großverband einschließlich der Teilnahme an NATO-Übungen brachte mit jetzt möglichem Auffüllen mit Bundeswehr-Reservisten einen Wandel im Verhältnis Aktive-Reservisten. Von Übung zu Übung erkannte man mehr die Notwendigkeit, zum Erfüllen des Einsatzauftrages den »V-Umfang« einzunehmen, wenn länger als 48 Stunden durchgehalten werden sollte. Bundeswehrgediente Reservisten als Wehrübende waren nicht mehr Ausnahme, sondern im Wortsinne personelle Mob-Ergänzung, so eine Art Notwendigkeit, die man in Anspruch nehmen mußte, um deren Weiterbildung oder gar Förderung man sich aber meist nur in Worten bemühte. Ständige Verbindung zwischen Truppenteilen und ihrer Alarmreserve waren ebenso wie die Übertragung ungeteilter Verantwortung an wehrübende Reserve-Stabsoffiziere eher die Ausnahme. Die Erfahrungen in der TV beim Scheitern des Projektes der [freiwilligen – der Verf.] »Territorialreserve« wirkten nicht förderlich. Die dann beim folgenden Aufbau der Heimatschutztruppe angewandten Grundsätze umfangreicher Verantwortungsübertragung auf Reservisten in Führung und Funktion fanden Beachtung, aber nicht Anwendung im aktiven Heer.
> Erst die »Tschechenkrise« 1968 zwang zum Nachdenken, als der erste Aufruf des Formalen NATO-Alarmsystems umzusetzen war.
> Mein Erinnerungseindruck: Zurückhaltend[60].«

Heeresstruktur 3: Jägerbrigaden, Heimatschutzkommandos und noch mehr Reservisten

1969 bis 1979

Schwerpunkte der neuen Heeresstruktur waren eine größere organisatorische Differenzierung der Großverbände auf Brigade- und Divisionsebene und eine noch stärker abgestufte Präsenz. Teil der neuen Heeresstruktur war ferner die Auflösung des Kommandos Territoriale Verteidigung in Bad Godesberg zum 31. März 1970. Bereits zum 1. Juli 1969 waren die Deutschen Bevollmächtigten in Territorialkommandos umbenannt worden. An die Stelle der Bezeichnung Territoriale Verteidigung trat die Bezeichnung Territorialheer, es wurde mit allen Teilen dem Inspekteur des Heeres unterstellt[61]. Neben Panzerbrigaden und Panzergrenadierbrigaden wurden zusätzlich Jägerbrigaden geschaffen. Aus zwei Fallschirmjägerbrigaden wurden drei Luftlandebrigaden. Zum Schutz der rückwärtigen Gebiete erhielt jedes Wehrbereichskommando ein teilaktives Heimatschutzkommando. Für den Objektschutz waren weiterhin gekaderte Sicherungsverbände und Einheiten vorgesehen.

Der Einstieg in die neue Heeresstruktur erfolgte im Herbst 1969 öffentlichkeitswirksam im Rahmen der Gefechtsübung »Rösselsprung« des III. Korps. Im Mittelpunkt des Interesses stand die Teilnahme eines in der Heeresstruktur 2 noch nicht vorhandenen Panzerregiments, das nunmehr in alle Korps eingegliedert wurde.

Als Folge des Einmarsches der Warschauer-Pakt-Staaten 1968 in die CSSR bekam auch der Sicherungsauftrag des Territorialheeres, insbesondere die Ausbildung und Ausstattung der Heimatschutztruppe und der Sicherungseinheiten, einen erhöhten Stellenwert. Dies führte zu der Entscheidung, die Heimatschutztruppe nicht nur zahlenmäßig zu erweitern und eine gewisse Präsenz bereits im Frieden bereitzustellen, sondern auch dazu, Organisation, Ausrüstung, Ausbildung und personelle Besetzung einer eingehenden Prüfung zu unterziehen. Insgesamt wurde gefordert, die Heimatschutztruppe deutlich aufzuwerten.

Bei der Umgliederung der Heimatschutztruppe in die Heeresstruktur 3 wurde diese Forderung mit der Aufstellung der Heimatschutzkommandos realisiert. Der bisherige Umfang von 235 Soldaten im Frieden und 45.000 Soldaten im Kriegsfall veränderte sich auf 9.000 Soldaten im Frieden und 103.000 Soldaten im Kriegsfall; dies war das geforderte deutliche Signal.

Ein weiteres Ziel der neuen Struktur war es, durch häufigere Mob-Übungen die stärkere Nutzung des Reservistenpotentials zu prüfen, die Ausbildung der Reservisten zu verbessern und ihre Ausrüstung zu vervollständigen, wie es die Bundesregierung bereits im Weißbuch 1969 angekündigt hatte[62].

Dennoch konnte die gestiegene Bedeutung der Reservisten für die Verteidigungsfähigkeit auch in der neuen Struktur nur wenig dazu beitragen, das Problem der Wehrgerechtigkeit bei Reservisten zu lösen. Unverändert blieb die Tatsache, daß die Zahl der im Heer ausgebildeten Reservisten stärker anwuchs, als es der Bedarf des Heeres für den Verteidigungsfall erforderte. Der in den 60er Jahren angewachsene »Überhang« an Reservisten erlaubte es den Wehrersatzbehörden, den Schwerpunkt der Mob-Beorderung auf jüngere Jahrgänge zu legen und so ältere Reservisten früher aus der Alarmreserve auszuplanen. 1970 führte dies zu dem Entschluß der Bundesregierung, Mannschaften grundsätzlich nur noch bis zum 35. Lebensjahr und Unteroffiziere nur noch bis zum 40. Lebensjahr in einer Verwendung als Reservisten für den Verteidigungsfall vorzusehen. Bis zu diesem Zeitpunkt waren sie bis zum 60. Lebensjahr herangezogen worden.

Auch eine Reihe anderer Kritikpunkte, die von Wehrübenden häufig vorgetragen wurden, griff das Weißbuch 1970 der Bundesregierung auf und stellte im Rahmen der Bestandsaufnahme in der Nr. 84 fest:

(1) »Häufig wird Klage geführt, daß Wehrübende während ihrer Reserveübung nicht angemessen eingesetzt werden. Es handelt sich dabei meist um Einzelfälle. Gleichwohl sollte nicht übersehen werden, daß es voll im Berufsleben stehenden Reservisten schwerfallen muß, sich während ihrer Übung darauf zu beschränken, nur anwesend zu sein, ohne eine Auffrischung ihrer Ausbildung oder eine konkrete sichtbare Aufgabe zu erfüllen.

(2) Eine Fülle von Vorschlägen zielt auf die Erhöhung der Leistung für Wehrübende nach dem Unterhaltssicherungsgesetz (bisher für Unverheiratete 60 % und für Verheiratete 80 % des Einkommens).

(3) Die unterschiedliche Dauer und Häufigkeit von Wehrübungen (12 bis 28 Tage) und der Umstand, daß nicht alle Reservisten zu solchen Übungen herangezogen werden (z.Z. 100.000 von 160.000 jährlich ausscheidenden Wehrpflichtigen) stellt ein zusätzliches Element der Wehrungerechtigkeit dar.

(4) Die Antwort auf die Frage, in welchem Umfang die zur Verfügung stehenden Reservisten zweckmäßig eingesetzt werden können, wird entscheidend davon abhängen, welche Aufgaben den Wehrpflichtigen in den Streitkräften von morgen überhaupt zufallen – ob etwa eine Situation entsteht, in der das Heer fast ausschließlich von Zeit- und Berufssoldaten gebildet und die Aufgaben der Territorialen Verteidigung für den Wehrpflichtigen in einer Art Miliz erfüllt werden sollen und können. Im Falle einer wesentlichen Verkürzung der Grundwehrdienstdauer ergeben sich auch Veränderungen für die Reservistennutzung[63].«

Das Weißbuch führt danach weiter aus, daß die hier aufgeworfenen Fragen geprüft würden. Gleichzeitig wird mitgeteilt, daß das Bundesministerium der Verteidigung an einem neuen Konzept für die Nutzung und den Einsatz der Reservisten arbeite, um bei einigen dieser Probleme Abhilfe zu schaffen, und daß die Herausgabe dieses Konzeptes zum 1. Januar 1971 vorgesehen sei.

Am 9. Juli 1971 wurde die erste Reservistenkonzeption erlassen. Zu dem Ziel, mehr Wehrgerechtigkeit – mehr Wehrübungsgerechtigkeit – zu erreichen, sollten nach dieser Konzeption folgende Maßnahmen führen:

- Verkürzung der Mob-Beorderungsdauer auf 10 Jahre.
- Verkürzung der Wehrüberwachungsdauer um 15 Jahre für Unteroffiziere der Reserve (bis zum 45. Lebensjahr) und um 25 Jahre für Mannschaften der Reserve (bis zum 35. Lebensjahr).
- Begrenzung des Wehrübungsumfanges bei Mannschaften auf längstens 48 Tage.
- Fördern und Unterstützen der freiwilligen Wehrübungstätigkeit.

Ferner war geplant, die Zahl der Wehrübungsplätze von 6.000 im Jahr 1971 schrittweise auf 8.000 Wehrübungsplätze im Jahr 1974 zu erhöhen.

Für Planung, Vorbereitung und Durchführung von Wehrübungen wurden durch die Konzeption folgende Grundsätze aufgestellt:

- Wehrübungen werden als Ausbildungsvorhaben langfristig vorausgeplant, eingehend vorbereitet, rationell durchgeführt und dem Reservisten rechtzeitig angekündigt, soweit es sich nicht um Mob-Übungen als Alarmübungen handelt.
- Die Einberufung erfolgt entsprechend des im Grundwehrdienst erworbenen Ausbildungs- und Tätigkeitsnachweises (ATN), dem militärischen Ausbildungsstand und soweit möglich, den zivilberuflichen Fähigkeiten des Reservisten[64].

Mit insgesamt 60 % Reservisten bei Mobilmachung waren Feldheer (45 % Reservisten) und Territorialheer (85 % Reservisten) in der Heeresstruktur 3 von den Vorgaben der ersten Reservistenkonzeption vom 9. Juli 1971 besonders betroffen. Es gab zahlreiche Einzelbereiche, in denen der Wille zur Verbesserung der Situation der Reservisten umgesetzt werden konnte. Der »große Wurf«, bei dem alles berücksichtigt werden konnte, war aber nicht realisierbar.

Mit der »Weisung Nr. 1 für die Reservistenarbeit des Heeres«[65] vom 10. April 1973 legte Generalleutnant Ferber als Inspekteur des Heeres Vorgaben für die Reservistenarbeit im Heer fest. Diese Weisung war sowohl eine Umsetzung der ersten Reservistenkonzeption vom 9. Juli 1971 als auch der »Weisung für die Reservistenarbeit« des Generalinspekteurs vom 15. September 1972[66]. Kernpunkte dieser Weisung des Inspekteurs des Heeres waren zum einen die Aufträge für die spezielle Reservistenarbeit der beorderten Reservisten der Alarmreserve in der Verantwortung der Mob-Truppenteile, zum anderen die Forderung zur Unterstützung der allgemeinen Reservistenarbeit (später als Verwendungsunabhängige Freiwillige Reservistenarbeit bezeichnet) für die im Verband der Reservisten der Deutschen Bundeswehr organisierten Reservisten.

Angesichts der Vorgaben der Konzeption Reservisten hatte sich das Heer bei der Umsetzung der Konzeption für seine Reservisten folgende Ziele gesteckt:
- Verwendungszeiten in der Mob-Beorderung sollten festgelegt werden.
- Wehrübungen sollten überschaubarer (längerfristig geplant) werden.
- Inhalte der Wehrübungen sollten sinnvoller auf die notwendige Ausbildung zur Wahrnehmung der Funktionen bei Mobilmachung abgestimmt werden.

Die Schwierigkeiten des Heeres, die der Forderung nach mehr Wehr(übungs)-gerechtigkeit beim Heer entgegenstanden, waren vor allem folgende:
- Mangel an logistischem und anderem Spezialpersonal, da die überwiegende Zahl logistischer Verbände erst im Verteidigungsfall aufgestellt wurde,
- Fehl an ausgebildeten Reservisten für Jägerverbände und Sicherungseinheiten, da diese im Territorialheer einen wesentlich größeren Anteil ausmachten, als dafür ausgebildete Reservisten aus dem Wehrdienst entlassen wurden und
- die geringe Zahl qualifizierter Führer, da sich das Friedensfehl zwangsläufig nachteilig auf das Reservistenaufkommen auswirkte.

Trotz aller Verbesserungen war es weiterhin nicht zu verhindern, daß ein Teil der Reservisten nach dem Grundwehrdienst nicht zu Wehrübungen herangezogen

wurde. Ein weiterer Teil konnte damit rechnen, vielleicht einmal eine Wehrübung ableisten zu müssen. Die übrigen Reservisten mußten sich darauf einstellen, überdurchschnittlich lange mob-beordert zu bleiben und mehrfach zu Wehrübungen herangezogen zu werden. Diese strukturelle Unausgewogenheit hatte zur Folge, daß die angestrebten Wehrübungs- und Altersobergrenzen im Heer nur für einen Teil der Reservisten angewandt werden konnten.
Eine weitere Verbesserung der Gesamtsituation der Reservisten suchte das Heer mit folgenden Zielsetzungen:

- Quantitative und qualitative Verbesserung des Reserveführernachwuchses.
- Verkürzung der Dauer von Einzelwehrübungen auf 12 Tage und Straffung des Wehrübungsablaufes.
- Verbesserung der Effizienz von Mobilmachungsübungen durch frühere Einberufung der Führer (Einplanung einer Vorlaufphase).
- Erprobung in einzelnen Mob-Übungen, um eine optimale Lösung hinsichtlich Zeitdauer und Zeitfolge von Mob-Übungen für Geräteeinheiten des Feld- und Territorialheeres herauszufinden.
- Stärkere zusätzliche Einbindung der aktiven Truppe zur Unterstützung der Wehrübungen.
- Erhöhung der Zahl der Wehrübungsplätze.

Abschließend wurde festgestellt, daß die gesetzlichen Möglichkeiten letztlich nicht ausreichten, um eine wirklich zufriedenstellende Lösung für das Heranziehen der Reservisten zu Wehrübungen zu erreichen. Auf die freiwillige Bereitschaft von Reservisten, sich weiter ausbilden zu lassen, die Ausbildung zu ergänzen, sie abzurunden und sich überhaupt zu engagieren, konnte auch künftig nicht verzichtet werden[67].
Zum Thema »Struktur/Reservisten/Wehrübungen« stellte die am 9. Juli 1970 eingesetzte Wehrstrukturkommission in ihrem Bericht vom 3. Februar 1971 fest:

> »Die heutige Wehrstruktur bewirkt, daß eine große Zahl von Wehrpflichtigen militärisch ausgebildet wird. Aber nur wenige gediente Wehrpflichtige üben gegenwärtig als Reservisten in der Funktion, für die sie ausgebildet worden sind. Ausbildung und Kosten können über den Grundwehrdienst hinaus oft nicht mehr für die Verteidigung genutzt werden. Hinzu kommt, daß Wehrpflichtige für lange Zeit mob-beordert sind und häufig erst lange nach Beendigung ihres Grundwehrdienstes wieder zu Übungen einrücken. Hier treffen sie oft auf Waffen und Gerät, die sie nicht kennen. Insgesamt erlaubt das heutige System nicht, die 100%ige Friedenspräsenz der Bundeswehr ohne Mobilmachungsmaßnahmen herzustellen[68].«

Als Abhilfemaßnahme empfahl die Wehrstrukturkommission, das Reservistenpotential durch Schaffung einer Ausbildungsorganisation für Reservisten, besondere finanzielle Anreize, jederart freiwilliger Weiterbildung und bevorzugte Beförderung unter dem Gesichtspunkt der zivilen Kenntnisse, stärker auszuschöpfen. Vergleichbare Vorschläge waren bereits in früheren Jahren erarbeitet worden. Die Auseinandersetzungen um diese Kernfragen in den 80er und 90er

Jahren belegen, daß eine Lösung vom Grundsatz her immer wieder angestrebt wurde, überzeugende Ergebnisse aber nur in Teilbereichen gefunden werden konnten, weil die Vielschichtigkeit der Probleme des Wehrdienstes in Wehrübungen keine Patentlösung zuließ.

Ungeachtet des sich mit Einnahme der Heeresstruktur 3 vollziehenden konzeptionellen und strukturellen Wandels und trotz der Klagen über die fehlende Wehrgerechtigkeit stieg die Zahl der Wehrübenden weiter an. 1970 übten im Heer 90.000 Reservisten, 40 % davon in Einzelwehrübungen; anteilig waren es 12 % Offiziere, 22 % Unteroffiziere und 66 % Mannschaften. Über 30.000 Wehrübende waren Reservisten der Heimatschutztruppe, sie waren die Reservisten mit der regelmäßigsten und höchsten Wehrübungsbelastung.

Die Heimatschutztruppe erreichte 1968 eine Stärke von über 40.000 Reservisten, die in 196 Sicherungs- und Grenadierkompanien beordert waren und für deren Ausbildung 17 Ausbildungszentren zur Verfügung standen. Mit Stolz konnte der Inspizient der Heimatschutztruppe, Oberst Arnulf von Garn, feststellen, daß die Absicht, in Ausbildungszentren mit geringem personellen und organisatorischen Aufwand einen hohen Ausbildungsstand zu erreichen, realisiert worden war. 1967/68 waren in Wehrübungen 25.000 Reservisten von 26 Offizieren und 143 Unteroffizieren in Ausbildungszentren ausgebildet worden[69].

Um die Bereitschaft zur Leistung von Wehrübungen in der Heimatschutztruppe weiter zu verbessern, wurden ab 1. Januar 1970 neue Vorgaben festgelegt. Danach wurden Reservisten der Heimatschutztruppe nur noch zu Wehrübungen von insgesamt 48 Tagen Dauer (bisher 60) in vier Abschnitten mit je 12 Tagen (bisher 15) einberufen. Die Mob-Beorderung endete nach Ableistung der vorgeschriebenen vier Wehrübungen, frühestens jedoch nach sechs Jahren. Maßgebend für die Entlassung aus der Mob-Beorderung war aber nicht die Dauer der Zugehörigkeit zur Heimatschutztruppe, sondern die Ableistung der vier Wehrübungen von insgesamt 48 Tagen. Wehrübungen, die Reservisten bei anderen Truppenteilen geleistet hatten, wurden auf die 48 geforderten Wehrübungstage bei der Heimatschutztruppe angerechnet.

Mit eindrucksvollen Zahlen bestätigten die Ausbildungszentren in den 70er Jahren ihre Leistungsfähigkeit und die Wehrübungsintensität der Heimatschutztruppe: Im Ausbildungszentrum 54/1 in Stetten wurde 1970 mit dem Obergefreiten der Reserve Alexander Wichtler der 6.000ste wehrübende Soldat der Heimatschutztruppe begrüßt. Da er einer Sicherungskompanie, in der vor allem Heilbronner Bürger dienten, angehörte, erhielt er vom Heilbronner Oberbürgermeister Dr. Hoffmann einen Wappenteller und ein Buch über die Stadt[70].

Zwei Jahre später konnte mit dem Hauptgefreiten der Reserve Herbert Ritter, 5. Kompanie Jägerbataillon 750, der 10.000ste übende Reservist im Ausbildungszentrum 54/1 Mainz begrüßt werden. In knapp fünf Jahren hatten 65 Sicherungskompanien, Jägerkompanien und schwere Jägerkompanien der Heimatschutztruppe in Mob-Übungen dieses Ausbildungszentrum durchlaufen[71]. Der Bürgermeister der Stadt Emmerich dankte 1973 im dortigen Ausbildungszentrum 32/3 dem 31jährigen Obergefreiten der Reserve Helmut Abels aus Grevenbroich als dem 12.000sten wehrübenden Reservisten[72]. Der Befehlshaber im Wehrbereich V, Generalmajor Dr. Ferdinand von Senger und Etterlin, überreichte im Ausbildungszentrum 52/1, Hardheim, dem Obergefreiten der Reserve Adolf Orban als 15.000stem wehrübendem Reservisten eine Plakette, die aus diesem Anlaß von der Gemeinde Hardheim gestiftet worden war. Diese Ausbildungsleistung war in sieben Jahren mit einem Stammpersonal von elf Soldaten und vier Zivilisten erreicht worden[73].

Zu den Gefechtsübungen des Feldheeres traten mit Beginn der Heeresstruktur 3 zunehmend auch Gefechtsübungen des Territorialheeres. Die Namen dieser Gefechtsübungen, vor allem mit den neu aufgestellten Heimatschutzkommandos, zeigten die enge Verbundenheit mit der Region, auf deren Schutz diese Übungen ausgerichtet waren und aus denen die übenden Reserveeinheiten kamen. Im Wehrbereich II lief die Übung unter der Bezeichnung »Starker Friese«, im Wehrbereich III unter der Bezeichnung »Rur«, im Wehrbereich IV (Saarland) unter der Bezeichnung »Sicheres Grubenlicht« und im Wehrbereich V unter den Bezeichnungen »Schwarzwälder Kirsch«, »Badisches Land«, »Heuberg« und »Schwaben«.

An der Truppenübung »Badisches Land« vom 15. bis 26. September 1969 nahmen vorwiegend Reservisten der Heimatschutztruppe des Verteidigungsbezirkskommandos 52 mit dem Grenadierbataillon 52, drei Sicherungskompanien und das Pionierbataillon 753 teil. Insgesamt übten 1.781 Reservisten.

Truppenübung **Foto: Mertens**

Für die meisten Soldaten der Heimatschutztruppe war es die Teilnahme am vierten Ausbildungsabschnitt und damit die letzte Wehrübung im Rahmen der Beorderung. Der mit einem Tag befohlene Vorlauf für die Mob-Übung wurde in der Auswertung als zu kurz bewertet, und es wurde festgelegt, daß für die 1970 vorgesehene Übung »Schwarzwälder Kirsch« der Vorlauf für das Führungs- und Funktionspersonal auf zweieinhalb Tage zu erweitern sei. Man nahm damit bewußt in Kauf, daß sich die eigentliche Übungszeit der geschlossenen Kompanien dadurch verringerte.
An der Truppenübung »Blauer Enzian« im Wehrbereich VI vom 5. bis 16. Oktober 1970 im Raum südlich Ulm und Augsburg nahmen vor allem Reservisten des Verteidigungsbezirkskommandos 61, des Grenadierbataillons 760 und fünf Sicherungskompanien der Verteidigungskreiskommandos 613 und 614 teil. Im dazu erstellten Inspizierungsbericht Nr. 22/70 vom 2. November 1970 schreibt der Inspizient der Heimatschutztruppe, Oberst von Garn, zur Offizierstellenbesetzung, daß drei Kompaniechefs der Sicherungskompanien kriegsgediente Offiziere waren, davon zwei dem Geburtsjahrgang 1914 angehörten, und stellte fest, daß im Interesse der Ausbildung jüngerer Reserveoffiziere diese 56jährigen Kompaniechefs einer anderen Verwendung zugeführt werden sollten[74].
Ein Jahr später führte das Wehrbereichskommando V im Zeitraum vom 16. bis 23. September 1971 die Gefechtsübung »Eiserne Faust« durch, bei der knapp 1.500 Reservisten aus fünf Sicherungskompanien der Verteidigungsbezirkskommandos 511 und 512, eine Fernmeldekompanie sowie die Stabskompanien des Verteidigungsbezirkskommandos 51 und der Verteidigungskreiskommandos beteiligt waren. Übungszweck war der Raum- und Objektschutz, der Einsatz gegen verdeckt kämpfenden Feind und die Zivil-Militärische-Zusammenarbeit. Auf der Seite der Heimatschutztruppe waren auch Hundertschaften des Bundesgrenzschutzes eingesetzt, während zur Feinddarstellung amerikanische Soldaten der Special Forces und britische Soldaten aus dem Special Air Service eingesetzt wurden.
In die Übungen des Territorialheeres wurde oft auch die Hundeschule der Bundeswehr aus Koblenz einbezogen, die mit Wachhunden, begleitet von Streifenführern, die Heimatschutztruppe beim Schutz empfindlicher Punkte und im Objektschutz unterstützte.
Zum Aushängeschild des unter nationalem Befehl stehenden Territorialheeres wurden in der Heeresstruktur 3 die sechs Heimatschutzkommandos. In der Übung »Starke Festung« in Bergen-Hohne Anfang September 1970 wurde erstmals das Heimatschutzkommando vorgestellt. Bei einem Stamm von 1.600 aktiven Soldaten wuchs das Heimatschutzkommando nach Mobilmachung um 6.400 Reservisten auf, um danach innerhalb von sechs Tagen einsatzbereit zu sein. Kernstück des teilaktiven Heimatschutzkommandos waren zwei Jägerregimenter mit je zwei Jägerbataillonen aus je vier Jägerkompanien[75].
Der ursprüngliche Gedanke, diese Truppenteile für die Verstärkung der Fronttruppe in überbreiten Gefechtsstreifen vorzusehen, wurde bereits in der Planung

verworfen. Die geringe Präsenz im Frieden, die wenigen schweren Waffen, die Versetzung oft lebensälterer Soldaten aus dem Feldheer zum Territorialheer sprachen ebenso dagegen wie die übrige Ausstattung der Heimatschutzkommandos, die mit auslaufendem Material des Feldheeres erfolgte, das dort durch Zulauf neuer Waffen und Geräte entbehrlich wurde. Der Spott des Feldheeres, das von »Hausschuhkommandos«[76] sprach, belastete die Aufstellungsphase, aber dessen ungeachtet wuchsen die Heimatschutzkommandos in ihrer Friedensgliederung auf. Neben dem Grundausbildungsauftrag für die Korpstruppen des Feldheeres bildete jedes Heimatschutzkommando in Zwölf-Tage-Übungen Jahr für Jahr mit über 3.000 Reservisten knapp 50 % seiner mob-beorderten Reservisten aus. In Gefechtsübungen stellten sie bald unter Beweis, daß sie trotz des hohen Reservistenanteils und trotz überalterter materieller Ausstattung die Operationsfreiheit im rückwärtigen Gebiet im beweglich geführten Gefecht sicherstellen konnten. Gemeinsam mit den Reservisten der Sicherungskompanien der Verteidigungskreiskommandos und den Reservisten der Jägerbataillone der Verteidigungsbezirkskommandos waren sie die Garanten für den Heimatschutz. Dabei kam es oftmals auch zu unkonventionellen Lösungen, wenn es darum ging, die besten Einsatzmöglichkeiten, z.B. für den Objektschutz, zu erkunden. So traf sich Anfang der 70er Jahre der Kommandeur des Verteidigungsbezirkskommandos 36, Aachen, mit den Offizieren seines Jägerbataillons an Wochenenden, um gemeinsam eine »Begehung« des Einsatzraumes vorzunehmen. Die Erkenntnisse dieser Wanderungen wurden gesammelt und ergaben – ausgewertet – das beste Material für die militärischen Überlegungen zum Schutz von Autobahnen, Pipelines, Talsperren und zur Sicherung wichtiger Betriebe oder zu Fragen der Evakuierung der Zivilbevölkerung[77].

Auf dem Gebiet der Mobilmachungsvorbereitungen wurde im Heer erstmals bei der Entlassung von Wehrdienstleistenden zum 31. März 1970 das neue Verfahren der Anschlußbeorderung angewandt. Es hat sich, wie einer Stellungnahme des Führungsstabes des Heeres vom 29. Januar 1971 zu entnehmen war, voll bewährt. Bei diesem Verfahren bestimmte der für die Mobilmachung verantwortliche Kommandeur, welche der zur Entlassung kommenden Grundwehrdienstleistenden in seinem Truppenteil als Reservisten mob-beordert werden sollten. Bereits bei der Entlassung wurde dem Reservisten der Beorderungsbescheid ausgehändigt. Damit konnten aktuell ausgebildete Reservisten funktionsgerecht und im höchstmöglichen Grad standortnah eingeplant werden. Verbände mit hohen Mobilmachungsanteilen konnten dadurch verhältnismäßig schnell wieder mobil- und feldverwendungsfähig gemacht werden.

Mit der Gesetzesnovelle von 1972 zur Änderung wehrrechtlicher, ersatzdienstrechtlicher und anderer Vorschriften wurde der Versuch unternommen, die Vorschläge der Wehrstrukturkommission von 1971 zusammen mit den im »Weißbuch 1970 zur Sicherheit der Bundesrepublik Deutschland und zur Lage der Bundeswehr« festgelegten Beschlüssen der Bundesregierung in die Durchsetzung größerer Wehrgerechtigkeit bei gleichzeitiger Erhaltung des Kampfwertes der Bundeswehr umzusetzen. Neben der Kürzung des Grundwehrdienstes von 18 auf 15 Monate, der Einführung bzw. Anhebung von Verpflichtungsprämien bei Verpflichtung zum Soldaten auf Zeit, bestimmte das Gesetz, daß Wehrpflichtige nach ihrer Entlassung aus dem Grundwehrdienst in den ersten drei Monaten einer Verfügungsbereitschaft unterlagen, aus der sie jederzeit auf Anordnung des Bundesministers der Verteidigung unmittelbar, d.h. ohne Einschaltung der Kreiswehrersatzämter, zum Dienst in ihren Verband zurückgerufen werden konnten. Der § 21 Abs. 2 Wehrpflichtgesetz erhielt folgende Fassung:

> »Die Einberufung zum Wehrdienst während der Verfügungsbereitschaft wird zusammen mit der Einberufung zum Grundwehrdienst ausgesprochen. Sie wird wirksam, wenn dem Wehrpflichtigen die Heranziehung aufgrund einer Anordnung des Bundesministers der Verteidigung formlos durch seine letzte Einheit oder Dienststelle mitgeteilt wird.«

Diese Regelung galt erstmals für die zum Januar 1973 zum 15monatigen Grundwehrdienst einberufenen Soldaten.

Aus der dreimonatigen Verfügungsbereitschaft wurde drei Jahre später durch die 9. Änderung des Wehrpflichtgesetzes eine zwölfmonatige Verfügungsbereitschaft. Während die Verfügungsbereitschaft 1972 vor allem dem Ausgleich des Präsenzverlustes durch die Reduzierung der Dauer des Grundwehrdienstes von 18 auf 15 Monate galt, war es Ziel der verlängerten Verfügungsbereitschaft, die Personalkosten zu senken und dafür die Ausgaben für die Modernisierung des Materials zu erhöhen, indem ein Teil des Friedensumfangs – etwa 30.000 von 495.000 – durch Angehörige der Verfügungsbereitschaft gestellt wurde und dementsprechend die Zahl der ständig im Dienst befindlichen Soldaten herabgesetzt werden konnte.

In das Wehrpflichtgesetz wurde der § 5 a mit folgendem Wortlaut neu eingefügt:

> »Wehrpflichtige leisten während einer Zeit von zwölf Monaten im Anschluß an den Grundwehrdienst oder an die Beendigung an das Dienstverhältnis als Soldat auf Zeit aufgrund des § 54 Abs 1 Satz 1 des Soldatengesetzes Wehrdienst in der Verfügungsbereitschaft, wenn und solange der Bundesminister der Verteidigung es anordnet. Während der zwölf Monate sind sie Angehörige der Verfügungsbereitschaft, wenn sie einen Einberufungsbescheid für diesen Wehrdienst erhalten haben.«

In der Praxis hatte die Verfügungsbereitschaft zur Folge, daß Reservisten bereits wenige Tage oder Wochen nach Beendigung ihres Grundwehrdienstes oder ihrer Entlassung als Soldat auf Zeit zum Dienst in der Verfügungsbereitschaft und damit zum Wehrdienst zurückgerufen werden konnten, um »in der Stunde der Not«, wie es in Kommentaren dazu hieß, die Truppenteile rasch mit ausgebildeten Reservisten aufzufüllen.

Das Verhältnis zwischen Reservisten und aktiven Soldaten, insbesondere zwischen den aktiven Soldaten des Feldheeres und Reservisten des Territorialheeres, war zu Beginn der 70er Jahre nicht immer spannungsfrei. In seinem Jahresbericht 1971 griff der Wehrbeauftragte des Deutschen Bundestages, Fritz Rudolf Schultz, dieses Thema auf und stellte fest, vor allem bezogen auf die Reservisten der Heimatschutztruppe, daß deren Personalplanung mangelhaft sei, ihre Betreuung im Vergleich zum Feldheer der Verbesserung bedürfe, die Ausbildung und die Zahl der Ausbilder nicht ausreiche und die Gefahr heraufziehe, daß sich Angehörige der Heimatschutztruppe gegenüber der aktiven Truppe diskriminiert fühlten. Er hoffe, daß die Heimatschutztruppe nicht zum Stiefkind werde und führte als besonders negatives Beispiel des gestörten Verhältnisses folgenden Fall an:

> »In einer gemeinsam benutzten Kasernenanlage hatte die Truppe des Feldheeres das Ausbildungszentrum der Heimatschutztruppe mit Stacheldrahtrollen abgegrenzt. Durch diese Absperrung sollte verhindert werden, daß Soldaten der Heimatschutztruppe auf dem Weg zum gemeinsam benutzten Kantinen- und Wirtschaftsgebäude den Kompaniebereich der aktiven Truppe durchqueren. Beide Gemeinschaftseinrichtungen waren als Folge dieser Absperrung nur auf Umwegen zu erreichen. Wie ich in Erfahrung brachte, wurde die inzwischen aufgehobene Maßnahme angeordnet, um die in Haltung und Auftreten intakte Truppe von dem angeblich diszplingefährdenden Einfluß der Heimatschutztruppe fernzuhalten[78].«

Solche o.ä. Vorfälle blieben glücklicherweise Einzelfälle und haben dem Selbstwertgefühl der wehrübenden Soldaten der Heimatschutztruppe nicht geschadet. In einer Befragung vertraten 64 % der Soldaten der Heimatschutztruppe die Meinung, daß sie anderen Soldaten ebenbürtig seien[79].

Ein anderes, sehr spezielles Kapitel in der Geschichte der Reservisten des Heeres begann am 19. Oktober 1970. An der Kampftruppenschule II/III in Munster begrüßte der Amtschef des Heeresamtes, Generalleutnant Hubert Sonneck, 41 Reserveoffiziere, deren Lebensalter und erreichter Dienstgrad – fast ausschließlich Oberleutnante und Hauptleute – offensichtlich in einem Mißverhältnis standen. Es handelte sich um 31 Führungskräfte der Wirtschaft und zehn Mitglieder des Vorstandes des Deutschen Gewerkschaftsbundes, die zur ersten freiwilligen Informationswehrübung für zivile Führungskräfte mit einem vorläufigen Offizierdienstgrad einberufen worden waren, der ihnen für die Dauer der Wehrübung verliehen wurde.

Das Interesse der zivilen Führungskräfte, Informationen über das Heer aus erster Hand zu erhalten, war groß und blieb es auch für die nächsten Jahrzehnte. Viele der ungedienten Teilnehmer dieser Informationswehrübungen, zu denen später u.a. Redakteure, Richter, Vorstandsvorsitzende und Pädagogen hinzukamen, die nach den zwölf Tagen als Reservisten das Heer verließen, hielten Kontakt und wurden zu dem, was man sich von ihnen erhoffte, Multiplikatoren für das Heer. In späteren Jahren entstand aus einer dieser Informationswehrübungen heraus der Wunsch, sich auch nach Beendigung der Informationswehrübung zu treffen, und daraus wurde die Geburtsstunde der »Ehemaligenkameradschaft der Reserveoffiziere (vorläufig) – ZiFkras«, eines Kreises, der sich bis heute jährlich trifft.

Mit knapp 100.000 Wehrübenden, genau waren es 99.404, hatte das Heer 1973 die zugewiesenen Wehrübungsplätze vollständig genutzt. Wiederum übten mit

Prominenter Wehrübender,
Hauptmann d.R. Meyer-Vorfelder, beim Sprungdienst. **Foto: Mertens**

33.964 Reservisten der Heimatschutztruppe anteilig die meisten beorderten Reservisten des Heeres.
1974 kam es erstmals zu einer gemeinsamen Übung des Feldheeres und des Territorialheeres. Zwar hatten die Übungen noch getrennte Bezeichnungen, das III. Korps mit »Schneller Wechsel« und das Territorialkommando Süd mit »Pfälzer Wald«, aber die Übung des Territorialheeres war synchron in die des Feldheeres eingebunden. Während das Feldheer entsprechend der Übungsbezeichnung innerhalb festgelegter Grenzen durch schnell wechselnde taktische Aufträge sowie durch Änderungen im Verhältnis der Kräfte und deren Verfügbarkeit die Übungsparteien forderte, hatte sich das Territorialheer zum Ziel gesetzt, seinen militärischen Auftrag, die Operationsfreiheit der eingesetzten Truppen des Feldheeres während der Übung aufrechtzuerhalten, in der Praxis zu überprüfen. Unter den insgesamt 80.000 teilnehmenden Soldaten befanden sich 13.000 Reservisten.
Anfang der 70er Jahre wurde das Thema Reservisten auch an der Führungsakademie der Bundeswehr bei Verwendungslehrgängen Generalstabsdienst/Abteilung Heer Gegenstand von Jahresarbeiten. Major Dieter Schott setzte sich 1971 mit der »Nutzung des Reservistenpotentials des Heeres aus militärfachlicher Sicht« auseinander und kam zu dem Ergebnis, daß trotz eines zahlenmäßigen Überangebotes an Reservisten die militärischen Forderungen zur qualitativen Bedarfsdeckung mit Reservisten aus dem gegenwärtigen Reservistenaufkommen nicht gedeckt werden konnten. Ursachen hierfür waren im wesentlichen das Fehl bei Reserveoffizieren und Reserveunteroffizieren, das unterschiedliche regionale Reservistenaufkommen, die Diskrepanz in Aufkommen und Bedarf bezogen auf die Truppengattungen sowie die nicht ausreichende Zahl der Wehrübungsplätze. Um jährlich nur die Reservisten der Alarmreserve zu einer 14-Tage-Pflichtwehrübung einzuberufen, benötigte das Heer 19.000 Wehrübungsplätze. In 1970 standen aber nur 5.500 Wehrübungsplätze zur Verfügung. Der geplante Aufwuchs auf 8.000 Wehrübungsplätze bis 1974 würde dies nicht ändern, zumal außerdem nicht sicher sei, ob die dafür erforderlichen Haushaltsmittel zur Verfügung stehen würden[80].
Major Wolfgang Minderjahn befaßte sich 1975 in seiner Jahresarbeit mit der »Speziellen Reservistenarbeit« im Heer. Dies war eine Aufgabe, die der Inspekteur des Heeres mit seiner Weisung Nr. 1 für die Reservistenarbeit im Heer am 10. April 1973 den aktiven Truppenteilen gestellt hatte. Zielgruppe der speziellen Reservistenarbeit waren die mob-beorderten Reservisten des Heeres. Die aktiven Truppenteile sollten ihre Reservisten durch militärische Betreuung und militärische Weiterbildung in dienstlichen Veranstaltungen zwischen den Mob-Übungen erfassen und dadurch die Einsatzbereitschaft der Alarmreserve erhöhen, die Kampfkraft verstärken und damit zu glaubwürdiger Abschreckung beitragen. Für Geräteeinheiten wurde die Gründung von freiwilligen Zusammenschlüssen in sogenannten »Reservisten-Mob-Kameradschaften« (RMK) angestrebt. Der Verfasser der Studie kam zu dem Ergebnis, daß bis auf geringe

Ansätze im Bereich des Territorialheeres diese Arbeit zwei Jahre nach Erlaß der Weisung immer noch in den Anfängen der Umsetzung steckte, wenngleich ein Nutzeffekt im Sinne der Zielvorgaben bejaht wurde.
Als Hauptschwierigkeiten stellte er das Fehlen von engagierten Führern, vor allem für die Führung von Geräteeinheiten, die hohen Belastungen der aktiven Truppe durch andere Aufgaben sowie die äußerst geringe Neigung von Alarmreservisten, vor allem der Mannschaftsdienstgrade, zur freiwilligen Mitarbeit heraus.
Eine vom Verfasser der Jahresarbeit im Februar 1975 durchgeführte anonyme Befragung von 60 Einheitsführern des Heeres, von denen 43 antworteten, ergab, daß 22 von dem Auftrag einer speziellen Reservistenarbeit im Heer etwas, 21 davon bisher nichts gehört hatten, obwohl in ihren Einheiten durchschnittlich 50 Reservisten mob-beordert waren.
Dieses Ergebnis war insofern nicht sonderlich erstaunlich, da auch die gleichzeitige Auswertung der Jahresausbildungsbefehle und Jahresausbildungsweisungen der Korps und Divisionen für 1974 und 1975 keine Vorgaben für die Reservistenarbeit bzw. die spezielle Reservistenarbeit enthielten. In den entsprechenden Anweisungen der Territorialkommandos wurde auf die Vorbereitung von Mob-Übungen durch dienstliche Veranstaltungen hingewiesen und die Festigung bestehender bzw. die Gründung neuer Reservisten-Mob-Kameradschaften befohlen.
In der Zusammenfassung dieser umfangreichen und gründlichen Jahresarbeit heißt es, daß im Territorialheer durch die dort vorhandene »Organisation der Reservisten« die spezielle Reservistenarbeit bereits angelaufen sei, im Feldheer vor allem in den unteren Ebenen aber Unklarheit und zum großen Teil noch Unkenntnis herrsche. Dies wurde erklärt aus der erkennbar z.T. reservierten und vereinzelt auch ablehnenden Haltung in der mittleren Führungsebene, die begründet sei in dem Fehl an geeignetem Personal, bei gleichzeitig hoher Belastung durch die Anforderungen an Erziehung und Ausbildung der aktiven Truppe. Insgesamt würde die spezielle Reservistenarbeit, auf das Machbare beschränkt und mit Engagement betrieben, die Kampfkraft des Heeres insgesamt erhöhen, die Verteidigungsbereitschaft steigern und damit zu einer glaubwürdigen Abschreckung beitragen[81].
Insbesondere diese Jahresarbeit macht deutlich, daß Mitte der 70er Jahre die spezielle Reservistenarbeit überwiegend dem Bereich des Territorialheeres zugeordnet wurde, daß sich das Feldheer dieser Aufgabe trotz eines Anteils von 40 % Reservisten mit deutlich geringerem Interesse widmete. Die Arbeit zeigt ferner das breite Angebot der Möglichkeiten für die spezielle Reservistenarbeit. Letztlich war es aber jedem Dienststellenleiter überlassen, ob er die Möglichkeiten bzw. welche der aufgeführten Möglichkeiten er für seine Reservisten aufgriff und umsetzte.
Nach den Angaben im Militärischen Zustandsbericht des Heeres 1976 vom 25. April 1977 wuchs zu diesem Zeitpunkt das Heer bei Mobilmachung um 580.000 Reservisten auf. Die Zahl der Mobilmachungsübungen und Mob-Alarmübungen

nahm von 1975 mit 467 auf 550 im Jahr 1976 zu und wurde als eine herausragende Leistung bewertet, die durch das Engagement der Kalenderführenden Dienststellen und des Ausbildungspersonals sowie durch eine weitere Straffung der Organisation der Mob-Übungen erreicht werden konnte. Zur Verbesserung des Ausbildungsstandes der nicht zur Heimatschutztruppe gehörenden Geräteeinheiten wurde die Einrichtung von Ausbildungszentren für die Pioniertruppe und die Feldjägertruppe für dringend notwendig erachtet.

Bei der Heeresübung 1976 »Großer Bär« unter der Leitung des I. Korps zeigten die 8.000 teilnehmenden Reservisten Verteidigungsminister Georg Leber und der großen Zahl beobachtender Journalisten eindrucksvoll, daß auf sie Verlaß war, sie ihren Auftrag beherrschten und sich nur durch die Haar- und Barttracht von ihren aktiven Kameraden unterschieden. Durch ihr großes Engagement brachten die Reservisten zu Beginn sogar den Zeitplan des Übungsablaufs in Bedrängnis, da sehr viele schon vor dem Einberufungsdatum bei ihren Einheiten, vorwiegend Truppenteilen des Heimatschutzkommando 15, eintrafen. Der Kommandierende General des I. Korps, Generalleutnant Hans Klein, berichtete darüber in der Pressekonferenz des Verteidigungsministers in Dörverden und führte aus:

> »Die Bataillone [des Heimatschutzkommandos 15 – der Verf.] waren zu einem Zeitpunkt einsatzbereit, der mir im Manöverablauf gar nicht paßte. Aber weil sie nun fertig waren, haben wir sie einen halben oder gar einen ganzen Tag früher in das Manöver einbezogen, als eigentlich vorgesehen war. Ich glaube, das ist ein sehr schlagender Beweis für die Funktionsfähigkeit von Mob-Geräteeinheiten, die laufend üben[82].«

Verteidigungsminister Georg Leber war kurz vor dieser Pressekonferenz mit Reservisten beim Heimatschutzkommando 15 zusammensgetroffen, die ihm spontan über ungerechte Behandlung berichteten. Der Minister schilderte in der Pressekonferenz sein Erlebnis mit den Reservisten:

> »Wir waren jetzt gerade bei dem Heimatschutzkommando und haben dort ein Bataillon gesehen, das heute Nacht und in den letzten Tagen einer ziemlich hohen Belastung ausgesetzt war. Diese Reservisten haben mir ihren Unmut mitgeteilt. Dieser Unmut bestand aber nicht darin, daß sie mir sagten: ›Uns Reservisten ist hier zu viel zugemutet worden‹, sondern sie schimpften darüber, daß sie von den Schiedsrichtern schlecht behandelt worden seien. Statt den Reservisten die Chance zu geben, ein Gefecht für sie erfolgreich zu beenden, griffen die Schiedsrichter ein und brachen die Übung ab, weil nach dem zeitlichen Ablauf der Weg für die Weser-Schiffahrt wieder freigegeben werden mußte. Deshalb durfte das Bataillon seinen Angriff über die Weser nicht fortsetzen. ›Wir hatten die Absicht, mit dem, was hier war, noch fertig zu werden‹, sagten mir die Reservisten. Da war keine Steigerungsfähigkeit im Engagement mehr möglich. Das waren regelrecht zornige Soldaten. Zornig, weil man sie nicht leisten ließ, was sie leisten wollten. Das hat mich sehr beeindruckt[83].«

Ein Manöver ganz anderer Art fand 1976 fast zeitgleich in Wehrbereich IV statt. Unter der Leitung des Befehlshabers, Generalmajor Ernst-Ulrich Hantel, übten Einheiten des Territorialheeres im Rahmen der militärischen Landesverteidigung

nicht nur den Raum- und Objektschutz, sondern als zweiten Schwerpunkt galt es, die Zusammenarbeit ziviler und militärischer Dienststellen (ZMZ) mit dem Ziel zu üben, diese in Verteidigungsbezirken bzw. Regierungsbezirken von zwei Bundesländern während einer Krise, im Spannungs- und Verteidigungsfall zu überprüfen.
Die Übungstruppe auf der militärischen Seite bildeten zwei Verteidigungsbezirks- und zwei Verteidigungskreiskommandos, zwei Jägerbataillone und 15 Sicherungskompanien, die länderübergreifend übten, während auf der zivilen Seite 1.600 Bedienstete, Angehörige des Technischen Hilfswerkes, des Roten Kreuzes, der Feuerwehr, der Polizei aus den Bundesländern Hessen und Rheinland-Pfalz und 200 Mitarbeiter aus der Wehrbereichsverwaltung IV, dem Wehrbereichsverpflegungsamt und aus vier Kreiswehrersatzämtern teilnahmen.
Gemeinsame Absicht war es, Erfahrungen zu sammeln, Verfahrensabläufe zu üben und daraus zu lernen, um im Katastrophenfall (Ernstfall) besser gerüstet zu sein, als es kurz zuvor in Niedersachsen während des verheerenden Waldbrandes anfänglich der Fall war. Beide Seiten lernten dazu, aber nicht alle auftretenden strittigen Fragen, insbesondere rechtliche Probleme, konnten gelöst werden. Die Beteiligten trösteten sich über dieses Dilemma mit dem Hinweis hinweg, daß dies ja lediglich eine theoretische Auseinandersetzung sei, im Verteidigungsfall würde alles ganz anders aussehen[84].
Die Heeresübung 1977 »Standhafte Chatten« in Nordhessen und im südlichen Westfalen unter Leitung des III. Korps hatte zwei Schwerpunkte. Sie sollte zum einen der Darstellung des Konzepts der Vorneverteidigung dienen und zum anderen mit den Brigaden 5 und 34 das neue geplante Heeresmodell 4 erproben. Bedeutsam aus Sicht der 4.186 teilnehmenden Reservisten war, daß die beiden Modellbrigaden mit Reservisten der Verfügungsbereitschaft aufgefüllt waren, während die übrigen Truppenteile auf ihre Alarmreservisten zurückgriffen. So übte auf dem Gefechtsstand der Panzerbrigade 34 ein Reservist der Verfügungsbereitschaft, der erst Ende März 1977 aus dem Wehrdienst entlassen worden war, während ein als Alarmreservist einberufener Obergefreiter seine Übungseinheit schon 1972 als Soldat auf Zeit verlassen hatte. Die Schnelligkeit der Abläufe bei der Einberufung der Reservisten der Verfügungsbereitschaft umriß der Kommandeur eines Panzerbataillons mit folgenden Worten:

> »Das muß man sich einmal vorstellen: Heute morgen noch waren sie in Zivil zu Hause, und zwölf Stunden später finden sie sich in Kampfanzug und Feldjacke im finsteren Wald in Nordhessen wieder, in jeder Hand einen 20-Liter-Kanister und betanken die Leoparden des Panzerbataillons[85].«

Auch der Kommandeur der Panzerbrigade 34, Oberst Manthey, bewertete den Einsatz der Reservisten der Verfügungsbereitschaft positiv:

> »Natürlich liegt der Einberufungstermin relativ kurz nach der Entlassung. Aber der Soldat kommt ja auch in eine Einheit zurück, die er noch kennt. Seine Vorgesetzten sind die gleichen geblieben, von den Kameraden dienen noch eine ganze Reihe. Es gibt also von der ersten Stunde an gute menschliche Kontakte. Was mir aber noch wichtiger ist: dieser Funker kennt die

Kommandeure und Chefs der Brigade noch an ihrer Stimme. Er weiß genau, wer sich über den Äther meldet. Das macht eine Zusammenarbeit innerhalb des Brigadestabes unkompliziert und reibungslos[86].«

In der Abschlußbesprechung ging der Inspekteur des Heeres, Generalleutnant Horst Hildebrand, auch auf die Leistung der Reservisten ein, richtete aber mit besonderem Nachdruck die Aufforderung an die aktiven Führer, jede Gelegenheit zu nutzen, die Verbindung zwischen aktiver Truppe und den Reservisten des Heeres so eng wie nur irgendmöglich zu halten. Wörtlich führte er aus:

»Ihre Fähigkeit, Ihren Verband im Frieden zu führen, wird auch daran zu messen sein, ob Sie die Bedeutung der Reservisten für unser Heer erkennen, ob Sie diese Reservisten am Leben Ihrer Kompanie oder Ihres Bataillons Anteil nehmen lassen. Die Großübung des Heeres 1977 hat gezeigt, daß die Truppe und die Reservisten selbst erkannt haben, wie stark in einem Ernstfall beide Seiten aufeinander angewiesen sind, wenn es eine glaubhafte Abschreckung durch eine starke Bundeswehr geben soll[87].«

Das gestiegene Gewicht und die zunehmende Bedeutung der Reservisten werden von Generalleutnant a.D. Meinhard Glanz, der in dieser Zeitspanne Divisionskommandeur und später Inspekteur des Heeres war, mit nachfolgender Wertung umrissen:

»Das gewichtigste Ereignis zum Verhältnis Aktive-Reservisten war [in der Heeresstruktur 3 – der Verf.] ohne Zweifel die Fusion Feldheer-Territoriale Verteidigung. Von da an war das größer gewordene Heer für seinen Einsatz auf die personelle Ergänzung, also alternativlos auf die Reservisten angewiesen. Nunmehr drängte die Heeresführung auf die Anwendung der in der Heimatschutztruppe gewonnenen Erfahrungen im gesamten Heer, das durch seine erneuten Umgliederungen in die 3. Heeresstruktur ebenfalls die Zahl seiner V-Stellen und Geräteeinheiten drastisch vermehrte. Dies führte zu der allgemein anerkannten Feststellung und dann auch zu truppenweiter Erkenntnis ›Ohne Reservisten geht es nicht‹. Die Verbindungen der Truppenteile und Stäbe zu ›ihren‹ Reservisten begannen sich zu festigen, man ›kannte‹ sich wieder.

Die G1/S1 kümmerten sich vielerorts um ›Reservistenpflege‹, immer mehr Kommandeure erkannten die Reservistenförderung und -weiterbildung als Teil ihrer Aufgabe in Führung und Dienstaufsicht.

Mein Erinnerungseindruck: Wohlwollend[88].«

Heeresstruktur 4: Heimatschutzbrigaden und Heimatschutzregimenter, die hohe Zeit der Reservisten

1980 bis 1991

Die im Verlauf aller Strukturen kontinuierlich gestiegene Bedeutung der Reservisten für die Einsatzbereitschaft des Heeres und die Forderung nach ihrer ausreichenden Ausbildung im Frieden waren erneut im Weißbuch 1979 der Bundesregierung deutlich herausgestellt worden. In der Nr. 193 hieß es:

»Mehr Reservisten als bisher werden [in der neuen Struktur – der Verf.] zweckmäßiger genutzt. Mit Hilfe dieser Reservisten wird die Abschreckungs- und Verteidigungsfähigkeit der Bundeswehr erhöht. Die Bundesregierung wird in einer Krise reaktionsfähiger. Forderungen des langfristigen Verteidigungsprogramms der NATO werden erfüllt[89].«

Hatten 1978 von den inzwischen 600.000 zum Heer beorderten Reservisten insgesamt 130.000 Reservisten in Einzelwehrübungen und bei 240 Mobilmachungsübungen geübt, so waren für die neue Struktur weitere Steigerungen vorgesehen. Zur personellen Ergänzung der aktiven Truppenteile und zur Aufstellung weiterer Geräteeinheiten war eine Erhöhung um 90.000 Reservisten auf 690.000 Reservisten festgelegt worden. Hinzu kamen 300.000 Reservisten als Personalreserve in einer bedarfsorientierten Zusammensetzung. Damit waren künftig fast eine Million Reservisten zum Heer beordert, zu einem aktiven Soldaten traten bei Mobilmachung drei Reservisten. Die Zahl der Wehrübungsplätze für das Heer sollte von bisher 4.000 auf 5.900 Wehrübungsplätze ansteigen, eine Zunahme um insgesamt 45 %. Damit konnten künftig bis zu 190.000 Wehrübende pro Jahr zu Wehrübungen im Heer herangezogen werden.
Der vom Inspekteur des Heeres, Generalleutnant Horst Hildebrand, wesentlich bestimmten neuen Heeresstruktur lagen vor allem drei Zielsetzungen zugrunde:

- Das Heer besser als bisher auf die Notwendigkeiten der Vorneverteidigung auszurichten, um das nationale Sicherheitsinteresse im Rahmen der multinationalen Strategie der NATO deutlicher herauszustellen.
- Das Heer den Bedingungen anzupassen, die aus der Modernisierung seiner Ausrüstung resultierten und die Organisation dort zu ändern, wo die Technik einen Wandel der Taktik hervorrief oder für die weitere Entwicklung notwendig machte.
- Die Führungsfähigkeit der Verbände und Truppenteile so zu verbessern, daß sie für den Einsatz im Krieg überschaubarer und damit handlicher wurden, während andererseits die Ausbildung im Frieden verlangte, daß die Regie der Einheiten[90] rationalisiert wurde[91].

Während das Feldheer mit der Heeresstruktur 4 erstmals die volle Präsenz seiner 36 Brigaden erhielt, erfuhr auch das Territorialheer eine deutliche Aufwertung. Aus den sechs Heimatschutzkommandos mit geringen aktiven Anteilen, von denen bis Anfang der 80er Jahre nur drei aufgestellt worden waren, wurden sechs Heimatschutzbrigaden mit einer höheren Friedenspräsenz. 27 teilmotorisierte Sicherungsbataillone und 300 teilmotorisierte Sicherungskompanien wurden zu 45 vollmotorisierten Heimatschutzbataillonen in 15 Heimatschutzregimentern für den Raumschutz zusammengefaßt sowie weitere 150 vollmotorisierte Heimatschutzkompanien für den Objektschutz aufgebaut. Aus 120 Sicherungszügen, die in der alten Heeresstruktur fehlten und die im Vorgriff auf die neue Heeresstruktur geschaffen worden waren, sollten 300 Sicherungszüge entstehen[92]. Die Aufstellung der Heimatschutzregimenter erfolgte Anfang der 80er Jahre.

Die nachfolgende Chronik des Heimatschutzregiments 72 steht stellvertretend für alle 15 Heimatschutzregimenter und damit für Verbände, die zugleich den Höhepunkt in der Geschichte der Heimatschutztruppe markierten, für deren Aufstellung und Werdegang bis zur Auflösung.
Das Heimatschutzregiment 72 wurde 1981 in Bremen-Huckelriede aufgestellt, ihm wurden unterstellt:

- Jägerbataillon 721, Emden, 1970 hervorgegangen aus dem Küstengrenadierbataillon 720, dessen Vorläufer das 1966 aufgestellte Transportumschlagbataillon 720 war,
- Jägerbataillon 722 in Bremen, hervorgegangen aus dem im Jahr 1974 in Bremerhaven aufgestellten Jägerbataillon 724, das 1979 nach Bremen verlegt wurde,
- Jägerbataillon 723 aus Varel, im Zuge der Aufstellung des Heimatschutzregimentes 1981 aus den Sicherungskompanien 2424, 2425, 2434 und 2441 des Verteidigungskreiskommandos 242 Wilhelmshaven, dem Stabszug des Sicherungsbataillons 7247 des Verteidigungskreiskommandos 241 Cloppenburg sowie Teilen der schweren Sicherungskompanie 2313 des Verteidigungskreiskommandos 244 Lingen gebildet,
- Mörserkompanie 720 aus Bremen, hervorgegangen aus dem Mörserzug der 5. Kompanie Jägerbataillon 724 sowie Teilen der Panzermörserkompanie 420 in Damme,
- Versorgungskompanie 720 aus Bremen, die einzige Kompanie des Regiments, die ohne Rückgriff auf einen Vorläufer aufgestellt werden konnte,
- Stab und Stabskompanie Heimatschutzregiment 72 aus Bremen, die aus Teilen der 5. Kompanie Jägerbataillon 724 neu aufgestellt wurden,
- Panzerjägerzug der Stabskompanie, durch Umgliederung des Leichtgeschützzuges aus der 5. Kompanie Jägerbataillon 724 gebildet.

Die folgenden 12 Jahre waren dicht ausgefüllt mit Mobilmachungsübungen der Verbände und selbständigen Einheiten des Heimatschutzregimentes. Patenschaftsübernahmen mit dem Reservistenverband und Truppenteilen der Panzergrenadierbrigade 32 aus Schwanewede, Teilnahme an Stabsrahmenübungen, Planübungen, Winterkampfausbildung und dienstlichen Veranstaltungen spiegeln Vitalität und Leistungsbereitschaft eines fest im Stationierungsraum integrierten Verbandes, der sich mit seinem Auftrag identifizierte und wie zahlreiche andere Gebäude zur militärischen Heimat vieler engagierter Reservisten wurde.
In Anwesenheit des Bremer Bürgermeisters erhielt 1988 das Regiment die offizielle Bezeichnung »Hanseatisches Heimatschutzregiment 72«.
Es war angesichts des unveränderten Friedensumfanges von 345.000 Soldaten für Feld- und Territorialheer offenkundig, daß auf Reservisten höhere Belastungen zukamen, d.h. Reservisten und Soldaten aus der Verfügungsbereitschaft mußten sich häufiger als bisher auf Wehrübungen einstellen.
Während das Feldheer 1979 in Norddeutschland im Rahmen der Übung »Harte Faust« unter Leitung des I. Korps die neue Struktur erprobte, in deren Verlauf

auch Reservisten des Territorialheeres zum Raum- und Objektschutz eingesetzt wurden, übte das Territorialheer unter Führung des Territorialkommandos Süd die schnelle Mobilmachung und das rasche Herstellen der Einsatzbereitschaft der Heimatschutztruppe in der Übung »Aktive Reserve« mit den Truppenteilen des Heimatschutzkommandos 17 Böblingen auf dem Truppenübungsplatz Heuberg. Rund 10.000 Reservisten, im wesentlichen die Jägerbataillone 501 und 512, die Panzerjägerkompanien 500 und 512, die Panzermörserkompanie 500 sowie das Versorgungsbataillon 17 zeigten unter den kritischen Augen des Inspekteurs des Heeres, Generalleutnant Poeppel, und ihres Befehlshabers, Generalmajor Göricke, in der abschließenden Gefechtsübung, daß sie zum Schutz der rückwärtigen Gebiete auch das beweglich geführte Gefecht in den Gefechtsarten Angriff und Verteidigung beherrschten[93].

Daß die Zahl der Wehrübenden im Heer rund 20 Jahre nach Aufnahme der Wehrübungstätigkeit die erste Million bereits überschritten hatte, zeigt ein Jubiläum, das im Ausbildungszentrum 32/3 in Borken im Herbst 1979 gefeiert werden konnte. Mit dem Hauptgefreiten Friedrich Hüllenkrämer, Kraftfahrer bei der Sicherungskompanie 3113, der seine vierte Wehrübung ableistete, nahm der 100.000ste Reservist seit Bestehen des Heimatschutzkommandos 15 an einer Mob-Übung teil. Der Befehlshaber im Wehrbereich III, Generalmajor Windisch, nahm dies zum Anlaß, dem Reservisten für seine treue Pflichterfüllung zu danken[94].

Schon die ersten Erfahrungen bei der Durchführung von Mobilmachungsübungen in den 60er Jahren zeigten, daß ein Erfolg dieser Übungen neben der Einsicht in die Notwendigkeit auf der Seite der Reservisten vor allem sorgfältige Planung und Vorbereitung der Ausbildung bei den Aktiven voraussetzte. Dazu gehörte auch eine frühzeitige Einbeziehung der Reservisten und Arbeitgeber. Nicht selten klagten Wehrübende über mangelnde Information, schlechte organisatorische Vorbereitung und Leerlauf während der Ausbildung, insbesondere bei den Mob-Übungen, soweit sie nicht in Ausbildungszentren erfolgten.

Es lag also nahe, die inhaltliche Gestaltung der Ausbildung von Alarmreservisten in Mob-Übungen auch in die Truppenausbildung im Heer zu integrieren, zumal Aus- und Weiterbildung von Alarmreservisten zur Erhaltung und Verbesserung der Einsatzbereitschaft alle Kommandobehörden und Truppengattungen des Heeres betrafen, die einen Auftrag im Verteidigungsfall hatten.

Drei Ziele waren bei Wehrübungen im wesentlichen durch Ausbildung zu erreichen:

- Die während der aktiven Dienstzeit erworbenen Kenntnisse vertiefen und auf den neuesten Stand bringen.
- Die allgemeine militärische und spezielle Ausbildung im Hinblick auf die bei einer Mobilmachung vorgesehene Verwendung ergänzen.
- Den Einsatz in der Mob-Funktion üben.

Während die Ausbildung der Alarmreservisten, die zur Auffüllung aktiver Einheiten auf Verteidigungsstärke vorgesehen waren, nach den Unterlagen erfolgte, die für die Ausbildung der aktiven Einheiten galten – Anweisungen für die Truppenausbildung Nr. 2 (AnTrA 2) –, wurde für die Ausbildung der in Geräteeinheiten mob-beorderten Alarmreservisten die Anweisung für die Truppenausbildung Nr. 3 »M« (Mobilmachung) (AnTrA 3/M) erstellt und als fester Bestandteil in die Ausbildung des Heeres integriert. Zweck dieser AnTrA 3 »Mobilmachung« war es, die einheitliche und auftragsbezogene Ausbildung der Geräteeinheiten jeweils eines Typs sicherzustellen sowie Kommandobehörden und Ausbildungsleitern eine verbindliche Ausbildungsrichtlinie an die Hand zu geben, die

- Ausbildungszeit und Grundsätze vorschreibt,
- Ausbildungsstoff und Zeit als Anhalt vorgibt und auf diese Weise den für die Ausbildung Verantwortlichen großen Ermessensspielraum einräumt,
- eine auf das Ausbildungsziel gerichtete, aber dem Ausbildungsstand der Alarmreservisten angepaßte und damit flexible Ausbildung ermöglicht,
- ein Umsetzen der Anweisung und damit zusätzlichen Aufwand nicht erfordert.

Die Herausgabe einer eigenen Anweisung für die Ausbildung bei Mobilmachungsübungen war in der Übergangszeit zur Heeresstruktur 4 auch deshalb dringlich geworden, weil der Inspekteur des Heeres in der Besonderen Anlage 1 zum Mobilmachungsplan am 14. November 1978 der Ausbildung von Geräteeinheiten einen besonderen Vorrang eingeräumt hatte. Mit der AnTrA 3/M standen den in der Heeresstruktur 4 aufwachsenden Geräteeinheiten erstmals eigenständige Ausbildungsunterlagen zur Verfügung[95].

Knapp neun Jahre nach Erlaß der ersten Reservistenkonzeption unterzeichnete der Parlamentarische Staatssekretär von Bülow am 29. Mai 1980 die zweite Reservistenkonzeption der Bundeswehr. Sie war als Folge der veränderten sicherheits- und verteidigungspolitischen Rahmenbedingungen notwendig geworden und besonders auf die Heeresstruktur 4 zugeschnitten.

In der Anlage 1 zur neuen Reservistenkonzeption der Bundeswehr, die die Vorgaben für die Verwendung der Reservisten in den Teilstreitkräften festlegte, hieß es für das Heer dazu in der Nr. 3:

> »Der aus der Umgliederung des Heeres in die Heeresstruktur 4 resultierende größere Bedarf an Reservisten ist Folge einer Erhöhung der Anzahl der Geräteeinheiten. Dabei ist von besonderer Bedeutung, daß nicht nur die Zahl der Bataillone vermehrt wird, sondern auch erstmalig Großverbände als Geräteeinheiten aufgestellt werden. Hierbei handelt es sich um sechs nichtaktive Heimatschutzbrigaden des Territorialheeres. Die größere Zahl an Reservisten, die Vermehrung der Verbände und die Schaffung neuer Großverbände als Geräteeinheiten stellt das Heer künftig für die Ausbildung und das Inübunghalten sowohl des einzelnen Reservisten als auch der Verbände vor schwierige Aufgaben[96].«

In folgenden, teilweise bereits eingeleiteten Verbesserungen sah man mittel- bis langfristig die Möglichkeit, diese schwierigen Aufgaben in den Griff zu bekommen:

- Erhöhung der Wehrübungsplätze.
- Vermehrte Ausbildung in Mob-Übungen (1980 Zunahme um 50 % gegenüber 1978).
- Verbesserung durch den 1979 eingeführten Mobilmachungsübungsrhythmus, nach dem die aktiven Truppenteile der Kampftruppe und der Artillerie jährlich, die übrigen Truppenteile in Zwei- bis Dreijahres-Abständen zu Mobilmachungsübungen herangezogen wurden.

Selbstkritisch blieb man jedoch bei der Frage der Bedarfsdeckung mit verwendungsgerecht ausgebildeten Reservisten. In der Nr. 6 der Anlage 1 hieß es hierzu:

> »Der Zwang, zur Sicherstellung der Vorneverteidigung genügend präsente Kräfte zu unterhalten und die aus dem Friedensumfang resultierende abgestufte Präsenz, führen zu ungleichgewichtigem Aufkommen an Reservisten in den einzelnen Truppengattungen. Dies hat für Geräteeinheiten zur Folge, daß in vielen Fällen der Bedarf an verwendungsgerecht ausgebildeten Soldaten nicht voll gedeckt werden kann[97].«

Da die Konzeption die Vorgaben für die Teilstreitkräfte bereits sehr detailliert festlegte, konnte die Umsetzung der Konzeption mit der Weisung des Inspekteurs für die Reservistenarbeit des Heeres vom 1. Juli 1982 sehr kurz gehalten werden und sich auf wenige Grundsätze und die Regelung von Zuständigkeiten beschränken[98].

Graphik 4: Aktiver Anteil der Truppengattungen in % in der Heeresstruktur 4[99]:

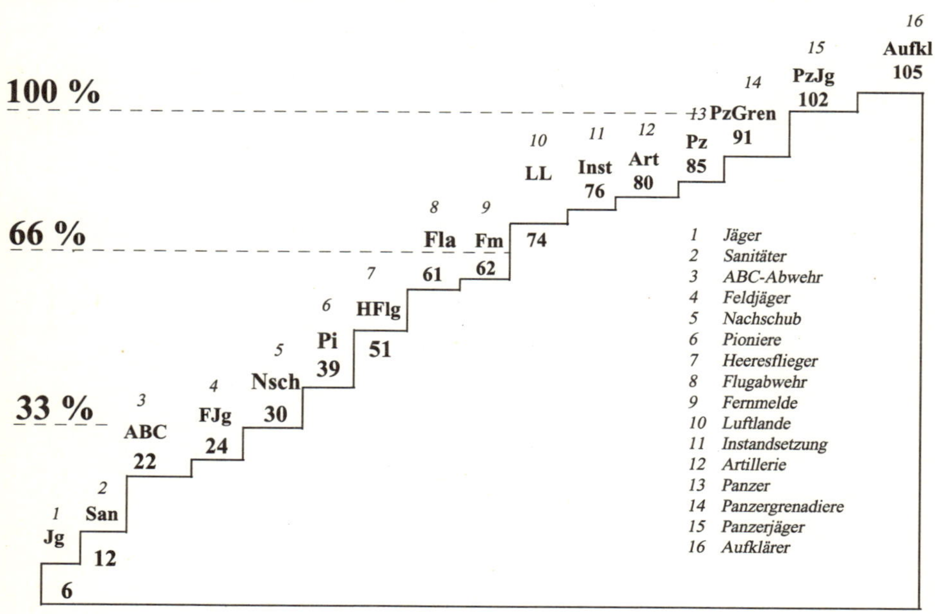

Nach Abschluß der Ausplanung und Vorlage aller organisatorischen Grundlagen stand fest, daß Reservisten in der Struktur 4 zwar mehr als zwei Drittel des Heeres im Verteidigungsfall stellten, aber in den einzelnen Truppengattungen sehr unterschiedlich (Graphik 4, S. 174).

Um die Reaktionsfähigkeit des Feldheeres zu verbessern, wurde als flankierende Maßnahme die Zahl der Reservisten für die Verfügungsbereitschaft von 17.000 auf 40.000 erhöht.

Die gestiegene Heranziehung zu Wehrübungen und die mit der neuen Heeresstruktur verbundene weitere Zunahme von Geräteeinheiten veranlaßte den amtierenden Wehrbeauftragten, Karl-Wilhelm Berkhan, bei einer Diskussion mit 450 Reservisten in Anwesenheit des Bundesministers der Verteidigung, Hans Apel, und des Vorsitzenden des Verteidigungsausschusses, Manfred Wörner, zu dem Fazit: »Reserve hat eigentlich nie Ruh[100]!«

Reservisten des Heeres nahmen in den 70er und 80er Jahren nicht nur an den großen Gefechtsübungen des Feldheeres und der Territorialen Verteidigung bzw. des Territorialheeres teil, sondern sie waren auch in großer Zahl in die jährlichen Reforger-Übungen (Return of Forces to Germany) eingebunden, die Teil der jährlichen Manöverserie der NATO »Autumn Forge« (Herbstschmiede) waren.

Bei der Reforger-Übung 1982 erweckte ein Reservist besondere Aufmerksamkeit. Es handelte sich um Hauptfeldwebel a.D. u. d.R. Herbert Schleifer aus Mainz, der als Zugführer zur 4. Kompanie des Nachschubbataillons 865 einberufen worden war, das der 12. Panzerdivision unterstand. Hauptfeldwebel Schleifer war bereits 1972 als Soldat des Aufstellungsjahres 1956 pensioniert und nach über 10 Jahren erstmals zu einer Wehrübung einberufen worden. Staatssekretär Dr. Leister und der Kommandeur der 12. Panzerdivision, Generalmajor Lutz Moek, begrüßten den Reservisten persönlich bei der Übung, was der Reservist mit der Bemerkung kommentierte: »Macht nur nicht zuviel Wirbel um mich, sonst werde ich noch Faschingsprinz in Mainz – und das kostet mich zu viel[101].«

Das am 15. April 1982 zwischen dem deutschen Außenminister Hans Dietrich Genscher und dem amerikanischen Botschafter Arthur F. Burns unterzeichnete Wartime-Host-Nation-Support (WHNS)-Abkommen, das die Vereinigten Staaten verpflichtete, u.a. innerhalb von zehn Tagen sechs Heeresdivisionen in die Bundesrepublik Deutschland zu verlegen und Deutschland verpflichtete, diese Maßnahme personell und materiell zu unterstützen, bedeutete auch im Frieden eine zusätzliche Aufgabe für das Heer, deren Last vor allem durch Reservisten getragen wurde. Der Friedensumfang von knapp 1.000 Soldaten, der zur Vorbereitung dieses Einsatzes zur Verfügung stand, wuchs in Krise und Krieg auf über 90.000 Soldaten. Zur jährlichen Ausbildung der überwiegend zur Sicherung und Instandsetzung, für Transport und Gewässerübergänge sowie zur Verwundetenversorgung vorgesehenen Reservisten waren 550 Wehrübungsplätze vorgesehen. Insgesamt sollten für WHNS 60 Bataillone, 80 selbständige Einheiten und 50 selbständige Züge als Geräteeinheiten aufgestellt werden. 1985 begann die Aufstellung der sechs geplanten Unterstützungskommandos, in deren Verantwortung Aufwuchs und Ausbildung der WHNS-Truppenteile lag[102].

Das Jahr 1982 hielt auch noch weitere besondere Reservistenmeldungen bereit: Dr. Hans Rühle, 1959 Grundwehrdienstleistender im Luftlandejägerbataillon 9, Ellwangen, und dort zum Reserveoffizier ausgebildet, wurde als erster nicht kriegsgedienter Reservist der Bundeswehr zum Oberst d.R. befördert. Ein Jahr später wurde er Leiter des Planungsstabes im Bundesministerium der Verteidigung[103]. Das Jägerausbildungszentrum 52/1, Aurich, feierte sein 15jähriges Bestehen und begrüßte zu diesem Ereignis den 28.000sten Wehrübenden[104]. Die Zahl der Wehrübungsplätze wurde aus Haushaltsgründen gegenüber dem Vorjahr von 5.000 auf 4.000 gekürzt, das Heer erhielt davon 3.303 Wehrübungsplätze[105].

In seiner Jahresweisung für das Jahr 1982 schrieb der Inspekteur des Heeres, Generalleutnant Hans Poeppel, im Kapitel »Ausbildung von Reservisten«:

> »Die Schwierigkeiten bei der Ausnutzung der zugewiesenen Wehrübungstage sind durch das Heranziehen von Offizieren und Unteroffizieren d.R. zu Einzel-, ggf. auch Anschlußwehrübungen zu nutzen, um das Führerfehl damit zu verringern. Der Truppenversuch zur »Verbesserung der Befähigung des Territorialheeres für den Objektschutz« soll durch heimatnahe Verwendung die Motivation der Reservisten stärken. Bei Übungen des Feldheeres ist stärker als bisher darauf zu achten, daß die Belange des Territorialheeres berücksichtigt werden[106].«

Nach Abschluß der Umgliederung der Korps in die Heeresstruktur 4 wurde die Bedeutung der Reservisten für die Aufwuchsfähigkeit auch für das Feldheer in vollem Umfang deutlich.

Graphik 5: Personalbestand der Korps im Verteidigungsumfang

I. Korps	100.000 Aktive	61.000 Reservisten
II. Korps	80.000 Aktive	40.000 Reservisten
III. Korps	70.000 Aktive	40.000 Reservisten
Gesamt	250.000 Aktive	141.000 Reservisten

Die mit der Umsetzung der zweiten Reservistenkonzeption der Bundeswehr 1980 angekündigte Maßnahme, die Bedeutung der Reservisten durch einen Verantwortlichen innerhalb des Verteidigungsministeriums stärker hervorzuheben, wurde am 18. August 1983 realisiert. Mit der Weisung von Staatssekretär Rühl wurde dem Stellvertreter des Inspekteurs des Heeres neben seiner Funktion als Beauftragter für das Territorialheer zusätzlich die Aufgabe des Beauftragten für Reservistenangelegenheiten der Bundeswehr übertragen[107]. Damit war eine einheitliche Repräsentanz in Reservistenangelegenheiten nach außen geschaffen, die zugleich die Steuerungs- und Koordinierungsbefugnis aller betroffenen Bereiche im Ministerium zum Thema Reservisten zu gewährleisten hatte.

Generalleutnant Heinz Kasch wurde erster Beauftragter Reservistenangelegenheiten. Mit seinen Zielsetzungen »Verbesserung der Nutzung des Reservistenpotentials« und »Verbesserung der Ausbildung und Führungsmöglichkeiten der Reservisten« hatte er wesentlichen Anteil an der nun einsetzenden Entwicklung, mit der die Bedeutung der Reservisten nicht nur betont, sondern auch in Maßnahmen umgesetzt wurde[108].

Der künftig höhere Stellenwert der Reservisten hatte eine konkrete Ursache. Durch die demografische Situation konnte der Rückgang des Wehrpflichtigenaufkommens spätestens Mitte der 90er Jahre nur durch einen deutlich höheren Einsatz von Reservisten ausgeglichen werden. Wenn man den personellen Umfang des Heeres im Frieden halten wollte, und das war das Ziel, so konnte dies nur durch mehr Wehrübende erreicht werden.

Das Jahr 1983 war das Jahr, in dem das III. Korps als »Wehrhafte Löwen« mit über 10.000 Reservisten ins Feld zog. Den gewandelten Eindruck der teilnehmenden Reservisten umriß ein Chronist mit folgendem Satz: »Die Reservisten unterscheiden sich kaum von den Aktiven, auch kaum noch in der Haartracht, da die Mode mittlerweile den Männern das Stutzen der wuchernden Lockenpracht anrät, die Entfaltung der Persönlichkeit daher wieder im Kopf und nicht mehr auf dem Kopf stattfindet[109].« Erstmals mit dabei war das Jägerbataillon 750, ein neu aufgestellter Verband, geschaffen mit der Heeresstruktur 4, die jeder Division und jedem Korps zwei nicht-aktive Jägerbataillone beschert hatte. Zu 97 % aus Reservisten bestehend, in Daaden mobilisiert, war das Bataillon bereits am zweiten Tag nach Mobilmachung in die Heeresübung eingeführt worden.

Im Juni 1983 wurden mit den Hauptfeldwebeln der Reserve Heinz Heinemann, Gerhard Zepke, Siegfried Karthaus und Ernst-August Nebik die ersten Portepeeunteroffiziere der Reserve des Heeres zu Stabsfeldwebeln der Reserve befördert[110].

Der nach dem politischen Wechsel in Bonn neue Bundesminister der Verteidigung, Manfred Wörner, kündigte bereits kurz nach seinem Amtsantritt die Erhöhung der Wehrübungsplätze für die Jahre 1985 und 1986 auf 6.000 an[111]. Immer wieder wurde nach neuen Wegen gesucht, das Interesse der Reservisten an einer Mob-Beorderung zu wecken und zu fördern sowie die Rahmenbedingungen für das schnelle Herstellen der Einsatzbereitschaft der Geräteeinheiten zu verbessern, um dadurch insgesamt die Motivation für ein soldatisches Engagement der Reservisten zu stärken.

Diesen Zielen diente der zu Beginn der 80er Jahre eingeleitete Truppenversuch »Verbesserung der Befähigung des Territorialheeres für den Objektschutz«. Mit diesem Truppenversuch sollte die Forderung nach schnell verfügbaren Sicherungseinheiten mit hoher Kampfkraft durch günstigere Rahmenbedingungen erfüllt werden. Eine Verbesserung des bisherigen Zustandes durch eine objektnahe Beorderung mit schnellerer Verfügbarkeit der Kräfte zu erreichen und zugleich durch die Verwendung in der engeren Heimat eine höhere Motivation für diesen Dienst zu gewinnen, waren die Ziele. Für diesen Truppenversuch wurden einige der neuen Sicherungszüge ausgewählt. Das Ergebnis war durchaus ermutigend und führte zu der »Weisung für die objektnahe Beorderung in Sicherungszüge und Depot-Wach- und -Sicherungszüge des Territorialheeres mit Unterstützung des Verbandes der Reservisten der Bundeswehr«. Besonders mit dem Angebot »Dienen vor der Haustür« kam man den Reservisten sehr entgegen und dies wirkte sich wie erwartet günstig auf die Motivation der in Sicherungszügen beorderten Reservisten aus. In einigen Fällen wurden Teile oder ganze Reservistenkameradschaften des Reservistenverbandes in Sicherungszüge beordert. Einschränkungen, die sich aus der Stationierung und dem unterschiedlichen Reservistenaufkommen ergaben, ließen eine Anwendung dieser Weisung in größerem Umfang aber nicht zu[112].

Ein wichtiger Schritt war 1983 die Weisung des Inspekteurs des Heeres, offizielle Patenschaften zwischen aktiven Verbänden und Mobilmachungsverbänden vorzusehen (siehe Anm. 98). Als Truppenversuch wurde dies zunächst auf die Infanterietruppe begrenzt. Es war der bisher deutlichste Schritt, mit dem die Verbundenheit des aktiven Heeres mit seinen beorderten Reservisten besonders herausgestellt wurde. Diese Weisung war eingebunden in den Begriff »Reservebewußtsein«, der Mitte der 80er Jahre entstand und der zum Ausdruck brachte, daß die Einsatzfähigkeit und Einsatzbereitschaft der Streitkräfte eine umfassende Integration der Reserve und damit jedes einzelnen Reservisten in die aktive Bundeswehr voraussetzte. Reservisten als Belastung und Störung des Dienstbetriebes zu empfinden, zeuge nicht von militärischem Weitblick und Verständnis für die Notwendigkeiten der Verteidigung, wurde argumentiert[113].

Um Reservisten stärker ins Bewußtsein der Öffentlichkeit zu bringen, wurden den neu aufgestellten Heimatschutzregimentern Namen verliehen, die den landsmannschaftlichen Bezug ihrer mob-beorderten Soldaten und ihres Einsatzraumes deutlich herausstellten, z.B. mit dem Heimatschutzregiment »Alt-Württemberg« und »Deutsches Eck«. Die Genehmigung von Uniformabzeichen für Reservisten durch den Bundespräsidenten, vier Jahre nach Einführung der Verbandsabzeichen für die aktiven Truppenteile, zielte gleichfalls in diese Richtung. In einem Appell am 25. August 1984 in Stadtallendorf wurde Oberstleutnant der Reserve Wolfgang Lorenz das erste Uniformabzeichen für Reservisten verliehen[114].

1984 war auch das Jahr, in dem das Igelgedicht von Wilhelm Busch (bewaffnet, doch als Friedensheld) das II. Korps zur Namensgebung der Heeresübung »Flinker Igel« anregte. Es war die Übung mit der bisher größten Beteiligung des Territorialheeres seit Einnahme der Heeresstruktur 4. Mit den Heimatschutzbrigaden 54, 55 und 56 und weiteren zahlreichen Reservetruppenteilen, vorwiegend aus dem Wehrbereich VI, waren insgesamt über 10.000 Reservisten des Territorialheeres und weitere 2.000 Reservisten in Truppenteilen des Feldheeres beteiligt. Eine Premiere in dieser Übung war u.a. die Erprobung eines neuen Feldpostsystems, das unter der Leitung von Hauptmann der Reserve Hans Beck drei

Feldpostämter betrieb. Am Ende konnte der Reserveoffizier die erfolgreiche Durchführung der Erprobung melden.
Für den Kommandeur des Heimatschutzregiments 86, Oberstleutnant der Reserve Paul Ganzer, war die Teilnahme besonders erfolgreich, da er in der laufenden Übung zum Oberst der Reserve befördert wurde[115].
Ein Bericht über die 12 Tage Mobilmachungsübung des nicht-aktiven Schwimmbrückenbataillons 863 bei der Heeresübung »Flinker Igel« dokumentiert anschaulich Rahmenbedingungen und Schwierigkeiten dieser Übungen, wie sie in allen Heeresstrukturen auftraten, aber ebenso wurden Ausbildungsleistung und Einsatzbereitschaft offenkundig, die von Reservisten nahezu aller Truppengattungen bei solchen Gelegenheiten immer wieder unter Beweis gestellt wurden. Das Bataillon war Anfang der 80er Jahre aus zwei nicht-aktiven Truppenteilen der Heeresstruktur 3, einer schweren Schwimmbrückenkompanie und einem Pionierbataillon, hervorgegangen.
Im Rahmen der Heeresübung lautete der Auftrag für diesen Verband: Nach Mobilmachung die Einsatzbereitschaft herzustellen, mit den Kraftfahrzeugen des Bataillons im Landmarsch in einen rund 400 km entfernten Einsatzraum zu verlegen und Gewässerübergänge durch Bau von Kriegsbrücken und Einsatz von Fähren in der Rückwärtigen Kampfzone sicherzustellen. Es war für das Bataillon nach der Aufstellung die erste Mob-Übung im Verbandsrahmen. Das erforderliche Material wurde aus aktiven Verbänden entliehen, im Mobilmachungsstützpunkt vorbereitet und zur Übergabe an die eintreffenden Reservisten einheitsweise eingelagert bzw. aufgefahren.

Schwimmbrückenbataillon 863 beim »Flinken Igel«

Die folgenden Tage wurden in Ingolstadt zur Einzel- und Gemeinschaftsausbildung genutzt: Zuführen des Hohlplattenbrückengerätes, Fährenbau, Einfahren zur Kriegsbrücke. Fünf Kriegsbrückenschläge MLC 50 und MLC 80 sowie Arbeiten an acht Fährenbauplätzen gaben Einblick in das Leistungsvermögen der Reservisten. In der Nacht vom siebten auf den achten Übungstag verlegte das Bataillon in die zugewiesenen Übungsräume bei Dillingen und Masheim. Bereits am Nachmittag des achten Übungstages waren Fährenbaustellen eingerichtet, waren die Uferorganisation vorbereitet und die ersten M-Boote zu Wasser gebracht.
Unter dem Schutz einer Fla-Batterie begann gegen 15.00 Uhr an den beiden rund 50 km auseinanderliegenden Bauplätzen der Fährenbau. Trotz schlechter Witterungsbedingungen und fehlender Routine machten der Einsatzwille der Reservisten und die vorangegangene intensive Ausbildung sich bezahlt und trugen dazu bei, daß die Brücken zeitgerecht fertiggestellt werden konnten. Am neunten und zehnten Übungstag war alles weitgehend eingespielt: Ein- und Ausfahren der Kriegsbrücken, Festlegen und Tarnen der Fähren, Tarnen der Zu- und Abfahrtsrampen und Wiedereinfahren. Am elften Übungstag, gegen 5.00 Uhr morgens, war die Teilnahme an der Heeresübung abgeschlossen. Insgesamt gingen 450 Radfahrzeuge und 300 Kettenfahrzeuge über beide Brücken.
Die erfolgreich und ohne Unfall verlaufene Übung stellte unter Beweis, zu welch großartigen Leistungen die Reservisten fähig waren und daß sie auch unter schwierigen Rahmenbedingungen und hohem psychischen und physischen Einsatzdruck zuverlässig ihren Auftrag erfüllten. Ein Beispiel für eine Vielzahl vergleichbarer Mobilmachungsübungen der 70er und 80er Jahre[116].
Viele Hoffnungen auf eine bessere Ausbildung der Grundwehrdienstleistenden und damit auch auf einen verbesserten Ausbildungsstand der Reservisten wurden mit der Entscheidung der Bundesregierung vom Oktober 1984 verbunden, die Wehrpflicht ab 1989 wieder auf 18 Monate zu verlängern, den Umfang der Wehrübungsplätze bis Mitte der 90er Jahre auf 15.000 zu erhöhen und die Zahl der Reservisten in der Verfügungsbereitschaft nochmals zu erweitern. Der um drei Monate verlängerte Wehrdienst sollte zur besseren und gezielteren Vorbereitung auf die Verwendung als künftiger Reservist genutzt werden. Gefordert wurde auch, beorderte Reservisten nicht in unpersönlichen »Geräteeinheiten« zu verwalten, sondern ihnen in Mobilmachungstruppenteilen eine Heimat zu geben. Der Begriff »Geräteeinheit« wurde ab diesem Zeitpunkt durch den Begriff »nicht-aktiver Truppenteil« ersetzt.
Der Inspekteur des Heeres, Generalleutnant Hans-Henning von Sandrart, stellte in seiner Ansprache bei der Kommandeurtagung des Heeres 1985 drei Forderungen für die Ausbildung der Reservisten auf:

- Die Weiterbildung eines Reservisten in einer Wehrübung muß inhaltlich und organisatorisch so geplant und durchgeführt werden, daß sein Ausbildungsstand in der Tat angehoben wird. Der Einberufene muß seine Ausbildung als fordernd und förderlich empfinden können. Die Gestaltung von Wehrübungen sollte daher Gegenstand der besonderen Dienstaufsicht der Kommandeure sein.

- Vorbereitung, Durchführung und Auswertung von Mobilmachungsübungen sind für den damit beauftragten aktiven Truppenteil eine Schwerpunktaufgabe; während dieser Zeit ist er von anderen zusätzlichen Aufgaben freizuhalten.
- Von den Soldaten der Reserve muß die Leistung gefordert werden, zu der ihr Ausbildungsstand sie befähigt. Leerlauf und Untätigkeit wirken sich auf die Stimmung der Soldaten und ihre Einsicht in die Notwendigkeit von Mobilmachungsübungen schädlicher aus als eine zeitweilige Überforderung ihres Leistungsvermögens[117].

Bereits in seiner Weisung »Führung, Erziehung und Ausbildung« vom 18. Juli 1985 hatte er gefordert:

> »Die Verantwortung des militärischen Führers schließt die Sorge um die Weiterbildung der Reservisten und ihre Einbindung in die soldatische Gemeinschaft ein. Während das Eigeninteresse bisher schon vielfach bewirkte, daß sich die Truppenteile um ihre mob-beorderten Reservisten kümmerten, so bleibt doch ein Teil der zur Alarm- und die Mehrheit der zur Personalreserve gehörenden Reservisten ohne militärische Heimat. Ich erwarte, daß die Führer hier ein weiteres Feld ihrer Menschenführung erkennen und von sich aus im örtlichen Bereich tätig werden. Patenschaften zu Mobilmachungstruppenteilen sind mit Leben zu erfüllen, um diese bei der Vorbereitung von Übungen, technischen Überprüfungen und in der Ausbildung unterstützen zu können[118].«

Dies waren Forderungen, die es an Deutlichkeit nicht fehlen ließen, aber es waren keine grundsätzlich neuen Forderungen.

Eine erhebliche Verbesserung war die am 29. November 1983 nach einem Truppenversuch erlassene Weisung für Patenschaften zwischen aktiven und nicht-aktiven Truppenteilen der Infanterie[119]. Mit dieser Weisung wurde der Versuch unternommen, durch Patenschaften Verbesserungen in der personellen und materiellen Mobilmachungsvorbereitung sowie des Ausbildungsstandes zu erreichen. Ziel war es, daß der ausscheidende Soldat des Patentruppenteils in die patenschaftlich verbundene nicht-aktive Einheit beordert wurde. Darüber hinaus hatte der aktive Truppenteil den Auftrag, die notwendige personelle und materielle Ausbildungsunterstützung zu gewährleisten.

Die dem Panzergrenadierbataillon 132 übertragene Patenschaft mit dem nicht-aktiven Jägerbataillon 56 wurde Ende 1985 im Rahmen einer Mobilmachungsübung, an der über 700 Reservisten teilnahmen, überprüft. Für den aktiven Kommandeur war es klar, daß für den nicht-aktiven Truppenteil eine Unterstützung erforderlich und notwendig war, wenn ein Höchstmaß an Einsatzbereitschaft erreicht werden sollte. Aber gleichzeitig stellte er sehr deutlich heraus, daß dieser Auftrag eine erhebliche Belastung bedeutete, die nur dann zu leisten war, wenn das Bataillon in dieser Zeit von anderen Aufgaben entlastet würde.

Daß die mit den Patenschaften verbundenen neuen Aufgaben nicht ohne zusätzliches aktives Personal zu bewältigen waren, stellte zum gleichen Zeitpunkt auch der Kommandeur der Panzergrenadierbrigade 7, Oberst Hartmut Bagger, mit dem Hinweis fest, daß die aktive Truppe bei der Betreuung und Weiterbildung der Reservisten häufig überfordert sei, und fuhr fort:

> »Die Ausbildung der Reservisten, insbesondere die Durchführung von Mob-Übungen ganzer Truppenteile kann man auf die Dauer nicht einfach zusätzlich nebenher bewältigen, ohne daß dafür entsprechendes aktives Personal zur Verfügung steht. Wir werden in den nächsten Jahren noch stärker auf unsere Reservisten angewiesen sein. Das bedeutet aber auch, daß wir noch mehr Arbeit in eine sinnvolle Aus- und Weiterbildung investieren müssen, und dafür brauchen wir qualifiziertes Personal[120].«

Die Forderungen der betroffenen aktiven Patentruppenteile, sie für die Unterstützung von Mobilmachungsübungen nicht-aktiver Truppenteile personell zu verstärken und in diesen Zeiträumen von anderen Aufgaben zu entlasten, wurden grundsätzlich als notwendig anerkannt. Aber wie bereits in der Vergangenheit mußte dieser Zusatzauftrag wiederum durch »Draufsatteln« übertragen werden, für zusätzliches Personal und Reduzierung der Aufgaben gab es keinen Handlungsspielraum.

Mit den »Trutzige[n] Sachsen« zogen im September 1985 beim I. Korps mehr als 5.000 Reservisten in die Heeresübung, hinzu kamen weitere 9.000 beim Territorialheer, darunter über 800 Reservisten des Jägerbataillons 822 aus dem Mob-Stützpunkt Fürstenau. Das Jägerbataillon, geführt von Oberstleutnant der Reserve Eckehard Fabian, im Zivilberuf Leiter des Rechtsamtes der Stadt Solingen, und seinem Stellvertreter, Major der Reserve Uwe Hars, Realschulkonrektor aus Nordenhamm, hatte den »klassischen« Jäger-Auftrag, gegen durchgebrochenen und luftgelandeten Feind zu kämpfen. Prominentester wehrübender Reservist bei den »Trutzige[n] Sachsen« war der Präsident des Bauernverbandes, Konstantin Frhr. v. Heeremann, der als Hauptmann beim Stab der Panzerbrigade 2 übte. Stabsfeldwebel der Reserve Siegfried Karthaus, wehrübender S 2-Feldwebel bei der Panzerbrigade 20, wurde bei dieser Heeresübung zum »Wehrübungs-Weltmeister« mit 71 geleisteten Wehrübungen gekürt[121].

Daß über Integration und Information von Reservisten nicht nur geredet, sondern beides auch erfolgreich praktiziert wurde, bewiesen die ab 1984 vom Kommandeur der 1. Panzerdivision in Hannover, Generalmajor Henning von Ondarza, initiierten Informationsveranstaltungen für Reservisten. Die Entwicklung des Heeres, Grundlagen deutscher Sicherheitspolitik, Vorstellung neuer Waffensysteme sowie Fragen zu Ausbildung und Einsatz der Reservisten waren die Schwerpunktthemen. Nach anfänglichen Schwierigkeiten entwickelten sich diese Veranstaltungen zu einem großen Erfolg, an denen bis zu 300 Reserveoffiziere ein- bis zweimal pro Jahr teilnahmen[122]. Noch Mitte der 90er Jahre bestand ein unverändert großes Interesse an diesem Informationsangebot.

Eingebunden in das WHNS-Abkommen begann am 8. Februar 1985 im Rahmen einer Regierungsvereinbarung der gegenseitige Austausch von Reserveoffizieren[123]. Dieses Projekt war die erste deutsch-amerikansiche Vereinbarung, die sich ausschließlich auf Reservisten bezog. Ziel des Austauschprogrammes war

es, Reserveoffizieren aus Truppenteilen und Dienststellen beider Staaten, die besonders in Krisen und im Verteidigungsfall auf enge Zusammenarbeit angewiesen waren, im Frieden die Möglichkeit zu geben, sich über Struktur, Organisation, Ausrüstung und Einsatzgrundsätze der anderen Seite zu informieren und die Zusammenarbeit zu erproben[124]. Noch nach Auflösung des WHNS-Abkommens wurde dieses erfolgreiche Projekt fortgesetzt. Ein vergleichbares Abkommen wurde im Februar 1986 mit Großbritannien unterzeichnet[125].
Reservisten in Wehrübungen als Besatzung eines Kampf- oder Schützenpanzers, beim Kriegsbrückenbau, als Funker auf einem Gefechtsstand, im Fährbetrieb oder als Kanoniere an einer Feldhaubitze erweckten schon immer stärker das Interessse der Öffentlichkeit als die Reservisten, die zu einer Mob-Übung in Depots einberufen wurden. Aber auch die Depots müssen im Verteidigungsfall geschützt und betrieben werden und das wiederum ging nur mit Reservisten. Je nach Depotgröße wurden Reservisten bis zu Kompaniestärke für diese Aufgabe alle drei Jahre zu einwöchigen Mob-Übungen einberufen. Die Ausbildung der vor allem zur Sicherung eingesetzten Reservisten erfolgte zu Beginn der Wehrübungen in einem Nachschubausbildungszentrum (bis zu drei Tage), dem sich unmittelbar die gezielte Einweisung an dem zu sichernden Objekt anschloß. Nicht immer standen in den Depots für Unterbringung dieser Reservisten feste Unterkünfte zur Verfügung. Oftmals blieb nur die behelfsmäßige Unterbringung in Zelten als Notlösung. Auch hier galt: Ohne Reservisten kein Schutz im Spannungsfall, auch ohne ein besonderes Interesse der Öffentlichkeit für diesen Dienst und ohne Berichte darüber in der Presse. Dennoch waren sie als Sicherungsdienst unverzichtbar und damit eine wichtige Voraussetzung für die Einsatzbereitschaft der Bundeswehr[126].
Die Ausbildung der Scharfschützen für die Heimatschutztruppe sollte 1985 durch das Beschreiten neuer Wege zu einem besseren Ergebnis geführt werden. Da mit Einnahme der Heeresstruktur 4 jede Heimatschutzkompanie 32 Soldaten in der Verwendung als Scharfschütze erhalten hatte, bestand ein hoher Ausbildungsbedarf. Das Verteidigungskreiskommando 313 in Köln bekam den Auftrag, Reservisten in Wochenendübungen und nach dem Konzept »Reservisten bilden Reservisten aus« zu Scharfschützen auszubilden. An 13 Wochenenden im Rahmen dienstlicher Veranstaltungen und in einer Fünf-Tage-Kurzwehrübung konnten von 72 Teilnehmern 37 Reservisten die Ausbildung zum Scharfschützen mit Erfolg beenden und erhielten die Ausbildungs- und Tätigkeitsnachweisung (ATN). Trotz des Erfolges mußte am Ende festgehalten werden, daß sich diese Ausbildung nicht vollverantwortlich in Eigenausbildung der Reservisten realisieren ließ, sondern nur, wenn aktive Soldaten bei der Theorievermittlung, als Ausbilder und bei der praktischen Schießausbildung die Gesamtleitung behielten. Auch in anderen Bereichen wurden ähnliche Versuche unternommen, die zu gleichen Feststellungen führten[127].
Die 1982 vereinbarte Aufstellung von sechs Unterstützungskommandos (UKdo) Wartime-Host-Nation-Support (WHNS) sollte eigentlich bereits 1987 abge-

schlossen sein. Vor allem fehlende Unterbringungsmöglichkeiten zwangen immer wieder, das Vorhaben hinauszuschieben. Aber am 14. Januar 1986 konnte der Inspekteur des Heeres, Generalleutnant Hans-Henning von Sandrart, in Düsseldorf in einem feierlichen Appell das UKdo 3, stationiert beim Heeresamt in Köln, an das Wehrbereichskommando III übergeben. Knapp vier Monate später wurde am 6. Mai im Innenhof des Ludwigsburger Schlosses durch den Befehlshaber im Wehrbereich V, Generalmajor Frank Schild, das UKdo 5 in Dienst gestellt. Die UKdo 8 (Zweibrücken), 9 (Mannheim) sollten in der zweiten Hälfte 1986, die UKdo 4 und 7 im Jahr 1987 folgen. Zu knapp 1.000 Soldaten und 800 zivilen Mitarbeitern der sechs U-Kdo im Frieden traten in Krise und Krieg über 90.000 Reservisten hinzu, von denen das Heer über 80.000 stellte, um die erforderliche Unterstützungsleistung für die auf deutschem Boden eingesetzten US-Streitkräfte zu erbringen[128].
Jedes der sechs Unterstützungskommandos verfügte über Begleitbatterien, Schwimmbrückenkompanien, Sicherungs-, ABC-Abwehr-, Nachschub-, Instandsetzungs- und Krankentransportbataillone sowie Nachschub- und Transportregimenter, allesamt nicht-aktive Truppenteile. Trotz des hohen Bestands von über drei Millionen ausgebildeten Reservisten war es eine außergewöhnliche Leistung, die Aufstellung dieser nicht-aktiven Truppenteile in sehr kurzer Zeit durchzuführen, die Reservisten für ihren Auftrag auszubilden, um sie schon nach kurzer Zeit bei Übungen, vor allem im Rahmen von Reforger, einsetzen zu können. Allein im ersten Halbjahr 1986 wurden 42 nicht-aktive Einheiten aufgestellt. Die Neuaufstellungen für WHNS waren vor der Wende die letzte größere Organisationsmaßnahme des Heeres zur Erweiterung der nicht-aktiven Truppenteile.
Grundlage für die Unterstützung des Heeres im Rahmen WHNS wurde die »Weisung zur militärischen Unterstützung der in Krise und Krieg auf dem Gebiet der Bundesrepublik Deutschland eingesetzten verstärkten US-Streitkräfte durch das Heer«. Mit dieser Weisung wurden allen an der Realisierung des Programms im Heer beteiligten Stellen die für ihre Arbeit notwendigen Informationen vermittelt und die Regelungen im Grundsatz festgelegt, die für einen zügigen und zielgerichteten weiteren Ausbau der WHNS-Organisation erforderlich waren.
Bereits im September 1988 war das nicht-aktive Transportbataillon 451 des UKdo 5 in die Reforger-Übung zur Realversorgung des VII. US-Korps eingebunden. Für viele Reservisten bedeutete die Beorderung zu einem WHNS-Truppenteil nicht nur die Ausbildung und Inübunghaltung in der militärischen Verwendung, sondern zusätzlich das Erlernen der englischen Sprache als eine wesentliche Voraussetzung für die unmittelbare Zusammenarbeit und Unterstützung mit den amerikanischen Streitkräften. In jener Zeit entstanden auch viele freundschaftliche Kontakte zwischen deutschen Reservisten und amerikanischen Soldaten, die zum besseren gegenseitigen Verstehen wesentlich beigetragen haben.
Die NATO-Übung »Bold Guard« im Norden und die Heeresübung »Fränkischer Schild« im Raum Würzburg waren die Schwerpunkte des Übungsgesche-

hens 1986, beide Übungen mit starker Beteiligung von Reservisten. Beim III. Korps stellten diese mit 12.000 Reservisten 25 % der Übungsteilnehmer, darunter 478 Reservisten des Jägerbataillons 126 der 12. Panzerdivision und 1.300 Reservisten der Heimatschutzbrigade 54 aus Trier, die erstmals als Brigade geschlossen mit allen Truppenteilen an einer Übung teilnahmen. Die Brigade hatte auf dem Truppenübungsplatz Baumholder mobilgemacht und nach einer Aufmarschübung mit Rheinübergang bei Speyer in das Übungsgebiet verlegt.
Während viele Reservisten beim »Fränkischen Schild« in den klassischen Aufgaben des Territorialheeres zur Sicherstellung der Operationsfreiheit durch Raum- und Objektschutz, Verkehrsführung und -leitung, in der Logistik und im Sanitätsdienst sowie erstmals in der Bürger- und Informationszentrale (BIZ) eingesetzt wurden, löste die Heimatschutzbrigade 54 eine Heeresbrigade im unmittelbaren Gefecht ab und wurde zur direkten Verstärkung des Feldheeres eingesetzt.
Mehrfach hatte der Inspekteur des Heeres die Auffassung vertreten, daß es in der künftigen Struktur des Heeres in Ausbildung, Auftrag und im Zusammengehörigkeitsgefühl keine Unterschiede zwischen dem Feldheer und dem Territorialheer mehr geben könne und daß trotz verschiedener Unterstellung (NATO bzw. nationale Führung) es im Prinzip nur ein Heer sei. In diesem Zusammenhang vertrat er auch die Auffassung, daß die Rechte der Regiments- und Bataillonskommandeure bzw. Kompaniechefs der Reserve zu erweitern seien, damit sie auch zwischen den Wehrübungen auf ihren Truppenteil Einfluß nehmen könnten. Sie sollten das Recht haben, gewisse Informationen zu erhalten und über personelle Veränderungen, z.B. notwendig werdende Aus- oder Umplanungen, nicht nur informiert, sondern dazu auch vorher gehört werden. Dies alles sollte in einer neuen Weisung geregelt werden. Bei der Kommandeurtagung der Bundeswehr 1986 hatte Generalinspekteur Wolfgang Altenburg ganz offen erklärt, daß ihn die enorme Belastung durch eine noch nie dagewesene Inanspruchnahme der Truppe infolge der unaufhaltsam steigenden Ausbildung von Reservisten mit Sorge erfülle. Hinter dieser Sorge stand konkret der mit der geplanten Erhöhung der Wehrübungsplätze auf 15.000 einhergehende Auftrag, ab Mitte der 90er Jahre Jahr für Jahr über 350.000 Reservisten in Wehrübungen auszubilden, rund 300.000 davon beim Heer[129].
Mit einer neuen Reservistenkonzeption sollte vor allem eine deutliche Anerkennung der Leistungen von Reservisten, eine effektivere Personalführung für Reservisten, die volle Fortzahlungen des Arbeitsentgelts für Wehrübende, eine verbesserte Öffentlichkeitsarbeit, und damit eine finanzielle und soziale Besserstellung der Reservisten erreicht werden.
Durch einen finanziellen »Häufigkeitszuschlag« sollte ein höherer materieller Anreiz für mehr freiwillige Wehrübungstätigkeit geschaffen werden. Auch das Modell eines Teilzeitsoldaten wurde wieder in die Diskussion gebracht. Unbeantwortet blieben die Fragen nach der konkreten Ausbildungsunterstützung für die Durchführung der Wehrübungen, deren Notwendigkeit außer Frage stand.

Das Heer hatte aufgrund des Erfolges der Ausbildungszentren bei der Ausbildung seiner Heimatschutz- und Sicherungskompanien zwischenzeitlich die Aufstellung von Ausbildungszentren auch für andere Truppengattungen vorgenommen. So waren für die Fernmeldetruppe in Köln, die Feldjägertruppe in Düsseldorf und Ludwigsburg, die Pioniertruppe in Schleswig, Emmerich, Koblenz (später in Speyer) und Krailling, die ABC-Abwehrtruppe in Bruchsal und Euskirchen Ausbildungszentren eingerichtet worden; es gab neun Nachschubausbildungszentren und fünf Sanitätsausbildungszentren und die Reservisten der Heeresflugabwehrtruppe wurden am Waffensystem L-70 bei der VIII. Inspektion der Heeresflugabwehrschule in Todendorf ausgebildet. Insgesamt trugen über 50 Ausbildungszentren in den 80er Jahren die Hauptlast der Reservistenaus- und -weiterbildung.
Die Aufstellung nicht-aktiver Truppenteile, die mit den Waffensystemen Kampfpanzer M 48 und Leopard 1, Kanonenjagdpanzer und Mörser 120 mm ausgerüstet waren, stellte für die Ausbildung dieser Reservisten eine neue Herausforderung dar. Die bisherigen Ausbildungszentren der Heimatschutztruppe konnten diesen Auftrag nicht übernehmen. Dies führte 1986 zur Aufstellung der beiden schweren Ausbildungszentren in Munster und in Stetten am Kalten Markt. In 12-Tage-Mob-Übungen wurden Reservisten der Infanterie- und Panzertruppe der Heimatschutzbrigaden meistens im Kompanierahmen in Einzel- und Besatzungsausbildung bis zum scharfen Schuß gebracht. Oftmals war dies keine einfache Aufgabe, insbesondere dann, wenn die Reservisten im Wehrdienst an anderen Waffensystemen ausgebildet worden waren.
Am 31. März 1986 war Generalleutnant Heinz Kasch, inzwischen 2½ Jahre neben seinen Aufgaben als Stellvertreter des Inspekteurs des Heeres und Beauftragter für das Territorialheer auch als Beauftragter für Reservistenangelegenheiten eingesetzt, zwar aus dem aktiven Dienst ausgeschieden, aber vorab am 17. März 1986 durch Staatssekretär Dr. Ermisch weiterhin zum Beauftragten für Reservistenangelegenheiten beim Generalinspekteur bestellt worden. Damit konnte er, nun selbst Reservist, seine mit großem Engagement betriebene Aufgabe für die Reservisten fortsetzen[130].
Im Zuge einer großzügigen Erweiterung der Uniformtrageerlaubnis für Reservisten außerhalb des Wehrdienstes, bislang an Einzelanträge gebunden und recht restriktiv gehandhabt, erfolgte eine besondere Kennzeichnung der Uniformen der Reservisten mit schwarz-rot-goldenen Schlaufen auf den Schulterklappen. Nicht alle Reservisten waren über diese Ergänzung glücklich, manche Reservisten sahen in dieser Zusatzkennzeichnung eine Einstufung als Soldat zweiter Klasse. Die Angelegenheit blieb aber ein Sturm im Wasserglas[131].
Der 3. November 1986 war in der Geschichte der Reservisten des Heeres ein bemerkenswertes Datum. Brigadegeneral Eberhard Fuhr, Kommandeur der Infanterieschule, hatte, einer Anregung von Regiments- und Bataillonskommandeuren der Reserve folgend, diesen Personenkreis zu einem Gespräch nach Hammelburg eingeladen. Dabei sollten die mit der geplanten neuen Reservistenkonzeption zusammenhängenden Fragen und Probleme der Führung eines

nicht-aktiven Verbandes besprochen werden. Darüber hinaus wurde der Personenkreis aus dieser Veranstaltung heraus zur Keimzelle der »Arbeitsgemeinschaft der Kommandeure der Reserve des Heeres«, zu deren erstem Sprecher Oberst d.R. Herbert Reischl gewählt wurde. Die Arbeitsgemeinschaft steckte sich folgende Ziele:

- Mitwirkung an der Weiterentwicklung der Konzeption der Gesamtverteidigung, insbesondere der Reservistenkonzeption.
- Stärkung der Eigenverantwortung als Kommandeur der Reserve, auch außerhalb von Wehrübungen.
- Weiterentwicklung der Bereiche Reservistenausbildung und Wehrübungen sowie persönlicher Erfahrungsaustausch[132].

Die kommenden Jahre zeigten, daß diese Arbeitsgemeinschaft sehr viel kreative Unruhe auslöste und mit ihren Anregungen und Vorschlägen den Einsatz der Reservisten im Heer auf vielen Gebieten deutlich voranbrachte.

Die Entwicklung einer neuen Heeresstruktur, zunächst unter der Bezeichnung »Struktur 90«, später umbenannt in »Heeresstruktur 2000«, nahm 1987 konkrete Formen an. Absicht war es, Strukturen für das Feldheer und Territorialheer zu schaffen, die auch in der zweiten Hälfte der 90er Jahre den Erfordernissen der Vorneverteidigung entsprechen sollten. Durch Anpassung an neue militärische Entwicklungen sollten Flexibilität und Schlagkraft gesteigert werden. Unverändert blieb die Zahl von 12 Divisionen und der Umfang des Heeres mit 1.055.000 Soldaten im Verteidigungsfall. Als beinahe revolutionär galt die Absicht, Kampfbataillone der Brigaden des Feldheeres zu kadern. Um die Zeit für deren Mobilmachung im Krisenfall zu verringern, sollte 1988 in einem Truppenversuch das »Kalbungsprinzip« erprobt werden. Dieses Verfahren – in der Wehrmacht erfolgreich angewandt – bedeutete, daß das aktive Personal des präsenten (aktiven) Bataillons den Kern (bis zu 50 %) für den Aufwuchs eines zugeordneten nicht-aktiven Bataillons stellt. Damit wurde offenkundig, daß künftig auch die Kampfbataillone des Feldheeres verstärkt in die Ausbildung der Reservisten einbezogen werden sollten. »Das Heer wird einen weiteren Schritt aus dem Präsenzheer zum Ausbildungsheer machen müssen«, stellte der Inspekteur des Heeres, Generalleutnant Hans-Henning von Sandrart, fest. Diese Aussage beschrieb deutlich die Folgen der geplanten Erhöhung der Wehrübungsplätze von 5.000 auf 12.000 für das Heer und die damit verbundene jährliche Ausbildung von rund 300.000 Reservisten im Feldheer und Territorialheer[133].

Für viele Soldaten im Feldheer, für die das Wort »Reservisten« bisher mit der Vorstellung »irgendwo hinten beim Territorialheer« verbunden war, bedeutete dies ein deutliches Umdenken. Dieser Wandel im Denken konnte nicht über Nacht vollzogen werden, aber es gab dazu keine Alternative. Reservisten wurden durch die Einbindung nicht-aktiver Kampfbataillone in die Brigaden des Feldheeres zu einem unverzichtbaren Teil für die Vorneverteidigung. Nach Auffassung des Inspekteurs des Heeres war eine weitere Voraussetzung für die Vorneverteidigung, daß auch Teile des Territorialheeres künftig bereits in der Krise einsatzbereit sein müssen, noch bevor die ersten Kampfbataillone des Feldheeres in den zugewiesenen Einsatzräumen ihre Verteidigungsabschnitte übernähmen. Dieses Ziel war ohne nachhaltige Verbesserung der Lage des Territorialheeres nicht zu erreichen. Reservisten waren davon unmittelbar betroffen.

In der Geschichte der Reservisten des Heeres dürfen aber auch die aktiven Offiziere nicht unerwähnt bleiben, die durch die Abteilung Personal mit Mob-Einteilungsverfügungen Führer nicht-aktiver Verbände wurden. Sie waren doppelt gefordert, in ihrer Hauptaufgabe und zusätzlich als Führer eines nicht-aktiven Bataillons der Heimatschutztruppe oder eines nicht-aktiven Bataillons ihrer Truppengattung. Viele aktive Offiziere bekleideten diese Funktion oft über mehrere Jahre, und aus anfänglichem Ärger über diesen »Zusatzauftrag« wurde in vielen Fällen ein erfolgreiches persönliches Engagement, in das von den Betroffenen sehr viel »Herzblut« eingebracht wurde. Manch freier Abend und viele Wochenenden wurden für Besprechungen und dienstliche Veranstaltungen zur Vorbereitung oder Nachbereitung von Wehrübungen geopfert. Häufig mußte nach Truppenwehrübungen die Masse der liegengebliebenen Arbeit nachgeholt werden, da ein Vertreter nicht zur Verfügung stand.

Oberstleutnant a.D. Heinz Reichel, von 1983 bis 1988 Kommandeur des nicht-aktiven Jägerbataillons 962, Augsburg, in dieser Zeit Lehrstabsoffizier am Zentrum Innere Führung, erinnert sich zehn Jahre später noch sehr intensiv an diese Zeit, die ihn als Kommandeur dieses nicht-aktiven Verbandes jährlich bei zwei bis vier dienstlichen Veranstaltungen und zwei Truppenwehrübungen forderte. Nach seiner Bewertung waren vor allem die Rahmenbedingungen (Ausbildungsmittel, Kraftfahrzeuge) für Truppenwehrübungen unzureichend und spürbaren Verbesserungen der Feldverwendungsfähigkeit des Bataillons dadurch sehr enge Grenzen gesetzt. Nach seiner Beurteilung haben seine Vorgesetzten diese zusätzliche Aufgabe auch nicht annähernd zutreffend einschätzen können und auch nicht entsprechend gewürdigt. Dennoch bewertet er in der Rückschau die Führung dieses Verbandes als Kommandeur über fünf Jahre und den intensiven Kontakt mit den Reservisten »seines« Bataillons als eine außerordentliche berufliche und menschliche Bereicherung, die er auf keinen Fall missen möchte[134]. Die Beurteilung der Rahmenbedingungen dieser Aufgabe und der persönliche Zugewinn an Erfahrungen wird in ähnlicher Form von sehr vielen aktiven Offizieren, die in vergleichbaren Verwendungen bei nicht-aktiven Truppenteilen eingesetzt waren, geteilt.

Die zunehmende Bedeutung des Einsatzes der Reservisten im Heer wurde am 25. November 1987 durch die Entscheidung des Inspekteurs des Heeres, seinen Stellvertreter zum »Beauftragten für Reservistenangelegenheiten im Heer« zu ernennen, unterstrichen. Als »Beauftragtem« wurden ihm die Überwachung der Maßnahmen des Heeres zur Verwirklichung der Reservistenkonzeption, die Vertretung der Reservistenangelegenheiten des Heeres innerhalb des Bundesministeriums der Verteidigung und in Zusammenarbeit mit dem Beauftragten für Reservistenangelegenheiten des Generalinspekteurs sowie die Vertretung dieses

Aufgabenbereichs in der Öffentlichkeit übertragen. Im Führungsstab des Heeres wurde ein Referat als zentrale Ansprechstelle für Reservistenangelegenheiten des Heeres eingerichtet.
Den im nicht-aktiven Gebirgsjägerbataillon 87 der 1. Gebirgsdivision mob-beorderten Reservisten, aber insbesondere den Offizieren und Unteroffizieren der Reserve, werden die Jahre 1986/1987 nachhaltig in Erinnerung geblieben sein. Sie waren in dieser Zeit für zwei Vorhaben ausgewählt worden; zum einen durch den Stellvertreter des Inspekteurs des Heeres und Beauftragten für Reservistenangelegenheiten im Heer zu einem Modellversuch für die Weiterbildung von Offizieren und Unteroffizieren der Reserve in nicht-aktiven Truppenteilen in Form von Wochenendweiterbildungen und zum anderen zur Teilnahme an der Heeresübung »Kecker Spatz« 1987. Im Zeitraum eines Jahres wurden zur Vorbereitung auf die Teilnahme an der Heeresübung vier Kurzwehrübungen an Wochenenden durchgeführt, zwei unter der Leitung des Kommandeurs auf Bataillonsebene, zwei unter Leitung der Chefs auf Kompanieebene. Das insgesamt positive Ergebnis überraschte nicht, setzte aber ein hohes Maß an Freiwilligkeit und Einsatzbereitschaft voraus, insbesondere den Verzicht auf einen Teil Freizeit. Weitere Erkenntnisse am Ende des Truppenversuches waren:

- Die Unterstützung der Kurzwehrübungen mit Personal, Material und Ausbildungseinrichtungen ist durch die Kalenderführende Dienststelle und das Patenbataillon sicherzustellen.
- Die Forderung »Reservisten bilden Reservisten aus« kann nur sehr begrenzt erfüllt werden.
- Die Masse der Reservisten ist aufgrund beruflicher und familiärer Belastung nicht in der Lage, sich auf solch besondere Ausbildungsvorhaben gezielt vorzubereiten.
- Die Aus- und Weiterbildung muß vor allem in praktischen Übungen durchgeführt werden und sich am Einsatzauftrag orientieren[135].

Es bestätigten sich somit Erfahrungen, die auch in anderen nicht-aktiven Truppenteilen gemacht worden waren.
Dieser Modellversuch des Stellvertretenden Inspekteurs des Heeres mit den Offizieren und Unteroffizieren der Reserve des Gebirgsjägerbataillons 87 blieb ein Versuch, ohne daß konkrete Maßnahmen getroffen wurden. Die schon vorher geltende grundsätzliche Forderung, Mobilmachungsübungen in Kurzwehrübungen oder bei dienstlichen Veranstaltungen vorzubereiten, blieb bestehen.
Aber auch andere Reservisten machten bei dieser Heeresübung 1987 Furore und waren über den Äther zu hören. Mit »Oliv aktuell, das Magazin aus dem Sonderstudio von Bayern 3, täglich bis zum 26. September von 12.30 Uhr bis 14.00 Uhr, Hallo und Grüß Gott« strahlte der Bayerische Rundfunk über seine Mittelwelle täglich die »Manöverwelle« aus. Am Mikrofon waren Soldaten des Andernacher Bataillons für Psychologische Verteidigung 850. »Radio Kecker Spatz« erregte großes Interesse und Aufmerksamkeit auch dank der Reservisten, die an den Mikrofonen saßen. Daß diese ihr Handwerk verstanden, war

kein Wunder, da sie in ihrem Zivilberuf z.B. Moderator beim Bayerischen Rundfunk oder Mitarbeiter des Westdeutschen Rundfunks waren[136].
Mit dem Handschlag zwischen Bundeskanzler Helmut Kohl und Frankreichs Staatspräsident François Mitterand auf der Kriegsbrücke über die Donau bei Kehlheim ging die Heeresübung »Kecker Spatz« auch als Geburtsstunde der Deutsch-Französischen Brigade in die Heeresgeschichte ein.
Ende 1987 lag der Entwurf der dritten Reservistenkonzeption vor – vorangegangen waren externe Abstimmungsgespräche mit den Spitzenverbänden der Wirtschaft, dem Gewerkschaftsbund, dem Bundeswehrverband und dem Reservistenverband –, aber es dauerte noch bis zum 9. Mai 1988, bis die Konzeption die Unterschrift von Verteidigungsminister Manfred Wörner trug.
In das Jahr 1988 fiel auch die erste Heeresübung des Territorialheeeres, mit der sich die in Krise und Krieg dem Bundeskanzler unterstehende Nationale Militärische Verteidigung der interessierten Öffentlichkeit, vor allem der NATO und über den Eisernen Vorhang hinweg dem Warschauer Pakt vorstellte. Sie fand bei den Alliierten, den Neutralen und besonders im Ostblock großes Interesse. Der Bundeskanzler und der NATO-Oberbefehlhaber Europa besuchten sie ausgiebig.
Diese Übung, angelegt und durchgeführt vom Territorialkommando Süd, war eine Gesamtverteidigungsübung. Sie spielte auf Territorialkommando- bzw. Heeresgruppenebene in den fünf süddeutschen Bundesländern und sollte deutlich machen, ob und wie die Bundesrepublik gerüstet war, mit dem zu über 90 % aus Reservisten bestehenden Territorialheer ihren vielfältigen, national zu verantwortenden Verteidigungsaufgaben nachzukommen. Zusammen mit den zahlreichen zivilen Partnern, von den Länderregierungen bis zum Technischen Hilfswerk, unter Einbeziehung alliierter und deutscher Großverbandsübungen sowie amerikanischer, französischer, kanadischer und luxemburger Truppen wurden aus den vielfältigen Verantwortungsbereichen der Territorialen Verteidigung ausschnittsweise die unterschiedlichsten Aufgaben geübt, woran auf seiten des Territorialkommandos hauptsächlich Reservisten beteiligt waren. Sie führten die Übung zum Erfolg.
Ihre Bewährung stand außer Zweifel bis hin zu einer Lehrvorführung »Ortskampf«, die im Hammelburger Übungsdorf Bonnland ein Infanteriebataillon vorführte, das ausschließlich aus Reservisten bestand, zwei Jahre lang nicht geübt hatte und erst fünf Tage zuvor einberufen worden war. Diese besonders schwierige Lehrvorführung war bis dahin dem Lehrbataillon der Infanterieschule vorbehalten gewesen. Die KVAE-Beobachter waren dermaßen beeindruckt, daß sie erst, nachdem sie ausgiebig mit den Soldaten Kontakt gehabt hatten, davon überzeugt waren, daß es sich um ein rassereines Reservebataillon handelte.
In das Jahr 1988 fiel auch die Ankündigung des Truppenversuchs »Kaderung und rascher Aufwuchs« (KURA). Mit diesem Truppenversuch sollte bei weiterer Verringerung der Präsenz des Heeres die Mobilmachung auch in Bereichen

Reservisten im Ortskampf

Foto: Mertens

Foto: Mertens

Foto: Mertens

Foto: Mertens

Heeresübung »Landesverteidigung '88«

VS - NUR FÜR DEN DIENSTGEBRAUCH

Beilage 1
Blatt 1

Heeresübung LANDESVERTEIDIGUNG '88
Übungsziele

1. Ausübung der Mittlerfunktion

   a. Üben des Zusammenwirkens der Organe der MilLdVg auf der Ebene WBK - Land - Korps - WBV.
   b. Üben der Koordinierung der Belange der militärischen und der zivilen Verteidigung, vorrangig in den Aufgabenbereichen
      - Raumordnung,
      - Schutz Rückwärtiger Gebiete,
      - Verkehrsführung,
      - Sicherstellen von Bewegungen über Gewässer,
      - Militärische Sicherheit und Ordnung,
      - Bevölkerungsinformation,
      - Katastrophenschutz,
      - Sanitätsdienstliche Versorgung.

2. Schutz Rückwärtiger Gebiete
   a. Üben des Zusammenwirkens von Raum- und Objektschutzkräften des Territorialheeres, der Luftwaffe und der Verbündeten.

   b. Einsatz einer HSchBrig in der RCZ, dabei
      - Zerschlagen einer LLOp,
      - Zusammenwirken mit US und FR Verbänden.

3. Militärische Verkehrsführung (MilVerkFü)

   a. Bearbeitung und Koordinierung von Märschen und Eisenbahntransporten nationaler und alliierter Verbände und Großverbände
   b. Aufbau und Betrieb des Verkehrsleitnetzes "Folgebewegungen", Zusammenarbeit Feldjäger und US-MP und FR-Verkehrsregelungskräften
   c. Zusammenarbeit der territorialen Verkehrsführungsorganisation mit der Pioniertruppe beim Gewässerübergang in der RCZ
   d. Zusammenarbeit der territorialen Verkehrsführungsorganisation mit der DB, zivilen Verkehrsbehörden und der Polizei

VS - NUR FÜR DEN DIENSTGEBRAUCH

Beilage 1
Blatt 2

4. Sicherstellen von Bewegungen über Gewässer

a. Unterstützen von Bewegungen über den RHEIN durch Bereitstellung und Betrieb von Ersatzübergängen, dabei
- Einrichten der Gewässerorganisation,
- Zusammenwirken der Pioniertruppe des TerrH mit MilVerkFü und der übergehenden Truppe,
- Betrieb von Kriegsbrücken und militärischen Fähren.

5. ABC - Abwehr

Zusammenwirken der ABCAbwTr mit den Kräften der zivilen Verteidigung, dabei
- ABC-Melde- und Warndienst,
- Spüreinsatz und Dekontamination

im Rahmen des Katastrophenschutzes und der Schadensbeseitigung.

6. MilGeo-Wesen

Üben der Versorgung eines verbündeten Großverbandes mit MilGeo Unterlagen

7. Logistik

a. Aufbau und Betrieb der Nschubkette (MVG) TerrH zur Versorgung des Feldheer- und TerrHeeres. Dabei Lufttransport von GefMun
b. Umschlag von MVG (MUN/BSTF) auf Binnengewässerstraßen, Straße und Schiene.
c. Betreiben und Instandhalten des CENTRAL EUROPEAN PIPELINE SYSTEM (CEPS)
d. Versorgung der ÜbTr BLAU, LtgTr ROT und Truppe im LtgDst mit Feldpost
e. Logistische Unterstützung Alliierter

VS - NUR FÜR DEN DIENSTGEBRAUCH

Beilage 1

Blatt 3

8. <u>Sanitätsdienstliche Versorgung</u>
   a. Erste chirurg. Versorgung im HVPl TerrH und Herstellen der Transportfähigkeit,
   b. Aufbau und Betreiben der Lazarettorganisation,
   c. VwuTrsp auf Straße und Schiene; Lufttransport mit Hubschrauber.
   d. Sanitätsdienstliche Versorgung im Rahmen der Unterstützung ziviler Verteidigung
   e. Sicherstellen der SanMatVersorgung,
   f. Sanitätsdienstliche Unterstützung Alliierter im Rahmen der Abmachungen.

9. <u>WHNS</u>

Üben und Darstellen des Zusammenwirkens eines UKdo WHNS mit den zu unterstützenden US-Streitkräften.

10. <u>Zusammenwirken mit den Luftstreitkräften</u>

   a. Erproben von Verfahren zur Luftraumordnung in der RCZ.
   b. Üben der Luftunterstützung, dabei
      - CAS gegen LLFeind,
      - Bekämpfung von Kampfhubschrauber mit Alpha Jet (ODENWALD),
      - Schutz von Marschverbänden durch CAP/ASCAP.
   c. Unterstützung durch Lufttransport bei Durchführung
      - einer operativen Luftlandung,
      - des Transports von Verwundeten,
   d. Darstellung von Zielen der 2. Staffel für RECCE und BAI im Rahmen von COLD FIRE.

11. <u>Unterstützung der Zivilen Verteidigung</u>

   a. Unterstützung des Katastrophenschutzes (ABC-Abwehr, Ersatzübergänge, Schadensbeseitigung).
   b. Üben der Verfahrensabläufe der ZMZ.

Sowjetischer Beobachter (rechts) bei der Heeresübung 1988 Foto: Mertens

des Feldheeres organisatorisch und ausbildungsmäßig künftig besser bewältigt werden. Der Truppenversuch begann nach einer notwendigen Umgliederungsphase am 1. Januar 1989 und dauerte bis Herbst 1991. Ziel des Truppenversuchs war es, ein Verfahren zu entwickeln, aus einem im Frieden hochpräsenten Bataillon durch Teilung des aktiven Bataillons und durch raschen Aufwuchs in der Krise bereits nach kurzer Zeit zwei für den Einsatz gleichwertige Bataillone verfügbar zu haben.
Aus allen drei Korps waren vier Brigaden mit drei Panzerbataillonen und zwei Panzergrenadierbataillonen (aktiv/nicht-aktiv) beteiligt. Jedes Stammbataillon bereitete für sein Aufwuchsbataillon zwei Truppenwehrübungen vor. Als flankierende Maßnahme wurde das sog. Einplanungsgespräch für die Mobilmachungsverwendung mit ausscheidenden Soldaten durchgeführt. Bei diesem Gespräch informierte die Truppe in enger Zusammenarbeit mit dem zuständigen Kreiswehrersatzamt den künftigen Reservisten über seine Verwendung nach dem Grundwehrdienst und plante ihn möglichst einvernehmlich für eine Mob-Verwendung ein. Mit diesem Verfahren wurde eine schon lange anstehende Bringschuld des aktiven Heeres gegenüber seinen ausscheidenden Soldaten eingelöst. Trotz des hohen Engagements aller Reservisten, das auf das aktive Personal nachhaltigen Eindruck machte, gelang es jedoch innerhalb der zwölf Tage nicht, die Einsatzbereitschaft zu erreichen[137].
Auch wenn bei den Zielerwartungen Einschränkungen im Truppenversuch sichtbar wurden, legte der Inspekteur des Heeres 1995 mit der Weisung »Reservisten im Heer« diese Form der Zusammenarbeit, der Ausbildung und des Aufwuchses zwischen dem präsenten Heer und allen nicht-aktiven Truppenteilen für das neue Heer fest. Man ging davon aus, daß entgegen der knappen Zeit im Truppenversuch in einer Krisenausbildung die erforderliche Zeit zum Herstellen der Einsatzbereitschaft zur Verfügung stehen würde.
Zahlreiche weitere geplante Maßnahmen für die Reservisten in der neuen Struktur, die letztlich mit der Bezeichnung Heeresstruktur 5 in die Geschichte des Heeres einging, wurden durch die ab 1989 eintretenden politischen Veränderungen überholt, noch ehe sie umgesetzt werden konnten.
Eine positive Bilanz zur »hohen Zeit« der Reservisten in der Heeresstruktur 4 zieht auch Generalleutnant a.D. Meinhard Glanz:

> »Das Verhältnis aktives Heer-Reservisten wurde geradezu umwälzend neugestaltet durch den erheblich gesteigerten Bedarf an Reservisten für die neugeschaffenen 4. Kampfbataillone der Brigaden, die beiden Jägerbataillone zusätzlich zum vorhandenen Sicherungsbataillon der Divisionen, die Erweiterung der Heimatschutzregimenter zu Brigaden und deren Verdoppelung, schließlich die Vollaufstellung dreier bisher fehlender Feldheerbrigaden sowie neuer Flugabwehr- und auch Panzerabwehrhubschrauber-Regimenter. Für die Mobilmachung ergab sich das Verhältnis von 345.000 Aktiven zu 710.000 Reservisten (ohne Beorderungsreserve). Demzufolge wurden Zahl, Art und Dauer der Wehr- und Mobilmachungsübungen einschließlich der

materiellen Mobilmachungsergänzung gesteigert und systematisiert, die Forderungen zum Ausbilden, Fördern und Betreuen der Reservisten durch das aktive Heer präzisiert, durch Lehrgangsangebote ergänzt, mit mehr Ausbildungszentren erleichtert und durch gezielte Dienstaufsicht unterstützt. Im Alltag und in Übungen, im Verhalten und Selbstverständnis, im Können und Leistungswillen der Truppe verschwanden unmerklich, aber anhaltend die Unterschiede im Status, die früher oft auch Unterschiede im Selbstwertgefühl bedeuteten. Positiv war zu bewerten, daß Eingaben und Beschwerden wehrübender Reservisten zur Dienstgestaltung nicht mehr Überbeanspruchung, sondern zunehmend höhere Leistungsforderungen zum Inhalt hatten. Mein Erinnerungseindruck: Kameradschaftlich[138]«.

Schlußbemerkungen

Reservisten waren bei der Aufstellung des deutschen Heeres 1956 zunächst nicht vorgesehen. Die politische Entscheidung im September 1956, den Personalumfang des Heeres deutlich zu reduzieren und die entstehenden Lücken durch Reservisten zu schließen, traf das im Aufwuchs befindliche Heer unvorbereitet. Es gab zu diesem Zeitpunkt weder Grundlagen für die Durchführung von Wehrübungen noch Regelungen für Mobilmachungsmaßnahmen. Die damit verbundenen Aufgaben, insbesondere bei Integration und Ausbildung der Reservisten, waren für das Heer durch alle Strukturen eine zusätzliche Aufgabe, bei der die Schere zwischen Auftrag und Mitteln weit geöffnet blieb. Immer wieder wurden Anläufe unternommen, die erkannten Defizite und Schwachstellen, vor allem bei den Rahmenbedingungen für die Ausbildung in Wehrübungen und bei der Integration der Reservisten in das aktive Heer, zu bereinigen. Daß es durch die Jahrzehnte häufig nur zur Fortschreibung von Absichtserklärungen für das Abstellen dieser Mängel und selten zur wirklichen Behebung der Mängel kam, lag vor allem an den begrenzten finanziellen Ressourcen und der Aufgabenfülle des Friedensheeres.

Reservisten des Heeres erlebten und empfanden oft eine ausgeprägte Ambivalenz, wenn sie in Wehrübungen Anspruch und Wirklichkeit kritisch verglichen. Trotz der wiederholten Betonung ihrer Bedeutung: »Ohne Reservisten geht es nicht« oder der Erklärung: »Reservisten haben im Einsatz die gleichen Aufgaben wie aktive Soldaten«, mußten bis zur Heeresstruktur 4 Minimallösungen genügen. Ausbildung, Ausrüstung und Alimentierung erhielten erst in den 80er Jahren eine höhere Priorität, und die Reservisten verloren – insbesondere beim Feldheer – den Eindruck, im Wehrdienst als Belastung empfunden zu werden.

Die in den Anfangsjahren heftiger, aber auch in den 80er Jahren noch nachdrücklich eingeforderte Wehrgerechtigkeit für Reservisten konnte nur in Teilbereichen erreicht werden. Keine Heeresstruktur wurde dem angestrebten Ziel gerecht, aus den im Frieden aufgestellten aktiven Truppenteilen für alle Truppengattungen eine ausgewogene Aufwuchsfähigkeit in der Verteidigungsstruktur

zu erreichen. Dazu waren die Anforderungen an das Heer im Frieden und im Verteidigungsfall zu unterschiedlich. Die Differenz innerhalb der Truppengattungen zwischen der Präsenz aktiver Truppe im Frieden zum Bedarf im Verteidigungsfall lag zwischen 6 % und 105 % (siehe Graphik 4). Dem großen Reservistenaufkommen bei der Panzer-, Panzergrenadier- und Artillerietruppe, die nur einen kleinen Bedarf für eine Mob-Beorderung hatte, stand das geringe Reservistenaufkommen bei der Jäger-, ABC-Abwehr-, Feldjäger-, Pionier- und Nachschubtruppe gegenüber, die sehr hohen Bedarf hatten. Damit mußten deren Reservisten über längere Zeiträume beordert bleiben und häufiger als ihre Kameraden anderer Truppengattungen zu Wehrübungen antreten.
Knappe Haushaltsmittel setzten der personellen, materiellen und infrastrukturellen Unterstützung der Ausbildung von Reservisten, insbesondere bei Truppenwehrübungen, enge Grenzen. Die zugewiesenen Wehrübungsplätze mußten mehrfach zur Einsparung von Haushaltsmitteln gekürzt werden. Sie erreichten zu keiner Zeit eine Größenordnung die ausgereicht hätte, um jährlich mehr als 20–30 % der beorderten Reservisten des Heeres in Wehrübungen auszubilden.

Graphik 6[139]:

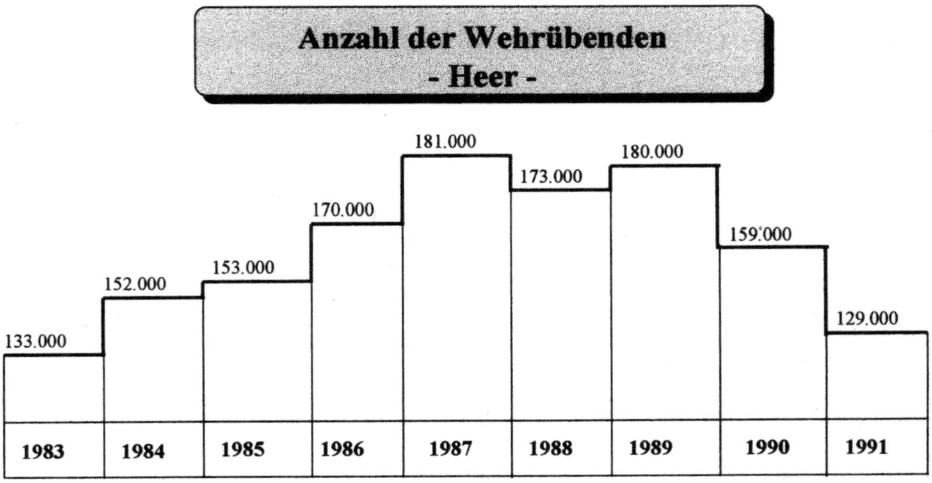

Die sich im Laufe der Jahrzehnte verdreifachenden Ausfälle bei Truppenwehrübungen von 15 % Anfang der 70er Jahre auf zuletzt deutlich über 40 % zeigten, daß es trotz vieler Anstrengungen immer schwieriger wurde, Reservisten für die Teilnahme an Wehrübungen zu motivieren (siehe Graphik 7). Alle Bemühungen, die hohen Ausfälle zu verringern, brachten nur räumlich und zeitlich begrenzte Erfolge. Diese Entwicklung war Spiegelbild einer gesellschaftlichen Einstellung, die den Wehrdienst zunehmend nicht mehr als selbstverständliche Pflicht männlicher Staatsbürger empfand.
Die aktiven Truppenteile und Stäbe trugen bei Wehrübungen die Hauptlast. Sie mußten die Ausbildung der Reservisten in Truppenwehrübungen sicherstellen,

Graphik 7[140]:

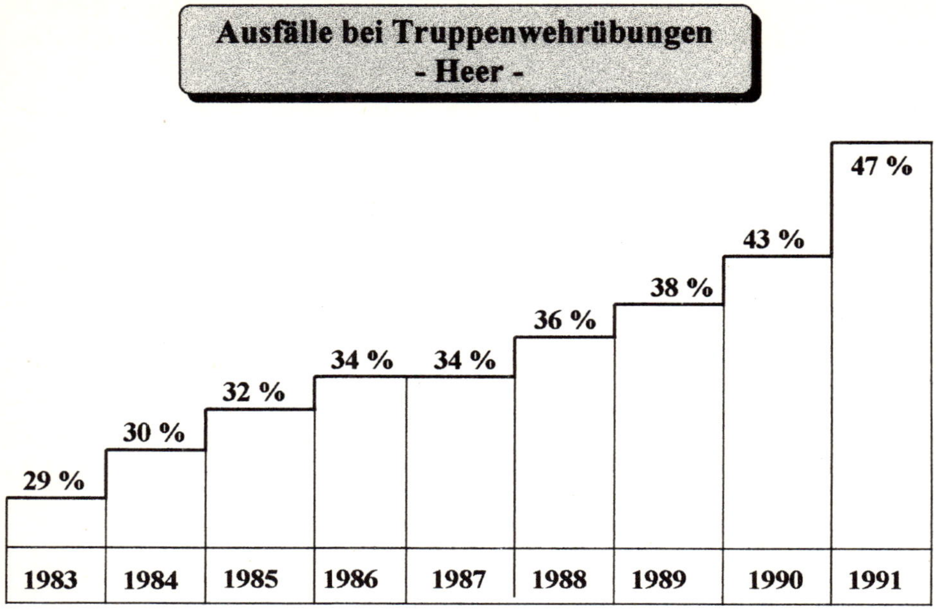

ohne daß wesentliche Abstriche bei anderen Aufgaben vorgenommen werden konnten und auch nicht wurden. Mit der Aufstellung der Ausbildungszentren Anfang der 70er Jahre, zunächst für die Reservisten der Heimatschutztruppe, später auch für andere Truppengattungen, sowie durch die Herausgabe von Ausbildungsunterlagen und Anweisungen für Mobilmachungsübungen wurden vor allem in der Heeresstruktur 4 deutlich verbesserte Rahmenbedingungen für die Reservistenausbildung geschaffen. Die größten Anstrengungen unternahm das Heer für seine beorderten Reservisten in der zweiten Hälfte der 80er Jahre, als es sich gefordert sah, den für die Mitte der 90er Jahre geplanten jährlichen Ausbildungsumfang von 300.000 Reservisten in den Griff zu bekommen. Dies wurde nach außen u.a. deutlich in der Übertragung der Aufgaben eines Reservistenbeauftragten an den Stellvertreter des Inspekteurs des Heeres, der Benennung eines Generals für Reservisten, die verstärkte Einbindung des Feldheeres in die Reservistenausbildung durch das Verfahren »Kaderung und rascher Aufwuchs« der Panzergrenadier- und Panzerbataillone sowie die Aufstellung von Ausbildungsbataillonen für die Unterstützung und Durchführung von Truppenwehrübungen.

Daß trotz dieser schwierigen Rahmenbedingungen über Jahrzehnte bis zu 180.000 Reservisten jährlich im Heer in Einzel- und Truppenwehrübungen zur Erhaltung der Einsatzbereitschaft Wehrdienst leisteten (siehe Graphik 6), macht nachhaltig deutlich, mit welch hohem Engagement das Heer trotz geringer Mittel und begrenzter Möglichkeiten sich dieser Aufgabe zuwandte. Auf der anderen Seite zeigen die aufgeführten Beispiele, mit welch überdurchschnittlicher Leistungsbereitschaft Reservisten sich durch alle Strukturen ihrem Auftrag stellten. Besonders anzusprechen und hervorzuheben ist die große Zahl engagierter Reservisten in Führungs- und Funktionsverwendungen, vom Gruppenführer bis hin zum Regimentskommandeur. Sie waren es, die in ihrer Freizeit bei dienstlichen Veranstaltungen den erfolgreichen Verlauf der Truppenwehrübungen mit vorbereiteten, die als Einheits- und Verbandsführer ihre Einheiten und Verbände in Wehrübungen formten und einsatzbereit hielten. Sie waren es, die auch außerhalb des Wehrdienstes in ihrem gesellschaftlichen Umfeld als Multiplikatoren für das Heer einen sehr hoch zu bewertenden Beitrag zur Verteidigungsbereitschaft in der Gesellschaft leisteten und dabei in Kauf nahmen, daß ihr soldatisches Engagement nicht zu häufig auf Verständnis und Zustimmung stieß.

Bataillonsfahnen bei der Übergabe eines Territorialkommandos

Die Reservisten des Heeres, die in ihrer Gesamtheit das nicht-aktive Heer bildeten und damit bis zur Wende zwei Drittel des gesamten Heeres im Verteidigungsfall stellten, erlangten durch alle Strukturen keine geschlossene Außenwirkung, wie dies bei Reservisten anderer Staaten selbstverständlich ist. Eine solche Außenwirkung war weder konzeptionell noch strukturell vorgesehen. Es war daher eine logische Konsequenz, daß Reservisten in die Dienstgradebene oberhalb Oberst der Reserve nicht befördert wurden, von einer Ausnahme in den Anfangsjahren abgesehen.

Ein freiwilliger Zusammenschluß der in Führungsverantwortung stehenden Reservisten erfolgte 30 Jahre nach Aufstellung des Heeres in der »Arbeitsgemeinschaft der Kommandeure der Reserve des Heeres« mit ausdrücklicher Zustimmung des Inspekteurs des Heeres. Dieser Zusammenschluß entwickelte sich rasch zu einem kompetenten Gremium für die Belange der beorderten Reservisten. Die Arbeitsgemeinschaft nahm Einfluß und brachte sich vor allem bei der Ausbildung und der Personalführung der Reservisten sowie bei Fragen der rechtlichen und sozialen Absicherung Wehrübender ein. Durch sie mit initiiert, entstand 1988/1990 erstmals eine Weisung des Führungsstabes der Heeres, in der die Führungsverantwortung dieser Personengruppe festgelegt wurde[141]. Sie konnten als Sachwalter der beorderten Reservisten des Heeres aber nur eine Binnenwirkung erreichen.
Das Ende der Ost-West-Konfrontation und der damit einhergehende radikale Wandel der sicherheitspolitischen Rahmenbedingungen nahmen das Heer aus der Pflicht, die Planungen für die jährliche Ausbildung von bis zu 300.000 Reservisten Mitte der 90er Jahre realisieren zu müssen.
Insgesamt haben in den zurückliegenden 40 Jahren seit Aufnahme der Wehrübungstätigkeit mehr als eine Million Reservisten des Heeres in über drei Millionen Wehrübungen Wehrdienst geleistet (siehe Graphik 8). Den mit Abstand größten Anteil erbrachten die Reservisten der Territorialreserve und der Heimatschutztruppe, ihre Leistung verdient es, besonders gewürdigt zu werden.

Graphik 8: Wehrübungen im Heer vom 5. August 1958 bis 4. Februar 1998[142]

Anzahl Wehrübungen	z.Z. beorderte Reservisten	ehemalige beorderte Reservisten	Gesamt
1	153.219	417.435	571.754
2– 4	89.082	416.223	505.305
5–10	30.392	48.951	79.343
11–20	8.219	3.972	12.189
21–50	2.734	618	3.352
51–99	135	30	165
Gesamt Wehrübende	283.781	887.229	1.171.010
Gesamt Wehrübungen	790.030	2.497.207	3.287.237

Mit dem Neuen Heer für neue Aufgaben begann 1990 für die Reservisten ein neues Kapitel, das nur noch in wenigen Punkten an die Rahmenbedingungen erinnert, unter denen die Reservisten des Heeres bis zur Wende 1990 eingesetzt und gefordert worden waren. Daß ihr Einsatz in der Vergangenheit wesentlich zum Erfolg des Heeres beigetragen hat, berechtigt die Reservisten des Heeres, selbstbewußt auf ihre Leistungen in dieser Epoche zurückzuschauen und zuversichtlich nach vorn zu blicken.

Anmerkungen

1 Vgl. Karl Bauer, Deutsche Verteidigungspolitik 1947–1967, Dokumente und Kommentare, Boppard am Rhein 1968, S. 21 und S. 157–158.
2 Zit. nach Bauer, Deutsche Verteidigungspolitik (wie Anm. 1), S. 24 f.
3 BMVg – Informations- und Pressestab vom 4.11.1995.
4 BMVg – FüH IV 3, Entwicklung nicht-aktiver Truppenteile, Stand 11/93.
5 Bundesarchiv-Militärarchiv Freiburg (BA-MA), BH1/1590, Vortrag »Gliederung und Aufgaben des Heeres« vom 20.8.1957.
6 Vgl. GenLt a.D. Rüdiger von Reichert, Das Heer im Wandel eines Vierteljahrhunderts, in: Truppenpraxis, 11/1980, S. 892.
7 Vgl. Bauer, Deutsche Verteidigungspolitik (wie Anm. 1), S. 26.
8 Ebd.
9 Ebd., S. 21.
10 Zit. nach GenLt a.D. Rüdiger von Reichert (wie Anm. 6), S. 892.
11 Vgl. ebd., S. 895.
12 Ebd., S. 893.
13 Ebd.
14 Vgl. Bauer, Deutsche Verteidigungspolitik (wie Anm. 1), S. 27–28.
15 BA-MA, BH1/1589, Vortrag vor der Heeresakademie (später Führungsakademie der Bundeswehr) am 28.8.1957, Thema: »Blick in die Heeresplanung und ihre Probleme«, S. 10.
16 BMVg – Fü H I – I 2 vom 20.6.1958, Einberufung von Wehrpflichtigen, die in der früheren Wehrmacht gedient haben, zu Wehrübungen; Regelung durch Kommando der Territorialen Verteidigung – G 1/G 3 op 1 vom 16.7.1958.
17 Bundeswehr. Merkblatt für die Einberufung von Wehrpflichtigen zu Wehrübungen, hrsg. vom Bundesminister für Verteidigung, Stand Mai 1958.
18 GenLt a.D. Meinhard Glanz, Verhältnis aktives Heer zu beorderten Reservisten; Schreiben an den Autor vom 30.11.1997.
19 Vgl. von Reichert, Das Heer im Wandel (wie Anm. 6), S. 895.
20 BA-MA, BH1/593, BMVg – Fü H II 1 vom 1.9.1960, Einberufung von Reservisten im Rahmen des Formalen Alarmsystems.
21 BA-MA, BH1/1590, Vortrag beim Informationslehrgang für frühere Generale an der Schule für Innere Führung, Koblenz, am 24.11.1960 durch General Thilo, Thema: Planung, Aufstellung und Gliederung des deutschen Heeres.
22 Adelbert Weinstein, Bundeswehr und ihre Reserve, in: Die Reserve. Organ des Verbandes der Reservisten der Deutschen Bundeswehr e.V., 1 (März 1960), S. 1.
23 Angabe der Abteilung Wehrverwaltung I 5 im BMVg mit Stand 16.2.1998. Obwohl die Liste nur 54 Namen ausweist, muß davon ausgegangen werden, daß die Zahl höher lag.
24 Vgl. Konrad Ammermüller, »Fahrplan« für Reservisten notwendig, Kritische Anmerkungen zu einer Wehrübung, in: Die Reserve, 10/1960, S. 81.
25 BA-MA, BH1/1215, BMVg – Fü H I 1 vom 1.6.1962, Besprechungsvermerk: Einplanung und Einberufung zu Wehrübungen.
26 Oberstlt. Schmidt, Der Reservist der Bundeswehr. Seine Bedeutung für die Wehrbereitschaft der Bundesrepublik, in: Die Reserve, 11–12/1962, S. 166–168.
27 Oberst Gärtner, Inspizient für die Betreuung und Weiterbildung der Reservisten, Die gemeinsame Front, in: Die Reserve, 6/1962, S. 83–84, 114.
28 BMVg – Fü B IV 2 vom 28.3.61, Aufstellungsbefehl Nr. 131 (TV) für Inspizient für die Betreuung und Weiterbildung der Angehörigen der Reserve (Inspiz Res).
29 Bauer, Deutsche Verteidigungspolitik (wie Anm. 1), S. 203.
30 BA-MA, BH1/1590, Oberst i.G. Guderian, Vortrag vor ehemaligen Generalen an der Schule für Innere Führung, Koblenz am 29.11.1961, Thema: »Aufbau und Planung des deutschen Heeres«.
31 BA-MA, BH1/1591, GenLt Alfred Zerbel, Inspekteur des Heeres, Pressekonferenz am 18.5.1962 anläßlich der Übergabe der 11. Panzergrenadierdivision an die NATO.
32 BA-MA, BH1/656, BMVg – Fü H III 6 vom 18.6.1962, Personeller Mob-Bedarf bis 31.12.1964.
33 BA-MA, BH 1/656, BMVg – Fü H III 6 vom 6.4.1962, Mobilmachungsvorbereitungen für das Jahr 1962.
34 BA-MA, BH1/656, BMVg – Fü H III 6 vom 26.3.1963, Schaffung eines Inspizienten für die Mobilmachung im Heer.
35 BA-MA, BH1/1590, Oberst i.G. Guderian, Vortrag am 16.10.1962, »Organisation, Aufstellungsstand und Aufstellungsplanung des Heeres«.
36 BA-MA, BH1/1590, Oberst i.G. von Reichert, Vortrag am 17.1.1964, »Das Heer – Auftrag, Stand und Planung«, S. 9.
37 BA-MA, BH1/661, BMVg – Fü H IV 3 vom 27. 2.1963, Wehrübungsplan 1963 (Heer).
38 Vgl. Bauer, Deutsche Verteidigungspolitik (wie Anm. 1), S. 223–226, veröffentlicht im Bulletin vom 13.8.1963.
39 Vgl. ebd.

40 BA-MA, BH 1/656, BMVg – Fü H III 6 vom 6.4.1962, Mobilmachungsvorbereitungen für das Jahr 1962.
41 Vgl. Bauer, Deutsche Verteidigungspolitik (wie Anm. 1), S. 223–226.
42 Vgl. GenLt Schwatlo-Gesterding, Territorial-Reserve, Vorbereitungen und Vorübungen, in: Die Reserve, 4/1964, S. 93.
43 GenLt Schwatlo-Gesterding, Die Heimat schützen, Interview mit Radio Bremen, in: Die Reserve, 7/1964, S. 147.
44 Vgl. K. Peukert, TV-Reservisten sind keine »Sonntags-Soldaten«, in: Die Reserve, 4/1964, S. 183 f.
45 Vgl. Territorialreserve. Drei Übungen – in Wort und Bild, in: Die Reserve, 10/1964, S. 225 ff.
46 Vgl. ebd.
47 Vgl. Interview mit GenLt Übelhack, Das erste Jahr der Territorialreserve, in: Die Reserve, 12/1964, S. 282 f.
48 Vgl. Territorialreserve. Generalleutnant Übelhack an die Reservisten, in: Die Reserve, 1/1965, S. 8.
49 BA-MA, BH25/29, KTV – G3 Op 1 vom 14.1.1965, Derzeitiger Stand der Territorialreserve.
50 BA-MA, BH25/28, Fü B III 5 vom 18. 1.1965, Grundsatzbesprechung bei dem Herrn Minister über die Territoriale Verteidigung.
51 BA-MA, BH25/29, KTV – G3 Op – vom 23.2.65, Aufbau der Nationalgarde; BMVg – S III 4 vom 30.8.1965, Territorialreserve, Vorbereitende Maßnahmen zur Umorganisation; BMVg – S VIII vom 6.1.1966, Durchführungsbestimmungen für die Umorganisation der Territorialreserve.
52 BA-MA, BH25/28, BMVg – S III 5 vom 23.11.1965, Vorlage an den Bundesverteidigungsrat über die Umstellung der Territorialreserve/Ergebnis.
53 Vgl. Der Aufbau beginnt, in: Die Reserve, 2/1966, S. 26.
54 Vgl. Objektschutz und Gebietssicherung, in: Die Reserve, 4/1966, S. 59 f.
55 Vgl. Die Heimatschutztruppe macht Fortschritte – Hoher Besuch im Ausbildungszentrum Daaden, in: Die Reserve, 1/1967, S. 4 f.
56 BA-MA, BH25/38, KTV – G3 Org 1 vom 30.1.1967, Militärischer Zustandsbericht der Territorialen Verteidigung.
57 BA-MA, BH25/32, KTV – G3/Org 6 vom 30.9.1966, Neuplanung der TV.
58 BA-MA, BH 1/10, BMVg – Fü H III 6 vom 18.7.1966, Personelles Mob-Lagebild des Heeres.
59 Vgl. Werner Erdsack, Hermelin II mit 1 750 Reservisten, in: Die Reserve, 1/1968, S. 10 f.
60 GenLt a.D. Meinhard Glanz, Verhältnis aktives Heer zu beorderten Reservisten, Schreiben an den Autor vom 30.11.1997.
61 BA-MA, BH1/449, BMVg – Fü H III 1 vom 28.10.1969, Unterstellungswechsel des Territorialheeres.
62 Weißbuch 1969 zur Verteidigungspolitik der Bundesregierung, hrsg. vom BMVg, Bonn 1969, S. 16 f., 26 und 41.
63 Weißbuch 1970. Zur Verteidigungspolitik der Bundesregierung, hrsg. vom. BMVg, Bonn 1970.
64 BMVg – Reservistenkonzeption vom 9.7.1971, in Verbindung mit Weißbuch 1970, Ziffer 84, letzter Absatz.
65 InspH – Fü H I 7 vom 10.4.1973, Weisung Nr. 1 für die Reservistenarbeit des Heeres.
66 GenInspBw – Fü S I 10 – Az 32–90-00-02, Weisung für die Reservistenarbeit vom 15.9.1972.
67 InspH, Weisung Nr. 1 für die Reservistenarbeit (wie Anm. 65).
68 Wehrstruktur-Kommission der Bundesregierung, Wehrgerechtigkeit in der Bundesrepublik Deutschland, Bericht vom 3.2.1971.
69 Vgl. Neuer Inspizient der Heimatschutztruppe, in: Die Reserve, 5/1968, S. 6 f.
70 Vgl. Zur Person, zur Sache, in: Loyal, Das kritische deutsche Wehrmagazin, hrsg. vom Verband der Reservisten der Deutschen Bundeswehr e.V., 8/1970, S. 21.
71 Vgl. Zehntausend Reservisten übten auf dem Heuberg, in: Loyal, 11/1972, S. 7, Reservistenreport.
72 Loyal, 12/1973, S. 3.
73 Vgl. ebd., S. 7.
74 BA-MA, BH1/497, Inspizient der Heimatschutztruppe vom 2.11.1970.
75 Vgl. Wolfram v. Raven, Heimatschutzkommando – kein »letztes Aufgebot«, in: Loyal, 6/1971, S. 3 ff.
76 Vgl. Objektschutz in der Sackgasse, MdB Möhring inspizierte Reservistenarbeit, in: Loyal, 7/1971, S. 1, Nachrichten aus dem VdRBw.
77 Vgl. Joachim Latka, König ohne Land – Die Aufgaben eines Verteidigungsbezirkskommandos, in: Loyal, 6/1971, S. 8 ff.
78 Vgl. Rüdiger Moniac, Stiefkinder der Armee – Reservistenprobleme im Bericht des Wehrbeauftragten, in: Loyal, 4/1972, S. 24 f.
79 Ebd.
80 Vgl. Dieter Schott, Das Reservistenpotential des Heeres. Eine Betrachtung aus militärfachlicher Sicht, Führungsakademie der Bundeswehr Hamburg, 13. GenStLehrgang, 15.7.1971.
81 Ebd.
82 Vgl. Wolfgang Fechner, Zornige Reservisten, in: Loyal, 10/1976, S. 14 f.
83 Ebd.
84 Vgl. Udo Philipp, Manöver »Deutsches Eck«, in: Loyal, 11/1976, S. 30 f.
85 Vgl. Reinhard Luschert, Reservisten im Manöver, in: Loyal, 12/1977, S. 14 f.
86 Ebd.
87 Ebd.
88 GenLt a.D. Meinhard Glanz, Verhältnis aktives Heer zu beorderten Reservisten, Schreiben an den Autor vom 30.11.1997.

89 Weißbuch 1979. Zur Sicherheit der Bundesrepublik Deutschland und zur Entwicklung der Bundeswehr, hrsg. vom BMVg, Bonn 1979.

90 Damit war eine organisatorische Verlagerung von Führungs- und Versorgungselementen von der Kompanie-/ Batterieebene auf Bataillonsebene gemeint.

91 Vgl. Ulrich Mackensen, Die neue Heeresstruktur. Abschrecken und Frieden bewahren, in: Loyal, 6/1976, S. 12 f.

92 Vgl. Gerhard Veil, Umgliederung des Heeres läuft an. Volle Präsenz in der Vorneverteidigung? in: Loyal, 11/1979, S. 3 f.

93 Vgl. Frank Oder, Aktive Reserve, in: Loyal, 10/1979, S. 13 ff., und Wolfram v. Raven, Schlagabtausch mit harter Faust, in: ebd., Heft 10/1979, S. 8–11.

94 Personalnotizen, in: Loyal, 4/1979, S. 3.

95 Vgl. Rudi Greiser und Hans-Joachim Kämmerer, GAP – Die Ausbildung der Alarmreservisten des Heeres, in: Loyal, 5/1979, S. 8 f., und Hans-Joachim Kämmerer, GAP »M« – Ausbildung von Geräteeinheiten in Mobilmachungsübungen, in: Truppenpraxis, 1/1979, S. 27 f.

96 BMVg – Parlamentarischer Staatssekretär, Reservistenkonzeption der Bundeswehr vom 29.5.1980, Anl. 1, Nr. 1–6.

97 Ebd.

98 InspH – Fü H I 7, Weisung für die Reservistenarbeit des Heeres vom 1.7.1982.

99 BMVg – Fü H IV 3, Präsenz der Truppengattungen in der Heeresstruktur 4, 3/93.

100 Vgl. Karl-Wilhelm Berkhan, Wehrbeauftragter, »Reserve hat eigentlich nie Ruh«, in: Loyal, 8/1980, S. 15.

101 Vgl. Jens Braunschmidt, Reservisten bei der 12. Panzerdivision, in: Loyal, 10/1982, S. 14.

102 Vgl. Wolfram von Raven »Host Nation Support«. Rasche Verstärkung aus Amerika, in: Loyal, 5/1982, S. 12 f.

103 Die 2. Seite, in: Loyal, 6/82, S. 2 und 7/83, S. 3.

104 Zwischen Harz und Nordsee, in: Loyal, 4/82, S. IX.

105 Vgl. Helmuth Möring, Keine Kürzung von 2.000 Wehrübungsplätzen, in: Loyal, 8/1982, S. 28.

106 InspH – Fü H I 5, Ausbildung der Reservisten vom 25.8.1981, S. 19.

107 BMVg, Staatssekretär – Org 1, Verbesserung der Koordinierung von Reservistenangelegenheiten vom 18.8.1983.

108 Vgl. Ernst-J. Künne, Beauftragter für Reservisten, und Heinz Kasch, »Packen wir's gemeinsam an!«, in: Loyal, 12/1983, S. 18 f.

109 Vgl. Wolfram v. Raven, Wehrhafte Löwen – ein Manöver der kurzen Wege, in: Loyal, 10/1983, S. 6 ff.

110 Vgl. Reservistenreport 7/83, in: Loyal, 7/1983, S. 1.

111 Vgl. Minister Wörner, »Reservisten nicht fünftes Rad am Wagen!« in: Loyal, 3/1983, Reservisten-Report, S. 1.

112 Vgl. Manfred Werle, Dienen vor der Haustür, sowie Heinz-Georg Lochte, Truppenversuch Objektschutz – ein Gewinn für den Verband, in: Loyal, 6/1984, S. 3 f. und III.

113 Vgl. Ernst Braunsdorf, Die Paten helfen. Das »schlafende Heer« soll geweckt werden, in: Loyal, 9/1985, S. 8 f.

114 Vgl. Endlich, Uniformabzeichen für Reservisten, in: Loyal, 9/84, Reservistenreport, sowie 9/1984, S. VI.

115 Vgl. Johannes Leclerque, Flinker Igel mit nassen Füßen, in: Loyal, 10/1984, S. 6–9.

116 Milnes, Mobilmachung des Schwimmbrückenbataillons 863. Teilnahme an der Heeresübung 1984, in: Kampftruppen/Kampfunterstützungstruppen, 5/1986, S. 198–202.

117 GenLt Hans-Henning von Sandrart, Kommandeurtagung des Heeres, zitiert nach: Information für die Truppe, 11/1985, S. 9.

118 Ebd.

119 InspH – Fü H IV 3, Weisung Patenschaften zwischen aktiven Truppenteilen und Geräteeinheiten der Infanterie. Diese Weisung wurde am 31.3.1987 von der Weisung für Patenschaften zwischen aktiven Truppenteilen und Geräteeinheiten abgelöst und am 20.9.1989 um die Weisung für Mobilmachungsverbunde ergänzt.

120 Vgl. Bundeswehr – Hamburg-Portrait: Die Panzergrenadierbrigade 7, in: Loyal, 10/1985, S. VII.

121 Vgl. Kaspar Müller-Bringmann, Wat mutt dat mutt. Heeresübung des I. Korps, in: Loyal, 10/1985 S. 6–9.

122 Vgl. Jürgen R. Draxler, Reservisten wiederentdeckt, in: Loyal, 4/1985, S. 2.

123 Deutsch-amerikanischer Reserveoffizieraustausch, in: Loyal, 3/85, S. 28 und 5/86, S. II.

124 Vgl. Manfred Jemeljanow, Mob-Übung in einem Korpsdepot, in: Loyal, 9/1985, S. 19.

125 Deutsch-amerikanischer Reserveoffizieraustausch, in: Loyal, 3/85, S. 28 und 5/86, S. II.

126 Vgl. Jemeljanow, Mob-Übung (wie Anm. 124), S. 19.

127 Vgl. Harald Zulauf, Scharfschützen-Reservisten bilden Reservisten aus, in: Loyal, 12/1985, S. 21.

128 Vgl. Peter E. Uhde, Hilfe für Helfer. WHNS-Militärische Krisenvorsorge, und Manfred Werle, WHNS startet in die zweite Phase, in: Loyal, 1/1986, S. 20 und 12/1988, S. 20 f.

129 Vgl. Die Armee entdeckt die Reservisten. Interview mit General Altenburg, in: Loyal, 6/1986, S. 5 ff. und Harald Zulauf, Reservistenkonzeption 1990, ebd., 1/1986, S. 12 f.

130 BMVg, Staatssekretär – Org 1 vom 17.3.86.

131 Vgl. Manfred Werle, Mehr Uniform für Reservisten, in: Loyal, 11/1986, S. 29.

132 Kommandeure der Reserve gründen Arbeitsgemeinschaft, in: Loyal, 1/1987, S. 27.

133 Vgl. Egge Weers, Neue »Struktur 2000« für das Heer. In einigen Jahren eine ganz andere Armee, in: Wehrreport vom 16.12.1987.

134 Oberstlt. a.D. Heinz Reichel, Erfahrungen und Bewertungen als Kommandeur eines nicht-aktiven Jägerbataillons des Territorialheeres von 1983–1988, Schreiben an den Autor vom 3.12.1997.

135 Vgl. Siegfried Meier, Wochenendweiterbildungen für Reservisten, in: Kampftruppen – Kampfunterstützungstruppen, 6/1987, S. 106 f.

136 Vgl. Helmut Michelis, Radio Kecker Spatz, in: Loyal, 11/1987, S. 10 f.

137 Vgl. Hubertus Mühlig, Trotz allem auf dem richtigen Weg – Truppenversuch »Kaderung und rascher Aufwuchs«, in: Truppenpraxis, 6/1990, S. 588–594.

138 GenLt a.D. Meinhard Glanz, Verhältnis aktives Heer zu beorderten Reservisten; Schreiben an den Autor vom 30.11.1997.

139 Heeresamt – Abteilung I 5, Ausfälle bei Truppenwehrübungen – Heer, 1992.

140 Ebd.

141 InspH, Führung nicht-aktiver Truppenteile im Frieden vom 28.12.1990.

142 Rechenzentrum der Bundeswehr Hannover, Datenbestand Reservisten, Anzahl Wehrübungen im Heer, Programm WVR 1 WU 40 und WVR 2 WU 40 vom 4.2.1998.

Ekkehart Guth

Reservisten der Luftwaffe

Vorbemerkung

Der nachstehende Beitrag kann nicht die verteidigungspolitischen und militärstrategischen Vorgaben und deren Folgerungen für das Reservistenpotential in ihrer gesamten Dimension berücksichtigen. Die besondere Einbindung der Luftwaffe in die NATO-Struktur (Command Forces bereits im Frieden) und ihre daraus resultierende Aufgabe als »Waffe der ersten Stunde«, die den Aufmarsch der NATO zu decken hatte, ließ Reservisten nur sehr beschränkt in Bereichen zu, die diesen besonderen Verfügbarkeitsforderungen unterlagen. Jedoch war der Einsatz von Reservisten zur Durchhaltefähigkeit und in Bereichen, in denen

- keine Bindung an ein Waffensystem vorlag (Luftwaffen-Sicherungsstaffeln) – hier war auch eine »Heimatnähe« machbar –, oder
- unmittelbar auf zivile Qualifikationen zurückgegriffen werden konnte (SB-Instandsetzungsstaffeln), oder
- aktive Friedens-Truppenteile als Bedarfsdeckung vorgesehen werden konnten (so z.B. Jabo-Geschwader 49)

durchaus möglich.

Die Luftwaffe hat stets versucht, im Rahmen einer Konzeption »Reservisten Bundeswehr« (KResBw) den Zusammenhang mit den Reservistenkonzeptionen anderer Teilstreitkräfte (insbesondere des Heeres) zu wahren. Dies konnte aber nur bedingt gelingen, weil die militärstrategischen Vorgaben der NATO immer Vorgaben für die Nutzung jeglichen Reservistenpotentials nach sich gezogen haben. Diese Vorgaben haben bei Heer, Luftwaffe und Marine zu unterschiedlichen Reservistenkonzeptionen geführt.

Einführung

Die Geschichte der Reservisten der Luftwaffe ist in den ersten Jahren der Bundeswehr durch die Absicht der Luftwaffenführung gekennzeichnet, ihre Verbände für den Verteidigungsfall mit Spezialisten in den einzelnen Dienstbereichen aufzufüllen, ohne dafür bereits auf eine eingespielte Organisation in der Truppe zurückgreifen zu können. Die »Angehörigen der Reserve« wurden zunächst nur als Personalersatz eingeplant und ab 1959 in verstärktem Maße zu

Wehrübungen herangezogen mit der Absicht, die Reservisten in die Verbände zu integrieren und dort weiterzubilden[1]. Diese Bemühungen verstärkten sich im Verlauf der Zeit, so daß sich in den Jahren 1957 bis 1990 drei Phasen für den Umgang der Luftwaffe mit ihren Reservisten abzeichnen: Für die Jahre bis 1971 existierte kein eigenes Reservistenkonzept, ab 1971 gab es die erste »Reservistenkonzeption Luftwaffe« mit der versucht wurde, die zur Verfügung stehenden Reservisten einzubinden, und 1980 entstand eine neue Konzeption, deren Ziel die verstärkte Werbung um die immer wichtiger werdenden Reservisten war. Im Jahr 1989 wurde eine weitere »Reservistenkonzeption Luftwaffe« erarbeitet, deren Auswirkungen nur teilweise bewertet werden kann, weil in Folge der deutschen Vereinigung nach 1990 neue Strukturen entstanden, auf die diese Konzeption nicht mehr anwendbar war. Insgesamt ist die Quellenlage zur Darstellung der Geschichte der Reservisten der Luftwaffe aus vielerlei Gründen ungünstig. Zum einen ist nachvollziehbar, daß die Truppenteile in der Anfangszeit der Bundeswehr vordringlich mit der Aufbauarbeit beschäftigt waren und sich weniger intensiv um eine akribische Aktenführung bemühten. Zum anderen steckt die Bearbeitung des im Bundesarchiv-Militärarchiv Freiburg (BA-MA) vorhandenen Aktenmaterials, nicht zuletzt aus Gründen des Personalmangels, noch in den Anfängen. Dennoch erlaubt das vorhandene Material einen Überblick über die einzelnen Reservistenkonzepte ab 1971, und ermöglicht es, an Hand ausgewählter Akten darzustellen, wie die Konzeptionen sich in Bezug auf den Einsatz von Reservisten in einzelnen Bereichen ausgewirkt haben.

Der Einsatz von Reservisten bis 1971

Nach den Aufbaujahren der Streitkräfte stieg auch – mit jedem Entlassungstermin – die Zahl der für mögliche Beorderungen zur Verfügung stehenden Reservisten. Ende 1968 betrug der Reservistenbestand der Luftwaffe 243.000 Mann, von denen 143.590 für die Reserveluftwaffe verfügbar waren. Dabei belief sich der Reservistenbedarf für den Kriegsumfang auf nur 99.410 Mann[2]. Der Bedarf dieser nur geringen Zahl von Reservisten aus dem Verfügungsbestand ist dadurch zu erklären, daß die Luftwaffe zur Erfüllung ihres Auftrags bereits im Frieden eine hohe Präsenz ihrer Einsatzverbände sichergestellt hatte. Der dafür notwendige Ausbildungsstand, der immer wieder in taktischen Überprüfungen kontrolliert wurde, war mit Reservisten nicht zu halten. Sie waren aufgrund des oft weit zurückliegenden Wehrdienstes nur für solche Funktionen einsetzbar, die ohne eine Weiterbildung oder erneute Ausbildung sofort wahrgenommen werden konnten. Man beschränkte sich auf die Einberufung jener Reservisten, die sich immer wieder in ihrem alten Truppenteil beordern ließen. Diese konnten im Bedarfsfall das aktive Personal auf vielen Gebieten entlasten, und damit zur Aufgabenerfüllung und Erhöhung der Kampfkraft beitragen. Im ständigen Ringen um die Einsatzbereitschaft lag deshalb der Schwerpunkt der Reservistenar-

beit der Luftwaffenführung in diesen Jahren vorzugsweise bei jenen Reservisten, die sich zu freiwilliger Wehrübungstätigkeit bereitfanden[3].
Hierbei handelte es sich vielfach um Offiziere, die jährlich übten, wodurch sie sich zum Einsatz in den Verbänden qualifizierten, weil sie ihre Erfahrungen laufend erneuerten und dadurch sinnvoll eingesetzt werden konnten. In den fliegenden Geschwadern übernahmen sie z.B. die Aufgaben von Staffeldienstoffizieren oder Presseoffizieren, wodurch auch hier der Verband entlastet wurde[4]. Reservisten dieser Art ließen sich auch in Führungspositionen verwenden, wie eine Reihe von Beispielen zeigt, in denen sogar Kommandeure und stellvertretende Kommandeure durch Reservisten über längere Zeit vertreten wurden, so etwa der Kommandeur der Fliegerhorstgruppe in Nörvenich[5].
Der erfolgreiche Einsatz solcher Reservisten bewog 1969 die Luftwaffenführung, für Offiziere im Dienstgrad Oberleutnant oder Hauptmann, deren Mob-Verwendung die Führung einer Einheit vorsah, ein Einheitsführerpraktikum bei dem jeweiligen Verband, dem sie zugeordnet waren, einzuführen. Die Luftwaffe hoffte auf diesem Weg verantwortungsbewußte und fähige Führer zu gewinnen, die als Personalersatz zur Verfügung stehen konnten. Als Ausbildungseinheiten wurden die Luftwaffen-Ausbildungsregimenter, die Fernmelderegimenter, die Luftwaffen-Versorgungsbereiche und deren Regimenter, die Flugabwehrraketen-Verbände (FlaRak), die mit den Flugkörperwaffensystemen Nike und Hawk ausgerüstet waren, sowie die Fliegerhorstgruppen vorgesehen. Das Ziel war es, den ausgewählten Offizieren nach einer Ausbildung von mindestens vier Wochen einen entsprechenden Ausbildungs- und Tätigkeitsnachweis (ATN) zuzuerkennen. Die Bereitschaft der Reservisten, die oft älteren Jahrgängen angehörten, sich derartig in die Einsatzverbände integrieren zu lassen, wurde dadurch erreicht, daß sie für die Zeit ihrer »Ausbildung am Arbeitsplatz« (AAP) den Kommandeuren der Verbände direkt unterstellt wurden[6].
Diese positive Situation bei den Reserveoffizieren ließ sich bis 1971 bei den Unteroffizieren und Mannschaften der Reserve in dieser Form nicht durchhalten. Die jährlichen militärischen »Zustandsberichte der Luftwaffe« (MILZ), die sich in den Archiven erst für die Jahre nach 1967 anfinden, obwohl die Einrichtung auf das Jahr 1957 zurückgeht, beklagten den sehr unterschiedlichen Ausbildungsstand der Reservisten in den unteren Dienstgradgruppen. Trotz der immer noch ansteigenden Zahl von Reservisten fehlte das Spezialpersonal, das die Einsatzverbände auch bei Wehrübungen aller Art dringend benötigten. So konnte z.B. bei einer Luftwaffendivision für 1967, bis auf Ausnahmen im Transportbereich, für den Kriegsstärke- und Ausrüstungsnachweis (K-STAN) für viele Spezialisten-Dienstposten keine passende Mob-Ergänzung zugewiesen werden[7].
Um das Interesse der Reservisten an Wehrübungen zu verstärken, führte die Luftwaffe zwei wesentliche Verbesserungen für die unteren Dienstgradgruppen ein. Zum einen wurden »Reservistenkameradschaften der Verbände« (RK mob-Lw) gegründet, die in der Nähe der Verbände wohnende Reservisten zu Vorträgen, zu Unterrichten und gesellschaftlichen Veranstaltungen aller Art einladen

sollten. Zum anderen wurde die »Reservistenkameradschaft der Luftwaffe« (RK-Lw) gegründet, die Reservisten verbandsübergreifend betreuen sollte[8].
Dies reichte der Luftwaffe jedoch noch nicht aus. Um das vorhandene Potential noch besser nutzen zu können, sollte die Einplanung der Reservisten möglichst weitgehend entsprechend ihrer militärischen und danach erworbenen zivilen Fähigkeiten erfolgen, um sowohl Nutzen wie auch Motivation der Reservisten zu erhöhen[9].
Diese Überlegungen führten jedoch nicht zur Beseitigung des Mangels an Spezialisten. Schon in den 60er Jahren war zu erkennen, daß ein Fortkommen im Beruf eine besondere Rolle spielte, und der Reservist wegen einer Wehrübung keine beruflichen Nachteile erleiden wollte. Daher waren alle Anstrengungen, diesen Personenkreis zu erreichen, nur von begrenztem Erfolg. Insgesamt gelang es der Luftwaffe nicht, im gewünschten Umfang ihre Reservisten aus Überzeugung für Wehrübungen zu gewinnen. Zwar hatte sich die Zahl der Einzelwehrübungen bei den Luftwaffenverbänden 1969 gegenüber 1968 verdreifacht, bei Mob-Übungen größeren Umfangs, die als Pflichtwehrübung stattfanden aber waren die Antrittsstärken der Reservisten oft zu gering, um eine erfolgreiche Übung sicherzustellen. Neben diesem rein zahlenmäßigen Fehl an Reservisten machten sich auch qualitative Defizite durch nicht verfügbare Spezialisten bemerkbar, wodurch viele Mob-Übungen nur teilweise zu befriedigenden Leistungen führten[10]. Anspruch und Wirklichkeit klafften hier noch weit auseinander. Das Luftwaffenamt bestätigte 1970, daß die personelle Mob-Ergänzung für seinen Bereich, bis auf einige Truppenteile, bei denen sich durch Umgliederungen personelle Veränderungen ergeben hätten, zahlenmäßig im Wesentlichen sichergestellt sei[11]. Die geringen Antrittsstärken der zu Mob-Übungen einberufenen Reservisten aber zeigten, daß Zahlen alleine noch keine wirkliche Reserve bedeuteten. Man würde in den 60er Jahren und zu Beginn der 70er Jahre den meisten kalenderführenden Dienststellen und deren Reservisten jedoch unrecht tun, wenn die guten Leistungen der Verbände unter Einsatz ihrer Reservisten unerwähnt blieben. Es steht aber außer Frage, daß es sich in diesem Zeitraum vor allem um jene Reservisten handelte, die sich freiwillig zu Einzelwehrübungen gemeldet hatten.
Jene Verbände, in denen die Reservisten eigenverantwortlich tätig sein konnten, beispielsweise die Versorgungsregimenter, haben schon damals bei Wehrübungen gute Erfahrungen mit ihren Reservisten gemacht, was auch mit der engen Zusammenarbeit mit dem jeweiligen Kreiswehrersatzamt zu tun hatte[12]. Dort, wo der Verband, zu dem der Reservist gehörte, Platz für sinnvolle Tätigkeit und Eigenverantwortung des Reservisten zuließ, verliefen die Wehrübungen aller Art erfolgreich.
Dies galt beispielsweise auch für die Luftraumbeobachtungs-Einheiten (LRB-Dienst, der später zum Tieffliegermelde- und Leitdienst umstrukturiert wurde). Die LRB-Trupps wurden entlang der Grenze zum Warschauer Pakt eingesetzt, wo sie von ihren Standorten und höheren militärischen Vorgesetzten weit ent-

fernt waren. Das bedeutete, daß Spezialisten benötigt wurden, die weitgehend alleinverantwortlich ihren Auftrag ausführen konnten. Attraktivität des Dienstpostens und Selbständigkeit führten dazu, daß selbst zu zehntägigen Truppenwehrübungen 88 % der beorderten Reservisten erschienen. Die so bewiesene Einsatzfreude und das disziplinierte Verhalten aller Reservisten machten solche Übungen erfolgreich[13].
Solche Erfahrungen konnte die Luftwaffe auch bei der Beorderung von Reservisten für Großübungen wie für die Stabsrahmenübung Wintex machen. Die Waffenschule 10 in Jever hatte im zeitlichen Zusammenhang mit Wintex 1971 ca. 300 Reservisten einberufen, von denen 291 termingerecht erschienen. Das Interesse an der Übung einerseits und die Möglichkeiten zur eigenverantwortlichen Tätigkeit während der Übung andererseits bewirkten diese hohe Teilnehmerzahl[14].
Dort allerdings, wo sich die Einsatzverbände der Luftwaffe weitgehend im 24-Stunden-Dienst befanden, konnten auch solche engagierten Reservisten nicht eingesetzt werden, weil sie schon kurze Zeit nach ihrem Ausscheiden aus ihrer früheren Verwendung die Lizenzen und »Örtlichen Zulassungen« verloren. Der erneute Erwerb einer Örtlichen Zulassung, wie etwa im Radarführungsdienst, oder die Erlaubnis zum Einsatz als Flugzeugführer, waren auch in den Einzelwehrübungen mit einer Dauer von vier Wochen oder mehr nur im Ausnahmefall möglich. Es gab aber auch Positionen, die eine derart hohe Qualifikation nicht erforderten. Dort haben zahlreiche Reservisten »im Dienst rund um die Uhr« über Jahrzehnte hinweg den Luftwaffenverbänden geholfen, ihre hohe Präsenz aufrechtzuerhalten.

Die »Reserveluftwaffe«

Anfang 1970 stellte die Luftwaffenführung fest, daß es sinnvoll sei, neben der schon bestehenden Mobilmachungsplanung zusätzliche Reserve-Verbände aufzustellen. Die Luftwaffe plante als Großprojekt für den Einsatz ihrer Reservisten den Aufbau einer »Reserveluftwaffe« mit einer eigenen Struktur, für die das Gros der verfügbaren Reservisten eingesetzt werden könnte. Der damalige Inspekteur der Luftwaffe, Generalleutnant Steinhoff, hatte festgestellt, daß man bisher mit den Reservisten sehr unwirtschaftlich umgegangen war. Die Einsatzverbände hatten gut ausgebildete Reservisten in das Zivilleben entlassen, ohne daß man dieses Personal in größerem Umfang wirklich erneut für die Einsatzbereitschaft der Luftwaffe nutzte.
General Steinhoff griff zur Verbesserung der Situation einen Gedanken auf, der zunächst bei den »fliegenden Verbänden« zum Tragen kommen sollte. Er wollte mit Hilfe ehemaliger Luftwaffenpiloten eine Reserveluftwaffe aufbauen. Die aktiven Geschwader sollten kleinere Kader wehrübender Piloten erhalten, wobei an die Nutzung von Flugzeugen des Typs Fiat G-91 und Transall gedacht

war[15]. Eine Studie an der Führungsakademie der Bundeswehr (FüAkBw) hatte schon 1964 als Ergebnis gezeitigt, daß die Verwendung von Reservisten im fliegerischen Dienst sinnvoll wäre, weil sie die Personallage in den Verbänden verbessern würde. Die fliegenden Verbände und deren Schulen sollten hierfür eine dritte Staffel erhalten, eine Lösung, die trotz des hohen Aufwands gerechtfertigt erschien. Die nicht mehr fliegertauglichen Piloten sollten ebenfalls einberufen werden, weil sie in den Luftwaffenstäben ihre Fachkenntnisse einbringen könnten[16]. Der Gedanke der Reserveluftwaffe wurde im Herbst 1969 in ein Konzept umgesetzt, dessen Ziel es war, durch die Nutzung des Reservistenpotentials der Luftwaffe und durch die Aufstellung von zusätzlichen Luftwaffenverbänden mehr Einheiten für Kampf- und Unterstützungsaufgaben im Kriege zu gewinnen.

Die Luftwaffe sollte nunmehr aus drei Teilen bestehen, nämlich aus

- einer Kriegsluftwaffe, das war die auf Kriegsstärke ergänzte Friedensluftwaffe,
- einer Ersatzluftwaffe, das waren Stäbe und Ausbildungseinrichtungen zur Aufnahme und Ausbildung des personellen Ersatzes und
- einer Reserveluftwaffe, das sollten voll aufgestellte Luftwaffen-Reserve-Verbände sein, die durch die Umgliederung von Luftwaffenschulen zu neuen Kampfeinheiten umgegliedert würden. Konsequenterweise sollten der Reserveluftwaffe auch Flak-Einheiten, Unterstützungseinheiten und Sicherungseinheiten zugeordnet werden, deren Personal von Reservisten gestellt würde[17].

Das Selbstverständnis aller Luftwaffen der Welt besteht darin, daß der fliegerische Teil dieser Teilstreitkraft das Herzstück ihrer Existenz darstellt. Es ist daher interessant, die Vorstellungen zu verfolgen, die damals als Einsatzmöglichkeiten für Piloten der Reserve angedacht worden waren. Für sie sollte es folgende Reservefliegerstaffeln in der Luftwaffe geben:

- Eine Staffel Noratlas-2501 Transportflugzeug mit 21 Flugzeugen, die von den auf Transall umrüstenden Transportverbänden übernommen werden sollten. Diese Staffel sollte an Personal 137 Aktive und 121 Reservisten umfassen, einschließlich des Wartungspersonals, wobei letzteres jährlich vier Wochen oder zweimal zwei Wochen üben sollte.
- Eine Staffel Fiat G-91 R3-Leichter Jagdbomber mit 21 G-91 aus dem Überhang der leichten Kampfgeschwader und der Waffenschule der Luftwaffe 50, die als 3. Staffel (Res) der Waffenschule aufgebaut würde. Sie sollte dazu dienen, kurzfristig Erfahrungen mit fliegenden Reserveeinheiten zu gewinnen. Diese Staffel würde 67 Aktive und 132 Reservisten umfassen. Wie auch bei den Transportern beinhalteten diese Zahlen das gesamte Wartungspersonal für den Verband. Für das fliegende Personal galt die Regel, daß die Übungen nach Bedarf und nach Vereinbarung durchzuführen waren.
- Eine Staffel F-86-Sabre-6 Jagdflugzeuge mit 12 Flugzeugen, für die 138 Personalstellen im Kriegsfall (K-Stellen) vorgesehen waren.

- Eine Reservestaffel OV-10 A/Z mit 18 Flugzeugen für Zieldarstellungen, Aufklärungstätigkeit und Verbindungsaufgaben, die sie als selbständiger Verband durchführen sollten, wobei sie aber den Luftangriffsdivisionen unterstellt sein würden.
- Drei Reservestaffeln der Flugzeugführerschulen mit einem T-38 Nachfolgemuster, das als leichter Jagdbomber und taktischer Jäger gedacht war. Jede Flugzeugführerschule hätte dann 63 Flugzeuge gehabt, womit sie zu einem Geschwader umgegliedert werden konnte, das dann den Luftangriffsdivisionen unterstellt werden würde. Diese Umgliederung war erst ab 1976 vorgesehen, nachdem die für dieses Jahr geplante Rückverlegung der Flugzeugführerausbildung aus den USA durchgeführt worden war. Die Reserve-Flugzeugführer der Schulen sollten dann vier bis sechs Wochen im Jahr Wehrübungen leisten.
- Eine Reservestaffel bei den beiden Flugzeugführerschulen und der Waffenschule 50 als schwere Jagdbomber, für die diese jeweils 21 Luftfahrzeuge stellen sollten. Die Dauer der Wehrübungen der Piloten sollte denen der T-38 Nachfolgemuster entsprechen.
- 500 Reserve Flak-Züge (Lw) Maschinenkanone 20 mm (MK 20), mit sechs Geschützen je Zug, also 3.000 Geschützen MK 20, sowie 560 Reserve-Detachments des Waffensystems RAPIER, einer Kleinrakete zur Bekämpfung von Feindflugzeugen, die zusammen rund 250 zivile und militärische Objekte in der rückwärtigen Kampfzone schützen sollten. Die zur Führung dieser Verbände vorgesehenen Luftwaffen-Reserve-Flakregimenter, wofür 19.000 Soldaten für die Flak und 5.200 Mann für die RAPIER vorgesehen waren, würden den Luftverteidigungsdivisionen unterstehen. Die Wehrübungen sollten jährlich 14 Tage dauern. Als Ergänzung war im Abstand von drei Jahren eine Schießausbildung auf der Insel Kreta vorgesehen.

Die bodengestützten Einsatzverbände und die Luftwaffen-Versorgungsregimenter sollten folgende Reserveeinheiten erhalten:

- Ein Zug Reserve Führungdienste/Luftraumbeobachter (LRB) je Einsatzgeschwader, das waren 1969 insgesamt 11 Züge mit zusammen 77 Trupps. Für sie waren neben 11 aktiven Feldwebeln und Unteroffizieren 385 Reservisten vorgesehen, die jährlich eine Woche zu Übungen herangezogen werden sollten.
- 6.700 Reservisten für den Schutz der Gefechtsstände des Radarführungsdienstes und der ELOKA (Elektronische Kampfführung), deren Gefechtsstände geschützt werden sollten.

Die Luftwaffe hatte mit diesen Plänen durchaus Vorstellungen entwickelt, wie sie die ihr zahlreich zur Verfügung stehenden Reservisten einsetzen könnte. Sie hätte dann drei Gruppen von ausgebildeten Reserveeinheiten besessen, die für den Verteidigungsfall (V-Fall) ausgebildet zur Verfügung gestanden hätten:

- Reserve-Kampfeinheiten, die der NATO als »earmarked for assignment«, d.h. mit einer entsprechenden Qualifikation, angeboten worden wären,
- Reserve-Unterstützungseinheiten, die in nationaler Verantwortung bleiben würden,

– Reserve-Sicherungseinheiten, die zum Schutz der wichtigsten Luftwaffenanlagen vorgesehen gewesen wären[18].

Es stellte sich aber sehr schnell die Frage, ob für das Personal und dessen Ausbildung, aber auch für das im größeren Umfang notwendige Material zusätzliche Haushaltsmittel zur Verfügung stehen würden. Dieses Gesamtpaket »Reserveluftwaffe« konnte aus finanziellen Gründen nur in Teilen realisiert werden. Der Zwang, den Aufbau einer Reserveluftwaffe aus dem laufenden Haushalt zu finanzieren, vereitelte den »großen Wurf«. Das führte dazu, daß ab 1970 zunächst Teile aus diesem Paket verwirklicht werden sollten. Eine dienstlich sinnvolle Verwendung der Reservisten sah man zum einen auf den Gebieten des Schutzes von Luftwaffenanlagen gegeben, wofür die Reservisten an der Flak 20 mm ausgebildet und eingesetzt wurden, und zum anderen im Truppenversuch »Reservestaffel Fiat G 91« bei der Waffenschule 50 der Luftwaffe. Der Versuch, eine Reservestaffel aufzubauen, sollte für ehemalige Luftwaffenpiloten so anziehend sein, daß später entsprechende Reservestaffeln aufgestellt werden könnten[19].

Zur Unterstützung dieser Planung erhielten Piloten der Reserve Einsatzmöglichkeiten auf dem Flugzeugmuster TF 104 G in den USA, wurde die Tieffliegerabwehr der Luftwaffe ausgebaut, die Mob-Ausrüstung der Reservisten verbessert, und es sollten aktive Einheiten zu Reserveeinheiten gekadert werden, um aktives Personal für die Reserveluftwaffe freizubekommen[20].

Der Truppenversuch G-91 Reservestaffel wurde unter Mitwirkung des Obersten a.D. Hartmann, des ehemaligen Jagdfliegers im Zweiten Weltkrieg und späteren Kommodore des JG 71, im September/Oktober 1970 durchgeführt. Das Ergebnis war ernüchternd und bedeutete bereits das Ende der Absicht, fliegerische Reserven aufzubauen. Sechs Piloten der Reserve waren bei dem Versuch zum Einsatz gekommen, hatten jeweils 26 bis 32 Flugstunden absolviert. Die Waffenschule 10 hatte dafür ihre Fluglehrer abgestellt, die an 4/5 aller Flüge teilnahmen, was sie ihrer eigentlichen Aufgabe im Verband entzog. Am Ende der Testphase waren die Reservepiloten jedoch auf Grund der doch zu kurzen Ausbildungszeit nicht »combat ready«, was zu der Entscheidung führte, daß die Aufstellung von Reservestaffeln nicht realisierbar sei[21].

Ein ähnliches Schicksal war dem Versuch beschieden, Flugzeuge des Typs DO–28 (ein leichtes Propellerflugzeug, das zu Verbindungsflügen diente) von Reservepiloten fliegen zu lassen. Die gesetzlichen Forderungen für den Erhalt der Privatpilotenlizenz (PPL) betrug 20 Flugstunden im Jahr. Die militärische Forderung dagegen war 50 Flugstunden plus 20 Instrumentenflüge im Jahr. Diese Leistung konnte nur im Einzelfall erreicht werden. Dies bedeutete, daß auch die DO–27-Piloten der Reserve im V-Fall die jeweiligen Verbände nicht entlasten konnten[22]. Ein weiterer Versuch mit der Schulung von aktiven Flugzeugführern ziviler Fluggesellschaften, die auch einen Reservedienstgrad hatten, war 1977 ebenfalls erfolglos, weil vier Wochen Inübunghaltung als militärischer Flugzeugführer im Jahr letztlich nicht durchzuhalten waren[23].

Die Reservistenkonzeption 1971

Die Bundeswehr hatte 1971 auf der Basis des Weißbuchs 1970 zum ersten Mal eine Konzeption für den Einsatz ihrer Reservisten erlassen. Damit wurde erstmalig die wachsende Bedeutung der Reservisten betont, und allen Reservisten, mob-beorderten wie nicht-beorderten, wurde neben der bisher üblichen Reservistenarbeit die Freiwillige Reservistenarbeit, unabhängig von der bisherigen Wehrübungstätigkeit, angeboten. Hierbei sollten die Reservisten durch die aktive Truppe betreut, militärisch gefördert und in verteidigungspolitische Zusammenhänge eingewiesen werden[24].

Im Sommer 1971 entschied die Luftwaffenführung, zur Umsetzung der Konzeption für den Einsatz der Reservisten im Führungsstab der Luftwaffe die Abteilung Fü L I zum alleinverantwortlichen Ansprechpartner in Reservistenangelegenheiten zu machen[25]. Gleichzeitig wurde die Entwicklung einer ergänzenden Weisung für die Luftwaffe vorgesehen. Diese »Weisung für die Reservistenarbeit Luftwaffe« erschien 1971 und besaß zwei Schwerpunkte:

- die »Allgemeine Reservistenarbeit« (AllgResArb) zur Förderung der freiwilligen Reservistenarbeit durch die aktiven Verbände in Zusammenarbeit mit dem 1960 gegründeten Verband der Reservisten der Deutschen Bundeswehr e.V. (VdRBw) und
- die »Spezielle Reservistenarbeit« (SpezResArb), die alle mob-beorderten Reservisten durch Betreuung, Förderung und Ausbildung in Mob-Truppenteilen zur freiwilligen Mitarbeit veranlassen sollte.

Die Durchführung der Weisung wurde den kalenderführenden Dienststellen aufgetragen[26]. Als Kriterien für deren Mob-Beorderung galt die Qualifikation für den Einsatz, die Heimatnähe und die Freiwilligkeit. Der Schwerpunkt der Reservistenarbeit ruhte damit in der Luftwaffe im Sinne der Auftragserfüllung der Verbände auf der »Speziellen Reservistenarbeit«. Hinzu trat ergänzend die Allgemeine Reservistenarbeit, mit der das Zugehörigkeitsgefühl des Reservisten zu »seinem« Verband und die Motivation für Wehrübungen gestärkt werden sollte. Darüber hinaus konnten durch die Allgemeine Reservistenarbeit auch nicht beorderte Reservisten erreicht und für die Belange der Luftwaffe eingenommen werden[27].

Erfahrungen

Dieses Konzept hat sich in den 70er Jahren zumeist bewährt, auch wenn Klagen über die Durchführung von Wehrübungen als Teil der Reservistenarbeit in den Quellen zu finden sind. Bei den Reservisten hielt sich die Begeisterung in Grenzen, wenn die Luftwaffe z.B. die Unterbringung für eine kurze Wehrübung in einer ungünstig gelegenen Kaserne, anstatt in einem besser geeigneten Hotel anordnete[28]. Mehr oder minder überzogene Forderungen der Reservisten misch-

ten sich dabei mit teilweise ungeschicktem Verhalten der Truppe, wie beispielsweise wenig feierliche Formen der Beförderung von Reserveoffizieren[29]. Aus solchen Erlebnissen nahmen einige das Gefühl mit, während ihrer Wehrübungen nicht ernst genommen zu werden.
Es gibt für die Durchführung der »Speziellen Reservistenarbeit« aber auch genügend positive Beispiele. Da war der junge Reserveoffizieranwärter (ROA), der bei seiner Eignungsübung im Luftwaffen-Ausbildungsregiment begeistert von den Gesprächen mit seinem Kompaniechef berichtet, und der zukünftig gerne Wehrübungen durchführen wollte[30]. Oder der Techniker, der sich in einem fliegenden Verband die Aufgabe aussuchen durfte, einen seiner Fachrichtung entsprechenden Einweisungslehrgang für andere Reservisten zu erarbeiten[31]. Diese und eine Vielzahl ähnlicher positiver Aussagen zeigen daher, daß der Dienst als Reservist auch befriedigen konnte.
Die Luftwaffe bemühte sich mit der neuen Konzeption zusätzlich, ihre Reservisten noch gezielter als bisher zu verwenden. Die zivilen Berufserfahrungen der Reservisten wurden zumindest im Bereich der Spezialisten bei der Einberufung mehr beachtet als bisher. Erfahrungsberichte zeigen, daß dies vielfach gelungen ist, denn dort, wo das zivilberufliche Können der Reservisten genutzt werden konnte, wurden deutlich mehr Reservisten für weitere Wehrübungen gewonnen[32].
Die Erfahrungen der Einsatzverbände mit gezielten Truppen-Wehrübungen, die der weiteren Ausbildung ihrer Reservisten dienten, wie etwa in einem Flugkörpergeschwader (FKG), zeigten, daß dies ein richtiger Weg war. Mit dem Ziel, ehemalige Soldaten des FKG wieder auf den neuesten Stand der Technik zu bringen, d.h. sie wieder einsatzbereit zu machen, wurden 40 Reservisten einberufen, die nach erstem Befragen zu 50 % gegen diese Einberufung waren. Das Ergebnis der Sechs-Tage-Übung lautete am Schluß, daß diese 40 Reservisten wieder einsatzfähig waren, und somit die Kampfbesatzungen des Geschwaders im V-Fall mit diesen Reservisten wie vorgesehen aufgefüllt werden konnten[33].
Die Kommandobehörden ihrerseits gingen andere Wege bei der Nutzung ihrer Reservisten. Bei ihnen mußten vielfach Unteroffiziere der Reserve o.P. zu Wehrübungen herangezogen werden, um das Fehl an aktiven Unteroffizieren auszugleichen. Dieses Verfahren wurde bei verschiedenen Stäben, z.B. dem Materialamt der Luftwaffe und dem Luftwaffenamt, über viele Jahre durchgehalten[34].
Das Luftwaffenamt beförderte 1974, als dies vom Stellenplan her möglich war, 43 Unteroffiziere der Reserve zu Unteroffizieren m.P.[35].
Im Bereich der Reserveoffiziere konnten die zuständigen Kommandobehörden Reservisten insbesondere dann zu Übungen motivieren, wenn Aufgaben und Lehrgänge angeboten wurden, die der Erwartungshaltung der Teilnehmer entsprachen[36]. Bei ergänzenden Informationstagungen für Reservisten aller Dienstgrade wurden diese über den aktuellen Stand der Luftwaffe informiert oder in zukünftige Aufgaben der Luftwaffe eingewiesen[37].

Der »20-mm-Erfolg«

Mitte der 70er Jahre konnte die Luftwaffe einen größeren Anteil ihrer Reservisten durch den Einsatz an einem neuen Waffensystem zu vermehrter Wehrübungstätigkeit motivieren. Die Luftwaffe hatte beinahe überall zur Objektverteidigung die »Fliegerabwehrkanonen MK 20« eingeführt. Das zur Bedienung im V-Fall notwendige Personal konnten die Einsatzverbände nicht stellen, was bedeutete, daß Reservisten daran ausgebildet und für den Einsatz eingeplant wurden. Ein »Feldversuch« sollte zeigen, ob Reservisten dieses Waffensystem nach kurzer Zeit der Ausbildung beherrschen könnten. Dafür wurden im Herbst 1974 kurzfristig 170 Reservisten für vier Wochen einberufen, um das Waffensystem kennenzulernen und danach zu beweisen, daß es möglich war, mit dem neuen System auch nach kurzer Ausbildung einen Fliegerhorst gegen Luftangriffe zu verteidigen. Die 170 Reservisten bewiesen, daß sie in kürzester Zeit gelernt hatten, eine ihnen bisher unbekannte Waffe zu bedienen, so daß dieser Feldversuch als Erfolg gebucht werden konnte[38]. Diese Übung bestätigte erneut, daß Reservisten eher für Wehrübungen zu gewinnen sind, wenn sie herausfordernde, verantwortungsvolle und interessante Aufgaben wahrzunehmen haben.

Die schnelle Gestellung von 170 Reservisten im Herbst 1974 war mit Hilfe des Verbandes der Reservisten der Bundeswehr e.V. (VdRBw) zustande gekommen. Im Zusammenhang mit diesem Feldversuch, und angesichts des verfügbaren Reservistenpotentials machte der VdRBw zwei Jahre später der Luftwaffe den Vorschlag, die in seinem Verband zusammengefaßten Reservisten mit der MK-20 die wichtigsten »schutzempfindlichen Punkte« der Bundesrepublik verteidigen zu lassen. Aus einer Vielzahl von operativen, organisatorischen und rechtlichen Gründen ließ sich der Vorschlag jedoch nicht umsetzen[39].

Die Mob-Übungen

Die Verbände der Luftwaffe wiesen beinahe alle unterschiedliche Bedingungen für die Durchführung von Mob-Übungen auf. In Bezug auf die Anzahl der dafür einzuberufenden Reservisten ragten die Übungen der Luftwaffen-Versorgungsregimenter (LwVersRgt) und die Übungen zum Objektschutz der Kampfanlagen heraus. Bei letzteren handelt es sich vorwiegend um die Bunkeranlagen der Luftverteidigung und die Einsatzflugplätze der Luftwaffe.

Die Luftwaffen-Versorgungsregimenter sahen vor dem Beginn einer Mob-Übung die Notwendigkeit, einen großen zeitlichen Vorlauf einzuplanen, damit die Übung ein Erfolg würde. Die Mob-Übungen, die 1978 generell auf sechs Tage angelegt waren, erforderten eine Vorbereitungsphase von weiteren sechs Tagen, bei denen zehn Funktioner des Verbands für vorbereitende Arbeiten gebunden waren. Diese waren notwendig, da in den sechs Übungstagen nicht nur 90 Stunden Einweisung und Ausbildung unterzubringen waren, sondern für Ein- und Auskleidung, für ärztliche Untersuchungen und die allgemeine Endabwicklung weitere 16 Stunden benötigt wurden[40]. Ohne umfangreiche Vorbereitungen konnten solche Übungen also nicht durchgeführt werden. Die Aufgaben der Reservisten in einem Versorgungsregiment stellten offensichtlich eine Herausforderung dar, denn es gab bei vielen Übungen nur geringe Ausfälle bei den Antrittsstärken. Diese Wehrübungen, die räumlich gesehen über weite Strecken führten, reizten eher dazu, zu einer solchen Übung anzutreten, als zu einer Sicherungsübung im freien Gelände. So zeigt das Beispiel einer Kraftfahrzeugtransportstaffel (Geräteeinheit), die zu einer Truppenwehrübung einberufen worden war, daß der von Husum nach Weener-Leer und weiter nach Coesfeld geplante lange Marschweg der Staffel eine interessante Herausforderung darstellte, zu deren Bewältigung eine besonders hohe Zahl an Reservisten antrat[41]. Das Führungspersonal, das die Hauptlast einer solchen Übung zu tragen hatte, wurde weitgehend auch von Reservisten gestellt. Für diese bedeutete die Übung, bei der sie sich »voll ausgelastet« fühlten, ebenfalls eine wirkliche Herausforderung[42].

Der andere Schwerpunkt für Mob-Übungen in der Luftwaffe war der Objektschutz. Der Objektschutz der Luftwaffe hatte seit der Einführung der Strategie der »Flexiblen Reaktion« an Bedeutung gewonnen, weil nun die Fähigkeit zur konventionellen Kriegführung gestärkt werden mußte. Es wurde notwendig, für den Schutz der Luftwaffenbasen, der Kampfführungsanlagen, der allgemeinen Kampfanlagen, der Versorgungsanlagen, der Anlagen zur Unterbringung und Ausbildung Luftwaffen-Sicherungskräfte auszubilden und einsatzbereit zu halten. Die kalenderführenden Dienststellen wurden angewiesen, ihre personellen Mob-Anteile und die der unterstellten Geräteeinheiten in Einzelwehrübungen und in Mob-Übungen für diesen Auftrag auszubilden[43].

Die Verbände kamen dieser Anweisung im eigenen Interesse nach und bauten den Objektschutz von der organisatorischen Seite her auf. Die Zahl der Reservisten, die zu diesen Übungen antraten, entsprach nicht immer den Erwartungen. Kürzungen der Luftwaffe im personellen Bereich führten zusätzlich zu vermehrten Kaderungen von Verbänden, also zu Geräteeinheiten. Die Zeiträume, in denen Mob-Übungen stattfanden, wurden immer länger. Die zeitlichen Abstände zwischen den Übungen hatten zur Folge, daß zu den Wehrübungen vielfach Reservisten einberufen wurden, die den aufnehmenden Verband nicht kannten und die dort völlig neu ausgebildet werden mußten. In den »Militärischen Zustandsberichten« zeigte sich daher am Ende der 70er Jahre ein sehr unterschiedliches Bild hinsichtlich der Qualität der Reservistenarbeit der Luftwaffe[44].

In allen Bereichen wurde nach Lösungen gesucht, auch heftig und mit offenen Worten über Aufwand und Nutzen gestritten[45]. In der Diskussion klammerte man auch eigene Versäumnisse nicht aus, wie die drastische Äußerung eines Kommandeurs einer Luftwaffendivision zeigt, als er sagte, daß die Luftwaffe sich einen »feuchten Kehricht« um ihre Reservisten kümmere[46].

Reservisten im Objektschutz **Foto: Mertens**

In dieser Entwicklung stand die Luftwaffe aber nicht allein. Der Verteidigungsausschuß des Bundestages ließ 1978 mit dem Ziel, eine bessere Nutzung des Reservistenpotentials zu erreichen, Alternativen untersuchen. Man plante die Aufstellung zusätzlicher territorialer Kräfte, Kräfte für die Unterstützung verbündeter Streitkräfte (Wartime Host Nation Support), die Aufstellung von Reservegroßverbänden und überdachte die gesamte Struktur der Bundeswehr. Das führte dazu, daß 1980 eine neue Reservistenkonzeption verabschiedet wurde[47].

Die Reservistenkonzeption 1980

Die Bundeswehr, und damit auch die Luftwaffe, wollten mit dieser neuen Konzeption die strukturellen Schwächen auf dem Gebiet der Reservisten lösen. Die Konzeption stellte aber eher eine Standortbestimmung als eine Anweisung zur Lösung der Probleme dar. Reservisten für die Verfügungsbereitschaft, die Alarmreserve und den Personalersatz waren nicht mehr in genügender Anzahl zu mobilisieren und es war schwieriger geworden, für die Dienstposten, die im Verteidigungsfall (V-Fall) besetzt werden mußten, Reservisten zu beordern, die dafür ausgebildet waren.
Die insgesamt gewachsene Bedeutung der Reservisten für die Landesverteidigung führte dazu, daß der Minister zur besseren Koordination von Reservisten-

angelegenheiten den Stellvertreter des Inspekteurs des Heeres zum »Beauftragten für Reservistenarbeit« ernannte[48]. Der Inspekteur der Luftwaffe ernannte im Gegenzug den Amtschef des Luftwaffenamtes zum »Beauftragten für Reservistenangelegenheiten der Luftwaffe«. Damit war der Amtschef für alle Aspekte der Reservistenarbeit in der Luftwaffe verantwortlich. In seine Zuständigkeit fielen damit auch alle Fragen der Freiwilligen Reservistenarbeit, einschließlich der Öffentlichkeitsarbeit, der Verbindung zum Verband der Reservisten (VdRBw) und zu anderen Vereinigungen von Reservisten[49]. Zur Unterstützung stand ihm in seinem Stab der »Höhere Offizier Reservistenarbeit Luftwaffe« zur Verfügung, der 1984 im Auftrag des Amtschefs eine »Besondere Anweisung für die Reservistenarbeit in der Luftwaffe« herausgab, um deren einheitliche und zielgerichtete Durchführung sicherzustellen[50].
Die Bundeswehrkonzeption von 1980 setzte für die Luftwaffe zwei Schwerpunkte. Das Reservistenpotential wurde in Kategorien eingeteilt, wobei auch die Rechtsgrundlagen für die Einberufung der Reservisten ergänzt wurden. Desweiteren wurden erneut Grundsätze für die Reservistenarbeit formuliert und es wurde die Rolle des VdRBw neu definiert. Das Ergebnis dieser Überlegungen war, daß jene Reservisten, die keinem Mob-Truppenteil angehörten, also nicht beordert waren, nicht nur von den Kommandeuren des Territorialheeres, sondern auch in enger Verbindung mit dem VdRBw betreut werden sollten. Damit sollte der gestiegenen Bedeutung der Reservisten nachgekommen werden[51], die sich nicht nur in ihrem Wert für die Einsatzbereitschaft niederschlug, sondern auch in ihrer Wirkung als positiv Multiplikatoren für die Streitkräfte.
Mit ihrer »Besonderen Anweisung für die Reservistenarbeit in der Luftwaffe« beabsichtigte die Luftwaffe, möglichst viele Reservisten für eine freiwillige Mitarbeit, die über die gesetzliche Verpflichtung hinausging, zu gewinnen[52]. Die Reservistenarbeit sollte sich neben der Aus- und Weiterbildung der mob-beorderten Reservisten auch mit der Motivation und Betreuung der nicht mob-beorderten, aber wehrdienstfähigen Reservisten befassen, sollte diesen verteidigungspolitische Informationen weitergeben und sie militärisch fördern[53]. Die Durchführung dieses Vorhabens wurde in der Luftwaffe den Kommandeuren, Einheitsführern und Dienststellenleitern der kalenderführenden Dienststellen übertragen, in Ergänzung zu den Bemühungen des Territorialheeres und des VdRBw.

Erfahrungen nach 1980

In den 70er Jahren war die Notwendigkeit noch nicht erkannt worden, sich so intensiv um alle Reservisten – beordert oder nicht beordert – zu kümmern, wie es jetzt vorgesehen war. Die für den Schutz von Luftwaffenanlagen eingeplanten Reservisten hatten in großer Zahl den Reiz des Schießens mit der MK 20 mm erlebt, und jene, die freiwillig übten, und andere, die unfreiwillig zu kürzeren

Übungen herangezogen worden waren, hatten weitgehend die Vor- und Nachteile solcher Übungen akzeptiert. Das galt auch noch für den Beginn der 80er Jahre, wo Mob-Übungen mit der MK 20 mm auf Grund der guten Leistungen und der Verläßlichkeit der Reservisten durchweg erfolgreich waren[54].
Mitte 1983 verfügte die Luftwaffe für den V-Fall über ca. 100.000 Reservisten, von denen 55.000 Mann die aktiven Verbände verstärken sollten, weitere 45.000 Mann standen zur Aktivierung der Geräteeinheiten zur Verfügung. Die personelle Reserve bestand aus ca. 29.000 Reservisten, die in 14 Luftwaffen-Feld- und Ersatzbataillonen und fünf Wehrleitstellen bereitgehalten wurden. Sie sollten 42 Luftwaffen-Feldersatzstaffeln, zwei zentrale Luftwaffen-Einsatzleitstellen, 86 Luftwaffen-Sicherungsstaffeln und 100 Luftwaffen-Sicherungszüge bilden[55]. Für den Bedarf der Luftwaffe hätten diese Personalstärken ausgereicht, doch mußte auch die Luftwaffe sich 1985 an der Abstellung eines Kontingentes von 8.500 Dienstposten aus dem V-Umfang für den »Wartime Host Nation Support« (WHNS) beteiligen. Dies verschärfte die Ausbildungssituation für alle Reservisten.
Die Mob-Übungen der Luftwaffe litten auch in den 80er Jahren unter einer unzureichenden Antrittsstärke von Reservisten[56], während sich dagegen die Mob-Ausbildungsprogramme der Verbände insgesamt verbesserten. Dies bewies eine Prüfgruppe der Luftwaffengruppe Süd, die drei Jahre nach der Einführung des neuen Konzeptes 15 Mob-Übungen von Verbänden und mehrere Einzelübungen von Reservisten überprüfte. Sie stellte fest, daß die Leistungen der angetretenen Reservisten auf Grund der Vorgaben des Reservistenkonzeptes von 1980 durchweg befriedigend waren[57]. Die Überprüfung der zahlreichen Geräteeinheiten, deren Aufgabe die Unterstützung der aktiven Verbände war, ergab ebenfalls vielfach, daß deren Sicherungs- und Objektschutzübungen überdurchschnittlich gut verliefen[58].
Der Zeitfaktor spielte eine wesentliche Rolle bei der Bewertung von Mob-Übungen größeren Ausmaßes. Das Luftwaffen-Ausbildungskommando, dessen Ausbildungskompanien die Aufgabe hatten, Objektschutz mit Hilfe der MK 20 durchzuführen, stellte fest, daß die kalendermäßige Vorbereitung der Verteidigungsbereitschaft auf einem hohen Stand war, daß die Durchführung aber unter einer erheblichen zeitlichen Verzögerung litt, weil die volle Einsatzbereitschaft erst nach Eintreffen der Mob-Ergänzung erreichbar war. Eine Übung, an der 14 Flak-Batterien MK 20 und 49 Ausbildungskompanien beteiligt waren, wurde daher nur als ausreichend bewertet[59].
Ende 1985 setzte die Luftwaffe bei den Truppenwehrübungen erneut einen Schwerpunkt im Bereich des Schutzes von Luftwaffenanlagen. Als Vorbereitung dafür war im Jahr zuvor eine Verfügungsbereitschaft (VfgBschft) für je einen Zug aller Flak-Batterien und danach je ein Zug aller Luftwaffen-Sicherungsstaffeln eingeführt worden. Das bewährte sich bei den 1985 durchgeführten Alarmübungen[60].
Die Bewertung des Reservistenaufkommens für größere Mob-Übungen fiel unterschiedlich aus. Ein Luftwaffen-Versorgungsregiment hatte für eine Objekt-

schutzübung im Gesamtverbandsrahmen 3.100 Alarmreservisten eingezogen, die so zahlreich erschienen, daß die Übung ein Erfolg wurde[61]. Es zeigte sich erneut, daß Reservisten zu Übungen größeren Umfangs lieber antreten als zu Kurzübungen, bei denen sie sich oftmals überflüssig vorkommen. Die Luftwaffen-Kraftfahrzeugstaffel dieses Regiments, die mit ihren Reservisten eine auf acht Tage begrenzte Transportsicherungsübung für das Jagdgeschwader 71 »R«, die Jabo-Geschwader 36 »W« und 43, dazu für das Hubschrauber-Transportgeschwader 64 und das Luftwaffen-Munitionsdepot 62 durchführte, stellte dabei ein ausgeprägtes Gemeinschaftsgefühl zwischen den Reservisten und den aktiven Soldaten fest[62].
Ein Beispiel für diesen Trend war auch eine Mob-Übung des Jabo-Geschwaders 44 in Leipheim, das im Frieden nicht als komplett aktiver Truppenteil existierte. Die aktiven Soldaten wurden von 800 Reservisten unterstützt, die zwei Wochen lang erfolgreich das Zusammenspiel aller Kräfte zur Erfüllung des Einsatzauftrags übten. Das Engagement der Reservisten war beispielhaft und zeigte den interessierten Beobachtern, welch herausragende Rolle Reservisten für den Kampfauftrag der Luftwaffe hatten[63].
Diese Erfahrung machte auch das Jabo-Geschwader 49 mit einer Mob Übung seiner nicht aktiven Sicherungsstaffel. Obwohl nicht alle einberufenen Reservisten erschienen, ermöglichte es der engagierte Einsatz der angetretenen Reservisten, das Übungsziel zu erreichen[64].
Anfang 1986 zog die Luftwaffe eine Bilanz über die Nutzung ihres Reservistenpotentials. Sie hatte zu diesem Zeitpunkt eine Stärke von 104.000 aktiven Soldaten und 93.000 Reservisten, von denen 53.000 Mann zur Verstärkung der aktiven Truppe vorgesehen waren. Weitere 40.000 Reservisten standen zur Aktivierung der Geräteeinheiten bereit. Im V-Fall bedeutete das, daß 47 % des Luftwaffenpersonals aus Reservisten bestehen würde. Die Führung der Luftwaffe beschloß, die Motivation der Reservisten für freiwillige Wehrübungen weiterhin zu verbessern, so etwa durch den Austausch mit Reservisten der NATO-Partner, durch Umschulungen und verstärkte Ausbildung[65].
Sie beließ es aber nicht nur bei Weisungen, sondern setzte auch vermehrt Inspizierungen und Überprüfungen an. Beispielsweise sollte die Überprüfung von 15 Verbänden mit 57 Geräteeinheiten, dazu Informationsgespräche und Erhebungen bei weiteren 15 Dienststellen feststellen, ob die Ausbildung der Reservisten dem V-Auftrag der Verbände entsprachen. Das Ergebnis zeigte bei der Ausbildung der Reservisten Mängel im Bereich der Führung und Betreuung auf. Die Ausbildung wurde als teilweise unzureichend bewertet, und nur 80 % der Mob-Stellen waren den Vorgaben der Ausbildungs- und Tätigkeitsnachweise (ATN) entsprechend besetzt, was die Erfüllung des Auftrages im Verteidigungsfall einschränkte[66].
Diese Situation veranlaßte den Inspekteur der Luftwaffe, den Kommandierenden General der Luftflotte, den Kommandeur des Luftwaffen-Unterstützungskommandos und den Amtschef des Luftwaffenamtes deutlich auf die dort aufgedeckten Lücken hinzuweisen und anzuordnen, Abhilfe zu schaffen[67].

Auf der Ebene der Verbände zeigten sich danach Erfolge wie Objektschutzübungen, die als befriedigend bewertet wurden, soweit die Anzahl der eingetroffenen Reservisten und deren Motivation betroffen war. Doch die Luftwaffenführung ließ nicht locker. Mitte des Jahres 1988 wurden wieder kalenderführende Dienststellen aus allen drei Höheren Kommandobehörden, dazu 22 Verbände und 43 Geräteeinheiten auf die Qualität ihrer Reservistenausbildung überprüft. Dabei zeigten sich Probleme bei der Einrichtung eines Leitungsstabes, unklare Vorstellungen über die Aufgaben der Reservisten und Defizite bei den Unterbringungsmöglichkeiten. Bei vielen Reservisten war zudem kein Bezug zur früheren Verwendung und zur zivilen Qualifikation gegeben, auch war das Interesse vieler Kommandeure an ihren Reservisten noch nicht ausgeprägt genug, die Integration der Wehrübenden in die Truppe nicht ausreichend[68].

Weiter wurde bemängelt, daß in die »Spezielle Reservistenarbeit« zu wenig investiert werde, weil nach Auffassung einiger Kommandeure »der Aufwand in keinem Verhältnis zum Erfolg« stehe[69]. Doch bei jenen Verbänden, bei denen die Kommandeure sich selbst intensiv um ihre Reservisten kümmerten, sahen diese die Notwendigkeit einer Truppenwehrübung ein, wie sich das im Falle einer Übung zum Schutze eines Fliegerhorstes beispielhaft zeigte, als von 700 aufgerufenen Reservisten 600 Mann erschienen[70].

Die Luftwaffe versuchte auch, das Interesse der Reservisten an Wehrübungen durch verbesserte Öffentlichkeitsarbeit zu wecken. Es gelang, Vertreter der Firmen der Luftfahrtindustrie, Journalisten, Angehörige akademischer Kreise und zivile Führungskräfte, unter denen sich auch Reservisten befanden, einzuladen und diesen Einblicke in die Luftwaffe zu gewähren[71]. Mit der Einschaltung der Medien als Multiplikatoren für die Belange der Luftwaffe und ihrer Reservisten wurde erneut deutlich, wie wichtig der Luftwaffenführung die Reservisten waren und wie sehr sie bereit war, auch unkonventionelle Wege zu gehen. Dies galt auch für Werbeaktionen im politischen Bereich. Im Jahre 1989 gab es ca. 1.190 Soldaten, die als gewählte Kommunalpolitiker zugleich als »Staatsbürger in Uniform« ihre Aufgaben erfüllten. Die gelegentliche Zusammenziehung der Luftwaffenangehörigen dieser Gruppe zu Informationstagen erwies sich als erfolgreich.

Die Luftwaffenführung zog Mitte 1989 erneut Bilanz über den Bestand und die Befindlichkeit ihrer Reservisten. Sie stellte fest, daß der Personalbestand an Reservisten 434.157 Mann betrug, bei einem Bedarf von mittlerweile 125.230 Reservisten für den V-Fall. Dieses Verhältnis war akzeptabel, und die Luftwaffe konnte weitgehend die ihr zugewiesenen Wehrübungsplätze zur Ausbildung der Reservisten nutzen. Insgesamt aber trugen gesellschaftliche Veränderungen weiterhin zu einer wachsenden Wehrunwilligkeit und zu zurückgehenden Zahlen bei den freiwilligen Wehrübungen bei. Gründe dafür waren Angst vor beruflichen und finanziellen Nachteilen, eine gewisse Scheu vor zusätzlichen persönlichen Belastungen, unzureichende Sinnvermittlung für den Wehrdienst und nicht zuletzt der in den Einheiten zurückgehende innere Zusammenhalt[72].

Die Luftwaffe versuchte gegenzusteuern und erließ Mitte 1989, und damit zum letzten Mal vor der deutschen Vereinigung, ein Reservistenkonzept Luftwaffe[73]. Die Schwerpunkte, die dabei gesetzt wurden, betrafen eine geplante Verdoppelung der Anzahl der Wehrübungsplätze, einen Aufruf an die Kommandeure, die Stellen für den Verteidigungsfall gemäß dem Stärke- und Ausrüstungsnachweis (STAN) zu besetzen und sich mehr als bisher persönlich den Reservistenangelegenheiten zu widmen. Die Bereitwilligkeit der Reservisten, zu den Wehrübungen in höherer Zahl als bisher anzutreten, sollte durch vermehrte Informationen über den jeweiligen Mob-Truppenteil und durch möglichst langfristige Planung von Übungen erfolgen. Auch sollten die Einberufungen vermehrt unter Beachtung der Vorstellungen der Familie und des Arbeitgebers der Betroffenen vorgenommen werden[74]. Mit diesen gezielten Maßnahmen konnte die Luftwaffe in Bezug auf die Übungswilligkeit der Reservisten Erfolge erzielen, was entsprechende Zuschriften an die Redaktion der Zeitschrift »Luftwaffe« beweisen[75].
Zu den Maßnahmen gehörte auch, daß die Verbände bestrebt waren, über einen möglichst großen, standortnah beheimateten Reservistenanteil zu verfügen und ihren Reservisten das Gefühl zu geben, individuell betreut zu werden. Ein für den Vorteil der Heimatnähe (nur möglich bei waffensystemunabhängigen Truppenteilen) sprechendes, interessantes Beispiel zeigt, daß von 543 Reservisten, die einer Luftwaffen-Sicherungsstaffel zugeordnet waren, 384 Mann näher als 50 km zum Standort wohnten. Dieser Umstand und die zeitgerechte Einberufung durch das Leitkreiswehrersatzamt, verbunden mit einem freundlichen Brief des Kommandeurs an die Reservisten, führten dazu, daß bei einer Truppenwehrübung, zu der 170 Wehrpflichtige einberufen worden waren, insgesamt 136 Mann erschienen[76].
Darüber hinaus wies die neue Konzeption entschieden darauf hin, daß die Reservisten zur Sicherstellung der Kampfkraft und Überlebensfähigkeit der Luftwaffe unverzichtbar seien. Die Luftwaffenführung betonte ebenfalls, daß nicht jeder Reservist bei einer Übung dort eingesetzt werden konnte, wo er ehemals ausgebildet worden war, sondern daß knapp die Hälfte aller Beorderungen zu Luftwaffen-Sicherungsstaffeln erfolgen würden. Ein nahezu gleich großer Anteil von Reservisten war daneben für den Bereich der Technik und der Versorgung vorgesehen, was deutlich machte, wo die beiden Schwerpunkte für den Einsatz der Reservisten in der Luftwaffe lagen.
Das Fazit für das Jahr 1989 lautete, daß die Luftwaffe bei den Mannschaften der Reserve nur ein geringes Fehl hatte, daß ein Fehl bei den Unteroffizieren ohne Portepee zu beheben war, aber das Fehl an Offizieren und Unteroffizieren mit Portepee auch auf weitere Sicht nicht gedeckt werden könne[77]. Es wurde aber weiterhin versucht, Wege und Mittel zu finden, um höhere Beorderungszahlen bzw. Antrittsstärken zu erreichen. So konnte im Jahre 1990 die Bundeswehr, also auch die Luftwaffe, ihren Reservisten finanzielle Anreize anbieten, durch welche die Bereitschaft zu Wehrübungen stieg. Ab 1. Januar 1990 erhielten alle Reservisten, die mehr als 12 Tage übten, eine bezahlte Familienheimfahrt im

gleichen Umfang wie sie der Grundwehrdienst leistende Soldat erhielt. Die kostenlose Fahrt mit der Deutschen Bundesbahn vom Standort zum Wohnort oder eine Fahrkostenerstattung für Linienbusse, aber auch eine Reisebeihilfe für das eigene Auto, sofern es keine öffentlichen Verkehrsmittel gab, erleichterten vielen Reservisten die Entscheidung, doch der Einberufung zu folgen[78]. Auch andere soziale Leistungen wurden verbessert, um die Motivation für die Wehrübungstätigkeit zu steigern.

Zusammenfassung

Nach der Aufstellung der Luftwaffe Ende der 50er Jahre galt das Interesse der Luftwaffenführung dem schnellen Aufbau der Einsatzverbände, wofür zunächst nur Zeit- und Berufssoldaten zur Verfügung standen. Die nach der Einführung der allgemeinen Wehrpflicht rasch ansteigende Zahl an Reservisten wurde in den Einsatzverbänden der Luftwaffe zunächst nicht genutzt, weil für die hohe Präsenz der Verbände und deren 24-Stunden-Dienste eingespielte »Crews« benötigt wurden. Die Luftwaffe hatte in den 60er und 70er Jahren durchaus gesehen, daß ihr ein großes Potential an Reservisten zur Verfügung stand. Sie hat auf deren Einsatz aber weitgehend verzichtet, weil sich die der NATO unterstellten Verbände den jährlichen taktischen Überprüfungen durch die NATO, aber auch durch nationale Prüfteams stellen mußten. Diese Überprüfungen konnten nur mit eingespielten Crews erfolgreich bestanden werden, was den Einsatz von Reservisten weitestgehend ausschloß.

Die Absicht, eine größere Anzahl von Reservisten in die Luftwaffe einzubinden, läßt sich ab 1970 erkennen, als u.a. der Versuch gemacht wurde, eine Reserveluftwaffe aufzubauen. Dieser Weg erwies sich als nicht gangbar, doch hatte die Luftwaffe nun erkannt, daß sie Reservisten zur Erhaltung ihrer Kampfkraft benötigte. Die sich verändernden gesellschaftlichen Bedingungen in der Bundesrepublik führten aber zu einer immer größeren Zahl an Wehrdienstverweigerern, zugleich sank auch die Anzahl jener Reservisten, die zu Wehrübungen antraten.

Als sich die Verteidigungsstrategie der NATO (Flexible Response) dahingehend geändert hatte, daß die konventionellen Streitkräfte mehr Gewicht erhielten, wurden die Reservisten der Luftwaffe vorwiegend in zwei Kategorien eingeteilt: in Soldaten für den Objektschutz, der von Luftwaffen-Sicherungsstaffeln und Startbahninstandsetzungskräften durchzuführen war, und in die Gruppe der Techniker und Logistiker.

Die 1971, 1980 und 1988 erlassenen Reservistenkonzeptionen der Luftwaffe brachten viele Verbesserungen, trotzdem konnten die Antrittsstärken bei Mob-Übungen aller Art nicht wesentlich erhöht werden. Ausnahmen hat es aber immer wieder gegeben, und es steht fest, daß die Luftwaffe stets über eine erhebliche Zahl begeisterter und sich voll einsetzender Reservisten verfügte. Im

Jahr 1988 zählte die Luftwaffe bei einem V-Umfang von 217.000 Soldaten über 106.000 Reservisten. Diese waren, abgesehen von den geringen Antrittsstärken bei Truppenwehrübungen, fest in die Struktur der Luftwaffe eingebunden und haben die Einsatzfähigkeit der Luftwaffe in den Zeiten des Kalten Krieges garantiert.

Anmerkungen

1 Manfred Engelhardt, Die wachsende Rolle der Reservisten, in: Reservisten, Beiheft zur Information für die Truppe, 1/89, S. 22.

2 Bundesarchiv-Militärarchiv Freiburg (BA-MA), BL 1/5493, Führungsstab der Luftwaffe (Fü L) I 1, 4. Übersicht über Lw-Reservisten.

3 BA-MA, BL 2/909, Schreiben Luftwaffenamt (LwA) vom 22.4.1964; Einberufung von Reservisten zur Wehrübung.

4 Armin Haas, Wehrübung in einem Jabo-Geschwader, in: Die Reserve, 2/1965, S. 31 f.

5 Der Urlaubskommandeur, in: Loyal 11/1966, S. 159.

6 BA-MA, BL 1/5959, LwA, Inspektion Erziehungs- und Bildungswesen in der Luftwaffe, Befehl für die Ausbildung Nr. 2560 vom 12.12.1969.

7 BA-MA, BL 21/1, Militärischer Zustandsbericht (MILZ) Luftwaffengruppe Nord (LwGrN) vom 16.1.1968.

8 BA-MA, BL 1/6037, Bundeswehramt für Reservisten, Jahresbericht 1969, Reservistenarbeit im Bereich der Luftwaffe.

9 BA-MA, BL 1/6036, Führungsstab der Streitkräfte (Fü S) VII 3, Bessere Nutzung des Reservistenpotentials vom 9.4.1969.

10 BA-MA, BL 21/2, MILZ 1969, LwGrN vom 8.1.1970.

11 BA-MA, BL 2/301, MILZ 1970, Luftwaffenamt vom 7.1.1971.

12 BA-MA, BL 22/18, MILZ 1971, Luftwaffen-Versorgungsregiment 3 vom 9.12.1971 stellte fest, daß die Mob-Ergänzung zu seiner vollen Zufriedenheit verlief, daß Bedarfsanforderungen erfüllt wurden, und daß durch die Heimatnähe der Mob-Beorderten gerade größere Mob-Übungen sehr gut verliefen.

13 BA-MA, BL 12/21, Erfahrungsbericht IVOM/Fernmelderegiment 32 vom 18.6.1969.

14 Zeitschrift »Luftwaffe«, 3/1971, S. 5.

15 Armin Haas, Interview mit Generalleutnant Johannes Steinhoff, in: Loyal 8/69, S. 12 f.

16 Hans-Günther Wichmann, Studie über die Verwendung von Flugzeugführern der Reserve in der Luftwaffe, Führungsakademie der Bundeswehr (FüAkBw) Hamburg, August 1964.

17 BA-MA, BL 1/5493, S. 3 ff., Schreiben Fü L I 1 vom 31.8.1969, betr. Reserveluftwaffe.

18 BA-MA, BL 1/5943, Schreiben Fü L I 1 vom 31.8.1969, betr. Reserveluftwaffe, S. 3 ff.

19 BA-MA, BL 1/5493, Fü L I, Schreiben vom 3.81.1970, Nutzung des Reservistenpotentials.

20 BA-MA, BL 1/5493, Fü L II 4, Schreiben vom 23.7.1970, Sinnvolle Verwendungen von Reservisten.

21 BA-MA, BL 1/5493, Fü L I V, Schreiben vom 4.2.1971, Truppenversuch G-91 Reservestaffel.

22 BA-MA, BL1/5493, Fü L I , Schreiben vom 8.9.1971 an den Stellvertretenden Inspekteur Luftwaffe, »Reservistenarbeit«.

23 Michael Moerchel, Reservisten schulen auf dem Bauernadler, in: Loyal 7/1977, S. 31.

24 Erich Denk, Freiwillige Reservistenarbeit, in: Reservisten (wie Anm.1), S. 79.

25 BA-MA, BL 1/5493, Fü L VI, Schreiben an Fü L I 1 vom 30.6.1971.

26 BA-MA, BL 1/10105, Fü L I 1, Weisung für die Reservistenarbeit Luftwaffe vom 5.12.1972; vgl. Rechter Mann am rechten Platz, in: Loyal 4/1971, S. 37.

27 BA-MA, BL 1/5493, Fü L I 1, Weisung für die Reservistenarbeit in der Luftwaffe vom 14.12.1972.

28 BA-MA, BL 1/5639, BMVg, Anordnung für das Luftwaffen-Unterstützungskommando (LwUKdo) vom 26.6. 1972. Hier muß darauf hingewiesen werden, daß die Unterbringung der Luftwaffenverbände in ihrer V-Stärke in der Infrastruktur nie berücksichtigt worden ist, obwohl die Luftwaffe vornehmlich aus ihren Anlagen heraus kämpft.

29 Ein Beispiel zeigt dies deutlich. Vgl. Loyal, 3/1972, S. 28.

30 Dieter Thormann, Nicht einwandfrei marschieren, in: Loyal 6/1972, S. 31.

31 Peter Kopfinger, Eigeninitiative ist wichtig, in: Loyal 11/1971, S. 24.

32 BA-MA, BL 8/3, MILZ LwA vom 14.12.1973.

33 BA-MA, BL 11/7, Bericht vom 3.8.1973 über die Mob-Übung des 4./Flugkörper-Geschwaders (FKG) 1 vom 16.7.–21.7.1973.

34 BA-MA, BL 8/24, MILZ LwA vom 12.12.1974.

35 BA-MA, BL 8/69, MILZ LwA vom 8.11.1977. Neben 78 Einzelwehrübungen im Jahr 1977 auf freiwilliger Basis, wurden weitere 46 Soldaten aller Dienstgrade in ihre Mob-Verwendungen einberufen, um unbesetzte Planstellen nutzen zu können.
36 Rainer Heitmann, Positive Erfahrungen mit dem 71. Reserveoffizierlehrgang der Luftwaffe, in: Loyal 2/1975, S. 36.
37 MILZ des LwA vom 24.11.1976, Bericht über die Informationstage in Erding und Wahn.
38 Udo Phillip, Der 20-mm-Erfolg, in: Loyal, 10/1975, S. 26 f.
39 BA-MA, BL 1/17219, Schreiben des VdRBw vom 24.8.1976 an Fü L I 1.
40 BA-MA, BL 9/570, Stab LwVersRgt 6, Bericht über die Mob-Übung vom 27.2.–10.3.1978.
41 Erfahrungsbericht eines Hauptmanns d.R., der als Staffelchef einer Kraftfahrzeugtransportstaffel eingesetzt war, in: Luftwaffe, 5/1975, S. 15.
42 Ebd.
43 BA-MA, BL 2/3012, Luftflottenkommando (LFKdo), Besondere Anweisung für die Bodenverteidigung der Luftwaffe Nr. 2/1980.
44 BA-MA, BL 8/24, MILZ LwA vom 16.12.1975 sowie BL 8/90, MILZ LwA vom 10.11.1978.
45 BA-MA, BL 7/1, MILZ 1. Luftwaffendivision vom 30.11.1979.
46 Peter Raabe, Reservistengeschwader, in: Loyal, 10/1985, S. 26.
47 Informations- und Pressestab BMVg, Mitteilung an die Presse vom 6. Mai 1980.
48 BA-MA, BL 1/4294, Staatssekretär Rühl, Anordnung vom 18.8.1983.
49 BA-MA, BL 1/4294, Inspekteur Luftwaffe, Schreiben vom 11.8.1983, betr. Beauftragter von Reservistenangelegeheiten der Luftwaffe.
50 Luftwaffenamt, Besondere Anweisung für die Reservistenarbeit in der Luftwaffe 1/84 vom 10.7.1984.
51 BA-MA, BL 1/4193, Vortrag des Fü L I 6 beim Inspekteur Luftwaffe vom 15. März 1980.
52 Inspekteur Luftwaffe, Weisung für die Luftwaffe Nr. 1102 vom 6. Dezember 1983.
53 Ebd., S. 2 f.
54 Aussage eines Kommandeurs, in: Luftwaffe, 8/1981, S. 15.
55 BA-MA, BL 1/41294, Fü L III 6, Nutzung der Reservisten der Luftwaffe vom 1.8.1983.
56 BA-MA, BL 22/3017, Luftwaffen-Ausbildungskommando (LwAusbKdo), Erfahrungsbericht vom 17.11.1983. Dieser belegt, daß 32 % der mob-beorderten Reservisten ausgefallen waren.
57 BA-MA, BL 22/335, MILZ LwGrp Süd vom 14.11.1983.
58 BA-MA, BL 9/571, Luftwaffen-Sicherungsstaffel 51006 (Geräteeinheit), Bericht über die Mob-Übung vom 7.9.–18.9.1984, die dem Schutz der Anfahrtwege zum Luftwaffen-Munitionsdepot 62 gedient hatte.
59 BA-MA, BL 2/3024, MILZ Luftwaffen-Ausbildungskommando vom 3.12.1986.
60 BA-MA, BL 1/44010, Bericht des Fü L III 6 vom 25.11.1995.
61 BA-MA, BL 21/33, LwVersRgt 6, Erfahrungsbericht vom 27.5.1987.
62 BA-MA, BL 9/570, LwVersRgt 6, Erfahrungsbericht vom 7.10.1987 über die Übung vom 14.9–25.9.1987.
63 Peter Neustädt, Die Nutzung des Reservistenpotentials der Luftwaffe, in: Truppenpraxis, 5/1987, S. 520 ff.
64 BA-MA, BL 23/265, Jabo-Geschwader 49, Bericht über die Truppen-Mob-Übung der Luftwaffen-Sicherungsstaffel 49 vom 7.8.1989.
65 BA-MA, BL 23/265, Fü L I 1, Vortrag Sachstand »Nutzung des Reservistenpotentials« vom 16.2.1986.
66 BA-MA, BL 1/38726, LwA, Bericht der Inspizientengruppe vom 31.3.1987.
67 BA-MA, BL 1/38726, Inspekteur Luftwaffe, Schreiben vom 30.7.1987, Inübunghaltung und Ausbildung der Reservisten in Mob- und Einzelübungen.
68 BA-MA, BL 1/38726, General des Inspizierungs- und Prüfungswesens der Luftwaffe, Kurzfassung des Inspizierungsberichtes für den Zeitraum 17.8.1988–21.1.1989.
69 BA-MA, BL 22/326, MILZ Luftwaffengruppe Süd 1982.
70 Bericht des Kommandeurs, in: Luftwaffe, 8/1986, S. 22–25.
71 Bericht Kurzwehrübungen für VIP, in: Loyal, 1/1984.
72 BA-MA, BL 1/43691, Fü S I 2, Personallage 1989, vom 29.8.1990.
73 Inspekteur der Luftwaffe, Reservistenkonzept Luftwaffe, Erlaß vom 21.7.1989, in: Loyal, 1/90, S.10–12.
74 Amtschef LwA und Beauftragter für Reservistenangelegenheiten der Luftwaffe, Informationsbrief über Reservistenangelegenheiten 1/89 vom 16.8.1989, Verwirklichung des Reservistenkonzepts Luftwaffe.
75 Luftwaffe, 12/1989, S. 20.
76 BA-MA, BL 12/1612, III./Fernmelderegiment 33, Ermittlung des Umfangs der heimatnah beorderten Reservisten vom 17.3.1989.
77 Luftwaffe, 12/1989, S. 20. Dieses Fehl an Offizieren und Unteroffizieren ist keine Frage eines Reservistenkonzepts, sondern entsteht aus den unterschiedlichen F- und V-Stärken, die keine hinreichende Generation von Reservisten erfassen.
78 Information zur Änderung des Reisekostengesetzes, in: Luftwaffe, 3/1990, S. 34.

Dieter Stockfisch

Reservisten der Marine

I. Anfänge

Die Bundeswehr ist als Wehrpflichtarmee konzipiert worden. Am 21. Juli 1956 hat der Deutsche Bundestag das Wehrpflichtgesetz (WPflG) verabschiedet. Es ist am 25. Juli 1956 in Kraft getreten. Aufgrund dieses Gesetzes wurden die ersten Wehrpflichtigen am 1. Januar 1957 zum Wehrdienst in der Bundeswehr eingezogen. Sie bildeten nach ihrer Entlassung aus dem Wehrdienst den Grundstock für ein nunmehr von Jahr zu Jahr stetig steigendes Reservistenpotential der Teilstreitkräfte Heer, Luftwaffe und Marine.

Anfang der 60er Jahre kam dem Reservisten bei der damaligen Strategie der Massiven Vergeltung nur eine untergeordnete Bedeutung zu. Alle Anstrengungen der Bundeswehr waren daher vorrangig auf den Aufbau der Streitkräfte und auf die Einsatzbereitschaft der assignierten Verbände von Heer, Luftwaffe und Marine konzentriert. Die einsatzfähigen Verbände der Marine (See- und Seeluftstreitkräfte) waren jedoch damals wie heute mit aktiven Soldaten besetzt. Reservisten bildeten dabei die Ausnahme.

Trotz der untergeordneten Rolle von Reservisten in den Anfangsjahren der Bundeswehr traten bei der Marine schon damals grundsätzliche Probleme bei der Einberufung ihrer Reservisten auf, die bis heute unverändert existieren. Die Marine als hochtechnisierte Teilstreitkraft ist ständigen Modernisierungsprozessen unterworfen und ist daher vor allem auf Spezialisten zur Bedienung und Wartung der komplizierten Technologie an Bord der Boote und Schiffe und bei den Marinefliegern angewiesen. Über 40 Verwendungsreihen von der Elektronik über die Waffenmechanik bis zur Flugsicherung werden in der Marine benötigt.

Das Gros ihrer Reservisten, d.h. insbesondere ihrer Spezialisten der Reserve, stammt aus den industriellen Ballungsgebieten Süd- und Westdeutschlands, meist südlich der Linie Braunschweig – Hannover – Münster, während die Verbände der Marine, ihre Kommandobehörden und Schulen an den Küsten der Nord- und Ostsee stationiert sind. Eine ortsnahe Einberufung wie bei Heer und Luftwaffe üblich ist durch diese geographischen Gegebenheiten daher nur im begrenzten Umfang möglich. Auch müßten Reservisten, wenn sie mit dem schnellen Modernisierungsprozeß in der Marine Schritt halten wollten, in kurzen und häufigen Zeitabständen zu einer Reserveübungen eingezogen werden.

Dies ist jedoch nicht immer zu verwirklichen, da gerade die Spezialisten, überwiegend bei den Portepeeunteroffizieren, in ihrem Zivilberuf unabkömmlich sind.
Mit der Umstellung auf die Strategie der »Flexible Response« ab 1967 richtete sich die Aufmerksamkeit nunmehr verstärkt auf die Reservisten. Vor dem Hintergrund der Konzeption der »Abgestuften Präsenz« und einer geforderten Durchhaltefähigkeit in Krise und Krieg mußte die Bundeswehr, um ihre volle Einsatzfähigkeit herzustellen, in erheblichem Umfang auf Reservisten zurückgreifen. Diese neue Situation galt auch für die Marine, denn die maritime Dimension der neuen Strategie im Hinblick auf Durchhaltefähigkeit, Versorgung Europas, alliierte Verstärkung über See und Sicherung des Seeverkehrs gewann zunehmend an Bedeutung. Die westeuropäischen Mitgliedsstaaten der NATO waren von ihren Verbündeten, den USA und Kanada, durch den Atlantik getrennt. Das Verlegen der Verstärkungskräfte stellte im Verteidigungsfall die Archillesferse der Allianz dar, weil die NATO auf die verwundbaren See- und Luftwege angewiesen war.
Zum Beispiel führte Europa damals über 550 Millionen Tonnen Handelsgüter jährlich über See ein, ohne die militärische Verstärkung von USA über den Atlantik mitzuberechnen. Die Bundesrepublik benötigte davon allein zur Versorgung ihrer Bevölkerung täglich ca. 150.000 Tonnen. Dieser Bedarf entspricht im Kriegsfall 30 Frachtschiffen von je 5.000 Tonnen Tragfähigkeit oder alle zwei Tage die Ankunft eines Geleitzuges mit 60 Schiffen in deutschen Häfen.
Die Marine war nicht in der Lage, für die Sicherung dieser Versorgungs- und Verstärkungsleistungen neben den präsenten Einheiten der Flotte weitere Schiffe und Unterstützungseinrichtungen, die für die Krise und den Verteidigungsfall benötigt wurden, in Dienst zu halten. Daher war sie auch für diese Aufgaben zwingend auf den Einsatz von Reservisten angewiesen.
Das Weißbuch 1970 (Nr. 38 ff.) stellte die Bedeutung und Rolle der Reservisten für die Verteidigung der Bundesrepublik Deutschland vor dem Hintergrund der neuen Konzeption deutlich heraus. Der Inspekteur der Marine erließ im Januar 1971 »Maßnahmen zur Verbesserung der Reservistenkonzeption«[1], die klare und detaillierte Anhalte und Vorgaben für den Einsatz von Reservisten in der Marine festschrieben.
Zum Einsatz ihrer Reservisten entwickelte die Marine umfangreiche und vielgestaltige Konzepte und Vorstellungen und setzte sie in praxisbezogene Lösungen um. Zielsetzung aller Überlegungen war die Gewinnung von Reservisten für regelmäßige und längere Einsätze auf ihren Verteidigungsdienstposten in allen Bereichen der Marine.

II. Einsatz und Ausbildung

1. Nutzung des Reservistenpotentials

Seit den Anfängen der Bundesmarine war die Stammdienststelle der Marine (SDM) in Wilhelmshaven mit der zentralen Personalführung der Marinereservisten (Mannschaften und Unteroffiziere) beauftragt. Die SDM plante die Reservisten in Zusammenarbeit mit dem zuständigen Kreiswehrersatzamt für Wehrübungen ein, bewirtschaftete die zur Verfügung stehenden Haushaltsmittel, schöpfte die von der Truppe bereitgestellten Wehrübungsplätze aus und schrieb die Reservisten persönlich an, um sie für Wehrübungen zu gewinnen und einzuplanen. Die zentrale Personalsteuerung durch die SDM ermöglichte es, die erforderlichen Schwerpunkte bei freiwilligen Wehrübungen, Pflichtwehrübungen, bei Einplanungen von Reservisten zu Lehrgängen an den Schulen der Marine oder für Mobilmachungsübungen (Mob-Übungen) in der Truppe zu setzen und nachträgliche Änderungen des Wehrübungsplanes auszugleichen. Berücksichtigt wurden vorrangig zuerst diejenigen Reservisten, die eine gezielte Mob-Verwendung hatten oder für eine solche vorgesehen waren.
Es kam in erster Linie darauf an, die Einsatzbereitschaft der Mob-Truppenteile durch rechtzeitige Bereitstellung von voll einsatzfähigen und nach dem neuesten Stand ausgebildeten Reservisten der Alarmreserve zu erhöhen. Die Alarmreserve umfaßt alle innerhalb des Verteidigungsumfangs beorderten Reservisten, die einen Einberufungsbescheid zum Wehrdienst im Verteidigungsfall erhalten haben. Hauptaugenmerk lag in der laufenden Verbesserung der qualitativen Struktur der Alarmreserve. Hierbei war jeweils abzuwägen zwischen der Qualifikation für die Mob-Funktion, der ortsnahen Bereitstellung und der Verjüngung der mob-beorderten Reservisten. Es gelang der SDM, im Laufe eines Mob-Jahres ca. 25 % der Alarmreserve zu einer Wehrübung einzuziehen. Dabei wurden Reservisten aus den nahen Küstenbereichen stärker zu Übungen herangezogen und länger in der Alarmreserve gehalten als aus den südlichen Wehrbereichen[2].
Die Dauer der Pflichtwehrübungen betrug 27 Tage, wobei der Anreise- und Rückreisetag jeweils auf einen Werktag gelegt wurden. Für den Einsatz von Reservisten galten folgende Grundsätze:

> »Der Reservist ist während seiner Übung Angehöriger und nicht Gast der Einheit. Er muß in seinem Aufgabengebiet wie jeder aktive Soldat eingesetzt und geistig und körperlich gefordert werden. Die schwimmenden Einheiten haben zu beachten, daß Wehrübungen möglichst in Ausbildungsabschnitte nach der Seeklarbesichtigung und in Manövereinsätze zu legen sind. Wehrübungen während Werftliegezeiten oder im unmittelbaren Anschluß daran werden in keinem Fall ihren Sinn erfüllen[3].«

Alle von der SDM für Lehrgänge ausgewählten Reservisten wurden stets persönlich angeschrieben und es wurde ihr Einverständnis für eine Einplanung eingeholt. Der Einplanung ging eine Auswahl voraus, die eine weitgehend harmoni-

sche Zusammensetzung der Lehrgänge nach Alter, Ausbildung und Dienstzeit anstrebte. Die geringe Ausfallquote bei den Lehrgängen bestätigte die Richtigkeit dieses individuellen Verfahrens. Beispielsweise plante die SDM 1970 auch Reservisten zu Qualifikationswehrübungen für die Auswahl der Reserveoffizieranwärter (ROA) ein, von denen die meisten die anschließende Seekadettenprüfung bestanden haben. Die SDM behielt durch diese zentrale Auswahl Einfluß auf Qualität und Zusammensetzung des Reservistenbestandes.
In den Lehrgängen erbrachten die Reservisten überwiegend gute Leistungen. Bei erfolgreicher Teilnahme an den entsprechenden Lehrgängen wurden sie auch befördert. Folgende Übersicht der Jahre 1973 bis 1975 gibt einen Anhalt über die Größenordnung von Beförderungen[4]:

Beförderungen zum:	**1973**	**1974**	**1975**
HBtsm d.R.	20	74	61
OBtsm d.R.	18	30	27
Btsm d.R.	51	63	24
OMaat d.R.	180	143	115
Maat d.R.	151	60	112
HGefr d.R.	439	132	138
OGefr d.R.	65	49	16
Gefr d.R.	2	1	–
Gesamt:	**926**	**552**	**493**

Das Reservistenpotential der Marine gewann jährlich an Umfang, wobei vor allem die Mannschaftsdienstgrade schnell aufwuchsen. Ende der 60er Jahre war der Überhang an Mannschaften u.a. auch eine Folge fehlender Zeitsoldaten, weil anstelle von Zeitsoldaten auf den aktiven Dienstposten in der Marine zunehmend Wehrpflichtige eingesetzt werden mußten. Allerdings konnte mit dieser Maßnahme nicht das Problem von Mangelausbildungsreihen, wie etwa in den Ausbildungsreihen 22, 28, 29 und 52–59 gelöst werden. Die 20er Ausbildungsreihen zählen zu den Spezialdiensten wie Fernmeldeaufklärung und Elektronische Kampfführung, die 50er Reihen decken den Bereich Luftfahrzeugmechaniker, -elektroniker und -waffentechniker ab. Die oben genannten Defizite setzten sich auch bei den Reservisten fort.
Die Marine setzte das Gros der jährlich neu hinzugekommenen Reservisten zur Verjüngung der bestehenden Mob-Beorderungen ein, um damit den Überhang an älteren Reservisten langsam abzubauen. Bei den periodisch wiederkehrenden NATO-Stabsübungen WINTEX/CIMEX in den 70er und 80er Jahren wurde immer wieder deutlich, daß der Personalumfang an Reservisten, z.B. in den Schiffs-

4. MINENSUCHGESCHWADER

Information für Reservisten

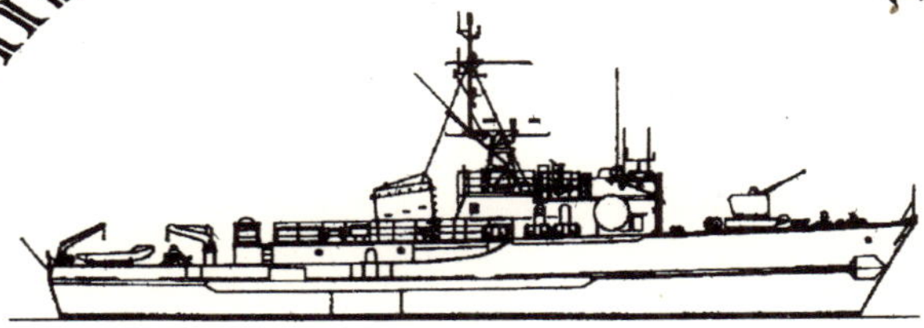

4. Minensuchgeschwader 294 Wilhelmshaven, 9.2.1975

Guten Tag Reservisten!

Glauben Sie mir, allein die Anrede hat mir schon Kopfzerbrechen bereitet. Wie redet man einen ehemaligen Soldaten in seiner Eigenschaft als Reservist eigentlich an? "Sehr geehrter Herr Reservist" oder vielleicht "Sehr geehrter Mitarbeiter" oder sogar "Lieber Kamerad der Reserve" - nun, mir fiel nichts besseres ein, als Ihnen einen ehrlichen Guten Tag zu wünschen. Was ich von Ihnen will?
Sie ein wenig informieren über das Geschwader, dem Sie als Reservist angehören.
Kennen Sie unsere Anschrift noch?

4. Minensuchgeschwader
294 Wilhelmshaven
Opdenhoffstr. 23 A

Wenn Sie in den letzten Tagen bei uns geübt haben, dann wissen Sie schon, dass von den neun Booten des Geschwaders die "Flensburg" und die "Fulda" zu Minenjagdbooten umgebaut wurden. Und wenn das Geld reicht, wird in einigen Jahren die Mehrzahl der KM-Boote zu Minenjagdbooten umgebaut worden sein.

stammbataillonen, zu groß war, um ihn in Krise und Krieg sinnvoll und aufgabenbezogen einzusetzen, denn mit den angenommenen personellen Verlusten gingen die materiellen Verluste Hand in Hand. Letztlich fehlte im Verteidigungsfall ein Auftrag für den gewaltigen Reservistenüberhang. So betrug das gesamte

Reservistenpotential der Marine beispielsweise 1978 bereits 151.753 Soldaten; aber nur 21.769 Reservisten wurden benötigt. Vor allem die Kampfunterstützungsverbände (Tender, Versorger, Land- und Seeaufklärung) benötigten mob-beorderte Reservisten; ohne sie waren diese Verbände nicht einsetzbar. Die verbleibenden Reservisten waren für die Schiffsstammabteilungen (Feldersatz), für die Marinesicherung (Geräteeinheiten) und als 10%iger Sicherheitszuschlag für die Flotte vorgesehen. Eine darüber hinausgehende Nutzung des Potentials war nicht zu realisieren, weil

- die geforderte Präsenz der Kampf- und Unterstützungseinheiten eine Besetzung mit aktiven Soldaten verlangte,
- und die noch offenen Dienstposten für den Verteidigungsfall (V-Dienstposten) in der Marine überwiegend mit mob-beorderten aktiven Soldaten, deren Tätigkeit im Verteidigungsfall (z.B. Ausbilder) entfiel, besetzt wurden.

Reservisten der Marine 1978[5]:

	Gesamt:	davon mob-beordert:
1. Reserveoffiziere (TrD/MilFD)	5.102	1.344
2. Sanitätsoffiziere d.R.	2.135	945
3. Unteroffiziere/Mannschaften d.R.	144.516	19.480
4. Gesamtbestand an Reservisten	151.753	21.769
Personalreserve:		101.000
Wehrdienst-Ausnahmen:		28.984
		151.753

Die Wehrgerechtigkeit und Rücksicht auf die Reservisten und ihre Arbeitgeber erforderten eine ausgewogene Wehrübungstätigkeit in nicht zu kurzen Zeitabständen. Erfahrungen mit Mob-Übungen zeigten, daß Reservisten und ihre Arbeitgeber dem einjährigen Mob-Übungsrhythmus mit 12tägigen Wehrübungen ablehnend gegenüberstanden. Dagegen wurden längere Übungszeiträume in zweijährigem Wechsel bevorzugt. Auf der Alarm- und Mobilmachungstagung der Marine 1986 wurde daher angeregt, künftig Mob-Übungen ganzer Truppenteile, Dienststellen oder Teileinheiten in einem Zweijahresrhythmus bei 18 Tagen Übungsdauer durchzuführen.

Der Marine kam es immer darauf an, die ihr zugewiesene Wehrübungsquote voll auszufüllen. Dadurch vermochte sie insbesondere die große Zahl freiwilliger Meldungen zu Wehrübungen zu berücksichtigen. So konnte vielen Gesuchen von Reservisten, eine Wehrübung nach ihren Wünschen, wie etwa Anschlußwehrübungen abzuleisten, meist auch entsprochen werden. Gleichwohl lag es auch im Interesse der Marine, möglichst viele mob-beorderte und nicht-mob-beorderte Reservisten für freiwillige Reserveübungen zu gewinnen, wie es in der

»Weisung für die Reservistenarbeit in der Marine« vom Juli 1981 ausdrücklich gefordert wurde. Die Reservisten begründeten ihren Antrag auf freiwillige Wehrübungen in der Regel wie folgt:

- Teilnahme Seefahrt (möglichst Auslandsreisen),
- Überbrücken der Zeit der Arbeitslosigkeit,
- Warten auf den Beginn einer zivilberuflichen Ausbildung,
- Erfüllen der Vorgaben für eine Beförderung.

Ab 1983 wurden Wehrübungen forciert. Die See und Seeluftstreitkräfte riefen ihre beorderten Reservisten im Einjahresrhythmus auf, Stäbe und Kommandobehörden im Zweijahresintervall. Damit konnte jährlich ca. ein Drittel der beorderten Reservisten für Wehrübungen gewonnen werden. Insgesamt übten in den 80er Jahren jährlich ca. 7.500 Reservisten. Die zugewiesenen Wehrübungsplätze wurden damit optimal genutzt und die Sollmarke von 100 Prozent meist überschritten.

Die Marine konnte damals schon aufgrund ihrer hohen Technisierung auf Lehrgänge für Reservisten nicht verzichten. Daher wurden auch Fachlehrgänge in Form von Wehrübungen angeboten. 1985 führte die Marine 26 Fachlehrgänge mit 420 Lehrgangsplätzen für Reservisten auf freiwilliger Basis durch. Allerdings war die Bereitschaft der Reservisten, ihre Wehrübung auf einem Lehrgang zu absolvieren, nur gering ausgeprägt. Daher mußten im allgemeinen für 20 Lehrgangsplätze ca. 120 Reservisten angeschrieben werden, um alle verfügbaren Plätze zu nutzen.

2. Reservistenarbeit

Die Reservistenarbeit in der Marine gestaltete sich von den Anfängen bis heute unverändert vielfältig, phantasievoll und individuell auf den einzelnen Reservisten ausgerichtet. In der Flotte lag dies u.a. daran, daß die Boote und Schiffe der Flottillen überwiegend ihren eigenen Reservistenstamm betreuten, der während größerer Übungen, Manöver, Auslandsausbildungsfahrten oder anderen attraktiven Veranstaltungen wie »Tage der offenen Tür«, »Wochenende bei der Marine« oder »Familienfahrten in See« in direkter Absprache zu Wehrübungen angeregt wurde. Auch als Mitte der 70er Jahre Reservistenbetreuungsoffiziere in den Geschwadern eingesetzt wurden, die nebenamtlich für »ihre« Reservisten zuständig waren, hatte dies die Reservistenarbeit spürbar belebt und ausgebaut. Die »Weisung für die Reservistenarbeit in der Marine[6]« beauftragte zudem die Flotte, jährlich 500 Mitfahrplätze für Reservisten bei Einheiten der Flotte einzuplanen. Diese Mitfahrten dienten neben der Information und der Förderung militärischen Könnens – als Teilbereich der Reservistenarbeit – auch der Nachwuchswerbung und Öffentlichkeitsarbeit.

Die Marinefernmeldegruppen veranstalteten jährliche »Traditionstreffen« mit ihren Reservisten. Es bildeten sich Patenschaften, wie etwa zwischen der

»Reservistenkameradschaft Borkum« und den Landungsbooten Zander und Wels. Die Schnellbootflottille verteilte an ihre aus dem Wehrdienst entlassenen Soldaten Handzettel »Der Wehrpflichtige als Reservist« mit Hinweisen und Informationen über die Reservistenarbeit und über den Einsatz von Reservisten in der Flottille.

Die Flottille der Minenstreitkräfte informierte ihre Reservisten mit »Reservistenbriefen« über die Aktivitäten, Vorhaben und Einsätze der Geschwader. Das 1. Minensuchgeschwader setzte 1974 Reserveoffiziere als Bootskommandanten ein. Bei Manövern der Strandmeisterkompanie wurden z.B. Reservisten in geschlossenen Teileinheiten einberufen – ein Konzept, das sich bewährt hat. Die Versorgungsflottille führte Mob-Übungen auf Schiffen durch, wobei das Gros der Besatzung von Reservisten gestellt wurde. Dabei wurden die Schiffe gefechtsbereit gemacht und Übungsschießen durchgeführt. Bei diesen Mob-Übungen funktionierte die Zusammenarbeit, meist mit den Reservisten, die aus der Handelsmarine kamen, reibungslos. Auf den zivil besetzten Einheiten der Versorgungsflottille waren die nautischen und technischen Patentinhaber zum größten Teil ohnehin Reserveoffiziere, die ihre militärischen Kenntnisse während der Mob-Übungen ergänzen konnten. Die Versorgungsgeschwader unterhielten enge briefliche Kontakte zu ihren Reservisten. Die jährliche »Familienfahrt in See« fand immer ein positives Echo bei den Reservisten.

Häufig mußten Reservisten auch nicht besetzte wichtige Dienstposten bei den Einheiten auffüllen, dann wurden Reserveoffiziere oder Portepeeunteroffiziere als Bootsoperationsoffizier, Motorenmeister oder Schiffssicherungsmeister zu Wehrübungen einberufen. Die Schiffe der Zerstörerflottille schrieben ihre Reservisten vor größeren Einsätzen gezielt an, um damit vor allem die dringend benötigten Spezialisten aus den Mangelverwendungsreihen zu bekommen.

Die damalige Marinefliegerdivision veranstaltete in den 80er Jahren bei den Horstgruppen ihrer Geschwader umfangreiche und personalaufwendige Mob-Übungen mit jeweils über 500 Reservisten. Überwiegend gehörten die Reservisten den Marinesicherungstruppen (Ausbildungsreihe 76) an. Bei den 14tägigen Übungen wurden die Reservisten wegen fehlender Unterbringungskapazität meist in Turnhallen und Zelten untergebracht, was dem Engagement der Reservisten keinen Abbruch tat. Ziel dieser Mob-Übungen war das Erreichen der ACE (Allied-Command-Europe)-Forces Standards im Rahmen der 18monatigen taktischen Überprüfung der Marinefliegergeschwader durch das Tactical Evaluation Team der NATO.

Marineamt und Marineunterstützungskommando verfolgten in ihrer Reservistenarbeit eine ähnliche Zielsetzung wie die Flotte. Wenn auch beide Kommandobehörden stärker als die Flotte, die freiwilligen Übungen den Vorrang vor mob-beorderten Reservisten gab, auf letztere angewiesen waren, so standen sie in ihrer individuellen Reservistenarbeit der Flotte nicht nach. Das Marineamt beauftragte im jährlichen Wechsel eine Schule oder Lehrgruppe der Marine mit der Durchführung einer dreitägigen dienstlichen Veranstaltung für Reservisten mit dem Ziel der Aus- und Weiterbildung. Die Marineartillerieschule in Kappeln richtete z.B. dienstliche Veranstaltungen für Reservisten der Ausbildungsreihe 31 und 32 (Artillerie- und Feuerleitpersonal) an Wochenenden aus. 1974 folgten 216 von 1.076 angeschriebenen Soldaten diesen Veranstaltungen. Neben zahlreichen Wehrübungen im Bereich des Marineunterstützungskommandos, bei denen die Reservisten auf ihren Mob-Dienstposten eingewiesen wurden, führte das Marineabschnittskommando Ostsee Tagungen für Sanitätsoffiziere der Reserve durch. An der 14. Tagung der Sanitätsoffiziere im Jahre 1975 nahmen über 200 mob-beorderte und nicht mob-beorderte Sanitätsoffiziere teil. Hohe Attraktivität genoß das Marinestützpunktkommando Kiel bei den Reservisten, weil sie dort während ihrer Wehrübung den Segelschein A oder den Kraftbootführerschein erwerben konnten.

Die Wilhelmshavener Zeitung berichtete in den 80er Jahren ausführlich über eine »Gefechtsübung Marine«, an der 450 Reservisten beteiligt waren; sie war durch die Einsatzfreude und das Engagement der Reservisten aller Dienstgrade aufgefallen: »Hut ab vor den Reservisten«. Ziel der Übung war die Verteidigung des Marinestützpunktes Wilhelmshaven gegen gegnerische Truppen in Bataillonsstärke, die den Stützpunkt möglichst unzerstört einnehmen wollten. Mit der Verteidigung des Stützpunktes war das Marineabschnittskommando Nord beauftragt, das Reservisten der Marinesicherungstruppen und des Marinetransportbataillons 2 sowie Reservisten der Heimatschutztruppe eingesetzt hatte.

Mit diesen Übungen erfüllte die Marine ein grundsätzliches Ziel der Reservistenarbeit, nämlich bereits mob-beorderte und freiwillige Reservisten für einen regelmäßigen Einsatz auf ihren Verteidigungsdienstposten (V-DP) über längere Zeiträume zu gewinnen.

Reservisten bevorzugen den direkten und persönlichen Kontakt zu »ihrer« Einheit. Daher war die individuell ausgerichtete Reservistenarbeit bei der Marine nicht nur erfolgreich, sondern auch flexibel und zielgerichtet. Die Jahresberichte von Flottenkommando, Marineamt und Marineunterstützungskommando über die Reservistenarbeit stellten immer wieder die hohe Einsatzfreude der Reservisten bei ihren alten und vertrauten Einheiten und Kommandos heraus. Grenzen für den Umfang der Einberufungen ergaben sich vor allem in der Flotte meist aus den beschränkten Unterbringungsmöglichkeiten an Bord oder durch längere Seefahrtzeiten. Bei ca. 120 Seetagen im Jahr konnten z.B. in der Zerstörerflottille nur wenige Reservisten üben, weil die langen Abwesenheitszeiten der Zerstörer und Fregatten die Dauer von Wehrübungen meist überschritten.

3. Reserveflottille

Beschränkungen von Haushaltsmitteln und Schwierigkeiten beim Personalaufkommen in den Jahren 1966/67 zwangen die Bundeswehr, eine Verringerung des ursprünglich im Rahmen von NATO-Zielen geplanten Friedensumfanges von

508.000 Soldaten vorzusehen. Zugleich mußte sich die Bundeswehr auf rapide technologische Änderungen einstellen. Ausrüstung und Bewaffnung bedurften der Anpassung an den technologisch vorausschaubaren Stand der 80er Jahre. Für die Marine bedeutete das damals u.a., die Zahl ihrer Einheiten zugunsten qualitativ höherwertiger Technik zu verringern.

Aufgrund der NATO-Beschlüsse vom 13./14. November 1968 beschloß die Bundesregierung neben weiteren Maßnahmen zur Verbesserung der personellen und materiellen Lage der Bundeswehr einen gleichbleibenden Friedensumfang der Streitkräfte von 1969 an bis Ende 1971 zu schaffen und diesen auf 460.000 Soldaten festzusetzen[7].

Für die Marine bedeutete dies eine Reduzierung der Umfangsstärke von 39.600 auf 35.900 Soldaten. Diese Personalreduzierung war ein entscheidender Grund für die Aufstellung einer Reserveflottille, denn es mangelte nunmehr an Personal, d.h. an Besatzungen für die Boote und Schiffe der aktiven Flotte. Daher beschloß die Marine, Einheiten außer Dienst zu stellen und sie zu einer Reserveflottille zusammenzufassen. Im Verteidigungsfall sollten die Einheiten von Reservisten wieder in Dienst gestellt, betrieben und eingesetzt werden.

Die Reserveflottille sollte im Verteidigungsfall die aktive Flotte entlasten und ihre Durchhaltefähigkeit erhöhen. Zu den Aufgaben zählten vorrangig: Konvoibegleitung, Küstenwach- und Vorpostendienst sowie Transporteinsatz. Da ihre Indienststellung die technische Unterstützung durch ein Marinearsenal erforderlich machte, wurden die Reserveeinheiten nach Wilhelmshaven verlegt. Zudem lagen sie damit nicht in unmittelbarer Nähe zum Operationsgebiet Ostsee der Warschauer-Pakt-Staaten, was auch einem Zeitgewinn bei ihrer Reaktivierung zugute kam.

Die Reserveflottille wurde am 1. Januar 1969 ins Leben gerufen, nachdem Ende 1968 die Aufstellungsbefehle für 31 Schiffe und Boote der Reserveflottille erlassen worden waren. Ein Jahr später betrug ihr Umfang: zwei Fregatten, SCHARNHORST und GNEISENAU (ehemalige britische Fregatten), drei Tender, einen kleinen Versorger, einen Munitionstransporter, zwei Minensuchgeschwader mit 14 Minensuchbooten, 26 Landungsboote und verschiedene Hilfsschiffe wie Schlepper oder Betriebsstofftransporter.

Für die Reaktivierung sowie für die Planung und Vorbereitung der Mobilmachung der Einheiten war der »Stab der Reserveflottille« mit 27 Soldaten verantwortlich. Er wurde nach den bei der Marine angewandten Grundsätzen für Flottillenstäbe gegliedert, wobei als Schwerpunktaufgabe die Mob-Vorbereitungen besonders berücksichtigt wurden. Das Marinearsenal Wilhelmshaven wurde mit der Konservierung der Boote und Schiffe, mit der Pflege des Materials und der dann anschließenden Entkonservierung beauftragt.

Die Personalstärke der Besatzungen der Reserveeinheiten umfaßte ca. 3.000 Soldaten. Bis auf wenige aktive Soldaten wurden die Besatzungen von Reservisten gestellt. Nach Auslösung des Alarmierungsbefehls lag bei ihnen die Hauptarbeit der Entmottung und Wiederindienststellung der Einheiten.

a) Reaktivierung der Reserveeinheiten

Bereits 1964 hatten sich Vertreter des Führungsstabes der Marine bei der Königlich Niederländischen Marine über Erfahrungen mit der Konservierung von Reserveeinheiten sachkundig gemacht. 1968 folgte ein Besuch bei der Royal Navy in Portsmouth, um vom »Commodore Reserve Ships« Anregungen und Erfahrungen über eine Reserveflottille zu erhalten.

Bei der Konservierung von Schiffen gibt es die Naß- und die Trockenkonservierung. Vor einer Trockenkonservierung werden die Einheiten während einer Werftliegezeit grundüberholt, um anschließend im Marinearsenal für das »Einmotten« präpariert zu werden. Blanke Metallteile werden eingefettet, sämtliche Rohrleitungen entwässert und getrocknet, Dieselmotoren mit Spezialöl durchgefahren und stillgelegt. Danach werden an Oberdeck stehende Geräte, Geschütze, Winden, Scheinwerfer etc. sowie sämtliche Außenbordöffnungen wie Schornsteine und Luken mit einer mehrschichtigen Kunststoffhaut einkokoniert. Diese Kokonhaut schließt das Schiffsinnere luftdicht ab. Ein Luftumwälzer führt über einen Trockner ständig trockene Luft zu und saugt feuchte Luft ab, um im Schiffsinneren eine Luftfeuchtigkeit von ca. 50 % zu erzielen.

Bei der Naßkonservierung dagegen bleibt das Schiff intakt. Laufend finden bei allen Anlageteilen Funktionserprobungen bzw. Probefahrten statt. Entsprechend hoch sind der Wartungsaufwand und die Personalkosten. Allerdings ist ein naßkonserviertes Fahrzeug sofort einsatzklar, während das trockenkonservierte Schiff nur mit hohem Zeitaufwand einsatzklar gemacht werden kann. Da aber der Zeitfaktor bei der Mobilmachung eine große Rolle spielt, versuchte das Marinearsenal Wilhelmshaven, beide Konservierungsverfahren zu kombinieren, um z.B. elektronische Anlagen bei einem eingemotteten Schiff ständig funktionsfähig zu halten[8]. Erwähnenswert ist, daß die Reserveeinheiten mit Kraftstoff, Verpflegung und Ausrüstungsmaterial voll ausgestattet waren. Nur die Munition war ausgelagert.

In einer Reihe von Reaktivierungsübungen, bei denen gleichzeitig mehrere Einheiten reaktiviert wurden, konnte die Marine erste Erfahrungen zur Zeitdauer der Wiederindienststellung sammeln. Nach Auslösung des Alarmierungsbefehls lag die Hauptarbeit der Entmottung der Einheiten bei den Reservisten. Eine Reaktivierung lief wie folgt ab: Nach Eintreffen erster Teile der Besatzungen wurden zunächst unter Anleitung und Mithilfe des Marinearsenals die Sanitär-, Unterbringungs- und Kombüseneinrichtungen hergerichtet, danach die Kokonhäute entfernt. Anschließend begann die Funktionsherstellung der einzelnen Anlagen, wie der Antriebsmotoren und Elektrodiesel.

Nachdem die Besatzungen das gesamte Ausrüstungsmaterial wie Munition, Minenräumgerät, Werkzeug, Vorschriften, Seekarten etc. übernommen hatten, führte die Schiffsführung eine Kurzausbildung und eine Standprobe, d.h. die Inbetriebnahme aller Anlagen im Hafen, durch. Anschließend begann die Einzelausbildung in See.

Reserveflottille an der Pier in Wilhelmshaven

M1254

Die im Zeitraffer dargestellte Reaktivierung erklärt nur den praktischen Ablauf der Wehrübung. Dabei dürfen die administrativen Abläufe einer Wehrübung wie Einkleidung, ärztliche Untersuchung, Ausstellung von Truppenausweisen etc. nicht übersehen werden, weil sie erhebliche Zeit in Anspruch nahmen.

b) Erfahrungen

Bereits die ersten Reaktivierungsübungen erwiesen, daß der materielle, personelle und zeitliche Aufwand unangemessen hoch war. Trotz des großen Einsatzwillens der Reservisten stellte sich bald heraus, daß ihr verblaßtes oder fehlendes Wissen die planmäßige Durchführung von Reaktivierungen erheblich verzögerten. Der Vorgang der Entkonservierung bedurfte noch erheblicher Grundlagenarbeit im Zusammenwirken zwischen der Reserveflottille und dem Marinearsenal. Die US-Navy führte dafür z.B. bei ihrer »Naval Reserve Ship Activation Maintenance and Repair Division« 14tägige Sonderlehrgänge für Reservisten durch. Die Reserveflottille sah sich daher gezwungen, ihre Reservisten in einer einwöchigen »Trockenübung« für die Entkonservierung vorzubereiten.
Ein weiteres Problem bildete die Einplanung der Reservisten für ihre Reserveübungen, denn die Einberufung geschlossener Besatzungen war nicht möglich. Viele wehrwillige und einsatzbereite Reservisten waren aus beruflichen Gründen zu den gewünschten Übungszeitpunkten nicht verfügbar. Meist fehlte das dringend erforderliche Fach- und Funktionspersonal, vor allem Fernmelde- und Elektronikspezialisten. Da die Reservisten aus allen Bundesländern aufgerufen werden mußten, war auch die administrative Abwicklung mit manchmal bis zu 20 Kreiswehrersatzämtern erforderlich. Oft machten die einberufenen Reservisten nur ca. ein Drittel der Besatzungsstärke aus, die dann durch aktive Soldaten aufgefüllt werden mußte.
Schließlich gestaltete sich die materielle Herstellung der Einsatzfähigkeit der Schiffe und Boote zunehmend zeit- und kostenaufwendiger. Je komplexer die elektronischen Systeme und Anlagen waren, desto schwieriger waren sie in der Einmottungsphase zu warten, zu justieren und in einem einsatzfähigen Zustand zu halten. Die Reaktivierung des Tenders ISAR hatte beispielsweise derartige Kosten und zeitlichen Aufwand verursacht, daß die Marine gezwungen war, das Konzept der Reserveflottille neu zu überdenken.
Angesichts dieser Erfahrungen war u.a. die ursprünglich geforderte Reaktivierung der Reserveeinheiten innerhalb von 72 Stunden nicht zu erzielen. Die Fähigkeit des Warschauer Paktes zum schnellen Aufmarsch bedingte damals nur Stunden bzw. wenige Tage als Warnzeit für die Mobilmachung der NATO. Damit konnte ein entscheidender Teil der konzeptionellen Vorstellungen der Flexible Response, nämlich eine schnelle Mobilmachung konventioneller Verteidigungskräfte zur Vorneverteidigung, die ab 1967 die Strategie der Massiven

Vergeltung ablösten, nicht mehr verwirklicht werden. Daher wurde die Reserveflottille am 29. November 1976 aufgelöst.

4. Ausbildung von Handelsschiffsoffizieren

Die Möglichkeit, beim Aufbau und Betrieb einer Marine auf Kapitäne und Offiziere der Handelsschiffahrt zurückzugreifen, hat in Deutschland eine lange Tradition. Schon der Befehlshaber der ersten deutschen Flotte, der aus der griechischen Marine ausgeschiedene Commodore Rudolf Brommy, übernahm 1848 auf deutschen Kriegsschiffen englische Marineoffiziere. Für die Kommandantenstellen wurden seinerzeit überwiegend ausländische Offiziere angeworben, die subalternen Offizierstellen durch qualifizierte junge Handelsschiffsoffiziere (Auxiliaroffiziere) besetzt. Ähnlich wurde in der Preußischen Marine, der Flotte des Norddeutschen Bundes und anfangs auch in der Kaiserlichen Marine verfahren[9]. Auch beim Aufbau der Bundesmarine wurden Handelsschiffsoffiziere benötigt. Als Reserveoffiziere sollten sie im Verteidigungsfall vorrangig für Konvoifahrten und in der Schiffahrtsleitorganisation (Naval Control of Shipping Organisation) eingesetzt werden. Daher kam es darauf an, daß der Handelsschiffsoffizier (kurz »HSO« genannt) in einem sechswöchigen Lehrgang an der Marineoffizierschule Mürwik mit den marinespezifischen Problemen in Krise und Krieg vertraut gemacht wurde. Er sollte

> »in allgemeinmilitärischer Hinsicht zum Vorgesetzten und Reserveoffizier des Truppendienstes der Marine ausgebildet werden; darüber hinaus sind ihm die Kenntnisse und Fertigkeiten zu vermitteln, die ihn befähigen, als nautischer bzw. technischer Schiffsoffizier in Krisen- und Kriegszeiten auf einzeln oder im gesicherten Verband fahrenden Handelsschiffen mit Marineeinheiten und Seebefehlshabern in See zusammenzuarbeiten sowie auf Hilfsschiffen eingesetzt zu werden« (Ausbildungsanweisung des Marineamtes)[10].

Ein wesentlicher Grund für den Einsatz von Handelsschiffsoffizieren als Reserveoffiziere war das Erfordernis, in Krise und Krieg die für Deutschland und Europa notwendige Versorgung die Verstärkungskräfte und den Nachschub der Alliierten über See mit großen Geleitzügen über den Atlantik in die europäischen Häfen sicherzustellen. Daneben hatte die Marine ein Konzept für die logistische Unterstützung der aktiven Flotte im Verteidigungsfall entwickelt. Danach war vorgesehen, Handelsschiffe nach dem Bundesleistungsgesetz (BLG) für den Unterstützungsbedarf der Marine einzusetzen und sie innerhalb von 24 Stunden in den Marineunterstützungkommandos mit militärischem Fernmelde- und Verschlüsselungsgerät auszurüsten. Diese Schiffe wurden nach ihrer Größe bestimmten Aufgaben zugeordnet. Die »Hilfsversorger, groß« (15.000 BRT), dienten dem Transport von Versorgungsgütern einschließlich Munition und Kraftstoff. Ihr Einsatzgebiet waren Nordsee und Ostatlantik. Die »Hilfsversorger, klein« (1.000 BRT), waren für die Versorgung der Bootsgeschwader in Ost-

Lehrgänge für HSO 1/64 und 2/64

see, Kattegatt und Skagerrak bestimmt, und Hilfswerkstattschiffe (500 BRT) sollten notwendige Reparaturen und Instandsetzungen der Einsatzverbände sicherstellen. Die zivilen Besatzungen wurden gem. § 49 Wehrpflichtgesetz eingezogen und mit militärischem Fachpersonal der Reserve ergänzt.
In den Jahren 1959 bis 1961 führte das Verteidigungsministerium (Führungsstab der Marine) mit dem Verkehrsministerium (Abteilung Seeverkehr) die ersten Sondierungsgespräche über den Einsatz von Handelsschiffsoffizieren als Reserveoffiziere bei der Marine. Diese Gespräche wurden durch den ersten Inspekteur der Marine, Vizeadmiral Ruge, besonders gefördert. Der erste Reserveoffizierlehrgang konnte 1961 durchgeführt werden. Seitdem hat die Marine bis heute über 2.500 Handelsschiffsoffiziere zu Reserveoffizieren ausgebildet, die ein beachtliches Potential an »navy minded« Offizieren in der Handelsmarine darstellen.
Voraussetzung zur Teilnahme am Reserveoffizierlehrgang bildete das Patent »A6« bzw. »AG« (Kapitän auf großer Fahrt), das Patent »AM« (Kapitän auf mittlerer Fahrt) oder das Schiffsingenieurpatent »CI«. Eine weitere Bedingung bildete die erfolgreiche Teilnahme an einem dreiwöchigen Schiffssicherungslehrgang bei der Außenstelle für Schiffssicherung der Wasser- und Schiffahrtsdirektion Nord (Kiel) in Neustadt in Holstein, die eng mit der dort beheimateten Schiffssicherungslehrgruppe der Marine zusammenarbeitet. Der Handelsschiffsoffizier beendete den Lehrgang mit dem Dienstgrad Leutnant zur See bzw. nach Vollendung des 26. Lebensjahres als Oberleutnant zur See.
Bei den ersten »HSO-Lehrgängen« an der Marineschule Mürwik kam es zwischen des Handelsschiffsoffizieren und den Marineoffizieren gelegentlich zu gewissen Reibereien, denn es herrschte weitgehend Unkenntnis über Aufgaben, Ausbildung, Fähigkeiten und Organisation der jeweils anderen »Marine«. Mancher Marineoffizier bezweifelte den Nutzen der HSO-Ausbildung, während sich der HSO oft als »richtiger Seefahrer« fühlte und mit großer Selbstsicherheit nach dem Motto »Unser Feld ist die Welt« auf die Marine herabsah. Der damalige Schulkommandeur, Flottillenadmiral Erdmann, glättete aber in vielen Gesprächen und geduldigen Appellen die Wogen, so daß die Animositäten einschliefen und einem kameradschaftlichen Miteinander wichen[11].
Die militärfachliche Ausbildung der Handelsschiffsoffiziere an der Marineschule Mürwik wurde durch Ausbildungsabschnitte an der Marinefernmeldeschule (Flensburg), an der Marinewaffenschule (Eckernförde) und an der Lehrgruppe Schiffssicherung der Technischen Marineschule in Neustadt in Holstein ergänzt und unterstützt.
Die Ausbildung erfolgte nach folgenden Abschnitten:
- Aufgaben als militärischer Vorgesetzter
- Organisation der Marineschiffahrtsleitung
- Fernmeldedienst
- Marinewaffen
- Taktisches Fahren im Konvoi
- Schiffstechnischer Gefechts- und Betriebsdienst.

Die Ausbildung schloß mit Konvoifahrtübungen am taktischen Fahrtrainer der Marinewaffenschule und praktischen Übungen in See auf Schiffen der Versorgungsflottille ab. Die Trockenübung am Trainer vermittelte den HSO Konvoitaktiken, Grundsätze der Signalgebung, Formieren und Inmarschsetzen von Konvois, Passieren eines minenfreien Kanals, Stationshalten sowie Kurs- und Stationsänderungen. Die praktischen Tag- und Nachtübungen in See, d.h. die Umsetzung der Theorie in die Realität der Seefahrt, bildeten für die Lehrgangsteilnehmer den Höhepunkt ihrer sechswöchigen Ausbildung zum Reserveoffizier der Marine.

Die »HSO-Lehrgänge« an der Marineschule Mürwik erfreuten sich zunehmender Attraktivität. Obwohl Handelsschiffsoffiziere nach dem Wehrpflichtgesetz als Seefahrer, d.h. solange sie aktiv zur See fuhren, von der Wehrpflicht befreit waren, meldeten sich viele von ihnen freiwillig zu Reserveübungen bei der Marine. 1983 beging die Marineschule Mürwik das Jubiläum des einhundertsten Reserveoffizierlehrgangs für HSO. Im Herbst 1987 wurde der 2.000ste Handelsschiffsoffizier als Reserveoffizier der Marine in einer Feierstunde in Anwesenheit führender Vertreter der Marine und des Seeverkehrsbereichs gewürdigt. Die Möglichkeit, Reserveoffizier zu werden, die Marine kennenzulernen und für den eigenen Verantwortungsbereich etwas Neues und Nützliches dazuzulernen, waren neben Neugier die wesentlichen Motive der jungen Handelsschiffsoffiziere, sich für eine sechswöchige Reserveoffizierausbildung zu melden. Viele von ihnen nutzten nach ihrer Ernennung zum Reserveoffizier das Angebot der Marine zu freiwilligen Wehrübungen in unterschiedlicher Verwendung wie Navigationsoffizier auf Schiffen, als Navigationslehrer an der Marineschule, als Supercargo auf Handelsschiffen, die für militärische Transporte gechartert waren oder in der Marineschiffahrtleitorganisation.

Bis Ende der 70er Jahre steuerte die Marine auch qualifizierte junge Handelsschiffsoffiziere in ihre Offizierausbildung ein, um sie als Truppenoffiziere zu übernehmen. Daher bildeten die HSO-Lehrgänge für manchen Handelsschiffsoffizier auch eine Art »Schnupperkurs«, um die Marine kennenzulernen und sich erst danach für eine eventuelle Übernahme als Truppenoffizier zu entscheiden.

1981 führte die Marine einen vierwöchigen »Offizier-Aufbaulehrgang für Reserveoffiziere mit AG/CI/AM« ein, um dem Wunsch vieler Reserveoffiziere nach Auffrischung und Aktualisierung ihrer erworbenen militärischen Kenntnisse und Fähigkeiten zu entsprechen. Voraussetzung für die Teilnahme an dieser militärischen Weiterbildung waren der abgeschlossene Reserveoffizierlehrgang, ein Zeitabstand von mindestens sechs Jahren zum ersten Reserveoffizierlehrgang und weitere Verwendung als Offizier bei der Handelsschiffahrt. Dieser Ausbildungsgang wurde aber nach 20 Lehrgängen im Jahre 1992 eingestellt, weil angesichts schrumpfender deutscher Handelsschiffahrt auch die Zahl der Lehrgangsteilnehmer stetig abnahm. Hinzu kam ein genereller Zwang zu Einsparungen und Reduzierungen bei der Marine.

5. Marine-Schiffahrtleitorganisation

Ein weiteres Einsatzgebiet für Reservoffiziere aus der Handelsmarine war und ist noch heute die Marine-Schiffahrtleitorganisation (Naval Control of Shipping Organisation/NCSOrg). Aufgabe dieser NATO-Organisation ist es, in Krise und Krieg die sichere Seeverkehrsführung für Handelsschiffe und Fischereifahrzeuge zu ihren Bestimmungshäfen zu gewährleisten. Die NCSOrg ist organisatorisch an der Nahtstelle zwischen wirtschaftlichen und militärischen Erfordernissen angesiedelt und fungiert als »Kupplung« zwischen militärischem Transportbedarf über See und Schutz der alliierten Handelsschiffahrt und Fischerei durch die Seestreitkräfte. Auf diesem maritimen Gebiet zivil-militärischer Zusammenarbeit ist neben militärischer Qualifikation vor allem das professionelle Wissen und Können der Handelsschiffahrt erforderlich, das Reserveoffiziere der Handelsschiffahrt naturgemäß mitbringen. Daher liegt in dieser Organisation das natürliche Einsatzgebiet für den HSO-Reserveoffizier.

Beim Aufbau der Bundesmarine war Deutschland erstmalig mit einer solchen multinationalen maritimen Organisation befaßt. Nach der Aufstellung des Befehlshabers der Seestreitkräfte Nordsee (BSN) im Januar 1957 – damals noch unter der NATO-Bezeichnung Commander Northsea Allied Forces Central Europe (COMNORSEACENT), der Befehlsbereich gehörte anfangs zum Bereich Allied Forces Central Europe – wurden schon nach wenigen Monaten Fragen der Mobilmachung der Handelsschiffahrt in Planspielen erörtert. Die Frühjahrsübung 1958 »Wolf Bleu« spielte erstmals die Zusammenarbeit zwischen den zivilen und militärischen Dienststellen der NCSOrg durch. Bei nachfolgenden Übungen wurden Handelsschiffe gechartert, um die Übungen realistisch zu gestalten.

Im April 1961 wurde der BSN von Cuxhaven nach Sengwarden (Wilhelmshaven) verlegt. Fortan wurde in seinem Stab ein hauptamtlicher Admiralstabsoffizier für Handelsschiffahrt geführt und die NCSOrg Elbe in Cuxhaven mit einem aktiven Marineoffizier besetzt. Für die übrigen Dienstposten der NCSOrg (Weser, Ems, Jade) werden durch das Referat Fü M III 5 (Referat Handelsschiffahrt des Führungsstabes der Marine) Reservoffiziere aus der Handelsmarine mob-beordert.

Der Aufbau einer NCSOrg in Deutschland setzte zunehmend die Einbindung von Rerserveoffizieren aus der Handelsmarine voraus. Anfang der 70er Jahre wurden daher die HSO-Lehrgänge mit einem Ergänzungslehrgang für NCS-Aufgaben erweitert. Der Ergänzungslehrgang zielte auf die Befähigung zur Wahrnehmung von Aufgaben in einer NCSOrg-Leitstelle bzw. im NCS-Lagezimmer eines Marinehauptquartiers. In weiteren fachspezifischen Lehrgängen wurden die Reserveoffiziere an die Aufgaben eines Konvoi-Operationsoffiziers herangeführt. In Mob-Übungen wurden dann regelmäßig Außenstellen der NCSOrg aktiviert und Konvoi-Kommodore-Teams in ihre Aufgaben eingewiesen. Diese Übungen standen meist in Verbindung mit weltweiten NATO-Seemanövern.

Der Umfang der benötigten Reserveoffiziere errechnete sich aus dem in den deutschen Häfen zu erwartenden Seeverkehr und aus den für die Durchführung der NCS-Verfahren mit diesen Handelsschiffen erforderlichen »Mannstunden«. Insgesamt verlangte eine aufgabengerechte Besetzung aller Funktionen mehr als 600 Reserveoffiziere, von denen über 50 % von Reserveoffizieren aus der Handelsmarine gestellt werden mußten, denn diese Offiziere waren die Hauptleistungsträger der NCSOrg. Da es aber die Nachwuchslage nicht zuließ, möglichst alle Führungsfunktionen der NCSOrg mit Reserveoffizieren aus der Handelsmarine zu besetzen, wurden Ende der 80er Jahre auch ehemalige Zeitoffiziere der Marine mit nautischer Erfahrung in diese Funktionen eingewiesen.
Im Einsatzfall besetzen Reserveoffiziere ca. 98 % aller Dienstposten der NCSOrg. Dies erforderte bereits in den vergangenen vier Jahrzehnten eine umfangreiche und gezielt angesetzte Reservistenarbeit. Mehrere Anlaufzentren – die Hauptleitstellen – ermöglichen dem Reserveoffizier den persönlichen Kontakt mit »seiner« Leitstelle auch außerhalb von Wehrübungen. Informationswochen für Reserveoffiziere zählten zum Programm der Reservistenarbeit. Zielgruppe waren Reserveoffiziere, die noch mit in die NCSOrg eingebunden waren. Einmal jährlich erhielten die Reservisten mit dem Heft »NCS-INFO« umfassende Informationen über »ihren« Dienstbereich in der Marine. Diese Zeitschrift ist bis heute ein attraktives Bindeglied zwischen der Marine und ihren NCSOrg-Reserveoffizieren[12].

6. Marinesicherung

Bis Ende der 60er Jahre wurde dem Thema Objektschutz bei der Marine wenig Aufmerksamkeit zuteil, weil der Schutz der Marine-Landobjekte überwiegend Aufgabe des Territorialheeres war. Dies änderte sich Anfang der 70er Jahre, als die Marine mit dem Schutz ihrer Landobjekte beauftragt wurde. Nun galt es, eigene Sicherungskräfte aufzustellen. Hierbei kam den Reservisten eine besondere Rolle zu, weil sie in Krise und Krieg das Rückgrat der Marinesicherung bilden sollten.
Die Marine stellte im Bereich der Marineflieger Flugabwehr- und Horstsicherungsstaffeln und in Glückstadt Marinesicherungskompanien auf. Die Kompanien verlegten nach kurzer Zeit an die Marineunteroffizierschule Plön, wo sie bis zum Jahre 1982 stationiert waren. Es war vorgesehen, die Kompanien in Krise und Krieg mit Reservisten auf Bataillonsstärke aufwachsen zu lassen. In Plön entstand auch ein Ausbildungszentrum für Reservisten, das später nach Glückstadt verlegt wurde. An diesem Zentrum wurden alle Marinesicherungstruppen (Geräteeinheiten) aus- und weitergebildet.
Auftrag der Marinesicherung war der Schutz der
- Marinefliegerhorste
- Marinestützpunkte
- Marinemunitionsdepots

- Marinematerialdepots
- Marinefernmeldeanlagen und
- Kampfführungsanlagen,

die für die Aufrechterhaltung der Operationsfreiheit der See- und Seeluftstreitkräfte von besonderer Bedeutung waren. Ohne diese notwendige Überwachung, Sicherung und Verteidigung der für die Marine wichtigen Flugplätze, Marinestützpunkte, Führungs- und Fernmeldeanlagen sowie Versorgungs- und Instandsetzungseinrichtungen wäre die Einsatzfähigkeit, der Erhalt der Kampfkraft und die Durchhaltefähigkeit der Marineverbände zur See und in der Luft erheblich gefährdet oder doch eingeschränkt.

Bis auf das Führungspersonal der Marinefliegerflugabwehrstaffeln, das aus den Verwendungsreihen 31 und 32 (Überwasserwaffenmechaniker und -elektroniker) kam, rekrutierten sich die Soldaten aller übrigen Marinesicherungstruppen aus der Verwendungsreihe 76, der Küstensicherung. Nach einer allgemeinen Grundausbildung an der Marineküstendienstschule durchliefen diese meist wehrpflichtigen Soldaten ihren zwölfmonatigen Wehrdienst in den Marinesicherungskompanien. Nach ihrem Ausscheiden aus dem Wehrdienst bildeten sie das Potential der Reservisten für die Geräteeinheiten.

Dieses Potential wurde bei Mob-Übungen am Ausbildungszentrum für Reservisten in Glückstadt aus- und weitergebildet. Höhepunkt ihrer Mob-Übungen war ihr Einsatz an dem Marineobjekt, zu dessen Schutz sie im Verteidigungsfall eingesetzt werden sollten. Hier lernten sie ihren Einsatzraum kennen und konnten gezielt gegen einen vermuteten Angriff Verteidigungsmaßnahmen planen und erproben. Der Schutz der Marineanlagen umfaßte im wesentlichen infanteristischen Objektschutz, Fliegerabwehr, ABC-Abwehr und Selbstschutz. Zur Erfüllung dieser Aufgaben waren mehr als 7.000 Soldaten vorgesehen, wobei ca. 80 % des Personals von Reservisten gestellt wurde.

7. Aus- und Weiterbildung

a) Reserveoffizierausbildung

Besonderes Augenmerk der Marine galt der Förderung und Weiterbildung von Reservisten zum Maaten d.R., Bootsmann d.R. oder zum Reserveoffizier, denn die hochtechnisierte Marine war und ist auf Spezialisten und Führungspersonal in besonderem Maße angewiesen.

Die Ausbildung zum Reserveoffizier der Marine war häufigen Wandlungen unterworfen. Bis 1965 wurde der Reserveoffizierbewerber (ROB) in einem eigenständigen Ausbildungsgang in einer Crew ausgebildet. Diese Ausbildung entsprach – wenn auch in kürzerer Zeit – im Grundsatz der des Zeitoffizieranwärters (ZOA). Allerdings befand sich der ROB während seines gesamten Grundwehrdienstes in

der Ausbildung. Erst nach einer zweiten oder dritten Wehrübung konnte er auf einem seiner Ausbildung angemessenen Dienstposten eingesetzt werden.
Mit den Richtlinien des 3. Änderungsgesetzes zum Wehrpflichtgesetz von 1965 entfiel die Möglichkeit der Abiturienten, sich für die Ausbildung bewerben zu können. Vielmehr durchliefen nun wehrpflichtige Abiturienten die Ausbildung aller Wehrpflichtigen: Grundausbildung, Gastenlehrgang und danach Bord- oder Landverwendung. Im 15. Dienstmonat konnten sie sich bei Eignung zur Seekadettenprüfung melden. Nach erfolgreichem Bestehen der Prüfung wurden sie zum Reserveoffizieranwärter (ROA) und mit Beendigung des Grundwehrdienstes zum Seekadetten der Reserve ernannt; nach drei Wehrübungen von jeweils acht Wochen (Marineschule, Einsatz in der Truppe, militärfachliche Ausbildung) konnten sie zum Leutnant zur See d.R. ernannt werden. Dieses Konzept wurde bis 1974 beibehalten. Danach fand eine Ausbildung zum Reserveoffizier nicht mehr statt, weil der Bedarf der Marine an Reserveoffizieren abgedeckt war. Ausnahmen bestanden nur für solche Reservisten, die für eine Qualifikationswehrübung oder die Seekadettenprüfung schon eingeplant waren bzw. diese schon bestanden hatten. Die Zulassung als ROA legte an die Qualität der Bewerber einen strengen Maßstab an, wie folgende Übersicht von 1970 bis 1972 zeigt[13]:

	1970	1971	1972
Eingänge von Anträgen bei der SDM auf Einreihung in die ROA-Auswahl	43	86	75
Von der SDM abgelehnt, da: – Voraussetzung nicht erfüllt	29	66	42
– nicht unter Ausnahmeregelung fallend	–	–	23
Zu Qualifikationswehrübungen eingeplant / einberufen	14	20	10
ROA-Auswahl aufgehoben	–	–	3
Für ROA-Auswahl qualifiziert	12	17	7
nicht qualifiziert	2	3	–
Zur Seekadettenprüfung eingeplant / einberufen	12	10	19
Seekadettenprüfung nicht bestanden	2	8	8
bestanden	10	2	11

Anfang der 80er Jahre konnte der Bedarf an Reserveoffizieren mit den Dienstgraden Leutnant und Oberleutnant zur See mit ausscheidenden Zeitoffizieren nicht mehr gedeckt werden. Daher mußte ein neuer Ausbildungsgang für Reserveoffiziere entwickelt werden, der durch eine möglichst umfassende Ausbildung in der aktiven Dienstzeit den künftigen Reserveoffizier auf seine Aufgaben vorbereitete.

Die neuen Anforderungen an den Reserveoffizier lauteten:

- die Aufgaben eines Hauptabschnittsleiters auf Booten bzw. Abschnittsleiters auf Schiffen oder eines Teileinheitsführers (Zugführerebene) in Marinelandeinheiten oder eines vergleichbaren Dienstpostens in einem Verwendungsbereich zu übernehmen,
- den Einheitsführer bei seiner Aufgabe als Führer, Ausbilder und Erzieher zu unterstützen, zu vertreten und nach ausreichender Erfahrung diese Funktion selbst wahrzunehmen,
- in der Öffentlichkeit als kundiger Multiplikator für die Belange der Verteidigung, insbesondere der Marine einzutreten.

Ab 1986 wurde mit dem neuen Ausbildungskonzept begonnen. Dabei galt es, den ROA so auszubilden, daß er am Ende seiner Ausbildung und somit noch während seiner aktiven Dienstzeit auf einem V-Dienstposten eingesetzt werden konnte. Bedeutende Neuerung gegenüber früheren Konzepten war, daß die allgemeinmilitärische und militärfachliche Ausbildung zum Unteroffizier der eigentlichen Ausbildung zum ROA vorangestellt wurde.

b) Maaten- und Bootsmannlehrgänge der Reserve

Trotz des ständig wachsenden Reservistenpotentials der Marine gab es eine gravierende Schwachstelle: der Mangel an qualifizierten Unteroffizieren und Portepeeunteroffizieren der Reserve. Dieser Mangel zeichnete sich bereits Mitte der 60er Jahre immer deutlicher ab. Daher führte die Marine Lehrgänge für Hauptgefreite und Obermaate der Reserve ein, damit diese während ihrer Wehrübungen zum Maaten bzw. Bootsmann der Reserve aufsteigen konnten. Das Marineamt sah beispielsweise im Jahresschulplan 1966 ca. 39 Lehrgänge für diese Reservisten vor. Es waren die

- Fachlehrgänge 1 und 2 (je 4 Wochen) sowie
- Militärische Maaten- und Bootsmannlehrgänge (je 4 Wochen).

Während die Fachlehrgänge von den Fachschulen der Marine (z.B. Marineversorgungs-, Marineortungs- oder Fernmeldeschule) durchgeführt wurden, fanden an der Marineunteroffizierschule (MUS) in Plön die Militärischen Maaten- und Bootsmannlehrgänge statt. Sie sollten den Reservisten aller Fachrichtungen das allgemein-militärische Wissen und Können als Vorgesetzter vermitteln. Die Teilnahme an den Maaten- und Bootsmannlehrgängen setzte den erfolgreichen Abschluß der Fachlehrgänge 1 und 2 voraus.

Ziel dieser Unteroffizierausbildung war die allgemein-militärische Weiterbildung und Ausbildung zum Maaten bzw. Bootsmann der Reserve. Dieser sollte ein überlegt handelnder Unterführer, ein sicherer und gewandter Ausbilder und ein tüchtiger Spezialist in bestimmten Fach- und Verantwortungsbereichen werden[14]. Der Lehrplan umfaßte folgende Dienste:

1. Allgemeine infanteristische Ausbildung:

Schießausbildung	9 Stunden
Handwaffenausbildung	8 Stunden
Panzerabwehrausbildung	2 Stunden
Landkampfausbildung	24 Stunden
ABC-Abwehr	3 Stunden

2. Allgemeine seemänische Ausbildung:

Bootsdienst/Rettungsdienst	16 Stunden

3. Allgemeine militärische Ausbildung

Sport	8 Stunden
Formaldienst	16 Stunden
Innere Führung und Recht	30 Stunden
Truppenkunde	8 Stunden
Menschenführung/Methodik der Ausbildung	6 Stunden
Fachliche Arbeitsstunden	16 Stunden

4. Unterrichte

Lebenskundlicher Unterricht	2 Stunden
Sanitätsausbildung	2 Stunden
Insgesamt:	150 Stunden

Neben der Maaten- und Bootsmannsausbildung wurden an der MUS auch Lehrgänge für »Gruppenführer in einer Marinesicherungseinheit« für Hauptgefreite der Reserve angeboten. Nach Lehrgangsabschluß erfolgte ihre Beförderung zum Maaten der Reserve. Parallel dazu gab es auch »Zugführer-Lehrgänge« für Portepeeunteroffiziere der Reserve und Lehrgänge für »Leiter von Reservistenarbeitsgemeinschaften« bzw. für »Ausbildungsleiter Marinereservistenarbeit« in Form von 14tägigen Wehrübungen.

8. Reservistenausbildungszentrum

In Folge der »Strukturuntersuchungen der Marine in den 90er Jahren« hatte der Inspekteur der Marine bereits im April 1985 die Arbeitsgruppe (AG) »Reserveorganisation der Marine« unter Federführung des Stabsabteilungsleiters III im Führungsstab der Marine eingesetzt. Eine Zielsetzung der AG bildete die Untersuchung zur Einrichtung eines Reservistenausbildungszentrums (ResAZ), um die Ausbildung der Marinereservisten zentral und einsatzorientiert durchführen zu können. Beim Spitzengespräch Marine – eine mehrmals im Jahr stattfindende Gesprächsrunde des Inspekteurs der Marine mit seinen Höheren Kommandeuren – am 28./29. August 1986 zur Struktur der Marine in den 90er Jahren wurden das Flottenkommando, das Marineamt und das Marineunterstützungskommando beauftragt, die grundsätzlichen Ziele, Ausbildungsinhalte und den Bedarf an Mob-Ergänzungsschiffen, Ergänzungsschiffen und Reserveeinheiten für ein Reservistenausbildungszentrum festzulegen.
Die verschiedenen Schiffseinheiten sollten in Krise und Krieg als Begleiter, Hilfstransporter, Vorpostenboote, Küstenwachboote, Lazarettschiffe und »Unterstützungseinheiten Kampfboote« im Operationsgebiet der Nordsee mit angrenzenden Gewässern eingesetzt werden. Für die Ausbildung der Reservisten war jeweils eine betriebsbereite Einheit im ResAZ vorgesehen. Für die lehrgangsgebundene Ausbildung war das Marineamt, für die Einsatzausbildung und die Ausbildung am Arbeitsplatz waren das Flottenkommando und das Marineunterstützungskommando zuständig. Die Anzahl der auszubildenden Reservisten für die Mob-Ergänzungseinheiten und Ergänzungseinheiten war wie folgt geplant[15]:

Mob-Ergänzungseinheiten:		Ergänzungseinheiten:	
Begleitgeschwader (12)	245	121. Vorpostengeschwader (7)	126
124. Vorpostengeschwader (9)	218	123. Küstenwachgeschwader (16)	149
126. Küstenwachgeschwader (15)	119		275
6 Hilfstransporter	120		
9 Lazarettschiffe	698		
	1.400		

Daraus errechnet sich eine Gesamtzahl von 1.675 Reservisten sowie Reservisten für zukünftige Reserveeinheiten.
Die konzeptionellen Überlegungen sahen weiter vor, die Einheiten im Verteidigungsfall der Flotte zu unterstellen. Das Begleitgeschwader sollte der Zerstörerflottille, das 121. Vorpostengeschwader und 123. Küstenwachgeschwader der Schnellbootflottille, das 124. Vorpostengeschwader und 126. Küstenwachgeschwader der Minensuchflottille sowie die Hilfstransporter, Hilfsbetriebsstofftransporter und die Lazarettschiffe der Versorgungsflottille zugeordnet werden.

Über den Standort eines ResAZ wurde in der Marine intensiv diskutiert. Borkum, Cuxhaven, Wilhelmshaven, Neustadt und Flensburg waren in die Überlegungen einbezogen. Sogar die Wilhelmshavener Zeitung vom 25. September 1987 schaltete sich in die Standortfrage ein und bot die Wiesbadenbrücke in Wilhelmshaven als idealen Standort für das ResAZ an. Ab 1990 sollte das ResAZ seinen Ausbildungsbetrieb mit ca. 1.700 Reservisten aufnehmen. Vorgesehen war, ca. 800 Reservisten jährlich in 14 Wehrübungen zu je 12 Tagen einzuziehen. Flensburg wurde schließlich wegen der dort vorhandenen Liegeplätze, logistischen Unterstützung und idealen Unterbringungsmöglichkeiten als Standort für das ResAZ ausgewählt.
Mit der Auflösung des Warschauer Paktes, dem Zerfall der UdSSR und der Vereinigung Deutschlands hatte sich die Realisierung des ResAZ-Konzeptes überholt. Dennoch wird an diesem Konzept deutlich, wie intensiv und pragmatisch die Marine ihre Reservisten zur Einsatzfähigkeit auf schwimmenden Einheiten als Teil der Flotte heranbilden wollte.

III. Zum Selbstverständnis der Reservisten

Seit 1956 zieht sich wie ein roter Faden durch alle Erfahrungsberichte der Marine die Feststellung, daß die Reservisten ihre Wehrübungen stets motiviert und engagiert abgeleistet haben. Dies gilt für alle Dienstgradgruppen. Mancher Reservist hatte sich sogar um eine Wiedereinstellung in den aktiven Dienst der Marine beworben. In den 60er Jahren lagen bei der Stammdienststelle der Marine jährlich ca. 250 Anträge auf Wiedereinstellung vor. Die Reservisten begründeten ihre Anträge überwiegend mit der Freude an der Seefahrt, der guten Kameradschaft in der soldatischen Gemeinschaft und dem interessanten und abwechslungsreichen Dienst, aber auch die soziale Absicherung spielte eine Rolle.
Auch die Teilnehmer der »Informationswehrübungen der Marine für zivile Führungskräfte«, die seit 1975 regelmäßig mit großem Zuspruch durchgeführt werden, belegen ihre Marinebegeisterung als Reservisten mit regelmäßigen Crewtreffen und dem Zusammenschluß zur »Reunion«, um den Kontakt zur aktiven Marine zu pflegen.
Diese Marinebegeisterung blickt auf eine lange Tradition zurück. Am 14. Juni 1848 beschloß die Nationalversammlung in Frankfurt – das erste deutsche Parlament – eine deutsche Marine aufzubauen. Die ersten Marine- und Flottenvereine entstanden damals schon als Teil der demokratischen Bewegung in ganz Deutschland. Geld- und Sachspenden für den Bau einer Flotte wurden aufgebracht. Die Flagge der damaligen Reichsmarine war »einheitlich schwarz-rot-gold, waagerecht gestreift [...] als Abzeichen in der oberen Ecke am Stock das Reichswappen, bestehend aus dem Doppeladler auf goldgelbem Feld«[16].
Die seit 1848 geborene Idee von der Marine als Instrument deutscher Einigungspolitik lebte vor allem im Bürgertum ungebrochen weiter. 1861 sammelte der

Deutsche Nationalverein mit Unterstützung der Marine- und Flottenvereine 80.000 Taler zum Bau von Schiffen. Als Wilhelm II. am 15. Juni 1888 Deutscher Kaiser wurde, brachen für die Marine »goldene Zeiten« an, denn der junge Kaiser war marinebegeistert und förderte ihren Aufbau in jeder Hinsicht. Während das Heer im Kaiserreich an die deutschen Einzelstaaten gebunden blieb, war die Marine von Anfang an reichsunmittelbar. Ihr Personal kam – wie auch heute – aus allen Teilen Deutschlands.

1891 wurde in Kiel der Deutsche Marinebund gegründet. Er war damals aus dem Zusammenschluß von 16 Marinevereinen entstanden. Nach wechselvoller Geschichte wurde er 1953 in Wilhelmshaven erneut ins Leben gerufen. Heute ist er der Dachverband für 465 Marine-Kameradschaften und -vereine mit über 23.000 Mitgliedern im gesamten Bundesgebiet Deutschland. Die Mitglieder setzen sich aus Reservisten, aktiven und ehemaligen Angehörigen der Marine zusammen.

Im Deutschen Marinebund bzw. in den einzelnen Marine-Kameradschaften und -vereinen finden insbesondere viele Reservisten ihre »maritime Heimat« im Binnenland. Neben dem kameradschaftlichen Zusammenhalt, der Verbundenheit mit der Seefahrt und der Pflege eines maritimen Selbstverständnisses bilden die Marine-Kameradschaften auch die Klammer zur aktiven Marine, denn in die Pflege der Patenschaften von Schiffen, Booten und Landdienststellen der Marine mit Städten und Bundesländern sind überwiegend die Marine-Kameradschaften eingebunden. Schließlich tragen die meisten Schiffe und Boote der Marine sogar den Namen ihrer Patenstädte oder -länder.

Die Marine-Offizier-Vereinigung (MOV) ist eine weitere Institution, in der Reserveoffiziere, aktive und ehemalige Offiziere der Marine zueinanderfinden. Die MOV wurde 1918 als »Marine-Offizier-Hilfe« (MOH) gegründet. Der Zusammenschluß beruhte auf der Idee, einen Kreis Gleichgesinnter für eine großzügige kameradschaftliche Selbsthilfeaktion einzusetzen. Es ging vornehmlich darum, die vielen durch den verlorenen Ersten Weltkrieg brotlos gewordenen jungen Offiziere auf neue Berufe vorzubereiten, ihnen solche zu vermitteln und ihnen mit Rat und Tat zur Seite zu stehen.

Nach dem Zweiten Weltkrieg vermochten die MOV und die MOH erneut, in Not geratenen Kameraden zu helfen. Dies gab dem Zusammengehörigkeitsgefühl – wie schon nach dem Ersten Weltkrieg – starke Impulse. Die Mitgliederzahl der MOV stieg in den 60er Jahren auf nahezu 7.000 an.

Heute pflegt die MOV die Verbindung und Zusammenarbeit mit maritim geprägten Vereinigungen im In- und Ausland und fühlt sich besonders dem Deutschen Marinebund eng verbunden. Das sprichwörtlich feste Band der Kameradschaft über alle Dienstgradstrukturen hinweg, die Freude an der Seefahrt und der Zusammenhalt in der Marine machen das eigentliche Selbstverständnis der Marine aus – ein Selbstverständnis, das gerade die Reservisten während ihrer aktiven Zeit erfahren und in sich aufgenommen haben.

IV. Schlußbemerkungen

In den Anfangsjahren der Marine, zur Zeit der »Massiven Vergeltung«, kam den Reservisten nur eine geringe Rolle zu. Erst die Strategie der »flexible response« Mitte der 60er Jahre, die sich in hohem Maße auf Reservisten abstützte, erforderte ein geschlossenes Konzept für den Einsatz von Reservisten. Das Ergebnis war die Reservistenkonzeption von 1971.

Für den Einsatz ihrer Reservisten hat die Marine umfangreiche, individuell ausgerichtete und vielgestaltige Konzepte und Vorstellungen entwickelt und in praxisbezogene Lösungen umgesetzt, wie etwa die intensive Ausbildung von Handelsschiffoffizieren, die Aufstellung einer Reserveflottille oder die Konzeption für ein Reservistenausbildungszentrum belegen. Zielsetzung aller Maßnahmen und Überlegungen war stets die Gewinnung von Reservisten für regelmäßige und längere Einsätze auf ihren Verteidigungsdienstposten in allen Bereichen der Marine. Dabei lag der Akzent auf den (einzel-)wehrübenden Spezialisten, die vor allem in der Flotte eingesetzt wurden. Insgesamt betrachtet konnte die Marine das gewaltige Reservistenpotential nicht ausschöpfen, denn die präsenten schwimmenden und fliegenden Verbände waren mit Berufs- und Zeitsoldaten wie auch mit Wehrpflichtigen besetzt und benötigten daher nur sehr wenige Reservisten (Spezialisten). Der überwiegende Teil der mob-beorderten Marinereservisten wurde an Land eingesetzt, d.h. im Bereich des Marineamtes und des Marineunterstützungskommandos, bei den Horstsicherungsgruppen der Marinefliegergeschwader und in der Marinesicherung. Aber auch bei diesen Einsätzen waren vorrangig Reservisten mit einer qualitativ hochwertigen Ausbildung (Elektroniker, Waffentechniker, Munitionsmechaniker oder Startbahninstandsetzer) gefragt. Die Marine als hochtechnisierte Teilstreitkraft ist angesichts der rasch voranschreitenden Technologie in allen Bereichen auf den Fachmann angewiesen, der auf der Höhe der technologischen Entwicklung steht.

Im Gegensatz zu Heer und Luftwaffe muß die Marine Probleme in der Reservistenarbeit bewältigen, die aus ihrer geographischen Lage resultieren. Die Stützpunkte, Häfen, Dienststellen und Schulen der Marine liegen in den Küstenländern, während das Gros der Reservisten im Binnenland, vorwiegend in den industriellen Ballungsgebieten, beheimatet ist. Daher ist eine heimatnahe Beorderung, der schnelle Zugriff auf benötigtes Fachpersonal der Reserve und die Bildung einer ortsnahen Alarmreserve nur begrenzt möglich.

Vor diesem Hintergrund ergaben sich bei der Marine stets folgende Prioritäten für den Einsatz ihrer Reservisten:

- qualifizierte Mob-Ergänzung (Spezialisten) für die Kampf- und Unterstützungsverbände einschließlich der Marinefliegerkomponente;
- eine ortsnahe Bereitstellung der personellen Mob-Ergänzung;
- kontinuierliche Verjüngung der beorderten Reservisten;
- Aus- und Weiterbildung der Alarmreserve[17].

Anmerkungen

1 BMVg – InspM – Fü M I 2 (Fü M III 4) Az 24-04-04 vom 4.1.1971.
2 Vgl. Kurt Diggins, Reservistenkonzept der Marine, in: Loyal. Das kritische Wehrmagazin, 9/1971, S. 3.
3 Vgl. BMVg – InspM – Fü M I 2 (Fü M III 4) Az 24-04-04 vom 4.1.1971.
4 Vgl. Der Jahresbericht 1975 der Stammdienststelle der Marine, S. 30.
5 Vgl. Vermerk Fü M I 24 vom 22.3.1978.
6 BMVg – Insp M – Fü M I 4 Az 32-21-01 (1981).
7 Vgl. Weißbuch 1969 zur Verteidigungspolitik der Bundesregierung, hrsg. vom BMVg, Bonn 1969, S. 39 ff.
8 Vgl. Diggins, Reservistenkonzept (wie Anm. 2), S. 9.
9 Vgl. Paul Heinsius, Die Deutsche Marine, eine Schöpfung des Jahres 1848, in: Die Deutsche Marine, hrsg. vom Deutschen Marine-Institut, Herford, Bonn 1983, S. 25 ff.
10 Vgl. Wolfgang Abscht, A6er beim Bund, in: Truppenpraxis, 1/1993, S. 58.
11 Vgl. ebd., S. 57 ff.
12 Vgl. Horst Heinl, Sicher über See – Die Marineschiffahrtleitorganisaton, in: Truppenpraxis, 6/1991, S. 628 ff.
13 Vgl. Der Jahresbericht 1973 der Stammdienststelle der Marine, S. 30.
14 Vgl. Dieter Stockfisch, Erfahrungen mit Reservisten, in: Truppenpraxis, 3/1969, S. 235 ff.
15 Vgl. BMVg – Fü M III 1 Az 10-70-10 VS/NfD vom 10.12.1986.
16 Vgl. Rolf Güth, Von Revolution zu Revolution – Entwicklungen und Führungsprobleme der Deutschen Marine (1848–1918), Herford 1978, S. 23.
17 Vgl. Dietmar Schössler, Bundeswehr und Reservisten, in: Die Bundeswehr. Eine Gesamtdarstellung, hrsg. von Hubert Reinfried und Hubert F. Walitschek, Bd 13, Regensburg 1970, S. 70.

Helmuth Köhnke

Reservisten im Sanitätsdienst

I. Der Auftrag des Sanitätsdienstes

Im Frieden hatte der Sanitätsdienst im wesentlichen zwei Hauptaufgaben zu erfüllen; die medizinische Betreuung der Soldaten und die Vorbereitung auf den Verteidigungsfall (V-Fall). Würde dieser eintreten, waren vor allem folgende Aufgaben zu erfüllen:

1. Die sanitätsdienstliche Versorgung der eigenen Streitkräfte durch Erhaltung und Wiederherstellung der Gesundheit und Einsatzfähigkeit, Behandlung und Pflege der Soldaten, bedarfsgerechte Versorgung mit Sanitätsmaterial sowie Transport der Verwundeten;
2. Unterstützung der alliierten Streitkräfte durch Behandlung und Pflege verwundeter Soldaten bis zur Übergabe an eigene nationale Sanitätseinrichtungen;
3. sanitätsdienstliche Versorgung von Kriegsgefangenen;
4. Unterstützung und Zusammenarbeit mit Einrichtungen des zivilen Gesundheitswesens.

Im Krieg sah das sanitätsdienstliche Einsatzkonzept folgenden »Gang der Verwundetenversorgung« vor[1]:

Bergen der Verwundeten durch den Truppensanitätsdienst mit erster sanitätsdienstlicher Hilfe, Sichtung der Verletzten auf dem Truppenverbandplatz mit erster ärztlicher Hilfe (Ebene 1), chirurgische Erstversorgung und Stabilisierung für den Transport auf dem Hauptverbandplatz durch die Sanitätstruppe der Teilstreitkräfte (Ebene 2), an die sich die Versorgungsebene 3 – Lazarette 200 – und 4 – Reservelazarettgruppen des Territorialheeres – mit der Endversorgung der Verletzten und Erkrankten bis zur Gesundung bzw. Rehabilitation anschlossen. Der Umfang der bereitzustellenden Lazarettbetten ergab sich aus Forderungen der NATO, beispielsweise das Dokument MC 53/1 bzw. ACE-Directive 85-2 vom Juni 1978[2] in Höhe von 16 % des Verteidigungsumfanges der Streitkräfte.

1. Mobilmachungsabhängigkeit

Bei einer Mobilmachung wären die Streitkräfte (1984) von 495.000 auf etwa 1,25 Millionen Soldaten aufgewachsen. Der Sanitätsdienst hätte seinen personellen Umfang von etwa 25.000 auf 128.000 Soldaten und von etwa 8.500 zivilen Mitarbeitern auf etwa 43.500 erweitern müssen[3]. Dies entsprach einem Aufwuchsverhältnis aktiver Soldaten zu Reservisten bei den Streitkräften von 1 : 2,5, bei dem

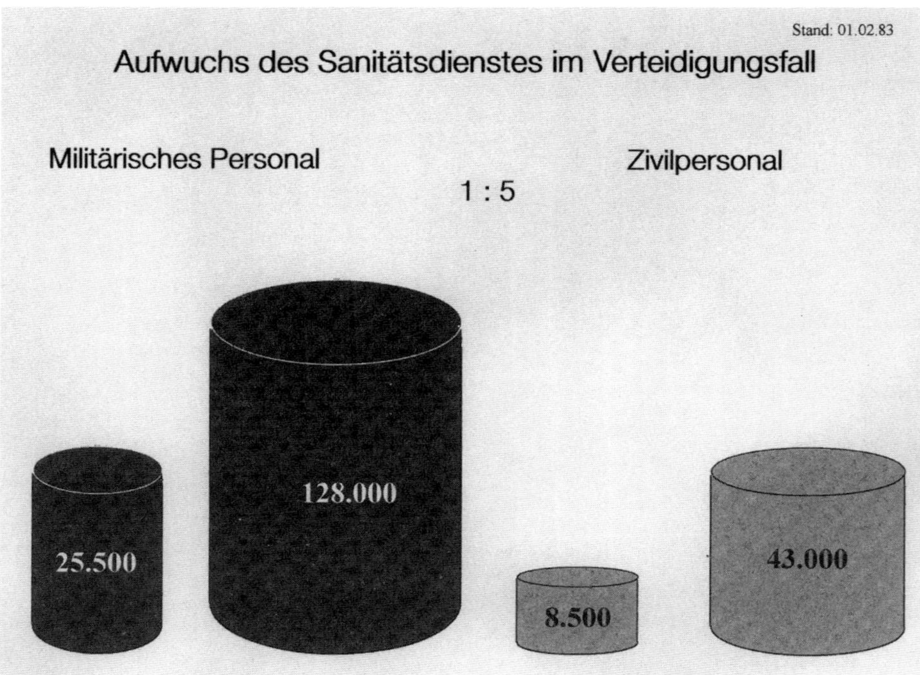

gesamten Sanitätsdienst von 1 : 5, bei der Lazarettorganisation jedoch 1 : 50! Bezogen auf den Sanitätsdienst des Heeres bedeutete dies einen Mobilmachungsergänzungsbedarf von 84 % oder 96.000 Reservisten. So verfügte beispielsweise der Sanitätsdienst des Territorialkommandos Süd über eine Friedensstärke von 1.400 bei einer Personalstärke im Verteidigungsfall (V-Stärke) von 57.200 Mann, davon 36.600 Soldaten und 20.600 Zivilisten. Zusätzlich wäre die Lage weiter dadurch verschärft worden, daß es sich bei der Masse der Reservisten nicht um qualifiziertes und in Übung gehaltenes Personal gehandelt hätte.

2. Ausbildung

Schon in der Planung zur Aufstellung der Bundeswehr war durch das Amt Blank sowohl ein aktives als auch ein Reserve-Sanitätskorps vorgesehen[4]. Für zukünftige Sanitätsoffiziere der Reserve hatte diese Dienststelle ein Werdegangsmodell entwickelt, nach dem jeder Mediziner mit Erlangung der Approbation als Arzt Oberarzt der Reserve[5] werden und dazu nach 18 Monaten Wehrdienst vor dem Studium (davon ca. sechs Monate im Sanitätsdienst) und Entlassung als Sanitätsfähnrich der Reserve während der Universitätsferien Reserveübungen bei Sanitätslehrbataillonen, dem militärärztlichen Zentralinstitut und in mobilen Manöverübungen ableisten sollte. Umgesetzt wurde dieses Werdegangsmodell erst erheblich später. So faßte man seit Beginn der 60er Jahre die Grundwehrdienstleistenden und Soldaten auf Zeit (SaZ 2), die Medizin oder Zahnmedizin studieren und Reserveoffizier werden wollten, zu Einheiten zusammen und unterzog sie einer kombiniert militärisch-sanitätsdienstlichen Ausbildung. Den ersten Einweisungslehrgang für Sanitätsoffiziere der Reserve (also Teilnehmer mit Approbation) führte im April 1959 die Sanitätsschule der Bundeswehr (seit 1963 Akademie des Sanitäts- und Gesundheitswesens der Bundeswehr) durch[6]. Für Reserveoffizieranwärter im Sanitätsdienst der Luftwaffe fand im I. Quartal 1964 an der Akademie des Sanitäts- und Gesundheitswesens erstmals ein Fähnrichslehrgang statt, der die Offizierausbildung durch die Offizierschule der Luftwaffe für diesen Personenkreis ersetzte. Bei diesen Laufbahnmodellen ist es prinzipiell bis heute geblieben. Gefördert wurde mit diesen Werdegängen das Verständnis für sanitätsdienstliche Belange, verloren ging eine wünschenswerte Einbindung der Reserveoffiziere im Sanitätsdienst in die Teilstreitkräfte und deren Besonderheiten.

Bei den Sanitätsunteroffizieren und -feldwebeln mit Spezialfunktionen wie Narkosegehilfe, Röntgengehilfe, Instrumenteur etc. war das Fehl besonders hoch. Während in den Teilstreitkräften die Ausbildungseinrichtungen im wesentlichen ausreichten, um mit den ausscheidenden Soldaten die Dienstposten zu besetzen, die im Mobilisierungsfall von Reservisten eingenommen werden sollten (Mob-Dienstposten), konnte der Friedenssanitätsdienst die Ausbildungsleistung für seine Reservisten im erforderlichen Umfang nicht erbringen.

Das personelle Fehl an qualifiziertem Personal sollte ausgeglichen werden durch Reservisten anderer Truppengattungen, die nach dem Wehrdienst zu Sanitätssoldaten umgeschult wurden[7] und durch Sanitätsunteroffiziere, die erst nach Ausscheiden aus dem aktiven Dienst für Spezialfunktionen ausgebildet wurden. Diese lehrgangsgebundene Ausbildung führte zwar zum Erwerb eines entsprechenden Ausbildungs- und Tätigkeitsnachweises (ATN), wegen fehlender praktischer Erfahrung handelte es sich im Ergebnis aber um eine Scheinqualifikation. Dieser Mangel wurde durch lange Stehzeiten der Reservisten im Sanitätsdienst ohne Nachschulung noch verstärkt.

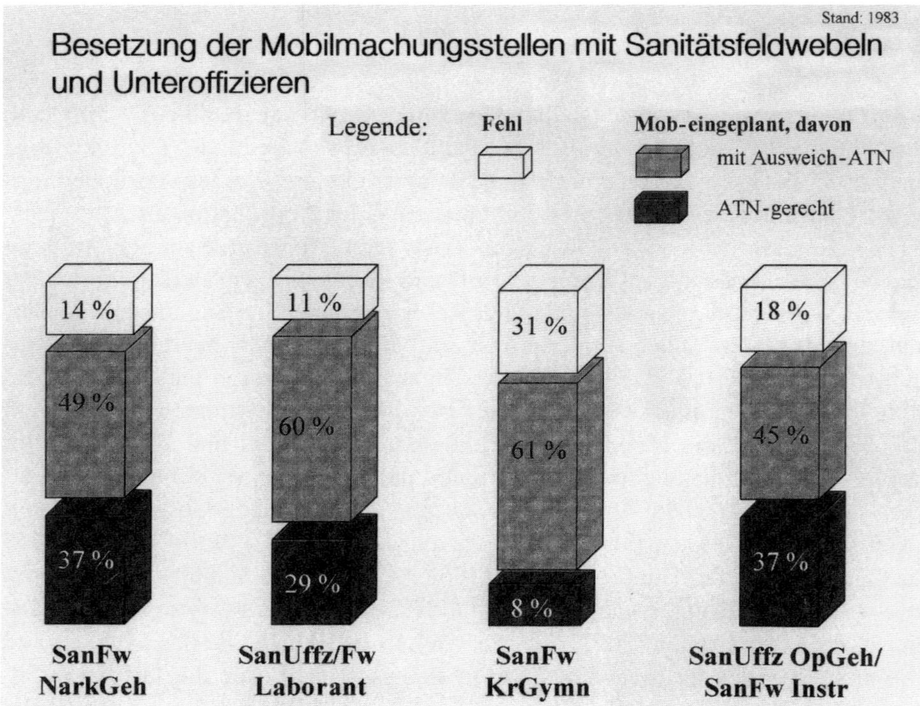

Man versuchte, die zivile Qualifikation zu nutzen. So bildeten beispielsweise die Sanitätsausbildungskompanien 582 in Bückeburg und 903 in Hamm ab 1962 ungediente Wehrpflichtige mit zivilberuflichen medizinischen Kenntnissen, wie beispielsweise Krankenpfleger, Krankengymnasten und Werkssanitäter im Rahmen eines verkürzten Grundwehrdienstes in einem Lehrgang »Ausbildung für Sanitätspersonal in Erster Hilfe« von sechs Wochen Dauer für eine eingeschränkte Verwendungsfähigkeit im Sanitätsdienst der Territorialen Verteidigung und der Basis aus[8].

In den Anfangsjahren war das Ansehen des Sanitätsdienstes nur gering und es fehlte die Einsicht, qualifiziertes Personal für diesen Bereich bereitzustellen.

Das Heer wollte anfangs keine Reservisten aus seinem Bereich an den Sanitätsdienst abtreten und die Wehrersatzbehörden schickten unqualifiziertes Personal zur Ausbildung an die Sanitätseinrichtungen. Es wurde sogar eine Weisung erlassen, die die Wehrersatzbehörden anwies, keine Analphabeten auf die Sanitätsausbildungslehrgänge zu schicken[9].
Die Ausbildung für den Sanitätsdienst und hier besonders die Sanitätsausbildung aller Truppen entsprach lange Zeit nicht dem Stand der medizinischen Wissenschaft. So wurde z.B. die Herz-Lungen-Wiederbelebung erst 1989 in die Ausbildungsplanung aufgenommen[10].

3. Verwaltungsvereinbarung

Aufgrund einer Verwaltungsvereinbarung zwischen den Ministerien für Gesundheit, des Inneren und der Verteidigung (VVA) wurde im November 1967 der Prozentsatz an Ärzten und Zahnärzten, der der Bundeswehr zur Mob-Einplanung zur Verfügung gestellt werden sollte, festgelegt. Zu dieser Zeit bestand auch im Zivilbereich Ärztemangel. Durch die VVA sollte sichergestellt werden, daß der zivile Bereich auch im Verteidigungsfall noch ausreichend medizinisch hätte betreut werden können. Der für den Einsatz in den Streitkräften zu verplanende Anteil betrug

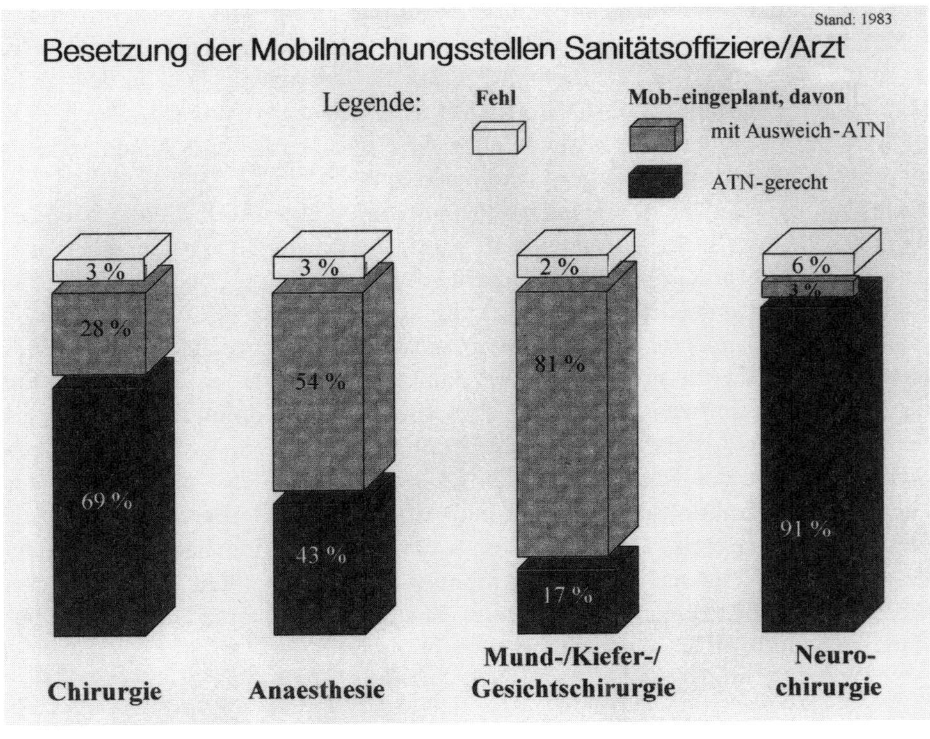

11 %, jeweils auch auf die Fachrichtungen bezogen. Damit war festgeschrieben, daß die besonders benötigten Spezialisten wie Chirurgen und Anästhesisten nie in ausreichender Zahl eingeplant werden konnten. So standen 1983 1.312 Mob-Stellen für Chirurgen bereit. Fachgerecht eingeplant waren aber lediglich 648 Spezialisten[11]. Man behalf sich auf seiten der Kalenderführer (die für die Personalführung der Einheit zuständigen Soldaten) damit, daß man verwendungsnahe Fachärzte wie Gynäkologen oder Orthopäden auf Chirurgenposten, als Anästhesisten zeitweilig auch besonders ausgebildete Zahnärzte einplante (Ausweich-ATN).

4. Restanten

Wegen des chronischen Fehls an aktiven Sanitätsoffizieren schuf man mit der 3. Novelle des Wehrpflichtgesetzes von 1965 eine Regelung für die Gruppe von Wehrpflichtigen, die nach dem Medizin-, Pharmazie- und Zahnmedizinstudium bis zum 32. Lebensjahr ihren Grundwehrdienst ableisten sollten. Diese grundwehrdienstleistenden Sanitätsoffiziere übernahmen dann in erheblichem Maße Aufgaben im Friedenssanitätsdienst. So wurde z.B. 1972 fast die Hälfte aller Dienstposten der Sanitätsoffiziere durch Wehrpflichtige besetzt. Schon 1960 hatte Generalstabsarzt Dr. Theo Joedicke den Ausbildungsgang und die Verwendung dieser etwa 28–30jährigen Ärzte so dargestellt: vier Wochen militärische und sanitätsdienstliche Ausbildung an der Sanitätsschule der Bundeswehr, dann für die Dauer von elf Monaten Einsatz als Truppenarzt oder in den Fachabteilungen der Bundeswehrlazarette. Mit ihrer schweren Aufgabe, gleichzeitig militärischer Vorgesetzter, behandelnder Arzt und Berater des Kommandeurs zu sein, waren sie jedoch gelegentlich überfordert[12].
Nachdem der Bedarf der Bundeswehr an diesen grundwehrdienstleistenden Sanitätsoffizieren zurückgegangen war, wurde die Anwendung dieser Sonderregelung für Wehrpflichtige, die Pharmazie studieren wollten, im Jahre 1975 für zukünftige Humanmediziner mit Wirkung vom 1. Januar 1983 und für Wehrpflichtige, die Zahnärzte werden wollten, mit Wirkung vom 1. Juli 1990 aufgehoben. In diesen Zeiträumen wurden als Sanitätsoffiziere mit einer Approbation als Arzt (Sanitätsoffizier Arzt) 9.596, als Sanitätsoffiziere Zahnarzt 4.618 und als Sanitätsoffiziere Apotheker 818 Wehrpflichtige eingezogen. Viele der heutigen Sanitätsoffiziere der Reserve, die sich für den Sanitätsdienst engagieren oder auch nur auf Funktionsdienstposten mob-eingeplant sind, rekrutieren sich aus diesem Personenkreis. Da viele Grundwehrdienstleistende nach Beendigung ihres Studiums und nach ihrer Approbation der Meldepflicht gegenüber den Wehrersatzbehörden nicht nachkommen, ist zukünftig ein zunehmender Fehlbestand an Sanitätsoffizieren der Reserve zu befürchten.

5. Zivilpersonal

Für die Sanitätseinrichtungen der Bundeswehr im Verteidigungsfall (V-Fall) wurde ziviles – überwiegend weibliches – Personal in großem Umfang benötigt. Besonders die fehlenden Krankenschwestern, Schwesternhelferinnen, medizinisch-technischen Assistentinnen und Köchinnen stellten einen wesentlichen Unsicherheitsfaktor für die Einsatzfähigkeit des Sanitätsdienstes dar. So wurde schon 1960 der Bedarf an weiblichen Pflegekräften bei der militärischen Verteidigung mit 10.000 Schwestern und 20.000 Schwesternhelferinnen angegeben – neben einem vielfachen Bedarf des zivilen Bereichs im V-Fall[13]. Nach Art. 12a Abs. 4 GG ist erst nach Feststellung des Verteidigungsfalles die Verpflichtung von Frauen zum Dienst in ortsfesten Sanitätseinrichtungen möglich. Bei der Notstandsgesetzgebung 1968 war das Gesundheitswesen ausgeklammert. Ein Bundestagsbeschluß vom 3. Juli 1980 forderte die Vorlage eines »Gesundheitssicherstellungsgesetzes«, die jedoch nicht erfolgte[14]. Also blieb lediglich die Mitarbeit auf freiwilliger Basis. Als Folge konnte nie eine Mobilmachungsübung mit entsprechendem zivilen Personal durchgeführt werden, also selbst die Übung des Aufwuchses nicht geprobt werden. Ausgebildete Schwesternhelferinnen ließen sich jedoch häufiger – auch in größerer Zahl – bei Übungen in die Abläufe der Verwundetenversorgung einweisen. Da das zivile Personal nicht datenmäßig erfaßt war und auch keine personelle Zuordnung von Personen zu Dienstposten bestand, war das Zivilpersonal in der Einsatzplanung immer ein großer Unsicherheitsfaktor.

6. Zivil-Militärische Zusammenarbeit (ZMZ)

Zivil-Militärische Zusammenarbeit bedeutet hier, daß der Sanitätsdienst und die Einrichtungen des zivilen Gesundheitswesens zur Erfüllung ihres Versorgungsauftrages ihre Ressourcen – Personal, Material, Infrastruktur und Organisationsformen – gemeinsam nutzen sollten. Die Forderung nach einer solchen Kooperation wurde schon frühzeitig, so etwa 1956 durch den Verteidigungsminister, und auch danach immer wieder erhoben[15]. Auch die Erkenntnis, daß im Falle der Landesverteidigung zivile und militärische Verwundete nicht streng voneinander getrennt sanitätsdienstlich versorgt werden können, führte dazu, daß sich die militärische und zivile Seite zunehmend Gedanken über Möglichkeiten der Zivil-Militärischen Zusammenarbeit auf dem Gebiet des Gesundheitswesens machte, wobei auch über die Möglichkeit eines gemeinsamen Sanitätsdienstes – unter Ausklammerung der den Teilstreitkräften assignierten sanitätsdienstlichen Kräfte und Mittel – beraten wurde. Da diesbezügliche gesetzliche Regelungen nicht geschaffen wurden, verfolgte man diese Überlegungen nicht weiter[16].
Der ehemalige Inspekteur des Sanitäts- und Gesundheitswesens, Generaloberstabsarzt Prof. Dr. Ernst Rebentisch, nahm sich der Thematik der Zivil-Militäri-

schen Zusammenarbeit auf dem Gebiet des Gesundheitswesens intensiv an und betonte in zahlreichen Publikationen und Vorträgen die Notwendigkeit der bedarfsgerechten Aufteilung der personellen und materiellen Ressourcen. In einem Vortrag im Oktober 1976 führte er dazu aus:

> »Beide Bereiche, die Zivilbevölkerung und die Streitkräfte, werden in einem Verteidigungsfall gezwungen sein, alle nur möglichen Quellen zur sanitätsdienstlichen Hilfeleistung für Verwundete, Verletzte und Kranke auszuschöpfen. Dies können sie nur gemeinsam und in enger und vertrauensvoller Zusammenarbeit. Konkurrenzdenken darf hier keinen Platz haben. [...] Ich halte es aber andererseits nicht für notwendig, daß eingearbeitete und aufeinander eingespielte Teams, vor allem von hochspezialisierten Fachärzten und ihren Mitarbeitern, bei der Einberufung von Mob-Reservisten der Bundeswehr auseinandergerissen [werden] und sich in ihrem Mobilmachungsort erst wieder mit vielleicht qualifizierten, aber doch fremden Reservisten aus anderen Krankenhäusern zusammenfinden müssen. Viel zweckmäßiger wäre es, die eingespielten Teams an ihren Friedensarbeitsplätzen zu lassen und sie für beide Bedarfsträger, dem zivilen Gesundheitsdienst und dem militärischen Sanitätsdienst, zugänglich zu machen[17].«

Mit der angewandten Zivil-Militärischen Zusammenarbeit befaßten sich in den 70er Jahren große NATO-Übungen, wie z.B. die »WINTEX/CIMEX«. Bundesweit greifende Maßnahmen zur Realisierung einer umfassenden Zivil-Militärischen Zusammenarbeit wurden jedoch nicht eingeleitet.

Vereinzelt bildeten sich auf der Ebene der Reservelazarettgruppen eher lockere, durch persönliches Engagement einzelner getragene Patenschaften mit Krankenhäusern, die jedoch ohne vertragliche Vereinbarung und letztendlich ohne dauerhafte Verbindung blieben. Erst Ende der 80er Jahre durch das sog. »Birkenfelder Modell« – ein Kooperationsmodell zur Verbesserung der Ausbildung im Frieden – zu dem der Inspekteur des Heeres im August 1989 seine Zustimmung gab, wurden konkrete Schritte zu einer effektiven Zusammenarbeit getan[18]. Auch die Fachkonzeption »Sanitätsdienstliche Versorgung« von 1990 schrieb eine entsprechende Fortentwicklung verbindlich fest[19].

Die Möglichkeit zu sog. »weißen Wehrübungen«, bei denen der Reservist zum Erhalt seiner fachlichen Qualifikation in zivilen Krankenhäusern eine Wehrübung ableisten konnte, bestand dagegen schon seit 1978[20].

7. Reservistenkonzeptionen

Die in dem Betrachtungszeitraum erlassenen Reservistenkonzeptionen hatten fast keine Auswirkungen auf die Reservisten des Sanitätsdienstes, obwohl sowohl in der Konzeption von 1971[21] als auch in der von 1980[22] ausführlich über die besondere Problematik des Sanitätsdienstes, seine Mobilmachungsabhängigkeit und seine Ausbildungsdefizite berichtet wurde. Lediglich die Umschulung von Reservisten anderer Truppengattungen zu Sanitätssoldaten wurde durch

entsprechende Lehrgänge umgesetzt. Weitergehende Weisungen und Erlasse zum Abbau der erkannten Mängel fanden sich nicht.
In der Reservistenkonzeption von 1988 wurde der Sanitätsdienst – bei unveränderter Problemlage – dann überhaupt nicht mehr erwähnt.

II. Der Sanitätsdienst des Heeres und seine Reservisten

Teil I (1956–1958)

Der Aufbau des Sanitätsdienstes der Bundeswehr erfolgte vor dem Hintergrund der Bedrohung durch den möglichen Einsatz von Atomwaffen. Man rechnete im Falle einer atomaren Kriegführung innerhalb der ersten fünf Tage mit Ausfällen von ca. 15 % der Soldaten. Von den insgesamt 525 geplanten Reservelazaretten – mit einer Gesamtbettenzahl von 105.000 Betten – sollten 315 als Reserve-Fachlazarette eingerichtet werden, wie z.B. für »Große Chirurgie«, Verstrahlung und Verbrennung, Neurochirurgie oder Innere Medizin. Allein für diese Lazarette belief sich im Jahr 1958 die personelle Forderung auf 3.460 Sanitätsoffiziere. Darüber hinaus wurden an Personal 2.745 Sanitätsunteroffiziere, 3.790 Sanitätsmannschaften und 9.480 Schwestern (darunter 1.470 Operations- und Narkoseschwestern) und zahlreiches anderes Personal, wie z.B. 1.045 medizinisch-technische Assistentinnen, benötigt. Diese Dienstposten konnten jedoch personell nicht annähernd zufriedenstellend besetzt werden.
Geführt wurde das Sanitätswesen der Basisorganisation durch die Leitenden Sanitätsoffiziere beim Deutschen Logistischen Zentralkommando und durch vier nachgeordnete Sanitätskommandeure als »*Executive* der Leitenden Sanitätsoffiziere« mit einem entsprechenden Spezialstab/Stab von Beratenden Ärzten. Als Beratende Ärzte waren analog zu den entsprechenden Regelungen im Zweiten Weltkrieg »hervorragende Vertreter ihres Faches vorzusehen. Sie beraten die Sanitätsoffiziere der Reserve-Lazarette, übernehmen in besonderen Fällen die Behandlung und wirken durch Beispiel und Belehrung richtunggebend«[23].
Trotz der Mobilmachungsabhängigkeit der Sanitätseinrichtungen und trotz des hohen Fehls an aktivem Personal hatten Reservisten im Szenario einer überraschenden, kurzen und intensiven Kriegshandlung in dieser Zeit nur eine geringe Bedeutung.

Teil II (1959–1969)

Anfang der 60er Jahre war die Umgliederung des Feldheeres in die Heeresstruktur 2 weitgehend abgeschlossen. Die Aufstellungsweisung Nr. 7 (Heeresaufbau 1960) beinhaltete für den Sanitätsdienst des Heeres im Rahmen der Neugliede-

rung von Sanitätstruppenteilen, wie z.B. dem Sanitätsbataillon (Korps) auch die Eingliederung von Sanitätsfeldersatzkompanien in die Sanitätsbataillone auf den Ebenen Korps und Division zur Sicherstellung des Personalersatzes im Krieg und die Aufstellung zahlreicher anderer Geräteeinheiten[24].
Die erste Mobilmachungsübung (Mob-Übung) einer Sanitätsgeräteeinheit der Bundeswehr wurde in der Zeit vom 26. März bis 8. April 1963 unter Leitung des Korpssanitätskommandeurs 1 durch das Feldlazarett 514 in Fürstenau als Aufstellungsübung durchgeführt. Dieses Feldlazarett (Geräteeinheit) gehörte zu den Korpssanitätstruppen des I. Korps und unterstand dem Korpssanitätskommandeur. Der Einsatz eines derartigen Feldlazarettes sollte in festen Unterkünften, als Notlösung auch mit den vorhandenen Zelten erfolgen, bei einer Durchschnittskapazität von 300 Lazarettbetten.
Im Rahmen dieser Mob-Übung wurde – im Anschluß an das Herstellen der Einsatzbereitschaft gemäß Alarmplan und Ergänzung des Feldlazarettes 514 auf Kriegsstärke – im Marsch verlegt und der Einsatz des Feldlazarettes geübt. Zur personellen Verstärkung der 117 einberufenen Reservisten waren Soldaten des Musikkorps 7 zugeteilt. Bei der Übung waren zeitweise der Inspekteur des Sanitäts- und Gesundheitswesens der Bundeswehr und andere Vertreter seines Stabes anwesend. Auszugsweise seien hier einige der durch Inspekteur Sanitätswesen hinsichtlich des Ablaufs dieser Mob-Übung getroffenen Feststellungen angeführt[25]:

- »Von den 117 einberufenen Reservisten hatten während des Grundwehrdienstes nur 51 eine Sanitätsausbildung durchlaufen.
- Der Mangel an ausgebildetem Sanitätspersonal war auch durch sorgfältige Auswahl und Einteilung der Reservisten nach beruflichen Vorkenntnissen nicht auszugleichen, so daß durch diesen Mangel die tatsächliche Leistungsfähigkeit des Feldlazarettes erheblich beeinträchtigt sein mußte.
- Während der Übung wurden Unterweisungen der im Sanitätsdienst nicht ausgebildeten Reservisten durchgeführt. Dadurch konnte der sachgemäße Aufbau des Feldlazaretts in Bocholt durchgeführt werden und es wurde auch eine gewisse Arbeitsfähigkeit erreicht.
- Die Ausrüstung des Zahnarztes ist vollendet und wurde von dem zu der Übung einberufenen Stabsarzt der Reserve sehr gelobt[26].«

Derartige Mob-Übungen sollten zukünftig u.a. dazu dienen, Planungslücken hinsichtlich der personellen und materiellen Ausstattung aufzudecken und Reservisten in die vorgesehene Verwendung einzuweisen. Die Durchführung der Übungen für Geräteeinheiten war mindestens alle drei Jahre vorzusehen.
1963 wurde mit dem Aufbau der Reservelazarettorganisation (ResLazOrg) begonnen, in Burgsteinfurt die erste Reservelazarettgruppe (ResLazGrp) der Bundeswehr als Geräteinheit aufgestellt und der Aufbau der Reservelazarettorganisation in den folgenden Jahren mit der Aufstellung von weiteren Reservelazarettgruppen, Facharztgruppen, Sanitätsbataillonen, Untersuchungsstellen und Lazarettzügen im gesamten Bundesgebiet rasch vorangetrieben[27].

Von 1965 an wurde der Aufwuchs der Reservelazarettorganisation weiter forciert und dabei auch die Notwendigkeit erkannt, zur Führung der überdimensionierten Reservelazarettregimenter, in denen jeweils 15 bis 20 Reservelazarettgruppen (je 1.000 Betten) zusammengefaßt wurden, neue Strukturen zu schaffen. Infolgedessen wurden 1969 im Bereich des Territorialkommandos Nord das Sanitätskommando 920, das Reservelazarettregiment 952 (im Wehrbereich II, Hannover) und das Reservelazarettregiment 953 (im Wehrbereich III, Düsseldorf) aufgestellt[28].

Diese »überwiegend mob-mäßig aus Geräteeinheiten aufzustellende Reservelazarettorganisation« sollte im V-Fall zusammen »mit den dazugehörigen Sanitätsstäben, -truppen und -einrichtungen der Kern des gesamten Sanitäts- und Gesundheitswesens der Bundeswehr werden«, auf den »sich die Sanitätsdienste der Teilstreitkräfte sowohl zur Abgabe der Verwundeten in ortsfeste Lazarette als auch zur Durchführung der personellen Ergänzung und der Sanitätsmaterialversorgung abstützen« sollten. Dabei entfielen 60 % des Personalumfangs der gesamten Basisorganisation auf die Reservelazarettorganisation. 50 % der Reservelazarettorganisation sollten auf dem Gebiet der Bundesrepublik, der restliche Teil in den Ländern der nördlich und westlich benachbarten Verbündeten stationiert werden[29].

Ende der 60er Jahre führte innerhalb der NATO der Übergang von der Strategie der Massiven Vergeltung *(massive retaliation)* zur Strategie der Angemessenen Reaktion *(flexible response)* dazu, daß das Heer sich zunehmend auf nichtaktive Truppenteile abstützte, was insbesondere auch den Sanitätsdienst des Heeres betraf.

Teil III (1969–1979)

Der Sanitätsdienst im Rahmen der Heeresstruktur 3 gliederte sich in den Sanitätsdienst des Feldheeres und den Sanitätsdienst des Territorialheeres. Es würde an dieser Stelle zu weit führen, detailliert auf den Truppensanitätsdienst in den Bataillonen und auf die sanitätsdienstlichen Kräfte und Sanitätstruppen der Ebenen Brigade, Division und Korps des Feldheeres und der Verteidigungsbezirks-, Wehrbereichs- und Territorialkommandos im Territorialheer einzugehen. Auftrag der Sanitätstruppen im Feldheer war es, im V-Fall die sanitätsdienstliche Versorgung Erkrankter, Verletzter und Verwundeter sicherzustellen und hierzu Hauptverbandplätze, Krankensammelstellen und Feldlazarette einzurichten. Im Frieden bestand er vor allem in der Ausbildung des Sanitätspersonals – einschließlich der Reservisten –, der Pflege und Wartung der umfangreichen Ausrüstung und der Versorgung mit Sanitätsmaterial[30].

Die entsprechend den NATO-Vorgaben vorzuhaltenden Kapazitäten zur Sicherstellung der stationären sanitätsdienstlichen abschließenden Versorgung Verwundeter wurden in der sich funktionell an die sanitätsdienstlichen Einrichtungen

der Teilstreitkräfte anschließenden Reservelazarettorganisation zusammengefaßt, deren Reservelazarettgruppen zusammen mit den Bundeswehrkrankenhäusern die einzigen ortsfesten Lazarette der Bundeswehr bildeten und damit das Kernstück des Sanitätsdienstes des Territorialheeres darstellten. Darüber hinaus verfügte in dieser Struktur das Feldheer über sog. verlegefähige Feldlazarette mit je 300 Betten und bewegliche fachärztliche Gruppen. Diese dienten zur sanitätsdienstlichen Versorgung bei großen Entfernungen zu den nächstgelegenen ortsfesten Reservelazaretten und der lageabhängigen Schwerpunktbildung hinsichtlich der fachärztlichen Behandlung.
Die in der früheren Basis zusammengefaßte Reservelazarettorganisation hatte mit der Unterstellung unter das Territorialheer eine neue Aufgabe und eine völlig neue Führungsorganisation erhalten. Aufgabe des territorialen Sanitätsdienstes war, die der NATO assignierten Teile der Teilstreitkräfte sanitätsdienstlich zu unterstützen. Dabei stellte der territoriale Sanitätsdienst die Schnittstelle zu den Sanitätsdiensten der Verbündeten dar und war auch für die Zusammenarbeit zwischen dem Bundeswehrsanitätsdienst und dem zivilen Gesundheitsdienst zuständig[31].
Als Keimzellen der zu nahezu 99 % mobilmachungsabhängigen Reservelazarettorganisation und als regionale Ansprechstellen für Reservisten des Sanitätsdienstes sollten im V-Fall die im rückwärtigen Raum gelegenen Bundeswehrsanitätszentren[32] fungieren. Es wurde jedoch bald offenbar, daß ein kurzfristiger Einsatz dieser vorwiegend aus Geräteeinheiten bestehenden Sanitätstruppen gerade auf Grund der nicht zeitgerechten Verfügbarkeit des im V-Fall vorgesehenen Sanitätspersonals nicht möglich war.
Die Zunahme der Bedeutung von Reservisten für den Sanitätsdienst des Heeres hatte auch auf die Qualität und Quantität von Mob-Übungen und Wehrübungen sowie auf die Ausbildung von Sanitätspersonal der Reserve insgesamt Auswirkungen. Die erste Mob-Übung einer Reservelazarettgruppe fand vom 19. bis 30. September 1972 beim Sanitätsregiment 730 unter dem Namen »Hasenjagd« statt. Da das Regiment über keine eigene Ausbildungskapazität verfügte, war es zur Durchführung derartiger Ausbildungen auf das Sanitätsausbildungszentrum (SanAusbZ) Rhaunen angewiesen. Mit der Zeit entwickelte sich ein fester Rhythmus für die Durchführung von Mob-Übungen. Im September 1979 bot die Teilnahme des Reservelazarettregiments 730 an der Gefechtsübung »Harte Faust« des I. Korps erstmals die Möglichkeit, Geräteeinheiten der Reservelazarettorganisation in vollem Umfang zu mobilisieren und einzusetzen[33].
Die Durchführung derartiger Mob- und Wehrübungen, um den Sanitätsdienst für die Aufgaben im V-Fall in Übung zu halten, erwies sich für die Reservisten von größter Bedeutung, wobei es von diesen besonders begrüßt wurde, daß die Übungen vor allem auf die Förderung ihrer fachlichen Qualitäten und nicht nur auf ein schnelles Auf- und Abbauen von Sanitätseinrichtungen abzielten.
Auch der Aus- und Fortbildung von Sanitätsoffizieren und ihres Hilfspersonals maß Generaloberstabsarzt Rebentisch eine große Bedeutung zu. In seinem Vortrag »Die aktuelle Situation des Sanitäts- und Gesundheitswesens« im Februar

1978 vor der Vollversammlung des Wehrmedizinischen Beirates bezeichnete er als einen Schwerpunkt dieser Aus- und Fortbildung die »Maßnahmen unter Kriegsbedingungen« – insbesondere »das Beherrschen der Kriegsorganisation des Sanitätsdienstes und der für die Behandlung und den Abtransport der Verwundeten erforderlichen Verfahren«. Von besonderer Bedeutung sei dabei »das Erwerben der Fähigkeit, sich von der Friedensmedizin auf die Kriegsmedizin umstellen zu können«[34].

Teil IV (1980–1990)

Während das Feldheer bereits mit ersten Teilen 1978 zur Heeresstruktur 4 überging, als deren wichtigstes Strukturmerkmal die abgestufte Präsenz angesehen werden kann, waren die Organisationsformen im Rahmen der neuen Struktur für die Sanitätstruppe noch nicht festgeschrieben. Im Feldheer lag die Präsenz der aktiven Truppe im Frieden bei ca. 40 % und nahm von den Brigade- über die Divisions- zu den Korpstruppen ab, im Territorialheer waren nur etwa 10 % der Truppenteile präsent, was mit einer Erhöhung der Anzahl der Geräteeinheiten auf über 2.500 im Heer verbunden war[35]. Dennoch war es eine allgemein geäußerte Erkenntnis, daß ohne ein einsatzbereites Territorialheer die Verteidigung der Bundesrepublik Deutschland nicht möglich war.
Der Sanitätsdienst des Heeres während der Heeresstruktur 4 war unter Fortbestehen der Zweigleisigkeit von Feldheer und Territorialheer als Teil der Verbände und Großverbände auf die ambulante und stationäre sanitätsdienstliche Versorgung innerhalb der Bundesrepublik in Frieden, Krise und Krieg ausgerichtet und wies nach wie vor neben der vorab beschriebenen sehr hohen personellen auch eine sehr große materielle und infrastrukturelle Mobilmachungsabhängigkeit der Sanitätstruppe auf. Dabei lag der Schwerpunkt der sanitätsdienstlichen Auftragserfüllung in der Durchführung von Notoperationen auf mobilen Hauptverbandplätzen, in der Sicherstellung des Transportes Verwundeter in stationäre Lazarette und Krankenhäuser und in der Bereitstellung von Sanitätsmaterial.
Kernstück des territorialen Sanitätsdienstes war weiterhin – neben den im Frieden dem Sanitätsdienst der Bundeswehr unterstellten Bundeswehrkrankenhäusern – die nach Mobilmachung einzurichtenden 41 Lazarette 200 und 174 Reservelazarettgruppen. Beide sollten im V-Fall teils aus Geräteeinheiten, teils aus Sanitätszentren aufwachsen. Die Lazarette hatten die Aufgabe der ehemaligen Feldlazarette der Korps wahrzunehmen und waren ortsfest und raumdeckend disloziert. Sie sollten das Bindeglied zwischen den beweglichen Sanitätseinrichtungen des Feldheeres und den Reservelazarettgruppen bzw. den Bundeswehrkrankenhäusern bilden.
Für die Reservelazarettgruppen mit ihren jeweils 1.000 Betten waren – je nach vorgesehener Einrichtung in Kasernen bzw. in zivilen Objekten oder auch in bei-

Erste-Hilfe-Wettkampf gemeinsam mit Alliierten

den gemischt – wegen der unterschiedlichen Infrastruktur verschiedene personelle und materielle Ausstattungen vor allem hinsichtlich der Versorgungsteile vorgesehen. Die Elemente zur ärztlichen Behandlung und zur Pflege waren in allen Reservelazarettgruppen gleich. Zur Verstärkung der ärztlichen Leistung und zur Bildung von Schwerpunktlazaretten war es vorgesehen, den Reservelazarettgruppen im V-Fall insgesamt 260 Facharztgruppen in verschiedener Anzahl und Zusammensetzung zuzuordnen, darunter Arztgruppen für Neurochirurgie, Neurologie und Psychiatrie, Orthopädie und Gynäkologie[36].
Durch den sehr hohen Mobilmachungsanteil und die damit verbundenen bereits beschriebenen Probleme war der Sanitätsdienst der Heeresstruktur 4 besonders durch den Auftrag gefordert, seine eingeplanten Reservisten für deren Aufgabe im V-Fall in Übung zu halten. Neben der Verbesserung des Ausbildungsstandes, der Ausbildung am Gerät und der Einweisung an neuem Gerät kam dem Einüben eines reibungslosen Zusammenwirkens der Einheiten und Teileinheiten sowie der Integration der Reservisten in die militärische Gemeinschaft eine besondere Bedeutung zu[37].
Im Rahmen von Großübungen übten in den 80er Jahren auch Reservisten in großem Umfang und mit hohem Engagement. Während der Herbstübung 83 »Wehrhafte Löwen« wurde erstmals ein Lazarett 200 als Nachfolgeeinrichtung der Feldlazarette der Korps eingerichtet und betrieben. Hierzu waren zahlreiche Alarmreservisten in die Sixt-von-Arnim-Kaserne in Wetzlar einberufen worden, die innerhalb eines Tages das Lazarett 200 einrichteten und nach einem Tag der Aus- und Weiterbildung während des »Wehrhaften Löwen« an vier Tagen insgesamt 374 Übungsverwundete nach erfolgter »Behandlung« stationär aufnahmen. Diese wurden später mit Zügen der Krankentransportkompanie Schiene in die Reservelazarettgruppe Rhaunen zur »abschließenden Behandlung« transportiert[38].
Während der Heeresübung »Landesverteidigung 88« wurde auch die sanitätsdienstliche Versorgung vom Hauptverbandplatz bis hin zur Reservelazarettgruppen unter Einbeziehen des Verwundetentransports und der Sanitätsmaterialversorgung intensiv geübt. Am Ende der Übung dankte der Stellvertreter des Inspekteurs des Heeres den beteiligten Soldaten der Reserve für ihre beeindrukkende Einsatzbereitschaft und ihren Leistungswillen[39].
In der Heeresstruktur 4 wurde die Ausbildung für die Reservelazarettorganisation weiterhin in Sanitätsausbildungszentren in Friedrichshafen am Bodensee, Hörnum auf Sylt, Rhaunen im Hunsrück und in Bohmte bei Osnabrück durchgeführt. Zu deren Aus- und Weiterbildungsschwerpunkten gehörten die Durchführung von Lehrgängen für Sanitätspersonal der Reserve, von Reserve-Unteroffizierslehrgängen, von Mobilmachungs- und Mobilmachungsrahmenübungen und von Besonderen Einweisungen für Fach- und Pflegepersonal[40].

III. Der Luftwaffensanitätsdienst und seine Reservisten

Der Luftwaffensanitätsdienst ist mit seinen Hauptkräften von Beginn an bis in die Gegenwart im Rahmen der Organisationsstruktur der Staffeln konzipiert und aufgestellt. Damit greift er die vorherrschende Luftwaffenorganisationsstruktur der Kompanieebene auf und gliedert sich reibungslos hierin ein. Der Luftwaffensanitätsdienst hatte den Hauptauftrag, neben der sanitätsdienstlichen Versorgung der Luftwaffensoldaten im Frieden auch deren Versorgung im Verteidigungsfall sicherzustellen. Um den erweiterten Bedingungen gerecht werden zu können, sahen die Planungen im Spannungsfall eine Aufstockung des Sanitätsstaffelpersonals mit Reservisten vor und in einigen Fällen die Aktivierung von Geräteeinheiten, deren Personal aus wenigen aktiven Soldaten und hauptsächlich aus Reservisten bestanden.

Da die Luftwaffe im Fall eines Krieges in der Lage sein mußte, ohne Aufmarsch aus dem Stand heraus zu reagieren, war sie darauf eingerichtet, aus der Friedensinfrastruktur heraus zu kämpfen.

Der Luftwaffensanitätsdienst hatte sich darauf einzustellen, bei Wegfall einer ausreichenden Vorwarnzeit ohne die personelle Reservistenverstärkung auskommen zu müssen. Gehärtete Keller unter oder neben den Sanitätsgebäuden sollten die Überlebensfähigkeit des Sanitätspersonals und der Patienten sichern. Hier gab es den Staffelgefechtsstand, Räume zur Behandlung der Patienten, Bettenstationen und das erforderliche Gerät, um die Funktion der Sanitätsstaffeln aufrechtzuerhalten und die zu erwartenden Verletzten versorgen zu können. Aus dieser Infrastruktur heraus nahmen die Sanitätsstaffeln an den Übungen und Überprüfungen der Verbände aktiv teil, wohl wissend, daß ihr Einsatzszenario sich nach vollem Aufwuchs und bei genügend Vorbereitungszeit in der Form darstellen würde, wie es weiter unten ausgeführt ist. Durch die Betreuung »aus einer Hand«, durch den »eigenen Truppenarzt«, war eine durchgängige Versorgung vom Frieden über den Spannungsfall bis in den Verteidigungsfall sichergestellt. Darüber hinaus war gewährleistet, daß das Sanitätspersonal mit den Besonderheiten des jeweils versorgten Verbandes, der Personalstruktur, der Infrastruktur, den Einsatzbedingungen sowie den Gegebenheiten der örtlichen, zivilen Einbindung vertraut war. Dies war wichtig, da sich der Luftwaffensanitätsdienst im ungünstigsten Fall als Kriegsteilnehmer »der ersten Stunde« sah und sich wegen der langen Aufwuchsdauer der Lazarette auf zivile Hilfestellungen hätte abstützen müssen.

Im Jahre 1961 verfügte die Luftwaffe über insgesamt 63 Luftwaffensanitätsstaffeln, zwei teilaufgestellte Luftwaffenchirurgengruppen und eine Luftwaffenausbildungskompanie. Es bestand Einigkeit darüber, daß in dieser Stärke die erwartet hohe Zahl von Verwundeten und Kranken im Verteidigungsfall nicht ausreichend würde versorgt werden können. Zur Deckung der erkannten Versorgungslücke wurde dringend die Aufstellung von Geräteeinheiten gefordert[41]. Es sollten zusätzlich sechs Luftwaffenchirurgische Lazarette, sechs Luftwaffen-Krankenwagenstaffeln und fünf Luftwaffen-Sanitätsmaterialstaffeln aufgestellt

werden. Die Planung erfuhr ihre Teilrealisierung im Bereich der Luftwaffen-Krankenwagenstaffeln. Vom 1. Januar 1969 bis 1. Januar 1970 erfolgte die Aufstellung von sechs derartigen Geräteeinheiten[42].
Der Forderung nach Einrichtung von Luftwaffenlazaretten wurde zunächst nicht entsprochen. Den Gedanken griff jedoch 1985 der Luftwaffensanitätsdienst erneut auf. Unter dem Begriff »Lazarett 200 Luftwaffe, Geräteeinheit (Laz200Lw)«, das waren ortsfeste, nicht-aktive 200-Betten-Lazarette der Luftwaffe, befahl der Führungsstab der Luftwaffe 1986 die Aufstellung von 29 Luftwaffenlazaretten mit je 200 Betten[43], die besonders bedrohte Luftwaffen-Sanitätsbereiche unterstützen und entlasten sollten. Hiervon wurden bis 1988 15 organisatorisch aufgestellt, weitere Maßnahmen aber gestoppt, da kein Kriegsstationierungskonzept erarbeitet worden war, keine Lagerflächen gefunden wurden und – vor allem – kein Material beschafft werden konnte. Bedingt durch diesen Mangel kam es bei den Luftwaffenlazaretten 200 lediglich zu Übungstätigkeiten des Führungspersonals. Mit Erlaß der Fachkonzeption »Sanitätsdienstliche Versorgung« im Jahre 1990 ging die gesamte Lazarettorganisation zusammen mit den Lazaretten 200 der Luftwaffe in die Verantwortung des Heeres über. Die Luftwaffen-Sanitätsmaterialstaffeln wurden aufgestellt, sie bestanden jedoch personell ausschließlich aus aktiven Soldaten und Zivilangestellten.
Im Rahmen der Strategieänderung zur Flexiblen Reaktion verpflichtete sich die Bundesrepublik Deutschland, die sanitätsdienstliche Versorgung verbündeter Soldaten, die im Spannungsfall als Verstärkungskräfte in Deutschland zusammengezogen werden sollten, sicherzustellen. Es wurden Luftwaffensanitätsstaffeln/WHNS (War Time Host Nation Support) in den Luftwaffen-Sanitätsstaffel-Typen A (vier Staffeln) und Luftwaffen-Sanitätsstaffel-Typ B (eine Staffel) als Geräteeinheiten aufgestellt, die im Rahmen der Reforger-Übungen ihrem Auftrag nachkamen. Für abgesetzte Truppen und Truppenteile waren Sanitätstrupps sanitätsdienstlich zuständig. Für besondere Bereiche wurden Sanitätstrupps Typ C vorgesehen, die mit jeweils einem Arzt besetzt waren.
Im Jahre 1964 nahm eine Luftwaffenausbildungskompanie den Dienstbetrieb auf[44], die ausschließlich zur Ausbildung des Mob-Ergänzungspersonals Luftwaffensanitätsdienst vorgesehen war[45]. Auch der Nachwuchs der Reserveoffiziere wurde besonders gefördert (siehe Abschnitt Ausbildung).
Im Sanitätsdienst der Luftwaffe blieben Strukturen, Einsatzauftrag und Aufgaben im Prinzip unverändert[46], Grundsätze und Richtlinien für den Einsatz von Reservisten wurden nicht entwickelt. In offiziellen Verlautbarungen und Stellungnahmen wurde allerdings das folgende Konzept, in denen Reservisten für den Einsatz eingeplant waren[47], mit Variationen veröffentlicht:

- Im Verteidigungsfall wachsen Luftwaffensanitätsstaffeln um die Zahl ihrer Reservisten auf V-Stärke auf. Sie errichten Hauptverbandplätze (späterer Terminus: Luftwaffenoperationsplätze) und Truppenverbandplätze (späterer Terminus: Luftwaffensichtungsplätze) und erfüllen, gegebenenfalls aus einem Kriegsstationierungsobjekt heraus, ihre vielfältigen Aufgaben.

- Den Verbänden, die keine eigene Luftwaffensanitätsstaffeln besitzen, wird eine Luftwaffen-Sanitätsstaffel (Geräteeinheit) beigegeben oder werden Luftwaffen-Sanitätstrupps zugeteilt, die überwiegend mit Reservistenpersonal zu einer funktionstüchtigen Luftwaffeneinheit erweitert wird.
- An Fliegerhorsten stehen »Luftwaffen-Sanitätsbereitschaften für Flugbetrieb und Lufttransport« oder »Luftwaffen-Sanitätsbereitschaften für Luftrettung, Flugbetrieb und Lufttransport« zur Aufnahme und Weiterleitung von Verwundeten, Verletzten und Erkrankten in rückwärtige Behandlungs- und Pflegebereiche – *remain over night (RON)* – bereit.
- Luftwaffen-Krankenkraftwagenstaffeln wachsen aus Geräteeinheiten zu Transporteinheiten auf, die im Krieg den Transport von Verwundeten und Kranken im Bereich einer Luftwaffendivision oder eines Luftwaffen-Unterstützungsgruppenkommandos durchführen.
- Luftwaffen-Sanitätsstaffeln-WHNS unterstützen alliierte Einheiten mit sanitätsdienstlicher Versorgung.
- Lazarette 200 Lw können in der frühen Phase eines Krieges Verwundete aufnehmen, chirurgisch versorgen und gegebenenfalls bis zur Genesung betreuen.

Zu solchen Leistungen war der Luftwaffensanitätsdienst zu keinem Zeitpunkt seines Bestehens uneingeschränkt in der Lage. Die Besetzung der Mob-Dienstposten im Luftwaffensanitätsdienst gestaltete sich über den gesamten Zeitraum als schwierig, obwohl immer wieder Anstrengungen unternommen wurden, das Personal in geforderter Quantität und Qualität zu gewinnen. Zeitweilig mangelte es an Sanitätspersonal aller Qualifikationen[48], so daß das Heer sich – trotz des eigenen Mangels – bereit erklärte, in besonderen Fällen Reservesanitätspersonal des Heeres zu Mob-Truppenteilen der Luftwaffe zu beordern[49].

Der Reservistenaufwuchs im Bereich der aktiven Luftwaffen-Sanitätsstaffeln betrug zwischen 60 und 70 %, im Bereich der Geräteeinheiten nahezu 100 %. Trotz der großen Abhängigkeit der Funktionsfähigkeit der Luftwaffeneinheiten vom Reservistenaufkommen unter Kriegsbedingungen konnte eine spezifische Organisation zur Betreuung und Ausbildung von Reservisten im Luftwaffensanitätsdienst nicht etabliert werden. In Abhängigkeit vom Reservistenkonzept der Luftwaffe übten die Einheiten selbständig unter Nutzung des eigenen Materials und der bestehenden Möglichkeiten.

Sowohl in den Anfangsjahren, als die Chefs der Luftwaffensanitätsstaffeln oft noch grundwehrdienstleiste Ärzte waren, als auch später, als die Einheiten unter häufigen Abwesenheitszeiten der Chefs litten, fiel den Staffelfeldwebeln die besondere Aufgabe zu, der konstante Ansprechpartner für die Reservisten zu sein. Sie waren »die Mutter der Kompanie im erweiterten Bereich«, sie waren oft die einzigen Personen, die die Reservisten aus ihrer aktiven Zeit noch kannten und einen Überblick über die Leistungsfähigkeit und Leistungsbereitschaft der einzelnen hatten. Hauptsächlich durch die Staffelfeldwebel wurde den Reservisten die aktive Einheit bzw. Geräteeinheit zur militärischen Heimat.

Brach der Kontakt ab oder wurde ein Reservist in eine andere Einheit umgeplant, litt die Motivation des Betroffenen oft in erheblichem Umfang.
Andererseits waren gelegentlich niedergelassene Ärzte mit besonderer Verbundenheit zu ihrem Mob-Verband die Pfeiler der Reservistenarbeit. Sie hatten oft wesentlich längere Stehzeiten als das aktive Personal und identifizierten sich mit der Einheit und dem Auftrag im Verteidigungsfall. In diesem Fall wären sie hierdurch in der Lage gewesen, viele organisatorische und personelle Unzulänglichkeiten auszugleichen. Mancherorts existierte ein ebenso engagiertes Unteroffizierskorps.
Es gab jedoch auch Einheiten, in denen die Soldaten zur Reserveübung nur widerwillig erschienen. Antretestärken von 50 % und weniger waren keine Ausnahme. Bei der Personalbesichtigung dieser Einheiten stellte sich oft heraus, daß ehemals aktives medizinisches Fachpersonal inzwischen auf administrative Tätigkeiten gewechselt hatte, daß Mannschaftsdienstgrade inzwischen ein Medizinstudium erfolgreich abgeschlossen hatten, daß die Leistungsfähigkeit und -willigkeit nicht mehr im genügenden Umfang vorhanden war.
Aus Sicht der aktiven Luftwaffen-Sanitätseinheiten stießen die Reserveübungen auf unterschiedliche Resonanz. Die Organisation des Gesamtablaufs, die Erkundung und Anmietung bzw. Bereitstellung von geeigneter Infrastruktur als Kriegsstationierungsobjekt, die Vorbereitung der Personalbearbeitung und der Unterrichte, die Bereitstellung von Unterkunftskapazität, Transportkapazität und vor allem die langfristigen Vor- und Nachbereitungen im materiellen Bereich belasteten die Arbeitskraft der aktiven Einheiten erheblich. Andererseits wurde erst durch eine Reserveübung mit Volltruppe der Gesamtkomplex der medizinischen Betreuung vor Ort im Einsatz sichtbar. Das Funktionieren des Hauptverbandsplatzes 1 (HVP1 – Luftwaffen-Operationsplatz), des Truppenverbandsplatzes (TVP – Luftwaffen-Sichtungsplatz), der Rettungskette bis zum Kriegsstationierungsobjekt konnte erst durch die personelle Mob-Ergänzung für das aktive Sanitätspersonal einer Luftwaffensanitätsstaffel »begreifbar« gemacht werden. Höhepunkte einer Übung in Form von Verwundetenlufttransportverladeübungen ergab für einen Luftwaffensanitäter zum einzigen Mal im Verlauf seiner Wehrpflichtzeit die Möglichkeit, an einem Flug teilzunehmen.

IV. Der Marinesanitätsdienst und seine Reservisten

Seit ihrem Neuanfang war die Marine die Teilstreitkraft mit dem größten Anteil an Freiwilligen und dem geringsten Anteil an Reservisten, prozentual gemessen am Gesamtverteidigungsumfang der Bundeswehr. Dennoch erforderte die Erfüllung ihres Verteidigungsauftrages zusätzlich zu den Kampf- und Unterstützungsstreitkräften auch die Aufstellung einer Reserveflottille und eine Reihe bodenständiger, auf personelle Ergänzung zur Herstellung der Einsatzbereitschaft angewiesener Unterstützungseinheiten. Die schwimmenden und fliegenden Verbände der Flotte waren stets zu 75 % mit aktiven Soldaten besetzt und wiesen grundsätzlich eine hohe Einsatzbereitschaft auf. Hingegen waren die Unterstützungsstreitkräfte zu 45 %, die Reserveflottille gar zu 75 % auf Reservisten angewiesen[50].

Die Marine als hochtechnisierte, einem ständigen Modernisierungsprozeß unterworfene Teilstreitkraft war auf den nautisch, bzw. technisch qualifizierten Reservisten angewiesen. Die Forderung nach fachlicher Qualifikation galt uneingeschränkt auch für den Reservisten im Marinesanitätsdienst, sollte er doch aus dem Stand heraus selbständig die sanitätsdienstliche Versorgung auf Einheiten der Reserveflottille, der Versorgungsflottille, auf den eingeplanten Lazarett- und Krankentransportschiffen sowie in abgesetzten Einheiten des landgebundenen Sanitätsdienstes der Unterstützungsstreitkräfte der Marine übernehmen. Gleichzeitig war die Erfahrung, die der Reservist im zivilen Gesundheitswesen erworben hatte, für die fachliche Fortbildung des aktiven Sanitätspersonals erforderlich.

Fielen die Dienstposten für das Sanitätspersonal der Alarmreserve auf den schwimmenden Einheiten der Flotte prozentual kaum ins Gewicht, so war die sanitätsdienstliche Versorgung der fliegenden Verbände der Flotte sowie die der Unterstützungsstreitkräfte im Verteidigungsfall ohne einen erheblichen personellen Aufwuchs durch Reservisten nicht darstellbar. Die wechselvolle Geschichte des landgestützten Sanitätsdienstes der Marine als unverzichtbare Komponente der Unterstützungsstreitkräfte fand innerhalb des Berichtszeitraumes keinen endgültigen Abschluß.

Begonnen hatte die Entwicklung mit dem Aufstellungsbefehl Nr. 111 (Marine) vom 28. Februar 1962, der die Bildung des »Kommandos des Marinesanitätsdienstes (KdoMSan)« als Nachfolgeorganisation der bisherigen Abteilung Sanitätswesen der Marine im Bundesministerium der Verteidigung (Zentrale Marinedienststelle ZMD, bzw. Fü M III 8), Sitz des Inspizienten des Sanitätswesens der Marine, begründete. Hieraus ging am 1. Oktober 1965 die »Inspektion des Marinesanitätsdienstes (InMSan)« hervor. Der Kommandeur des Kommandos Marinesanitätsdienst erhielt an diesem Tage die Dienstbezeichnung »Admiralarzt der Marine«. Ihm unterstanden die Kommandoärzte beim Kommando der Flotte, beim zentralen Marinekommando und beim Kommando der Flottenbasis[51].

Die Inspektion des Marinesanitätsdienstes wurde am 1. April 1969 nach Wilhelmshaven verlegt und dort am 30. September 1973 aufgelöst. Gleichzeitig entstand im neustrukturierten Marineamt die Abteilung Marinesanitätsdienst mit dem Admiralarzt der Marine als Abteilungsleiter und Inspizienten des Marinesanitätsdienstes. Aus den Organigrammen dieser Zeit geht eindeutig hervor, daß das Kommando der Marineflieger über Fliegersanitätsstaffeln in Anlehnung an die Organisation des Sanitätsdienstes der Luftwaffe verfügte[52].

Der Sanitätsdienst in den übrigen Kommandobereichen war vergleichbar mit dem Truppensanitätsdienst des Heeres (Bataillonsebene) gegliedert. Neben den Schiffs- und Geschwaderärzten stellten Stützpunktärzte und Ärzte bei den Marineschulen die sanitätsdienstliche Versorgung unter friedensmäßigen Bedingungen sicher. Im Hinblick auf den Verteidigungsfall ergaben sich schon früh Hinweise auf die Planung und Aufstellung von Sanitätstruppen der Marine[53]. Diese Planungen wurden jedoch offensichtlich nicht weiter verfolgt. Inzwischen wurden 1964 dem Führungsstab der Marine Arbeitsentwürfe für die Stärke- und Ausrüstungsnachweise (STAN) der Marine-Sanitätsstaffeln A, B und C sowie Stationierungsvorschläge unterbreitet[54]. Die Aufstellung der Marine-Sanitätsstaffeln wurde noch unter der Führung der Inspektion des Marinesanitätsdienstes verwirklicht[55].

Mit der Aufstellung dieser Marine-Sanitätsstaffeln entstanden die V-Dienstposten für eine umfangreiche, die Friedensstärke weit überflügelnde Alarmreserve des Marinesanitätsdienstes. Regelmäßige Mobilmachungsübungen kennzeichnen diese Periode, jedoch muß rückblickend festgestellt werden, daß die Integration von Sanitätseinheiten der Marine in Verteidigungsstärke in die übrige Truppe nie recht gelang. Fehlende Führungsmittel aber auch fehlendes Verständnis bzw. mangelnde taktische Fähigkeiten bei den Truppenführern, derartige große und komplexe Sanitätsstrukturen in einem simulierten Gefechtsszenario sinnvoll einzusetzen und zu führen, zwangen diese Mobilmachungsübungen häufig zu einer improvisierten Selbstausbildung. Viele Erfahrungsberichte weisen auf diesen Tatbestand hin und üben häufig lediglich Kritik am jeweiligen Ausbildungsstand der Reservisten – zu Unrecht, wie man heute feststellen muß.

Die konzeptionelle Planung von personeller Besetzung, Ausrüstung und Einsatz von Lazarettschiffen

Am Anfang der Überlegungen standen Erfahrungen des Sanitätsdienstes aus dem Zweiten Weltkrieg Pate. Unbeantwortet blieb jedoch immer die Frage, ob Marinelazarettschiffe oder Lazarettschiffe der Bundeswehr, die in der organisatorischen Verantwortung der Marine betrieben werden, eingeführt werden sollten. Auch die Abgrenzung Lazarettschiff – Krankentransportschiff mit notfallchirurgischer Komponente gelang nicht durchgehend. Mit dem Aufbau der Marine war gleichzeitig geplant, eine Reihe von Krankentransportschiffen in der Größenordnung von 3.000-4.000 BRT mit einer Aufnahmekapazität von 200-400 Betten bereitzustellen. Der Typ des Seebäderschiffes wurde als geeignete Plattform erkannt und in dieser Rolle erprobt. Folgende Krankentransportübungen wurden mit Seebäderschiffen durchgeführt:

1961 mit der Wappen von Hamburg,
1963 mit der Bremerhaven,
1964 mit der Helgoland[56].

Diese Schiffe verfügten über zwei Chirurgische Stationen mit je 100 Betten, eine Chirurgische Wachstation mit 50 Betten, eine Innere Station mit 100 Betten, eine Isolierstation mit 50 Betten, eine Operationsstation mit Nebenräumen, eine

Röntgenstation und ein Labor. Insgesamt waren 46 Mann Sanitätspersonal vorgesehen, das sich mit Ausnahme des Chefarztes aus Reservisten zusammensetzen sollte; nämlich aus vier Sanitätsoffizieren der Reserve, dreizehn Unteroffizieren der Reserve, 17 Mannschaftsdienstgraden der Reserve sowie elf Krankenschwestern.

Aufgrund der Entscheidung des Bundesministers der Verteidigung vom 10. April 1979 führte die Neuordnung des Sanitätsdienstes der Marine zur Angliederung von Lazaretten mit je 200 Betten (Laz 200) an die Marine-Sanitätsstaffeln Typ C in Wilhelmshaven, Kiel und Flensburg, sowie an die Marine-Sanitätsstaffeln Typ B in Bremerhaven, Borkum und List. Verbunden war hiermit die Vergabe der neuen Bezeichnung »Marine-Sanitätszentrum/Marine-Sanitätsstaffel«. Die Aufstellung dieser Marinelazarette wurde erforderlich, weil die bisherige Planung, je eine Krankenkraftwagentransportkompanie in den beiden Marineabschnittskommandos aufzustellen, aus Kostengründen eingestellt wurde. Jedoch zeigten Planspiele und Übungen nach wie vor die Versorgungslücke nach Erstbehandlung und die Transportlücke zu Sanitätseinrichtungen des Territorialheeres auf. Es galt, eine bisher fehlende »Pufferfunktion« durch schnell aufwachsende Lazarette 200 zwischen den Marine-Sanitätszentren und der Reservelazarettorganisation des Territorialheeres aufzubauen. Hierzu stellte man sich vor, durch Mob-Beorderung aktiven Sanitätspersonals aus dem Bereich des Marineamtes und des Schiffahrtmedizinischen Institutes das erforderliche Kaderpersonal von acht bis zehn Mann je Lazarett zu bilden, das die zeitgerechte Aufstellung dieser Geräteeinheiten bis zum Eintreffen der Reservisten sicherstellen sollte[57]. Übungen mit diesen Lazaretten 200 sind nicht dokumentiert, so daß auch über die übrige personelle Besetzung, die sich wiederum nur durch den Einsatz von Reservisten vorstellen ließ, keine abrufbaren Informationen vorliegen. Auch bei den regelmäßig durchgeführten Stabsrahmenübungen WINTEX/CIMEX spielten diese Lazarette keine oder zumindest keine bedeutende Rolle[58].

Die Marine hat für ihren Sanitätsdienst in dieser Epoche eine Fülle interessanter Dienstposten und Verwendungen für Reservisten erwogen, geplant und letztlich doch nicht verwirklicht. Einzig geblieben sind die Mobilmachungsübungen der Marine-Sanitätsstaffeln mit ihren zugehörigen Alarmreserven. Diese Feststellung hätte das Kapitel über die Geschichte der Reservisten des Marinesanitätsdienstes mit einem schlechten Nachgeschmack beendet, wäre da nicht die einzigartige freiwillige Reservistenarbeit in der Marine, über die abschließend zu berichten ist. Leider betrifft dieser Abschnitt zum großen Teil nur die Sanitätsoffiziere innerhalb der Reservisten.

Eine herausragende Stellung nahmen die jährlichen Tagungen des Marinesanitätsdienstes für Saniätsoffiziere ein, die mittlerweile erfolgreich eine langjährige Tradition begründen. An diesen jährlichen Tagungen nahmen im Rahmen von Kurzwehrübungen und auf freiwilliger Basis die Marinesanitätsoffiziere der Reserve stets in großer Zahl teil. Durchschnittlich beteiligten sich Reservisten und Ehemalige an den einzelnen Tagungen in folgenden Größenordnungen:

Arbeitstagung der Sanitätsoffizier der Marine	ca. 200 Reservisten,
Zahnärztetagung der Marine	ca. 80 Reservisten,
Apothekertagung	ca. 30 Reservisten[59].

Die Tagungen wurden nicht nur zur fachlichen Fortbildung und zum gegenseitigen Erfahrungsaustausch mit der damit verbundenen intensiven Pflege des kameradschaftlichen und geselligen Zusammenseins genutzt, sie galten von jeher als inoffizielle aber äußerst effektive Börse für freiwillige Wehrübungen vorzugsweise an Bord von Einheiten der Flotte. So mancher Einsatz der Flotte wäre ohne das Engagement von Reservisten sanitätsdienstlich nicht qualifiziert betreut gewesen, betrachtet man das prozentuale Fehl an aktiven Sanitätsoffizieren, das diese Jahre prägte. Viele Anregungen erfahrener Kliniker flossen in die materielle Gestaltung heutiger Schiffslazarette ein und gaben sogar Impulse für die Inhalte der heutigen Ausbildung zum Schiffsarzt, die wiederum am Schiffahrtmedizinischen Institut der Marine und von borderfahrenen Reservisten in Dozentenfunktion durchgeführt wird. Schiffsarztberichte über Seereisen, verfaßt von Aktiven und Reservisten, von Humanmedizinern und Zahnärzten, stellten zum Teil recht lebhaft im Rahmen von Publikationen über den Sanitätsdienst die einzigartigen Besonderheiten des schiffsärztlichen Dienstes dar. Stellvertretend für alle diese wertvollen Veröffentlichungen sei auf den Artikel »Erfahrungen als Schiffsarzt« von Flottenarzt der Reserve Prof. Dr. Hans Schadewaldt hingewiesen[60].

Am 22. Dezember 1989 wurde der Arbeitskreis Marine-Sanitätsgeschichte von Flottenarzt a.D. Dr. Hartmut Nöldeke gegründet und tagt seitdem regelmäßig auch anläßlich der Arbeitstagungen der Sanitätsoffiziere der Marine. Die Teilnehmerlisten weisen aus, daß bei durchschnittlicher Beteiligung von 50 Sanitätsoffizieren die Hälfte Reservisten sind, die so auch ihre Verbundenheit zur Tradition des Marinesanitätsdienstes zum Ausdruck bringen.

V. Zentrale Sanitätsdienststellen der Bundeswehr

Aus dem Wehrmedizinalamt, welches 1956 ein knappes Jahr nach der Ernennung der ersten Bundeswehrsoldaten aufgestellt wurde, ging nach mehreren Umgliederungen 1965 das Sanitätsamt der Bundeswehr hervor. Diesem wurden die Akademie des Sanitäts- und Gesundheitswesens der Bundeswehr in München, das Zentrallazarett der Bundeswehr in Koblenz, das Institut für Wehrmedizinalstatistik und Berichtswesen in Remagen, das Institut für Wehrmedizin und Hygiene in Koblenz und das Institut für Wehrpharmazie und Lebensmittelchemie in München unterstellt. Mit Wirkung vom 1. Januar 1968 folgte die Unterstellung der übrigen Bundeswehrlazarette, der medizinischen, chemischen und veterinärmedizinischen Untersuchungsstellen und 1969 auch des Bundeswehrsanitätszentrums Bonn. Verantwortlich im Bundesministerium der Verteidigung zeichnete für diesen Bereich zunächst der Führungsstab der Bundeswehr und später der Führungsstab der Streitkräfte.

Die Geburtsstunde des Organisationsbereiches Zentale Sanitätsdienststellen der Bundeswehr schlug im März 1970, als im Zuge der Neuordnung der Spitzengliederung der Bundeswehr in Folge des Blankeneser Erlasses das Sanitätsamt der Bundeswehr mit allen nachgeordneten Dienststellen dem Inspekteur des Sanitäts- und Gesundheitswesens truppendienstlich und fachdienstlich unterstellt wurde. Im selben Jahr wurden die Lazarette in Bundeswehrkrankenhäuser umbenannt.
Gemäß dem Mobilmachungsplan der Bundeswehr[61] war mit der Alarmmaßnahme »Einnahme der Verteidigungsgliederung« die Unterstellung der Bundeswehrkrankenhäuser und der Institute unter die Sanitätsregimenter in den einzelnen Wehrbereichen und damit die Eingliederung in das Territorialheer vorgesehen. Die Bettenkapazität der Krankenhäuser wäre im Verteidigungsfall durch organisatorische Maßnahmen um 50 % erhöht worden, entsprechendes Material wurde in den Krankenhäusern bevorratet.
Im Organisationsbereich der Zentralen Sanitätsdienststellen der Bundeswehr verblieben nach Unterstellungswechsel im V-Fall nur das Sanitätsamt der Bundeswehr, das Institut für Wehrmedizinalstatistik und Berichtswesen, das Bundeswehrsanitätszentrum Bonn sowie der Bereich Studien und Wissenschaften der Akademie des Sanitäts- und Gesundheitswesens der Bundeswehr. Die übrigen Bereiche der Sanitätsakademie wären dann aufgelöst worden.
Insgesamt verfügten die Zentralen Sanitätsdienststellen der Bundeswehr in den 80er Jahren über 2.902 Dienstposten für militärisches und 4.936 Dienstposten für ziviles Personal. Davon wären im Verteidigungsfall lediglich 200 Dienstposten im Organisationsbereich der Zentralen Sanitätsdienststellen der Bundeswehr verblieben[62]. Die Personalstruktur im Frieden entsprach also fast der für den Verteidigungsfall.
Für die Bundeswehrkrankenhäuser und Institute war bis auf wenige Einzelfälle kein Aufwuchs durch Reservisten vorgesehen, was bedeutete, daß die Aufgaben mit dem im Frieden eingesetzten Personal auch im Verteidigungsfall wahrgenommen werden sollten. Trotzdem leisteten in geringem Umfang Reservisten freiwilligen Wehrdienst in Form von Einzelwehrübungen ab.

VI. Freiwillige Reservistenarbeit außerhalb der Bundeswehr

Die im Verband der Reservisten organisierten Sanitätssoldaten haben in der Regel an allgemeinmilitärischen Veranstaltungen teilgenommen. Oft wurde dabei bei Übungen die lokale Zusammenarbeit mit Hilfsorganisationen und der Feuerwehr bei angenommenen Großschadensereignissen geprobt. Längerdauernde Kooperationen ergaben sich daraus jedoch nicht. Vereinzelt bildeten sich »Sanitäts-RK's«, Sanitäts-Reservistenkameradschaften, mit dem Ziel, sanitätsdienstliche Hilfe zu üben und die Erste-Hilfe-Ausbildung der Reservisten zu verbessern. In den einzelnen Wehrbereichen gründeten sich im Gefolge der Sanitätsregimenter meist zu Beginn der 80er Jahre sog. »Kameradengemeinschaften«.

Diese Zusammenschlüsse hatten sich die Pflege der Kameradschaft und eine verbandsbezogene Traditionspflege zur Aufgabe gemacht.
Die Deutsche Gesellschaft für Wehrmedizin und Wehrpharmazie e.V. – hervorgegangen aus der 1954 gegründeten »Vereinigung ehemaliger Sanitätsoffiziere« – ist laut Satzung für die fachliche Fortbildung der Sanitätsoffiziere der Reserve zuständig und vertritt diesen Personenkreis in nationalen und internationalen Soldatenverbänden, so z.B. zusammen mit dem Reservistenverband bei der Confédération Interalliée des Officiers Médicaux de Réserve – Interallied Confederation of Medical Reserve Officers (CIOMR). Diese Vereinigung der Sanitätsoffiziere der Reserve der NATO wurde 1948 von Sanitätsoffizieren der Reserve aus Belgien, Frankreich und Holland als unabhängige Organisation innerhalb der NATO gegründet. Die Zahl der Mitgliedstaaten wuchs rasch und beträgt derzeit 16. Deutschland trat 1961 bei. Satzungsgemäß hat sich die CIOMR zum Ziel gesetzt, Einsatzfähigkeit und Zusammenarbeit der nationalen und internationalen Sanitätsdienste innerhalb der NATO zu fördern, Empfehlungen auszusprechen, das Verständnis für die Zusammenarbeit von aktiven Sanitätsoffizieren und Sanitätsoffizieren der Reserve zu wecken und zu unterstützen und enge Verbindung zu den nationalen Organisationen der Sanitätsoffiziere zu halten. Um diesen Zielen gerecht zu werden, führt die CIOMR jährlich zwei Tagungen durch, eine Wintertagung, die regelmäßig im NATO-Hauptquartier in Brüssel stattfindet, und einen Sommerkongreß, dessen Organisation im rotierenden, jährlichen Wechsel jeweils ein anderes NATO-Land übernimmt. In Deutschland fand der Sommerkongreß der CIOMR bis jetzt viermal statt. Seit 1961 haben drei deutsche Sanitätsoffiziere der Reserve das Amt des Internationalen Präsidenten der CIOMR innegehabt. Offizielle Tagungssprachen sind englisch und französisch.
Erst 1988 gegründet wurde unter dem Dach des Reservistenverbandes der »Arbeitskreis Sanitätsdienst«. Die Schwerpunkte und die Arbeit dieses Kreises lagen bei der Weiterentwicklung der Zivil-Militärischen Zusammenarbeit im Gesundheitswesen, einer verbesserten Ausbildung der Führer der Reserve im Sanitätsdienst, einer gezielten Information für Sanitätssoldaten der Reserve sowie der Vertretung der Interessen und Anliegen der Reservisten gegenüber den Streitkräften.
Es darf nicht unerwähnt bleiben, daß eine Vielzahl von Sanitätsoffizieren der Reserve sowohl im standespolitischen Bereich als auch an prominenter Stelle in Lehre und Forschung erfolgreich für ein positives Bild des Sanitätsdienstes in der Öffentlichkeit geworben haben.

VII. Einsatzfähigkeit des Sanitätsdienstes

Schon früh wurde die Maxime für den im Aufbau befindlichen Sanitätsdienst formuliert: Der zu erwartenden, plötzlich anfallenden hohen Zahl von Verwundeten und Kranken (bei Ausbruch von Feindseligkeiten – d. Verf.) kann nur ein ständig

bereiter Sanitätsdienst von entsprechender Stärke gerecht werden[63]. Sowohl bei dem Verteidigungsprinzip der Massiven Vergeltung als auch der Flexiblen Reaktion wären bei einer kriegerischen Auseinandersetzung viele Verletzte angefallen, der Sanitätsdienst hätte umgehend einsatzfähig sein müssen.
Dieser Forderung stand jedoch eine Vielzahl vorstehend beschriebener Probleme gegenüber: Die zahlreichen, z.T. voll gekaderten Einheiten hatten keine Patenverbände, von denen man Einsatz und Funktion hätte lernen können. Volltruppenübungen wurden selten durchgeführt und waren – da keine echte Versorgung von Verwundeten erfolgte – nicht realitätsnah. Das Personal hatte keine oder nur lehrgangsbezogene Ausbildung. Das bedeutet für die Arbeit am Patienten eine unzumutbare Situation. Auch konnte keine wirklich fachbezogene Teamarbeit geprobt werden, das fachliche Üben erstreckte sich auf das Kennenlernen und den Umgang mit dem Gerät. Als zusätzlich limitierende Faktoren für die Effizienz des Sanitätswesens im V-Fall können weiterhin beispielhaft aufgezählt werden: fehlende infrastrukturelle Vorbereitungen, teilweise große Entfernungen zwischen Mob-Stützpunkten und Kriegsstationierungsobjekten, Einnahme der Gliederung für den Verteidigungsfall (Räumen der Kasernen als Voraussetzung für den Aufbau von Reservelazarettgruppen), fehlendes Zivilpersonal sowie geringe Fortschritte in der Entwicklung der Zivil-Militärischen Zusammenarbeit. Diese Aufzählung zeigt nur einen Teil der Defizite und ließe sich noch erweitern.
Doch der gute Wille der eingesetzten Sanitätssoldaten, die Pflicht zu helfen und die Notwendigkeit zu handeln hätten nach erheblicher Anlaufzeit und zeitraubender Behebung aufgetretener Mängel sicherlich zu einer noch vertretbaren Versorgung der zu betreuenden Soldaten geführt. Die vorgegebenen Voraussetzungen dafür waren jedoch ausgesprochen ungünstig. Die Rahmenbedingungen ließen sich im Berichtszeitraum nicht wesentlich verbessern. Die zeitgerechte Einsatzfähigkeit des Sanitätsdienstes für Krise und Krieg war von den Grundlagen her nicht gegeben.

Anmerkungen

1 Vgl. KorpsSanKdr 1 – TgbNr. 235/63 vom 14.3.1963, MobÜbung FLaz 514 Fürstenau vom 25.3.–8.4.1963.
2 InSan II 1, Vortrag OTA Dr. Burkowski vom 18.11.1982.
3 Vgl. Grundsätze, Schwerpunkte und Probleme der personellen Mobilmachung im Sanitätsdienst des Territorialheeres in: PlÜbSanDst 84, Lfd. Nr. 10, SanAkBw 1983.
4 Vgl. Hubert Fischer, Planung und Aufbau des Sanitätsdienstes, in: Wehrmedizinische Monatsschrift (Wehrmed. Mschr.), 11/1987, S. 498.
5 In dieser Phase des Aufbaus war noch nicht geklärt, ob Militärärzte Soldaten oder beamtete Zivilisten sein würden. Eine Laufbahn für Sanitätsoffiziere wurde – einschließlich der militärischen Dienstgrade – erst später eingeführt.
6 Vgl. Winfried G. Berger, 30 Jahre Sanitätsdienst der Bundeswehr, Wehrmed. Mschr., 4/1986, S. 143.
7 Vgl. InSan II 4 vom 27.3.1963; Fü F IV 1 vom 30.10.63.
8 Vgl. BMVg – Fü H I 2 vom 23.10.1961, betr. Einberufung von Wehrpflichtigen zu SanAusbKp, S. 1.
9 Vgl. InSan II 2 vom 9.3.1964.
10 Vgl. OFA Dr. Blätzinger, Heeresamt – Abt IX 1 (2) vom 25.4.1989.
11 Vgl. Grundsätze, Schwerpunkte (wie Anm. 3).
12 Vgl. Berger, 30 Jahre Sanitätsdienst (wie Anm. 6), S. 150.

13 Ausbildung von weiblichem Pflegepersonal für den Einsatz bei der Pflege von Verwundeten und Erkrankten im Konflikt- oder Katastrophenfall, InSan I 8 vom 26.10.1960.

14 Vgl. Deutscher Bundestag, 8. Wahlperiode, Drucksache 8/4340.

15 Vgl. Kurt Groeschel, Planung und Aufbau des Sanitätsdienstes der Bundeswehr, in: Wehrmed. Mschr., 2/1988, S. 88; vgl. ebenso Weißbuch 1970, hrsg. vom BMVg, Bonn 1970, S. 58.

16 Vgl. Der Sanitätsdienst des Heeres, in: Truppenpraxis, 9/1972, S. 703–708.

17 Vgl. Vortrag des InSan, GOSA Prof. Dr. Ernst Rebentisch, Der Sanitätsdienst der 80er Jahre, gehalten vor der Führungsakademie der Bundeswehr am 11.10.1976, S. 22–24.

18 Vgl. Fü H V 2 vom 7.9.1989.

19 Vgl. GenInspBw, Fachkonzeption Sanitätsdienstliche Versorgung vom 11.12.1990.

20 Vgl. VMBl 1978, S. 172 ff.

21 Vgl. Die Reservistenkonzeption, hrsg. vom BMVg – Fü S I 1, Bonn 1971, S. 4.

22 Vgl. Die Reservistenkonzeption, hrsg. vom BMVg – Fü S III 7, Bonn 1980, S. 6.

23 Vgl. BMVg – In San I 1 vom 19.12.1958, Transport, Lazarettunterbringung und -Behandlung von Verwundeten und Kranken im Rahmen der Basisorganisation.

24 Vgl. BMVg – Fü H III 1 vom 16. März 1960, Sanitätsfeldersatzkompanie für SanBtl (Div), S. 1.

25 BMVg – InSan II 4, interner Vermerk OFArzt Dr. Leers, vom 19.4.1963.

26 Vgl. KorpsSanKdr 1 vom 14.3.1963, S. 1–5. MobÜbung FLaz 514 Fürstenau vom 26.3.–8.4.1963.

27 Vgl. Dr. Helmuth Köhnke, private Unterlagen, Die Geschichte des Sanitätsregiments 73, Düsseldorf 1963–1985, S. 1.

28 Vgl. Köhnke, ebd., S. 1 f.

29 Vgl. InSan II 1 vom 6.4.1965, betr. Sanitätsstäbe, -truppen und -einrichtungen der Basisorganisation, hier: Fernmeldeverbindungen, S. 1.

30 Vgl. Die Personalsituation im Sanitäts- und Gesundheitswesen der Bundeswehr – Analyse und Empfehlungen – Bericht der Kommission des BMVg, Personal-Ergänzung beim Sanitäts- und Gesundheitswesen, 1975, S. 28 ff.

31 Vgl. Der Sanitätsdienst des Heeres, in: Truppenpraxis, 9/1972, S. 703.

32 Vgl. Rebentisch, Der Sanitätsdienst der 80-er Jahre (wie Anm. 17), S. 8 f.

33 Vgl. Köhnke, Sanitätsregiment 73 (wie Anm. 27), S. 2 ff.

34 Vgl. Vortrag InSan, GenOSA Prof. Dr. Ernst Rebentisch, vor der 10. Vollversammlung des Wehrmedizinischen Beirates am 10.2.1978, Thema: Die aktuelle Situation des Sanitätswesens und Gesundheitswesens der Bundeswehr, S. 7.

35 Vgl. Dietrich Gerlach, Die Bedeutung von Wehrübungen für das Heer, in: Jahrbuch des Heeres 1982, S. 98 f.

36 Vgl. Taschenbuch für den Sanitäts- und Gesundheitsdienst der Bundeswehr, hrsg. von Hans-Jürgen Stolze, 20. Folge, Koblenz 1988.

37 Vgl. Gerlach, Die Bedeutung von Wehrübungen (wie Anm. 35), S. 101.

38 Vgl. Wolfgang Lüdecke, Das Lazarett 200 im Manöver, in: Wehrmedizin und Wehrpharmazie, 8/1984, S. 75–78.

39 Vgl. BMVg – Fü H III 2 vom 4.1.1989, Anlage 1: Schlußbesprechung InspH, HÜb 88.

40 Vgl. Dr. H.-E. Gurn, Das Sanitätsausbildungszentrum Bohmte, in: Wehrmed. Mschr., 5/1983, S. 219.

41 Vgl. Allgemeines Luftwaffenamt, Abt. Sanitätswesen der Luftwaffe, Dez 3, vom 4.9.1961.

42 Vgl. Perfis-Aufstellung KrKwStff vom 26.2.1998.

43 Fernschreiben BMVg – Fü L IV 3 vom 26.6.1986.

44 Vgl. InSan II 3, Verzögerung der Aufstellung SanBtl (Bw) 906 vom Februar 1964.

45 Vgl. InSan II 3 vom 7.3.1964.

46 Vgl. Dieter Nechvatal, 30 Jahre Sanitätsdienst der Luftwaffe, in: Wehrmedizin und Wehrpharmazie, 2/1986, S. 89–91.

47 Vgl. Taschenbuch SanDienst (wie Anm. 36).

48 Vgl. Bundeswehrverwaltungsamt vom 21.12.1963.

49 Vgl. BMVg – Fü H III 6 vom 27.2.1964.

50 Vgl. KzS Kurt Diggins, Die Marine und ihre Reservisten, in: Truppenpraxis, 4/1972, S. 312–316.

51 Vgl. Hildebrand, Röhr und Steinmetz, Die Deutschen Kriegsschiffe, Bd 7, Herford 1983, S. 162 ff.

52 Vgl. SanSBw, ATP I B 36, vom Mai 1963.

53 Vgl. KdoM – San I vom 17.8.1962.

54 Vgl. KdoM – San vom 17.9.1963.

55 Vgl. FltlArzt Dr. Volkmar Aussum, Gliederung und Aufgaben des Marinesanitätsdienstes, in: Truppenpraxis, 9/1972, S. 735.

56 Vgl. FLA Dr. Ralf von Gregory, Lazarettschiffe neuer Art, in: Truppenpraxis, 5/1971, S. 385–389.

57 Vgl. Admiralarzt Dr. Hans-Wilhelm Birker, Die Neuordnung des Sanitätsdienstes der Marine, in: Wehrmedizin und Wehrpharmazie, 3/1982, S. 7–10.

58 Gespräch mit FLA a.D. Dr. Nöldeke am 31.3.1998.

59 Vgl. Fax Marineamt – MSanDst vom 24.3.1998.

60 Vgl. Wehrmedizin und Wehrpharmazie, 2/1986, S. 186 ff.

61 Vgl. Mobilmachungsplan der Bundeswehr (MobPlBw), BMVg – Fü S III 8 vom 6.9.1971.

62 Vgl. Besondere Anlage 5 zum Mobilmachungsplan der Bundeswehr (BesAnl 5 MobPlBw), SKA – G 3/3 vom 1.10.1988.

63 Vgl. InSan I 1 – Az 10-20-01 vom 19.12.1958.

Armin Arne Steinkamm/Jürgen von Lowtzow

Reservistenarbeit außerhalb der Bundeswehr

Vorbemerkung

Dies ist die Geschichte der Soldaten der Reserve, die als engagierte Staatsbürger freiwillig und überparteilich außerhalb der Bundeswehr in Verbänden organisiert mehr für unseren Staat und unsere Streitkräfte tun wollten, als das, wozu sie in Wehrübungen ohnehin verpflichtet wurden. Es ist vor allem die Geschichte des Verbandes der Reservisten der Deutschen Bundeswehr e.V. (VdRBw)[1], auch wenn es in vielen anderen Vereinigungen, Verbänden und Zusammenschlüssen Reservisten gab und gibt, die sich dort auch zusätzlich in die Pflicht haben nehmen lassen.
Es ist die Geschichte des Verbandes, der vom Deutschen Bundestag und von der Bundesregierung 1971 den Auftrag bekam, aus der Bundeswehr ausscheidende Offiziere, Unteroffiziere und Mannschaften nach den Richtlinien des Bundesministeriums der Verteidigung im Rahmen des Wehrrechts zu betreuen und fortzubilden, also die »Allgemeine Reservistenarbeit« – später die »Freiwillige Reservistenarbeit außerhalb der Bundeswehr«[2] – zu betreiben und damit seinen Beitrag zur Erhaltung des Friedens und zur Sicherheit unseres Volkes zu leisten.
Diese Geschichte muß schon aus Platzgründen aus der Sicht der Bundesebene geschildert werden. Leistungen, die in den Landesverbänden, den Bezirks- und Kreisgruppen sowie den vielen Reservistenkameradschaften in freiwilliger Arbeit erbracht wurden, ohne die es diese Geschichte des VdRBw überhaupt nicht geben würde, sind die Grundlage dieser Ausführungen, die stets mitgedacht werden muß. Die vielen Namen, die mit diesen Leistungen eng verbunden sind, müssen einer anderen Darstellung vorbehalten bleiben, die dieses Engagement ausführlich würdigen kann.

I. Ein neuer Verein für Reservisten
– Die Gründung am 22. Januar 1960 –

1. Die Initiative

Für die ersten Reservisten der Bundeswehr, die im März 1958 nach zwölfmonatigem Wehrdienst in ihre Heimatorte zurückkehren und die von der Notwendigkeit einer Verteidigung der Freiheit überzeugt sind, stellt sich die Frage, wie sie

weiter zur Sicherung des Friedens beitragen und die gerade erst kennengelernte Kameradschaft würden pflegen können. Denn heimatnahe Einberufung, wie später propagiert und auch praktiziert, gibt es noch nicht oder nur in den seltensten Fällen, und damit sind die meisten Kameraden in weite Ferne gerückt. Oft ist auch die Entfernung zur Garnison zu groß, um sich regelmäßig treffen oder das gerade erst Erlernte auf freiwilliger Basis erhalten zu können. In manchen Dörfern und Städten gibt es soldatische Traditionsverbände, wie z.B. den Deutschen Soldatenbund Kyffhäuser, den Bayerischen Soldatenbund von 1874 oder den Verband deutscher Soldaten. Diese würden sich zwar über den Nachwuchs freuen, aber aus Sicht der jungen Bundeswehrreservisten haben viele ihrer Mitglieder eine andere »Erlebniswelt«. Die Bundeswehr mit ihrem neuen Bild vom »Staatsbürger in Uniform« braucht einen eigenen Verband. Es müssen deshalb andere Wege gefunden werden, die kameradschaftlichen Verbindungen außerhalb der Bundeswehr zu erhalten und zu pflegen. Mit diesem Wunsch stehen die Bundeswehrreservisten durchaus nicht allein da, denn in allen westeuropäischen Ländern gibt es über Jahrzehnte gewachsene Reservistenorganisationen, auch wenn zu diesem Zeitpunkt an eine Zusammenarbeit noch nicht zu denken ist.
Die Bundeswehrführung selbst will die ausgebildeten Soldaten der Reserve nicht verlieren und sucht darüber hinaus nach Wegen, auch der Wehrpflicht unterliegende, geeignete Soldaten der Wehrmacht an sich zu binden, die nicht in der Bundeswehr gedient haben. Sie stellt Ende November 1957 erste Überlegungen für Mobilmachungsübungen an, die im folgenden Jahr konkretisiert werden und zur Durchführung erster Wehrübungen führen. Sie hat großes Interesse auch an der Gestaltung der Betreuung von Soldaten außerhalb des Wehrdienstes und bereitet deshalb u.a. Mitte 1958 bei einer gemeinsamen Tagung mit den bestehenden Soldaten- und Traditionsverbänden in Koblenz die Gründung eines eigenen Reservistenverbandes vor, auch wenn der erste Generalinspekteur der Bundeswehr, Adolf Heusinger, sich gegen einen neuen und eigenständigen Verband sperrt und für den Eintritt der Reservisten in den Verband deutscher Soldaten votiert[3]. Um deren Betreuung, Förderung und Weiterbildung innerhalb der Bundeswehr zu gewährleisten, erläßt er im September 1958 die Weisung zur Einrichtung von Betreuungsbataillonen für Reservisten.
In die Diskussion um den besten Weg für die Betreuung und Vertretung der Interessen von Reservisten schaltet sich auch der am 14. Juli 1956 gegründete Deutsche Bundeswehr-Verband (DBwV) ein. Hauptfeldwebel Hermann Stahlberg, damals stellvertretender Bundesvorsitzender und dienstlich im Vorzimmer von Verteidigungsminister Franz Josef Strauß, CSU, verwendet, erinnert sich später, daß sein Verband gern selbst eine zwar eigenständige, aber zum Bundeswehr-Verband gehörende Reservistengruppierung gegründet hätte. Doch als deutlich wird, daß wegen der für die Streitkräfte interessanten Zielsetzung man ohne eine Bereitstellung öffentlicher Mittel nicht auskommt, erlischt das Interesse seines Verbandes, weil nach dessen Selbstverständnis eine finanzielle Unab-

hängigkeit unverzichtbare Voraussetzung für die Wirkung und Durchsetzungskraft dieser Gruppierung ist[4].
Als sich 1959 die Zahl der aus der Bundeswehr entlassenen Wehrpflichtigen auf fast 80.000 vergrößert und erste Wehrübungen durchgeführt werden, kommt es zu kleineren Zusammenschlüssen gleichgesinnter Reservisten in Bayern, Bremen und Niedersachsen. Wenn man diesen Initiativen eine gemeinsame Richtung geben, zentrale Anbindung an die Bundeswehr erreichen und dem Wunsch der Reservisten nach freiwilliger wehrpolitischer und kameradschaftlicher Betreuung nachgeben will, wird es höchste Zeit, über die Gründung einer eigenständigen Bundesvereinigung für Reservisten nachzudenken. Darüber diskutieren am 21. Januar 1960 in Bonn 27 Reservisten aller Teilstreitkräfte vom Gefreiten bis zum Oberstleutnant aus Baden-Württemberg, Bayern, Bremen, Hamburg, Hessen, Niedersachsen, Nordrhein-Westfalen, Rheinland-Pfalz und Schleswig-Holstein.

2. Der Gründungsakt am 22. Januar 1960

Am nächsten Tag kommt es im »Bonner Bürgerverein« zur Gründung des »Verbandes der Reservisten der Deutschen Bundeswehr e.V.« in Gegenwart folgender Gäste: den Mitgliedern des Deutschen Bundestages Hauptmann der Reserve (d.R.) Dr. Ernst Müller-Hermann, CDU, Hauptmann d.R. Karl-Wilhelm Berkhan, SPD, und Hauptmann d.R. Wolfgang Döring, FDP, Oberregierungsrat Dr. Franz Engst aus dem Büro des Wehrbeauftragten des Deutschen Bundestages sowie vom Deutschen Bundeswehr-Verband Oberst Karl-Theodor Molinari und die Hauptfeldwebel Hermann Stahlberg und Friedrich Wilhelm Horz. Oberst Molinari gibt die Bereitschaft zu erkennen, die Gründung der neuen Reservistenvereinigung zu unterstützen. Am gleichen Tag wird eine Satzung verabschiedet, der Vorstand gewählt und folgende Presseerklärung herausgegeben:

> »Der am 22. Januar 1960 in Bonn gegründete Reservistenverband der Deutschen Bundeswehr gibt folgende Erklärung ab:
> Die Reservisten der Bundeswehr haben durch die Bereitschaft zur Erfüllung der Wehrpflicht und zur Ableistung von Wehrübungen sich zu ihren staatsbürgerlichen Rechten und Pflichten bekannt. Aus der Ableistung der Wehrpflicht ergeben sich viele Aufgaben und Anliegen, die eine zentrale Behandlung notwendig machen. Der Verband hofft, durch seine Bereitschaft zur Landesverteidigung einen Beitrag zur Erhaltung des Friedens zu leisten und zur Sicherheit der Freiheit beizutragen. Die Reservisten sehen in der Sicherung der demokratischen Lebensform, in der Erringung der Freiheit, eine notwendige staatsbürgerliche Aufgabe, an der mitzuarbeiten ihr Bestreben sein wird.
> Die in Bonn versammelten Reservisten der Bundeswehr aller Dienstgrade und Teilstreitkräfte – Heer, Luftwaffe, Marine –, der Territorialen Verteidigung und des Sanitätswesens, aus allen Wehrbereichen der Bundesrepublik Deutschland haben sich zum Reservisten-Verband der Deutschen Bundeswehr zusammengeschlossen. Der Verband ist eine Gemeinschaft der Ange-

hörigen der Reserve der Bundeswehr und will die allgemeinen ideellen und sozialen Belange seiner Mitglieder, ihrer Familienangehörigen und ihrer Hinterbliebenen wahrnehmen, soweit sie sich auf den Wehrdienst in der Bundeswehr beziehen. Der Verband macht es sich zur Pflicht, die kameradschaftlichen Bindungen zwischen der aktiven Bundeswehr und der Reserve zu pflegen und auszubauen. Er will den Wehrgedanken und die Wehrbereitschaft fördern. Er will seine Mitglieder laufend über den personellen und technischen Entwicklungsstand der Bundeswehr unterrichten.
Bei der Durchführung seiner Aufgaben sollen folgende Grundsätze Richtschnur sein:
(a) die Wahrung der verfassungsmäßig garantierten Grundrechte, insbesondere der Schutz der Menschenwürde des einzelnen und die Gleichheit aller vor dem Gesetz;
(b) parteipolitische und konfessionelle Neutralität;
(c) Nichteinmischung in truppendienstliche Angelegenheiten.
Die Reservisten hoffen, in der Öffentlichkeit, beim Bundestag und seinem Wehrbeauftragten, bei der Bundesregierung und den gesetzgebenden Körperschaften der Länder sowie besonders bei dem Bundesminister für Verteidigung und der Truppenführung Förderung und Hilfe zu finden. Die Belange der Reservisten der Bundeswehr wahrzunehmen, erfordert eine enge Zusammenarbeit mit der bereits seit Jahren bestehenden Organisation der aktiven Soldaten – dem Deutschen Bundeswehr-Verband e.V. Der Verband würdigt das große Verdienst aller jener Kreise, die den Wehrgedanken im Bewußtsein des Volkes erhalten und gefördert haben. Der Reservisten-Verband der Deutschen Bundeswehr versichert diesen seine kameradschaftliche Verbundenheit[5].«

3. Ziele und Organisation

Im Mittelpunkt der Verbandstätigkeit stehen somit ideelle Zielsetzungen und Werte des Gemeinwohls, für die die Öffentlichkeit und außerhalb des Verbandes stehende Reservisten gewonnen werden sollen. Es liegt in der Natur der Sache, daß diese Zielsetzungen auch Forderungen nach konkreten staatlichen Maßnahmen umfassen, wie eine sachgerechte Einbindung der Reservisten in die Bundeswehr unter Berücksichtigung wirtschaftlicher und gesellschaftlicher Interessen. Soweit zu ihrer Durchführung finanzielle Leistungen in Betracht gezogen werden, dient dies letztlich der Erhöhung der Motivation und Wehrübungsbereitschaft. Darin liegt der wesentliche Unterschied zu den berufsständischen und gewerkschaftlichen Interessenverbänden, die in erster Linie die ökonomischen und beruflichen Interessen ihrer Mitglieder verfolgen. Markenzeichen des VdRBw war von Anfang an die Freiwilligkeit im Engagement für die Sicherheit[6].
In der Satzung wird festgelegt, daß sich die einzelnen Mitglieder zu einer Kreiskameradschaft zusammenschließen, die für die Dauer von zwei Jahren einen Vorstand wählt. Organe des Verbandes sind die Generalversammlung, die alle

drei Jahre einberufen wird, und der Bundesvorstand, der aus einem Bundesvorsitzenden, drei stellvertretenden Bundesvorsitzenden, dem Schriftführer, dem Schatzmeister, dem Pressereferenten und sieben Beisitzern besteht. Er wird auf die Dauer von drei Jahren gewählt[7].
Damit stehen die Grundzüge eines Vereins von Soldaten der Reserve der Bundeswehr fest, der es als seine vornehmste Aufgabe ansieht, die allgemeinen, rechtlichen und wirtschaftlichen Belange seiner Mitglieder wahrzunehmen, die kameradschaftlichen Bindungen zwischen der aktiven Bundeswehr und der Reserve zu pflegen und den Wehrgedanken und die Wehrbereitschaft als Reservisten außerhalb der Bundeswehr zu fördern[8].

II. Hat die Reserve keine Ruh'?
– Die Anfänge der Allgemeinen Reservistenarbeit von 1960 bis 1969 –

1. Partnerschaft mit der Bundeswehr

Für den zum ersten Bundesvorsitzenden gewählten bekannten Wehrjournalisten Major d.R. Adelbert Weinstein und den Gründungsvorstand[9] kommt es darauf an, jetzt die Weichen zu stellen, um den neuen Verband zu etablieren. Schon im Februar 1960 werden er und Vertreter des Gründungsvorstandes von Verteidigungsminister Franz Josef Strauß zu einer Aussprache über Ziele und Aufgaben empfangen; ein Vorgang, den seine Amtsnachfolger unabhängig von ihrer parteipolitischen Zugehörigkeit beibehalten. In einem ersten Spitzengespräch und einer Arbeitsbesprechung, an der Staatssekretär Hopf, Generalinspekteur Heusinger und weitere Persönlichkeiten des Verteidigungsministeriums teilnehmen, werden dem Verband finanzielle Zuwendungen für die Betreuung der Reservisten und für die Einrichtung einer Verbandsgeschäftsstelle mit hauptamtlichem Personal in Bonn zugesagt. Darüber hinaus erhält er eine Option auf 200 Angestellte, mit denen Kontaktstellen bei allen territorialen Dienststellen der Bundeswehr und den Wehrersatzbehörden bis zur Kreisebene eingerichtet werden sollen. Durch die Weisung für die »Betreuung und Weiterbildung der Reservisten außerhalb des Wehrdienstes« vom Februar 1961 wird im Verteidigungsministerium ein Referat für »Reservistenangelegenheiten« im Führungsstab der Bundeswehr und im nachgeordneten Bereich die »Organisation für Reservistenbetreuung« – die auch auf die Initiative des Verbandes zurückgeht – in Verantwortung des Kommandos Territoriale Verteidigung eingerichtet. Damit wird das Grundsystem für eine partnerschaftliche Zusammenarbeit mit der Bundeswehr geschaffen, dessen Funktionieren aber noch von der Aufgabenzuteilung, der personellen Besetzung und der Entwicklung entsprechender Verfahren zur Finanzierung abhängt.
Für die Arbeit des Verbandes fallen 1960 noch zwei wichtige Entscheidungen: im März wird die Verlagsgesellschaft Die Reserve GmbH gegründet. Die erste

Ausgabe der gleichlautenden Monatszeitschrift erscheint im gleichen Monat. Sie dient der Information und wird als Bestandteil der Mitgliedschaft allen Mitgliedern zugestellt. Hergestellt wird sie von der Buchdruckerei Weiss in Monschau, die noch heute die Verbandszeitschrift druckt und für den Versand vorbereitet. Im August werden Landesbeauftragte für die zehn Bundesländer eingesetzt, die die Verbandsarbeit koordinieren sollen. Der Erfolg dieser Maßnahme wird daran sichtbar, daß der gerade gegründete Verband am Jahresende schon 757 Mitglieder zählt.

2. Erste Enttäuschungen

Für den ersten Bundesvorsitzenden läuft dennoch nicht alles so, wie er es sich vorgestellt hat. Der spätere Präsident Woller erinnert sich:

> »[Weinstein] machte das grausame Spiel nicht lange mit, als sich herausstellte, wie es sich die Väter des Gedankens offenbar zurechtgelegt hatten. Im Nachhinein sah das so aus, daß man nämlich hoffte, dieser Verband werde zu einer riesigen Massenorganisation anwachsen, weil jedes Jahr rund 150.000 entlassene Soldaten hineinwüchsen. Da, so mag sich der eine oder andere gedacht haben, der deutsche Mann nichts lieber tue, als am Stammtisch von den hohen Zeiten zu schwärmen, als er noch zweierlei Tuch trug und von den Mädchen bewundert wurde, werde dieser Reservistenverband nach dem Schneeballsystem zu einer wahren Lawine anwachsen. So würden allmählich die »staatstragenden« Kräfte so stark, daß die unsere Gesellschaft aufwühlenden Auseinandersetzungen um die Wiederbewaffnung Deutschlands in den 50er Jahren eines Tages völlig in Vergessenheit geraten wären. Man hatte sich im Jahrzehnt geirrt. Die jungen Männer sind sehr viel sachlicher geworden. Und die Mädchen bewundern heute andere Dinge[10].«

Und später fügte Woller hinzu:

> »Inzwischen ist eine junge Generation durch die Bundeswehr hindurchgegangen. Sie ist nicht in den Denkvorstellungen ihrer Väter hängengeblieben. Sie ist kritisch, was vielen nicht gefällt, aber sie ist weithin auch sachlich und ehrlich. Sie glaubt nicht an jede Amtsautorität – sie will überzeugt werden. Sie ist nicht schlechter als ihre Väter, aber sie läuft auch nicht jeder Fahne nach, sondern engagiert sich nur dann, wenn es ihr richtig erscheint[11].«

3. Erste finanzielle Zuwendungen

Vor diesem Hintergrund ist verständlich, daß Adelbert Weinstein im März 1961 mit der offiziellen Begründung der Arbeitsüberlastung zurücktritt. Im Juni 1961 wird bei der 1. Generalversammlung ein neuer Bundesvorstand gewählt. Neuer Bundesvorsitzender – nun mit dem Titel Präsident – wird Major d.R. Dr. Lothar Ganser, Rechtsanwalt und Notar aus Hameln. Mit ihm werden aufgrund einer

Satzungsänderung sechs weitere Mitglieder des Präsidiums gewählt[12]. Aber dies ist nicht die einzige Änderung. Vor allem werden die bisher zwischen den Kreiskameradschaften und dem Bundesvorstand eingesetzten Landes- und Bezirksbeauftragten nunmehr auch gewählt. Dadurch wird das demokratische Prinzip des Verbandes auch für die bisher satzungsmäßig nicht vorgesehenen Mittelinstanzen eingeführt[13].
Einen Einblick in das Selbstverständnis des VdRBw vermittelt die am 24. August 1961 veröffentlichte Erklärung:

> »Die Ereignisse um den 13. August 1961 geben dem Verband der Reservisten der Deutschen Bundeswehr Anlaß, alle Mitglieder aufzurufen, sich angesichts der verschärften politischen Lage noch konsequenter als bisher ihrer Aufgaben als Reservisten der Bundeswehr bewußt zu werden und alles zu tun, was der inneren Festigkeit unseres Volkes und seiner Verteidigungsbereitschaft dient. Darüber hinaus sind alle Soldaten der Reserve aufgefordert, unmißverständlich zum Ausdruck zu bringen, daß die Auseinandersetzung mit den Kräften der Unfreiheit aber auch unabdingbare Verpflichtung aller Staatsbürger ist[14].«

In Absprache mit dem Verteidigungsministerium wird im September 1961 – nachdem zunächst ein Hauptgeschäftsführer aus dem Kreis der Gründungsmitglieder berufen worden war – Oberleutnant d.R. Hans-H. Jürgensen als Bundesgeschäftsführer eingestellt. Er wird das Amt (ab 1969 als Generalsekretär) des obersten hauptamtlichen Mitarbeiters mehr als 25 Jahre – zuletzt als Oberst d.R. – wahrnehmen. Grundlage für diese Anstellung ist, daß der Verband über das Presse- und Informationsamt der Bundesregierung Zuwendungen aus dem Bundeshaushalt, Einzelplan 14 »Öffentlichkeitsarbeit in Verteidigungsfragen«, erhält und somit hauptamtliche Mitarbeiter nach dem Bundesangestelltentarif anstellen und vergüten darf. Voraussetzung ist, daß er einen den Bundesrichtlinien entsprechenden jährlichen Wirtschaftsplan vorlegt, der dann von den zuständigen Gremien geprüft und vom Haushaltsausschuß des Deutschen Bundestages genehmigt wird.
Damit ist die eigentliche Grundlage zur Einrichtung von Verbandsgeschäftsstellen geschaffen, die die Verbindung von den sich überall bildenden Kreiskameradschaften zu den Kreiswehrersatzämtern, den Wehrbereichskommandos mit ihrem nachgeordneten Bereich und zum Verteidigungsministerium herstellen sollen. Jetzt wird auch die Gliederung dieses zentral ausgerichteten, aber dezentral parallel zur Gliederung der Organisation für Reservistenbetreuung der Territorialen Verteidigung arbeitenden Verbandes deutlich. Er muß zentral geführt und verwaltet sein, um die Finanzen auf Bundesebene kontrollieren und die Interessen aller Reservisten wirksam vertreten zu können, arbeitet aber dezentral, um seine Mitglieder möglichst ortsnah zu betreuen und zu werben. Trotz aller erfreulichen Fortschritte sind die Anfangsturbulenzen aber keineswegs überwunden. Im Januar 1962 tritt Präsident Ganser aus persönlichen Gründen zurück und es beginnt die Suche nach einem Nachfolger.

4. Verbandspolitische Ereignisse ab 1962

Welche Anziehungskraft dieser Verband mit seinen knapp 4.000 Mitgliedern schon hat, zeigt sich daran, daß der gerade erst ausgeschiedene Inspekteur der Marine, Vizeadmiral a.D. Friedrich Ruge, bereit ist, das Amt zu übernehmen. Bei einer »außerordentlichen Hauptversammlung« im Mai 1962 wird er zum Präsidenten gewählt. Ebenso gewählt wird der übrige Bundesvorstand, bestehend aus drei Vizepräsidenten, dem Schatzmeister und zwei weiteren Mitgliedern. Die Satzung wird der Entwicklung angepaßt[15]. Dabei werden aus den Kreiskameradschaften Kreisgruppen; unterste Organisationsform sind jetzt die Kameradschaften. In § 2 »Zweck des Verbandes« wird u.a. ausgeführt:

> »Angesichts der Bedrohung unserer Freiheit und Lebensform wollen seine Mitglieder als gediente Soldaten militärisch und kameradschaftlich eng mit der Bundeswehr verbunden bleiben. Als verantwortungsbewußte Staatsbürger wollen sie helfen, die Kenntnis über die Bundeswehr zu vertiefen und das gegenseitige Verständnis und Vertrauen zwischen Volk und Bundeswehr zu fördern. Ihr Ziel ist, den Verteidigungswillen und die Verteidigungskraft zu stärken und dadurch zur Sicherung unserer Freiheit beizutragen[16].«

In seiner Antrittsrede unter dem Motto »Den Frieden gewinnen« führt Präsident Ruge am 26. Mai 1962 aus:

> »Wir müssen vielmehr den geistigen, den moralischen Kampf führen. Ich bin davon überzeugt, daß wir ihn gewinnen können. Er wird lange dauern. Aber je entschlossener wir sind, desto sicherer bin ich, daß wir diesen Kalten Krieg durchstehen und einen wirklichen dauernden Frieden gewinnen können. Hier liegt im Kern unsere Aufgabe[17].«

Als ehemaligem Berufssoldaten kommt es ihm vor allem darauf an, in der Bundeswehr Vertrauen zu schaffen und Vorurteile gegenüber dem Verband abzubauen. In seine dreijährige Amtszeit fallen folgende verbandspolitisch wichtigen Ereignisse:

a) Internationale Zusammenarbeit

Die schrittweise Übernahme der Verantwortung für die internationale Zusammenarbeit mit Reservisten anderer Nationen von der Gesellschaft für Wehrkunde e.V.: Reserveoffiziere, die Mitglieder der Gesellschaft für Wehrkunde e.V. und gleichzeitig auch Verbandsmitglieder sind, können zwar schon im September 1961 erstmals an den Wettkämpfen der Confédération Interalliée des Officiers de Réserve (CIOR) – einem interallierten Zusammenschluß von ca. 400.000 Reserveoffizieren aus acht NATO-Staaten (später sind es 15) – in Athen teilnehmen und mit dazu beitragen, daß Deutschland Mitglied dieser Organisation wird. Dies, obwohl – mit Ausnahme der USA und Großbritanniens – alle damaligen Mitgliedstaaten der CIOR während des Krieges von Deutschland besetzt waren. Im September 1962 nimmt nun erstmals eine Mannschaft in Rom teil, die nur aus Mit-

gliedern des VdRBw besteht und die auf Anhieb den zweiten Platz belegt. Der Wunsch des Verbandes, unser Land in der CIOR allein zu vertreten, wird erst 1965 Realität. Seitdem repräsentieren Mitglieder des VdRBw die Bundesrepublik Deutschland im Einvernehmen mit dem Verteidigungsministerium.
Da es einen vergleichbaren Zusammenschluß von Reserveunteroffizieren nicht gibt, gründen im VdRBw organisierte Unteroffiziere im Juni 1963 in Toulon zusammen mit Gleichgesinnten aus Belgien, Frankreich, Luxemburg und der Schweiz die Association Européenne des Sous-Officiers de Réserve (AESOR), in der sie auch heute noch entscheidende Weichen stellen. Später treten auch Großbritannien und Österreich bei.
Beide Mitgliedschaften verschaffen dem VdRBw großes internationales Ansehen: Einerseits durch perfekte Gastgeberrollen bei den CIOR-Kongressen 1966 in München, 1971 in Hannover, 1978 in Bonn und besonders 1989 in Würzburg, in Zeiten des politischen Umbruchs, sowie bei den AESOR-Kongressen 1968 in Bonn und 1978 in Trier. Andererseits nehmen die langjährigen deutschen AESOR- und CIOR-Vizepräsidenten auf die während der Kongresse zu behandelnden Themen Einfluß – z.B. zu Fragen der Reservistennutzung im Bündnis oder nach der »Wende« der Öffnung CIOR's gegenüber den mittelosteuropäischen Staaten. Als besonders herausragend sind das Wirken von Oberfeldwebel d.R. Werner Frank, Oberbootsmann d.R. Siegfried Hermann, Konteradmiral a.D. Rudolf Rösing und Oberst d.R. Roland Ziegler zu bewerten, die turnusgemäß jeweils für zwei Jahre die Präsidentschaft im entsprechenden Zusammenschluß übernehmen und ihm dabei ihren ganz spezifischen Stempel aufdrücken.

b) Mitarbeit im »Beirat Innere Führung« (1963)

Mit der Berufung des Vorsitzenden der Bezirksgruppe Pfalz, Major d.R. Karl Brodrück, durch Verteidigungsminister Kai-Uwe von Hassel in den 1958 von Franz Josef Strauß geschaffenen »Beirat für Fragen der Inneren Führung« im Juli 1963 wird der noch junge Verband als gesellschaftspolitische Gruppierung anerkannt, die in einer der zentralen Anliegen der Bundeswehr, der Inneren Führung, zur Mitwirkung aufgefordert wird. Später sind es die Präsidenten oder Vizepräsidenten des Verbandes, die vom jeweiligen Bundesminister der Verteidigung in den Beirat berufen werden, um Fragen der Inneren Führung auch aus Sicht der Reservisten darzustellen und deren Interessen dort wahrzunehmen.

c) Der »Auftrag des Parlaments« (1964)

Diese Anerkennung findet ihre Bestätigung auch durch die erste Anhörung von Vertretern des Verteidigungsministeriums und der Verbandsführung im Februar

1964 vor dem Verteidigungsausschuß des Deutschen Bundestages zu Aufgaben und Zielen des Verbandes. Dabei stimmt dieser zu, daß der VdRBw als einziger Verband offiziell mit der Betreuung und Weiterbildung von Reservisten beauftragt wird, daß er als einzige Organisation die Interessen der Reservisten vertritt und ihm dafür weitere Mittel gewährt werden. Dies unterscheidet ihn von allen anderen Soldaten- und Traditionsverbänden: als ziviler, eingetragener Verein wird er mit Zustimmung des Parlamentes beauftragt, die Reservisten der Bundeswehr zu betreuen und weiterzubilden sowie ihre Interessen wahrzunehmen. Von nun an haben die Soldaten der Reserve, soweit sie Mitglied des VdRBw sind und diesen Auftrag freiwillig übernehmen, auch außerhalb der Bundeswehr keine Ruhe mehr. Aber bis zur tatsächlichen Übernahme dieser Verantwortung werden noch mehr als zehn Jahre vergehen.

5. ... und weitere Fortschritte

In der Amtszeit Friedrich Ruges, den der 3. Bundesdelegiertentag im Mai 1964 erneut zum Präsidenten wählt[18], wird die Mitgliederzahl durchschnittlich um mehr als 5.000 Soldaten der Reserve aller Dienstgrade pro Jahr gesteigert und die Verbandsorganisation weiter ausgebaut.
Als der Verband im Januar 1965 fünf Jahre alt wird, hat er rund 20.000 Mitglieder und ist in allen zehn Bundesländern, 31 Regierungsbezirken und 570 Stadt- und Landkreisen durch Kameradschaften, Kreisgruppen oder Arbeitskreise oder -gemeinschaften vertreten. Er hat fast 150 hauptamtliche Mitarbeiter und Mitarbeiterinnen, die zunächst in den Geschäftsstellen auf Landes- und Bezirksebene ihre Rolle als Ansprechpartner für die Bundeswehrdienststellen und Reservisten sowie als Organisatoren für den Verbandsaufbau übernommen haben. Der Verbandszeitschrift »Die Reserve« wird eine monatliche Beilage »Der Reservist im Spiegel seiner Veranstaltungen« beigeheftet, in der über die Aktivitäten in den Wehrbereichen berichtet wird. In abgewandelter Form existiert sie heute noch als »Reservisten Report«, dem Innenteil der heutigen Verbandszeitschrift, in dem über alle Facetten des Verbandslebens berichtet und der deshalb aus Mitgliedsbeiträgen bezahlt wird.
Als im März 1965 Präsident Ruge eine Professur an der Universität Tübingen angeboten wird, kündigt er seinen Rücktritt an, der durch einen außerordentlichen Delegiertentag im Juli 1965 angenommen wird. Als Ergebnis der Neuwahl wird Brigadegeneral a.D. d.R. Konrad Stephanus, zuvor Kommandeur der Nachrichtenschule der Bundeswehr in Bad Ems, sein Nachfolger[19]. Bei seiner Amtseinführung stellt er folgende Ziele seiner Präsidentschaft vor:
- Mit dem Verband den wehrpolitischen Schutz für ein Leben in Freiheit und Menschenwürde zu stärken,
- militärpolitisch die Aufgabe der Bundeswehr und ihrer Reservisten in unserem Volk und bei den befreundeten Nationen zu verdeutlichen,

- die Bundeswehr in militärischen und militärpolitischen Bereichen zu unterstützen,
- den Reservisten der Bundeswehr zu betreuen und seine Belange zu vertreten,
- den Reservisten anzuhalten, sich selbst freiwillig militärisch, wehr- und militärpolitisch weiterzubilden und
- die Kameradschaft zu pflegen und zu tätigen[20].

Dieses Programm hat Perspektive und die Umsetzung läuft. Bei der 4. Bundesdelegiertenversammlung im November 1966 wird General Stephanus als Präsident bestätigt[21]. Eine besondere Anerkennung der bisherigen Leistungen erfährt der Verband, als im November 1966 der Bundesvorstand vom Bundespräsidenten Heinrich Lübke eingeladen wird. Das besondere Interesse an der freiwilligen ehrenamtlichen Tätigkeit der Mitglieder und den staatsbürgerlichen Aufgaben des VdRBw teilen später auch die Bundespräsidenten Gustav Heinemann, Walter Scheel, Karl Carstens und Richard von Weizsäcker, bei denen die Verbandsspitze zu Gast sein und über die Verbandsarbeit vortragen darf.

Mit einem wehrpolitischen Seminar auf Bundesebene 1966 und zwei Informationstagungen 1967 und 1968 wird versucht, mehr als bisher nur auf Landesebene an die Öffentlichkeit zu treten. Dieser Zielsetzung entspricht auch die Gründung des ersten »Reservistenmusikkorps« in Trier, dem später acht weitere »Reservistenmusikzüge« folgen. Diese Bezeichnung wird für die Zusammenschlüsse gedienter Musiker gewählt, um die Unterscheidung zu den Musikkorps der Bundeswehr zu verdeutlichen. Sie sind ideales Mittel für die mehr an Bedeutung gewinnende Öffentlichkeitsarbeit.

Der VdRBw verstärkt die internationale Zusammenarbeit mit den in AESOR und CIOR zusammengeschlossenen Reservistenorganisationen, stiftet im August 1965 ein »Reservistenleistungsabzeichen«, das in Anlehnung an das Abzeichen für Leistungen im Truppendienst der Bundeswehr in drei Stufen erworben werden kann, und sichert sich durch Gespräche mit der Gesellschaft für Wehrkunde (August 1965) sowie Vereinbarungen mit dem Volksbund Deutsche Kriegsgräberfürsorge e.V. (August 1967) und dem Deutschen Bundeswehr-Verband (Dezember 1968) deren besondere Unterstützung.

Im April 1967 erläßt das Bundesministerium der Verteidigung die ersten »Besonderen Bewilligungsbedingungen für die Gewährung einer Zuwendung des Bundes nach § 64a RHO«, in denen es, bevor die Modalitäten im einzelnen festgelegt werden, kurz und knapp heißt:

> Im Einvernehmen mit dem Bundesminister der Verteidigung
> - trägt der VdRBw seiner satzungsgemäßen Zielsetzung entsprechend dem Bedürfnis der Angehörigen der Reserve nach Betreuung Rechnung und
> - unterstützt die Bundeswehr bei ihrer Aufgabe, ihre ausgebildete Personalreserve auch außerhalb von Wehrübungen geistig und körperlich kampftauglich zu halten[22].

Im Dezember 1967 gibt der Verband als Hilfe und Ratgeber für seine Amtsträger ein »Handbuch für die Verbandsarbeit« als Loseblattsammlung heraus, das von Gründungsmitglied Major Heinz-G. Eskorbier erarbeitet wird[23]. Es enthält nicht nur alle Bestimmungen, Weisungen und Verlautbarungen, die für den Reservisten und die Reservistenarbeit wichtig sind, sondern auch alles Wissenswerte aus anderen Vereinen und Gemeinschaften. Noch heute – ständig weiter aktualisiert – ist es den Verbandsgliederungen und Geschäftsstellen ein unentbehrlicher Helfer.

Im August 1968 werden durch Verwaltungsanordnung der Bundesregierung Spenden an den Verband als steuerbegünstigt anerkannt. Für diese sichtbaren Erfolge des Verbandes zollt seine Anerkennung der Befehlshaber der Territorialen Verteidigung, Generalleutnant v. Plato, in seinem Grußwort zum Jahreswechsel 1968/69:

> »Auch im Jahre 1968 war der Bereich der Territorialen Verteidigung durch Organisationsänderungen, Begrenzungen des personellen Umfanges sowie Planungen über die Fusion Heer/TV[24] erheblichen Belastungen ausgesetzt. Dies konnte nicht ohne Auswirkungen auf die Reservistenarbeit der Bundeswehr und damit auch auf die Bemühungen des Verbandes der Reservisten der Bundeswehr e.V. bleiben. Ich habe jedoch bei meinen Truppenbesuchen, in Gesprächen mit Reservisten, dem Inspizienten wie den Stabsoffizieren und Hauptfeldwebeln für Reservisten mit Freude feststellen können, daß trotz der erwähnten Schwierigkeiten Beachtliches auf dem Gebiet der Betreuung, Förderung und militärischen Weiterbildung der Reservisten auf freiwilliger Grundlage geleistet wurde. Dafür möchte ich Ihnen allen Dank und Anerkennung sagen. [. . .][25].«

Und der Generalinspekteur der Bundeswehr, General Ulrich de Maizière, schreibt in seinem Grußwort zur Bundesdelegiertenversammlung 1969:

> »Mögen Sie sich bei Ihrer verantwortungsvollen Tätigkeit bewußt sein, daß die Bundeswehr die Bedeutung und die Leistung des Verbandes der Reservisten der Deutschen Bundeswehr anerkennt. Sie ist bereit, Ihnen jede mög-liche Unterstützung zu geben, die zum Erreichen Ihrer Ziele erforderlich ist[26].«

III. Es geht nicht ohne Reservisten
– Die Präsidentschaft Rudolf Woller von 1969 bis 1978 –

1. »Den Auftrag neu formulieren«

Bei der 5. Bundesdelegiertenversammlung im Mai 1969 in Bad Godesberg wird der Journalist und damalige Leiter des ZDF-Studios Bonn (später Chefredakteur des ZDF) Major d.R. Rudolf Woller neuer Verbandspräsident[27]. Die Delegierten beschließen eine aktualisierte Satzung, in der die Führung neu strukturiert und als zusätzliches Ziel formuliert wird:

> Er [der Verband] vertritt eine Verteidigungspolitik, die Sicherheit für unser Volk gewährleistet, und fördert sie durch Wort und Tat[28].

In seiner Rede »Den Auftrag neu formulieren!« und in einer Resolution der Delegiertenversammlung wird zweierlei deutlich. Dieser neue Präsident will dem VdRBw öffentliches Gehör verschaffen, wenn es um den Begriff der Wehrpolitik, Probleme der Wehrkonzeption oder den Einsatz der Reservisten geht. Und er sieht das Verbandsinteresse ausschließlich in der Erhaltung dieses Staates und seiner freiheitlichen demokratischen Grundordnung, eingebettet in die Gemeinschaft der freien Welt[29].

> »[...] Die Bundesdelegiertenversammlung fordert daher die verantwortlichen Politiker und die Bundeswehrführung – wie 1966 – erneut auf, eine der Bedrohung unseres Vaterlandes entsprechende Reservistenkonzeption zu entwickeln. [...] Der Verband erwartet zur Verbesserung der freiwilligen Reservistenarbeit nunmehr einen zusammenfassenden Grundsatzbefehl des Generalinspekteurs an die Teilstreitkräfte, um die Organisation für Reservisten TV[30] zur vollen Durchführung ihrer im Rahmen aller Streitkräfte gestellten Aufgaben zu befähigen. Der Vorstand des VdRBw seinerseits wird sein bisheriges Anhör- und Mitgestaltungsrecht in Fragen der freiwilligen Reservistenarbeit zielstrebig verfolgen. [...][31].«

Damit wird deutlich, daß die Zeit des Aufbaus abgeschlossen ist und aus der Phase eher gemächlicher Konsolidierung nunmehr zu neuen Ufern aufgebrochen werden soll.

2. »Loyal« – Das neue Wehrmagazin (1969)

Eine der ersten Maßnahmen des neuen Präsidenten und Journalisten ist, das Verbandsorgan »Die Reserve« den geänderten Zielen anzupassen. Nach redaktioneller Umstellung, mit neuem Chefredakteur und neuem Konzept erscheint ab Juni 1969 im Mönch-Verlag nunmehr »loyal – das kritische [ab Oktober 1979 das deutsche] Wehrmagazin«, eine Monatszeitschrift, mit gefälligerem Äußeren und anspruchsvollem Inhalt. Sie wird auch heute noch in der Truppe wie auch beispielsweise im Deutschen Bundestag gelesen. Darin setzt sich die Redaktion nicht nur mit sicherheitspolitischen und militärischen Fragen auseinander und informiert über die Entwicklungen in der Bundeswehr, sondern artikuliert in wachsendem Maße auch die Interessen der Soldaten der Reserve.

3. Erweiterung der Organisation

Am Vorabend seines zehnjährigen Bestehens am 22. Januar 1970 hat der Verband über 35.000 Mitglieder. Seine Geschäftsstellenorganisation im Bundesgebiet ist nach den Vorgaben des Verteidigungsministeriums weiter ausgebaut worden. Er verfügt über ein Generalsekretariat – nach der neuen Satzung wird die Bundesgeschäftsstelle nun von einem Generalsekretär geleitet – sowie 33 Bezirksgeschäftsstellen und hat mit der Einrichtung von Geschäftsstellen auf der Ebene der Verteidigungskreiskommandos und Kreiswehrersatzämter begonnen. Zusammen mit der Struktur ehrenamtlicher Mandatsträger auf Landes-, Bezirks- und Kreisebene und den sich überall gründenden oder bereits bestehenden Kameradschaften und Arbeitskreisen oder Arbeitsgemeinschaften, die sich dem VdRBw anschließen, verfügt er über ausreichend politisches Gewicht, um nun die vom Verteidigungsausschuß im Februar 1964 formulierte Verantwortung schrittweise übernehmen zu können. Aber diese Perspektive reicht dem neuen Präsidium noch nicht.

4. Erste Bundeswettkämpfe für Reservisten (1970)

Im Juli 1970 finden erstmals Bundeswettkämpfe für Reservisten statt, bei denen die freiwillig organisierten Soldaten der Reserve ihre Leistungsfähigkeit unter Beweis stellen können. Diese Wettkämpfe werden zunächst in Verbandsregie, später durch die Bundeswehr mit Unterstützung des Verbandes weiter im Jahresrhythmus (zuletzt alle zwei Jahre) durchgeführt und hinsichtlich der gestellten Aufgaben für Wettkampfmannschaften und Einzelwettkämpfer den Vorgaben der Bundeswehr für die militärische Förderung angepaßt. Dadurch geben sie die Möglichkeit zu einem Einblick in die Spitzenleistungen der durch den VdRBw betriebenen allgemeinen Reservistenarbeit, die der bereits 1961 geschaffene »Inspizient für die Betreuung und Weiterbildung der Angehörigen der Reserve« und die Kommandeure regelmäßig mit Interesse verfolgen und würdigen.

5. Mit wissenschaftlicher Hilfe zu neuen Ufern?

Zu neuen Ufern soll eine zweite Initiative des neuen Präsidenten führen: Durch die Veränderung der sicherheitspolitischen Lage und die dadurch bedingte größere Bedeutung der Soldaten der Reserve, die nun dringend gebraucht werden, um die konventionelle Verteidigung zu verstärken, steigt auch das öffentliche Interesse an der damit verbundenen Thematik. Dazu trägt auch die kritische Bestandsaufnahme der Bundeswehr bei, deren Ergebnis Verteidigungsminister Helmut Schmidt im Weißbuch 1969 veröffentlicht. Bei den ab August 1969 beginnenden Arbeits- und Informationsgesprächen mit den Abgeordneten des Deutschen Bundestages wird darüber hinaus deutlich, daß für die richtige Lagebeurteilung des Verbandes noch wichtige Informationen fehlen. Mit wissenschaftlichen Mitteln läßt das Präsidium erkunden, mit welcher Zielgruppe in der Gesellschaft es der VdRBw zu tun hat, wie Reservisten sich selbst einschätzen, was sie sich wünschen, was sie zu leisten bereit sind und welche Rolle der Verband für die Bundeswehr übernehmen könne. Die erste Bestandsaufnahme des VdRBw und eine Untersuchung der Lage der Reservisten insgesamt ist Voraussetzung für die bessere Nutzung des freiwilligen

Engagements der Reservisten. Im Dezember 1970 wird das Forschungsinstitut für Sicherheit, Strategie und Internationale Fragen (FSF) in München beauftragt, eine rechts- und sozialwissenschaftliche Analyse vorhandener und möglicher Aufgaben des Reservistenverbandes und seines Rekrutierungspotentials vorzunehmen. Der erste Teil – eine Durchleuchtung der inneren Struktur des Verbandes – liegt aufgrund vorhandener Vorarbeiten im Februar 1971 vor. Er stellt insbesondere einen Wandel in den Erwartungen der Mitglieder gegenüber ihrem Verband fest:

> »Die Befragten sehen zu über 90 Prozent den VdR als Interessenverband und lehnen das althergebrachte Bild einer mehr der kameradschaftlichen Kontaktpflege und der allgemeinen militärischen Information gewidmeten Organisation ab. [...] An erster Stelle steht jetzt das Interesse an wirksamerer Mitbestimmung des VdR bei allen den militärischen Status der Mitglieder berührenden Fragen. [...] Man wünscht, daß die zahllosen freiwilligen Aktivitäten auch von staatlicher Seite anerkannt werden – nicht nur in Grußworten und Festansprachen, sondern vor allem durch konkrete militärische Förderung und Beförderung. Insofern verstehen die Mitglieder den Verband auch als ›politische‹ Organisation. Der Verband soll sich verstärkt in den politischen Willensbildungsprozeß einschalten, um diese Interessen wirksamer artikulieren zu können[32].«

Ausgangs- und zentraler Bezugspunkt des zweiten Teiles ist der erklärte Wille des Verbandes, über die bisherigen Aufgaben hinaus zum freiwilligen Kader in einer neuen Organisation eines Teiles der Bundeswehr zu werden. Er will »Träger einer Funktion in den Streitkräften« sein. Dabei entspringen solche Absichten nicht etwa verschleierten verbandsegoistischen Interessen. Im Gegenteil: »Eine solche Funktion müßte dieser Verband erhalten, oder man sollte ihn auflösen[33].« Das Ergebnis ist eine »Reservistenenquete«, auf deren Grundlage eine programmatische Orientierung möglich ist, und die mithilft, die erste Reservisten-Konzeption der Bundeswehr zu initiieren[34]. Die vorgelegten empirischen Daten belegen auch, daß Vorstellungen bei den Reservisten dominieren, die mit denen des Bundesministerium der Verteidigung nicht übereinstimmen.

Im zweiten Teil der »Reservistenenquete«, in dem die Lage der Reservisten insgesamt untersucht wird, halten die Autoren fest, daß dem VdRBw mit seinen im Jahr 1971 rund 40.000 Mitgliedern als freiwilligem Kern des 1,5 Millionen starken Reservistenpotentials große Bedeutung zufällt. Aber sie warnen davor, für den Verband die bisher übertragenen Aufgaben zu erweitern, oder ihm z.B. eine Funktion in den Streitkräften zu übertragen, weil dies zwangsläufig zu einem Wandel seiner Rechtsform führen müßte, die Attraktivität und Freiwilligkeit negativ beeinflussen würde.

Als Ergebnis beider Untersuchungen gilt es deshalb für die Führungsspitze – die an den Überlegungen von Verteidigungsminister Schmidt zur Änderung der Wehrstruktur beteiligt ist und in diesem Rahmen den Auftrag gern erweitert gesehen hätte – zusammen mit der Bundeswehr das bei den Mitgliedern vorhandene freiwillige Engagement im Sinne des erhaltenen Auftrages zu fördern und gleichzeitig als Interessenvertreter dafür zu sorgen, daß die Bedingungen für wehrübende Reservisten weiter verbessert werden.

6. Neue »Bewilligungsbedingungen« (1971)

Das wird von der Bundesregierung honoriert: Im April 1971 werden die neuen »Besonderen Bewilligungsbedingungen« erlassen, die die Voraussetzungen und Regeln für die Gewährung von Zuwendungen (nun gem. § 23 BHO) präzisieren:

> »Im Einvernehmen mit dem Bundesminister der Verteidigung und gemäß seinen Satzungszielen
> - erfaßt und betreut der VdRBw alle Reservisten, die sich freiwillig zur Mitarbeit zur Verfügung stellen,
> - wirkt er in zunehmendem Maße in den Bereich der wehrpolitischen Meinungsbildung, in der Diskussion um das Wehrsystem in einer sich ändernden Umwelt und der Öffentlichkeit,
> - baut er hierzu seine Verbandszeitschrift zu einem qualifizierten Publikationsorgan aus,
> - übernimmt er zur Entlastung der Bundeswehr in zunehmendem Maße Aufgaben im Rahmen der Reservistenarbeit und schafft im weiteren Ausbau hierzu die Voraussetzungen[35].«

7. Die erste Reservistenkonzeption vom 9. Juli 1971

Parallel zur Entwicklung des Verbandes ist der Bedarf an Reservisten für die Beorderung in der Bundeswehr gestiegen. Ende des Jahres 1970 setzt sich der Verteidigungsumfang der Bundeswehr aus rund 458.000 aktiven Soldaten und 663.000 Reservisten zusammen[36]. Ohne den Einsatz letzterer sind weder die Einsatzverbände noch die zahlenmäßig erweiterte Heimatschutztruppe einsatzbereit, die allein einen Bedarf von über 100.000 Reservisten hat. Vor allem dem Heer, das nach Fusionierung mit dem Kommando Territoriale Verteidigung dessen Aufgaben mit dem neugeschaffenen Territorialheer übernimmt, fehlt ein Konzept, um die Reservisten nahtlos in die sich weiterentwickelnde Wehrorganisation einzubauen. Wie wenig bisher gelungen war, für die wachsende Zahl von Reservisten in den Streitkräften angemessene Bedingungen zu schaffen, deuten die Bestandsaufnahme im Weißbuch 1970[37] und der Bericht des Wehrbeauftragten Fritz-Rudolf Schultz im Jahr 1971 an, wo er die Reservisten der Heimatschutztruppe nicht als Stiefkinder gegenüber dem Feldheer betrachtet wissen möchte[38]. Das Verteidigungsministerium reagiert mit dem Erlaß der 1. Reservistenkonzeption am 9. Juli 1971. Für alle freiwilligen Reservisten ist bedeutend, daß die Bundeswehr feststellt:

> »Aus wehrpolitischen und psychologischen Gründen liegt es [...] im Interesse der Bundeswehr, alle Reservisten, die sich freiwillig zur Mitarbeit außerhalb von Pflichtwehrübungen zur Verfügung stellen, zu sammeln, zu betreuen, militärisch zu fördern und für Verteidigungsaufgaben vorzusehen[39].«

Die für den Verband, der an der Entwicklung der Konzeption mitarbeitet, wichtigste Aussage besteht darin, daß ihm ein Teil der Reservistenarbeit übertragen wird. Sie unterscheidet sich nach spezieller Reservistenarbeit, die sich auf die mob-beorderten Reservisten bezieht[40], und nach der allgemeinen Reservistenarbeit:

> »Die allgemeine Reservistenarbeit spricht die Reservisten aller Einberufungsgruppen aufgrund ihrer örtlichen Erfaßbarkeit an und verfolgt das Ziel, die Freiwilligkeit der Reservisten durch militärische Förderung und Information in aktive Mitarbeit umzusetzen. Durch die militärische Förderung werden alle Reservisten körperlich und geistig einsatzbereit gehalten; außerdem wird die Ausbildung in Pflichtwehrübungen sinnvoll ergänzt. Die Information der Reservisten ist ein wesentlicher Bestandteil der Öffentlichkeitsarbeit. Träger der allgemeinen Reservistenarbeit ist der Verband der Reservisten der Deutschen Bundeswehr e.V., der die Belange der Reservisten gegenüber der Öffentlichkeit, dem Parlament und der Regierung vertritt und es als wichtigste Aufgabe ansieht, sich im Bereich wehrpolitischer Meinungsbildung der Reservisten und der Öffentlichkeit zu betätigen. Die Zusammenarbeit des Verbandes mit internationalen Reservistenorganisationen wird besonders gepflegt. Die vom Verband angebotene Verwendung seiner nicht in den Verteidigungsumfang der Bundeswehr mob-beorderten Mitglieder für Aufgaben der militärischen Landesverteidigung wird untersucht. Der Verband arbeitet bei der allgemeinen Reservistenarbeit mit der Organisation für Reservisten zusammen. Die Teilstreitkräfte (Truppe) unterstützen diese Zusammenarbeit.
> Die Gesellschaft für Wehrmedizin hat die Reservistenarbeit für die Sanitätsoffiziere der Reserve übernommen[41].«

8. Übernahme der Allgemeinen Reservistenarbeit

Mit der ersten Reservisten-Konzeption (1971) beginnt nicht nur der zweite Abschnitt der Geschichte der Reservisten der Bundeswehr. Der in der Konzeption erhaltene Auftrag markiert zugleich den Beginn des zweiten Abschnitts in der Geschichte des VdRBw. Mit ihm wird erstmals in der deutschen Militärgeschichte einem zivilen eingetragenen Verein ein staatlicher Auftrag mit weitreichenden Kompetenzen und entsprechender finanzieller Ausstattung aus dem Bundeshaushalt übertragen[42].
Der Wunsch des Verbandes, die in der Reservistenkonzeption genannten Aufgaben zu übernehmen, ist in Erfüllung gegangen und nun kommt es darauf an, die Voraussetzungen zu schaffen, um sie von den Stabsoffizieren und Hauptfeldwebeln für Reservisten zu übernehmen und die Durchführung in eigener Verantwortung gegenüber dem Auftraggeber nachzuweisen. Der Präsident ordnet deshalb an, die notwendigen Fakten zu sammeln, und der Verband legt ab Ende 1972 einen jährlichen Bericht über die Verbands- und Reservistenarbeit (»Strukturbericht«, später »Zustandsbericht«) vor. Darin werden die wichtigsten Daten, Ereignisse und Fortschritte des vergangenen Jahres zusammengefaßt und

dem Bundesministerium der Verteidigung, später auch dem Verteidigungsausschuß des Deutschen Bundestages und dem Bundesrechnungshof, vorgelegt und dort auch mündlich erläutert.
Die wichtigste Aufgabe aber ist, die allgemeine Reservistenarbeit von der Bundeswehr zu übernehmen. Dazu muß die hauptamtliche Struktur des Verbandes an die des Territorialheeres angeglichen werden. Im Januar 1973 werden die zehn Landesgeschäftsstellen aufgelöst und in sechs Bereichsgeschäftsstellen zusammengefaßt. Von den 33 Bezirksgeschäftsstellen verbleiben 29 bei den Verteidigungsbezirkskommandos, das übrige Personal wird zur Einrichtung von Kreisgeschäftsstellen zur Zusammenarbeit mit den 75 Verteidigungskreiskommandos verwendet. Auch muß das verantwortliche Personal auf die Übernahme und Durchsetzung der erweiterten Aufgaben vorbereitet und die Verbandsarbeit auf die neuen Ziele ausgerichtet werden. Dazu werden die Organisationsleiter, d.h. die Leiter der Geschäftsstellen, ab September 1970, später auch die Vorsitzenden von der Kreisgruppe aufwärts, regelmäßig zusammengezogen, um u.a. durch die Bundeswehr in die erweiterten Aufgaben eingearbeitet zu werden. Im Dezember 1974 wird eine »RK-Mappe« zur Anleitung für die Arbeit der Reservistenkameradschaften (RK) herausgegeben.
1974 ist das Jahr des Beginns der offiziellen Übernahme der allgemeinen Reservistenarbeit, wobei in 26 Verteidigungsbezirken die Übernahme bereits stattgefunden hat. Bis auf eine Bezirksgruppe kann dieser Vorgang bis Ende 1975 abgeschlossen werden. Als hauptamtliche Organisation unterhält der VdRBw nun ein Generalsekretariat, sechs Bereichs- und 95 Bezirks- und Kreisgeschäftsstellen.
Er versteht sich trotz der Zuwendungen aus dem Etat des Verteidigungsministers als unabhängiger Partner der Bundeswehr, der sich konstruktiv an der verteidigungspolitischen Diskussion beteiligt. Aber die Skepsis vieler Kommandeure gegenüber der Arbeit des Verbandes bleibt dennoch bestehen, ausgelöst durch die Tatsache, daß seine ehrenamtliche Struktur sich dem Prinzip der Hierarchie, die Aufgabendurchführung dem Prinzip von Befehl und Gehorsam entzieht. Diese Vorbehalte werden auch durch die im September 1971, im April 1974 und im November 1976 durchgeführten drei Bundesinformationstagungen nicht grundlegend behoben. Schon 1970 hat Präsident Woller beklagt, daß der Verband seine Hauptenergie nicht auf das Gewinnen neuer Mitglieder verwenden kann, sondern sie dem Abbau von Vorbehalten in der Bundeswehr widmen muß[43]. Dennoch führen die veranlaßten Maßnahmen zur Mitgliederwerbung »Jeder wirbt ein neues Mitglied« (1975/76) und zur Konsolidierung zum Erfolg. 1976 wird zum »Jahr der Reservistenkameradschaft« erklärt.
Sein gestiegenes Selbstbewußtsein drückt sich auch in der verstärkten Öffentlichkeitsarbeit aus, die der Verband als Interessenvertreter nutzen muß, um sich Gehör zu verschaffen. Er beginnt, sich zu politischen Grundsatzfragen zu äußern, wie z.B. zur Wehrgerechtigkeit oder zur Verbesserung der Unterhaltssicherung, und mahnt Verbesserungen vor allem für die nicht beorderten Reservi-

sten an. Dadurch können ab 1970 eine Reihe von Maßnahmen erreicht werden. Dazu gehören die Ausgabe von Uniformen auch für Reservisten, die nicht fest eingeplant sind, 1971 die kostenlose Mitbenutzung der Soldatenheime durch alle Reservisten, auch wenn sie in keinem Dienstverhältnis stehen, 1976 die Ausbildung von Reserveunteroffizieren in den Ausbildungszentren der Bundeswehr und 1977 Lehrgänge für Reservisten an der Schule für Psychologische Verteidigung. Diese Erfolge, die teilweise in zähen Verhandlungen erzielt werden, stärken das Ansehen des VdRBw in der Öffentlichkeit und vor allem bei den Reservisten, die nicht Mitglieder sind.

Hinzu kommt, daß die Verbandsführung mit den anderen soldatischen Verbänden Vereinbarungen abschließt oder durch Verträge Vorteile für seine Mitglieder zu erreichen versucht. So etwa die Vereinbarung mit dem Bundeswehr-Sozialwerk e.V. (BwSW) im März 1971, die den Verbandsmitgliedern im Rahmen freier Kapazitäten die Nutzung der Einrichtungen des BwSW unter den gleichen Bedingungen wie dessen eigenen Mitgliedern zusichert, oder das Abkommen mit dem Automobilclub von Deutschland e.V. im Dezember 1975, das den Beitritt zum halben Jahresbeitrag ermöglicht. Kooperationsvereinbarungen im Sinne der Reservistenkonzeption werden abgeschlossen mit der Gesellschaft für Wehrkunde e.V. im Februar 1974, dem Deutschen Marinebund e.V. im März 1975, dem Luftwaffenring e.V., der Deutschen Gesellschaft für Wehrmedizin und Wehrpharmazie e.V. – Vereinigung Deutscher Sanitätsoffiziere und dem Ring deutscher Soldatenverbände e.V. im September 1975, der Marine Offizier-Vereinigung e.V. im Dezember 1975, dem Verband deutscher Soldaten e.V. im Juni 1976 und dem Deutschen Soldaten- und Kriegerbund in Bayern e.V. im April 1978. Alle diese Vereinbarungen dienen der Zusammenarbeit und Unterstützung im Rahmen der allgemeinen Reservistenarbeit, ermöglichen Doppelmitgliedschaften und im Einzelfall die Übernahme anteiliger Kosten bei gemeinsamen Veranstaltungen. Darüber hinaus betreuen die Organisationsleiter des Verbandes bundeswehrgediente Mitglieder auch der anderen Verbände bei der Durchführung der allgemeinen Reservistenarbeit. Da die Aktivitäten der kooperierenden Verbände – mit Ausnahme der Gesellschaft für Wehrmedizin, die ebenfalls ihren Auftrag durch die Reservistenkonzeption erhalten hat – fast alle im Bereich der verteidigungspolitischen Öffentlichkeitsarbeit liegen, kommt es wegen des »Alleinvertretungsanspruchs« des VdRBw und der nur ihm zur Verfügung gestellten Zuwendungsmittel zu keiner ernsthaften Kritik.

9. Der Präsident denkt weiter: Die »Bürgerinitiative Reservistenverband« (1975)

Aber der Präsident denkt weiter. In seinem Artikel »Die ›Bürgerinitiative Reservistenverband‹ strebt nach der Fortschreibung des Konzepts« bietet Präsident Woller Ende 1975 erneut an:

»Nach unserer Vorstellung sollte eine fortgeschriebene Reservistenkonzeption dem Verband den Auftrag erteilen, der Bundeswehr leistungsbereite, freiwillige Reservisten für konkrete Verwendungen zuzuführen. [...] Erhielte beispielsweise der Verband von der Bundeswehr den Auftrag, für eine bestimmte Geräteeinheit an einem bestimmten Ort freiwillige Reservisten zu werben, die geeignet sind, bestimmte Funktionen in dieser Einheit auszufüllen, andererseits aber nicht weiter als beispielsweise 50 Kilometer im Umkreis des Standorts wohnen, dann ließe sich dies relativ einfach bewerkstelligen. [...] Er will nicht dem unrealistischen Ziel nacheifern, der Bundeswehr ganze Einheiten vorzuschlagen. Aber [...] wenn in Ortskameradschaften die meisten Mitglieder einer bestimmten Einheit angehören würden, wäre dies Ziel ein ganzes Stück nähergerückt. [...] Dann könnte sich der Wert dieser ›Bürgerinitiative Reservistenverband‹ in direkten Zahlen, nämlich als zählbaren Beitrag für die Qualitätssteigerung unserer Landesverteidigung ablesen [lassen][44].«

Er meint, dieses Angebot aufgrund der Mitgliederentwicklung, des sprungartigen Ansteigens ihres Leistungswillens und der Strukturüberlegungen im Verteidigungsministerium machen zu können. Das zahlenmäßige Verhältnis der Dienstgradgruppen – Reserveoffiziere, -unteroffiziere und -mannschaften – zueinander entspricht etwa dem der aktiven Bundeswehr. 90 % seiner Mitglieder sind zwischen 20 und 40 Jahre alt. Die berufliche Aufgliederung zeigt als stärksten Block die Arbeiter, Facharbeiter und Meister. Überdurchschnittlich hoch – im Verhältnis zu ihrem Prozentanteil in der Gesellschaft – ist auch die Zahl der Studenten. Andere Berufe sind prozentual wie in der Gesamtbevölkerung vertreten[45]. Diese – im Gegensatz zu den Traditionsverbänden – günstige Dienstgrad-, Alters- und Berufsstruktur ist eine wichtige Voraussetzung für die Vorstellungen zur Erweiterung der Aufgaben des Verbandes.

Seinen Auftrag definiert er nunmehr sinngemäß in Kurzform:

»Der Verband spricht Reservisten aller Dienstgrade an und fördert die Freiwilligen und Leistungsbereiten unter ihnen durch Veranstaltungen; er betreibt verteidigungspolitische Öffentlichkeitsarbeit; er vermittelt Kontakte zur aktiven Truppe, damit Reservisten sich auch in ›Dienstlichen Veranstaltungen‹ militärisch in Übung halten können[46].«

Der Stolz des Verbandes ist nicht unberechtigt, denn bei den Bundeswettkämpfen für Reservisten 1977 in Böblingen erklärt der Parlamentarische Staatssekretär im Verteidigungsministerium, Andreas von Bülow, SPD:

»Die Bundeswehr hat im Reservistenverband einen wertvollen Partner. Die Zusammenarbeit mit dem Verband hat sich bewährt. Sie ist gekennzeichnet von gegenseitigem Vertrauen. Die Bundeswehr bleibt an der Zusammenarbeit im Rahmen der gültigen Reservistenkonzeption interessiert und unterstützt die Arbeit des Reservistenverbandes. Mit der militärischen Förderung und Information der Reservisten erfüllt der Verband die Rolle eines Bindegliedes zwischen den leistungswilligen Reservisten und der Bundeswehr. Der Verband ist nach seinem eigenen Verständnis und seiner eigenen Aussage ein ›Dienstleistungsbetrieb in Sachen Landesverteidigung‹. Dieses Engagement brauchen wir künftig vielleicht noch mehr als bisher[47].«

10. Leistungsbilanz (1978)

Am Ende der Amtszeit von Präsident Woller im Jahr 1978 hat der Verband über 70.000 Mitglieder in zehn Landesgruppen mit 29 Bezirks- und 101 Kreisgruppen, 1.412 Reservistenkameradschaften und 185 Reservistenarbeitsgemeinschaften, d.h. ihm gehören mehr als doppelt so viele Mitglieder als zum Beginn des Jahrzehnts an, als er die Führung übernahm.
Als Leistungsbilanz weist der Verband im »Zustandsbericht 1978« nach, daß 18.690 Veranstaltungen der allgemeinen Reservistenarbeit mit 429.168 Teilnehmern durchgeführt wurden. Dies bedeutet gegenüber dem mit dem ersten Bericht für 1972 vorgelegten Ergebnis, daß die Zahl der Veranstaltungen mehr als verdoppelt (+208 %) wurde; die der Teilnehmer – auch wenn eine nicht quantifizierte Anzahl von Mehrfachteilnahmen berücksichtigt werden muß – hat sich mehr als vervierfacht (+408 %). Um diese Leistung würdigen zu können, bedarf es einer etwas genaueren Analyse der in den Zustandsberichten nachgewiesenen jährlichen Ergebnisse.
Bei den 1978 durchgeführten Veranstaltungsarten handelt es sich um Militärische Förderung (37 %), Verteidigungspolitische Öffentlichkeitsarbeit (5 %), Verteidigungspolitische Information der Reservisten (12 %), Seminare (0,8 %), Hochschularbeit (0,2 %) und sonstige Veranstaltungen (45 %). In der Zahl der sonstigen Veranstaltungen sind alle Ereignisse im Rahmen der allgemeinen Reservistenarbeit erfaßt, die nicht eindeutig in andere Veranstaltungsarten eingegliedert werden können (z.B. Märsche unter Beteiligung der Öffentlichkeit). Die Zahlen enthalten weder die im hoheitlichen Bereich durchgeführten dienstlichen Veranstaltungen und Wehrübungen noch die der reinen Verbandsarbeit zuzuordnenden Aktivitäten (z.B. Kameradschaftsabende). 1978 nehmen an den Veranstaltungen der allgemeinen Reservistenarbeit 260.004 Reservisten, davon etwa 7 % Nichtmitglieder, und 169.164 Gäste teil[48]. Der VdRBw weist damit nach, daß er die allgemeine Reservistenarbeit nicht nur auf dem Papier übernommen hat, sondern daß er auch in der Lage ist, sie durchzuführen. Jede seiner Veranstaltungen ist öffentlichkeitswirksam und wirkt durch das positive Beispiel der sich freiwillig engagierenden Reservisten. Die im hoheitlichen Bereich durchgeführten Veranstaltungen gehen dagegen in ihrer Anzahl seit 1974 zurück. Bei bis zu 80 % übernehmen sogar Reservisten, die Verbandsmitglieder sind, Leitungsfunktionen. Auch dies wird als Zeichen dafür gewertet, daß der mit der Reservistenkonzeption beschrittene Weg richtig ist.

11. Vom zweiten zum dritten Abschnitt der Verbandsgeschichte

Diese positive Entwicklung ist die wesentliche Leistung der Präsidentschaft von Rudolf Woller, der wegen eines beruflich bedingten Wechsels nach Kanada – nun Oberst d.R. – 1978 zurücktritt. Bei der 8. Bundesdelegiertenversammlung im Dezember wird als Nachfolger Fregattenkapitän d.R. Heinz-Detleff Drape, CDU, Mitglied des niedersächsischen Landtages, gewählt. Ihm, als langjährigem Vorsitzenden der Landesgruppe Niedersachsen, ist der Verband bestens bekannt. An seine Seite wird Oberst d.R. Helmuth Möhring, MdB, SPD, und Mitglied des Verteidigungsausschusses des Deutschen Bundestages, als einer der drei Vizepräsidenten gewählt, der für die Grundsatzfragen der Reservistenarbeit zuständig wird[49].

Vordringlichste Aufgabe ist die Mitarbeit an der Aktualisierung der Reservistenkonzeption in Abstimmung mit dem Verteidigungsausschuß des Deutschen Bundestages und dem Bundesministerium der Verteidigung. In seiner Rede zum 20. Geburtstag des Verbandes im Januar 1980 beschreibt der neue Präsident den Beitrag zur Fortschreibung so:

> »Wenn man diese Konzeption nunmehr fortschreiben will, d.h. ergänzen und um wichtige Komponenten ausweiten, dann sollte man darüber nachsinnen, wie diese leistungsbereiten Reservisten noch intensiver betreut und eingesetzt werden können. Soldaten der Reserve wollen ihren Mann stehen. Im NATO-Bündnis wird speziell der Mobilisierung von Reservisten im ›langfristigen Verteidigungsprogramm‹ zur koordinierten Verteidigungsplanung bis in die 90er Jahre hinein große Bedeutung beigemessen. Die Bedeutung der Reservisten bei der Einschätzung von Machtpotentialen ist bekannt[50].«

Hatte der Deutsche Bundestag schon im Februar 1979 die Erhöhung des Wehrübungsgeldes beschlossen, so fällt jetzt (Januar 1980) im Bundesministerium der Verteidigung die Entscheidung, daß zukünftig den Bescheiden der Kreiswehrersatzämter an die Reservisten ein Wort des Dankes für den Dienst an der Gemeinschaft beizufügen ist. Darüber hinaus sollen alle Reservisten, die mindestens drei Wehrübungen abgeleistet haben, zusätzlich eine von ihrem Disziplinarvorgesetzten unterschriebene Dankurkunde erhalten. Gleichwohl nimmt Präsident Drape die von Woller gesteckten Ziele zur Aufgabenerweiterung vorläufig zurück. Noch in seiner Festansprache bei der Bundesdelegiertenversammlung 1978 – sozusagen als Vermächtnis an Verteidigungspolitiker und Bundeswehrführung gerichtet – hatte Woller gesagt:

> »Wir hatten erwartet, daß [...] ein nächster Schritt erfolge, der die beiden theoretischen Begriffe der ›Allgemeinen‹ und der ›Speziellen‹ Reservistenarbeit in eine direkte Beziehung zum Nutzen der Qualität der Abschreckungskraft der Bundeswehr setzen würde. Das ist bis zur Stunde noch nicht ganz gelungen. Der Reservist [...] hat nämlich nach dem bestehenden System keinerlei Gewähr, daß er auch benötigt wird. Die beiden Dinge – Förderung und Auswahl – laufen nebeneinander her. Und darum glaube ich, daß es höchste Zeit ist, für eine durchdachte Fortschreibung der Reservistenkonzeption, die die Freiwilligkeit akzeptiert und sie an den richtigen Platz stellt, wenn – auch das ist unser Wort – die notwendige Kontrolle garantiert ist[51].«

Ehrenpräsident Woller bleibt trotz seines Umzugs nach Kanada bis zum September 1982 deutscher CIOR-Vizepräsident und erteilt dieser internationalen Organisation im Rahmen möglicher Mitwirkung weitere Impulse.

Mit der Überarbeitung und Herausgabe der 2. Reservistenkonzeption am 29. Mai 1980 geht der zweite Zeitabschnitt der Geschichte des Verbandes zu Ende. Mit der Übertragung und Wahrnehmung öffentlicher Aufgaben im Vorraum des militärischen Auftrags durch die Reservistenkonzeption 1971 ausgestattet, ist nicht nur das Gewicht des VdRBw gegenüber Parlament, Regierung und Bundeswehr gewachsen – auch in der Öffentlichkeit hat die sichtbare Präsenz freiwilliger Reservisten durch deren Handeln und aktive Teilnahme an der sicherheitspolitischen Diskussion das Ansehen der Streitkräfte und die Einsicht in die Landesverteidigung gestärkt. Damit hat Wollers Slogan »Es geht nicht ohne Reservisten« nicht nur für die Bundeswehr, sondern auch in der Öffentlichkeit besondere Bedeutung erhalten. Aber mit den erweiterten Aufgaben sind auch die Erwartungen der aktiven Soldaten und der Reservisten gestiegen.

IV. Dienstleistungsbetrieb in Sachen Landesverteidigung
– Reservistenarbeit von 1980 bis 1987 –

1. Die zweite Reservistenkonzeption vom 29. Mai 1980

Die Reservistenkonzeption vom 29. Mai 1980 erweckt auf den ersten Blick kaum den Eindruck, wesentliche Änderungen für den Verband zu enthalten. Doch wird beim näheren Hinsehen und in der Praxis bald deutlich, daß der Verband nun als Figur auf dem politischen Schachbrett nicht nur akzeptiert ist, sondern quasi als »verlängerter Arm« des Verteidigungsministeriums gelten kann und vom ihm die Leistung gefordert wird, für die er die finanziellen Zuwendungen erhält, die seine Mitglieder aber nur freiwillig anbieten.
Die neue Konzeption bestimmt:

> »Außerhalb der Bundeswehr ist der Verband der Reservisten der Deutschen Bundeswehr e.V. (VdRBw) besonders beauftragter Träger der Reservistenarbeit. Er erhält für diesen Zweck Zuwendungen aus dem Bundeshaushalt. Bei der Durchführung seiner Aufgabe ist der VdRBw an Vorgaben des Bundesministers der Verteidigung gebunden, die ihren Niederschlag in den ›Besonderen Bewilligungsbedingungen für die Gewährung einer Zuwendung des Bundes nach § 23 BHO‹ finden. Die Organisation des VdRBw soll sich an der Struktur der territorialen Führungsorganisation ausrichten. Im Interesse einer großen Breitenwirkung der Reservistenarbeit arbeitet der VdRBw mit anderen Reservistenorganisationen im nationalen und internationalen Bereich zusammen[52].«

Mit der Reservistenkonzeption von 1980 entfallen die Begriffe »Allgemeine« und »Spezielle Reservistenarbeit«. Die »Organisation für Reservisten« wird aufgelöst, die Zuständigkeits- und Verantwortungsbereiche werden klarer gefaßt. Die Territorialen Kommandobehörden werden nunmehr innerhalb der Bundeswehr für die freiwillige Reservistenarbeit aller Reservisten – ob beordert oder nicht – verantwortlich. Die militärische Organisation konzentriert sich vor allem auf die nur im hoheitlichen Bereich durchführbare »Militärische Förderung«, die »Verteidigungspolitische Öffentlichkeitsarbeit«, für die der Soldat der Reserve als Multiplikator in seinem zivilen Umfeld besonders geeignet ist, wird zur Priorität des Verbandes[53]. Der Verband wird mit seinen fast 80.000 Mitgliedern in über 1.800 Untergliederungen und seinen hauptamtlichen Geschäftsstellen im gesamten Bundesgebiet als Auftragnehmer der Bundeswehr zur besseren Ausschöpfung

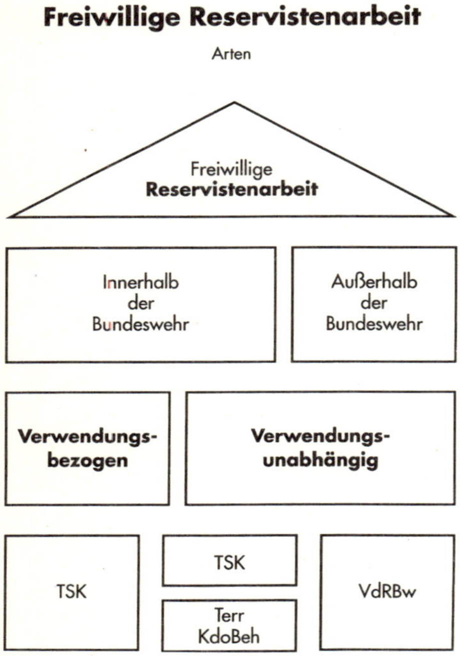

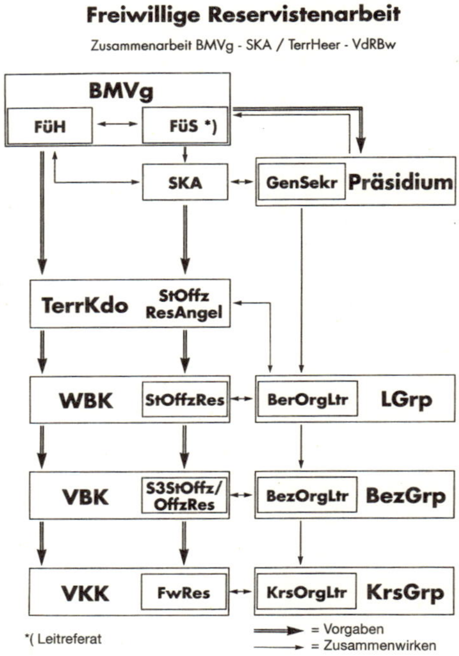

des Reservistenpotentials eingesetzt, d.h. wie jede andere Organisation der Bundeswehr wird er fest eingeplant und auf Zusammenarbeit mit den verschiedenen Ebenen der militärischen Hierarchie angewiesen. Ein Hinweis auf die Besonderheiten der Freiwilligkeit der Leistungen der Mitglieder einzugehen findet sich nicht. Weiter bestimmt die Konzeption:

> »Bundeswehr und der Verband der Reservisten der Deutschen Bundeswehr e.V. (VdRBw) sind bei der Durchführung der Reservistenarbeit auf enge Zusammenarbeit und gegenseitige Unterstützung angewiesen. Dies gilt insbesondere für die militärische Förderung.
> Ansprechpartner für diese Unterstützung auf der jeweiligen Ebene sind:

Bundeswehr	VdRBw
Bundesministerium der Verteidigung	Präsidium
Streitkräfteamt Abt I – Dezernat Reservistenarbeit –	Generalsekretariat
Territorial-/Wehrbereichskommando	Bereichsgeschäftsstelle
Verteidigungsbezirkskommando	Bezirksgeschäftsstelle
Verteidigungskreiskommando	Kreisgeschäftsstelle[54]«

Erstmals greift die Bundeswehr damit offiziell auf die hauptamtliche Verbandsstruktur zurück, die aus Zuwendungsmitteln eingerichtet wurde und deren Angestellte aus diesen Mitteln bezahlt werden. Daß die Masse der Reservistenarbeit aber durch Mitglieder und Mandatsträger des Verbandes geleistet wird, die in aller Regel berufstätig sind und damit während der bei der Bundeswehr üblichen Dienststunden für die beabsichtigte enge Zusammenarbeit nicht zur Verfügung stehen, bleibt nahezu unberücksichtigt.
Darüber hinaus werden auch die Maßnahmen der freiwilligen Reservistenarbeit detaillierter als je zuvor festgelegt.
Maßnahmen der Bundeswehr:

- Unterrichtung aller zur Entlassung heranstehenden Soldaten sowie der Angehörigen von Mobilmachungseinheiten über die Pflichten der Reservisten, die Reservistenarbeit und den VdRBw.
- Übergabe von Anschriftenlisten der aus dem aktiven Wehrdienst ausgeschiedenen Soldaten an den VdRBw zur Werbung von Mitgliedern.
- Bereitstellung von Informationsmaterial.
- Unterstützung des VdRBw bei der Gründung von Partnerschaften zwischen den Reservistenkameradschaften und Truppenteilen der Bundeswehr sowie verbündeter Nationen.
- Darstellung der Reservistenarbeit durch den VdRBw, z.B. bei Mobilmachungs-/Wehrübungen, Bundeswehrausstellungen.
- Durchführung von Dienstlichen Veranstaltungen für Schießen, Militärpatrouillen, sportliche Wettkämpfe, Erwerb von Leistungsabzeichen/Schützenschnur.
- Einladung von Reservisten zu besonderen Veranstaltungen der Truppe, z.B. Truppenübungsplatzaufenthalten, Mitfahrten auf schwimmenden Einheiten der Marine; dabei Information der Reservisten über die aktuelle Situation in der Truppe.
- Unterstützung des VdRBw bei Großveranstaltungen auf nationaler und internationaler Ebene, z.B. Bundeswettkämpfen für Reservisten, Wettkämpfen und Kongressen im Rahmen von CIOR und AESOR.
- Weiterbildung von besonders geeigneten Reservisten in freiwilligen zusätzlichen Wehrübungen – im Rahmen vorhandener Lehrgangskapazitäten – an

Schulen der Bundeswehr, an denen auch nichtbeorderte Reservisten teilnehmen können, solange sie der Wehrpflicht unterliegen.
- Beratung des VdRBw in allen militärischen Belangen durch die Offiziere und Unteroffiziere für Reservisten.
- Betreuung und Weiterbildung beorderter Reservisten durch die kalenderführenden Dienststellen[55].

Dieser Maßnahmenkatalog legt für die Truppenteile und Dienststellen der Bundeswehr einen enumerativ verbindlichen Rahmen für die Zusammenarbeit fest, der aber gleichzeitig hinsichtlich der tatsächlichen Durchführung in der Praxis wieder eingeschränkt wird.

Können Maßnahmen der Reservistenarbeit nur im Bereich der Bundeswehr durchgeführt werden, so erfolgt dies im Rahmen von Dienstlichen Veranstaltungen und freiwilligen zusätzlichen Wehrübungen. Hierbei müssen die Belastungen der Truppe und die entstehenden Kosten in einem vertretbaren Verhältnis zum Nutzen stehen. Die Entscheidung hierüber obliegt den zuständigen Dienststellen[56].

Zur Entlastung der Truppe wird zusätzlich eingefügt:

In die Vorbereitung und Durchführung derartiger Veranstaltungen sind geeignete Reservisten weitgehend mit einzubeziehen[57].

Daraus entsteht das Prinzip: »Reservisten bilden Reservisten aus«, das weiter Eingang in die Befehlsgebung der Bundeswehr findet.

2. Erwartungen auf beiden Seiten

Durch die Ausführlichkeit dieser aktualisierten Reservistenkonzeption, den die »Weisung für die Reservistenarbeit« des Generalinspekteurs, General Jürgen Brandt, vom 30. März 1981 noch verstärkt, wird deutlich, daß auf beiden Seiten Erwartungen geweckt worden sind, die nun zu erfüllen sein werden. Es ist nicht etwa so, daß die Bundeswehrführung die Formulierungen *ex cathedra* so festgelegt hätte. Die Verbandsführung hat vielmehr die in einer Konzept-Kommission erarbeiteten Vorschläge, die die gebündelte Palette der im Verband entwickelten Vorstellungen und Erwartungen darstellt, nicht nur dem Bundesministerium der Verteidigung, sondern bei einem Hearing im November 1979 auch den verantwortlichen Politikern im Verteidigungsausschuß des Deutschen Bundestages nahegebracht[58]. Der Vorsitzende dieser Kommission, Vizepräsident Möhring, stellt dabei eine Verstärkung der verteidigungspolitischen Öffentlichkeitsarbeit als wichtigste Aufgabe in den Mittelpunkt dieser Vorschläge. In seinen Vorstellungen, wie die Mitglieder dafür geworben werden sollten, führt er aus:

> »Freiwillige zusätzliche Betätigung engagierter Reservisten muß auch Anerkennung finden, soll das Engagement erhalten bleiben. Verteidigungspolitische Betätigung in der Öffentlichkeit in Uniform, die Anrechnung dieser Tätigkeit auf Wehrübungszeiten, um auch darin ge- und befördert werden zu können, die großzügige Handhabung des § 40 WPflG[59] und mögliches Über-

schreiten starrer Altersgrenzen sind Erfahrungswerte, die der Verband in seinem Beitrag zur Realisierung angemeldet hat[60].«

Er spricht damit das Empfinden vieler sich freiwillig engagierender Reservisten an, denn daß deren Leistungen besser honoriert werden sollten, wird später in den »programmatischen Leitsätzen des Verbandes für die 80er Jahre« wiederholt, die bei einer außerordentlichen Delegiertenversammlung im Mai 1985 verabschiedet werden. Obwohl sich davon in der neuen Reservistenkonzeption noch nichts wiederfindet, dankt Präsident Drape dem Bundesministerium der Verteidigung ausdrücklich für die vertrauensvolle Zusammenarbeit auf diesem Sektor. Er unterstreicht, daß im Zusammenhang mit der Fortschreibung erstmals die Zusage gegeben und praktiziert wurde, den Verband an der Erarbeitung der Formulierungen zu beteiligen[61]. Er hat die Hoffnung auf Verbesserungen also noch nicht aufgegeben:

> »Nicht alle Forderungen unseres Verbandes wurden [...] berücksichtigt. Die Formulierungen lassen jedoch genügend Raum, um die erforderlichen Weisungen und Einzelerlasse der Bundeswehr so zu fassen, daß sie die besondere Situation und das freiwillige Engagement der Reservisten weitgehend berücksichtigen und honorieren[62].«

Als Ergebnis dieser Reservistenkonzeption wird das bisher nur in den Besonderen Bewilligungsbedingungen verankerte Kosten-Nutzenprinzip, das bei den Verhandlungen des jährlichen Wirtschaftsplans einen deutlichen Zusammenhang zwischen erbrachten Leistungen und Höhe der Zuwendungen spürbar werden läßt, in die Reservistenkonzeption übernommen und so auch für die Unterstützung durch die Truppe festgelegt. Der VdRBw hat sich selbst als Dienstleistungsbetrieb in Sachen Landesverteidigung bezeichnet und wird nun beim Wort genommen. Er ist kein Bittsteller, sondern freiwilliger Auftragnehmer und damit in der Pflicht gegenüber dem Steuerzahler und dem Zuwendungsgeber. Dies erhöht den Druck auf die Durchführenden an der Basis – auch wenn diese Veränderung dort erst mit einer gewissen zeitlichen Verzögerung ankommt – und beeinflußt dadurch langfristig die Freiwilligkeit der geforderten Leistungen.

Natürlich ist dies auch eine Folge der Situation, daß kein Bundesressort mehr aus dem Vollen schöpfen kann; alle müssen sich an der allgemeinen Finanz- und Haushaltsentwicklung orientieren. Deutliches Signal für den Verband ist, daß auf den Antrag des Präsidenten, das für die volle Angleichung des Verbandes an die territoriale Führungsstruktur benötigte Personal genehmigt zu erhalten – auf der Kreisebene fehlen noch fünf Dienstposten –, selbst der Vorsitzende des Haushaltsausschusses, MdB Heinrich Windelen, CDU, und sein Stellvertreter MdB Dr. Bernhard Bußmann, SPD, bei einem Gespräch im Februar 1979 lediglich »ernsthafte Prüfung« zusagen können und dieses Personal auch später nicht mehr zur Verfügung gestellt wird. Dies ist ein Zeichen begrenzter Haushaltsmittel: der »Dienstleistungsbetrieb Reservistenverband« unterliegt den gleichen Rahmenbedingungen wie alle anderen Zuwendungsempfänger. Sein Auftrag aber bleibt weiterhin, seine ganze Kraft aufzubringen, um die Bundeswehr zu unterstützen.

3. Reservisten im Objektschutz und im Projekt »Wartime Host Nation Support«

Der Anregung des früheren Präsidenten Woller folgend wird der Verband an einem Truppenversuch im Heer zur Verbesserung des Objektschutzes in den Jahren 1981 bis 1983 beteiligt. Dabei sollen sich geeignete Reservisten, die im ortsnahen Bereich bestimmter Objekte wohnen, freiwillig melden, um entsprechend ihrer Qualifikation in die selbständigen Sicherungszüge eingeplant zu werden und so »vor der Haustür« ihre militärische Heimat finden. Die von vielen Verbandsmitgliedern immer wieder gewünschte Beorderung und ihre unmittelbare Einbeziehung in die Verteidigungsaufgaben scheint auf diese Weise möglich. Doch die Zahl der in den Truppenversuch einbezogenen Objekte ist begrenzt und einengende Bestimmungen hinsichtlich der Lebensaltersgrenzen für Wehrüberwachung und Beorderung stehen mancher freiwilligen Meldung entgegen. So führen die Bemühungen des Verbandes, obwohl das Projekt zur Schwerpunktaufgabe erklärt und der frühere Inspizient für Reservisten, Oberst a.D. Heinz-Georg Lochte als »Verbandsbeauftragter für den Objektschutz« eingesetzt wird, nicht zur gewünschten Aufgabenerweiterung. Allerdings kann der VdRBw durch die Benennung freiwilliger Reservisten – teilweise melden sich ganze Reservistenkameradschaften, die als Sicherungszüge beordert werden – die personelle Bedarfsdeckung wirksam unterstützen. Dieses gelingt später auch bei dem bündnispolitisch bedeutsamen Projekt Wartime Host Nation Support (WHNS). Denn die Bundeswehr braucht im Rahmen des Langfristigen Verteidigungsprogramms der NATO und später für den WHNS mehr Reservisten als je zuvor. Die Zahl der Wehrübungsplätze wird 1979 um rund 50 % erhöht, damit die gekaderten Verbände des Feld- und Territorialheeres in Zeiten politischer Spannungen rasch aufwachsen und ihre Einsatzaufgaben erfüllen können. Dadurch werden rund 40 % mehr Reservisten als bisher gebraucht[63]. Vor allem sollen ab April 1982 die Voraussetzungen für einen raschen Einsatz amerikanischer Verstärkungsdivisionen und Air Force-Geschwader dadurch geschaffen werden, daß die Bundeswehr sich verpflichtet, rund 90.000 Reservisten für die logistische Unterstützung im Rahmen des WHNS-Abkommens bereitzustellen[64]. Gut ausgebildete Reservisten werden mehr denn je gebraucht, aber trotz dieser weitgehenden personellen Abhängigkeit fällt es der Bundeswehr, die immer noch auf Präsenz setzt, schwer, sich auf diese Reservisten einzustellen, um auch die benötigte Anzahl zu gewinnen. Trotz unzähliger Kontakte und sogar Patenschaften zwischen Truppenteilen und Verbandsgliederungen, ohne die die militärische Förderung nicht zu leisten ist, mangelt es der aktiven Truppe häufig an »Reservistenbewußtsein«. Ein Großteil der Soldaten wird mit anderer Ausbildung aus dem Wehrdienst entlassen, als sie von den späteren Reservisten verlangt wird, und die Hälfte zu Wehrübungen gar nicht mehr einberufen – womit natürlich von Wehrgerechtigkeit nicht mehr die Rede sein kann. Reservisten werden offenbar vielfach als »Zählsoldaten« angesehen, ohne Mitwirkung bei ihrer örtlichen und tätigkeitspezifischen Einplanung für die Mobilmachung und ohne feste Bindung an eine Einheit – dazu sind sie mit zweitklassigem Gerät ausgestattet. Das kann nicht motivationsfördernd sein.

4. »Frustrationserlebnisse« und weitere Erfolge

Auch andere Erfahrungen sind wenig geeignet, die Verteidigungsbereitschaft oder das freiwillige Engagement weiter zu stärken: Frustrationserlebnisse bei langweiligen, oft zeitverschwendenden und militärisch wenig fordernden Wehrübungen, Nachteile im Arbeitsleben und mangelnder Statusgewinn im gesellschaftlichen Umfeld, Einbußen in der Familienkasse oder sogar Nachteile bei der Rentenversicherung. Es fehlt an der Einsicht, daß die Erfahrungen der Reservisten wesentlich das Bild der Streitkräfte in der Bevölkerung prägen und daß dieses Image über den Stellenwert der Truppe in der Gesellschaft und damit wieder über die Gewinnung des notwendigen Nachwuchses entscheidet[65].

Wie es der Bundeswehr in den Jahren des personellen Überflusses nicht gelang, den Reservistenbestand dem Beorderungsbedarf anzupassen, so konnte auch dem VdRBw der gewünschte Durchbruch zum mitgliederstarken Sammelbecken engagierter und freiwillig für die Sicherheit wirkender Reservisten nicht voll gelingen. Diesen Sachverhalt und die vorgenannten Erfahrungen der Reservisten verkennen vielfach diejenigen, die dem Verband kritisch gegenüberstehen[66].

Im Hinblick auf diese Zusammenhänge setzt die Verbandsführung – Präsident Drape und seiner nur in zwei Positionen veränderten Führungsmannschaft wird bei der 9. Bundesdelegiertenversammlung im Oktober 1981 erneut das Vertrauen ausgesprochen[67] – im Sinne der Interessenvertretung für alle Reservisten an und versucht, in einem über Jahre geführten intensiven Dialog mit der Bundeswehrführung Verbesserungen herbeizuführen. Auch wenn Ergebnisse nur schrittweise zu erreichen sind, bleiben weitere Erfolge nicht aus: Mobilmachungsübungen werden auf die für die Beförderung geforderte Wehrübungszeit doppelt angerechnet[68], Reservisten, die regelmäßig Wehrübungen leisten, dürfen zum Ausgehanzug das für ihren Truppenteil befohlene Barett tragen und ab Juni 1983 wird auch für Reservisten die höhere Unteroffizierlaufbahn geöffnet, d.h. sie können wie ihre aktiven Kameraden zu Stabs-, Oberstabsfeldwebel oder -bootsmann befördert werden. Ab Januar 1984 dürfen Reservisten bis zum 65. Lebensjahr an »Dienstlichen Veranstaltungen« der Bundeswehr teilnehmen und im August 1984 genehmigt der Bundespräsident vier Jahre nach Einführung der Verbandsabzeichen für die Truppe auch ein Uniformabzeichen für Reservisten.

Bei ihren Bemühungen nutzt die Verbandsführung natürlich auch ihr inzwischen gewachsenes gutes Verhältnis zu den Abgeordneten des Deutschen Bundestages, die an dieser Problematik interessiert oder im Verteidigungsausschuß mit diesen Fragen ohnehin befaßt sind. Viele Politiker aller im Bundestag vertretenen politischen Parteien – mit Ausnahme der Grünen – sind inzwischen Verbandsmitglieder. Insofern geht es bei dem durchgeführten Meinungsaustausch

mit der SPD, der CDU/CSU, der FDP sowie dem Vorsitzenden des Verteidigungsausschusses und dem Wehrbeauftragten in den Jahren 1982 bis 1987 nicht mehr nur um die Präsentation der erwarteten »Dienstleistungen«, sondern wieder um die Vertretung der Interessen aller Reservisten. Nur auf diese Weise können Verbesserungen erreicht werden, die nur durch Änderung gesetzlicher Vorschriften möglich sind.
Im Laufe der Jahre entwickelt sich auch durch die fast regelmäßigen Gespräche der Verbandsspitze mit den politisch Verantwortlichen auf der Hardthöhe eine vertrauensvolle und fruchtbare Zusammenarbeit. Sie wird unterstützt durch gute Kontakte auf Arbeitsebene zwischen dem Generalsekretariat und dem Leitreferat im Führungsstab der Streitkräfte, den in den Führungsstäben der Teilstreitkräfte verantwortlichen Referenten und den Inspizienten für Reservisten und dem Dezernat Reservistenarbeit im Streitkäfteamt. Man trifft sich regelmäßig, um anstehende Probleme zu besprechen, die Treffen auf höherer Ebene vorzubereiten oder Informationen auszutauschen.

5. Generalleutnant Heinz Kasch erster »Beauftragter für Reservistenangelegenheiten«

Die Zusammenarbeit zwischen Verband und Bundesministerium der Verteidigung erhält eine neue Qualität, als Verteidigungsminister Wörner seine im Januar 1983 gemachte Ankündigung wahr macht und den Stellvertreter des Inspekteurs des Heeres, Generalleutnant Heinz Kasch, im August zum »Beauftragten für Reservistenangelegenheiten der Bundeswehr« ernennt. General Kasch soll teilstreitkraftübergreifend alle im Bereich der Reservistenangelegenheiten wahrzunehmenden Aufgaben steuern und koordinieren. Der neue Beauftragte vertritt den Aufgabenbereich gegenüber der Öffentlichkeit, insbesondere auch gegenüber dem Verband sowie anderen Vereinigungen der Reservisten. Damit steht nun allen Reservisten der Bundeswehr ein zentraler Ansprechpartner zur Verfügung[69]. In seiner ersten Rede bei einer Veranstaltung des Verbandes im Oktober 1983 in Donauwörth führt General Kasch aus, welchen Stellenwert die Bundeswehrführung der Arbeit des VdRBw beimißt:

> »Wir sehen und wünschen Ihr Wirken in drei Dimensionen:
> Erstens: Ihre bundesweite [...] Organisation [...] ermöglicht [...], den jungen Mann nach seiner Dienstzeit im Kreise von Kameraden aufzunehmen, ihn zu betreuen und seine Bereitschaft zur Verteidigung unserer Werte weiter zu erhalten. Die aktive Truppe kann diese Aufgaben [...] nicht leisten. [...] Ich nenne diese Ebene die Motivationsebene. Zweitens: [...] Mit Unterstützung benachbarter Truppenteile können sie aus sich heraus den militärischen Bildungs- und auch Ausbildungsstand in weiten Bereichen so fördern, daß die allgemeinen soldatischen Fähigkeiten und Fertigkeiten weitgehend gehalten, in Teilbereichen auch gesteigert werden. Dies ist die Ausbildungs-

ebene. Drittens: Der Verband der Reservisten ist ein wichtiger Träger für die Belange der Verteidigungsbereitschaft und der Militärpolitik sowie für die Information über unsere Sicherheitspolitik in unsere Öffentlichkeit hinein. [...] Nennen wir das die Informationsebene. Ich bin davon überzeugt, daß die Zusammenarbeit zwischen dem Reservistenverband und der Bundeswehr unter diesen Aspekten noch sehr viel weiter ausbaufähig ist[70].«

Welche Bedeutung die Bundeswehrführung seiner Aufgabe und Tätigkeit beimißt, zeigt sich im März 1986, als General Kasch eigentlich in den Ruhestand gehen soll, sein Amt aber in Form von Wehrübungen bis Dezember 1987 weiterführt, damit er seine Arbeit auch im Interesse der Reservisten fortsetzen kann.

6. Zusammenarbeit mit anderen Verbänden

Da die mit dem VdRBw kooperierenden Verbände den Wunsch äußern, in die Reservistenarbeit außerhalb der Bundeswehr stärker einbezogen zu werden, beschließt der Bundesvorstand, einen Koordinierungsausschuß für die Zusammenarbeit einzusetzen. An der konstituierenden Sitzung Anfang April 1984 nehmen Vertreter des Deutschen Marinebundes, des Verbandes deutscher Soldaten, des Kyffhäuserbundes und des Bayerischen Soldatenbundes teil. Dabei wird deutlich, daß im Sinne der Reservistenkonzeption der VdRBw tatsächlich eine Mittlerrolle zwischen Bundeswehr und den Reservisten anderer Verbände einnimmt[71]. Im sog. »Schaltstellenerlaß« des Bundesministeriums der Verteidigung wird deshalb im Oktober 1984 offiziell festgelegt, daß der VdRBw nicht nur für seine Mitglieder, sondern für jeden Reservisten und ehemaligen Reservisten der Bundeswehr als Ansprechpartner dient, bei dem die Bereitschaft zu freiwilliger Mitarbeit in der Reservistenarbeit gegeben ist[72]. Die Organisationsleiter des Verbandes dienen dabei als Anlaufpunkt und Schaltstelle zur Bundeswehr, d.h. Nichtmitglieder werden von ihnen auf Wunsch wie eigene Mitglieder behandelt, wenn sie zur Teilnahme an Dienstlichen Veranstaltungen vermittelt und zu freiwilligen Wehrübungen einbrufen werden[73]. Durch den Koordinierungsausschuß entwickelt sich eine neue Qualität der Zusammenarbeit, aus der 1990 auf Initiative des späteren Präsidenten der »Beirat für Freiwillige Reservistenarbeit beim VdRBw« entsteht, in dem die darin zusammengeschlossenen Verbände noch heute ihre Aktivitäten in der Reservistenarbeit koordinieren[74].
Präsident Dr. Hans Michael Moll, Oberstleutnant d.R., Rechtsanwalt und Notar, Stadtrat in Kiel, der bei der 10. Bundesdelegiertenversammlung im November 1984 das Amt übernommen hat[75], faßt zum Jahreswechsel 1985 zusammen:

»In intensiven Gesprächen mit den Fraktionen des Deutschen Bundestages, mit den politischen Parteien, mit dem Verteidigungsminister, den Staatssekretären, den Inspekteuren, dem Beauftragten für die Reservistenarbeit, dem Personalstammamt, den Stammdienststellen und einer Reihe weiterer Dienststellen und Organisationen wurde überlegt, wie die Reservisten noch wirkungsvoller als bisher in das Gesamtkonzept unserer Verteidigungspolitik einbezogen werden können. Unser Verband mit seinen nahezu 100.000 Mitgliedern ist nun eingebunden in Objektschutz- und Sicherungsaufgaben sowie die Unterstützung der alliierten Streitkräfte. Er ist dabei, sein Netz der Reservistenkameradschaften erheblich auszubauen, [...] hat die Hochschularbeit neu aufgebaut [...] und [...]seinen Einstieg als Wahrer der Interessen aller Reservisten gefunden[76].«

7. »Bundesarbeitsgemeinschaft Studierender Reservisten« (BSR) gegründet

Sozusagen im dritten Anlauf – nach Bildung der »Bundesvereinigung sicherheitspolitischer Hochschulgruppen e.V.« im November 1975 und dem Versuch zur Wiederbelebung der studentischen Reservistenarbeit im Mai 1980 vor allem durch Studenten, die den »Reservisten Uni Bonn« angehören – gründen 27 studierende Reservisten aus 16 Hochschulen im März 1985 in der Münchener Sanitätsakademie die »Bundesarbeitsgemeinschaft Studierender Reservisten«. Sie will in enger Anlehnung an den Verband die verteidigungspolitische Öffentlichkeitsarbeit verstärken, um eine positive Bewußtseinsänderung in Fragen der Sicherheits- und Verteidigungspolitik an den Hochschulen zu erreichen. Mitglied kann jeder existierende Arbeitskreis Studierender Reservisten werden, wenn er sich diesem Ziel verpflichtet. Dem dreiköpfigen Sprecherrat, später unterstützt durch die Bereichsbeauftragten, gelingt es bis zum November 1985, daß sich die Arbeitsgemeinschaft mit 900 Mitgliedern an 30 Hochschulen im gesamten Bundesgebiet etablieren kann. Dies wird nicht nur durch die Verbandsgliederungen und Organisationsleiter, sondern auch durch Befehlshaber und Kommandeure des Territorialheeres unterstützt, die General Kasch in seiner Funktion als Beauftragter für Reservistenangelegenheiten in einem Schreiben darum gebeten hat. Trotz der starken Fluktuation an den Hochschulen ist dieser dritte Versuch so erfolgreich, daß die »BSR« – wie sie jetzt heißt – noch heute an 39 Hochschulen wichtige verteidigungspolitische Arbeit leistet.

8. Weitere Schritte

Trotz dieser funktionalen und organisatorischen Verbesserungen bleiben nach Ansicht der Verbandsspitze sozial-, arbeits- und steuerrechtliche Benachteiligungen wehrübender Reservisten bestehen. Der Verband fordert im April 1985 in einer Pressemitteilung vom Deutschen Bundestag und vom Verteidigungsminister, diese abzustellen. Zu den Benachteiligungen gehört u.a., daß durch die Anwendung von Regelsätzen – nicht des tatsächlichen Verdienstes im Zivilberuf – eine Begrenzung der Anrechenbarkeit auf die Rentenversicherung eintritt.

Auch werden kein voller Ausgleich für den tatsächlichen Verdienstausfall gezahlt, die Kosten für die Fahrten zur Familie im Jahresausgleich nicht berücksichtigt und die Auslagen für Uniformen nicht als Werbungskosten anerkannt[77]. Bei einem der vielen Arbeitsgespräche über diese Fragen im Juni 1985 – diesmal hat Verteidigungsminister Wörner sogar Mandats- und Funktionsträger aller Ebenen eingeladen – dreht der Minister den Spieß um und stellt fest, daß die besondere Bedeutung des Reservistenverbandes auch darin liege, für die Erhöhung der Anzahl von Wehrübungsplätzen bei den Betroffenen und bei den Arbeitgebern um Verständnis zu werben, wenn der Reservist dringend auch als Arbeitskraft in Unternehmen und Betrieben gebraucht werde[78]. Hier beginnt das Bundesministerium der Verteidigung – wie auch später immer wieder – den VdRBw und vor allem seine Verbandszeitschrift »loyal« bei der Vermittlung wichtiger Informationen für Reservisten zu nutzen.

Im Januar 1986 beschließt der Bundesvorstand die »Richtlinie für die Verbandsarbeit«, die die Lage des Verbandes beschreibt und die Schwerpunkte für seine Arbeit in den nächsten Jahren festlegt. Sie wird im »Handbuch für die Verbandsarbeit« breit gestreut.

Präsident Moll verstirbt im April 1986 nach schwerer Krankheit im 51. Lebensjahr in Kiel. Sein Nachfolger wird der bisherige Vizepräsident und Bundesschatzmeister, Oberst d.R. Helmut Möhring, MdB. Neuer Schatzmeister wird Oberstleutnant d.R. Universitätsprofessor Dr. jur. utr. Armin Steinkamm.

In die Amtszeit des neuen Präsidenten, die bis November 1987 dauert, fallen weitere Verbesserungen für die Reservisten, beispielsweise durch den als Übergangsregelung für einen vorgesehenen Dienstausweis für Reservisten im Mai 1986 eingeführten »Truppenausweis/R«, der die Soldaten der Reserve berechtigt, Anlagen und Einrichtungen sowie schwimmende Einheiten der Bundeswehr zu betreten. In den Mittelpunkt seiner Arbeit stellt Präsident Möhring eine verbandspolitische Standortbestimmung, die in der Augustausgabe 1986 von »loyal« veröffentlicht wird. Darin sind die Forderungen des Verbandes nochmals umrissen:

> »Die Soldaten der Reserve werden für den Verteidigungsumfang der Bundeswehr künftig unentbehrlich. Sie müssen bereit sein, häufig Wehrübungen zu leisten. Deshalb fordert der Verband: keine Nachteile für Soldaten der Reserve. Ihre soziale und finanzielle Sicherung während der Wehrübung muß der in ihrem zivilen Beruf entsprechen. Der von der Bundeswehr gezahlte Unterhalt soll so groß sein wie das Arbeitsentgelt im Beruf. Gleichzeitig darf sich die Rentenversicherung durch die Wehrübung nicht mindern, ebenso nicht die Beschädigtenversorgung.
>
> Beim Dienst in der Bundeswehr sind Reserve-Soldaten in jeder Beziehung den aktiven gleichgestellt. Unterschiedliche Bekleidung und Ausrüstung darf es nicht geben. Wehrübungen müssen so sinnvoll gestaltet sein, daß Abwesenheit vom Arbeitsplatz gerechtfertigt ist[79].«

Im Mai 1987 begrüßt der Verband die in einem Gesetzentwurf der Bundesregierung formulierte Verbesserung der Unterhaltssicherung um 30 % für Grundwehrdienstleistende und wehrübende Reservisten.

9. Probleme der Bundeswehr und ihrer wehrübenden Reservisten

Da der »Pillenknick« die Zahl der Wehrpflichtigen drastisch reduziert, viele einberufene Reservisten alle Möglichkeiten ausschöpfen, um nicht zu Wehrübungen herangezogen zu werden und die Betriebe die zusätzliche Belastung fürchten, bleibt der Bundeswehr nichts anderes übrig, als sich umzustellen. Die Zeiten, uneingeschränkt von der Möglichkeit Gebrauch zu machen, die selben Reservisten nach den Bedürfnissen der Streitkräfte ständig zu neuen Wehrübungen einzuberufen, sind vorbei. Da es zunehmend schwieriger wird, bei Pflichtwehrübungen die erwarteten Antrittsstärken zu erreichen, bedürfen die Bedingungen für wehrübende Reservisten weiter der Verbesserung. Vor allem die Freiberufler sind gegenüber dem Öffentlichen Dienst benachteiligt, weil die Leistungen des Unterhaltssicherungsgesetzes nicht kostendeckend sind. Darüber hinaus gibt es durch Druck vieler Arbeitgeber auf Arbeitnehmer bei deren Neueinstellung Schwierigkeiten, wenn bekannt wird, daß sie regelmäßig üben, wie auch Benachteiligungen dadurch, daß sie in aller Regel ihren Urlaub für freiwillige Wehrübungen verwenden müssen. Immer sichtbarer und von der Bundeswehr selbst erkannt werden die o.a. Probleme des Einsatzes ihrer Reservisten – aber auch die Erkenntnis, daß Teile der Bundeswehr selbst dem Reservistenverband im Wege standen, zum mitgliederstarken Sammelbecken engagierter und freiwillig für die Sicherheit wirkender Reservisten aufzuwachsen[80]. Der Wehrbeauftragte Albert Biehle brachte es später bezüglich des Reservistenverbandes mit der Feststellung auf den Punkt: der VdRBw hätte vermutlich weit über eine halbe Million Mitglieder, wenn es der Bundeswehr in der Vergangenheit gelungen wäre, eine weitaus größere Zahl von Grundwehrdienstleistenden und Reservisten mit höherer Motivation aus dem Dienst zu entlassen[81].
Dies alles soll mit einer neuen Reservistenkonzeption verbessert werden, die der Situation der wehrübenden Reservisten mehr Rechnung trägt als bisher. Daß der Verband daran mitarbeitet, versteht sich von selbst. Nur dieses Mal geht es nicht mehr um die Erweiterung seiner Arbeits- und Einflußbedingungen, jetzt geht es in allererster Linie um die Interessenvertretung für alle Reservisten. Insofern endet hier der dritte Abschnitt der Verbandsgeschichte. Der Dienstleistungsbetrieb in Sachen Landesverteidigung ist mit seinen nun über 100.000 Mitgliedern zum Großverband geworden, der als Interessenvertreter nicht nur seine Feuertaufe bestanden hat, sondern für die Weiterentwicklung der Konzeption als Partner der Bundeswehr und als Sprecher auch für die Bundeswehrreservisten in den anderen Verbänden gebraucht wird.

V. Die Armee entdeckt die Reservisten
– Der vierte Abschnitt der Verbandsgeschichte ab 1987 –

1. Die Bundeswehr muß Konsequenzen ziehen

Schon lange vor Herausgabe der neuen, auf die im Oktober 1985 gebilligte Konzeption der Bundeswehr folgende Reservistenkonzeption 1988 wird bei einem Interview des Generalinspekteurs der Bundeswehr, General Wolfgang Altenburg, deutlich, daß die Bundeswehr aus der gestiegenen Bedeutung der Reservisten für die Landesverteidigung und der damit verbundenen Verdoppelung der Wehrübungszahlen die Konsequenzen ziehen wird[82]. Die Bundeswehr, und vor allem ihre Verwaltung, muß sich auf die Erhöhung der Wehrübungsplätze einrichten und die Wehrübenden integrieren. Da Reservisten teurer als Wehrpflichtige sind, werden die Personalkosten steigen. Die verantwortlichen Politiker sehen sich aber einer schwindenden Akzeptanz effektiver Verteidigung in der Bevölkerung gegenüber. Die Frage lautet, wie bei dieser Bewußtseinslage bei weniger Personal und vermutlich auch weniger Geld der Verteidigungsbeitrag der Bundeswehr zumindest auf gleichem Niveau gehalten werden kann[83]. Der im November 1987 bei der 11. Bundesdelegiertenversammlung gewählte neue Präsident Oberstleutnant d.R. Professor Dr. Armin Steinkamm[84] bietet bei seinen Antrittsbesuchen im Parlament und auf der Hardthöhe im April 1988 die Mitarbeit des Verbandes bei den anstehenden konzeptionellen Fragen an. Auch gilt es im Themenkreis »Wehrdienst und Berufswelt« Tendenzen in der Wirtschaft vorzubeugen, Wehrdienstverweigerer den Reservisten vorzuziehen und um den Abbau weiterer Nachteile bei Abfindungen und Rentenversicherung. Diese Fragen sind auch durch die 3. Konzeption Reservisten der Bundeswehr, die am 9. Mai 1988 erlassen wird und einen Mitte der 90er Jahre zu erreichenden Zustand beschreibt, der schrittweise verwirklicht werden soll[85], noch nicht befriedigend beantwortet.

Der Verteidigungsminister richtet deshalb am 6. Juli 1988 einen Arbeitskreis »Wehrdienst und Berufswelt« ein, in dem alle Spitzenorganisationen der Arbeitgeber und Arbeitnehmer einschließlich der Gewerkschaften, aber auch der Deutsche Bundeswehrverband und der VdRBw vertreten sind. Die Diskussion geht nicht um das »Ob« der Notwendigkeit der Verteidigung, sondern um das »Wie« der dafür notwendigen Belastungen. Die Diskussionen finden Beachtung, auch durch Bundespräsident Richard v. Weizsäcker, der am 5. Juli 1989 vor dem Arbeitskreis angesichts der Entspannung mit dem Osten eine viel beachtete, wegweisende Rede hält:

> »Konstitutives Merkmal unserer Streitkräfte ist die allgemeine Wehrpflicht. [. . .] Die Bedeutung der Reservisten für unsere Streitkräfte aber wird wohl steigen, weil aktive Streitkräfteanteile ausgeglichen werden müssen. Die Bundeswehr hat dafür ein Konzept entwickelt. [. . .] Die Mobilmachung einer Armee in der Reserve stellt besonders hohe Ansprüche an die Einsichtsfähig-

keit von Reservisten, von Arbeitgebern und von der Öffentlichkeit im Ganzen. Sie zu vermitteln, ist das Interesse der Bundeswehr und die Aufgabe von uns allen. Wir stehen vor der Notwendigkeit einer großen Reform, die die Bereitschaft und die Kraft zum Umdenken aller verlangt. Sie wird uns Entlastung bringen, Kräfte und Mittel freisetzen, uns aber auch Pflichten auferlegen. Mehr Reservisten als bisher werden gebraucht, um Aktive zu ersetzen. Wer Abrüstung und Sicherheit will, muß Reservisten wollen[86].«

Der Bundespräsident begrüßt die vielfältigen Anstrengungen, um zwischenmenschliche Distanz in der Bundeswehr zu verringern, den Dienstbetrieb zu straffen und die Weiterbildung innerhalb und außerhalb der Dienstzeit zu fördern. »Dazu gehören [. . .] Gedanken, Reservisten ihre Wehrübungen als sinnvoll erfahren zu lassen und sich des verantwortlichen Sinnes ihrer Mitarbeit besser vergewissern zu können[87].« Die Angesprochenen danken es ihm, aber auch die Politik. Oberst a.D. Bernd Rothenberg, der ab Januar 1989 Generalsekretär des Verbandes als Nachfolger von Fregattenkapitän a.D. Kurt Warnke wird, trifft mit seiner positiven Bewertung der Ergebnisse der gemeinsamen Bemühungen von Politik, Bundeswehr und Verband den Kern:

»Die wohl überraschendste Erkenntnis liegt darin, daß es vor allem die sozialen Maßnahmen dieser Konzeption sind, in denen bereits jetzt die größten Fortschritte erzielt wurden. Sie sind mit den Begriffen Verdienstausfallentschädigung, rentenrechtliche Gleichstellung, Fahrtkostenersatz usw. hinlänglich bekannt. Bei ihrer Bewertung ist vor allem festzustellen, daß sie politisch zu lösen waren, also die Zustimmung breiter Kreise unter den verantwortlichen Politikern finden mußten. Sie können so als Beweis gelten, daß der Reservist selbst, als Mensch und als Betroffener, in der Konzeption den entscheidenden Stellenwert besitzt. Dies gilt wohl auch hinsichtlich der Chancen zur Verwirklichung bereits in Angriff genommener weiterer Maßnahmen zur Verbesserung der Akzeptanz von Reserveübungen durch die Betroffenen[88].«

Es sind die Bemühungen um »Wehrübungsgerechtigkeit« für die Reservisten und deren Motivation, die zu bestätigen scheinen, daß der Schritt von der Präsenz- zur Mobilmachungsarmee nun theoretisch vollzogen wird. Dies gilt, auch wenn die bis 1995 beabsichtigte Realisierung in den Augen einer breiten Öffentlichkeit trotz sichtbarer Fortschritte zu mühsam voranschreitet und zudem unter schwierigen psychologischen Bedingungen erfolgt: Der Erklärungs- und Verständniskrise nämlich über den Sinn von Verteidigung und Bundeswehr, weiterhin der Einstellung der Wehrpflichtigen zur Bundeswehr, besonders zur allgemeinen Wehrpflicht und Kriegsdienstverweigerung, sowie dem Wertewandel in der Gesellschaft, dem sich die Bundeswehr nicht entziehen kann[89].

Das neue Reservistenbewußtsein der Bundeswehr bezieht sich natürlich in erster Linie auf die inzwischen 900.000 zu Beordernden, die nun während ihrer Dienstzeit auf ihre Verwendung als Reservisten vorbereitet und durch ein »Leistungspaket« sozial abgesichert werden sollen. Für die freiwillige Reservistenarbeit gibt es in der neuen Konzeption bis auf das Festschreiben der bisherigen Aufgaben keine Veränderungen:

> »Freiwillige Reservistenarbeit befaßt sich hauptsächlich mit verteidigungspolitischer Arbeit und militärischer Förderung. Zusätzlich zielt sie darauf ab, die in der Reservistenarbeit tätigen Reservisten zu informieren, zu betreuen und zu motivieren[90].«

Ebenso bedeuten die Hinweise auf die zweckgebundenen Zuwendungen aus dem Bundeshaushalt, die Bindungen an die Vorgaben des Bundesministeriums der Verteidigung und die Zusammenarbeit mit anderen Verbänden mit der Funktion des VdRBw als Schaltstelle keine Neuerungen[91]. Der Verband dankt es mit einer neuen Initiative: Am 10. Oktober 1988 wird der »Arbeitskreis Sanitätsdienst« gegründet, der sich auch zur Freude der Inspektion des Sanitäts- und Gesundheitswesens im Bundesministerium der Verteidigung erfreulich entwikkelt. Aber die Formulierung,

> »Die Durchführung der Reservisten-Arbeit einschließlich [der] Definition der Aufgaben des VdRBw ist in der Weisung des Generalinspekteurs der Bundeswehr für die Freiwillige Reservistenarbeit geregelt«[92],

zeigt, daß nun wesentliche Teile der Durchführung aus der Konzeption herausgenommen sind und in die Richtlinie für die Freiwillige Reservistenarbeit des Generalinspekteurs aufgenommen werden. Admiral Wellershoff unterschreibt sie erst am 29. September 1990 – also vier Tage vor der Wiedervereinigung und der Übernahme der Befehls- und Kommandogewalt über die Streitkräfte im beigetretenen Teil Deutschlands. Sie zeigt im Sinne dieser Geschichte der Reservisten wie in einer letzten Momentaufnahme den Höhepunkt der Zusammenarbeit zwischen VdRBw und Bundeswehr. Die dort beschriebene Aufgabenzuweisung stärkt den Auftrag des Verbandes und die detaillierte Einbindung in das Territorialheer stellt einen Vertrauensbeweis in seine Arbeit dar, die über Jahre – trotz oder gerade wegen schwieriger Rahmenbedingungen – vielfach Anerkennung seitens der Bundesregierung, der staatstragenden Parteien und der Bundeswehr gefunden hat. Beispielhaft sei hier das Grußwort des Bundeskanzlers, Helmut Kohl, zum 30jährigen Bestehen des Verbandes im Januar 1990 herangezogen:

> Ich verbinde meine Glückwünsche mit dem Dank an alle Verantwortlichen in Ihrem Verband und die vielen – freiwillig und ehrenamtlich – in der Reservistenarbeit Tätigen für ihre hervorragende Arbeit. Sie trägt dazu bei, daß die Bundeswehr in unserer Gesellschaft fest verankert bleibt und damit selbstverständlicher und unverzichtbarer Bestandteil unseres Staates ist.

2. Alte Zielsetzungen im neuen Umfeld

Auf der Basis dieses Vertrauens gilt es nun für den Verband einerseits, diese gesellschaftspolitische Aufgaben noch mehr in das Bewußtsein der Mitglieder zu rücken. Andererseits geht es darum, als Interessenvertreter seinen Einfluß geltend zu machen, daß die notwendige soziale Absicherung der wehrübenden Reservisten sichergestellt wird, die ein Kernstück dieser neuen Konzeption ist.

Dieses Anliegen sieht der Präsident als die neue Herausforderung, die Bundeswehr, Reservisten als Arbeitnehmer und Arbeitgeber, aber auch ihren Familien, der Wirtschaft und Gesellschaft insgesamt mit der Realisierung gestellt ist. Dabei sind die Zielsetzungen nicht neu – das Umfeld ist neu! Auf der Grundlage der 1988 auf einem außerordentlichen Delegiertentag beschlossenen »Programmatischen Leitsätze für die 90er Jahre« richtet deshalb der VdRBw einen Appell an den Deutschen Bundestag und die Bundesregierung, ausreichende Mittel bereitzustellen, damit die Bundeswehr ihren Auftrag auch in den kommenden Jahren glaubhaft erfüllen kann. Da der Anteil der Verteidigungsausgaben am Gesamthaushalt des Bundes in den vergangenen Jahren kontinuierlich gesunken ist, stellt sich die politische Frage nach dem Rang der Landesverteidigung unter den Aufgaben des Staates.
Trotz aller Bemühungen um das neue »Reservistenbewußtsein« in den Streitkräften hat sich in der Praxis noch nicht viel geändert. Deshalb übt der Wehrbeauftragte Willi Weiskirch in seinem Jahresbericht 1989 harte Kritik an der Bundeswehr in ihrem Umgang mit den Soldaten der Reserve. Mangelndes Fingerspitzengefühl von Vorgesetzten und Beamten gegenüber Reservisten ist sein augenfälligster Kritikpunkt[93]. Die Abstellung dieser Mängel steht dann auch im Mittelpunkt der Gespräche der Verbandsführung; im März 1989 mit der CDU/CSU und im April mit der SPD. Im Juni 1989 hat das jahrelange Drängen endlich Erfolg: das Bundeskabinett beschließt einen Gesetzentwurf, der das Unterhaltssicherunsgesetz so ändern soll, daß wehrübende Reservisten aus der privaten Wirtschaft denen aus dem Öffentlichen Dienst finanziell gleichgestellt werden. Zusammen mit dem Leistungskatalog und der seit Juni laufenden Erprobung des neuen Wehrübungskonzepts sind nun die wichtigsten Weichen gestellt, um den zeitweisen Dienst in den Streitkräften attraktiver zu machen. Aber der Präsident fügt hinzu, daß der Durchbruch auf diesem Feld vermutlich erst dann gelingen wird, wenn die Bundeswehr in der Lage sein wird, die Grundwehrdienstleistenden und wehrübenden Reservisten wenigstens ebenso motiviert aus der Kaserne zu entlassen, wie sie gekommen sind.

> »Das ist nicht nur eine Frage der Finanzen, Struktur, Organisation und Führerdichte, sondern vor allem eine Frage des sinnvollen Dienstes und – im Zeichen des Wertewandels besonders wichtig – der Menschenführung[94].«

3. Der Deutsche Bundeswehr-Verband will die mob-beorderten Reservisten vertreten

In diese Zeit des Fortschritts fällt eine Episode, die nicht unerwähnt bleiben soll. Im Rahmen des gestiegenen Reservistenbewußtseins stellt sich heraus, daß auf einmal der Deutsche Bundeswehr-Verband (DBwV) die Interessenvertretung für die mob-beorderten Reservisten beansprucht, eine Tatsache, deren Hintergrund wegen der bisherigen Aufgabenteilung – DBwV für aktive Soldaten,

VdRBw für Reservisten –, die sich über die vergangenen drei Jahrzehnte eingespielt hatte, schwer zu verstehen ist. Noch im Mai 1987 hatten der Bundesvorsitzende des DBwV, Oberst Rolf Wenzel, und der damalige Präsident Möhring eine Erklärung unterzeichnet, in der die gemeinsame Zielsetzung und Partnerschaft zwischen beiden Verbänden ausdrücklich bekräftigt wurde. Nun stellen einzelne Mitglieder des VdRBw-Präsidiums – auch im Hinblick auf den sicherheitspolitischen Umbruch in Europa, in dessen Folge zwangsläufig auch Überlegungen zur Zukunft des Reservistenverbandes anzustellen sind – die Frage einer Fusion beider Verbände, um die als dringlich erkannte Interessenvertretung für alle Reservisten noch wirksamer wahrnehmen zu können. In einer um die Mandatsträger bis zur Kreisebene erweiterten Bundesvorstandssitzung im Dezember 1989 wird auch diese Frage, die inzwischen über die Presse an die Öffentlichkeit gedrungen war, beraten. Nach ausgiebiger Debatte kommt der Reservistenverband zu dem Beschluß:

> »Aufgrund der unterschiedlichen Aufgabenstellung und Interessenlage des Verbandes der Reservisten der Deutschen Bundeswehr und des Deutschen Bundeswehr-Verbandes sieht der Bundesvorstand keine Veranlassung, eine Fusion beider Verbände anzustreben. Das schließt nicht aus, mit dem Deutschen Bundeswehr-Verband über eine engere Zusammenarbeit zu sprechen[95].

Dieser Konflikt belastet das im übrigen gute Verhältnis der Führungsgremien beider Verbände bis zur Neuwahl von Oberst Bernd Gertz als Bundesvorsitzender des DBwV, während die Basis sich von diesem Richtungsstreit wenig beeindruckt zeigt.

4. Der »Beirat für freiwillige Reservistenarbeit beim VdRBw« konstituiert sich (30. Mai 1990)

Um die Zusammenarbeit mit den anderen Verbänden zu verbessern, konstituiert sich am 30. Mai 1990 der »Beirat für Freiwillige Reservistenarbeit beim VdRBw«[96]. Sein Zweck ist, das Zusammenwirken der in der Freiwilligen Reservistenarbeit engagierten Verbände zu stärken, durch gemeinsame Öffentlichkeitsarbeit aktiv für den Aufbau und Erhalt eines stabilen Systems gegenseitiger Sicherheit in Europa einzutreten und die ständige Unterstützung der dem Beirat angehörenden Organisationen durch den VdRBw sicherzustellen. Die neun Gründungsverbände sind außer dem VdRBw der Bayerische Soldatenbund von 1874, die Deutsche Gesellschaft für Wehrmedizin und Wehrpharmazie, der Deutsche Luftwaffenring, der Deutsche Marinebund, der Kyffhäuser-Bund, der Ring deutscher Soldatenverbände, der Verband deutscher Soldaten und die Vereinigung der Reserveoffiziere der Bundesrepublik Deutschland. Diese Organisationen umfassen gemeinsam annähernd 850.000 Mitglieder[97]. Den Vorsitz hat Generalleutnant a.D. Heinz Kasch, der darüber hinaus dem Präsidium als Berater zur Verfügung steht. Es dauert bis 1996, bis auch der Deutsche Bundeswehr-Verband diesem heute noch fruchtbar wirkende Beirat beitritt, nachdem Unstimmigkeiten hinsichtlich der Interessenvertretung beigelegt sind.

5. Vor der Wiedervereinigung: Die »Nürnberger Erklärung« vom 21. April 1990

Bei der 12. Bundesdelegiertenversammlung im April 1990 in Nürnberg wird Präsident Steinkamm erneut das Vertrauen ausgesprochen. Seine Mannschaft – nun erweitert auf sieben Präsidiale, einen Stellvertreter, fünf Vizepräsidenten (für je einen bestimmten Aufgabenbereich gewählt) und der Bundesschatzmeister – ist komplett ausgewechselt. Von der Wahl zweier Bundestagsabgeordneter in das Präsidium, als Stellvertreter des Präsidenten Hauptmann a.D. MdB Heinz-Alfred Steiner, SPD, und als Vizepräsident für verteidigungspolitische und internationale Arbeit Oberstleutnant a.D. MdB Peter Kurt Würzbach, CDU, verspricht sich der Präsident noch engeren Kontakt zum Parlament, das letztlich der Auftraggeber des Verbandes ist[98]. Neben den Berichten, Anträgen zur Satzungsänderung und Neuwahlen steht die – auch von den anwesenden Politikern begrüßte – »Nürnberger Erklärung« im Mittelpunkt der Diskussion, die zur Lage und Zukunft des VdRBw wichtige Aussagen macht:

> »Der schnelle politische Wandel, der den Menschen überall in Europa Freiheit und Selbstbestimmung verspricht, erfordert auch, die sicherheitspolitischen Bedingungen für die Erhaltung des Friedens neu zu bestimmen. [...]
> Der Verband macht dabei auf folgende, unverzichtbare Aspekte aufmerksam: [...] Auch nach der Vereinigung Deutschlands ist ein militärisches Gleichgewicht in Europa notwendig. Für deutsche Streitkräfte soll auf die Wehrpflicht nicht verzichtet werden. [...] Diese Wehrpflicht muß attraktiver gestaltet werden; die Einsicht in die Notwendigkeit des Wehrdienstes ist zu erhöhen. Dies gilt gleichermaßen für Wehrübungen, die besondere Anforderungen an Reservisten stellen. [...] Der Reservistenverband sieht sich beim Zusammenwachsen beider deutscher Staaten vor neue Herausforderungen gestellt. Um die gesteckten Ziele zu erreichen, wird der Verband der Reservisten der Deutschen Bundeswehr e.V. an die Reservisten im Gebiet der heutigen DDR herantreten, um sie als gleichberechtigte Mitglieder für unseren Verband zu gewinnen. Hierzu wird eine entsprechende Namensänderung unseres Verbandes erforderlich sein. [...][99].«

Im September 1990 faßt dann der Bundesvorstand nach reiflicher Überlegung und deutlichen Hinweisen der Hardthöhe den Beschluß, keine Namensänderung vorzunehmen und Angehörige sowie ehemalige Angehörige der NVA satzungsgemäß nur als fördernde Mitglieder (Nicht-Reservisten, die den Verband uneigennützig bei der Erfüllung seiner satzungsgemäßen Ziele unterstützen) aufzunehmen. Eine ordentliche Mitgliedschaft soll erst möglich werden, wenn der Status als Reservist der Bundeswehr durch die zuständigen Behörden der Bundesrepublik Deutschland festgestellt ist. Politoffiziere und Offiziere der Grenztruppen sollen nicht als Mitglieder aufgenommen werden. Generale und Obristen werden grundsätzlich nicht aufgenommen; über Ausnahmen entscheidet das Präsidium[100]. Damit beschreitet der VdRBw einen anderen Weg als der Deutsche Bundeswehr-Verband, der schon frühzeitig einen »Verband der Berufssoldaten der NVA« gegründet hatte, um Einfluß nehmen zu können. Da aber ein wesentlicher Bestandteil der ordentlichen Mitgliedschaft im Verband die Teilnahme als Reservist der Bundeswehr an dienstlichen Veranstaltungen und freiwilligen zusätzlichen Wehrübungen ist, und beides von den gesetzlichen Bestimmungen der Bundeswehr abhängt, ist der oben geschriebene Weg für die ehemaligen NVA-Soldaten der einzig gangbare. Die Konsequenzen für den Verband sind nicht weniger dornenvoll: einem schnellen Aufbau einer Verbandsorganisation in den neuen Ländern ist mit dieser Entscheidung des Bundesministerium der Verteidigung die Grundlage entzogen. Junge Reservisten in den neuen Ländern für die freiwillige Reservistenarbeit zu gewinnen – das erfordert Geld, hohes Engagement und langen Atem!

6. Aufgaben für die 90er Jahre

Mit der deutschen Wiedervereinigung sind die Weichen für den nächsten Abschnitt in der Geschichte des Verbandes gestellt. Aufgrund des sicherheitspolitischen Umbruchs in Europa und der damit im Zusammenhang stehenden Fragen nach der Zukunft der Bundeswehr ergibt sich auch für den VdRBw im Jahre 1990 die Notwendigkeit der Prüfung, welche Aufgaben auch in Zukunft wahrgenommen werden können:

- Die verteidigungspolitische Arbeit, deren Ziel es ist, die Reservisten mit den damit zusammenhängenden Grundsätzen und aktuellen Themen sachkundig zu machen und weiterzubilden, um sie zum Eintreten für die Sicherheit und für die Bundeswehr im In- und Ausland zu befähigen.
- Die militärische Förderung, deren Ziel hauptsächlich darin besteht, die Reservisten für Aufgaben in den Streitkräften vorzubereiten. Denn wie Richard v. Weizsäcker sagte, »wer Abrüstung will, muß Reservisten wollen«[101].
- Die Wahrnehmung der Interessen der Reservisten als wichtiger Sprecher gegenüber Parlament, Bundesregierung und Bundeswehr, bei der es auch weiterhin darum gehen wird, die Stellung der Reservisten in Wirtschaft und Gesellschaft zu verbessern.
- Die Betreuung der Reservisten, d.h. Hilfe mit Rat und Tat bei Sorgen und Fragen innerhalb und außerhalb von Wehrübungen und dienstlichen Veranstaltungen.
- Die Pflege internationaler Beziehungen in der AESOR, CIOR und der »Internationalen Arbeitsgemeinschaft mitteleuropäischer Offizier- und Reservistenverbände – Gaminger Initiative« (GI), aber auch im Rahmen der bilateralen Partnerschaften auf Bundesebene mit der französischen Union

Nationale des Officiers de Réserve (UNOR) und der Reserve Officers Association of the United States (ROA-US) sowie Partnerschaftsvereinbarungen mit Truppenteilen der in der Bundesrepublik Deutschland stationierten NATO-Verbündeten und 53 Partnerschaften mit Reservevereinigungen im befreundeten Ausland.
- Die konzeptionelle Arbeit ist ein weiterer auf Dauer angelegter Schwerpunkt der Verbandstätigkeit[102].
- Die Zusammenarbeit mit den anderen Verbänden, für die der VdRBw die Mittlerrolle hat und die über den Beirat für Freiwillige Reservistenarbeit unter Wahrung ihrer satzungsbedingten Unabhängigkeit gegenseitige Unterstützung vereinbart haben.

Die Frage, ob dem VdRBw in Zukunft noch weitere Aufgaben zuwachsen können, wird weitgehend von der Struktur der Bundeswehr bestimmt sein. Dennoch legt diese Auflistung einen festen Stamm von Aufgaben fest, die der Verband – solange sein Auftrag nicht geändert wird – auch in den nächsten Jahren erfüllen kann. Damit ist er für die unsicheren Zeiten dieses Umbruchs nach der Wiedervereinigung Deutschlands besser gerüstet als manche andere Organisation.

VI. Fazit

Der VdRBw hat bis 1990 eine die ganze Bundesrepublik abdeckende Reservistenorganisation aufgebaut. Mehr als 115.000 Mitglieder sind in zehn Landes-, 26 Bezirks- und 116 Kreisgruppen sowie 2.243 Reservistenkameradschaften, 80 Arbeitskreisen Reserveoffiziere und 66 Arbeitskreisen Reserveunteroffiziere organisiert. Die Geschäftsstellenorganisation verfügt über 338 Mitarbeiter und Mitarbeiterinnen auf 296 Planstellen in 115 Geschäftsstellen auf Bereichs-, Bezirks- und Kreisebene und dem Generalsekretariat[103]. Auch wenn der Auftrag den Verband nahe an hoheitliche Aufgaben der Bundeswehr heranführte, hat diese Organisation nie dazu verlockt, als »paramilitärischer Bundeswehrersatz« (Woller) mißbraucht zu werden, was ohne Zweifel auch verfassungswidrig gewesen wäre. Spätestens mit der »Reservisten-Enquete« sind dazu juristisch fundierte Überlegungen angestellt worden, die unmißverständlich sind.

1. Der VdRBw als Imageträger und Multiplikator der Bundeswehr

Als ziviler Verband hat der VdRBw in erster Linie die Aufgabe des »Lobbyisten für die Streitkräfte« in der Bevölkerung übernommen, die er erwiesenermaßen besser wahrnehmen kann als die Bundeswehr selbst und die auch gar nicht deren Aufgabe sein kann. In dieser Mittler- und Multiplikatorenrolle zur Integration der Streitkräfte in die Gesellschaft liegt seine wesentliche Leistung in seiner bisherigen Geschichte. Der Reservist ist der geborene Träger des Gedankens der allgemeinen Wehrpflicht. Seine Erfahrungen prägen das Image der Streitkräfte in der Bevölkerung. Durch sein freiwilliges Eintreten für deren verfassungsmäßigen Auftrag, für die Notwendigkeit der Landesverteidigung und den Sinn des Wehrdienstes kann er in der zivilen Gesellschaft besser werben als der aktive Soldat. Wie abhängig die Bundeswehr von solchen Fakten ist, wird daran deutlich, daß die Zahl der für diesen Bereich engagierten Verbandsmit-

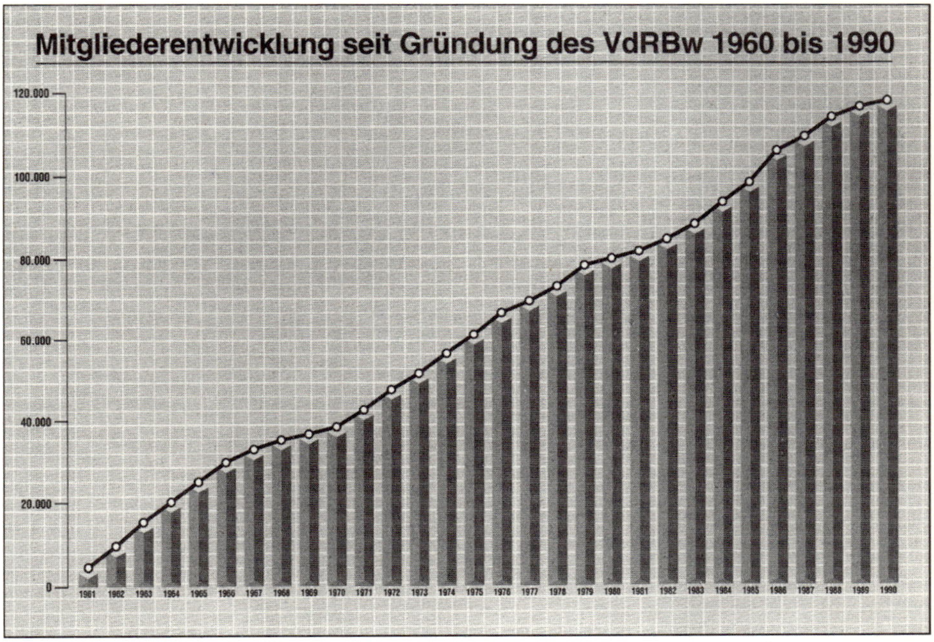

glieder sicher doppelt so hoch wäre, wenn es der Bundeswehr in der Vergangenheit gelungen wäre, eine weitaus größere Zahl wirklich motivierter Grundwehrdienstleistender und zu Wehrübungen herangezogener Reservisten zu entlassen. Letzteres Anliegen – trotz der Belastung durch tiefgreifende Strukturveränderungen – erkannt und beachtet zu haben, hat wesentlich zu dem Spitzenplatz der Bundeswehr im Ansehen deutscher Institutionen in der Öffentlichkeit beigetragen. Andererseits motiviert die heutige Sicherheitslage viele, insbesondere jüngere Bürger im Gegensatz zu den Zeiten des Kalten Krieges deutlich weniger zum freiwilligen Einsatz für die Verteidigung.

Obwohl im Interesse der Gründer und vieler Mitglieder die militärische Förderung als Aufgabe zunächst im Vordergrund stand, hat sich der VdRBw seiner gesellschaftspolitischen Rolle mit wachsender Intensität angenommen. In den 19 Jahren, in denen durch die jährlichen Zustandsberichte belegbare Zahlen vorliegen, sind rund 443.000 Veranstaltungen im Zuständigkeitsbereich des Verbandes (ohne dienstliche Veranstaltungen) mit über 12 Millionen Teilnehmern durchgeführt worden. Selbst wenn die Zahl der Mehrfachteilnehmer abgezogen wird, bleibt dies

eine »Werbekampagne«, die weder zusätzlich im Rahmen des Verteidigungsetats noch personell durch das Territorialheer hätte geleistet werden können.
Noch eine weitere Zahl gibt Zeugnis von der Arbeit der »Bürgerinitiative Reservistenverband«: In den letzten fünf Jahren des Berichtszeitraumes, also von 1986 bis 1990, sind über 53.000 Presseartikel in den lokalen, regionalen und überregionalen Medien erschienen, in denen über die Aktivitäten von Verbandsgliederungen berichtet wurde. Mit unzähligen Plakat- und Aufkleberaktionen, Unterschriftensammlungen oder durch die zuletzt monatlich in 126.000 Exemplaren aufgelegte Verbandszeitschrift »loyal« ist der VdRBw an die Öffentlichkeit getreten und hat sich aktiv in die Diskussionen um den NATO-Doppelbeschluß, die Legitimation der Streitkräfte oder das »Mörderurteil« eingeschaltet. Aber selbst dort, wo Reservistenkameradschaften – aus welchen Gründen auch immer – auf die Durchführung von Veranstaltungen oder deren Veröffentlichung verzichteten, haben sie stets einen weiteren Zweck erfüllt: solange sie in das örtliche Vereinsleben integriert sind, haben sie dort das Bewußtsein für Landesverteidigung und Streitkräfte aufrechterhalten.

2. Der VdRBw als Personalressource

Ein nicht zu unterschätzender weiterer Beitrag des Reservistenverbandes liegt in seiner Fähigkeit, qualifiziertes Personal für Aufgaben in der Bundeswehr und in der Freiwilligen Reservistenarbeit zu stellen und zu erfassen, ggf. durch militärische Förderung oder über das Lehrgangsangebot der Streitkräfte weiterzubilden und für Funktionen in der Bundeswehr verfügbar zu machen. Insbesondere beim Truppenversuch Objektschutz und der Aufstellung der WHNS-Verbände hat der VdRBw nachgewiesen, wie er zur besseren Nutzung des Reservistenpotentials beitragen kann. Allein in den Jahren zwischen 1986 und 1990 sind mehr als 2.500 vom Verband benannte Reservisten eingeplant worden. Die Zahl dieser freiwilligen Mob-Beorderungen hätte sehr viel größer sein können, weil in der Regel mehr als die doppelte Zahl angeboten wurde. Hier hat sich seine flächendeckende Struktur bewährt, aufgrund derer der Verband in der Lage ist, Reservisten an ihrem Wohnort, in ihrem beruflichen und sozialen Umfeld mit einem Minimum an finanziellem und organisatorischem Aufwand zu betreuen und für die Übernahme neuer Verantwortung zu motivieren. Niemand kann voraussagen, ob diese Fähigkeit nicht in der Zukunft von Interesse sein könnte – zumal angesichts des kaum zu vertretenden Abbaus der Zivilschutz-Kapazitäten.

3. Der VdRBw als Interessenvertretung aller Reservisten

Und eine dritte Leistung, die inzwischen auch von der Bundeswehr weithin akzeptiert ist, darf in dieser Bilanz nicht fehlen: die Interessenvertretung für alle

Reservisten. Diese kommt sowohl den Mob-Beorderten, die meist nicht im VdRBw organisiert sind, weil sie ihren Platz in der Bundeswehr gefunden haben und dafür den Verband nicht mehr brauchen, als auch den nichtbeorderten, den freiwilligen Reservisten, zugute. Der VdRBw kann für sich in Anspruch nehmen, an fast allen für die Reservisten erreichten sozialen, dienstrechtlichen und gesetzlichen Verbesserungen beteiligt gewesen zu sein. Leider ist es ihm aus der Sicht vieler Mitglieder nicht gelungen, daß deren freiwilliger Einsatz für die Bundeswehr angemessen honoriert wurde. Die immer noch nicht eingelöste Zusage von drei Verteidigungsministern, für nicht mob-beorderte, aber engagierte und leistungsfähige Reservisten Förderungsmöglichkeiten zu schaffen, ist nur ein Beispiel, wie mühsam, aber auch wie notwendig die Arbeit des Verbandes auf diesem Felde ist[104].

4. Freiwillige Reservistenarbeit im Grundkonsens der Politik

Und letztlich ist es auch sein Verdienst, daß die Freiwillige Reservistenarbeit im Grundkonsens der staatstragenden Parteien und der Bundeswehr steht. Für alle steht fest, daß Reservistenarbeit, die zusätzlich zu den obligatorischen Wehrübungen geleistet wird, auf dem Prinzip der Freiwilligkeit beruht. Dies ist und bleibt das Markenzeichen des VdRBw in seinem Einsatz für die Sicherheit unseres Vaterlandes. Keine Demokratie kann ohne das freiwillige Engagement seiner Bürger bestehen. Denn Freiwilligkeit schafft nicht nur Engagement, sondern auch Kreativität und Fortschritt. In diesem Sinne hat der Verband auch weiterhin eine gesicherte Zukunft.

5. Freiwillige Reservistenarbeit im internationalen Vergleich – eine mehr als versöhnliche Nachlese aus dem Blickwinkel des Jahres 1998

Diese positive Bewertung der Freiwilligen Reservistenarbeit in der Bundesrepublik Deutschland ist nicht selbstverständlich. Dies belegt ein Blick auf die Partnerstaaten in der Europäischen Union und der NATO. Schon der Vergleich der Rechtsverhältnisse der Reservisten belegt teilweise erhebliche Unterschiede. Während in Deutschland und Österreich ein umfassendes Regelungssystem besteht, das die wehrübenden Reservisten vor wirtschaftlichen Nachteilen schützt, gibt es in fast allen anderen Mitgliedstaaten nur einen vergleichsweise geringen Schutz. Das umfassende Unterhaltssicherungssystem und ein effektiver Arbeitsplatzschutz tragen in der Bundesrepublik Deutschland dazu bei, daß weiterhin genügend Wehrpflichtige einschließlich der Führungskräfte Wehrübungen ableisten und eine ausreichende Zahl von Reservisten zum Wehrdienst herangezogen werden können[105]. Auch die Zusammenarbeit zwischen den Streitkräften und »ihrem« Reservistenverband hat in der Bundesrepublik Deutschland eine einmalige Ausprägung erfahren. Soweit ersichtlich, bestehen zwischen den Streitkräften und Offiziers- und Reservistenverbänden in Europa und Nordamerika zwar mehr oder weniger enge Verbindungen und entsprechende Zusammenarbeit. Keine Armee aber ist so weit gegangen, wie die deutsche Bundeswehr, einem (zivilen) Reservistenverband den in diesem Beitrag beschriebenen Auftrag zur Durchführung der freiwilligen Reservistenarbeit außerhalb der Streitkräfte zu erteilen[106] – und dies bereits seit 27 Jahren! Diese kritische, dabei aber stets konstruktive Mit- und Zusammenarbeit zwischen Bundeswehr, Reservistenverband und freiwillig für Frieden in Freiheit eintretenden Reservisten auch in Zukunft zu sichern, steht im öffentlichen Interesse. »Wachsamkeit und Verteidigungsbereitschaft sind der Preis, den die Mitglieder der NATO für Frieden in Freiheit auch weiterhin werden zahlen müssen. Nur mit Hilfe der Reservisten wird das möglich sein« (Manfred Wörner).

Anmerkungen

1 Hauptquelle für diese Geschichte ist die Chronik des VdRBw »Es geht nicht ohne Reservisten. Daten und Fakten eines wichtigen Verbandes für Frieden und Sicherheit«, Recherche und Bearbeitung durch den langjährigen Generalsekretär des Verbandes, Oberst der Reserve Hans-H. Jürgensen.

2 Zu Zweck und Inhalt siehe im einzelnen unten.

3 Vgl. Manfred Werle, Aufstieg mit langem Atem, in: Loyal. Das deutsche Wehrmagazin, 5/1985, S. 6 f.

4 Vgl. Werle, ebd., S. 7.

5 VdRBw, Protokoll der Gründerversammlung in Bonn am 21./22.1.1960 vom 22.1.1960.

6 Vgl. Armin A. Steinkamm, Verband der Reservisten der Deutschen Bundeswehr e.V. (VdRBw) – mehr als ein Interessenverband, in: Armee 2000 – Wehrpflicht und Reservistenkonzeption, hrsg. von Florian Gerster und Armin A. Steinkamm, Bd 1 der Schriftenreihe »Wehrdienst und Gesellschaft« des Verbandes der Reservisten der Deutschen Bundeswehr e.V., Baden-Baden 1990, S. 51 f.

7 Vgl. Protokoll der Gründerversammlung (wie Anm. 5).

8 Vgl. Merkblatt für unsere Mitglieder, in: Die Reserve, 4/1961, S. 62.

9 Weitere Mitglieder: Heinrich Borghaus, Dr. Lothar Ganser, Hanns Parsch, Gert Lobitz, Rudolf Meseberg, Alexander Nowakowski, Hans Joachim Jänisch, Heinz G. Eskorbier, Heinrich Hogrebe, Alexander Westhoff, Ernst Thomann, Friedrich Kuhn, Hans-Dieter Schwind.

10 Rudolf Woller, Der unwahrscheinliche Krieg – eine realistische Wehrkonzeption, Stuttgart 1971, S. 296.

11 Vgl. Armin A. Steinkamm, Unsere Verteidigung ist mehr wert, als sie kostet, in: VdRBw, Freiwillige für Frieden in Freiheit, 11.-Bundesdelegiertenversammlung im November 1987 in Bonn-Bad Godesberg, S. 20; vgl. auch ders., Arbeit des Verbandes der Reservisten der Bundeswehr in den 90er Jahren, in: Reservisten – Geschichte, Sachstand, Perspektiven, Beiheft 1/89 zur Information für die Truppe, hrsg. vom BMVg, Bonn 1989, S. 87 f.

12 Heinrich Borghaus, Heinz G. Eskorbier, Heinrich Hogrebe, Erwin Lauerbach, Rudolf Meseberg und Hans-Michael Moll.

13 Vgl. Hauptgeschäftsführer Walter Huwig, Die erste Generalversammlung, in: Die Reserve, 6/1961, S. 94.

14 Die Reserve, 9/1961, S. 129.

15 Vizepräsidenten sind Erwin Lauerbach, MdL, Hans-Michael Moll und Heinz G. Eskorbier, Schatzmeister ist Rudolf Meseberg.

16 Die Reserve, 6/1962, S.93.

17 Ebd., S. 90.

18 Vizepräsidenten sind Hermann Wolz, Hans-Michael Moll und Rudolf Heppner, Schatzmeister ist Dr. Walter Meyercordt.

19 Weitere Mitglieder sind Rudolf Heppner, Staatsminister a.D. Walter Stain, Gustav Böke; Bundesschatzmeister ist Erhard Peters, Bundesschriftführer Rainer Jäck.

20 Jürgensen, Chronik (wie Anm. 1), S. 15.

21 Ebenso die anderen Mitglieder des Bundesvorstandes.

22 BMVg – Fü S VII 3 Az. 27-40-03 vom 18.4.1967, Ziff. A 1.

23 Handbuch für die Verbandsarbeit, hrsg. vom VdRBw, Bonn [1]1967, Bonn [2]1987.

24 TV, offizielle Abkürzung für Territoriale Verteidigung.

25 Die Reserve, 1/1969, S. 2.

26 Die Reserve, 5/1969, S. 3.
27 Vizepräsidenten sind Walter Stain, Werner Schmidt und Rainer Jäck, Schatzmeister Erhard Peters. Durch Satzungsänderung und Wahl wird Bundesgeschäftsführer Hans Jürgensen zum Generalsekretär berufen.
28 Die Reserve, 6/1969, S. 23.
29 Vgl. ebd., S. 3.
30 Organisation der Reservisten in der Territorialen Verteidigung.
31 Die Reserve (wie Anm. 28), S. 2.
32 Reservistenenquete, Teil I – der »aktive Kern« des Verbandes der Reserivsten der Deutschen Bundeswehr e.V., erarbeitet von Dr. Dietmar Schössler (federführender Referent) und Dr. Armin A. Steinkamm (Direktor des Instituts), veröffentlicht unter der Gesamtredaktion von Manfred Sadlowski in: Dietmar Schössler und Armin Steinkamm, Reservist 71/72 – eine kritische Bestandsaufnahme des Reservistenverbandes, hrsg. vom Präsidium des Verbandes der Reservisten der Deutschen Bundeswehr e.V. unter Verwendung der Ergebnisse des an das Forschungsinstitut für Sicherheit und Internationale Fragen (FSF), München, erteilten Auftrages durch den Verband der Reservisten, Bonn 1972, S. 156.
33 Woller, Der unwahrscheinliche Krieg (wie Anm. 10), S. 209.
34 Reservistenenquete, Teil II; erarbeitet von Dr. Dietmar Schössler und Dr. Armin Steinkamm (wie Anm. 32).
35 Besondere Bewilligungsbedingungen des Bundesministerium der Verteidigung für die Gewährung einer Zuwendung des Bundes nach § 23 BHO an den Verband der Reservisten der Deutschen Bundeswehr e.V. (VdRBw), o.D., S. 1.
36 Vgl. Schössler/Steinkamm, Reservist 71/72 (wie Anm. 32), S. 174 f.; Bundesministerium der Verteidigung – Fü S I 10, Reservistenkonzeption 1971, Anlage vom 8.4.1971.
37 Weißbuch 1970 zur Sicherheit der Bundesrepublik Deutschland, Nr. 84.
38 Vgl. Rüdiger Moniac, Stiefkinder der Armee – Reservistenprobleme im Bericht des Wehrbeauftragten, in: Loyal, 4/1972, S. 24 f., sowie Jahresbericht des Wehrbeauftragten 1971.
39 Reservistenkonzeption 1971 vom 9.7.1971, S. 10; siehe Schössler/Steinkamm, Reservist 71/72 (wie Anm. 32), S. 180.
40 »Die spezielle Reservistenarbeit bezieht sich auf die in dem Verteidigungsumfang mob-beorderten Reservisten. Träger sind die Teilstreitkräfte und die Inspektion des Sanitäts- und Gesundheitswesens. Die zur Bundeswehr gehörige Organisation für Reservisten unterstützt diese Arbeit, die vor allem für den Bereich der Geräteeinheiten erforderlich ist«, ebd., S. 181. Siehe im einzelnen zur Allgemeinen Reservistenarbeit sowie zur Speziellen Reservistenarbeit Dietmar Schössler, Bundeswehr und Reservisten, Bd 13 der Reihe Die Bundeswehr – eine Gesamtdarstellung, hrsg. von Hubert Reinfried und Hubert F. Walitschek, Regensburg 1979, S. 139 ff. (Auszug aus dem Bericht 1977 des Streitkräfteamts/Inspizient für Reservisten der Bundeswehr, Juli 1978, S. 157 ff., sowie zur Speziellen Reservistenarbeit Materialien zur Politik, Planung und Durchführung der Speziellen Reservistenarbeit in der Bundesrepublik Deutschland).
41 Reservistenkonzeption 1971, S. 11; siehe Schössler/Steinkamm, Reservist 71/72 (wie Anm. 32), S. 181, ferner Interview Woller, ebd., S. 211.
42 Vgl. Armin A. Steinkamm, Arbeit des Verbandes der Reservisten der Deutschen Bundeswehr in den 90er Jahren, in: ders., Unsere Verteidigung (wie Anm. 11), S. 88.
43 Armin A. Steinkamm, 30 Jahre Reservistenverband, Hefe im Teig, in: Loyal, 1/1990, S. 14.
44 Rudolf Woller, Die »Bürgerinitiative Reservistenverband« strebt nach der Fortschreibung des Konzepts, in: Loyal, 1/1976, S. 6–11.
45 Handbuch für die Verbandsarbeit (wie Anm. 23), S. 1.
46 Ebd., Bonn [2]1987, Lieferung vom April 1979, B 002-01, S. 1.
47 Vgl. Verband der Reservisten der Deutschen Bundeswehr e.V., Bericht über unsere Verbands- und Reservistenarbeit (Zustandsbericht 1977), Vorwort des Präsidenten vom April 1978.
48 Zustandsbericht 1978, S. 32 f..
49 Gewählt werden als Vizepräsidenten ferner Jürgen Rieck, Wilfried Benker und Gerd Schaedle, letzterer zugleich als Bundesschatzmeister.
50 Heinz-Detleff Drape in: Loyal, 2/1980, S. 7.
51 Rudolf Woller, in: Loyal, 1/1979, S. 10 ff.
52 Reservistenkonzeption der Bundeswehr vom 29.5.1980, Nr. 61.
53 Vgl. Erich Denk, Freiwillige Reservistenarbeit – Möglichkeiten und Grenzen, in: Reservisten (wie Anm. 11), S. 78–85.
54 Reservistenkonzeption der Bundeswehr vom 29.5.1980, Anlage 2.
55 Ebd.
56 Reservistenkonzeption vom 29.5.1980, Nr. 60.
57 Ebd., Anlage 2.
58 Vgl. Zustandsbericht 1979 vom März 1980, S. 34, Nr. 3.
59 Die Bestimmung ermöglicht unter besonderen Voraussetzungen die Verleihung eines höheren Dienstgrades.
60 Helmuth Möhring, MdB, Engagierte Reservisten nötiger denn je!, in: Loyal, 12/1979, S. 10.
61 Vgl. Zustandsbericht 1980 vom April 1981.
62 Der Verband der Reservisten begrüßt Reservistenkonzeption der Bundeswehr 1980, in: Loyal, 6/1980, S. 9.
63 Vgl. Weißbuch 1979 zur Sicherheit der Bundesrepublik Deutschland und zur Entwicklung der Bundeswehr, Ziff. 193.

64 Vgl. Weißbuch 1983 zur Sicherheit der Bundesrepublik Deutschland, Ziff. 231 und 242.

65 Vgl. Steinkamm, 30 Jahre Reservistenverband (wie Anm. 43), S. 12 f.

66 Armin A. Steinkamm, Arbeit des Verbandes der Reservisten der Bundeswehr in den 90er Jahren, in: Unsere Verteidigung (wie Anm. 11), S. 88; siehe auch Anm. 80.

67 Gewählt werden ferner Helmuth Möhring, Rüdiger Moniac, Jürgen Rieck und Peter Hartz.

68 Vgl. 12. Verordnung zur Änderung der Soldatenlaufbahnverordnung.

69 Vgl. Loyal, Reservisten Report, 9/83, S. I.

70 Generalleutnant Heinz Kasch in: Loyal, Reservisten Report 11/83, S. II.

71 Vgl. Loyal, Reservisten Report 5/84, S. I.

72 Die Weisung des Beauftragten für Reservistenangelegenheiten vom 17.10.1984 erläutert die Funktion des VdRBw als Ansprechpartner bei der Vermittlung von Dienstlichen Veranstaltungen und freiwilligen Wehrübungen bei der Bundeswehr.

73 Vgl. Loyal, Reservisten Report, 11/84, S. I.

74 Grundlage seiner Tätigkeit ist die Vereinbarung zur Zusammenarbeit und gegenseitigen Unterstützung in der Freiwilligen Reservistenarbeit. Vgl. Zustandsbericht 1990 des VdRBw, S. 15 f.

75 Gewählt werden ferner Helmuth Möhring, Jürgen Rieck, Jens Ulmer, Rüdiger Moniac.

76 Dr. Hans Michael Moll, in: Loyal, Reservisten Report, 12/85, S. I.

77 Vgl. Loyal, Reservisten Report, 4/85, S. I.

78 Vgl. Loyal, Reservisten Report, 7/85, S. I.

79 Helmuth Möhring, Der ungeteilte Reservist, in: Loyal, 8/1986, S. 6.

80 Vgl. Manfred Engelhardt, Die wachsende Rolle der Reservisten – von der Aufstellung der Bundeswehr bis zur Konzeption Reservisten 1988, in: Reservisten, Beiheft zur Information für die Truppe 1/89, S. 91 ff.; Reinhard Kammerer, Die Konzeption Reservisten – eine Antwort auf die Herausforderungen der 90er Jahre, ebd., S. 35–49; siehe vor allem den Bericht zum Verbundprojekt »Reservisten – Konzeption und Innere Führung«, hrsg. vom Streitkräfteamt, März 1988, sowie die Einzelberichte des Beauftragten für die Erziehung und Ausbildung beim Generalinspekteur »Zur Lage der Reservisten der Bundeswehr«, aber auch die Jahresberichte des Wehrbeauftragten zum Thema Reservisten. Diese Quellen belegen im übrigen auch, daß es weniger finanzielle oder personelle Probleme sind, die einer vorbildlichen Integration in die Streitkräfte entgegenstehen, sondern Probleme in der Handhabung der Inneren Führung. Leider sind diese Quellen häufig denjenigen nicht zugänglich gemacht worden, die ihren Inhalt – und damit auch die Ursachen der Probleme – kennen sollten.

81 Vgl. Steinkamm, – mehr als ein Interessenverband (wie Anm. 6), S. 54.

82 Die Armee entdeckt die Reservisten, in: Loyal, 6/1986, S. 5 ff.

83 Vgl. Armin A. Steinkamm, Reservisten und Wirtschaft, Vortrag vor dem Arbeitskreis Bundeswehr und Wirtschaft des Arbeitgeberverbandes der Metallindustrie Köln, Köln 1988.

84 Vizepräsidenten sind Rüdiger Moniac, Roland Ziegler und Jens Ulmer, Bundesschatzmeister ist Florian Gerster, MdB (SPD).

85 Vorbemerkung der Konzeption Reservisten der Bundeswehr vom 9.5.1988. Wesentliche innovative Elemente der Konzeption sind die Ausbildung für die Mobilmachungsverwendung, das Schaffen einer »militärischen Heimat« bei gleichzeitiger Begrenzung der Beorderungszeit in der Mob-Verwendung sowie die Angleichung der Wehrübungsbelastung. Vgl. auch Gerster/Steinkamm, Vorwort, in: Armee 2000 (wie Anm. 6), S. 10; Werner Schäfer, Die Konzeption Reservisten der Bundeswehr, ebd., S. 41 ff.; Hennig von Ondarza, Der Reservist im modernen Heer – konkrete zukunftsweisende Schritte, ebd., S. 97 ff. und Bernd Rothenberg, Reservistenkonzeption – die nächsten Schritte, S. 141 ff. S.iehe dazu auch die Beiträge in: Reservisten (wie Anm. 11).

86 Richard v. Weizsäcker, Wehrdienst als Friedensdienst für Sicherheit und Entspannung, in: Bundeswehr in den 90er Jahren – Warum und Wofür, Presse- und Informationsamt der Bundesregierung, Schriftenreihe »Berichte und Dokumentationen«, Bonn 1990, S. 66 f.

87 Ebd., S. 72.

88 Bernd Rothenberg, Reservistenkonzeption – die nächsten Schritte, in: Armee 2000 (wie Anm. 6), S. 142.

89 Vgl. Steinkamm, 30 Jahre Reservistenverband (wie Anm. 43), S. 14.

90 Konzeption Reservisten der Bundeswehr vom 9.5.1988, Nr. 1202.

91 Ebd., Nr. 1208 bis 1210.

92 Ebd., Nr. 1212.

93 Zu ähnlichen Ergebnissen kommen interne Studien der Bundeswehr wie die Einzelberichte des Beauftragten für Erziehung und Ausbildung beim Generalinspekteur »Zur Lage der Reservisten der Bundeswehr«, der Endbericht zum Verbundprojekt »Reservistenkonzeption und Innere Führung« oder die Ergebnisse der Arbeitsgruppe »Menschenführung im Heer«.

94 Armin A. Steinkamm, Bericht des Präsidenten an die 12. Bundesdelegiertenversammlung 1990, in: VdRBw, Protokoll der 12. Bundesdelegiertenversammlung 1990, S. 164 f.

95 Loyal, Reservisten Report, 1/1990, S. I.

96 Vgl. oben, Anm. 73.

97 Vgl. Steinkamm, – mehr als ein Interessenverband (wie Anm. 6), S. 56 f.; vgl. auch den Zustandsbericht des VdRBw 1990, S. 15.

98 Weitere Vizepräsidenten werden Klaus Baltes, Horst Hagemann, Hans-Peter Hess, Dr. Hans Klaus Hemm; Bundesschatzmeister wird Holger Bär.

99 »Nürnberger Erklärung«, in: Loyal, 5/1990, S. 7.

100 Vgl. Loyal, Reservisten Report, 12/1990, S. II.

101 Richard v. Weizsäcker, ebd. Vgl. Anm. 86. Heute, im Jahr 1998, geht es für den Verband schon aus seinem Selbstverständnis heraus um die Erhaltung der Wehrpflicht.

102 Zu vorstehenden Aufgaben vgl. ausführlich Steinkamm, – mehr als ein Interessenverband (wie Anm. 6), S. 57–61.

103 Vgl. Zustandsbericht des VdRBw 1990, S. 5–10.

104 Vgl. Steinkamm, – mehr als ein Interessenverband (wie Anm. 6), S. 59 f.

105 Vgl. Martin Lindner, Rechtsverhältnisse wehrdienstleistender Reservisten in der Europäischen Union, der Universität der Bundeswehr München vorgelegte, noch unveröffentlichte Dissertation, Berlin 1996.

106 Vgl. CIOR-Questionnaire, The Role and Importance of NATO Reserve Forces in a Changing Europe in the 90's, hrsg. von Armin A. Steinkamm, Neubiberg/München ^{2}1995, S. 113–125.

Rüdiger Wenzke

Reservisten in der Nationalen Volksarmee

»Im Krieg siegt derjenige, der die meisten Reserven, die meisten Kraftquellen, den meisten Rückhalt in den Volksmassen hat[1]«, lautete eine der militärtheoretischen Kernaussagen des Begründers des Sowjetstaates, Wladimir Iljitsch Lenin. Ganz in diesem Sinne nahm die Bildung umfangreicher und gut ausgebildeter personeller Reserven in der sowjetischen Militärdoktrin über Jahrzehnte hinweg einen wichtigen Stellenwert ein. Es verwundert daher nicht, daß im Warschauer Pakt zu jeder Zeit deutlich mehr Reservisten bereitgestellt wurden als in der NATO. Das Zahlenverhältnis betrug zum Beispiel in den siebziger Jahren nach westlichen Schätzungen ca. 6,1 zu 4,8 Millionen Mann[2].

Die Bildung großer personeller Reserven für die Streitkräfte war für die kommunistischen Führungen der Ostblockstaaten mehr als eine allgemein notwendige personelle Ergänzung der Truppe. In einem globalen Krieg, den man jahrzehntelang als die letztlich entscheidende Systemauseinandersetzung mit dem westlichen »Imperialismus« begriff, rechneten die Militärs nicht mit längeren Zeiten für die Mobilmachung und die Entfaltung der Streitkräfte. Gerade im Anfangsstadium eines modernen Krieges kamen ihrer Ansicht nach der Auffüllung der Armeen und der Neuaufstellung von Verbänden eine besondere Rolle zu. Darüber hinaus hielt man eine umfangreiche Mobilisierung großer Teile der Bevölkerung für erforderlich, um die rasche Umstellung des Landes auf Kriegsbedingungen durchzuführen. »Unter modernen Bedingungen erlangt die Vorbereitung der Streitkräfte in Friedenszeiten eine entscheidende Bedeutung[3]«, hieß es dazu resümierend in einem Standardwerk der sowjetischen Militärwissenschaft.

Die Reserve bildete zudem im Konnex der »sozialistischen Landesverteidigung« einen systemstabilisierenden militärischen und politischen Faktor. Ihre militärische Bedeutung lag in den hohen Personalreserven der Armeen, der Sicherstellung einer schnellen Mobilmachung sowie der Erzielung eines hohen Ausbildungsstandes in vor- und paramilitärischen Organisationen. Die militärpolitische Bedeutung lag im erhöhten Drohpotential sowie in der Unterstützung einer umfassenden Militarisierung der Gesellschaft.

Die DDR hatte vor dem Hintergrund ihres existierenden Kriegsbildes und der auch für sie gültigen Militärdoktrin des Warschauer Paktes seit den fünfziger Jahren ein gut organisiertes und einsatzfähiges Mobilmachungssystem aufgebaut, deren Kern die Nationale Volksarmee (NVA) war. Die gesellschaftlichen und politischen Rahmenbedingungen des von der Sozialistischen Einheitspartei Deutschlands (SED) totalitär geführten Staatswesens begünstigten dabei die Vorbereitungen auf einen Kriegsfall. Insgesamt wurde im materiellen, aber auch im personellen Bereich ein hoher Ausschöpfungsgrad der Reserven angestrebt und weitgehend erreicht. Den Reservisten sprach die SED-Führung nicht zuletzt aufgrund ihrer wehrerzieherischen Aufgaben einen »geachteten Platz« in der Gesellschaft zu. Jeder von ihnen verkörpere ein »Stück Militärmacht unseres sozialistischen Staates«[4]. In diesem Sinne galt die Losung »Reserve hat Ruh« in der DDR als eine überholte, spießbürgerliche Ansicht. Der »klassenbewußte Kämpfer« einer sozialistischen Armee, so die Idealvorstellung der SED-Funktionäre, sollte Soldat bleiben, solange er dazu in der Lage war.

Die Herausbildung von Reserven bis zur Einführung der Wehrpflicht 1962

Seit Ende der vierziger Jahre hatte sich im Osten Deutschlands vor dem Hintergrund des Kalten Krieges eine von der sowjetischen Besatzungsmacht unterstützte geheime militärische Aufrüstung vollzogen[5]. Mit der Bildung der Kasernierten Volkspolizei (KVP) Mitte 1952 fand die erste Phase des Übergangs zu militärischen Strukturen im bis dahin stärksten bewaffneten und als Polizeitruppe getarnten Organ ihren vorläufigen Abschluß. Die Devise für den weiteren Aufbau der KVP hatte die SED-Führung klar vorgegeben: »Aus der Polizeivereinigung eine kampffähige militärische Truppe machen[6].«
Die Werbung von jungen Arbeitern, von ehemaligen Wehrmachtangehörigen und von anderen »Freiwilligen« bildete seit der Schaffung militärisch orientierter Einheiten im Jahr 1948/49 das verbindliche Prinzip der personellen Auffüllung der kasernierten Truppen der DDR. Die Einführung des freiwilligen Dienstes in den bewaffneten Kräften und seine Beibehaltung in den folgenden Jahren trug neben verschiedenen politischen und rechtlichen Aspekten vor allem der Zielsetzung der SED Rechnung, eine in ihrem Sinne politisch und militärisch zuverlässige Kaderarmee aufzubauen. Es zeigte sich aber rasch, daß das Freiwilligenprinzip weder eine annähernd vollständige Auffüllung der Truppe gewährleistete, noch zur Schaffung eines im modernen Krieg erforderlichen Reservepotentials dienen konnte. KVP-Chef Generalleutnant Heinz Hoffmann plädierte daher bereits 1954 für eine kontinuierlichere personelle Auffüllung, um letztlich auch die notwendigen militärischen Reserven in der DDR schaffen zu können. Die KVP-Registrierabteilungen bzw. -verwaltungen – die Vorläufer der späteren Wehrkommandos – erhielten dazu den Auftrag, die ehemaligen Angehörigen der kasernierten Truppen zu erfassen und die Wehrerfassung der männlichen Bevölkerung im Alter von 18 bis 50 Jahren in getarnter Form vorzubereiten. Mit Blick auf die Herausbildung eines Reservistenpotentials verlangte Hoffmann auch die militärische Ausbildung von Studenten[7].

Erste Maßnahmen zur Verwirklichung dieser Forderungen ließen nicht lange auf sich warten. Im Sommer 1955 fanden u.a. militärische Lehrgänge mit jungen SED-Mitgliedern aus Partei-, Staats- und Wirtschaftsorganen in einem »Sommerlager« in Klietz statt. Die Parteimitglieder erhielten eine militärische Kurzausbildung als Infanteriezugführer und wurden nach dem Lehrgang als Unterleutnant der KVP (Reserve) wieder in ihren Zivilberuf entlassen. Ziel dieser Maßnahme war es, einerseits das Offizierskorps kurzfristig verstärken zu können, und anderseits die wehrpolitische Arbeit direkt am Arbeitsplatz, also in den Verwaltungen, in den wissenschaftlichen Einrichtungen und in den Industriebetrieben zu aktivieren[8]. Insgesamt gelang es jedoch bis 1956 noch nicht, einen einheitlichen militärischen Reservebestand in der DDR aufzubauen.
Im Januar 1956 entstand auf der Grundlage der rund 100.000 Mann starken KVP die Nationale Volksarmee[9]. Bis zur Einführung der allgemeinen Wehrpflicht 1962 hielt man weiter am Prinzip der »Freiwilligkeit« bei der Auffüllung fest, das aber immer stärker die Form einer versteckten Dienstpflicht annahm. Was bis zu diesem Zeitpunkt nur geheim oder ansatzweise durchgeführt worden war, erhielt nunmehr einen offiziellen Charakter. So wurde u.a. in den Dienstlaufbahnbestimmungen der Soldaten, Unteroffiziere und Offiziere der NVA, die am 1. Juni 1956 in Kraft traten, auch erstmals festgelegt, daß nach der Ableistung der aktiven Dienstzeit eine Versetzung in die Reserve erfolgte[10].
Zugleich begann man mit dem Aufbau eines einheitlichen Systems der Wehrerfassung für Offiziere der bewaffneten Einheiten der DDR. Bis Ende der fünfziger Jahre kristallisierte sich ein Grundbestand an Reserveoffizieren heraus. Dazu trug bei, daß Studenten entsprechend ihrem Studienprofil in vier Wochen zum Reserveoffizier ausgebildet werden sollten. Insgesamt konnten so ca. 8.000 Ingenieure als Reserveoffizier herangebildet werden. Damit wurde dringend benötigtes Personal für technische Verwendungen herangezogen. Auch die rund 200 DDR-Studenten, die bis 1962 in der UdSSR studierten und während ihres Studiums an der dortigen militärischen Ausbildung teilnahmen, wurden nach einer kurzen Ausbildung in der DDR zum Reserveoffizier ernannt.
Mit Stand vom Januar 1961 verzeichneten die Statistiken der NVA einen nachgewiesenen Reservistenbestand von ca. 328.000 Mann. Darunter fielen die Reservisten der NVA, die Angehörigen der ehemaligen KVP, der Grenz- und Bereitschaftspolizei, der kasernierten Luftschutzeinheiten sowie die zumeist in Kurzlehrgängen zu Reserveoffizieren ausgebildeten Studenten und Partei-, Staats- und Wirtschaftsfunktionäre. Der Reservebestand an Offizieren betrug zum gleichen Zeitpunkt ca. 11.500 Mann. Insgesamt registrierte die DDR-Führung im Jahr des Mauerbaus 403.567 Bürger, die bereits im aktiven Dienst oder als Reservist eine militärische Ausbildung in den »bewaffneten Organen« der DDR erhalten hatten. Das entsprach einem Anteil von 14 % am Fundus der wehrfähigen Männer. Der Jahrgang 1939 zeigte dabei mit knapp 30 % den höchsten Anteil der ausgebildeten Bürger[11].

Ein großes Problem beim Aufbau einer einsatzfähigen Reserve stellte die Flucht von ehemaligen Angehörigen der bewaffneten Kräfte, also faktisch von Reservisten, in den Westen dar, die Ende der fünfziger Jahre größere Ausmaße annahm. Immerhin hatten allein bis Anfang 1958 knapp 800 NVA-Reservisten, über 12.000 ehemalige Angehörige der KVP sowie über 5.000 ehemalige Angehörige der Grenzpolizei und der Bereitschaftspolizei die DDR verlassen. Dieser Aderlaß mit steigender Tendenz machte Ende des Jahrzehnts schon über 12 % des Reservistenbestandes der DDR aus. Fast resignierend stellt ein zeitgenössischer Bericht in diesem Zusammenhang fest, daß »täglich rund 23 Angehörige der Reserve der NVA und ehemalige Angehörige der Kasernierten Volkspolizei, der Deutschen Grenzpolizei und der Bereitschaftspolizei republikflüchtig werden«[12]. Erst der Mauerbau 1961 und die damit verbundene Abschottung der DDR stoppten diesen Aderlaß an dem sich bis dahin eher mühsam formierenden Reservistenpotential der DDR. Der Mauerbau war insofern nicht nur der Beginn einer neuen Etappe des »Real Existierenden Sozialismus« in der DDR, sondern er bedeutete auch im militärischen Bereich und damit nicht zuletzt in der Reservistenproblematik den Eintritt in einen neuen Entwicklungsabschnitt.

Reservisten und Mobilmachung im System der »sozialistischen Landesverteidigung«

Im Januar 1962 wurde in der DDR die allgemeine Wehrpflicht eingeführt[13]. Sie erstreckte sich auf die männlichen Bürger vom 18. bis zum vollendeten 50. Lebensjahr; bei Offizieren endete sie mit Vollendung des 60. Lebensjahres. Die Dauer des Grundwehrdienstes betrug 18 Monate. Die allgemeine Wehrpflicht umfaßte u.a. neben dem aktiven Wehrdienst auch den Reservistenwehrdienst.
Die Reserve der NVA bildeten die gedienten und ungedienten Wehrpflichtigen bis zur Vollendung des 50. und Offiziere bis zur Vollendung des 60. Lebensjahres. Die Wehrgesetzgebung von 1962 legte die Reservistenausbildung für ungediente Wehrpflichtige bis zu drei Monaten (bei Offizieren bis zu sechs Monaten) und Übungen mit einer Gesamtdauer bei Soldaten und Unteroffizieren bis 21 und bei Offizieren bis 24 Monaten Dienst fest. Darüber hinaus gab es noch die Überprüfung, zu der die Reservisten kurzfristig einberufen werden konnten.
Weitergehende Regelungen zum Reservistendienst auf der Grundlage des Wehrpflichtgesetzes wurden in Anordnungen des Nationalen Verteidigungsrates und in Durchführungsbestimmungen des Verteidigungsministers erlassen. Die erste Reservistenordnung der DDR ist datiert vom 24. Januar 1962[14]. Brachte die Erste Durchführungsbestimmung zur Erfassungs-, Musterungs- und Reservistenordnung vom 10. April 1962 für die Reserve kaum Veränderungen, so legten die Zweite Durchführungsbestimmung zur Reservistenordnung vom 19. April 1963[15] sowie die Reservistenwehrdienstordnung vom 6. Dezember 1963 eine Reihe von Ergänzungen fest. Ehemalige Angehörige des Wehrersatzdienstes –

darunter subsumierte man zu dieser Zeit den Dienst in Einheiten der nicht mehr existenten KVP, der Deutschen Grenzpolizei, des Ministeriums für Staatssicherheit (MfS), der Bereitschaftspolizei, des Luftschutzes und der Transportpolizeieinsatzkompanien – galten danach als gediente Reservisten. Ihre Dienstgrade wurden denen der NVA angepaßt. Rund 4.000 Offiziere der ehemaligen KVP und anderer »bewaffneter Organe«, die zumeist bis 1955 gedient hatten, wurden zum Offizier der Reserve (der NVA) ernannt.
Seit 1962 wurden jährlich zehntausende Reservisten zum Reservistenwehrdienst einberufen, um ausreichendes Personal für die Mobilmachung bereitstellen und nach dem Territorialprinzip verteilen zu können. Die rasche Ausbildung einer großen Zahl von Offizieren der Reserve stand dabei im Mittelpunkt. Sie erfolgte in Reserveausbildungstruppenteilen und -einheiten in Lehrgängen von acht Wochen für die Waffengattungen Nachrichten-, Funkmeß-, Kraftfahrzeug- und Transportwesen. Dafür in Frage kamen gediente Reservisten, die über eine abgeschlossene Hoch- oder Fachschulausbildung verfügten. Außer dieser Ausbildungsvariante gab es noch die Ausbildung der SED-Funktionäre zum Offizier der Reserve sowie die militärische Ausbildung der Studenten an den zivilen Hoch- und Fachschulen. Die Qualifizierung der Reserveoffiziere erfolgte durch zeitweiligen Einsatz in der Truppe und in Stäben. Ab der zweiten Hälfte des Jahrzehnts führte man neue Formen der Heranbildung von Reserveoffizieren über »Reserve-Offiziers-Berwerber« (ROB) und »Reserve-Offiziers-Anwärter« (ROA) ein. Mit diesen Bezeichnungen wurden keine Dienstgrade oder Dienststellungen neu geschaffen, sondern darunter verstand man Soldaten auf Zeit und Soldaten im Grundwehrdienst, die fähig und bereit waren, die Ausbildung zum Reserveoffizier zu durchlaufen. Sie wurden damit als Nachwuchskader in den Bestand der Reserveoffiziere aufgenommen. Ihr Werdegang verlief so, daß die Soldaten vor ihrer Entlassung aus dem aktiven Wehrdienst einen Lehrgang absolvierten, nach Abschluß zeitgleich mit dem Ende der Dienstzeit zum Feldwebel d. R. befördert und als ROA bestätigt wurden. Im Reservistendienst wurden sie dann Offizier der Reserve. ROB waren Soldaten im Grundwehrdienst, die bei ihrer Entlassung zum Unteroffizier befördert wurden. Im Reservistendienst belegten sie einen Lehrgang mit dem Ergebnis der Beförderung zum Feldwebel und der Bestätigung als ROA. In den folgenden Jahren modifizierten sich die Ausbildungswege der ROA und ROB.
Die reguläre Ausbildung der ungedienten Reservisten bei den Unteroffizieren und Soldaten erfolgte in Lehrgängen von acht Wochen in eigenen Reserveausbildungseinheiten. Ihre Qualifizierung wurde in Speziallehrgängen und durch aktiven Einsatz in der Dienststellung erreicht.
Mitte der 60er Jahre verfügte die NVA über einen Reservistenbestand an gedienten Reservisten von insgesamt 563.500 Mann. Dieser Gesamtbestand setzte sich aus 29.500 Offizieren, 130.500 Unteroffizieren und 403.500 Soldaten der Reserve zusammen. Die gedienten Reservisten waren zu 74 % im aktiven Wehrdienst, zu 18 % im Reservistenwehrdienst und zu 8 % im Wehrersatzdienst, so

etwa in den kasernierten Einheiten des Ministeriums des Innern, ausgebildet worden[16].

Bis zum Ende der sechziger Jahren hatte sich in der DDR schrittweise ein alle gesellschaftlichen Bereiche durchdringendes System der Landesverteidigung und Militarisierung herausgebildet. Den Kern der Landesverteidigung bildeten die regulären Streitkräfte, die sich in Gestalt der NVA auf dem Weg zu einer modernen Koalitionsarmee im Rahmen des Warschauer Paktes befanden. Große Teile der NVA waren bereits in Friedenszeiten fest in die Vereinten Streitkräfte des Warschauer Paktes integriert[17].

Frühzeitig war die Entwicklung der DDR-Volksarmee von einer straff durchorganisierten militärischen Mobilmachungs(Mob)-Planung begleitet: »Die Nationale Volksarmee wurde von Anfang an als Mobilmachungsarmee konzipiert[18].« Angesichts der in der SED-Führung perzipierten permanenten Bedrohung durch den »aggressiven Imperialismus« und in Übereinstimmung mit der Militärdoktrin des Warschauer Paktes traf die DDR in den folgenden zwei Jahrzehnten umfangreiche materielle, organisatorische und nicht zuletzt personelle Vorsorgemaßnahmen[19]. So betrug im Jahr 1987 der Ist-Bestand der den Vereinten Streitkräften des östlichen Bündnisses zu unterstellenden NVA-Kräfte 155.319 Mann, davon waren 25.151 Offiziere. Die Mob-Ergänzung betrug 281.204 Soldaten, darunter 23.111 Offiziere. Im Kriegsfall hätte die NVA zu diesem Zeitpunkt eine Personalstärke von 436.523 Mann erreicht[20].

Personal und Mobilmachungsergänzung der NVA, 1987[21]

Teilstreitkraft	Ist-Bestand	Mob-Ergänzung	Gesamt
Landstreitkräfte	105 983	152 024	258 007
Luftstreitkräfte/ Luftverteidigung	26.579	24.166	50.745
Volksmarine	14.163	16.863	31.026
Andere Truppen	8.594	88.151	96.745
Gesamt	155 319	281 204	436 523

Für die Territorialverteidigung kamen nochmals 40.000 bis 50.000 Mann hinzu. Die Reservisten, die im Ernstfall beispielsweise zu den Landstreitkräften eingezogen werden sollten, wurden zum größten Teil zu den neu aufzustellenden fünf Mob-Divisionen einberufen, die in Friedenszeiten als Unteroffizierschulen (US) bzw. »Ausbildungszentren« (AZ) dienten. In kurzer Zeit waren diese Divisionen vom Stammpersonal (ca. 2.000 bis 2.500 Mann) mit je 10.000 Reservisten aufzustellen. Für die Mobilmachungsverbände waren 48 Stunden für Benachrichtigung und Heranholung der Reservisten gefordert, drei Tage für Einkleidung, Formierung und Ausrüstung und weitere fünf Tage für das Vertrautmachen der

Reservisten mit der Ausrüstung und Technik. Nach insgesamt etwa zehn Tagen sollten die Mobilmachungsverbände zur Erfüllung einfacher Gefechtsaufgaben bereit und einsatzfähig sein.
In den 80er Jahren hatte die NVA zweifellos einen hohen Stand der Mobilmachungsbereitschaft erreicht, was nicht zuletzt in einer Lehrvorführung vor den Generalstabschefs der verbündeten Armeen im Jahr 1988 unter Beweis gestellt wurde. Zahlreiche Mobilmachungsübungen unter Tarnbezeichnungen wie »Diplom« und »Wettkampf« hatten dazu beigetragen. So wurden z.B. allein 1986 ca. 13.500 Reservisten zu Mob-Übungen einberufen[22].
Die Einberufung der Reservisten planten die Führungsorgane der Truppen gemeinsam mit den zuständigen Wehrkommandos. Dabei wendete man das Territorialprinzip an, das es ermöglichen sollte, die Reservisten im Bedarfsfall in kürzester Zeit in Verbände nahe ihrer Heimatorte einzuziehen. Das vereinfachte zudem die Zuführung. Ein weiterer Gesichtspunkt war die Eignung der Reservisten, die man nach beruflicher Qualifikation, Lebensalter und Verwendungen plante. Die Truppenteile sollten möglichst mit solchen Reservisten aufgefüllt werden, die zuvor schon in diesen Einheiten aktiv gedient hatten. Nicht zuletzt war die Zusammenführung und Konzentration von Reservisten in den Mobilmachungstruppenteilen aus politisch-ideologischer Sicht zu berücksichtigen. Das betraf vor allem die Mitglieder und Kandidaten der SED, die in den neuaufgestellten Verbänden sofort arbeitsfähige Organisationen der Staatspartei zu bilden hatten, um von Anfang an die gewünschte politische und ideologische Indoktrination und Kontrolle des Personals gewährleisten zu können.
Besondere Anforderungen wurden an die personelle Ergänzung der zentralen Dienststellen, der Bezirksverwaltungen sowie der Kreis- und Objektdienststellen des MfS gestellt. Dabei konnten z.B. Offiziere der Reserve bis zum 55. Lebensjahr zum Einsatz kommen, wenn es sich um Spezialisten für besondere Verwendungen oder um langjährige Inoffizielle Mitarbeiter (IM) handelte. Die Reservisten für das MfS unterlagen einer besonderen Auswahl, Registrierung und Bestätigung[23].
Ungeachtet der eigenen Anstrengungen zum Ausbau des Reservistensystems warf man dem »Klassenfeind« im Westen vor, mit der wirksameren Ausnutzung von personellen militärischen Reserven sein »Aggressionspotential« zu entwikkeln. Der Bundeswehr bescheinigte man zwar allgemein ein ausgeklügeltes und auch straff durchorganisiertes »System der Reservistenausbildung«, doch sah man eine Schwäche des westdeutschen Modells darin, daß es nicht gelänge, die Masse der Reservisten zu erfassen. Insgesamt konstatierte die NVA-Führung:

> »Wenn auch ein Teil der Reservisten [in der Bundesrepublik – d. Verf.] seinen ›Verpflichtungen‹ nach dem aktiven Dienst gleichgültig gegenübersteht – ein beträchtlicher Teil wird doch heute schon regelmäßig erfaßt und stimmt vorbehaltlos der Politik der herrschenden Klasse zu. [. . .] So, wie die Angehörigen der Bundeswehr während des aktiven Militärdienstes bereit gemacht werden, jeden Befehl zum Einfall in die Deutsche Demokratische Republik

> zu erfüllen, so würden sie sich im Millionenheer der Reserve – zwar nicht alle freiwillig, aber doch auf Befehl – in das Bonner Kriegsheer und seine Feldersatzbataillone einreihen[24].«

Nachdem bereits 1978 ein neues Verteidigungsgesetz in Kraft getreten war, beschloß die Volkskammer am 2. April 1982 auch ein neues Gesetz über den Wehrdienst in der DDR (Wehrdienstgesetz)[25], das im Prinzip bis zum Ende der DDR in Kraft blieb. Danach gliederte sich der Wehrdienst in den aktiven Wehrdienst und den Reservistenwehrdienst. Die allgemeine Wehrpflicht umfaßte die Verpflichtung, aktiven Wehrdienst, Reservistenwehrdienst bzw. einen Dienst zu leisten, der der Ableistung des Wehrdienstes entsprach. Der Wehrpflicht unterlagen – wie bereits seit 1962 – alle männlichen Bürger vom 18. Lebensjahr an bis zum 31. Dezember des Jahres, in dem sie das 50. Lebensjahr vollenden. Bei Fähnrichen und Offizieren endete sie mit dem 31. Dezember des Jahres, in dem das 60. Lebensjahr vollendet wurde. Während der Mobilmachung und im Verteidigungszustand endete die allgemeine Wehrpflicht generell mit dem 60. Lebensjahr. Auch weibliche Personen zwischen dem 18. und 50. Lebensjahr konnten in diesem Fall in die Wehrpflicht einbezogen werden.

Mehrere Abschnitte in den neuen Wehrgesetzen beschäftigten sich mit dem Reservistenwehrdienst[26]. Alle Wehrpflichtigen bildeten in der Zeit, in der sie keinen aktiven Wehrdienst, Reservistenwehrdienst oder keinen anderen vergleichbaren Dienst leisteten, als ungediente bzw. gediente Reservisten die Reserve der NVA. Eine besondere Reserve für die Grenztruppen der DDR oder für andere bewaffnete Kräfte gab es nicht. Auch diejenigen Wehrpflichtigen, die in den Grenztruppen oder in der Bereitschaftspolizei des Innenministeriums gedient hatten, gehörten nach ihrer Entlassung zur NVA-Reserve. Sie konnten aber durchaus Reservistenwehrdienst in den Organen des sogenannten Wehrersatzdienstes (z.B. Volkspolizei-Bereitschaften, Wachregiment des MfS) leisten oder zu deren Auffüllung herangezogen werden.

Abweichend von westlichen Begriffen und Regelungen zählten also alle wehrpflichtigen DDR-Bürger als Reservisten, die tauglich gemustert waren und keinen aktiven Dienst leisteten. Als äußeres Zeichen der Reservisten wurde den Wehrpflichtigen seit 1968 am Tage ihrer Entlassung aus dem aktiven Wehrdienst ein Reservistenabzeichen ausgehändigt. Die Verleihung erfolgte in Bronze für eine Dienstzeit bis zu 18 Monaten, in Silber bis einschließlich zehn Jahren und in Gold für eine Dienstzeit über zehn Jahre.

Die gedienten Reservisten (mit mindestens vier Wochen und längerem aktivem Wehrdienst oder Reservistenwehrdienst) trugen ihren Dienstgrad mit dem Zusatz »der Reserve« (d.R.). Angehörige anderer bewaffneter Organe, die etwa zu Dienstgraden der Volkspolizei ernannt oder befördert worden waren, erhielten als Reservisten den entsprechenden Dienstgrad der NVA. So wurde z.B. aus dem »Oberwachtmeister der Volkspolizei« der »Unteroffizier der Reserve«.

Die Rechte der gedienten Reservisten bezogen sich u.a. auf den Unterstützungsanspruch durch staatliche Behörden und Betriebe nach Erfüllung ihres »Reservistenauftrages«, auf die Anerkennung und Würdigung der Leistungen, auf die Beförderung sowie die Berechtigung zum Tragen der Uniform zu besonderen Anlässen, so etwa an Staatsfeiertagen. Zu den Pflichten der DDR-Reservisten zählte es u.a., »stets die Ehre und Würde eines Reservisten« zu wahren, sich militärpolitisch zu informieren, sich wehrsportlich zu betätigen, die übergebenen Uniformen und Ausrüstungsgegenstände in einem einsatzbereiten Zustand zu halten, die »sozialistische Wehrerziehung« zu unterstützen und der »Gesellschaft für Sport und Technik« (GST)[27] bei der Verbreitung des Wehrkampfsportes zu helfen. Jeder Reservist war darüber hinaus verpflichtet, Veränderungen zur Person sowie längere Abwesenheit vom Wohnort (über 30 Tage) dem zuständigen Wehrkreiskommando anzuzeigen. Über Angehörige der sogenannten Reserve I (bis 35 Jahre) mußten zudem Änderungen der Arbeitsstelle, des Berufes, der Ausbildung sowie ärztlich festgestellte schwere Störungen der Gesundheit unverzüglich gemeldet werden.

In der Regel erhielt der Reservist alle drei bis vier Jahre einen Einberufungsbefehl zum Reservistenwehrdienst. Die Mitteilung darüber war umgehend persönlich bei der Arbeitsstelle abzugeben. Mitzubringen waren neben den üblichen persönlichen Papieren auch die Mitgliedsbücher der Jugendorganisation (FDJ) und der SED, Verpflegung für einen Tag und ein Behältnis für den Versand der Zivilbekleidung.

Im § 33 des Wehrdienstgesetzes von 1982 waren drei Arten des Reservistenwehrdienstes festgelegt worden:

- die Reservistenausbildung
- die Reservistenqualifizierung
- die Reservistenübung.

Zur Reservistenausbildung wurden nur ungediente Reservisten einberufen. Sie erhielten in drei Monaten (bei Offiziersausbildung bis zu sechs Monaten) grundlegende militärische Kenntnisse vermittelt.

Die Hauptart des künftigen Wehrdienstes war für die Mehrheit der Reservisten die Reservistenqualifizierung. Sie diente vor allem der Festigung und Vervollkommnung des militärischen Könnens der gedienten Reservisten. Die Dauer konnte bis zu drei Monate in einem Jahr betragen. Die Gesamtdauer der Reservistenqualifizierung durfte insgesamt während der Wehrpflichtzeit 24 Monate nicht überschreiten. Für Wehrpflichtige mit weniger als einem Jahr Wehrdienst betrug die Dauer des Reservistenwehrdienstes bis zu 36 Monate. Als eine Form zur Überprüfung der persönlichen Einsatzbereitschaft und Kampffähigkeit der Reservisten stellten sich die Reservistenübungen dar. Zu diesen Übungen konnte jeder Reservist jederzeit einberufen werden. Eine zeitweilige Zurückstellung vom Wehrdienst war hier nicht zulässig. Die Reservistenübungen waren in der Regel so angelegt, daß sie weitgehend den Bedingungen der Mobilmachung und dem Verteidigungszustand entsprachen. Die Übungen dauerten meist nur einige Tage. Wurde die Dauer von acht Tagen überschritten, rechnete man die Zeit dem Reservistenwehrdienst an.

Für die Reservisten galten darüber hinaus die bekannten militärischen Bestimmungen unter Berücksichtigung einiger Besonderheiten. So war z. B. festgelegt, daß während des Reservistenwehrdienstes neben dem Wehrsold und den üblichen Zuschlägen noch ein finanzieller Ausgleich vom Betrieb zu zahlen war. Der Ausgleich wurde in Höhe eines gekürzten monatlichen Durchschnittslohnes gezahlt.
Der jährliche Bedarf der NVA und der anderen bewaffneten Organe an Einberufungen betrug ca. 100.000 Mann. In den siebziger Jahren war jedoch die Stärke der in Frage kommenden Geburtenjahrgänge stark im Sinken begriffen, was sich zwangsläufig auch auf die Entwicklung des Wehrpflichtigenpotentials der NVA auswirkte. Dadurch wurde die kontinuierliche Auffüllung der Streitkräfte erheblich erschwert. Neben einer modifizierten Einberufungspraxis gewann vor allem der Reservistenwehrdienst in dieser Situation an Bedeutung. Dabei ging es nicht mehr nur darum, die militärischen Kenntnisse von Zeit zu Zeit aufzufrischen, sondern die Reservisten sollten unmittelbar und verstärkt zur Auffüllung ständig einsatzbereiter militärischer Einheiten herangezogen werden. Sie wurden damit in den Augen der NVA-Führung zu einem wichtigen Träger der Kampfbereitschaft der Truppe.
Obwohl der Bestand an ungedienten Reservisten in der DDR seit den sechziger Jahren erheblich zurückgegangen war, blieben ihre »Planstellen« weiterhin bestehen, auf die nunmehr verstärkt gediente Reservisten zur »Qualifizierung« einberufen wurden. Zudem erhöhte man die Anzahl dieser Reservistenplanstellen auch kontinuierlich, um den offensichtlichen Forderungen des Oberkommandos der Warschauer-Pakt-Streitkräfte »nach Neuaufstellung von Truppenteilen und Verbänden im Verteidigungsfall ohne wesentliche Reduzierung anderer Truppenteile« genüge zu tun[28]. Den Höchststand mit etwa 16.500 Reservistenplanstellen konnte die NVA-Führung im Jahr 1989 verzeichnen, so daß – bei viermaliger Einberufung – rund 66.000 DDR-Bürger zum Reservistendienst in die Truppe kamen. Zusätzlich waren jährlich ca. 11.000 Mann zu Reserveoffizieren auszubilden bzw. in ihrer Dienststellung zu qualifizieren[29].
Für den einzelnen Reservisten ergaben sich daraus zusätzliche Belastungen, was nicht nur bei den Betroffenen selbst, sondern auch bei deren Familien und in den Betrieben mit wachsendem Unmut aufgenommen wurde. Angesichts der oft mangelnden Organisation beim Einsatz und der Ausbildung der Reservisten in der Truppe galt der Reservistendienst bei den meisten Mannschaften und Unteroffizieren als vertane Zeit. Ausnahmen bildeten vor allem Übungen, in denen Reservisten in ihren Aufgaben wirklich gefordert waren. Nicht zuletzt brachten die häufigen Reservisteneinberufungen Unruhe in die Truppe und belasteten die Wehrorgane in erheblichem Maße.
Vorgesetzte, besonders die Politoffiziere, sahen sich zudem immer stärker kritischen Argumenten und Fragen von Reservisten ausgesetzt, deren Erfahrungen aus der »realsozialistischen« Wirklichkeit stammten und nichts mit dem im NVA-Polituntericht vermittelten Bild über die DDR gemein hatten. Auch über den Sinn des Soldatseins und des Reservistendienstes verstärkten sich die Diskussionen innerhalb und außerhalb der Streitkräfte. Probleme gab es immer wie-

der im Verhältnis zu den unmittelbar vorgesetzten Unteroffizieren und zu den ebenfalls oft noch sehr jungen Offizieren. Eine stärkere politische Indoktrinierung durch die SED sollte all dem entgegenwirken.
Insgesamt gesehen waren die ständige Verfügbarkeit und Gefechtsbereitschaft des Reservistenpotentials zweifellos ein Charakteristikum des Reservistensystems der DDR. Die Reservisten leisteten aus Sicht der SED einen bedeutsamen Beitrag zur Verteidigungsfähigkeit der Landes und stellten »gewichtige Faktoren zur Stärkung des Sozialismus« dar[30].

Mot.-Schützen der NVA während der Taktischen Ausbildung 1976

Reservisten in der Gesellschaft

Das Reservistenpotential der DDR umfaßte Ende der achtziger Jahre 2,6 Millionen militärisch ausgebildeter Bürger, davon über 1 Million im Alter bis zu 35 Jahren. Die Reservisten galten in der DDR als »eine bedeutende gesellschaftliche Kraft bei der allseitigen Stärkung des Systems der Landesverteidigung«[31]. Vor allem in den beiden letzten Jahrzehnten des SED-Staates sollten sie ihre »gesellschaftspolitische Rolle als Bindeglied zwischen Armee und Bevölkerung und als Schrittmacher in Sachen sozialistischer Landesverteidigung« verstärken[32].
Die mit der Einführung der allgemeinen Wehrpflicht erlassene erste Reservistenordnung von 1962 hatte zunächst keine Aussagen zur Arbeit mit den gedienten Reservisten außerhalb des Dienstes enthalten. Deshalb wurde der § 13 dieser

Reservistenordnung erweitert und mit der Herausgabe der 3. Durchführungsbestimmung vom 30. September 1964 die gesetzliche Grundlage geschaffen, daß Offiziere, Unteroffiziere und Mannschaften, die der Reserve angehörten, auch außerhalb des Reservistenwehrdienstes zur »gesellschaftlichen« Mitarbeit herangezogen werden konnten.
Dabei ging es um die Lösung von zwei Hauptaufgaben. Bei den gedienten Reservisten sollten zum einen die politischen und militärfachlichen Kenntnisse und Fähigkeiten sowie die Kampfkraft erhalten und weiterentwickelt werden. Zum anderen wollte man erreichen, daß die Reservisten ihre Erfahrungen noch wirkungsvoller für die »sozialistische Wehrerziehung« und die vormilitärische Ausbildung der Jugend einsetzten.
Die 3. Durchführungsbestimmung legte dementsprechend die Formen fest, in denen künftig mit gedienten Reservisten zu arbeiten war. Danach gab es – speziell in den 60er und 70er Jahren – die »Konsultation«, das »Reservistenforum«, die »Reservistenkonferenz« und die »Reservistentagung«.
Die wichtigste Organisationsform für die gedienten Reservisten in der DDR stellte jedoch von Anfang an das »Reservistenkollektiv« dar. Es vereinte bis 1989/90 – unabhängig vom Dienstgrad oder von der Waffengattung – gediente Reservisten in den Betrieben, Einrichtungen und Gemeinden sowie an Universitäten, Hoch- und Fachschulen (Ausnahmen bildeten die Dienststellen der bewaffneten Kräfte, der Feuerwehr und des Strafvollzugs)[33]. Entsprechend den konkreten Bedingungen konnte es organisatorisch in Reservistengruppen unterteilt werden. Als ein neuer Bestandteil des Reservistenkollektivs trat darüber hinaus z.B. in den 80er Jahren eine Arbeitsgruppe hervor, die als sog. Wehrkampfsportaktiv speziell den Wehrsport unter den Mitgliedern aktivieren und fördern sollte. Neben dem Leiter des Reservistenkollektivs, in der Regel ein Offizier der Reserve, gab es Verantwortliche für »Agitation und Propaganda«, für die Unterstützung der Wehrdienstvorbereitung der Jugend, für Wettkampfsport und für die Arbeit mit den Reserveoffizieren. Die Arbeit in den Reservistenkollektiven war ehrenamtlich. Existierten Anfang der 60er Jahre nur wenige Reservistenkollektive, so stieg ihre Zahl von etwa 6.000 im Jahr 1969 auf über 10.000 in den 80er Jahren.
§ 1 der Ersten Durchführungsbestimmung zur Reservistenordnung vom 25. März 1982 legte fest, daß die Wehrpflichtigen, die nach § 38 des Wehrdienstgesetzes zur Reserve der Nationalen Volksarmee gehörten, den »gesellschaftlichen Auftrag« erhielten, »ihre persönliche Kampfbereitschaft zu erhalten und die Maßnahmen zur Festigung der Landesverteidigung und allseitigen Stärkung des sozialistischen Vaterlandes sowie zum Schutz der sozialistischen Errungenschaften verantwortungsvoll und aktiv zu unterstützen«[34]. Alle Aktivitäten der Reservisten zur Verwirklichung dieses Auftrages außerhalb des aktiven und des Reservistenwehrdienstes wurden als »Reservistenarbeit« bezeichnet. Die Chefs und Leiter der Wehrkommandos hatten die Reservistenarbeit in Abstimmung mit »Reservistenbeiräten« zu führen, den Reservistenkollektiven Anleitung und Hilfe zu geben sowie deren Verbindungen zu Dienststellen der NVA zu koordinieren.

Die Arbeit mit den gedienten Wehrpflichtigen in den Reservistenkollektiven entwickelte sich von Anfang an in zwei Hauptrichtungen. Erstens ging es um die Befähigung der Reservisten, in ihrem Umfeld fördernd auf das »sozialistische Wehrbewußtsein« einzuwirken und geeignete Jugendliche für eine längere Dienstzeit in der Armee oder für einen militärischen Beruf zu gewinnen. Zweitens galt es, die persönliche Kampfbereitschaft der Reservisten aller Dienstgrade zu stärken. Schwerpunkte der Reservistenarbeit bildeten daher u.a. die Unterstützung der Militärpropaganda in den Reservisten- und Arbeitskollektiven, die Vorbereitung der Jugendlichen auf den Wehrdienst in den Arbeitsbereichen, die Tätigkeit als Ausbilder, Übungsleiter oder Funktionär in der GST und im Wehrsport. Insbesondere in der GST wirkten Zehntausende Reservisten.

Reservisten der NVA als Ausbilder (1974)

Die Werbung und Betreuung des militärischen Berufsnachwuchses sollten sich nach dem Willen der Armeeführung noch stärker zu einem Schwerpunkt der Reservistenarbeit entwickeln. Nicht wenige Reservisten wurden in diesem Zusammenhang aufgefordert, als ehrenamtliche Beauftragte für militärische Nachwuchsgewinnung an Schulen oder als Leiter von sogenannten FDJ-Bewerberkollektiven zu arbeiten. Reservisten wurden darüber hinaus dazu angehalten, als Mitglieder der Kampfgruppen und der Zivilverteidigung aktiv zu werden oder sich als freiwillige Helfer der Grenztruppen bzw. der Deutschen Volkspolizei zu betätigen[35].

An den Universitäten, Hoch- und Fachschulen hatten die Reservistenkollektive, die mit den staatlichen und den SED-Leitungen sowie den Kommissionen für sozialistische Wehrerziehung eng zusammenarbeiteten, dafür zu sorgen, daß die wehrpolitische Weiterbildung, die militärische Information, die »wehrsportliche Aktivierung« sowie die Schießausbildung der gedienten Reservisten des Lehrkörpers, der technischen Kräfte, der Angestellten und Arbeiter gewährleistet wurde.
Die gedienten Reservisten unter den Studenten mußten sich während ihres Studiums durch Einberufung zum Reservistenwehrdienst in fünfwöchigen Lehrgängen militärisch »qualifizieren«. Die Teilnahme an dieser Ausbildung wurde auf den Hochschulzeugnissen bescheinigt. Von 1963 bis 1976 hatte man über 150.000 Studenten während ihres Studiums ausgebildet, von denen rund 13.000 zum Offizier ernannt wurden. Von 1979 bis 1985 wurden an einer speziellen Ausbildungseinrichtung des Ministeriums für Hoch- und Fachschulwesen jährlich durchschnittlich 7.500 gediente Reservisten militärisch weitergebildet, davon etwa 2.800 zum Offizier, die übrigen zum Unteroffizier der Reserve. Bis 1990 war eine weitere Steigerung von jährlich über 9.000 vorgesehen, wobei über die Hälfte Reserveoffiziere sein sollten[36].
Seit dem Ende der 60er Jahre hatten sich die Reservistenkollektive mit sogenannten Kampfprogrammen dem »sozialistischen Wettbewerb« zu stellen, wobei jedes Jahr ein anderes Kollektiv als Initiator propagandistisch herausgestellt wurde. Seit 1983 wurden hervorragende Leistungen im Reservistenwettbewerb mit dem Titel »Bestes Reservistenkollektiv« geehrt. Im Rahmen des Wehrkampfsportes der GST fanden darüber hinaus »Reservistendreikämpfe« statt, die in der zweiten Hälfte der 80er Jahre aus einem Wintermarsch (10 km bzw. 5 km mit den Stationen Schießen und Handgranatenweitzielwurf), einem Frühjahrsgeländelauf (1.000 m Geländelauf mit den Stationen Schießen und Handgranatenweitzielwurf) und einem Herbstmarsch, der inhaltlich dem Wintermarsch entsprach, bestanden. Nicht zuletzt gehörten das Organisieren von geselligen Veranstaltungen, gemeinsamen Ausflügen sowie die Traditionsarbeit zu den Tätigkeitsbereichen jedes Reservistenkollektivs. Für besondere Aktivitäten verlieh 1986 der Verteidigungsminister erstmalig das Ehrenzeichen »Für Verdienste in der Reservistenarbeit«. Die Verleihung in den Stufen Bronze, Silber oder Gold war mit einer entsprechenden finanziellen Zuwendung in Höhe von 200 bis 400 Mark verbunden.
Die aktive Fürsorge von staatlichen Stellen und Betrieben drückte sich aber nicht nur in der Vergabe von Abzeichen, Prämien oder »Wettbewerbsbannern« aus. Die DDR-Bestimmungen über die Reservisten enthielten dazu klare Festlegungen. So war jedem Reservistenwehrdienstleistenden der Arbeitsplatz sicher. Förderungsverordnungen regelten die berufliche und soziale Eingliederung nach dem Wehrdienst. Längerdienenden wurde u.a. die vorrangige Zulassung zum Studium einschließlich Zusatzstipendien gewährt, den Betrieben wurden Auflagen über die Gewährung von Einarbeitungszeiten für entlassene Soldaten bis zu sechs Monaten auferlegt, die Dauer des Wehrdienstes als Betriebszugehörigkeit ange-

rechnet und die im aktiven Dienst erworbenen Qualifikationen im zivilen Bereich als gleichwertig anerkannt. Besondere Aufmerksamkeit und Fürsorge kam vor allem Reserveoffizieren zu. Ihnen wurden im zivilen Berufsleben Aufgaben in der mittleren und höheren Leitungsebene übertragen, die zudem oft mit dem Bereich der Landesverteidigung verknüpft waren. Aber nicht alle Betriebe waren gewillt oder in der Lage, die gesetzlichen Auflagen buchstabengetreu zu erfüllen. So blieb vor allem die bevorzugte Zuteilung von Wohnraum selbst an ausscheidende langgediente Berufsunteroffiziere und Offiziere angesichts der katastrophalen Wohnungslage in der DDR eine zuweilen unerfüllbare Forderung.

Zusammenfassend ist festzustellen, daß der Schwerpunkt der Reservistenarbeit in der DDR vor allem in der Unterstützung der Militarisierung der Gesellschaft lag. Für Staat und Partei bot sich damit eine weitere Möglichkeit, eine große Gruppe von Bürgern für ihre politischen, militärischen und ideologischen Ziele zu instrumentalisieren. Die Reservisten in Reservistenkollektiven zu organisieren bedeutete für den einzelnen zudem eine weitere Belastung und Einschränkung seiner persönlichen Freiheit.

Reservisten und das Ende der NVA 1989/90

Im Herbst 1989 war die SED-Herrschaft als Teil des kommunistischen Systems in eine tiefe Krise geraten. Auch in den ostdeutschen Streitkräften gärte es. Im militärischen Bereich beteiligten sich auch Reservisten innerhalb und außerhalb der NVA aktiv an den Bestrebungen zur Reformierung der NVA, die vor allem von der Truppenbasis ausgingen und ein Aufbrechen der verkrusteten Streitkräftestrukturen zum Ziel hatten.

Wehrpflichtleistende und Reservisten forderten grundlegende Veränderungen u.a. bei der Dauer des Reservistenwehrdienstes, bei der Festlegung des Einberufungsalters und zur Verbesserung der bislang oft mangelhaften Ausbildung. In diesem Zusammenhang wurde als Teil der längst überfälligen Militärreform konkret vorgeschlagen, die Gesamtdauer des Reservistenwehrdienstes auf sechs Monate zu begrenzen und das Höchstalter für die Einberufung bei Soldaten und Unteroffizieren auf 35 Jahre, bei Offizieren auf 45 Jahre festzulegen. Zudem sollten die persönlichen Freiheiten des Reservisten, z.B. durch die Gewährung eines uneingeschränkten Ausgangs, stärker berücksichtigt werden. Die Interessen der Reservisten versuchte in erster Linie der im Januar 1990 in Leipzig gegründete Verband der Berufssoldaten wahrzunehmen und zu bündeln. Zur Schaffung eines selbständigen Reservistenverbandes kam es nicht.

Unter dem Druck der Soldaten wurde ab Jahresbeginn 1990 der Grundwehrdienst von 18 Monate auf 12 Monate verkürzt. Die im Frühjahr 1990 öffentlich diskutierten Entwürfe eines neuen Wehrdienstgesetzes und einer neuen Reservistenordnung[37] erfuhren jedoch keine praktische Umsetzung mehr. Bereits im November 1989 hatte die NVA-Führung den Reservistenwehrdienst ausgesetzt.

Im Dezember war schon der größte Teil der bis dahin dienenden Reservisten aus der NVA entlassen worden. Wehrpflichtige Reservisten, deren Dienst von Januar bis April vorgesehen war, wurden nicht mehr eingezogen. Auch die sogenannte Reservistenqualifizierung für Studenten im Verlaufe ihres Studiums war schon Ende 1989 ersatzlos eingestellt worden.

Am 2. Oktober 1990 endete die Existenz der NVA. Die DDR-Volksarmee wurde »abgewickelt«, ihre Reste gingen in die Armee des ehemaligen Gegners auf. Entsprechend der geltenden Rechtslage waren Bürger, die nicht in der Bundeswehr gedient hatten und keinen Dienstgrad der Bundeswehr besaßen, nicht als Reservisten der Bundeswehr anzusehen. Die Rechtsvorschriften bewirkten, daß Soldaten der NVA, die vor dem Wiedervereinigungsdatum aus dem DDR-Wehrdienst ausgeschieden waren, nunmehr als »Gediente in fremden Streitkräften« galten und es ihnen faktisch nicht erlaubt war, ihren Dienstgrad mit dem Zusatz »d.R.« oder »a.D.« zu führen[38]. Diese Regelungen stießen auf Unmut und auf Unverständnis bei den betroffenen ehemaligen NVA-Angehörigen. Sie wurden insbesondere von vielen früheren NVA-Offizieren als eine Art der Ausgrenzung empfunden[39].

Diejenigen ehemaligen NVA-Soldaten jedoch, die nach dem 2. Oktober 1990 die Möglichkeit erhielten, weiter aktiven Dienst in den Streitkräften des nunmehr wiedervereinigten Deutschlands zu tun – ein Teil von ihnen wurde auf Dauer übernommen –, sind untrennbar in die Gemeinschaft der Reservisten der Bundeswehr integriert.

Anmerkungen

1 Wladimir I. Lenin, Die Ergebnisse der Woche der Partei in Moskau und unsere Aufgaben, in: ders., Werke, Bd 30, Berlin (Ost) 1961, S. 58.

2 Horst Schuh und Jochen Köster, »Reservisten – die Vierte Kraft«, in: Reservesysteme des Warschauer Paktes. Ein Weißbuch, hrsg. von Rudolf Woller, München 1978, S. 11.

3 Militärstrategie. Unter der Redaktion von Marschall der Sowjetunion Wassili D. Sokolowski, Berlin (Ost) ^{2}1966, S. 416.

4 Heinz Hoffmann, Die Rolle der Reservisten im System der Landesverteidigung, in: ders., Sozialistische Landesverteidigung. Aus Reden und Aufsätzen 1963 bis Februar 1970, Teil II, Berlin (Ost) 1971, S. 690.

5 Vgl. dazu ausführlich Volksarmee schaffen – ohne Geschrei! Studien zu den Anfängen einer »verdeckten Aufrüstung« in der SBZ/DDR 1947–1952. Im Auftrag des Militärgeschichtlichen Forschungsamtes hrsg. von Bruno Thoß, München 1994.

6 Bundesarchiv-Militärarchiv Freiburg (BA-MA), DVH 3/2062, Bl. 125. Referat Walter Ulbricht vom 9.1.1953.

7 Stiftung der Parteien und Massenorganisationen der DDR im Bundesarchiv (SAPMO-BArch), DY 30 J IV 2/202/64. Auskunftsbericht Heinz Hoffmanns an das Politbüro des ZK der SED, ohne Datum (1954).

8 Vgl. Willi Namokel, Die planmäßige Entwicklung und Ausbildung von Offizieren der Reserve für den bewaffneten Schutz der DDR, unveröffentlichte Studie des Militärgeschichtlichen Instituts der DDR, Potsdam o.J. [1972], Bl. 4.

9 Siehe zur Geschichte der NVA u.a. Rüdiger Wenzke, Die Nationale Volksarmee, in: Im Dienste der Partei. Handbuch der bewaffneten Organe der DDR. Im Auftrag des Militärgeschichtlichen Forschungsamtes hrsg. von Torsten Diedrich, Hans Ehlert und Rüdiger Wenzke, Berlin 1998, S. 423–435.

10 Vgl. Bestimmungen für die Dienstlaufbahn der Soldaten, Unteroffiziere und Offiziere der NVA, in: Anordnungs- und Mitteilungsblatt des Ministeriums für Nationale Verteidigung (MfNV), Sonderdruck Nr. 64 vom 1.2.1960.

11 Vgl. BA-MA, VA-01/7780, Bl. 47–56. Personalerhebungen mit Stand vom 1.1.1961.

12 Ebd., VA-01/2901, Bl. 98. Bericht über Republikflucht von Angehörigen der Reserve vom 20.5.1958.

13 Gesetz über die allgemeine Wehrpflicht (Wehrpflichtgesetz) vom 24.1.1962, in: Gesetzblatt der DDR, T. I, 1962, S. 2.

14 Anordnung des Nationalen Verteidigungsrates der DDR über den Wehrdienst der Reservisten (Reservistenordnung) vom 24.1.1962, in: ebd., S. 21. Eine Änderung erfolgte erstmals in einer Anordnung des Nationalen Verteidigungsrates vom 13.3.1963.

15 Zweite Durchführungsbestimmung zur Reservistenordnung vom 19.4.1963, in: Gesetzblatt der DDR, T. II, 1963, S. 249.

16 Vgl. BA-MA, VA-01/27062, Bl. 25. Bericht an das Kollegium des Verteidigungsministeriums über die Reservistenausbildung vom 30.11.1965.

17 Vgl dazu u.a. Walter Jablonsky, Die NVA in den Vereinten Streitkräften des Warschauer Paktes, in: NVA. Anspruch und Wirklichkeit, nach ausgewählten Dokumenten hrsg. von Klaus Naumann, Hamburg, Berlin, Bonn [2]1996, S. 29–77.

18 Heinrich Engelhardt, Das Mobilmachungssystem der NVA, in: ebd., S. 301.

19 Dazu entstanden zwischen dem Vereinten Kommando der Warschauer-Pakt-Streitkräfte und der Führung der NVA seit den sechziger Jahren Protokolle über die Bereitstellung von Truppen und Flottenkräften der NVA für die Vereinten Streitkräfte sowie zur operativen Vorbereitung des DDR-Territoriums in den folgenden fünf Jahren. Das letzte Protokoll dieser Art bestätigte Erich Honecker im Dezember 1985. Siehe zu den Bedrohungsvorstellungen der DDR-Führung vor allem in: NVA. Anspruch (wie Anm. 17).

20 Vgl. Engelhardt, Das Mobilmachungssystem (wie Anm. 18), S. 311 f.

21 Ebd., S. 312.

22 Vgl. Helmut Göpel, NVA-Landstreitkräfte, in: NVA. Anspruch (wie Anm. 17), S. 90.

23 Vgl. Der Bundesbeauftragte für die Unterlagen des Staatssicherheitsdienstes der ehemaligen DDR (BStU), ZA, AGM 70, Bl. 1–8. Instruktion zur Planung des personellen und materiellen Mob-Bedarfs des MfS 1981–1985.

24 Hoffmann, Die Rolle der Reservisten (wie Anm. 4), S. 689.

25 Gesetz über den Wehrdienst in der Deutschen Demokratischen Republik – Wehrdienstgesetz – vom 25.3.1982, in: Gesetzblatt der DDR, T. I, 1982, S. 221–241.

26 Die Rechte, Pflichten und Aufgaben der gedienten Reservisten sind vor allem im Gesetz über den Wehrdienst in der DDR vom 25.3.1982, hier vor allem in den Abschnitten IV (Der Reservistenwehrdienst) und V (Die Förderung nach dem Wehrdienst und die Reserve der Nationalen Volksarmee), in der Anordnung des Nationalen Verteidigungsrates der DDR über die Zugehörigkeit der Wehrpflichtigen zur Reserve der NVA (Reservistenordnung) vom 25.3.1982 sowie in der Ersten Durchführungsbestimmung zur Reservistenordnung vom 25.3.1982 und in der Zweiten Durchführungsbestimmung vom 15.10.1987 enthalten. Vgl. dazu zusammenfassend Wehrdienstgesetz und angrenzende Bestimmungen. Textausgabe mit Anmerkungen und Sachregister, hrsg. vom Ministerium für Nationale Verteidigung, Berlin (Ost) 1988.

27 Die GST war eine Massenorganisation, die vor allem der vormilitärischen Ausbildung von Jugendlichen dienen sollte.

28 Werner Patzer, Die personelle Auffüllung der NVA, in: Rührt euch! Zur Geschichte der Nationalen Volksarmee der DDR, hrsg. von Wolfgang Wünsche, Berlin 1998, S. 385. Generalmajor (NVA) Patzer war langjähriger Leiter der Verwaltung für personelle Auffüllung der NVA im DDR-Verteidigungsministerium.

29 Vgl. ebd.

30 Karl-Heinz Orglmeister und Peter Pröse, Die Stellung und Verantwortung der gedienten Reservisten in unserer sozialistischen Gesellschaft, in: Wissen und Kämpfen, hrsg. von der Politischen Hauptverwaltung der NVA, Sonderheft Thema S, Berlin (Ost) 1988, S. 11.

31 Zweite Durchführungsbestimmung zur Reservistenordnung vom 30. Juli 1969, in: Gesetzblatt der DDR, T. II, Nr. 77 vom 23.9.1969.

32 Hoffmann, Die Rolle der Reservisten (wie Anm. 4), S. 689.

33 Vgl. Stichwort »Reservisten« in: DDR-Handbuch, hrsg. vom Bundesministerium für Innerdeutsche Beziehungen, Bd 2, Köln [3]1985, S. 1125.

34 Anordnung des Nationalen Verteidigungsrates der DDR über die Zugehörigkeit der Wehrpflichtigen zur Reserve der NVA – Reservistenordnung – vom 25.3.1982, in: Gesetzblatt der DDR, Teil I, Nr. 12, S. 246.

35 Zu den Aufgaben, Strukturen und Einsatzmöglichkeiten der einzelnen bewaffneten Organe siehe ausführlich: Im Dienste der Partei (wie Anm. 9).

36 Vgl. Otto Wenzel, Kriegsbereit. Der Nationale Verteidigungsrat der DDR 1960 bis 1989, Köln 1995, S. 96 f.

37 Vgl. dazu u.a. Militärreform in der DDR. Mitteilungen, Positionen, Dokumente, Meinungen, 1 (1990), S. 13.

38 Zur Begründung dieses Sachverhalts wurde der Paragraph 8 des Wehrpflichtgesetzes der Bundesrepublik herangezogen, nach dem sich der »Wehrdienst in fremden Streitkräften« nur darauf bezog, daß der Militärdienst außerhalb der eigenen Streitkräfte der Bundesrepublik erfolgte. Damit handelte es sich vor allem um eine wehrpflichtrechtliche Einordnung. Die Befugnis für die Soldaten der NVA, ihren zuletzt erreichten Dienstgrad nach dem Ausscheiden aus dem Wehrdienst mit den Zusätzen »a.D.« und »d.R.« weiter führen zu dürfen, ergab sich aus der Reservistenordnung der DDR. Diese war aber gemäß Einigungsvertrag nach der Wiedervereinigung kein geltendes Recht mehr, so daß offiziell keine Rechtsgrundlage für die Weiterführung von Dienstgradbezeichnungen der ehemaligen NVA mehr bestand.

39 Die politischen Bemühungen verschiedener Parteien im Deutschen Bundestag, die auf eine Änderung der bestehenden Regelungen zur Bezeichnung und zu den Dienstgraden ehemaliger NVA-Soldaten zielten, konnten sich nicht durchsetzen. So wurde auch der Antrag zu einer differenzierten Betrachtung des Sachverhalts (z.B. das Führen des zuletzt erreichten Dienstgrades mit bestimmten Zusätzen wie »der Reserve der ehemaligen Nationalen Volksarmee«) auf der 82. Sitzung des Verteidigungsausschusses am 6. 9.1994 abschließend beraten und mehrheitlich abgelehnt. Siehe Deutscher Bundestag, 12. Wahlperiode, Antrag, Beschlußempfehlung und Bericht des Verteidigungsausschusses, Drucksachen 12/6566 vom 12.1.1994 und 12/8585 vom 22.9.1994.

Hans Frank

Reservisten im neuen Aufgabenfeld

Mit den umwälzenden Veränderungen in Europa und der Welt verband sich auch eine Reform an Haupt und Gliedern für die Bundeswehr. Eine Reform, wie sie die Streitkräfte bislang noch nicht erlebt hatten. Es begann im Juli 1990 im Kaukasus, als sich Bundeskanzler Kohl und Staatspräsident Gorbatschow über den Umfang der Streitkräfte eines Vereinten Deutschlands verständigten[1]. 370.000 sollten von der knapp 500.000 Soldaten umfassenden alten Bundeswehr und den ehemals 170.000 Soldaten der Nationalen Volksarmee der DDR noch übrigbleiben. Genug, um in einer veränderten Lage Schutz und Sicherheit der Bürger im vereinten Deutschland zu garantieren. Nach Umsetzung in dem »Vertrag über die abschließende Regelung in bezug auf Deutschland[2]« und Einbringen in die Wiener Rüstungskontrollverhandlungen bedeutete dies: Erreichen der Endgröße von 370.000 Soldaten bis zum Ende des Jahres 1994. In der gleichen Zeit von vier Jahren hatte auch die mit 360.000 Mann kampfkräftigste Gruppe sowjetischer Streitkräfte außerhalb des Territoriums der Sowjetunion, die »Westgruppe der Truppen[3]«, Deutschland zu verlassen. Zeitgleich sollten auch die ehemaligen Schutzmächte USA, Großbritannien und Frankreich ihre Truppen aus Berlin abziehen[4].
Mit der Vereinigung Deutschlands galt es, die Verbände der ehemaligen Nationalen Volksarmee zu übernehmen und abzubauen, gleichzeitig aber auch die neuen Strukturen der Bundeswehr in den neuen Bundesländern aufzubauen unter der Zielsetzung: E i n e Armee für e i n Deutschland. Parallel dazu begann der Abbau auf 370.000 Soldaten. Im Rahmen dieses Aufbau- und Abbauprozesses wurden viele Truppenteile verlegt oder aufgelöst, mit weitreichenden Auswirkungen auf die Reservisten.
Gewachsene Verbindungen zu Verbänden und Standorten zerbrachen, aber auch persönliche Beziehungen konnten oftmals nicht mehr gepflegt werden, wurden doch in den ersten fünf Jahren der 90er Jahre jährlich rund 50.000 Offiziere und Unteroffiziere kreuz und quer durch Deutschland versetzt, weil ihre Einheiten aufgelöst, verlegt oder umgegliedert wurden oder weil sie selbst umgeschult werden mußten. Von ehemals fast 900.000 eingeplanten Reservisten, mit denen die »alte« Bundeswehr auf einen Verteidigungsumfang von über 1,3 Millionen Soldaten aufwachsen konnte[5], mußte jetzt die Mehrzahl ausgeplant werden, ihre militärische Heimat ging verloren. Dabei blieben Friktionen nicht aus, die den einen oder anderen empfindlich trafen und die mitunter auch von Ungeschicklichkeiten

bei der Menschenführung begleitet wurden. So fühlten sich viele Reservisten nach langem, engagiertem und zeitaufwendigem Einsatz ohne anerkennende Worte verabschiedet, abgeschoben, nicht mehr gebraucht. Hinzu kam die drastische Absenkung der Wehrübungsplätze[6], notwendig geworden durch die finanzielle Enge des Verteidigungshaushaltes, aber auch durch die begonnene Strukturänderung. Nachdem 1985 die Anzahl der Wehrübungsplätze noch bei 6.100 lag, mit einer geplanten Steigerung auf 15.000 in den 90er Jahren[7], konnten 1993 gerade noch 1.000 Wehrübungsplätze bereitgestellt werden. Die Zahl derjenigen, die den Streitkräften enttäuscht den Rücken wandten, war groß.
Dabei mußte für jeden Kundigen deutlich sein, daß gerade unter den veränderten strategischen Bedingungen die Bedeutung der Reservisten nicht nachlassen sondern eher noch zunehmen würde. So stellte schon die »Unabhängige Kommission für die künftigen Aufgaben der Bundeswehr« in ihrem Abschlußbericht 1991 fest:

> »Die Landesverteidigung kann mittelfristig nur mit Streitkräften auf der Grundlage der allgemeinen Wehrpflicht und einem rasch verfügbaren Reservistenpotential gewährleistet werden. Im Mobilmachungsfall sichert die allgemeine Wehrpflicht die schnelle Aufwuchsfähigkeit der Streitkräfte, im Verteidigungsfall ihre Durchhaltefähigkeit. Die reduzierte Bundeswehr wird sich Mitte der 90er Jahre stärker als bisher auf qualifizierte und motivierte Reservisten stützen müssen[8].«

Gleichzeitig empfahl die Kommission eine neue, zeitgemäße Reservistenkonzeption und riet dazu, die Wehrübungsplätze wieder zu erhöhen[9].

Konzeptionelle Grundlagen

Die sich abzeichnende Auflösung der die Nachkriegsgeschichte prägenden Konfrontationslage zwischen Ost und West hatten die Staats- und Regierungschefs der westlichen Allianz bereits am 6. Juli 1990 zum Anlaß genommen, mit der »Londoner Erklärung« ihre Zielsetzung eines kooperativen Miteinanders als Angebot an den Osten zu formulieren. Neben der ausgestreckten Hand zur Freundschaft gegenüber dem früheren Gegner, der erneuten Erklärung, niemals als erster Gewalt anzuwenden, und der Verpflichtung zur friedlichen Lösung aller Streitigkeiten enthielt die Erklärung auch die Ankündigung einer neuen Strategie mit folgenden Auswirkungen auf die Streitkräfte:

»– Das Bündnis wird über kleinere und umstrukturierte aktive Streitkräfte verfügen. Diese Streitkräfte werden hochmobil und anpassungsfähig sein, so daß den Verantwortlichen der Allianz bei der Entscheidung über die Reaktion auf eine Krise ein Höchstmaß an Flexibilität gegeben ist.
– Das Bündnis wird sich zunehmend auf multinationale Korps abstützen, die sich aus nationalen Einheiten zusammensetzen.
– Das Bündnis wird den Bereitschaftsgrad seiner aktiven Einheiten herabsetzen und die Ausbildungserfordernisse sowie die Zahl der Übungen verringern.

- Das Bündnis wird sich stärker auf die Fähigkeit verlassen, umfangreichere Streitkräfte dann wieder aufzustellen, wenn sie erforderlich werden[10].«

Damit war das Grundmuster der zukünftigen NATO-Streitkräfte und folglich auch der Bundeswehr vorgezeichnet. Wenig später wurde in der »Charta von Paris für ein neues Europa« der Umgang miteinander nach der Auflösung des Ost-West-Konfliktes kodifiziert und von allen Staaten der Konferenz für Sicherheit und Zusammenarbeit in Europa (KSZE) unterzeichnet. Aber es wurde auch einvernehmlich festgestellt: »Die Gefahr von Konflikten in Europa hat abgenommen, doch es bedrohen andere Gefahren die Stabilität unserer Gesellschaften[11].« Diesen Gedanken nahm das »Strategische Konzept« der NATO, welches im November 1991 in Rom verabschiedet wurde, auf und stellte den weiten Sicherheitsbegriff vor, der statt von einer Bedrohung von Risiken sprach: »Risiken für die Sicherheit der Allianz ergeben sich weniger aus der Wahrscheinlichkeit des kalkulierten Angriffs auf das Hoheitsgebiet der Bündnispartner. Sie sind eher Konsequenz der Instabilitäten, die aus ernsten wirtschaftlichen, sozialen und politischen Schwierigkeiten einschließlich ethnischer Rivalitäten und Gebietsstreitigkeiten entstehen können[12].«

Diesen Risiken sei zwar nicht allein durch militärische Mittel zu begegnen, dennoch hätten sich die Streitkräfte auf diese veränderten Herausforderungen einzustellen. Dann wurden noch einmal die Anforderungen an kleinere, aber wesentlich flexiblere Streitkräfte herausgearbeitet. Neben der Fähigkeit zur sofortigen Reaktion auf Krisen, vor allem im Südbereich des Bündnisses, wurde die Notwendigkeit zum Aufwuchs »durch Verstärkung, Mobilmachung von Reserven oder durch den Aufbau zusätzlicher Streitkräfte[13]« besonders herausgestellt.

Neuer Auftrag für die Bundeswehr

Für die Bundeswehr griffen die »Verteidigungspolitischen Richtlinien« vom November 1991 die bisherigen NATO-Entscheidungen auf und formulierten, auch unter Berücksichtigung der inzwischen Realität gewordenen neuen Gefährdungen des Weltfriedens (u.a. irakischer Angriff auf Kuwait vom 2. August 1990, Auflösung Jugoslawiens), als Auftrag:

»Die Bundeswehr
- schützt Deutschland und seine Staatsbürger gegen politische Erpressung und äußere Gefahr,
- fördert die militärische Stabilität und die Integration Europas,
- verteidigt Deutschland und seine Verbündeten,
- dient dem Weltfrieden und der internationalen Sicherheit im Einklang mit der Charta der Vereinten Nationen,
- hilft bei Katastrophen, rettet aus Notlagen und unterstützt humanitäre Aktionen[14].«

Und weiter:

»Die dauerhaft verbesserte Sicherheitslage mit einer nutzbaren Warnzeit von mindestens einem Jahr für den Fall einer größeren Aggression erlaubt es, die Bundeswehr konsequent auf den Charakter einer Mobilmachungsarmee auszurichten. Die Aufwuchsfähigkeit der Hauptverteidigungskräfte muß jedoch erhalten bleiben, um die Verteidigung im Bündnisrahmen sicherzustellen. Dies setzt die Verfügbarkeit von Reservisten voraus[15].«

Schon im darauffolgenden Monat entschied Verteidigungsminister Volker Rühe über die den neuen Aufgaben in einem veränderten sicherheitspolitischen Umfeld entsprechende Planung für die Bundeswehr. Am 15. Dezember 1992 wurde als Ergebnis veröffentlicht: Die Struktur der Streitkräfte sollte künftig aus den Krisenreaktionskräften, den Hauptverteidigungskräften und der militärischen Grundorganisation bestehen. Dabei wurde deutlich, daß angesichts begrenzter finanzieller Mittel der planerische Schwerpunkt bei den Krisenreaktionskräften liegen werde, wobei gerade beim Heer, bislang ausschließlich auf Einsätze in Deutschland zur Abwehr eines großangelegten Angriffes aus dem Osten ausgerichtet, der größte Umsteuerungsbedarf in Richtung auf mobile und flexible Kräfte für weiträumige Einsätze bestehen werde. Ebenso deutlich wurde aber auch, daß die mobilmachungsabhängigen Hauptverteidigungskräfte Eckpfeiler der bündnisgemeinsamen Landesverteidigung bleiben und daß »trotz planerischer Schwerpunktsetzung auf die präsenten Kräfte des Heeres die teilaktiven und nichtaktiven Verbände und Einheiten ihre uneingeschränkte Bedeutung für die Landesverteidigung nach Mobilmachung[16]« behalten würden.
In dieser Planung wurden neben der Umsteuerung der Streitkräfte auf die neuen Aufgaben auch die Reduzierung an Personal, Stäben und Truppenteilen sichtbar. Für die künftige Aufgabenwahrnehmung der Heimatverteidigung war der Wegfall der Territorialkommandos bedeutsam, der sich zwangsläufig aus der Auflösung der Heeresgruppen der NATO ergab. In Zukunft sollten die territorialen Aufgaben im neu einzurichtenden Heeresführungskommando sowie von den fusionierten Divisions- und Wehrbereichskommandos wahrgenommen werden[17]. Die Krisenreaktionskräfte sollten sich zukünftig weitgehend aus längerdienenden Freiwilligen sowie Wehrpflichtigen auf freiwilliger Basis zusammensetzen. Damit war auch die künftige Rolle der Reservisten bestimmt: bereit sein für die Landesverteidigung, ohne sie kein Aufwuchs der Hauptverteidigungskräfte auf den vollen Verteidigungsumfang.
Dennoch war die Talsohle für die Reservisten noch nicht durchschritten. Zuerst hatte die Ausformung der Krisenreaktionskräfte, danach die der Hauptverteidigungskräfte zu erfolgen. Daher erfolgten weitere Ausplanungen, 1992 fast 70.000, 1993 der Höhepunkt mit 180.000 Ausplanungen aus der Mobilmachungs-Reserve. Trotz der im Personalstrukturmodell 370.000 vorgesehenen 4.000 Wehrübungsplätze[18] mußte aufgrund der Auflösung und Umgliederung vieler Verbände die Wehrübungstätigkeit vorerst noch auf dem abgesenkten Niveau bleiben.

Obwohl die überwiegende Mehrheit der Reservisten für die Hauptverteidigungskräfte benötigt wurde, sollten Reservisten auch in den Krisenreaktionskräften und in der Grundorganisation der Streitkräfte eingeplant werden können, besonders in Spezialverwendungen. Sehr schnell wurde dies Realität, als im Mai 1992 die Bundeswehr ein 60-Betten-Hospital in Pnom Penh im Rahmen der UNTAC-Mission der Vereinten Nationen (UN Transitional Authority in Cambodia) einrichtete. Gleiches galt für den deutschen Unterstützungsverband Somalia, der in Belet Huen von Mai 1993 bis Februar 1994 im Rahmen der Mission UNOSOM 2 (United Nations Operation Somalia) eingesetzt war. Freiwillige Reservisten leisteten hier vorzügliche Arbeit und stellten ihre besonderen Fachkenntnisse engagiert in den Dienst des humanitären Einsatzes.

Reduzierung und neue Struktur

Bis zum Jahre 1991, als die gesamte deutsche Bundeswehr über den größten jemals erreichten Personalumfang verfügte, waren die Verteidigungsausgaben von 42,6 Mrd. DM im Jahre 1984 noch kontinuierlich auf 53,6 Mrd. DM gestiegen. Seitdem sanken sie stetig bis auf 49,6 Mrd. DM im Jahre 1993. Für das Haushaltsjahr 1994 standen nach erneuten Sparauflagen noch 47,23 Mrd. DM zur Verfügung, dies bedeutete einen Anteil von 21,9 % für investive Ausgaben, während die Betriebsausgaben 78,1 % des Gesamtetats ausmachten[19]. Trotz erheblicher Anstrengungen zur Rationalisierung, Privatisierung und Aufwandsbegrenzung im Betrieb war damit allein das Verhältnis zwischen Investitionen und Betrieb nicht wieder in ein gesundes Verhältnis von etwa 30 : 70 zu bringen. Der mit 51,5 % viel zu hohe Anteil für Personal an den Gesamtausgaben konnte nur durch weiteren Abbau reduziert werden. Im ersten Halbjahr 1994 wurde daher in einer Reihe von Modellen versucht, die unterschiedlichen Parameter in Deckung zu bringen. Dabei sollte die Bundeswehr eine Personalstärke erreichen, die sowohl den deutschen Sicherheitsinteressen Rechnung trug, als auch angesichts des zur Verfügung stehenden Personals und einer anhaltend hohen Kriegsdienstverweigerung die Wehrgerechtigkeit sicherstellte und bei annähernd gleichem Verteidigungsetat eine Erhöhung des Investitionsanteils zuließ. Die »Konzeptionelle Leitlinie zur Weiterentwicklung der Bundeswehr« vom Juli 1994 gab das Ergebnis bekannt: 340.000 Soldaten sollten die Streitkräfte künftig präsent halten – also eine weitere Reduzierung um 30.000 Mann.

Doch es war dies nicht nur eine Reduzierung, sondern gleichzeitig die konsequente Fortführung des mit der Strukturänderung von 1992 eingeleiteten Reformkurses. Die wesentlichen Elemente dieser strukturellen Anpassungen waren:

- Die Gliederung in Hauptverteidigungskräfte, Krisenreaktionskräfte und Militärische Grundorganisation bleibt erhalten; sie wird jedoch schärfer akzentuiert.
- Krisenreaktionskräfte werden ca. 50.000 Soldaten aller drei Teilstreitkräfte umfassen, in ihnen werden in der Masse Berufssoldaten und Freiwillige dienen.

- Der Wehrdienst für den Grundwehrdienstleistenden in seiner Hauptverwendung in den Hauptverteidigungskräften wird auf 10 Monate herabgesetzt.
- Hinzu tritt die Flexibilisierung des Wehrdienstes. »Um den jungen Männern zusätzliche Flexibilität für ihre berufliche Lebensplanung im Zusammenhang mit dem Wehrdienst zu geben, soll ihnen angeboten werden, freiwillig bei höherem Wehrsold länger zu dienen als die Mindestzeit. Damit ergibt sich eine Spanne der Wehrdienstdauer zwischen mindestens zehn und maximal dreiundzwanzig Monaten[20].«
- Wehrübungsplätze sollen bis zu einer Größenordnung von 3.000 in der neuen Struktur vorgehalten werden.

Allerdings machte die Konzeptionelle Leitlinie auch deutlich:

> »Personalverringerungen zur Absenkung der Betriebskosten und die Veränderung der Strukturen werden letztlich dazu führen, daß die Stationierung der Streitkräfte noch einmal überprüft wird[21].«

Die Leitlinie forderte weiter eine deutlich unterschiedliche Ausgestaltung von Krisenreaktionskräften und Hauptverteidigungskräften unter Berücksichtigung von Präsenz, Ausbildung, Ausrüstung, Betrieb und Versorgbarkeit. Für die Hauptverteidigungskräfte gab sie vor:

> »... daß ihre auch bisher für den Verteidigungsfall geplante Kampfkraft erhalten bleibt. Ihre volle Einsatzbereitschaft für diesen Fall wird aber erst durch abgestufte Mobilmachung und damit einhergehende intensive Ausbildung in der militärisch nutzbaren Vorbereitungszeit hergestellt[22].«

Damit sollte sichergestellt werden, daß Krisenreaktionskräfte und Hauptverteidigungskräfte zusammen ein Kontinuum zeitlich abgestuft verfügbarer Kräfte bildeten, um damit das gesamte Spektrum denkbarer Optionen abzudecken.

Die Leitlinie wies weiter darauf hin, daß die Fähigkeit erhalten bleiben müsse, die Streitkräfte durch ausgebildete Reservisten auf den vollen Verteidigungsumfang aufwachsen zu lassen. Doch nicht, wie bisher üblich im Rahmen kurzfristiger Alarmierung, sondern »im Rahmen abgestufter Mobilmachung, um in einem intensiven Krisenausbildungsprogramm von ca. vier Monaten die volle Verteidigungsbereitschaft herstellen zu können«[23].

Auf der Basis dieser konzeptionellen Leitlinie begann für alle Organisationsbereiche ein umfassender Planungsprozeß. Am 15. März 1995 stellte der Verteidigungsminister das Ergebnis Parlament, Öffentlichkeit und Truppe vor und rief zur intensiven Diskussion auf, um bislang evtl. nicht bekannte Argumente vor einer endgültigen Entscheidung berücksichtigen zu können. Die teilweise schmerzhafte, aber in dieser Intensität einmalige Erörterung zwischen allen Betroffenen, wurde am 7. Juni 1995 mit dem endgültigen »Ressortkonzept zur Anpassung der Streitkräftestrukturen, der Territorialen Wehrverwaltung und der Stationierung« abgeschlossen.

Truppe, Öffentlichkeit und Reservisten hatten jetzt Klarheit über die neue Struktur der Streitkräfte, vor allen Dingen aber auch über die verbleibenden, die neuen, aber auch die aufzulösenden Standorte. Beim Heer wurden insgesamt 35 Batail-

lone aufgelöst, einschließlich der Jägertruppe der territorialen Wehrorganisation. Luftwaffe und Marine fingen die Reduzierung des Gesamtumfanges weitgehend über eine Straffung der Strukturen, wie beispielsweise die Zusammenfassung von Schulen der Marine ab. Einschneidend auch die Veränderungen in der territorialen Wehrorganisation. Zwar blieb die Bedeutung der Zivil-Militärischen Zusammenarbeit in ihrer Mittlerfunktion wie auch in der Katastrophenhilfe und der Reservistenarbeit unverändert hoch. Dafür konnten jedoch die bisherigen territorialen Aufgaben im Rahmen der Gesamtverteidigung, beispielsweise zur Aufrechterhaltung der Operationsfreiheit für die NATO-Streitkräfte oder zum Raum- oder Objektschutz aufgrund der veränderten Sicherheitslage weitgehend entfallen. Die verbleibenden Aufgaben sollten künftig durch die Hauptverteidigungskräfte erfüllt werden. Damit konnte auch die bisherige Dichte der territorialen Dienststellen deutlich verringert werden. Die Zahl der Verteidigungsbezirkskommandos sank von 46 auf 27. Ein Teil der gewonnenen Dienstposten sollte zur Aufstellung von rund 50 Verbindungskommandos zu denjenigen Kreisverwaltungen und kreisfreien Städten genutzt werden, bei denen keine Dienststellen der Bundeswehr mehr präsent sein würden, um damit die Qualität der Zivil-Militärischen Zusammenarbeit und die Betreuung der Reservisten flächendeckend zu erhalten (Schaubild: Standorte der Verbindungskommandos siehe S. 362).
Auch die Territoriale Wehrverwaltung erlebte erhebliche Einschnitte. Zwar blieben sieben Wehrbereichsverwaltungen bestehen, die Zahl der Kreiswehrersatzämter wurde jedoch um 20 reduziert[24]. Drei Monate später, am 21. September 1995, erließ der Verteidigungsminister das Ressortkonzept zur Materialplanung der Bundeswehr, womit der Umsteuerungsprozeß, auch im materiellen Bereich, planerisch abgeschlossen wurde.
Auch in diesem Dokument wurde den Krisenreaktionskräften Priorität zugemessen, gleichzeitig aber betont:

> »Die Ausgewogenheit des Systems Bundeswehr verlangt, Hauptverteidigungskräfte und Krisenreaktionskräfte langfristig auf gleichem technischem Niveau zu halten. Die Verzahnung von Krisenreaktions- und Hauptverteidigungskräften ist sicherzustellen.«

Und:

> »Alle Soldaten der Krisenreaktionskräfte und der Hauptverteidigungskräfte werden mit moderner Ausrüstung und Bewaffnung ausgestattet, darunter beispielsweise Fleckentarnbekleidung, moderne Handfeuerwaffen (Gewehr G 36, Pistole P 90) und neue Gefechtshelme[25].«

Neue Reservistenkonzeption

Als mit der konzeptionellen Leitlinie die Grundstruktur der künftigen Bundeswehr vorgezeichnet war, konnte die bereits weitgehend erarbeitete »Konzeption für die Reservisten« fertiggestellt und am 2. September 1994 erlassen werden.

Standorte der Verbindungskommandos zu den Kreisen und kreisfreien Städten

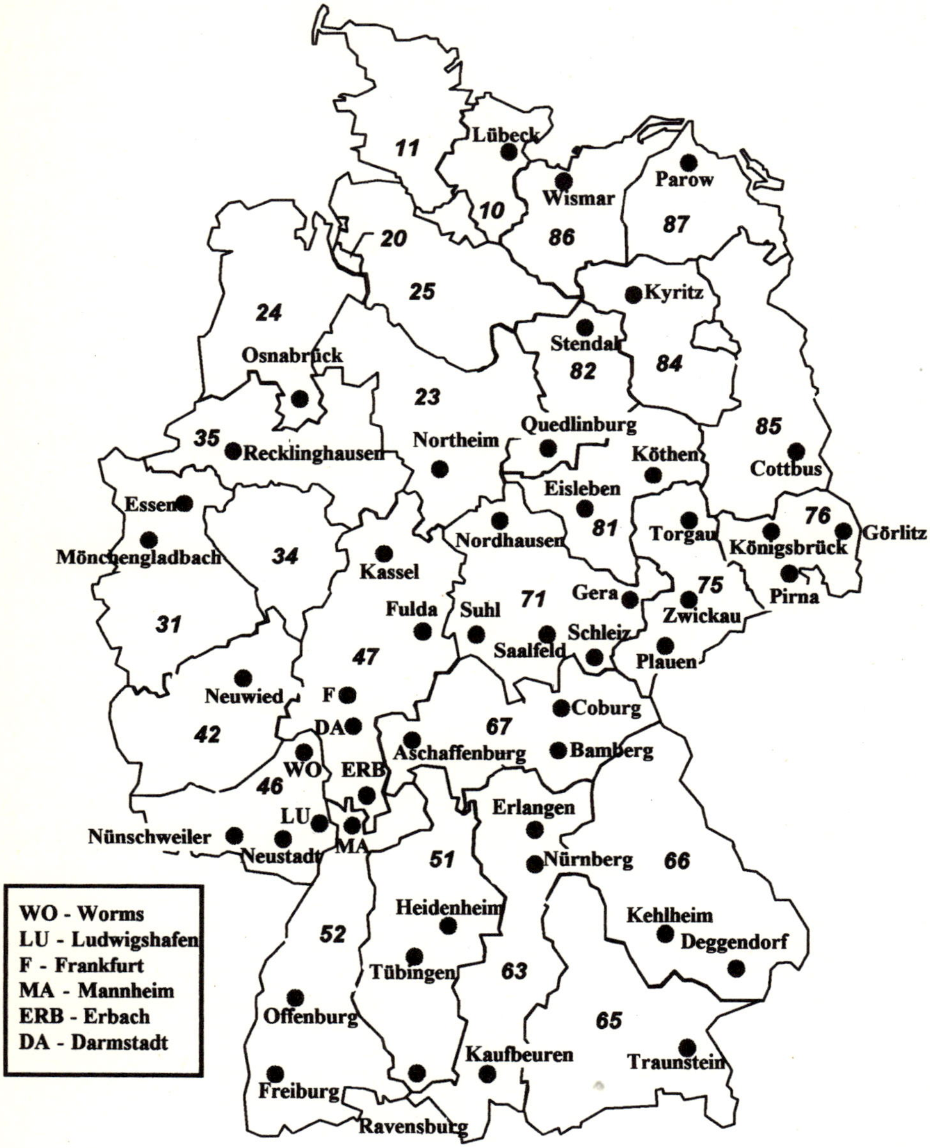

Zweck der Konzeption war und ist es, die Rolle der Reservisten unter den geänderten sicherheitspolitischen Rahmenbedingungen zu definieren, den Zusammenhalt der aktiven Truppe mit den Reservisten zu vertiefen, dabei die Inanspruchnahme der Reservisten und ihrer zivilen Arbeitgeber auf das notwendige Maß zu begrenzen und die freiwillige Übernahme zusätzlicher Verpflichtungen durch Reservisten und ihr Engagement für den Dienst in den Streitkräften zu fördern. Dazu stellt sie einleitend fest:

> »Nach wie vor bilden die Reservisten zusammen mit den aktiven Soldaten in ihrem Engagement, ihrem persönlichen Einsatz und der Bereitschaft, im Frieden – vor allem aber in Krise und Krieg – zu dienen, den Kern unserer Verteidigungs- und Bündnisfähigkeit. Ihre Leistungsfähigkeit und Pflichterfüllung sichern Frieden und Freiheit des deutschen Volkes und unserer Verbündeten[26].«

Im Rahmen der neuen Struktur werden noch einmal die wesentlichen Aufgaben beschrieben. Für die Hauptverteidigungskräfte heißt es:

»– Im Frieden durch Ausbildung die Voraussetzungen zu schaffen, daß in der Krise die volle Verteidigungsbereitschaft erreicht werden kann,
– in der Krise durch Mobilmachung den Aufwuchs der Streitkräfte zu gewährleisten,
– im Verteidigungsfall gemeinsam mit den Bündnispartnern das NATO-Gebiet zu verteidigen[27].«

Die Konzeption begründet dann, daß aufgrund des hohen Kaderungsgrades der größte Teil der Reservisten in den Hauptverteidigungskräften eingeplant werden muß, verbunden mit hohen Einsatzforderungen für die Reservisten – besonders gelte dies für Offiziere und Unteroffiziere der Reserve.

In den Krisenreaktionskräften würden auch Reservisten – vorwiegend auf besonderen Dienstposten für den Verteidigungsfall und in Personalersatztruppen – eingeplant und eingesetzt. Allerdings seien wegen der Besonderheit des Auftrages und den hiermit verbundenen Anforderungen vorwiegend nur solche Reservisten heranzuziehen, die ihre aktive Dienstzeit in den Krisenreaktionskräften abgeleistet hätten oder sich aus anderen Verwendungen freiwillig dafür melden würden.

Auch die militärische Grundorganisation habe eine veränderte Bedeutung. Aufgrund der neuen geostrategischen Lage und der geänderten Aufgabenstellung der Streitkräfte hätten die bisher nur für den Frieden aufgestellten Dienststellen und Einrichtungen, wie beispielsweise Ämter, Schulen, Truppenübungsplätze in der Regel ihren Auftrag auch in der Phase der Landesverteidigung fortzusetzen, daher seien auch sie durch Reservisten zu verstärken.

Die Reservistenkonzeption arbeitet weiter heraus, daß vor einem Einsatz der Gesamtstreitkräfte aufgrund der derzeitigen sicherheitspolitischen Lage von einer wesentlich längeren militärisch nutzbaren Vorbereitungszeit als bisher ausgegangen werden könne. Daraus ergebe sich die Möglichkeit, die Truppen aller Präsenzgrade in einer Phase der Erhöhung außenpolitischer Spannungen durch eine Krisenausbildung, insbesondere auf Verbandsebene, voll feldverwendungsfähig zu machen. Dies bedeute, daß vor allem für Truppenteile der mobilmachungsabhängigen Hauptverteidigungskräfte vor einen Einsatz eine längere, intensive Ausbildungsphase vorzuschalten sei, in der auch die verbandsbezogene Einsatzfähigkeit hergestellt werde. Der Schwerpunkt der Wehrübungstätigkeit im Frieden läge daher, so die Konzeption, auf der Ausbildung und Inübunghaltung der Offiziere und Unteroffiziere der Reserve und damit auf Einzelwehrübungen und Rahmenübungen. Damit werde dieses Führungspersonal befähigt, in der Krisenausbildung seine Kenntnisse und Fähigkeiten an die dann zusammentretenden Truppenteile weiterzugeben.

Struktur der Reserve

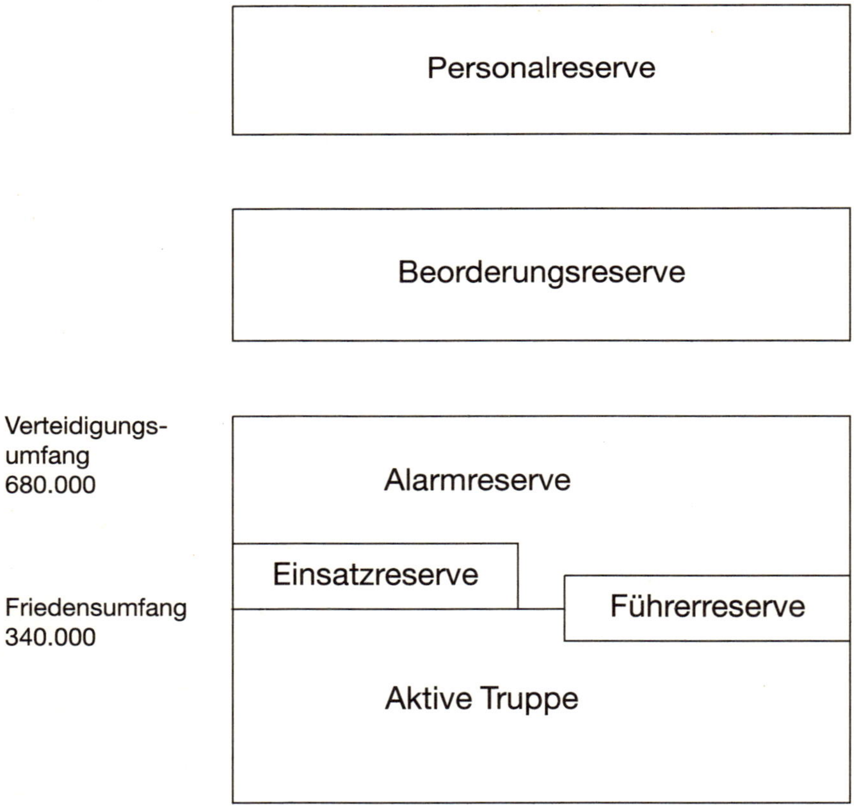

Zur Umsetzung dieser konzeptionellen Gedanken wird eine neue Struktur vorgegeben (Schaubild: Struktur der Reserve siehe S. 364):

Alarmreserve: Alle Reservisten, die benötigt werden, um die Streitkräfte vom Friedensumfang auf den vollen Verteidigungsumfang zu bringen. In dieser Alarmreserve gibt es die

– Einsatzreserve: Reservisten mit der Verpflichtung, in drei Jahren insgesamt mindestens 72 Wehrübungstage zu leisten. Sie können sich darüber hinaus zur Teilnahme an besonderen Auslandseinsätzen der Bundeswehr verpflichten.
– Führerreserve: Teil des Personalersatzes, der aus eingeplanten aktiven Offizieren/Unteroffizieren sowie beorderten Reservisten besteht, über den sich jedoch das Verteidigungsministerium die Verfügungsgewalt vorbehält.

Beorderungsreserve: Offiziere und Unteroffiziere der Reserve die aufgrund freiwilliger Meldung Aufgaben in den Streitkräften übernehmen wollen, ohne daß dafür ein Verteidigungs(V)-Dienstposten zur Verfügung gestellt wird. Im Rahmen verfügbarer Wehrübungsplätze können sie auf Friedens- oder V-Dienstposten in Übung gehalten werden.

Personalreserve: Sie umfaßt die Gesamtheit der im Frieden nicht beorderten Reservisten, die jedoch für eine Einberufung in Krise und Krieg zur Sicherstellung der Durchhaltefähigkeit weiterhin zur Verfügung stehen.

In langjähriger Erfahrung mit Reservisten hatte sich herausgestellt, daß die Einberufung zu Übungen immer dann hohe Akzeptanz findet, wenn sie im Einklang steht mit persönlicher Planung, aber auch der Arbeitsplatzsituation, und wenn zugleich die Belastung zeitlich begrenzt ist. Vor allem will der Reservist die Zeit der Einberufung so sinnvoll wie möglich genutzt sehen. Aus dieser Erfahrung leitet die Konzeption in Verbindung mit den veränderten Anforderungen an die Reservisten (Schwerpunkt bei der Führer- und Unterführerausbildung) neue Vorgaben ab:

Die Beorderungsdauer wird grundsätzlich begrenzt auf eine Zeit von

vier Jahren für Mannschaften,
sieben Jahren für Unteroffiziere,
zehn Jahren für Offiziere.

Damit soll einerseits der Aufbau einer jungen, leistungsfähigen Reserve gesichert werden, andererseits aber auch die persönliche Belastung und die Dauer der Inanspruchnahme begrenzt bleiben.

Innerhalb der Beorderung werden die Pflichtwehrübungen begrenzt auf insgesamt

24 Tage für Mannschaften,
45 Tage für Unteroffiziere,
84 Tage für Offiziere.

Dabei soll die Pflichtwehrübung im Frieden

– erst nach einer Schutzfrist von 12 Monaten nach Ende der Dienstzeit beginnen,
– möglichst 12 Monate vorher angekündigt werden, bzw. bei Kurzwehrübungen eine Ankündigung von drei Monaten nicht unterschreiten.

Darüber hinaus sollen im Frieden

– Truppenwehrübungen die Dauer von 12 Tagen nicht überschreiten,

- Einzelwehrübungen grundsätzlich nach Terminabsprache mit den Reservisten festgelegt werden,
- beorderte Reservisten innerhalb von 12 Monaten jeweils nur zu einer Pflichtwehrübung einberufen werden.

Freiwillige Wehrübungen sollen in Zukunft von beorderten Reservisten im Rahmen verfügbarer Wehrübungsplätze geleistet werden können. Gleiches gilt auch für Nichtbeorderte mit dem Ziel einer Mob-Einplanung oder auch zur Deckung des personellen Bedarfs der Truppe sowie im Rahmen der Freiwilligen Reservistenarbeit.

Des weiteren gibt die Konzeption auch eine neue Struktur der Wehrübungsarten vor:

Einzelwehrübungen mit dem Zweck, den Reservisten aus- und weiterzubilden oder personellen Bedarf bei Truppenteilen bzw. Dienststellen zu decken.

Truppenwehrübungen, die sich unterscheiden in:

- Volltruppenübungen mit dem Ziel, alle in einer Einheit dienenden aktiven Soldaten mit den beorderten Reservisten zusammenzuführen, um gemeinsam das für diesen Verband vorgesehene Ausbildungsziel zu erreichen. In einer Krise wird diese Art der Truppenwehrübung im Rahmen eines längeren und intensiven Krisenausbildungsprogrammes zur Herstellung der vollen Einsatzfähigkeit die Regel darstellen.
- Rahmenübungen mit dem Ziel, Offiziere, Unteroffiziere und ausgewählte Mannschaften der Reserve zu Einweisungs- oder Weiterbildungszwecken zusammenzuführen.
- Alarmübungen mit dem Ziel der Überprüfung und Erprobung des Alarm- und Mobilmachungssystems der Bundeswehr. Sie werden aber nur auf Weisung des BMVg durchgeführt.
- Materielle Mob-Ergänzungsübungen; auch diese dienen, wie die Alarmübungen, der Überprüfung des materiellen Mob-Ergänzungssystems und werden ebenfalls nur auf Weisung BMVg durchgeführt.

Neben diesen strukturellen Veränderungen schafft die Konzeption auch die Basis für leistungsorientierte Anreize, indem Leistungszuschläge gezahlt werden für:

- Freiwillige Teilnahme an Wehrübungen, zu zahlen ab dem 13. Wehrübungstag für Mannschaften,
- Offiziere und Unteroffiziere, die sich verpflichten, in drei Jahren mindestens 72 Wehrübungstage in der Einsatzreserve zu leisten.

Freiwillige Reservistenarbeit

Ein besonderes Kapitel widmet die Konzeption der freiwilligen Reservistenarbeit, stellt hierbei die Rolle des Verbandes der Reservisten der Deutschen Bundeswehr e.V. (VdRBw) als Träger dieser Arbeit außerhalb der Bundeswehr her-

aus und weist auf seine besondere Bedeutung für die »Festigung der Verteidigungsbereitschaft und -fähigkeit in unserer Gesellschaft[28]« hin.
Auf der Basis der Reservistenkonzeption erließ der Generalinspekteur der Bundeswehr am 3. April 1995 seine Richtlinie für die Freiwillige Reservistenarbeit. Einleitend führte er darin aus, daß die Freiwillige Reservistenarbeit einen wichtigen Beitrag für die Akzeptanz des Auftrages der Streitkräfte durch die Gesellschaft leiste und forderte »von allen Kommandeuren und Dienststellenleitern, den freiwilligen Einsatz der Reservisten für die Bundeswehr tatkräftig zu fördern. Es ist anzuerkennen, daß diese Reservisten zusätzliche Leistungen erbringen und mit ihren Familien Einschränkungen ihrer Freizeit hinnehmen«[29]. Als Kernaufgaben werden die Verteidigungspolitische Arbeit und die Militärische Förderung herausgestellt, mit besonderer Betonung der Mittlerrolle zwischen den Streitkräften auf der einen und der zivilen Öffentlichkeit auf der anderen Seite. Des weiteren stellt die Richtlinie die besondere Stellung des VdRBw dar und regelt die Verantwortlichkeiten in der Zusammenarbeit zwischen Truppe und Verband. Bewährtem Muster folgend gliedert sich die Geschäftsstellenorganisation des VdRBw auch

Verwendungsunabhängige Freiwillige Reservistenarbeit
Zusammenarbeit BMVg - SKA - Heer - VdRBw e.V.

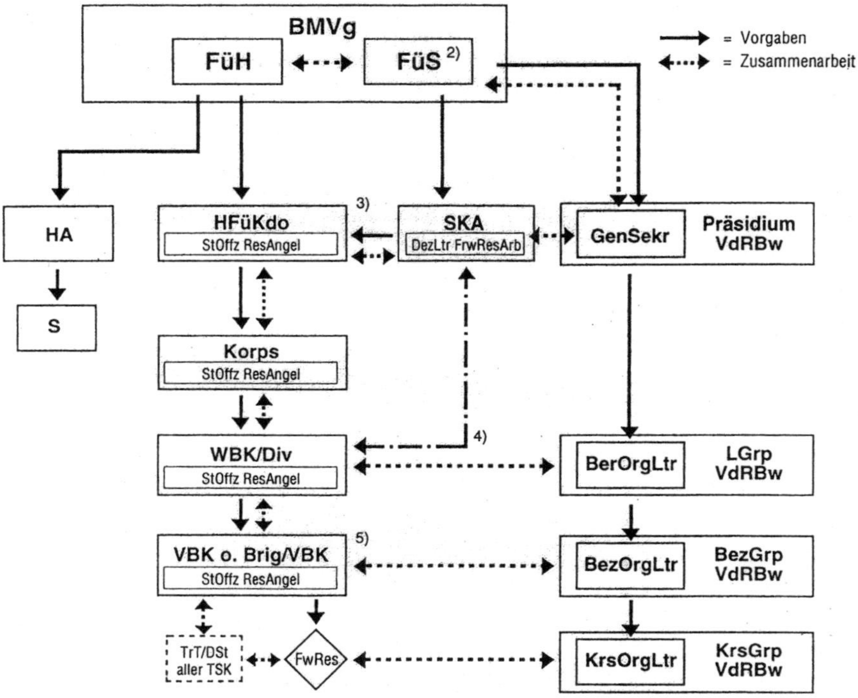

weiterhin »in Anlehnung an die Struktur der territorialen Kommandobehörden nach Landes-, Bezirks- und Kreisgruppen sowie in Reservistenkameradschaften«[30].

Im Vollzug dieser Vorgaben verstärkte der VdRBw ab der Mitte der 90er Jahre seine Anstrengungen, um die neuen sicherheitspolitischen Rahmenbedingungen, den neuen Auftrag der Streitkräfte und die neue Struktur der Bundeswehr den Reservisten, aber auch der interessierten Öffentlichkeit zu vermitteln. Gleichzeitig werden in neuartigen Formen der militärischen Förderung interessierte Reservisten an das neue Aufgabenfeld der Streitkräfte herangeführt. Daneben wurde, trotz erheblicher Schwierigkeiten, die Verbandsorganisation im beigetretenen Teil Deutschlands aufgebaut. Schwierigkeiten, die zum einen darin liegen, daß ehemalige NVA-Soldaten nur dann Reservist der Bundeswehr und damit Mitglied des Verbandes werden können, wenn sie – zumindest zeitweise – in der Bundeswehr gedient haben. Zum anderen, weil aufgrund der geschichtlichen Entwicklung sehr viele im Osten unseres Landes den Streitkräften reserviert gegenüberstehen und deswegen kein besonderes Interesse an einem Reservistenstatus haben. Gleichwohl gelang es dem Verband, seine Mitgliederzahl konstant zu steigern. Von 110.000 im Jahr 1990 bis auf knapp 140.000 im Jahre 1997[31]. Neben dem Aufbau der Reservistenarbeit in den neuen Bundesländern sahen alle Präsidenten des Verbandes[32] nach der deutschen Einigung einen besonderen Schwerpunkt in der Zusammenarbeit mit den Ländern des früheren Warschauer Paktes. Neben der »Gaminger Initiative«[33] und des Partnerschaft-für-den-Frieden-Programmes wurden »in besonderer Weise bestehende Beziehungen zu den Reservisten der potentiellen NATO-Mitgliedsstaaten Polen, Tschechien und Ungarn gefestigt und vertieft«[34].

Diese Arbeit konnte nur mit großem persönlichem Engagement der Mitglieder des Verbandes durchgeführt und umgesetzt werden, denn auch der VdRBw hatte seinen Teil an den Stellenkürzungen des Öffentlichen Dienstes zu tragen, mit Folgen für die Betreuung der Mitglieder und Kameradschaften.

Hinzu kam, daß die Bundeswehr mit der Aufgabe vieler Standorte viel weniger präsent war als vorher. Die Betreuung der seit der Vereinigung auf die stattliche Zahl von 2.559 angestiegenen Reservistenkameradschaften[35] war durch die noch verbliebenen 27 Verteidigungsbezirkskommandos (VBKs) nicht mehr in der gleichen Qualität wie bisher zu gewährleisten. Dies galt besonders für die Militärische Förderung. Schieß- und Übungsplätze waren aufgegeben worden, die Wege zur Inübunghaltung dadurch länger. Damit wurde auch die Belastung für den einzelnen Reservisten durch größeren Zeitaufwand bei ohnehin knapp bemessener Freizeit größer. Auch die Organisation wurde schwieriger, mehr Kameradschaften drängten auf denselben Übungsplatz, bemühten sich um denselben Schießstand. Dennoch wurden im Jahre 1997 etwa 312.000 Reservisten im Rahmen der Militärischen Förderung aus- und weitergebildet. Etwa 235.000 Personen konnten im gleichen Zeitraum durch die Verteidigungspolitische Arbeit erreicht werden.

Auch die Zahl der Arbeitskreise der Reserveoffiziere (AKRO) konnte sich weiter erhöhen, und die studentische Reservistenarbeit faßte an weiteren Universitäten Fuß; mit Stand Ende 1997 gab es 39 Hochschulgruppen[36]. Ein beachtliches Ergebnis, zu dem Präsident Helmut Rauber im April 1998 feststellte, »daß die Freiwillige Reservistenarbeit ein hohes Niveau erreicht hat, bei dem Zuwächse nur noch schwer zu erzielen sind«[37]. Mit einem Bündel von Maßnahmen hat die Bundeswehr die Attraktivität der Reservistenarbeit verbessert. Zentrales Periodikum zur Verbesserung der Informationsarbeit ist ein zweimal jährlich erscheinender Informationsdienst für Reservisten, den entsprechende Publikationen, aber auch Informationsveranstaltungen der Teilstreitkräfte vertiefen. Der Zugang zum Reservistenstatus der Bundeswehr für ältere Ungediente und ehemalige NVA-Grundwehrdienstleistende wurde vereinfacht. Ebenso wurde ein Weg zur Reserveoffizierlaufbahn unter Berücksichtigung der zivilberuflichen Qualifikation geöffnet. Deutlich angehobene finanzielle Leistungen bei Wehrübungen, aber auch bessere Auszeichnungsmöglichkeiten für Reservisten und zahlreiche weitere Maßnahmen dienen dem Ziel, die Bedeutung der Reservisten für die Bundeswehr sichtbar herauszustellen.

Neue Aufgaben

Die größten Veränderungen in der neuen Bundeswehr zeigen sich beim Heer. Der Blick auf die Gesamtstruktur (Gliederung siehe S. 370) läßt eine Dreiergliederung aus Unterstützungskommando, Führungskommando und Amt für die Ausbildung erkennen, eine gleiche Grundstruktur wie bei Luftwaffe und Marine. Neu ist das Kommando Luftbewegliche Kräfte (KLK) mit zwei Brigaden und dem Kommando Spezialkräfte. Deutlich wird neben der hohen Multinationalität (Deutsch-Niederländisches Korps, Deutsch-Amerikanisches Korps, Deutsch-Französische Brigade) die Verschmelzung zwischen Wehrbereichs- und Divisionskommandos. Der stellvertretende Befehlshaber eines Wehrbereiches ist jeweils gleichzeitig Beauftragter für Reservistenangelegenheiten in seinem Bereich. Sechs Brigaden wurden als Krisenreaktionskräfte (KRK) benannt, ihnen wurden weitere vier Brigaden zur Ergänzung (Typ B) zugeordnet (Stufenmodell Kampfbrigaden siehe S. 370).
Bei den Hauptverteidigungskräften (HVK) ergeben sich Stamm-Aufwuchsbeziehungen zwischen jeweils vier Brigaden, bei denen die Aufwuchsbrigaden voll mobilmachungsabhängig, d.h. von dem Zulauf ausgebildeter Reservisten abhängig sind. Acht weitere Brigaden gehören dem Typ A an, sie sind teilgekadert. Daraus ergibt sich, daß aus jeweils zwei präsenten Brigaden vier für den Verteidigungsfall aufwachsen können, auch dieses nur nach Zuführung ausgebildeter Reservisten aller Führungsebenen[38]. Damit sind die HVK ohne Reservisten nicht zur Landesverteidigung befähigt, der Reservist ist somit im klassischen Sinne der Scharnhorstschen Begründung wieder zum Träger der Verteidigung seines eigenen Landes geworden.

Gliederung des Heeres

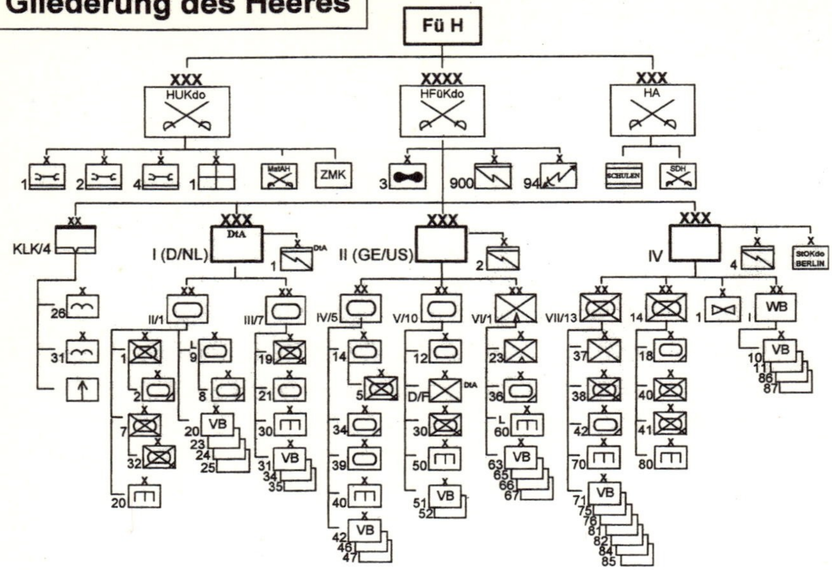

Stufenmodell Kampfbrigaden

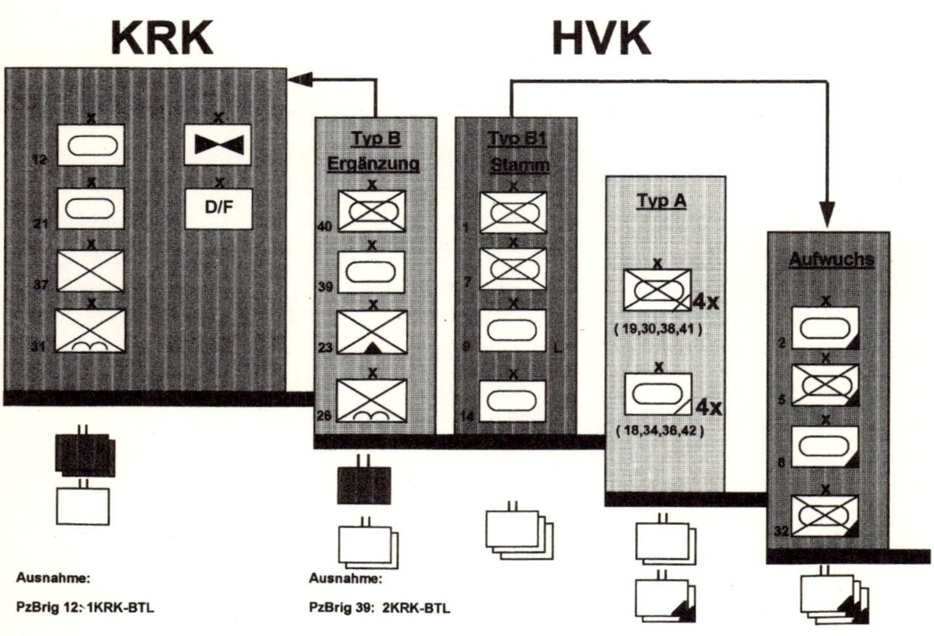

Weitere Einsatzmöglichkeiten, allerdings in begrenztem Umfang, ergeben sich in den Krisenreaktionskräften durch die Ergänzung vorhandenen Personals oder in Spezialfunktionen und bei Auslandseinsätzen. Gerade hier eröffnet sich ein wichtiges und interessantes Aufgabenfeld. So ist beispielsweise der Feldpostdienst, wesentlicher Bestandteil der Fürsorge im Einsatzland, ohne Reservisten nicht leistbar. Einberufungen zu solchen besonderen Auslandsverwendungen sind bis zu sieben Monaten auf freiwilliger Basis möglich. Der Zeitraum umfaßt die zwingend notwendige Vorbereitung auf den Einsatz, den Einsatz selbst und die Nachbereitung[39]. Durchschnittlich haben bis jetzt in jedem deutschen Truppenkontingent in Bosnien-Herzegowina 60 bis 90 Reservisten Dienst im Rahmen dieser Friedensmission geleistet[40].

Große Veränderungen erlebten und erleben ebenfalls die Reservisten des Sanitätsdienstes. Im Kern geht es um eine engere Zivil-Militärische Zusammenarbeit, um im Krieg ziviles und militärisches Krankenhauspersonal gemeinsam für eine klinische Versorgung zu nutzen, die auch bei den Patienten zwischen Soldaten und Zivilisten nicht unterscheidet. Dabei sollen leistungsstarke zivile Partnerkrankenhäuser vertraglich so an die Bundeswehr gebunden werden, daß sie eine Partnerschaft mit den vorhandenen Reservelazarettgruppen eingehen. Ziel ist es, die Krankenhäuser bei Mobilmachung nicht nur in vollem Umfang funktionsfähig zu erhalten, sondern durch das Personal und Material der Reservelazarettgruppen noch erheblich zu verstärken. Selbstverständlich, daß dazu das Material und die Personalausstattung der Reservelazarettgruppen dem Zusatzbedarf der zivilen Krankenhäuser angepaßt werden muß und auch vor Ort regelmäßig in Übung zu halten ist[41].

Die Verwendung bei Auslandseinsätzen – wie seinerzeit in Kambodscha – findet zwar auch im Sanitätsdienst immer noch Interesse, jedoch sind die praktizierenden Ärzte in der Regel nicht über einen längeren Zeitraum abkömmlich, dies schränkt die Möglichkeit einer für beide Seiten effektiven Teilnahme letztlich stark ein. Stattdessen bietet sich im neuen Aufgabenspektrum ein anderes, wenn auch auf den ersten Blick weniger attraktives Betätigungsfeld für die Reservisten des Sanitätsdienstes an, der Personalersatz in Bundeswehrkrankenhäusern. Neben ihrem Ausbildungsauftrag haben alle Bundeswehrkrankenhäuser Personal für die beiden KRK-Lazarette vorzuhalten und den Bedarf an medizinischem Fachpersonal für alle beweglichen Sanitätseinrichtungen der Teilstreitkräfte zu decken. Dies gilt besonders bei einem längeren Einsatz, wie beispielsweise in Bosnien-Herzegowina. Da jedoch der Betrieb in den Krankenhäusern weiterzugehen hat, allein schon wegen der vielerorts vertraglich vereinbarten Versorgung der Zivilpatienten, wurde unter Nutzung des Instruments der Beorderungsreserve ein System entwickelt, um auch im Frieden den bedarfsgerechten Ersatz der abgezogenen Aktiven durch Reservisten sicherzustellen. Dazu werden die Reservisten aufgrund freiwilliger Bereitschaft einem Bundeswehrkrankenhaus zugeteilt und fachbezogen den jeweiligen Abteilungsleitern zugeordnet. In Wehrübungen lernen sie die Abteilungen kennen. Durch flexible, mehrfache Wechsel des im Einsatz stehenden Kontingents im voraus abdekkende Personalführung werden für beide Seiten planbare Übungsmöglichkeiten eröffnet, die von wenigen Tagen bis zu mehreren Wochen dauern können[42]. Damit hat die Beorderungsreserve für die zentralen Sanitätsdienststellen der Bundeswehr eine besondere Bedeutung für die Aufrechterhaltung der sanitätsdienstlichen Versorgung der gesamten Bundeswehr gewonnen.

Auch im neuen Aufgabenfeld ist sich die Bundeswehr bewußt, daß der Dienst für Wehrpflichtige wie für Reservisten attraktiv und herausfordernd sein muß, um angenommen zu werden. Mit einem Bündel von Maßnahmen wurde daher im Frühjahr 1966 begonnen, neben der Ausgestaltung des Wehrdienstes auch die Reservistenarbeit noch weiter zu verbessern und vor allem attraktiver zu gestalten[43].

Zur Verbesserung der Informationsarbeit wurde ein zweimal jährlich erscheinender »Informationsdienst für Reservisten« – auch im Internet abrufbar – eingerichtet und durch entsprechende Publikationen, aber auch Informationsveranstaltungen der Teilstreitkräfte vertieft. Der Zugang zum Reservistenstatus der Bundeswehr für ältere Ungediente und ehemalige NVA-Grundwehrdienstleistende wurde vereinfacht. Ebenso wurde ein Weg zur Reserveoffizierlaufbahn unter Berücksichtigung der zivilberuflichen Qualifikation geöffnet. Deutlich angehobene finanzielle Leistungen bei Wehrübungen, aber auch bessere Auszeichnungsmöglichkeiten für Reservisten und zahlreiche weitere Maßnahmen, wie z.B. die Öffnung der Beorderungsreserve für Mannschaften, dienen insgesamt dem Ziel, die Bedeutung der Reservisten für die Bundeswehr sichtbar herauszustellen und ihren Dienst für die Gemeinschaft zu würdigen.

Nach der Vereinigung und der Auflösung des Ost-West-Konfliktes haben sich Aufgaben und Struktur der Streitkräfte geändert. Es gilt nicht mehr, einen konkreten Gegner unmittelbar an der eigenen Grenze abzuwehren, sondern Konflikte auf Distanz zu halten. Nicht mehr massive Bedrohungen, sondern vielfältige Risiken gefährden unsere Sicherheit. Das Aufgabenspektrum und zugleich auch die Anforderungen an Streitkräfte, ihre Struktur, ihre Ausrüstung, ihre Ausbildung, vor allem aber an ihre Soldaten sind im Lichte dieser Risiken facettenreicher und komplexer geworden. Dies gilt gleichermaßen auch für die Reservisten. Hand in Hand mit der aktiven Truppe haben sie sich den neuen Herausforderungen zu stellen, die veränderten Aufgaben anzunehmen, umzusetzen und in der Öffentlichkeit zu vertreten. Die Bedingungen dafür sind wieder gut – es lohnt sich Reservist zu sein und für die Sicherheit der Bürger, für Recht, Freiheit und Menschenwürde einzutreten und an dem gemeinsamen Europa aktiv mitzubauen.

Anmerkungen

1 Vgl. Horst Teltschik, 329 Tage – Innenansichten der Einigung, Berlin 1991, S. 337 f.

2 Dieser Vertrag (und andere Dokumente der Vereinigung) in: Karl Kaiser, Deutschlands Vereinigung, Bergisch-Gladbach 1991, S. 260 ff.

3 Vgl. Klaus Naumann, NVA – Anspruch und Wirklichkeit, Berlin 1993, S. 332.
4 Kaiser, Deutschlands Vereinigung (wie Anm. 2), S. 288 ff.
5 Weißbuch 1985. Zur Lage und Entwicklung der Bundeswehr, Bonn 1985, S. 114, 187.
6 Auf einem Wehrübungsplatz kann an jedem Tag im Jahr ein Reservist üben.
7 Weißbuch 1985, S. 260.
8 Unabhängige Kommission für die künftigen Aufgaben der Bundeswehr: Abschlußbericht und Empfehlungen, Bonn, 24. September 1991, S. 23 f.
9 Ebd., S. 28.
10 Londoner Erklärung, in: Presse- und Informationsamt der Bundesregierung – Bulletin vom 10.7.1990, Nr. 90, S. 778.
11 »Charta von Paris für ein neues Europa«, in: Presse- und Informationsamt der Bundesregierung – Bulletin vom 24.11.1990, Nr. 137, S. 1412.
12 Das neue Strategische Konzept des Bündnisses in: Presse- und Informationsamt der Bundesregierung – Bulletin vom 13.11.1991, Nr. 128, S. 1040.
13 Ebd., S. 1046.
14 BMVg, Verteidigungspolitische Richtlinien vom 26.11.1992, S. 29 f.
15 Ebd., S. 30.
16 BMVg, Die Bundeswehr der Zukunft – Extra Brief zur Truppeninformation, 16.12.1992, S. 7.
17 Ebd., S. 16.
18 Ebd., S. 4.
19 Vgl. Weißbuch 1994. Zur Sicherheit der Bundesrepublik Deutschland und zur Lage und Zukunft der Bundeswehr, hrsg. vom BMVg, Bonn 1994, S. 98 f.
20 BMVg, Konzeptionelle Leitlinie zur Weiterentwicklung der Bundeswehr vom 12.7.1994, S. 8.
21 Ebd., S. 10.
22 Ebd., S. 6.
23 Ebd.
24 Einzelheiten in: BMVg, Anpassung der Streitkräftestrukturen, der Territorialen Wehrverwaltung und der Stationierung vom 7.6.1995.
25 BMVg, Ressortkonzept zur Materialplanung der Bundeswehr vom 21. 9.1995, S. 5 und 9.
26 BMVg, Konzeption für die Reservisten der Bundeswehr 1994 vom 2.9.1994, S. 1.
27 Ebd., S. 5.
28 Ebd., S. 27.
29 BMVg, Richtlinie für die Freiwillige Reservistenarbeit vom 3.4.1995, Vorbemerkung 3.
30 Ebd., Ziff. 304; vgl. auch Schaubild S. 311 dieses Buches.
31 Verband der Reservisten der Deutschen Bundeswehr e.V., Zustandsbericht 1997, Bonn o.D., S. 5.
32 Peter-Kurt Würzbach, MdB und Oberst der Reserve 1991–1995; Heinz-Alfred Steiner, MdB und Hauptmann der Reserve 1995–1996; Helmut Rauber, MdB und Major der Reserve seit 10. November 1996.
33 Benannt nach dem österreichischen Ort Gaming, in dessen Kartause sich 1990 erstmals deutsche, österreichische und schweizerische Reservisten trafen, um die Partnerschaft im deutschsprachigen Raum zu födern.
34 Ebd., S. 27.
35 Ebd., Anlg 1.
36 Ebd., S. 30.
37 Ebd., Vorwort.
38 Vgl. BMVg, Weisung Inspekteur des Heeres: Reservisten im Heer vom 13. 6.1995; ebenso Winfried Weick, Üben in einem dichten Beziehungsgeflecht, in: Truppenpraxis, 11/1995, S. 737 ff., sowie: Auf Rollentausch vorbereitet, in: Loyal, 6/1995, S. 15 ff.
39 Zentrale Dienstvorschrift (ZDv) 20/3, Wehrübungserlaß, Militärische Personalführung Reservisten und personelle Mobilmachungsvorbereitungen, Nr. 319.
40 Unveröffentlichte Statistik des Heeresführungskommandos 1998.
41 BMVg – InspSan, Zur Lage und Entwicklungen im Sanitätsdienst, anläßlich der Tagung des Arbeitskreises Sanitätsdienst des VdRBw am 7.3.1998 in Bonn.
42 Vgl. BMVg – InspSan, Weisung für die Verwendung von Reservisten in den Zentralen Sanitätsdienststellen der Bundeswehr vom 8.8.1996.
43 Vgl. BMVg, Leitlinie zur Verbesserung der Rahmenbedingungen und Steigerung der Attraktivität des Wehrdienstes vom 11.3.1966.

Die Autoren

Gerhard Brugmann (Jahrgang 1930), Generalmajor a.D., wurde in Holland geboren und wuchs in Italien und Berlin auf. 1956 in die Bundeswehr eingetreten, diente er in stetem Wechsel zwischen Truppe und Stab, im Bundesministerium der Verteidigung, in der NATO, im In- und Ausland und war in seiner letzten Verwendung als Befehlshaber Territorialkommando Süd nationaler Befehlshaber in Baden-Württemberg, Bayern, Hessen, Rheinland-Pfalz und im Saarland. Nach seiner Pensionierung 1990 hat Brugmann Landesregierungen und Kommunen in den Neuen Ländern in Fragen der Konversion sowjetisch genutzter Liegenschaften beraten. Er befaßt sich heute mit Problemen des zivilen und militärischen Kulturgutschutzes. Aus seiner Feder stammen der Band »Durchlebte Wende« (1996) sowie Veröffentlichungen zu Themen der Landesverteidigung, darunter »Öffentliche Moral und Landesverteidigung« in: »Motive Texte Materialien« (1990) und »Nationale militärische Verteidigung im Kalten Krieg« in »Mars« (1996).

Hans Frank (Jahrgang 1939), Vizeadmiral, trat 1961 in die Marine ein. Nach wechselnden Verwendungen in Truppe, Stab, Verteidigungsministerium und NATO ist er seit Dezember 1994 Stellvertreter des Generalinspekteurs und Beauftragter für Reservistenangelegenheiten der Bundeswehr. Neben zahlreichen Veröffentlichungen zur Marinegeschichte und zu maritimen Fragen hat er Beiträge zur Militärpolitik und Strategie vorgelegt, darunter »Von Helsinki über Madrid und Stockholm nach Wien« in: »Freiheit in Sicherheit« (1990), »Streitkräfte im Wandel«, in: »Von der Friedenssicherung zur Friedensgestaltung« (1991) und »Die Westgruppe der Truppen« in: NVA. Anspruch und Wirklichkeit» (1993).

Ekkehart Guth, Dr. phil. (Jahrgang 1938), Oberstleutnant a.D., wurde in Marienburg/Westpreußen geboren. 1959 trat er in die Luftwaffe ein, wo er lange Jahre in der Luftverteidigung eingesetzt war. Nach der Promotion in Alter und Neuer Geschichte wurde er wissenschaftlicher Mitarbeiter am Militärgeschichtlichen Forschungsamt Freiburg. Dort lag sein Forschungsschwerpunkt bei Themen des Sanitätswesens der Wehrmacht. Von 1991 bis zum Dienstzeitende 1994 lehrte er Wehrgeschichte der Luftwaffe an der Führungsakademie der Bundeswehr in Hamburg. Neben der Veröffentlichung von Beiträgen zur Militärgeschichte des Zweiten Weltkrieges hat er u.a. den Band »Sanitätswesen im Zweiten Weltkrieg« (1989) herausgegeben.

Helmuth Köhnke, Dr. med. dent. (Jahrgang 1942), ist niedergelassener Zahnarzt und Oberstarzt der Reserve. Vor dem Studium durchlief er 1962 bis 1964 als Soldat auf Zeit bei der Luftwaffe die Reserveoffizierlaufbahn und hat seither über 75 Wehrübungen abgeleistet. In diesen Jahren war er mehrfach als Lehrgangsleiter für Chef- und Kommandeurlehrgänge eingesetzt und an der Erarbeitung der Lehrgangskonzeptionen maßgeblich beteiligt. Dazu war Dr. Köhnke als Referatsleiter beim Inspekteur des Sanitätswesens im Bundesministerium der Verteidigung für den Mobilmachungsfall eingeplant und hat sich als Sprecher des Arbeitskreises Sanitätsdienst im Verband der Reservisten der Deutschen Bundeswehr e.V. engagiert. Er ist Mitherausgeber der Schrift »Informationen für Reservisten im Sanitätsdienst der Bundeswehr (^{4}1998).

Wilhelm Langer (Jahrgang 1940), Oberstleutnant a.D., stammt aus dem Sudetenland und wuchs nach der Vertreibung seiner Familie seit 1946 in Südhessen auf. Nach dem Abitur 1960 wurde er als Wehrpflichtiger zur Panzerpionierkompanie 130 in Wetzlar eingezogen, verpflichtete sich dann weiter und wurde Berufsoffizier. Vor seiner abschließenden Verwendung als Referent im Führungsstab des Heeres im Bundesministerium der Verteidigung durchlief er zahlreiche Stabs- und Truppenverwendungen bis hin zum Kommandeur eines Pionierbataillons. Er wurde 1997 in den Ruhestand versetzt. In seiner freien Zeit beschäftigt er sich mit moderner Malerei, liebt Fernreisen und Bergwanderungen und betätigt sich als Hobbywinzer.

Jürgen von Lowtzow (Jahrgang 1937), Oberst a.D., stammt aus Rostock. Nach dem Abitur 1958 trat er als Offizieranwärter in die Panzertruppe ein und durchlief später die Generalstabsausbildung an der Führungsakademie der Bundeswehr in Hamburg und in Norfolk, Virginia (USA). Verwendungen in Truppe und Stab im In- und Ausland sowie im Bundesministerium der Verteidigung wechselten sich ab, zuletzt war er Stellvertretender Befehlshaber und Chef des Stabes im Wehrbereichskommando VI, München. 1992 auf eigenen Antrag im Rahmen des Personalstärkegesetzes vorzeitig zur Ruhe gesetzt, war von Lowtzow bis 1997 als Generalsekretär des Verbandes der Reservisten der Deutschen Bundeswehr e.V. tätig. Veröffentlichungen in »Truppenpraxis« und »Loyal. Das deutsche Wehrmagazin«.

Hans-Jürgen Rautenberg, Dr. phil. (Jahrgang 1939), Oberst a.D., trat 1959 in die Luftwaffe ein. Verschiedene Verwendungen in Truppe, Stab und Ämtern der Bundeswehr, darunter als wissenschaftlicher Mitarbeiter im Militärgeschichtlichen Forschungsamt Freiburg. 1985 bis 1989 Lehrbeauftragter an der Universität Bonn, Träger des Wissenschaftspreises des Deutschen Bundeswehr-Verbandes

1985. Zahlreiche Veröffentlichungen zur Militär- und Zeitgeschichte, darunter »Die Himmeroder Denkschrift« (1977) und »Zur Standortbestimmung für zukünftige deutsche Streitkräfte« in: »Anfänge westdeutscher Sicherheitspolitik, Bd 1: Von der Kapitulation zum Pleven-Plan« (1982).

Gerd Roellecke, Dr. jur. (Jahrgang 1927), ist emeritierter Ordinarius für Öffentliches Recht und Rechtsphilosophie an der Universität Mannheim. Nach einer Tätigkeit als wissenschaftlicher Mitarbeiter beim Bundesverfassungsgericht von 1966 bis 1969 war Professor Roellecke von 1972 bis 1974 Präsident der Westdeutschen Rektorenkonferenz, 1974 bis 1977 Vizepräsident der Deutschen Forschungsgemeinschaft und 1982 bis 1986 Rektor der Universität Mannheim. Zahlreiche Veröffentlichungen, u.a. »Politik und Verfassungsgerichtsbarkeit« (1961), »Der Begriff des positiven Gesetzes und das Grundgesetz« (1969), »Geschichte des deutschen Hochschulwesens« (1982) sowie »Aufgeklärter Positivismus« (1995).

Günter Roth, Dr. phil. (Jahrgang 1935), Brigadegeneral a.D., wuchs bis 1945 in Schlesien auf. Nach Eintritt in den Bundesgrenzschutz 1954 als Offizieranwärter wurde er 1956 in die Fallschirmjägertruppe der Bundeswehr übernommen und durchlief im Wechsel zahlreiche Truppen- und Stabsverwendungen. Er war Kommandeur verschiedener Bildungs- und Ausbildungseinrichtungen der Streitkräfte sowie einer Luftlandebrigade. Von 1985 bis zu seiner Zurruhesetzung 1995 führte Brigadegeneral Dr. Roth das Militärgeschichtliche Forschungsamt in Freiburg, seit 1994 in Potsdam; im gleichen Zeitraum war er Präsident der Kommission für Militärgeschichte der Bundesrepublik Deutschland. Neben zahlreichen Veröffentlichungen zu militärpolitischen und operationsgeschichtlichen Themen ist eine Sammlung ausgewählter Aufsätze unter dem Titel »Politik und militärische Macht« (1995) erschienen.

Armin Arne Steinkamm, Dr. jur. utr. (Jahrgang 1940), ist seit 1973 Professor für Öffentliches Recht an der Universität der Bundeswehr München. Er ist Mitglied des Lehrkörpers an der Hochschule für Politik an der Universität München und Oberst der Reserve. Nach freiwilligem Wehrdienst und Studium im In- und Ausland berufliche Tätigkeit u.a. bei der CSU-Landesleitung in München, als Leiter einer Stabsabteilung der Messerschmitt-Bölckow-Blohm GmbH, als Direktor des Forschungsinstituts für Sicherheit und Internationale Fragen in München und Zulassung als Rechtsanwalt. 1972 wurde er zum Stellvertretenden Vorsitzenden des Gründungsausschusses der Hochschule der Bundeswehr in München berufen. Zahlreiche hohe Ehrenämter, darunter von 1987 bis 1991 Präsident des Verbandes der Reservisten der Deutschen Bundeswehr e.V., von 1988 bis 1994 Vizepräsident der Interallied Confederation of Reserve Officers (CIOR) und seit 1994 Präsident der Arbeitsgemeinschaft der Reservisten-, Soldaten- und Traditionsverbände in Bayern e.V. Diverse Veröffentlichungen vorwiegend auf dem Gebiet des Wehr- und Völkerrechts, zu militärpolitischen Themen und seit 1990 auch zu Fragen der Inneren Sicherheit.

Dieter Stockfisch (Jahrgang 1940), Kapitän zur See, stammt aus Hannover und ist Referatsleiter im Führungsstab der Marine des Bundesministeriums der Verteidigung. Nach dem Abitur trat er als Offizieranwärter in die Marine ein und durchlief bis zur Admiralstabsausbildung an der Führungsakademie der Bundeswehr in Hamburg mehrere Truppenverwendungen. Danach folgten Wechsel zwischen Truppe, u.a. als Kommandeur eines Zerstörergeschwaders, dem Verteidigungsministerium als Referent eines Parlamentarischen Staatssekretärs und der NATO. Neben Veröffentlichungen in Marinezeitschriften ist er Verfasser der Bücher »Menschenführung an Bord« (1981) und »Menschenführung in Frieden, Krise und Krieg« (1992).

Rüdiger Wenzke, Dr. phil. (Jahrgang 1955), wuchs in der DDR auf. Nach dem Studium der Geschichte an der Universität Leipzig war er von 1981 bis 1990 als wissenschaftlicher Assistent am Militärgeschichtlichen Institut der DDR tätig. Seit 1990/91 ist er wissenschaftlicher Mitarbeiter am Militärgeschichtlichen Forschungsamt Potsdam. Zahlreiche Veröffentlichungen zur Militärgeschichte der DDR, u.a. als Autor des Werks »Die NVA und der Prager Frühling 1968« (1995) und als Mitherausgeber und Mitautor des Bandes »Im Dienste der Partei. Handbuch der bewaffneten Organe der DDR« (1998).